Über André Voigt

1988 vom Fuß- auf den Basketball umgestiegen, tauschte André Voigt eine Jugend voller Party gegen den Tartan des Freiplatzes und die Schwingböden der Sporthallen in Wolfsburg. Über eine US-Highschool malochte sich der Small Forward bis in die zweite Bundesliga. Im Jahr 2000 begann er als Sportjournalist, 2003 wurde André als einer der Gründerväter zum Chefredakteur von FIVE.

Über Jan Hieronimi

Jan Hieronimi langweilte sich lange mit anderen Sportarten herum. Erst als 15-Jähriger konvertierte er zum Basketballnerd. Als Spieler hat er den Weg von der Kreisliga bis in die Oberliga genommen.
Fast zehn Jahre lang arbeitete er als freier Basketballjournalist und war 2003 Mitglied der Gründungsmannschaft der FIVE. Seit 2008 arbeitet Jan im Bereich Online-Marketing – Nerd ist er immer noch.

ANDRÉ VOIGT & JAN HIERONIMI

PLANET BASKETBALL 2

512 SEITEN
ECHTE GEFÜHLE

(mit Texten von Tobias Jochheim und Tobias Pox)

1. Auflage 2015
ISBN 978-3-00-048815-3

Herstellung: Vestagraphics, Belgium
Lektorat: Thomas Brill
Grafik: Marc D Propach (www.propach.com)
© 2015 Basketballnerds Gbr

WWW.BASKETBALLNERDS.DE

ANDRÉ VOIGT & JAN HIERONIMI

PLANET BASKETBALL 2

512 SEITEN
ECHTE GEFÜHLE

*Im Jahr 2010 hatten Jan Hieronimi und André Voigt eine Idee.
Sie wollten ein Basketballbuch in deutscher Sprache auf den Markt bringen.
Eines für echte Liebhaber, für Nerds. Ein Jahr später kam „Planet Basketball" –
doch trotz 512 Seiten war nicht genug Platz, um all die Spieler zu würdigen,
die es verdient hätten. Deshalb haltet ihr jetzt „Planet Basketball 2" in den
Händen: genauso tief, genauso viel Herz und noch ein bisschen nerdiger.
Viel Spaß damit!*

HALL OF FAME

DIE VORBESTELLER

Torsten Ulrich
Tim Neuenhaus
Andreas Billmann
Sören Hoffstedt
Torben Rosenbohm
Philipp Barnau
Daniel Meuth
Marco Polifka
Markus Lang
Johannes Marks
Julian Gesenhoff
Dominik Heubrock
Julian Hatzig
Felix Klepzig
Sherwin Nekonejad
Florian Völker
Manuel Knobelspieß
Michael Weiblen
Johannes Riediger
Sebastian Dorn
Kevin Steinbrecher
Armin Hackmann
Steffen Koopmann
Bektas Demir
Anatoli Penner
Thomas Lehmann
Tobias Wolf
Heiko Dall
Daniel Neumann
Tobias Oesterle
Dennis Dießner
Bang Trong Ngo
Sebastian Schönherr
Fabian Wagner
Marc Pannenbecker
Sven Grewis
Florian Frietsch
Björn Bathen
Jörg Bähren
Oliver Liewald
Sascha Grünewald
Isabel Feuchter
Jannik Struckmann
Thomas Haumbach
Sebastian Stelljes
Jochen Geigerhilk
Chlebos Marvin
Dario Sippel
Christian Mäusbacher
Mario Feldmeier

Nicole Horn
Steffen Prehl
Christian Künstler
Thomas Malchers
Willi Robert Prach
Frederick Schmitt
Michael Ueberschaer
Michael Braun-Klöpper
Dominic Ellek
Robert Engel
Roland Glitsch
Fabian Broßeder
Aaron Breuer
Lutz Kant
Jannes Schäfer
Aldogard Kasianowski
Luca Nobile
Tobias Paes
André Nückel
Patrick Wagner
Sven Reuter
Maximilian Linz
Rene Hoffrichter
Matthias Bürgel
Marcel Röhl
André Kramer
David Luttmann
Philipp Weiß
Michael Salbert
Torsten Wüffel
Sven Jordan
Olaf Lemp
Daniel Heitzmann
Thomas Mehlis
Raimund Rüther
Sebastian Schmidt
Robert Friedel
Niko Wilke
Felix Trenkle
Sven Ludwig
Armin Lackmann
Malte Eilers
Janek Bauch
Matthias Buck
Daniel Syrett
Stefan Marienfeld
Florian Scheidler
Nils Ufermann
Florian Grujic
Simon Jödecke

Christoph Idczak
Alexander Pohl
Daniel Röder
Florian Wagner
Andreas Artmeier
Florian Pühra
Markus Koch
Tobias Berner
Max Römer
Luis Untermoser
Marcus Weiß
Simon Reindl
Kevin Waliczek
Tilo Neuendorf
Sascha Meier
Steffen Meier
Malte Unkel
Veit Ellerbrock
Daniel Vellick
Florian Bielmeier
Carolin Ranz
Julian Salzmann
Franz Henke
Simon Timm
Sebastian Schulze
Jens Lüdenbach
Kai Rauch
Philipp Hörner
Martin Liebsch
Toralf Eilers
Jan Chalupa
Patrick Buchmann
Burc Yüntdag
Florian Ritter
Patrick Guggenmos
Timo Jung
Marius Brinkmann
Dominik Harde
Lukas Linnerbauer
Marius Born
Stephen Reygate
Frank Linde
Phillip Hoth
Nils Groeger
Matthias Lieb
Kay Mätzold
Matthias Drecoll
Nico Bruns
Ingo Stöcker
Johannes Nusko

Kilian Schmidt
Stefan Willi Hart
Toni Switala
Konrad Mühle
Christopher Hippe
Andreas Wustl
Mischa Wolf
Hermann Löcken
David Hasenbeck
Fynn L. Stukenborg
Maximilian Roth
Sebastian Jacob
Moritz Karlisch
Kai Dräger
Julian Rux
Maximilian E. Rittler
Sascha Pöhlmann
Michael Zienke
Patrick Mohme
Erik Fischer
Oliver Knoch
Alexander Doss
Sebastian Schuldt
Marcel Keßler
Steffen Haenel
Timo Arndt
Steffen Fischer
Vincent Reijnen
Stefan Seubert
Jonas Seip
Felix Tritschler
Patrick Lademann
Fabian Wagner
Benjamin Böhm
Fabian Exenberger
Jonas Herde
Sven Höwener
Eike Brass
Timo Maaßen
Tilo Neuendorf
Nicolas Schliwinski
Fuchs Julian
Dominic Helm
Sophie Uhlmann
Ole Tölle
Dustin Kelch
Thorge Möller
Johannes Fink
Jonas Hartmann
Björn Klaas

Felix Koch
Christian Löffler
Lukas Robert
Philipp Pietrusinski
Tim Rabus
Jan Daley Burzlaff
Tim Eisenberger
Valentin Schäfer
Markus Scharpey
Arndt Ohmann
Andreas Neusser
Kevin Bell
Sebastian Glathe
Niklas Scheffer
Georg Kaplan
Matthias Schuster
Christian Engler
Andreas Jessberger
Matthias Krafczyck
Oliver Eulenfeldt
Andreas Naumann
Sascha Schöpfe
Jens Hirschmann
Johannes Scholl
Julian Pitzer
Daniel Hermann
Jannik Wiggers
Philipp Ehm
Marius Eilenberger
Andre Schaefer
Justus Diercks
Matthias Schröder
Bubacare Nyabally
Stefan Koch
Steve Gläser
Torsten Mayer
Virgil Ghizelea
Sören Hofrath
Tobias Schwaben
Friedrich Weinke
Sebastian Rabbels
Christoph Paulikat
Sebastian Koppers
Thomas Kornblum
Roy Langfeld
Marco Ramm
Jan Erdmann
Christopher Meltzer
Lars Barth
Felix Georg

DANKE!
OHNE EUCH WÄRE HIER GAR NICHTS LOS!

HALL OF FAME

DIE VORBESTELLER

Jan Pietsch
Norman Kassler
Marc Uhlmann
Rafael Wilhelm
Sebastian Roy
Tobias Haug
Björn Chromik
Tobias Herrmann
Carl Stühmeier
Jörg Soyk
Helmut Berensen
Falk Braun
Hüseyin Tunc
Evie van Mierlo
Marc Zimmermann
Marvin Allers
Daniel Sutlar
Markus Gabriel
Travis Fain
Thomas Reimer
Thomas Mahlmeister
Sebastian Stabno
Laurin Hemmer
Clemens Kauder
Sebastian Bayer
Sascha Glock
Stefan Dillinger
Beatrix Bieniok
Florian Thomas
Johann Gerber
Martin Schmid
Christoph Erz
Jonas Lawitzke
Chris Kilian
Thilo Thurner
Barbaros Cem Ak
Max Drewnianka
Moritz Saupe
Thomas Schlenke
Niklas Schmeyer
Alexander Tanasic
Michael Däbler
Maximilian Meter
Anton Giese
Florian Poth
Sebastian Yamane
André Naumann
Phillip Kröger
Daniel Kunze
Jens Buchholz

Oliver Dawid
Dennis Prokop
Attila Gündogdu
Karsten Löffler
Steffen Ruhl
Stephan Engisch
Kim Bieneck
Rico Jürich
Konstantinos Partakis
Patrick Klein
Mike Ackermann
Jan Röckendorf
Hauke Hagen
Christian Petzold
Alexander Mancini
Thorsten Glöge
Patrick Ukrow
Christopher Bolz
Lukas Hollmann
Martin Fehringer
Robert Müller
Daniel Wallas
Lukas Tüshaus
Björn Urbansky
Markus Neußer
Simon Hergenröder
Benjamin Lehmann
Andreas Köhler
Christian Kant
Alexander Mebus
Welf Helm
Daniel Müller
Pascal Bartlog
Matthias Lehmann
Mathias Geiß
Chr. Schachenmayer
Martin Wenzl
Isabelle Clemens
Ina Neumann
Patrick Rum
Andreas Philipp
Oliver Trautmann
Ullrich Leupold
Patrick Ogiermann
Thomas Poser
Uwe Vogel
Alexander Feyrer
Joachim Pohr
Tobias Fenster
Holger Schönstedt

Steffen Schenke
Stefan Liepelt
Robert Günther
Moritz Mayer
Andre Netz
Stefan Nill
Dirk Herzog
Lennart Nowitzki
Lukas Lindenbuß
Daniel Berndt
Christopher Schätz
Friedrich-A. Haschen
Christopher Gottschalk
Sascha Speicher
Sven Bülow
Stefan Duda
Heiko Christmann
Fabian Sackmann
Oliver Berthold
Lennart Gawell
Jörg Salomon
Felix Steiner
Andreas Tuchalski
Dominic Hidajat
Simon Marterstock
Diego Schmidt
Marc Failing
Jens Flammiger
Kersten Wittek
Christoph Rühlmann
Christopher Staritz
Patrick Hüttenmeister
Kim Heimberg
Hannes Schwabe
Robert Schneider
Benjamin Bennemann
Peter Reinerth
Ali Al-Kayem
Alexander Thurner
Arian Karim
Henrik Lang
Stefan Bardehle
Philipp Siemes
Hanke Wickhorst
Christoph Leisser
Alexander Erven
Lennart Seifert
Chris Metzker
Dr. Alexander Kunze
Dominik Gloge

Christopher Hoff
Andre Maneck
Jan Keuntje
René Kempe
Jörn Uhde
Frank Haase
Daniel Rau
Jan Schröder
Marius Hermsen
Michael Pflug
Fabian Thiel
Savvas Zervas
Maximilian Volz
Antje Liebel
Moritz Pohlmann
Daniel Pöllot
Sebastian Honekamp
Sebastian Dietrich
Sascha Knappe
Tobias Reitter
Christian Piasecki
Anke Nieland
Christoph Schmitz
Nicole Drechsel
Markus Schaefer
Angelika Schaefer
Matthias Kress
Andreas Filleboeck
Florian Mey
Antje Röllig
Jürgen Leitz
Max Mylo
Marijan Milcic
Sebastian Peuser
Oliver Nagel
Lino Sindram
Benjamin Brandt
Patrick Schweitzer
Jelena Braun
Felix Stange
Max Klein
Stefan Richter
Sascha Gromelski
Clint Waddell
Jörg Trost
Daniel Tetzschner
Jörg Radke
Nicolas Hardebusch
Manuela Schröder
Gregor Geserich

Stefan Kanserske
Jan Schiecke
Onur Ceylan
Loris Kriege
Dominik Schmitt
Matthias Schraudolf
Wolfgang Sinno
Sebastian Wächtler
Niklas Paeplow
Daniel Skibbe
Florian Koop
Knut Kallmeyer
Sebastian Derix
Steven Lampe
Christoph Albrecht
Tim Landfester
Andreas Rieger
Sylvia Placzek
Birger Metzger
Julian Jauernig
David Baier
Karsten Schultz
Kevin Buhlmann
Michael Mohr
Robby Bilz
Jörg Dreißen
Peter Thomas
Sebastian Maier
Ulf Zimmer
Jan Heinrich Zimmer
Merlin Engelien
Patrick Möhn
Olaf Geese
Winfried Büsse
Sandra Pamme
David Scherzer
Marcel Wertnig
Marco Bamberg
Anna M. Schlomm-Urny
Nicole Remus-Sticken
Philipp Meier
Sven Labenz
Sebastian Fink
Jens-Christian Schulze
Kurt Wenzel
Raphael Pakrai
Hendrik Mey
Volker Engelbrecht
Dean Abdereman
Lea Hülsbusch

DANKE!
OHNE EUCH WÄRE HIER GAR NICHTS LOS!

*Für Irma
und Herrmann.*

Dieses Buch wäre nicht möglich gewesen, wenn mir eine Menge Menschen nicht den Rücken freigehalten und sehr viel Verständnis aufgebracht hätten: meine Frau, meine Eltern, aber auch der alternde Kampfhund-Opa Pepi, dessen Spaziergänge manchmal arg kurz waren. Danke!

Ebenfalls Dank an die eingespielte Crew dieses Buches: Jan, Thomas, Marc, Chris (der uns einfach machen lässt), Toby und Tobias … wir haben es wieder getan. Wahnsinn.

Allerdings … am wichtigsten sind die, die zuhören, lesen, unterstützen. Das seid ihr, die Leser. Ohne euch wäre hier gar nichts los.

*André Voigt
Köln, 10. Februar 2015*

*Für meine Familie
und meine Frau.*

Danke an alle, die auch dieses zweite Buch möglich gemacht haben: Chris Grosse aka „Captain Kickz" für die erneute Freigabe unserer Texte, Co-Autor Dré für all die Arbeit über die Jahre mit Buch, Podcast und Buchversand. Danke auch an alle anderen Autoren, Marc an der Grafik und Thomas am Schluss.

Danke den Interviewpartnern aus Kapitel 1 für die coolen Insights und Anekdoten.

Danke aber auch an alle Nerds da draußen, die uns lesen, hören, unterstützen, kaufen, loben, kritisieren und mit uns Nerds sind. Danke, dass wir die Chance haben, das hier alles zu tun und zu feiern.

*Jan Hieronimi
Hamburg, 10. Februar 2015*

Filme, die ihr unbedingt gesehen haben solltet:

Irgendwann werdet ihr auch diese 512 Seiten durchgelesen haben. Was dann? Dann gilt der absolute Sehbefehl für diese Dokumentationen und Spielfilme:

Michael Jordan: Come Fly With Me, 1989
42 Minuten / Darsteller: Michael Jordan
Was die AND1-Mixtapes im 21. Jahrhundert waren, waren diese 42 Minuten in den 90er-Jahren. „Come Fly With Me" ist nicht weniger als der heilige Video-Gral in einer Zeit vor YouTube.

White Men Can't Jump, 1992
110 Minuten / Darsteller: Wesley Snipes, Woody Harrelson
Der beste Spielfilm über Streetball. Gespickt mit Trashtalk wie: „I'll tell you what. Why don't we take all these bricks and build a shelter for the homeless, so maybe your mother will have a place to stay." Vor allem aber hat der Film ein Happy End ...

Hoop Dreams, 1994
173 Minuten / Darsteller: Arthur Agee, William Gates
Die vielleicht beste Sportdoku aller Zeiten. Über fünf Jahre gedreht, erklärt „Hoop Dreams" die Basketballwelt der USA anhand des Lebens von Arthur Agee und William Gates. Wenn ihr dieses Jahr nur einen Basketballfilm schaut, dann „Hoop Dreams" ...

Soul In The Hole, 1997
98 Minuten / Darsteller: Kenny Jones, Ronnet Jones, Danielle Gardner
Playground Basketball in New York wurde nie so authentisch eingefangen wie in dieser Dokumentation. Rau. Ehrlich. New York.

Magic & Bird – A Courtship of Rivals, 2010
90 Minuten / Darsteller: Magic Johnson, Larry Bird
Die ultimative Doku über die Rivalität, die die NBA rettete. Ein Film so legendär wie Magic und Larry selbst.

PLANET BASKETBALL 2

INHALT

DIE NOWE-JAHRE

Von Bronze, Silber und zwölf
Freunden mit Ball 12

GRÜNDERVÄTER

Bill Russell 60
Wilt Chamberlain 86
Jerry West 110
Elgin Baylor 120
Kareem Abdul-Jabbar 130
Earl Monroe 138
Red Auerbach 146

FAVORITEN

Hakeem Olajuwon 154
David Robinson 162
Clyde Drexler 171
Dominique Wilkins 180
Jason Kidd 188

Stephon Marbury 204
Steve Francis 222
Jason Williams 233
Paul Pierce 245
Ron Artest 257
Bad Boy Pistons 272
Phoenix Suns 281
San Antonio Spurs 291
Fab Five 316
Pat Riley 325
Bobby Knight 334

NEUE HOFFNUNGEN

Dwight Howard 350
Kevin Durant 373
Russell Westbrook 409

PLANET BASKETBALL

Streetball-Special 426
Earl Manigault 434
Hook Mitchell 441
AND1 448
Defense 472

DIE NOWE-JAHRE

ANDRÉ VOIGT

DIE NOWITZKI-JAHRE

1997. Der Gewinn der Europameisterschaft 1993 in München ist in Deutschland weitgehend verblasst. Vladislav Lucic, Nachfolger von Svetislav Pesic als Bundestrainer, belegt mit der A-Nationalmannschaft bei der Weltmeisterschaft 1994 in Kanada den 12. Platz. 1995 bei der EM in Griechenland reicht es nur für Rang zehn. Die DBB-Auswahl verpasst die Qualifikation für die Olympischen Spiele 1996 in Atlanta.

Dennoch ist Basketball in Deutschland weiterhin ein Thema. Michael Jordan ist von seinem Ausflug in die Farmligen der Major League Baseball zurück bei den Chicago Bulls. Die Strahlkraft der besten Basketballliga der Welt ist hierzulande weiterhin groß – vielleicht war sie sogar nie größer als damals. Im frei empfangbaren Fernsehen laufen Spiele der Association live, der deutsche Basketball Bund verzeichnet Rekordmitgliederzahlen.

In dieser Zeit kommen mehr Kinder und Jugendliche in Deutschland mit dem orangefarbenen Ball in Kontakt als jemals zuvor. Doch das Aushängeschild, die A-Nationalmannschaft, schwächelt. Der EM-Titel 1993, gewonnen im eigenen Land, sei nur eine Eintagsfliege gewesen, meinen viele.

Von 1995 bis 1997 debütieren einige junge Spieler in der DBB-Auswahl: Ademola Okulaja 1995, Patrick Femerling und Marko Pesic 1996 sowie Dirk Nowitzki 1997. Die neue Generation soll die sportliche Talfahrt beenden.

In dieser Zeit wird der Grundstein für die bis heute erfolgreichste Ära des Deutschen Basketball Bundes gelegt ... die Nowitzki-Jahre haben begonnen.

Von 1999 bis 2005 gewinnt das Team nicht nur Bronze bei der Weltmeisterschaft 2002, drei Jahre später sichert sich die Mannschaft Silber bei der Eurobasket in Serbien. Dirk Nowitzki ist der beste europäische Basketballer dieser Zeit. Er wird zum Most Valuable Player der WM 2002 und auch zum MVP der Euro 2005 gewählt.

„Dirkules" ist in diesen Jahren die absolute Lichtgestalt des deutschen Basketballs. Eine lebende Legende, die jedoch alles um sich herum überstrahlt. Die Medien reduzieren die Erfolge der Nationalmannschaft auf den Würzburger. Auf der einen Seite ist dies kein Wunder, Nowitzkis Leistungen sind einfach überragend.

Gleichzeitig werden seine Mitspieler in der Öffentlichkeit zu Statisten degradiert. Mitspieler, die sich selbst in Europa einen hervorragenden Namen machen und sogar an die Tür zur NBA klopfen. Mitspieler, die sich nicht nur ohne Nowitzki gegen starke Konkurrenz für die Eurobasket 2003 qualifizieren, sondern dabei ohne Niederlage bleiben.

Es ist paradox: Vielleicht ist Dirk Nowitzki in diesen Jahren einfach zu gut. Denn nicht nur die Leistungen seiner Teamkollege, auch die von Bundestrainer Henrik Dettmann und die seines Nachfolgers Dirk Bauermann werden damals vielerorts nicht wirklich gewürdigt. „Mit diesem Nowitzki kann jeder gewinnen", scheint der Tenor zu sein.

Dabei will der Superstar genau das nicht. Dirk Nowitzki will Basketball spielen. Medaillen gewinnen. Einmal an Olympia teilnehmen. Will einer der Jungs in der deutschen Basketballnationalmannschaft sein.

Von 1997 bis 2005 gelingt bis auf die Teilnahme an den Olympischen Spielen in Sydney und Athen genau das. Der vierte Platz in Istanbul 2001, WM-Bronze in Indianapolis 2002, das Scheitern in Norrköping 2003, schließlich EM-Silber 2005 in Belgrad – hier ist die Geschichte der frühen Nowitzki-Jahre. Erzählt von denen, die sie erlebt und geprägt haben.

Henrik Rödl: Mein erstes Länderspiel war mit 18 Jahren unter Svetislav Pesic 1987. Er hatte mich und Henning Harnisch in der Junioren-Nationalmannschaft oft spielen sehen, und er betont immer wieder, dass wir zwei der Grund waren, warum er sich entschied, die Stelle als deutscher Nationaltrainer anzutreten. Ich war noch in der Schule, spielte Regionalliga und hatte auch keine Lust, mich ortstechnisch zu verändern. Ich war ein Jahr zurück aus der Highschool und spielte für meinen Heimatverein EOSC Offenbach. Ich erinnere mich, dass wir in Karlsruhe spielten, gegen das damalige Jugoslawien, es war noch relativ eng, ich hatte eigentlich nicht erwartet zu spielen. Dann hat er mich eingewechselt, es hieß: „Deck mal den da." Tja, und das war dann Drazen Petrovic. Das war dann auch relativ schnell vorbei. Das war der Auftakt, wir haben relativ knapp verloren, eigentlich haben wir gegen die Jugoslawen immer 40, 50 (Punkte Rückstand) gekriegt.

Ademola Okulaja: Mein erstes Länderspiel bei einem Turnier war in Athen bei der Euro 1995. Vladislav Lucic war damals Bundestrainer. Das Spiel fand in der Riesenhalle von Panathinaikos und Olympiakos statt. Meine Mutter war dabei, die Zuschauerränge aber gähnend leer. Denis Wucherer und ich waren damals die einzigen jungen Spieler im Kader. Denis war damals die neue deutsche Hoffnung, und ich war der junge

Wilde, beziehungsweise der Grashüpfer, der viel Energie brachte. Irgendwann sagte Coach zu mir: „Du hast Sabonis." Und ich wusste nicht, wer das ist. Das war kein mangelnder Respekt, ich kannte Arvydas Sabonis damals einfach nicht, dabei war er eine lebende Legende. „Nummer 10", kam es von Lucic zurück. Also bin ich zur Nummer zehn und dachte mir nur: „Was? Ich gegen diesen Herkules?" Im ersten Angriff hat mich Sabonis nur angelächelt, als er den Ball bekam. Ich habe ungelogen mit beiden Händen versucht, ihn wegzudrücken. Er hat einmal gedribbelt und den Hakenwurf reingehauen. Dann hat er sich zu mir umgedreht und wieder gelächelt. Er hat damals ungefähr 150 Kilo gewogen und ich 80.

Marko Pesic: Mein erstes Spiel für die A-Nationalmannschaft war 1996, das war ein Turnier in Argentinien gegen Kuba. Ich habe damals schon Erste Fünf gespielt, das war die Zeit des Generationenwechsels, nach Harnisch, Koch und all diesen Spielern. Patrick Femerling, Jörg Lütcke, Stephen Arigbabu, Henrik Rödl, Vladi Bogojevic, Ademola, wir alle waren schon dabei. Das war die erste Phase nach der Generation von 1992/93, eine ganz junge Mannschaft, die da unterwegs war.

Dirk Nowitzki: Mein erstes Spiel in der Nationalmannschaft ... Das ist schon so lange her, dass ich mich an spezifische Sachen gar nicht mehr erinnern kann *(Deutschland spielte 1997 in Porto gegen Portugal und gewann in der EM-Qualifikation 73:66. Nowitzki erzielte in drei Minuten keinen Punkt, Assist oder Rebound, d. Red.)*. Ich weiß nur noch, dass es eine riesige Ehre für mich war, einmal dabei zu sein. Es war einfach eine tolle Erfahrung für mich, denn Henning Harnisch und Michael Koch waren auch noch dabei. An das Spiel kann ich mich eigentlich nicht mehr erinnern. Ich glaube, ich kam am Schluss noch kurz rein, weil wir weit vorne lagen.

Ende der 90er beginnt die Welt erst zu verstehen, was dieses Internet bedeutet. Schnell wird klar: Alles verändert sich – auch und gerade im Basketball. Die Namen von Ademola Okulaja und Dirk Nowitzki sind vielen Basketballern schon ein Begriff, aber irgendwo sind sie auch urbane Legenden. Wie gut sie wirklich sind, wissen die allermeisten nicht. Das Internet ermöglicht es, bei Okulaja erstmals dessen Statistiken in der NCAA zu verfolgen. Nowitzki in Würzburg ist hingegen ein weitgehend unbeschriebenes Blatt. Aber natürlich kennen sich die kommenden A-Nationalspieler, durchliefen doch die allermeisten die Jugendteams des DBB.

Rödl: Das Team, das 1993 die Goldmedaille gewonnen hatte, war das erste gewesen, das Basketball wirklich komplett professionell betrieben hat. Das waren alles Profis. Davor war es gang und gäbe, dass man nebenbei studiert hat, ein oder zwei haben das immer noch gemacht, aber zurückhaltend. Wir hatten einen sehr großen Trainingsumfang. In der zweiten Generation (um Dirk Nowitzki und Co.), da war das gar keine Frage mehr. Da waren Leute, die aufgewachsen sind, um Basketball zu spielen. 1993 war Detlef Schrempf der herausragende Spieler gewesen, der aber bei der EM nicht dabei war. Dirk war schon mehr ein Teil dieser Mannschaft und vom Kaliber her eine Kategorie höher als Detlef. Es war ein Wahnsinn, mit beiden gespielt zu haben, es gibt sehr viele Ähnlichkeiten, im Hinblick auf die Energie, die Einstellung, ihr Trainingspensum. Alles, was man tun muss, um ganz oben zu sein. Dirk war vielleicht einen Tick mehr integriert, er war ja mit den meisten Jungs dieser Generation auch aufgewachsen.

Okulaja: Dirk und die anderen habe ich nicht in den Jugend-Nationalmannschaften kennengelernt ... denn ich war nie in der Jugend-Nationalmannschaft. Ich habe erst spät mit dem Basketball angefangen, und es war noch nicht mal so, dass mich die Trainer übersehen hätten. Ich habe Basketball damals noch ganz anders gespielt als später. Ich war einfach nur ein Typ, der Spaß hat, der rennt, der ein bisschen springen kann und immer gewinnen will. Ich hatte nie den Plan, Profi zu werden. Auch das Ziel, in der Nationalmannschaft zu spielen, hatte ich nie. Svetislav Pesic hat mich damals als Coach bei Alba Berlin sehr gefördert. Er hat mir extrem viel beigebracht. Damals habe ich Basketball noch gar nicht so verstanden. Ich hatte halt nur viel Energie, habe viele Fehler gemacht, die ich mit Einsatz und meiner Athletik wieder ausgebügelt habe. Deshalb hat Lucic mir die Chance gegeben. Wir hatten damals ein Einzelgespräch, und er hat mein Potenzial erkannt. Er sagte: „Ademola, du kannst so viel mehr. Und du kannst echt ganz weit oben mitspielen." Ich dachte damals nur: „Okay, wenn du meinst." Im Nachhinein muss ich lachen, wenn ich daran zurückdenke. Nach dem College in North Carolina habe ich bei den Philadelphia 76ers vor der Saison und später beim FC Barcelona dann bei den großen Jungs mitgespielt. Als ich Coach Lucic irgendwann wieder getroffen habe, sagte er mit seinem jugoslawischen Akzent nur: „I told you." Er hat mir damals wirklich die erste Chance gegeben und mein Potenzial noch vor mir selbst erkannt.

Nowitzki: Ich weiß nicht mehr, wo ich den Ademola das erste Mal gesehen habe. Aber er war ein wichtiger Spieler für uns und unsere Erfolge in der Nationalmannschaft. Ademola war ein erfahrener Spieler, hat in North Carolina am College super Leistungen gebracht, konnte gut verteidigen, von außen werfen, aber auch gut zum Korb ziehen. Auf Ademola haben wir uns immer verlassen können. Er war der Warrior, war immer am Kämpfen, egal wie der Spielstand war. Gegen Ademola hat es im Training immer Spaß gemacht, weil er immer voll gefightet hat, immer alles gegeben hat. Damals haben wir schöne Zeiten gehabt.

Marvin Willoughby: Ich bin 1997 nach Würzburg in die zweite Liga gewechselt, da war ich 19, und der Grund war Dirk. Es ging darum, dass wir zusammenspielen. Wir waren Freunde. In Würzburg haben wir alle zusammen nach den Spielen zusammen gegessen, das war ein Freundeskreis. Wir haben uns nicht als Profis gesehen, wir haben einfach gespielt, und irgendwie waren wir halt gut. So ging es dann später in der Nationalmannschaft weiter.

Pesic: 1997 habe ich mich einen Tag vor der EM in Barcelona verletzt, musste am Knie operiert werden und habe zwei Wochen später bei der Qualifikation für die U22 wieder gespielt. In Sizilien, das war das erste Mal, dass Dirk dabei war und wir zusammengespielt haben, die Jahrgänge 1976 und jünger. Von Dirk hatte ich vorher gehört, ungefähr ein Jahr davor. Er war noch nicht dominant, wie er es später in der A-Nationalmannschaft war. Ihm hat vielleicht die Erfahrung gefehlt, die wir hatten, denn Femerling und ich hatten ja für Alba schon Europaliga gespielt, aber du hast gesehen, dass er ein Ausnahmespieler ist.

Willoughby: Marko und Vladi Bogojevic waren die 1976er, und dann gab es die 1978er wie Dirk und mich, viel jünger als die anderen. Die Erste Fünf, das waren Vladi, Marko, ich, Dirk, Robert Maras, bevor er krank war, danach ist Bernd Kruel dann auf die Fünf. Dirk hat ja damals schon ganz gut geworfen, spielte dann auch mal die Drei. Sven Schultze kam von der Bank, Pascal Roller war auch dabei. Vladi und Marko durften ja unter Lucic bereits A-Nationalmannschaft spielen, dann war die Diskussion, dass Dirk auch dazukommen sollte. Zu Beginn hieß es von Henrik Dettmann (dem späteren Bundestrainer) noch: „Dirk kommt mal mit und darf froh sein, wenn er spielt." Holger Geschwindner hat dann gesagt:

„Die wissen gar nicht, wer Dirk ist." Irgendwann haben wir alle nach und nach die Chance gekriegt, Sven und ich durften dann auch dazu.

Okulaja: Von Dirk hab ich das erste Mal 1997 oder 1998 gehört. Ich war damals in North Carolina, und auf einmal sprach jemand von einem „German Wunderkind". Ich meinte: „Keine Ahnung, kenn ich nicht." Die zweite Bundesliga hatte damals nicht das Niveau von heute. Es gab keine Berichte oder Statistiken. Patrick Femerling kannte ich damals schon von der Nationalmannschaft. Mithat Demirel war natürlich ein Berliner Junge, wie ich. Wir kannten uns schon ewig. Aber ich war halt in Amerika und hab sie nur im Sommer gesehen. Telefonieren war damals noch zu teuer. Facebook, Skype und WhatsApp gab es nicht. YouTube-Filme auch nicht. Deshalb hast du nicht so viel mitbekommen. Im Sommer haben wir auf dem Freiplatz gezockt, weil wir ... eigentlich nichts anderes gemacht haben den kompletten Sommer. Außer es war halt Nationalmannschaft angesagt. 1999 stieß Dirk zur Nationalmannschaft, nach seinem ersten halben NBA-Jahr. Als er reinkam, hast du richtig gemerkt, wie manche Jungs gehörigen Respekt hatten. Andere, wie ich, dachten: „Wer bist du denn?" Sein Name war mittlerweile natürlich bekannt, aber wir Skeptiker wollten, dass er es auf dem Feld beweist. Und da hast du sofort seine Qualität gesehen. Wenn wir mal im Training die Starting Five getrennt haben, haben wir auch direkt gegeneinander gespielt. Da ich mich immer mit den Besten messen wollte, war das natürlich genial für mich. Er konnte Sachen, die ich auch lernen wollte. Ich wollte gegen ihn spielen, weil ich wusste, dass auch ich mich dadurch verbessere. Das hat extrem Spaß gemacht.

Tim Ohlbrecht (Jahrgang 1988) und Philipp Schwethelm (1989) sind 1999 noch einige Jahre von ihrer Karriere in der Nationalmannschaft entfernt. Aber auch sie kennen das Phänomen Nowitzki, wie er ein Team verändert, was er für einen Effekt selbst auf gestandene Basketballprofis hat ...

Tim Ohlbrecht: Ich habe erst später mit Dirk in der Nationalmannschaft gespielt und versucht, alles aufzusaugen, von Dirk so viel wie möglich zu lernen. Natürlich habe ich im direkten Duell im Training immer das Nachsehen gehabt. Aber genau das hat ja so immens geholfen, dass er einfach im Training war. Jeder hat sich noch mehr angestrengt, um irgendwie mithalten zu können. Es war beeindruckend. Ich habe versucht, es ihm so schwer wie möglich zu machen. Ich war zu der Zeit jung und unerfahren, das hat er komplett ausgenutzt. Er hat mir jedes Mal nach den Einheiten gesagt, wo ich aufpassen muss, wie ich ihn besser verteidigen könnte. Natürlich hab ich versucht, das umzusetzen. Aber er wusste dann auch darauf seine Antworten. Ich bin dann aber nicht in mein Zimmer gegangen und habe geheult: „Mist, ich kann den Dirk Nowitzki nicht verteidigen." Sondern es war für mich ein super Erlebnis, auch wenn er mir die ganze Zeit Buckets gegeben hat. Für mich war es zu der Zeit Wahnsinn, dass ich gegen einen NBA-Spieler trainieren durfte.

Philipp Schwethelm: Das erste Mal, dass ich Dirk kennengelernt habe, war in meinem ersten Nationalmannschaftssommer 2010 bei der Vorbereitung auf die WM in der Türkei. Da ist er einfach mal einen Tag zur Vorbereitung gekommen und hat dem Team Hallo gesagt. Was mich am meisten beindruckt hat, war, als er im Jahr darauf das erste Mal mit uns trainiert hat. Alle waren nervös, keiner hat im Training was auf die Reihe bekommen. Es war witzig. Wir waren alle Profis, alle können Basketball spielen, haben schon viel erlebt. Dann kommt ein Spieler rein, und auf einmal bekommt keiner was hin. Wir mussten uns zwei, drei Trainingseinheiten lang daran gewöhnen, dass er jetzt da war.

1997 übernimmt der Finne Henrik Dettmann im Alter von 39 Jahren den Posten des Bundestrainers. Sein Nachname ist ein deutsches Erbe. In Pommern gibt es einen Ort namens Dettmansdorf. Sein Urgroßvater ist einer von sieben Söhnen, die Eltern führen ein Optikgeschäft in Lübeck auf der Königstraße. Da nicht alle Kinder in dem Geschäft arbeiten können, verlässt Henrik Dettmanns Urgroßvater Lübeck und geht nach Skandinavien, wo er das erste Optikergeschäft in Finnland eröffnet. Die Verpflichtung Dettmanns wird vielerorts skeptisch beäugt. Immerhin ist Finnland zu dieser Zeit ein echtes Basketballentwicklungsland. 1995 hatte der Coach sein Heimatland zur ersten EM seit 1977 geführt ... und dort von sechs Partien keine einzige gewonnen.

Henrik Dettmann: Zu Beginn meiner Tätigkeit in Deutschland sprach ich mit vielen Leuten, einer davon war mein alter Freund Ken Scalabroni *(US-Amerikaner, ehemals Trainer in Finnland und später in Bamberg, d. Red.)*. Sehr schnell kam ich zudem in Kontakt mit Svetislav Pesic. Er war eine große Hilfe für mich, indem er seine Erfahrungen mit mir teilte. Er erklärte mir, wie die Dinge in Deutschland liefen und wie ich damit umgehen sollte. Grundsätzlich halfen mir sehr viele Bundesligatrainer, Bruno Soce aus Bonn, Dirk Bauermann aus Bamberg und einige mehr. Alle waren dazu bereit, das Wachstum der Nationalmannschaft zu unterstützen. Die Beziehung zu Pesic war sehr stark, und wir alle wissen, dass sein Einfluss auf den deutschen Basketball seit mehr als zwanzig Jahren sehr bedeutsam ist. Dafür bin ich sehr dankbar. Das Erste, was sich ändern musste, als ich den Posten als Bundestrainer antrat, war, von den Spielern wieder den Respekt für die Nationalmannschaft zu bekommen. Die besten Spieler mussten für die Nationalmannschaft spielen. Jeder Akteur musste verstehen, dass jede Generation eine gewisse Verantwortung trägt, dass sie den Stab an die nächste Generation weitergeben muss. Ich war sehr froh, nachdem ich den Posten antrat, dass Veteranen wie Chris Welp, Kai Nürnberger oder Henning Harnisch zurückkamen und diese Verantwortung übernahmen. Sie bauten eine Brücke zur nächsten Generation. Das moderne Spiel im Basketball ist sehr stark auf den Point Guard orientiert. Aus diesem Grund war Nürnberger einer der Spieler, die wir unbedingt im Team haben mussten. Ken Scalabroni half mir dabei, ihn für unsere Mannschaft zu gewinnen. Henrik Rödl war während meiner gesamten sechs Jahre aber wohl der wichtigste Spieler, wir hatten eine sehr gute Beziehung. Er war sehr gut darin, das zu kommunizieren, was das Team brauchte und wie sich die Spieler fühlten. Harnisch war gerade zu Beginn ebenfalls eine große Hilfe. Seine Intelligenz, seine Fähigkeit, die Umgebung zu bewerten, seine Visionen waren sehr wertvoll. Dirk Nowitzki spielte seine erste Begegnung für mich im Herbst 1998. Es war die zweite Runde der Qualifikation, wir traten gegen Bulgarien, Belgien, Slowenien und Griechenland an. Dirk stieß später dazu, weil der Deutsche Basketball Bund es vorzog, dass er bei der U22-Mannschaft spielte. Rückblickend war das wohl keine gute Entscheidung, so lange zu warten. Dirk hätte früher zum Team hinzukommen können, bereit war er auf jeden Fall. Ein Spieler seines Kalibers sollte immer ins kalte Wasser geworfen werden, so wie es bei Dirk ja auch lief, als er in die NBA kam. Der Headcoach sollte diese Entscheidung treffen, nicht die Funktionäre. Es gibt keinen Grund, bei einem Spieler mit solch extremem Talent so vorsichtig zu sein.

Willoughby: Dettmann hat den Übergang gemacht, ein Wechsel, das ging superschnell, und wir waren sofort in der Verantwortung. Nürnberger, diese älteren Spieler, die waren ja bald raus. Und wir haben das dann halt übernommen. Patrick, Adi, die haben sich direkt mit uns wohlgefühlt, mit

Dirk, Sven, Marko, wir alle haben ja Leistung gebracht. Da waren keine Alten, die gesagt haben: „Sei mal ruhig du Kleinkind." *(lacht)*

Rödl: Bei den ersten Trainingseinheiten, als er noch aus Würzburg kam, haben Henning und ich versucht, ihn in die Mangel zu nehmen. Dirk hat das natürlich gemerkt, irgendwann ging es ihm auf den Geist, und er sagte zu uns: „Macht nur weiter, ich weiß, was ihr macht, meine Zeit kommt schon." Und die kam natürlich. Der Sprung für mich war die EM 1999 in Frankreich, das war das erste Mal bei einem Turnier, dass Dirk dabei war. Danach, diese EM 1999, das war die Staffelübergabe an ihn.

Nowitzki: Henrik Dettmann war ein bisschen ein Philosoph. Bei unseren Mannschaftsmeetings schrieb er öfter ein Wort an die Tafel, und wir alle mussten sagen, was uns dazu einfiel. Der Zusammenhalt im Team war damals gut, auch weil er das Gespräch mit seinen Spielern gesucht hat.

Okulaja: Henrik Dettmann hat in der Vorbereitung unendlich lange Wörter an die Tafel geschrieben … Wir als Spieler wollten aber nur spielen. Und wir wollten genaue Anweisungen. So nach dem Motto: Gehe dorthin, setze dort einen Block. Aber plötzlich kam der Coach mit diesem Zen-Ansatz von Phil Jackson. Das war komplett neu. Es hat ein bisschen gedauert, weil du neuen Dingen ja generell immer erst einmal kritisch gegenüberstehst. Irgendwann aber merkten wir, dass der neue Stil sehr gut für unsere Mannschaft war, weil er uns Freiraum gab. Ob es jetzt in einer Auszeit oder in der Vorbereitung auf ein Spiel war, wir konnten immer unseren Stil ändern. Wir konnten mit den Trainern zum Beispiel die Verteidigung gegen das Pick-and-Roll besprechen und anpassen. Allerdings war es keine Basisdemokratie. Manchmal hat Dettmann als General entschieden.

Rödl: Henrik hat insgesamt eine sehr positive Atmosphäre geschaffen. Er hat viel Verantwortung der Mannschaft übergeben. Er hatte natürlich auch ein Team, das das konnte, das die Verantwortung für sich wollte und sehr ehrgeizig war. Henrik war ein Typ dafür und hat sehr früh gemerkt, dass das mit der Mannschaft geht.

In den späten 90er-Jahren wächst die Nationalmannschaft zu mehr zusammen als nur einer Basketballauswahl. Viele der Protagonisten kennen sich schon sehr lange, sie finden sich in dieser Zeit von September bis Juni als Basketballer in ihren Vereinen, im Sommer als deutsche Nationalmannschaft. Es sind Sommerwochen wie auf Klassenfahrt.

Pesic: Damals gab es zwei Zeitfenster, im Oktober und Februar, wo die Qualifikation gespielt wurde. Wir haben alle die Tage gezählt, bis wir zur A-Nationalmannschaft konnten, wir waren wie eine kleine Familie. Dettmann hat das damals überragend gemacht, wir sind ja zusammen bei Tus Li und den Jugendmannschaften aufgewachsen, wir mussten gar nicht so viel trainieren, weil wir uns so gut verstanden haben auf dem Feld. Egal wo wir waren, wir haben immer was unternommen abseits des Spiels. Für mich war das die schönste Zeit meiner Karriere.

Willoughby: Da waren dann Leute wie Patrick Femerling, die einfach gute Kerle sind, mit denen man bis heute befreundet ist. Es hat natürlich auch sehr geholfen, dass der beste Spieler ein ganz normaler Typ war. Es gab schon hin und wieder Leute, die gerne Faxen machen wollten. Dirk hat dafür gesorgt, dass wir alle mal runterkommen. Wenn Dirk keine Faxen macht, wie willst du dann Faxen machen? Wir waren wirklich eine Familie. Erst später, als ich in Köln spielte, merkte ich, dass es Profi-Teams gibt, wo andere Spieler abgefuckt waren, wenn ich gut gespielt habe, weil das schlecht für ihre Spielzeit war. Deswegen machte es solchen Spaß. Du hast einfach mit deinen Jungs gespielt und das Ganze Nationalmannschaft genannt.

Okulaja: In den Sommern 1998 und 1999 haben wir gemerkt, dass wir irgendwie eine besondere Mannschaft waren. 1998 war mein Junior-Jahr am College. Dann kam auch Mithat Demirel zur A-Nationalmannschaft. Patrick Femerling war dort schon gefestigt, und wir hatten eine gute Chemie. Henrik Rödl war noch als Veteran dabei, der alles zusammengehalten hat. Dirk war der etwas ruhigere Typ. Ich habe immer etwas mehr geredet als er. Spätestens 1999 bei der EM in Frankreich waren wir ein richtiges Team. Mithat und ich haben die Mannschaft zusammengehalten. Wir waren die Anführer. Dirk hat einfach seine Leistung abgespult. Er war praktisch nicht zu stoppen. Aber 1999 in Paris haben wir unter Henrik Dettmann auf jeden Fall etwas gespürt. Wir waren jung, dynamisch und unerfahren. Man hat Ansätze gesehen, aber wir konnten das Puzzle noch nicht zusammenfügen. Das kam erst 2001. 1999 war für mich auch was Besonderes, weil ich mit dem College fertig war. Wir waren dann bei der

EM. Die NBA-Draft war nachts, und ich war tierisch nervös. Würde ich gedraftet werden? Von wem? Mein Bruder, der damals in Amerika lebte, rief mich direkt an und sagte, dass mich niemand gewählt hatte. Wir hatten dann Frühstück, und einige Jungs waren ein bisschen gehässig. Dirk meinte direkt: „Kopf hoch, mach weiter."

Dettmann: Dieses Team war eine Bruderschaft. Phil Jackson spricht darüber in seinem Buch „11 Rings". Alle Teams, die mehr Erfolg haben als erwartet, vielleicht sogar mehr Erfolg, als sie Potenzial haben, haben diese Bruderschaft. Sie erwächst aus den Spielern. Der Trainer ist nur derjenige, der die Beziehung unter diesen Spielern herstellt. Wenn du die Spieler respektierst, die Stärke ihres jeweiligen Charakters erkennst und es erlaubst, dass sie sie selbst bleiben, dann entwickelt sich dieser Teamgeist. Coaching ist nicht nur Taktik. Das Spiel dauert effektiv nur 40 Minuten, mit allen Unterbrechungen ist es normalerweise in unter zwei Stunden vorbei. Doch du verbringst 24 Stunden zusammen, für Wochen, Monate und Jahre. Also ist alles, was um das Team herum passiert, extrem wichtig. Wenn ein Spieler interviewt und gefragt wird, warum sein Team gewonnen hat, ist eine ganz verbreitete Antwort: „Wegen des tollen Teamgeists." Erfolg ist eine spirituelle Reise. Wir waren damals der Zeit voraus. Wir waren multikulturell, auf dem Feld und auf der Bank, selbst unser Betreuer Dimi van der Wal mit seiner griechischen Coolness und Freude und gleichzeitig mit seiner holländischen Art, geradeheraus zu sein, brachte eine großartige Dimension mit ins Team.

Dimitri van der Wal: Es gab null Lagerkoller, zu keinem Zeitpunkt. Dabei waren die Jungs ja wochenlang zusammen. Wir haben einfach Spaß gehabt. Ich hatte damals ein paar Spiele auf dem Laptop. Zum Beispiel Beachvolleyball. Ich habe immer gegen den Jörg Lütcke gespielt, auf der Tastatur. Wenn den Jungs langweilig war, kamen sie immer zu mir rüber. Meine Tür war immer offen. Da konnten die Spieler in aller Ruhe chillen und entspannt quatschen. Ich habe nie mit ihnen über Basketball gesprochen. Eher haben wir über Fußball geredet oder uns gegenseitig lustige Sprüche reingedrückt.

Dettmann: Stephen Arigbabu war ein besonderer Spieler in unserem Kader. Eine Art Basketballer, über die wohl nicht so oft gesprochen wird. Ein gutes Team ist normalerweise das Resultat, wenn jeder Spieler seiner eigenen Identität gerecht werden kann. Sie können sie selbst sein und ihre eigenen Stärken einbringen. Es gibt verschiedene Rollen, auf dem Feld und abseits des Feldes, und diese Rollen kann man zwar trennen, aber man darf nie vergessen, dass es diese Rollen gibt. Stephen war einer dieser Jungs, die immer dafür sorgten, dass innerhalb des Teams etwas los war. Er war einer der Chefs hinter den Kulissen, er sorgte dafür, dass es eine Playstation gab, dass etwas unternommen wurde, dass die Leute lächelten. Er hat bestimmt nicht die Spielzeit erhalten, die er gerne gehabt hätte, und doch hat er die Stimmung der Mannschaft nicht runtergezogen. Stephen Arigbabu war aber immer bereit, wenn seine Zeit kam. Diese Spieler sind sehr wichtig, denn sie können deiner Mannschaft helfen oder sie zerstören.

Okulaja: Wir waren halt echte Freunde, die sich im Sommer gesehen und zusammen Basketball gespielt haben. Es gab damals nicht diese Kommunikationsmöglichkeiten wie heute. Deshalb haben wir uns immer erst mal über die Saison ausgetauscht und uns gratuliert, wenn wir uns gesehen haben. Es hat echt sehr viel Spaß gemacht, bei der Nationalmannschaft zu sein. Deshalb sind wir auch alle so lange dabei geblieben. Jedes Jahr den Sommer zu opfern, war immer eine Freude. Es war nicht so wie bei den Teams der Türkei oder Jugoslawien, die sich komplett zerstritten haben. Bei denen war es teilweise so, dass drei Spieler mit dem Bus gefahren sind und der Rest wurde von Fahrern chauffiert, weil keiner mit dem anderen reden wollte. Wir wussten auch, dass es unser Vorteil ist, dass wir so eingeschworen sind. Bei uns war jeder für den anderen da. Wenn du die Geschichten von anderen Mannschaften gehört hast, war das echt Wahnsinn. Die mussten sich immer neu finden. Bei uns war das schon von Anfang an da.

Als Henrik Dettmann die deutsche Nationalmannschaft übernimmt, macht er nicht nur philosophische Anleihen bei NBA-Trainerlegende Phil Jackson, sondern auch taktische. Der Finne lässt sein Team die Triangle-Offense (auch Triple-Post-Offense genannt) laufen, die den Chicago Bulls um Michael Jordan zu sechs NBA-Titeln verhalf.

Nowitzki: Für uns als Nationalspieler war allerdings die Triangle-Offense neu, die ja außerhalb der NBA nicht gelaufen wurde. Ich bin mit Henrik immer gut zurechtgekommen.

Okulaja: Henrik Dettmann war halt ein „Philosoph". Das war neu für uns. Wir haben ihn immer den „finnischen Phil Jackson" genannt, weil er die Triangle-Offense bei uns einführte. Wir haben das damals erst nicht verstanden. Wir meinten: „In der FIBA kannst du auch eine Zonenverteidigung spielen, das wird nicht funktionieren wie in der NBA." Außerdem brauchst du das richtige Personal für die Triangle-Offense.

Dettmann: Einige Leute verstanden die Triangle ganz einfach nicht, und die meisten, die sie kritisierten, kritisierten sie aus Unverständnis. Sie hielten sie für Zauberei. Coach Tex Winter schrieb sein Buch über die Triangle-Offense allerdings schon 1962! Es ist einfach ein Stil, wie du als Team den Ball teilst, die Verantwortung teilst und eine Bruderschaft entstehen lässt. Gib den Ball zum freien Mann, teile die Verantwortung, zeige Vertrauen in deinen Mitspieler, spiele zusammen. Es gibt ein Sprichwort: „Im Angriff erschaffst du deinen Ruf, in der Verteidigung entwickelst du die Wahrheit." Dort tust du viele Dinge, die nie gesehen und nie belohnt werden. Den Extraeinsatz zu zeigen, den zusätzlichen Kontakt wegzustecken, zu sagen: „Es ist nicht mein Gegenspieler, aber ich nehme den Kontakt auf, ich nehme den Schmerz in Kauf, um dem Team zu helfen." Wie im Eishockey, wenn ein gegnerischer Spieler aufs Tor schießt – wenn sich niemand in diesen Schuss wirft, wirst du die wichtigen Spiele nicht gewinnen. Derjenige, der in diesen Schuss springt, nimmt den Schmerz in Kauf und wird selten dafür herausgestellt und gelobt.

Nowitzki: In der Triangle-Offense gibt es eine Menge Ausstiege, die Laufwege auf dem Feld werden von den Aktionen der Spieler bestimmt. Ein Pass kann zum Beispiel komplett ändern, was du im Anschluss zu tun hast. Am Anfang sah das Ganze natürlich bei uns aus wie ein Hühnerhaufen. Aber je länger du in so einer Offensive spielst, desto wohler fühlst du dich auch. Letztendlich war es meiner Meinung nach ein gutes System für uns, mit dem wir auch Erfolge gefeiert haben.

Dettmann: Es wird gesagt, dass der Mensch pro Tag 60.000 Entscheidungen trifft. Da stellt sich die Frage: Wie viele davon werden intuitiv getroffen, als Reaktion? Also musst du diesen Prozess der Entscheidungsfindung gemeinsam trainieren. Ein Team von Meisterschaftskaliber zu schaffen, braucht Zeit. Nehmen wir die San Antonio Spurs als Beispiel. Sie haben wahrscheinlich nicht die besten Basketballer der NBA, aber alle spielen zusammen. Genau diese Qualität tragen alle großen Teams in sich. Bei uns dauerte es einige Jahre, auch ich brauchte einige Zeit, um die richtige Mischung zu finden. Wie wir spielen sollten, welche Spieler in welche Position gebracht werden sollten. Für mich war das Beeindruckendste, wie wir die Qualifikation in 2002 und 2003 spielten, als wir ohne Dirk europäische Top-Mannschaften dominierten. Aber natürlich geht es nicht um die Taktik selbst. Ich erinnere mich auch an ein Spiel, 2001 in der Türkei, als wir die Triangle durchliefen. Das bedeutet sehr viel Bewegung ohne Ball. Dirk sagte in einer Auszeit sinngemäß: „Ich kann nicht mehr laufen, ich poste jetzt auf, gebt mir die verdammte Pille!" Ich sagte: „Okay." *(lacht)* Man muss verstehen, wie man ein Spiel gewinnen kann, also sollte man möglichst pragmatisch an die Sache herangehen.

Pesic: Dettmann hat ab 1997 diese ganze Generation aufgebaut. Später hat man ihm zum Vorwurf gemacht, dass er uns eine zu lange Leine gelassen habe, aber das war sein Rezept zum Erfolg. Er ist ein sehr unterschätzter Fachmann, der Basketball im kleinen Finger hat. Er hat einen Weg gefunden, mit uns umzugehen.

Umso besser Dirk Nowitzki damals in der NBA spielte, desto schwieriger wurde es, ihn bei den FIBA-Turnieren im Sommer dabei zu haben. Denn der DBB musste seinen Superstar entsprechend versichern. Doch a) war diese Police nicht billig und b) musste ein Kompromiss mit den Dallas Mavericks gefunden werden.

Deren Besitzer Mark Cuban war nie ein Fan davon, seinen besten, unersetzlichen Profi für die deutsche Nationalmannschaft abzustellen. Also wurde verhandelt, dass Nowitzki vier Wochen mit dem DBB trainieren und spielen durfte – also nur einen Bruchteil der Vorbereitung und das folgende Turnier.

Während sich die Nationalmannschaft also bereits zu den ersten Lehrgängen traf, machte Nowitzki sich zusammen mit seinem Mentor Holger Geschwindner fit für das anstehende Turnier. Der Umfang vor einem FIBA-Turnier entsprach dem seiner Vorbereitung vor der NBA-Saison. Zusammen mit Geschwindner durchlief Nowitzki das einzigartig-unorthodoxe Trainingsprogramm seines Privatcoaches.

Per Günther: Ich konnte zuerst wirklich nicht glauben, dass es solche Übungen gibt. Sajmen Hauer kannte das Training. Mit dem war ich gut befreundet und habe mit ihm in der Jugendnationalmannschaft gespielt. Ich habe Sajmen diese Übungen machen sehen, bevor ich wusste, dass sie von Holger Geschwindner kommen und Dirk Nowitzki die auch macht. Ich dachte wirklich, er will mich verarschen. Diese übertrieben langsamen Schritte und immer die Fußspitzen dabei über den Boden schleifen lassen … Es hat natürlich eine andere Qualität, wenn Dirk Nowitzki das macht, als irgendein Vogel …

Willoughby: Zu Beginn war es gleichzeitig Himmel und Hölle, dass wir von Holger so geprägt wurden in Würzburg. Das war ja nicht von Anfang an klar, dass da ein NBA-MVP draus werden würde. Am Anfang, da war er der verrückte Professor, der uns brainwasht und verrücktes Zeug erzählt. Da hieß es, wir in Würzburg laufen nur nach vorne und spielen keine Defense. Da waren wir halt schon die Spackos. Dirk hatte dann irgendwann das Standing. Bei Dirk kann keiner was sagen.

Okulaja: Ich hab mir die Übungen angeguckt. Das war komplett neu und verrückt für mich. Aber ich dachte mir: „Wenn es dir auch hilft, dann mach das." Dirk hat immer nach dem Mannschaftstraining sein Programm abgespult, und die anderen Jungs haben zum Teil mitgemacht. Ich wollte das ab und an auch, aber ich war nach dem Training immer so platt … Diese Übungen, bei denen sie mit acht Schritten von Baseline zu Baseline kommen mussten. Das hatte ich vorher noch nie gesehen. Dirk ist auch so erfolgreich, weil er viel arbeitet. Er kann weiter, länger und härter trainieren als normale Profis. Wenn wir mit dem Team unsere Mittagsruhe hatten, hat er seine Pressetermine absolviert und war trotzdem mit Holger Geschwindner als Erster in der Halle. Er hat wirklich viel mehr gearbeitet als andere. Ich wollte da gerne mitmachen, aber ich hatte einfach keine Kraft. Ich brauchte meine Ruhe. Ich stand da echt vor der Wahl: Mache ich jetzt noch eine halbe Stunde mit und bin aber am nächsten Tag einfach fertig … oder gucke ich zu und regeneriere in meiner freien Zeit so gut wie möglich.

Günther: Ich war bei einem der Trainingscamps, die Geschwindner für Dirk und andere am Starnberger See im Sommer organisiert. Da haben wir aber gar nicht so viel mitgekriegt, wie Dirk selbst trainiert, weil er das immer abseits allein gemacht hat. Aber wir haben die Aufwärmübungen gemacht, ein bisschen Atemtechnik und diese langen und tiefen Schritte, die er auch in seinem Programm hat … Der Muskelkater danach war die Hölle.

Dettmann: Dirk hat sehr hart an sich gearbeitet, das war keine Überraschung für mich. Das ist eine Frage der Einstellung, eine mentale Sache. Wenn du daran glaubst, dass du durch Training dein Spiel weiterentwickelst, dann ziehst du daraus Energie und Leidenschaft, alleine aus dem Spaß am Lernen, und du fühlst dich nicht müde. Wenn du daran glaubst, dass Training dich müde macht, na ja, dann wirst du müde. Ich sage gerne: Je mehr du schläfst, desto müder wirst du.

Okulaja: Ich habe damit nie ein Problem gehabt, wenn Dirk aufgrund seiner Versicherungssituation erst spät in der Vorbereitung zur Nationalmannschaft stieß. Andere haben aber wirklich gemeckert. Meinetwegen hätte Dirk einen Tag vor dem ersten Spiel dazukommen können. Es war doch eh klar, welche Rolle er einnahm. Es war wie bei guten Freunden. Selbst wenn du dich lange nicht gesehen hast ... sobald du dich wieder siehst, ist es, als ob du nie getrennt gewesen bist. Wenn Dirk kommt, kriegt er den Ball, beziehungsweise von zehn Angriffen gehen wir sechs- oder siebenmal über ihn. Wenn er heiß ist, sogar achtmal. Ich habe dann immer gesagt: „Hey Leute, das ist Dirk. Was wollt ihr überhaupt? Wollt ihr mehr Spielzeit als Dirk Nowitzki?" Das war schon sehr amüsant. Aber diese Leute gibt es ja überall. Ich kannte meine Rolle. Ich sollte den besten Offensiv-Spieler des Gegners verteidigen und mich manchmal zum Korb durchtanken und punkten. Wir waren da so eine Art One-Two-Punch.

Dettmann: Ich sehe es so: Dirk profitierte sehr von der Herausforderung in den USA, und dann kehrte er zurück in diese Bruderschaft, in der er sich sicher fühlen konnte und wo er eine sehr große Verantwortung für den Erfolg des Teams tragen musste. Wenn er dann in der nächsten Saison zurück in die USA ging, dann war er noch besser als zuvor. Denn er hatte trainiert, während seine Kollegen im Urlaub waren. Ich glaube sehr daran, dass Spieler sich im Nationalteam weiterentwickeln. Das ist eine zweispurige Straße. Du gibst deine Freizeit im Sommer und wirst dafür ein besserer Spieler. All das Gerede von den Agenten, dass Spieler sich ausruhen, an ihrem Körper arbeiten müssen und so, das ist nur ein Zeichen dafür, dass jemand nicht verstanden hat, wie Sport funktioniert.

Vor der Eurobasket 2001 in der Türkei wird die Idylle des Nationalteams gestört. Shawn Bradley, Center bei Dirk Nowitzkis Dallas Mavericks, soll eingebürgert werden. Der 2,29 Meter große Pivot wurde 1972 in Landstuhl geboren und soll hinter Patrick Femerling als Center die Defensive zusammenhalten, wenn Femerling eine Pause bekommt. Doch es gibt ein Problem: Point Guard Vladimir Bogojevic ist ebenfalls ein naturalisierter Akteur, und von denen darf laut FIBA-Regeln nur einer für eine Nation antreten. Obwohl er fast die gesamte Vorbereitung absolviert, muss Bogojevic zu Hause bleiben. 1996 hatte der Aufbau in der A-Nationalmannschaft debütiert. Am 11. August 2001 erzielt er beim 73:70-Erfolg gegen Israel in Bamberg sieben Punkte. Er spielt in der Folge nie mehr für Deutschland ...

Okulaja: Shawn Bradley war supernett. Das Erste, was mir zu ihm einfällt, sind seine Schuhe. Das erste Mal, als ich ihn gesehen habe, hatte er riesige Cowboy-Stiefel aus Schlangenleder an. Die sind ja vorne spitz und deshalb immer noch ein bisschen länger. Seine waren halt gefühlt 50 bis 60 Zentimeter lang. Wir dachten uns: „Oha, was ist das denn für ein Typ? Riesig, breit und solche Schuhe. Okay, ein echter Texaner." Aber Bradley war sehr wissbegierig. Er wollte unbedingt die Sprache und die Kultur kennenlernen. Er hat sich nie isoliert und war supernett.

Dettmann: Bradley ist ein sehr netter Typ, ein guter Mensch, gut für das Team, und er hat für die Mannschaft sehr viel getan. Doch meiner Meinung nach sollten wir Spieler nicht naturalisieren, um mehr Erfolg zu haben. Ich finde das billig. Wenn ein Spieler in Deutschland aufgewachsen ist und er ein Teil der deutschen Gesellschaft wurde, so wie es Vladimir Bogojevic getan hat, dann ist das großartig, und er sollte in der Nationalmannschaft auflaufen. Aber jemand, der anderswo aufwuchs, der dort lebt und der nach den Spielen dorthin zurückgeht, das mag ich irgendwie nicht.

Okulaja: Ja, Vladi hat es damals getroffen. Es gab einige negative Stimmen dazu. Ich war relativ eng befreundet mit ihm. Er war natürlich traurig, weil er so viel Zeit in die Nationalmannschaft investiert hatte. Vladi war mit 1,94 Meter unser einzig richtig langer Point Guard. Er war genau der Typ Einser, der uns in Deutschland immer gefehlt hat. Natürlich war er nicht der Athletischste, aber er war groß und schlau genug, dass er auch schnellere Gegner vor sich halten konnte. Er hatte Erfahrung, Spielwitz und Eier, deshalb war es schon eine harte Entscheidung. Aber wir wurden bei dieser Frage kaum einbezogen. Als Spieler nimmst du es hin und machst deinen Job weiter.

Dettmann: Mithat Demirel haben wir mehr oder weniger durch Zufall entdeckt. Das lag an dem Zirkus, der entstand, als wir Shawn Bradley in den Kader aufnehmen mussten. Dadurch mussten wir unseren Point Guard Vladimir Bogojevic zu Hause lassen, und ein wenig überraschend für uns wurde Mithat zu einem Schlüsselspieler. Sein Spiel 2001 und 2002 war deutlich größer, als es seine Statur denken lassen würde. Er hatte eine tolle Einstellung, er war gut für das Team, da er wusste, wem er den Ball geben musste. Am Ende war er derjenige, der Dirk den Ball gab *(lacht)*.

Als die Euro in der Türkei beginnt, sind die Erwartungen gering. Deutschland trifft in der ersten Gruppenphase auf Estland, Kroatien und Jugoslawien. Nur der Erstplatzierte jeder Gruppe ist direkt für das Viertelfinale qualifiziert. Die Gruppenzweiten und -dritten spielen über Kreuz aus, wer in die Runde der besten acht einzieht.
Schon das Erreichen des Viertelfinales wäre ein Erfolg für die DBB-Auswahl, die Qualifikation für die Weltmeisterschaft in Indianapolis 2002 wäre das Sahnehäubchen.

Nowitzki: Vor irgendeiner Partie habe ich mich übergeben müssen ... Das war vor unserem ersten Spiel gegen Estland. Ich weiß nicht, ob ich da so nervös war, jedenfalls bin ich vor dem Sprungball noch kurz zurück in die Kabine und habe mich da übergeben. Danach ging es mir aber super, auch im Spiel hab ich alles getroffen.

Einen viel besseren EM-Auftakt hätte Dirk Nowitzki nicht hinlegen können. 33 Punkte, zwölf Rebounds, 71,4 Prozent aus dem Feld ... Deutschland gewinnt 92:71. Aber das ist natürlich „nur" Estland, der schwächste Gruppengegner. Die Balten nehmen an diesem Tag 30 Dreier und treffen nur vier.
Doch Deutschland schlägt auch die hoch eingeschätzten Kroaten mit 98:88. Gegen die Topfavoriten aus Jugoslawien – die mit ihren Topstars Dejan Bodiroga und Peja Stojakovic antreten – hält die DBB-Auswahl bis ins Schlussviertel mit. Trotz der 73:86-Niederlage entsteht so etwas wie Euphorie in Deutschland.

Per Günther: Das Gute an diesen Basketballturnieren ist, dass du in so einen Rausch eintauchst. Du guckst jeden Tag ein Spiel, und wenn eine Mannschaft es schafft, Euphorie zu entfachen, dann ist es nicht so wie beim Fußball, wo die Teams nur alle vier, fünf Tage ein Spiel absolvieren.

Du sitzt jeden Abend mit denselben Leuten zu Hause und schaust denselben Jungs zu. Die Euro 2001 war so ein Ding.

Das Cross-Elimination-Game gegen Griechenland wird zu einem Schlüsselerlebnis der Generation Nowitzki. Auch in dieser Partie geht es gegen einige der ganz Großen im europäischen Basketball, unter anderem Theo Papaloukas, Georgios Sigalas, Antonis Fotsis, Fragkiskos Alvertis und Efthymios Rentzias. Nach elf Minuten liegt Deutschland mit 22 Punkten zurück und gewinnt am Ende 80:75. Dass diese Deutschen gegen eine echte Macht im Weltbasketball einen solchen Rückstand aufholen, entfacht daheim endgültig Euphorie.

Denn es ist nicht nur Dirk Nowitzki mit seinen 25 Punkten. Femerling, Pesic (beide 14 Zähler), Okulaja (12) und Nino Garris (10) tragen sich zweistellig auf dem Spielberichtsbogen ein. Henrik Dettmanns Team lässt in der zweiten Hälfte nur noch 28 Punkte der Griechen zu.

Nowitzki: Die Griechen waren einfach physisch und haben dazu noch in der ersten Hälfte alles von außen getroffen. Bei uns ging wirklich wenig im ersten Durchgang. Dann haben sie in der zweiten Halbzeit aber viele Freiwürfe verworfen und uns dadurch die Chance gegeben.

Okulaja: Ich weiß noch, wie die Euphorie in der Kabine nach dem Spiel war. Wir hatten natürlich schon länger als Team zusammengespielt, aber da haben wir auf dem Feld bewiesen, dass wir so ein Spitzenteam schlagen können. Wir haben ganz Europa und Deutschland gezeigt, dass wir keine Eintagsfliegen sind, dass wir nicht nur Dirk sind. Dirk hatte natürlich einen großen Anteil daran, aber wir haben als Mannschaft richtig geil gespielt. Wir haben gekämpft und nicht aufgegeben. Wir haben uns gezeigt, dass wir durch dick und dünn gehen. Das hat uns zusammengeschweißt.

Van der Wal: Wir hatten während der EM eine Polizeieskorte auf einem Motorrad, die uns immer begleitete, wenn wir zu den Spielen mussten.

Willoughby: Diese Atmospähre, egal wo wir hinkamen mit dem Bus. Die Leute sind durchgedreht, die haben gefeiert, dass wir da waren.

Okulaja: Wir saßen auf dem Rückweg nach der Partie gegen die Griechen hinten im Bus, und Patrick Femerling hat Geschichten erzählt. Ich meinte irgendwann, dass damals beim NCAA Final Four ein Polizist auf einem Motorrad ein T für Tar Heels gemacht hat. Genau in dem Moment steht der Polizist vor dem Bus von seinem Motorrad auf, steigt drauf und macht das auch ... Wir haben ihn im Bus total gefeiert.

Nowitzki: Der Polizist war wirklich Weltklasse! Der ist da rumgeturnt, hat Handstand auf seinem Motorrad gemacht und High Fives verteilt.

Auch in Deutschland wird gefeiert. Denn die DBB-Auswahl gewinnt auch das Viertelfinale gegen Frankreich mit 81:77 – dabei ist das Team auch hier Außenseiter. Doch Nowitzki erzielt 32 Punkte, im vorentscheidenden dritten Viertel erlaubt Deutschland den Franzosen nur acht Zähler. Henrik Dettmann und Co. sind für die Weltmeisterschaft 2002 in Indianapolis qualifiziert.

Natürlich ist aber vor allem eine Medaille in Reichweite. Die Medien in der Heimat nehmen immer mehr Notiz. Zum ersten Mal seit 1993 sitzt Deutschland vor dem Fernseher, als eine deutsche Basketballnationalmannschaft spielt. Denn das Halbfinale gegen Gastgeber Türkei steht an.

Schwethelm: Die EM lief im DSF. Wir hatten aber zu Hause in Gummersbach nur die ersten drei Programme. Ich saß also bei uns im Tennisheim vor dem Fernseher. Der ganze Tennisclub war da und hat dann das Halbfinale gegen die Türkei angeschaut.

Günther: Ich habe mit meinen Eltern zu Hause geguckt. In Deutschland war es einfach Euphorie pur. Ich habe die Europameisterschaft 1993 nicht miterlebt, deswegen war 2001 ... eine deutsche Basketballnationalmannschaft, die irgendwie cool ist, Spiele gewinnt und noch einen der fünf besten Spieler der Welt hat. Das war was ganz Neues, das so zu erleben.

Dettmann: Schon beim ersten Spiel gegen Estland schauten 300.000 Fernsehzuschauer zu, eine Woche später saßen vier Millionen Deutsche vor den TV-Geräten und sahen diesem multikulturellen Team zu. Das zeigt, dass die Nationalmannschaft die beste Lokomotive ist, um diesen Sport zu promoten. Wir können Menschen auf eine Art erreichen, auf die Vereinsmannschaften es nie können werden.

Vor dem Halbfinale zieht die Türkei als Sportnation alle Register, um es der Konkurrenz so schwer wie möglich zu machen ... auf und neben dem Feld.

Okulaja: Vor dem Spiel gegen die Türkei war von unserer Polizeieskorte nichts zu sehen ... Das war ja klar. In der Türkei, Griechenland oder Jugoslawien ist es nun mal so, dass die vor dem Spiel alles versuchen, um dir als Gegner das Leben schwer zu machen. Wir mussten uns allein durch den Verkehr in Istanbul kämpfen. Es war eine geile Atmosphäre, aber auch teilweise beängstigend, weil wirklich große Münzen durch die Halle flogen. Wenn du so ein Ding ins Auge oder an den Kopf bekommst, ist das natürlich richtig gefährlich. Eigentlich genießt du solche Partien mit einer geilen Stimmung, aber wenn einen da irgendwas trifft, kann es auch vorbei sein.

Nowitzki: Den Ingo Weiss, der ja heute DBB-Präsident ist, haben sie damals sogar aus der Halle geschmissen. Er saß sehr nah am Spielfeldrand und hat natürlich jedes Mal gefeiert, wenn wir gescort haben. Irgendwann haben die türkischen Fans angefangen, ihn von hinten zu bewerfen. Ingo hat sich mit denen angelegt. Die Polizei kam dazu und hat ihn rausgeworfen. An dem Tag herrschte für mich bis heute eine der wahnsinnigsten Atmosphären, die ich je erlebt habe. Trotzdem hätten wir gewinnen müssen.

Pesic: Das Halbfinale gegen die Türkei gehört zu den besten drei Spielen, die je eine A-Nationalmannschaft gemacht hat. Es war eine volle Halle, alles Türken, unglaubliche Stimmung, und wir haben ein absolutes Hammer-Spiel abgeliefert.

Okulaja: Ja, es war ein geiles Spiel. Vom Sprungball weg. Und dann kam es zur entscheidenden Szene ... Wir hatten Hedo Türkoglu eigentlich sehr gut unter Kontrolle. Er hatte bis dahin nur zwei oder drei von zehn Dreiern getroffen. Dann kam die Auszeit.

Hidayet Türkoglu und Mirsad Turkcan haben Nowitzki die gesamte Spielzeit über hart verteidigt ... dabei überschreiten sie nicht selten die Grenzen des Erlaubten. Der Star der Mavericks kommt so nicht wirklich in Fahrt. Nur sieben seiner 16 Würfe bringt er im Korb unter, für 22 Punkte. Bei Ademola Okulaja (18 Punkte) sind es acht von 19 Versuchen, doch zusammen mit Marko Pesic (17) übernimmt er die Verantwortung im Angriff, wenn Nowitzki nicht anspielbar ist.

Deutschland führt mit 70:67. Es sind noch 8,9 Sekunden zu spielen. 10.500 frenetische Fans in der Abdi-Ipekci-Halle zu Istanbul drehen durch.

Was in der Auszeit kurz vor Schluss genau angesagt wird ... darüber gibt es verschiedene Versionen. Sicher ist: Es ist unfassbar laut in der Arena. Patrick Femerling erklärt damals, das Team habe sich oft nur mit Zeichensprache verständigen können.

Sicher ist jedoch, dass an diesem Tag Ademola Okulaja zur wohl tragischsten Figur im deutschen Basketball wird. Denn er ist es, der NBA-Star Türkoglu verteidigt, als der den Ball nach vorne dribbelt.

Es sind noch 8,9 Sekunden zu spielen, ein Foul an Türkoglu, bevor dieser zum Wurf kommt, würde nur zwei Freiwürfe bedeuten. Deutschland hätte aller Voraussicht nach in der Folge Ballbesitz, würde wohl gewinnen ... Es kommt anders.

Okulaja: Coach Dettmann hat damals nicht gesagt, dass wir foulen sollen. Ich muss aber auch dazusagen, dass wir in der Halle kaum etwas verstanden haben, weil es so laut war. Ich bin sicher, dass er nicht gesagt hat, dass wir foulen sollen.

Dettmann: Natürlich weiß ich noch, was am Ende des Spiels passierte. Wir sagten, dass wir den Mann mit dem Ball foulen wollten, sobald er über die Mittellinie kam. Je höher der Druck, desto mehr verlässt sich der Mensch auf seine eigene Intuition. Es war klar, dass wir foulen wollten, aber wir haben nicht gefoult. Es ist witzig, dass ich die gleiche Situation bei der Weltmeisterschaft 2014 mit Finnland hatte, und es ist interessant, dass so etwas geschieht *(beim Spiel Finnland gegen die Türkei erzielte Cenk Akyol vier Sekunden vor Schluss mit einem Dreier das 68:68. Finnland verlor 73:77 nach Verlängerung, d. Red.)*. Wenn ich heutzutage bewerten sollte, welche Akteure unter hohem Stress das taktisch richtige Play machen können ... Es gibt nur sehr wenige Spieler, die in dieser Situation dieses Foul machen. Spieler spielen meistens einfach nach ihrer Intuition.

Okulaja: Komischerweise gab es diesen Sommer bei Finnland gegen die Türkei die gleiche Situation. Die Finnen haben da auch nicht gefoult. Mir haben direkt mehrere Leute geschrieben: „Jetzt hast du den Beweis, dass er es damals auch nicht angesagt hat." Lustiger Zufall eigentlich. Viele andere Coaches machen das ja auch so. Gregg Popovich von den San Antonio Spurs hat 2013 im sechsten Spiel der Finals gegen die Miami Heat auch gesagt: „Wir foulen nicht."

Dettmann: Heutzutage gibt es einen Basketballstil, den ich „Balkan-Stil" nenne und bei dem in der Sekunde, wo ein Gegenspieler an seinem Verteidiger vorbeigeht, der Coach „Foul!" ruft, und dann wird gefoult. Das ist eine Philosophie, und es gibt viele richtige Wege, Basketball zu spielen. Ich bevorzuge es, wenn meine Teams „sauberen Basketball" spielen, ich bringe ihnen nicht bei, dass es einen billigen Ausweg aus jeder Situation gibt. Die Spieler sollen anständig verteidigen. Wenn du als Trainer lehrst, dass es eine Abkürzung gibt, dann nehmen die Spieler stets diese Abkürzung. Sie folgen ihren Instinkten, ihren Gewohnheiten. Unsere Strategie war es zu foulen. Wenn ein Spieler diese Strategie aus den Augen verliert, kann das mehrere Gründe haben. Eine Erklärung wäre, dass sich die Spieler in diesen Drucksituationen auf ihre Intuitionen, auf ihre basketballerische Erziehung verlassen. Eine andere Erklärung wäre, dass wir die Strategie nicht klar genug kommuniziert haben.

Pesic: Dirk schießt seine Freiwürfe, und Mithat und ich gehen zu Ademola und sagen: „Wir müssen jetzt foulen, weil Dirk den ersten vorbeigeworfen hat." Dann wird der Ball eingeworfen, Türkoglu dribbelt, und ich schreie: „Foul, Foul, Foul!" Fünfzehn Jahre später kann ich sagen: Da braucht es keinen Trainer, der „Foul" sagt.

Willoughby: Alle riefen auf der Bank: „Adi, Foul, Adi, Foul!"

Okulaja: Ich wollte eigentlich den Ball von Türkoglu klauen, hätte das nicht geklappt, wollte ich ihn foulen. Habe ich auch versucht, aber das wurde nicht gepfiffen. Deshalb hab ich entschieden, vor ihm zu bleiben. Türkoglu hatte bis dahin ja auch nicht viel getroffen, aber das Ding hat er dann reingehauen.

Schwethelm: Als es die Kommentatoren erklärt haben, war mir bewusst, dass es zwei Möglichkeiten gab und ein Foul wahrscheinlich die bessere Alternative gewesen wäre.

Günther: Mein Vater ist Trainer, hat selber gespielt, genau wie meine Mutter und mein Bruder. Da wurde natürlich durchs Wohnzimmer geschrien und ein Foul von Ademola gefordert. Da gab es keine Alternative.

Dettmann: Am Ende ist es egal. Es ist passiert. Fehler wie dieser passieren ständig. Türkoglu wurde nicht gefoult, und es kam wenig später eine weitere Situation, wo jemand auf unseren Korb einen Finger-Roll machte. Auch hier möchtest du, dass jemand versucht, den Wurf zu blocken, und wenn es dabei ein Foul gibt, dann ist das in Ordnung. Aber wir wollten keine Punkte direkt am eigenen Korb erlauben. Auch das haben wir nicht getan. Aber na ja, wenn du in Reihe 13 sitzt, weißt du alles besser.

Okulaja: Von außen ist es immer einfach zu sagen, dass du da foulen musst. Wenn du aber auf dem Feld stehst und in Bruchteilen von Sekunden eine Entscheidung treffen musst … das ist um einiges schwerer. Ich habe versucht, Türkoglu gut zu verteidigen, und er hat das Ding aus neun Metern getroffen.

Dettmann: All das gehört zum Spiel dazu. Ich persönlich denke nicht schlecht über diese Situation. Natürlich wollten wir ins Finale, aber es gibt so viele einzelne Plays, die du dir hinterher ansehen kannst. Wenn du als Spieler leicht unter 50 Prozent aus dem Feld triffst, dann heißt das, dass du in mehr als der Hälfte deiner Versuche versagst, und trotzdem bist du ein Star.

Okulaja: Vorher sind ja auch andere Fehler passiert. Natürlich ist es nicht schön. Ich hatte 18 Punkte und 17 Rebounds in einem EM-Halbfinale. Das wusste danach keiner mehr. Aber das gehört halt auch zum Sport. Ich würde lügen, wenn ich sagen würde, dass es mich nicht gestört hat. Aber ich habe das ziemlich schnell abgehakt. Musste ich auch, weil am nächsten Tag schon das nächste Spiel anstand. Die Partie gegen Spanien um die Bronzemedaille haben wir dann verloren. Einer musste am Ende der Schuldige sein. Damals war ich es. Aber ich kam damit zurecht. Jeder ist einmal der Dumme. Im Fernsehen kommen noch heute immer wieder Kommentare zu dieser einen Szene. Viele Leute haben wahrscheinlich nur davon gehört, was damals passiert ist, das Spiel aber nicht mal selbst gesehen. Dass die Leute noch darüber nachdenken, ist schon interessant … Ich glaube, vor der Szene mit Türkoglu hat Dirk damals nur einen von zwei Freiwürfen getroffen. Ich könnte auch fragen: „Wieso trifft ein so guter Freiwerfer da nicht beide Würfe?"

Nowitzki: In diesem Spiel habe ich sieben Freiwürfe verworfen, was mir seitdem in meiner ganzen Karriere nicht mehr passiert ist. In der Verlängerung bekomme ich auch noch das fünfte Foul gepfiffen, was natürlich ein Witz war ... so haben wir das Ding dann verloren.

Dettmann: Hinterher wollten die Medien, dass ich jemanden herausstellte, der eine schlechte Entscheidung im Spiel getroffen hatte. Sie fragten nach Ademola Okulaja. Er hatte 18 Punkte und 17 Rebounds. Er hatte ein unglaubliches Spiel. Du verlierst eine solche Partie nicht durch einzelne Spielzüge, du verlierst sie zum Beispiel an der Freiwurflinie. Und da haben wir dieses Spiel verloren. *(Deutschland trifft an diesem Tag nur 19 von 37 Freiwürfen, d. Red.)*

Nowitzki: Dazu verlieren wir dann auch noch das Spiel um den dritten Platz gegen Spanien und schenken somit erst die sichere Silbermedaille weg und fahren schließlich ganz ohne Edelmetall nach Hause. Wir hatten Silber eigentlich schon in der Hand ... Das war wahrscheinlich eine der bittersten Niederlagen meiner Karriere.

Pesic: Die Erfahrung muss man halt machen. Das hilft dir im weiteren Leben. Irgendwann kommt die Chance, wenn du hart arbeitest.

So bitter das 90:99 gegen Spanien um Pau Gasol, Juan Carlos Navarro und Jorge Garbajosa im Bronzespiel aber auch war, 2001 stellte sich die Generation Nowitzki nicht nur in Deutschland, sondern auf der Weltbühne erstmals nachhaltig vor. Mit diesem Team würde in der Zukunft zu rechnen sein. Wie nachhaltig gut es aber wirklich sein würde, das wusste zu diesem Zeitpunkt noch niemand ...

In der folgenden EM-Qualifikation siegte Henrik Dettmann mit seinem Team unter anderem in Mazedonien sowie in Kroatien – all das ohne Dirk Nowitzki, da die Partien im November und Januar ausgetragen wurden. Erst kurz vor der Weltmeisterschaft 2002 in Indianapolis stieß der Superstar zurück zum Team. Altstar Henrik Rödl kommt für das Turnier erneut dazu.

Rödl: Ich hatte zwischendurch immer wieder die eine oder andere Verletzung. Aber dann kam Henrik auf mich zu und meinte: „Was hältst du davon (mit zur WM zu fahren)?" Ich wollte gerne, ich habe das immer gerne gemacht.

Willoughy: Das war genau meine Position. Es war absolut klar, dass jemand mit so einer Karriere, der so viel für den Basketball gemacht hat, die WM mitspielt. Und es war klar, dass er der bessere Spieler war. Aber als ich es erfahren habe, war das traurig. In Braunschweig gab es den Supercup, und danach wurde bekannt gegeben, wer gecuttet wurde. Da wurde mir gesagt: „Du bist der 13. Mann. Wenn sich jemand verletzt, rückst du nach." Das war natürlich hart, ich bin aufs Zimmer hoch, saß da, und auf einmal klopfte es. Dirk kam vorbei, er hat mich gar nicht groß vollgequatscht. Hat einfach gesagt: „Scheiße, ist halt so." Da kam kein anderer und hat groß mit mir geredet. Das habe ich ihm hoch angerechnet und auch später mal gesagt.

Rödl: 2002 habe ich mich wie der alte Mann gefühlt. Aber Henrik hat mir das Vertrauen gegeben, dass er gerne einen dabei hat, der viel Erfahrung mitbringt. Ich habe mich sehr wohl gefühlt, außerdem gab es ja fast niemanden, der da nicht schon mal mit mir in Berlin gespielt hatte außer Dirk. Und Dirk kannte ich ja auch, ich kannte alle sehr lange. Es gab eine Möglichkeit für einen wie mich, sich einzubringen. Die Atmosphäre war wirklich sehr toll. War spannend, sich da einzugliedern, in einer anderen Situation, als ich es gewohnt war. Das war eine sehr, sehr enge Mannschaft 2002.

In Indianapolis wartet auf das DBB-Team eine machbare Gruppe. Es geht gegen den Topfavoriten USA, Medaillenkandidat China und Algerien. Gespielt wird im RCA Dome, damals das Football-Stadion der Indianapolis Colts aus der NFL, und in der Heimstatt der Indiana Pacers, dem Conseco Fieldhouse.

Zum Auftakt geht es gegen China mit Yao Ming. Bei der WM wird der 2,29 Meter große Center erstmals der Basketballwelt präsentiert. Einige Wochen zuvor ist er von den Houston Rockets an erster Stelle gedraftet worden. Zusammen mit Wang Zhizhi (2,14 Meter) von den Dallas Mavericks sowie Mengke Bateer (2,10) bildet er eine Rotation auf Power Forward und Center, die nur „Die Chinesische Mauer" genannt wird.

Wirkliche Probleme bereitet China der DBB-Auswahl beim 88:76 allerdings nicht. Im Gegenteil: Der mit Abstand jüngste Spieler im deutschen Kader sorgt für ein Highlight, das bis heute nachwirkt ... Misan Nikagbatse.

Nowitzki: Misan ... Der Dunk kam aus der Triangle heraus. Misan ist zur Grundlinie gezogen, hat den Ball gekriegt, und Yao kam ein bisschen zu spät. Da hat Misan den halt gedunkt. Er hat sich auch noch am Ring hochgezogen und mit der Hand gegen das Brett gedonnert ... Das war schon eine geile Szene, und der Sieg hat uns mit Sicherheit nach vorn katapultiert. Das Spiel gegen China war unser WM-Auftakt, und den wollten wir natürlich gewinnen, um gut ins Turnier zu starten.

Okulaja: Das war auf jeden Fall ein geiler Dunk! Misan und ich haben vor einiger Zeit noch mal zusammen gezockt. Da hat er plötzlich gedunkt. Da habe ich zu ihm gesagt: „Misan, das letzte Mal, als du vor meinen Augen gedunkt hast, das war 2002 gegen Yao Ming." Da war er ziemlich wütend *(lacht)*.

Dettmann: Als wir diese Szene auf der Bank sahen, sagten alle nur: „Wow!"

Okulaja: Wir haben die Szene abends noch bei ESPN gesehen. War sehr lustig, wie die Amerikaner versucht haben, „Nikagbatse" auszusprechen. Mit seinen Tattoos, Schweißbändern und Stirnband war er schon besonders.

Günther: Ich war in Kanada zu der Zeit. Deswegen habe ich relativ viel von der WM verfolgt. Der Dunk von Misan über Yao Ming … das ist eine dieser Szenen, genau wie der Block von Demond Greene später gegen Dwyane Wade bei der Weltmeisterschaft 2006, da weiß ich nicht mehr, ob ich die aus YouTube-Videos kenne oder wirklich live im Fernsehen gesehen habe. Da habe ich Quellenamnesie. Aber es gibt so zwei, drei Plays aus dieser Zeit der Nationalmannschaft, die jeder irgendwie kennt.

Misan Nikagbatse (er hat mittlerweile seinen Namen in Misan Haldin geändert, d. Red.) und Stefano „Nino" Garris gelten damals als Vorboten einer neuen Generation, als diejenigen, die irgendwann den Staffelstab übernehmen sollen. Dabei ist Harris gerade mal ein Jahr jünger als Dirk Nowitzki.

Beide geben der Nationalmannschaft in Indianapolis den HipHop-Lifestyle und heben sich damit vom Rest des Teams ab. Sie sind anders, passen aber vielleicht auch gerade deswegen zu dieser Multikulti-Mannschaft …

Okulaja: Misan und Nino waren bei uns nur als „Tag-Team" bekannt, das war ihr Spitzname. Die beiden waren echt lustig. Die hatten Swag, Charakter und waren zwei echte Typen. Misan ist damals von Alba Berlin etwas zu früh nach Griechenland zu Olympiakos Piräus gegangen. Er war unglaublich talentiert. Lange Arme, riesige Hände. Endlich ein deutscher Point Guard, der über 1,90 Meter groß war. Nino war seinerseits ein Athlet, der richtig gut verteidigen konnte, sehr wendig war. Sie haben beide in ihrer eigenen Welt gelebt. Die kamen auch oft zu spät. Wenn bei Teammeetings gesagt wurde, dass es um 12:00 Uhr Mittagessen gibt, haben die stellenweise kurz danach gefragt, wann es Mittagessen gibt. Irgendwann hat der Coach sie dann getrennt, weil du einfach nicht zwei Jungs auf einem Zimmer haben kannst, die beide so verpeilt sind. Aber es waren echt coole Typen. Die hatten Stil. Es hat wirklich Spaß gemacht mit den beiden Jungs. Der Gegenpol dazu war Henrik Rödl. Mister Effizienz und immer sehr akkurat. Der ging vor jedem Spiel nochmal in den Kraftraum.

Nowitzki: Die beiden waren voll auf der HipHop-Schiene, die haben fast nur Englisch miteinander gesprochen. Misan hat überall „Misan was here" drangeschrieben (lacht). Aber die beiden haben sich super in die Mannschaft eingefügt. Nino war ein sehr guter Verteidiger auf der Zwei, hatte dazu noch einen sehr guten Schuss, und Misan war unsere „Wildcard". Beide waren wichtige Spieler, aber abseits des Feldes hatte ich nicht so viel mit ihnen gemeinsam.

Am Tag nach dem Sieg gegen China wartet der Gastgeber USA. Das Team von Nationaltrainer George Karl hat wenig mit dem Dream Team von 1992 zu tun. Es gilt als die schwächste US-Auswahl, seit die Profis der NBA an FIBA-Turnieren teilnehmen. Die absoluten Superstars finden sich nicht im Aufgebot. Paul Pierce und Michael Finley sind die Topscorer, Andre Miller sowie Baron Davis organisieren den Spielaufbau. Reggie Miller ist vielleicht der namhafteste Akteur des Team USA – doch der 37-jährige Lokalmatador ist nur ein Ergänzungsspieler. Schlimmer noch: Selbst „Killer Miller" lockt die Einheimischen nicht in die beiden Spielhallen.

Es fehlt den Amerikanern an Qualität, an Rückhalt und an Training. Das Team hat sich erst kurz vor der WM getroffen und will sich während des Turniers einspielen. Eine Taktik, die trotz des 104:87-Sieges gegen Deutschland in der Folge nicht mehr aufgeht.

Dettmann: Gegen die USA waren wir im dritten Viertel noch in Führung. Ich dachte: „Wow, das ist eigentlich nicht so vorgesehen, dass wir gegen die USA gewinnen." Und sobald ich das gedacht hatte, fingen wir an, die Partie aus der Hand zu geben. Hinterher dachte ich, ich hätte das nicht denken sollen. Zunächst glaubte ich, dass die Niederlage gegen die NBA-Profis keine schlechte war. Aber nach dem Turnier hatte ich den Eindruck, dass wir sie wahrscheinlich hätten schlagen können, wenn wir nochmal gegen sie gespielt hätten. Wir hatten einfach zu viel Respekt vor den USA. Aber auch diese Partie war Teil des Wachstumsprozesses dieser Gruppe.

Okulaja: Unsere Offensive war manchmal zu eintönig. Das habe ich auch mal bemängelt, weil es irgendwann zu offensichtlich war, dass der Ball immer zu Dirk ging. Es war aber nicht so, dass ich mehr Würfe haben wollte. Für die Mannschaft – am Ende auch für Dirk – war es einfacher, wenn er nicht in zehn von zehn Angriffen den Ball bekam. So wie wir manchmal spielten, verteidigte der Gegner fünf-gegen-eins. Wir mussten ihn einfach beim Scoring auch entlasten. Dirk hat das damals ja auch selbst bemängelt. Du kannst nicht drei Viertel lang nur ihm den Ball geben, und wenn es dann in die entscheidende Phase geht, kriegt ein anderer das Leder, der das ganze Spiel noch nicht Richtung Korb geguckt hat. Deswegen war klar, dass alle Spieler involviert werden mussten. Wer da als Außenstehender etwas dagegen hatte, hatte keine Ahnung von Basketball. Es war so ein bisschen wie bei den Chicago Bulls damals. Jeder kann seine Chancen im Spiel nutzen, aber am Ende soll Michael Jordan den Ball bekommen.

Dettmann: Ich erinnere mich an eine Situation. Dirk und Mithat saßen einander gegenüber im Bus, und Mithat sagte zu Dirk: „Du bist nicht ‚The Man'. Ich bin ‚The Man'. Ich bin schließlich derjenige, der entscheidet, ob du den Ball bekommst." Und Dirk lachte einfach. Die zwei teilten sich ein Zimmer, was immer eine gute Sache ist, wenn der Aufbau und dein bester Scorer sehr gut miteinander auskommen.

In Deutschland realisiert in den Wochen von Indianapolis kaum jemand, was im Hoosier State passiert. Aufgrund von zuvor gescheiterten Verhandlungen bei der Rechtevergabe hat die ARD erst kurz vor der WM den Zuschlag für die WM-Bilder erhalten. DBB-Präsident Roland Geggus spricht im Vorfeld von einem „riesengroßen Schaden", würde die WM nicht übertragen werden.

Es werden Unterschriften gesammelt und Briefe an die Intendanten der Fernsehsender geschrieben, um zu verhindern, dass die Basketballbildschirme in Deutschland schwarz bleiben. Geggus erklärt, dass eine Nicht-Übertragung den „Tod für unseren Sport" bedeuten würde. Doch auch mit den Übertragungen der

ARD kommt kein echter Hype auf. Die Spiele der Vorrunde finden spät in der Nacht statt.

In Indianapolis verhält es sich während der beiden Wochen ganz ähnlich. Eigentlich im basketballverrückten US-Bundesstaat Indiana gelegen, interessiert so gut wie niemanden, was dort im Namen der FIBA gespielt wird.

Die Spieler können sich in der übersichtlichen Innenstadt der Metropole mit den zwei Millionen Einwohnern frei bewegen. Selbst die NBA-Stars des Team USA kehren unbehelligt abends in ein örtliches Restaurant ein.

Deutschland findet derweil immer besser in das Turnier. 102:70 heißt es am Ende gegen Algerien im letzten Gruppenspiel. In der Zwischenrunde wird Neuseeland 84:64 geschlagen. Erst gegen Argentinien, die mit Manu Ginobili, Luis Scola, Fabricio Oberto, Andres Nocioni und Pepe Sanchez ihre eigene goldene Generation ins Rennen schicken, gibt es eine 77:86-Niederlage.

Dettmann: Wir spielten nicht besonders gut gegen Argentinien. Nach der Begegnung sagte jemand, wir hätten keinen guten Teamgeist. Das gelangte irgendwie in die Medien. Die Journalisten kreieren gerne Geschichten, erschaffen Stars, erschaffen Dramen. Sie versuchten, aus dieser Sache ein Drama zu machen, weil die Spieler ihre Enttäuschung über unsere Leistung offen gezeigt hatten.

Was weder Coach Dettmann noch sein Team zu diesem Zeitpunkt wissen: Sie haben gegen eine Truppe verloren, die einen Tag später als erste Nationalmannschaft überhaupt ein Team USA mit seinen NBA-Profis schlagen wird. Argentinien ringt die USA mit 87:80 im Conseco Fieldhouse nieder. Für den argentinischen Basketball ist dieser Sieg eine Initialzündung auf der ganz großen Bühne. 2001 hatte sich das Land zum ersten Mal die Amerikameisterschaft in Abwesenheit der USA gesichert.

2002 gewinnt das Team am Ende WM-Silber, 2004 wird Argentinien in Athen Olympiasieger, 2008 in Peking reicht es noch zu Bronze. Das Land feiert in diesen Jahren seine ganz eigene goldene Generation.

Für Deutschland geht es am nächsten Tag gegen Russland weiter. Der 103:85-Erfolg ist Formsache. Das Team ist bereits für das Viertelfinale qualifiziert. Dort warten die Spanier. Die sind das junge, heiße Team Europas. Deutschland gewinnt 70:62.

Dettmann: In einem Turnier musst du einfach weitermachen. Leben und den Moment genießen. Und dann schlugen wir im Viertelfinale zu jedermanns Überraschung Spanien! Die goldene Generation des spanischen Basketballs! Bis heute haben die Leute nicht realisiert, wie gut wir gespielt haben. Wie groß dieser Sieg war!

Van der Wal: Wir haben im Viertelfinale gegen die Spanier gespielt. In der Partie gab es diese Szene, wo Jörg Lütcke gegen Pau Gasol dunkt. Das habe ich irgendwo zu Hause noch auf einer Videokassette. Ich konnte es selbst nicht glauben. Ich weiß noch, dass Jörg vor unserer Bank zum Korb zieht. Er dunkt. Wir springen alle auf, und Jörg schaut im Rückwärtslaufen selbst ganz ungläubig drein. Er dachte sich wohl: „Unfassbar, ich habe gerade über Gasol gedunkt!" Wir mussten auf der Bank lachen.

In diesem Viertelfinale zeigt sich, wie gefestigt diese junge deutsche Mannschaft ist. Zur Halbzeit führt sie 40:31 und verliert in der Folge aber komplett den Faden. 6:21 geht das dritte Viertel verloren. Doch Dettmann und Co. gewinnen den letzten Durchgang mit 24:10. Deutschland ist erneut im Halbfinale.

Dettmann: Es gab viele Dinge, die wichtig waren. Wenn man sich das Turnier ansieht, dann gab es nur zwei Teams, die damals keinen freien Tag hatten, und zwar Jugoslawien und Deutschland. Wir machten immer weiter, wir waren immer im Training. Das habe ich aus der EM 1999 gelernt. Wenn du deinem Team einen freien Tag gibst, verlierst du Energie, die du innerhalb von einem oder zwei Tagen nicht mehr wieder bekommst. Daher haben wir immer trainiert, auch wenn es neun Spiele in elf Tagen waren. Wir fingen immer mit dem besten defensiven Team an, das wir aufstellen konnten. Das bedeutete, dass Nino Garris von Anfang an auflief, denn er war der beste Guard-Verteidiger. Einige Spieler hatten ihre Fragen dazu, denn andere Akteure waren wahrscheinlich offensiv besser als Nino. Aber ich sage meinen Jungs bis heute: „Es ist nicht wichtig, wer die Partie anfängt, sondern wer am Ende auf dem Feld steht." Zu Beginn möchtest du den besten Defensivspieler auf dem Parkett haben, um die Begegnung unter Kontrolle zu haben, damit beim Gegner niemand Feuer fängt. Am Ende möchtest du den besten Offensivspieler auf dem Feld haben, denn dann wird es sehr schwer zu punkten.

Pesic: Ich habe selten Erste Fünf gespielt, das war immer ein Fight mit Dettmann: Nino Garris oder ich. Ich habe das damals nie verstanden, aber heute kann ich das verstehen. Er hat das sehr gut gemacht und mich dadurch motiviert. Damit hat er mich immer gekriegt, in der Nationalmannschaft habe ich darum immer meine beste Verteidigung gespielt. Mithat und ich haben immer sehr gut zusammen funktioniert, aber Dettmann hatte die Theorie, dass er uns getrennt hat spielen lassen. Ich musste mit Misan spielen. Ich habe die höchste Meinung von Misan, das war nach Dirk der talentierteste Spieler bei uns im Kader. Zu dem Zeitpunkt war er was Exotisches. Ein super Typ, aber es war schwer, mit ihm zu spielen, weil er so jung war. Aber wir haben das gut hingekriegt.

Im Halbfinale warten erneut die Argentinier auf die deutsche Mannschaft. Wieder hat das DBB-Team die sichere Silbermedaille vor Augen. Mehr noch: Warum sollte dieses Team nicht Weltmeister werden? Dirk Nowitzki spielt die beste WM aller Teilnehmer, die Mannschaft passt hervorragend zusammen und ist weit davon entfernt, eine One-Man-Show zu sein.

Im anderen Halbfinale trifft Jugoslawien auf Neuseeland. Die Jugoslawen sind mit einer Mannschaft am Start, die ihresgleichen sucht. Svetislav Pesic kann auf die NBA-Profis Vlade Divac, Peja Stojakovic, Predrag Drobnjak und Vladimir Radmanovic zurückgreifen – wobei letzterer nur im Notfall spielt. Mit Dejan Bodiroga steht eine lebende Legende im Kader. Milos Vujanic, Marko Jaric, Milan Gurovic, Dejan Tomasevic, Igor Rakocevic, Zarko Cabarkapa oder der Ex-Berliner Dejan Koturovic gehören zur absoluten Spitzenklasse in Europa. Jugoslawien hat im Viertelfinale die USA mit 81:78 besiegt. Ist diese Truppe überhaupt zu schlagen?

Deutschland ist kurz vor der WM nah dran. Beim Supercup in Braunschweig liefern sich beide Teams eine epische Partie, die erst in der zweiten Verlängerung entschieden wird. Der haushohe Favorit gewinnt mit 88:87. Svetislav Pesic erklärt: „Deutschland ist noch stärker als beim vierten Platz bei der Europameisterschaft in der Türkei 2001." Vlade Divac erklärt: „Die Deutschen haben uns echt gefordert. Sie werden eine starke WM spielen."

Doch zu einem Aufeinandertreffen und zum Duell zwischen Sohn Marko und Vater Svetislav Pesic im WM-Finale kommt es nicht ...

Nowitzki: Das Halbfinale gegen Argentinien hätten wir gewinnen müssen. Wir haben kurz vor Schluss mit fünf, sechs Punkten vorne gelegen, aber das Spiel am Ende noch weggeschenkt. Ich kann mich an einen wichtigen Turnover erinnern ... Ich stand im Lowpost, wollte den Ball über einen Verteidiger werfen. Aber der Pass war zu kurz, und dadurch konnten die Argentinier noch zwei Punkte erzielen. Außerdem hab ich nicht gut getroffen. Argentinien hat sehr physisch gespielt, dazu kamen noch ein paar dumme Turnovers zu sehr ungünstigen Zeitpunkten im Spiel, trotzdem hätten wir das Halbfinale noch gewinnen müssen. Aber: Das war auf jeden Fall ein super Jahr für mich, das ich nie vergessen werde.

Dettmann: Wir führten mit drei oder vier Punkten und hatten den Ball, wenn ich mich richtig erinnere. Dann trafen wir eine falsche Entscheidung und verloren den Ball, die Argentinier machten umgehend einen einfachen Korbleger.

Okulaja: Ich ging in einer Szene kurz vor Schluss zum Dunk hoch. Der wurde geblockt. War es ein Foul? In vielen Fällen hätte der Schiedsrichter wohl so entschieden. An diesem Tag nicht …

Dettmann: Wir hatten eine Auszeit mit ungefähr einer Minute auf der Uhr, wir hatten einen Dunk, mit dem wir das Spiel ausgeglichen hätten, aber der Wurf wurde geblockt. Wir hatten die Chance, die Partie zu drehen. Aber das gelang uns nicht. Stattdessen machten die Argentinier ein tolles Play.

Die Chance auf das Finale war vertan. Es wäre ein Erfolg gewesen, mit dem niemand gerechnet hatte – die größte Sensation seit 1993. Trotzdem blieb ein fader Beigeschmack nach der Niederlage. Immerhin war Manu Ginobili bereits in der 16. Minute umgeknickt und konnte nicht mehr weitermachen.
    Würde die deutsche Nationalmannschaft wieder mit leeren Händen von einem internationalen Turnier nach Hause kommen? Vor allem ein Spieler hatte etwas dagegen …

Dettmann: Als wir 2002 in Indianapolis gegen Argentinien im Halbfinale verloren, da war es Marko Pesic, der das Team versammelte und sagte: „Wir gehen mit einer Medaille nach Hause! Lasst uns gemeinsam essen und morgen gewinnen!"

Okulaja: Nach dem Halbfinale haben wir über das Spiel um Platz drei bei der EM 2001 gesprochen. Alle sagten, dass wir das letzte Mal gegen Spanien verloren hätten und wir nicht wieder mit leeren Händen nach Hause kommen würden. Ich glaube, dass wir damals auch eine mentale Stärke entwickelt haben. Nach dem Halbfinale 2001 waren alle platt. Die

Hoffnung war einfach weg. 2002 dachten wir uns: „Scheiß drauf, wir holen eine Medaille!"

Pesic: Das fing bei mir in der U22 an, da haben wir ein überragendes Turnier gespielt. Gegen Spanien haben wir in der ersten Halbzeit mit 17 geführt, gegen Jorge Garbajosa, Jose Calderon. Ich glaube, ich habe da 18 Punkte gemacht. Dann sind wir zusammengebrochen und haben verloren. Das war die erste Enttäuschung, die ich verarbeiten musste. Die zweite war das Halbfinale gegen die Türkei in Istanbul, das war tragisch für uns alle. Wir haben einen riesengroßen Fehler gemacht und die Köpfe hängen lassen. Das war eine emotionale Niederlage, danach haben wir das Spiel um Platz drei gegen Spanien einfach liegen lassen. Wenn du für die Nationalmannschaft spielst, dann denkst du dir: „Wann kommst du nochmal in die Situation, dass du nochmal um eine Medaille spielst?" Dann kam Indianapolis, wieder eine ähnliche Situation, wir haben wirklich dumm gegen Argentinien verloren, wir hatten immer geführt, noch in den letzten 30 Sekunden. Nach dem Spiel haben mehrere Leute etwas gesagt, und ich meinte: „Wir müssen das vergessen, ich gehe ohne Medaille nicht nach Hause. Keiner hängt auf dem Zimmer, wir gehen essen, wir organisieren was, gehen raus." Wir sind um die Häuser gezogen, haben uns gut vorbereitet und dann Neuseeland mit 20 oder 25 weggehauen. Das hat für uns alle unglaublich viel bedeutet.

Diese „Jetzt erst recht"-Mentalität zahlt sich im Bronzespiel aus. Das Team ist hoch fokussiert. 74:48 steht es nach 20 Minuten für Deutschland, 96:61 nach dem dritten Viertel. Am Ende heißt es 117:94, und Neuseeland ist damit noch gut bedient. Die brenzligste Situation hat an diesem Sonntag Dimi van der Wal zu überstehen ...

Van der Wal: Zum Spiel um den dritten Platz kamen wir in schwarzen Trikots in die Halle. Das war ein Problem. Die Neuseeländer waren schon in der Arena und machten sich warm, auch in schwarzen Trikots ... Ich hatte extra nachgelesen, dass wir als Auswärtsteam in unseren dunklen Trikots spielen müssten. Also sagte ich in der Halle den Betreuern der Neuseeländer: „Im Regelbuch steht, ihr spielt in Weiß. Also fahrt mal gefälligst ins Hotel zurück." „Nee, nee", sagten die. „Ihr seid fünf Minuten später gekommen als wir." Ein FIBA-Kommissar sagte mir dann, dass wir in Weiß spielen müssten. Das Problem war aber: Jeder von den Jungs hatte sein weißes Trikot als Andenken bekommen, und die Koffer waren gepackt, weil es am nächsten Morgen nach Deutschland zurückging …

Okulaja: Dimi hat vor dem Spiel gegen Neuseeland auf jeden Fall Blut und Wasser geschwitzt …

Van der Wal: Ich habe also alle Zimmerschlüssel eingesammelt, bin nochmal mit der Polizei zurück zum Hotel und habe aus den Koffern der Jungs die Trikots geholt. Jeder hatte sein Jersey im Gepäck, bis auf Dirk. Er hatte es mit einem Autogramm versehen und einem der DBB-Funktionäre für einen Sponsor gegeben. Auf Dirks Trikot mit der Nummer 14 stand also „Dirk Nowitzki 41" drauf. Die Jungs haben sich in Schwarz warm gemacht und in Weiß mit 23 Punkten Unterschied gewonnen.

Nowitzi: Ja, daran erinnere ich mich … das war Weltklasse.

Okulaja: Im Spiel um den dritten Platz haben wir das vierte Mal in diesem Sommer gegen Neuseeland gespielt. Vor jeder Partie haben sie diesen Haka-Tanz gemacht. Beim ersten Mal war das noch ganz cool. Beim zweiten Mal dachten wir uns: „Kommt, macht euer Ding." Beim dritten und vierten Mal wollten wir dann einfach nur loslegen und mussten warten, bis die fertig waren. Aber das war schon lustig. Denn es ist ja auch geil, wenn solche Emotionen aufgebaut werden, wenn die da so vor dir stehen. Die hatten diesen 1,95 Meter kleinen Power Forward, Pero Cameron, der alles spielen konnte. Er war kräftig, konnte werfen und hatte Spielwitz. Dirk sollte ihn immer verteidigen. Aber dann wäre Dirk entweder ausgefoult, oder der Typ hätte 40 Punkte gegen uns gemacht. Deshalb hab ich ihn dann verteidigt. Dieser kleine Cameron war echt gut.

Rödl: Es gab eine Situation: Dirk ist auf die Bank gekommen, das kam ja nicht so oft vor. Jemand hat ihm dort gesagt, dass er noch zwei Punkte bräuchte, um Topscorer des Turniers zu werden. Dettmann hat ihn gefragt: „Willst du wieder aufs Feld?" Und er sagte: „Nö." Das ist Dirk, wie er leibt und lebt. Natürlich ist er überehrgeizig, aber er war so ein Riesenteil der Mannschaft, dass er sich gefreut hat, dass jemand anderes spielen soll. Ich habe danach eine besondere Erinnerung an die Siegerehrung. Ich war ja nicht wirklich der Kapitän, doch dann haben sie mich rausgeschubst und mich als Ersten rauslaufen lassen. Das war eine Riesengeste, einer von den Jüngeren hätte ja auch vorgehen können. Das ist etwas, was mir persönlich sehr in Erinnerung bleibt, der Respekt davor, was vorher war und was man versucht hat, gemeinsam zu machen. Das zeigt, wie die Mannschaft so drauf war.

Bronze. Die Generation Nowitzki hat ihr erstes Edelmetall. Nach der Partie steigt die Partie erst in der Kabine. Das Team schaut zusammen den 84:77-Erfolg der Jugoslawen nach Verlängerung gegen Argentinien, dann geht es per Polonaise durch die Katakomben des Conseco Fieldhouse zum Siegertreppchen.

Abends wird in einem örtlichen Club zusammen mit Argentiniern und Neuseeländern gefeiert. Dirk Nowitzki lässt sich von Pero Cameron sogar den Haka zeigen ...

Okulaja: Die Neuseeländer meinten, dass sie uns das eigentlich nicht beibringen dürften, weil es nur in ihrem Stamm erlaubt ist. Aber nach ein bis zwei Getränken haben sie uns dann doch ein paar Sachen gezeigt. Ich stand da nicht so drauf. Aber die Neuseeländer, wie auch die Australier, waren echt eine coole Mannschaft.

Nach der WM steht die Qualifikation zur Eurobasket 2003 in Schweden an. Deutschland gewinnt, angeführt von Okulaja und Femerling, souverän gegen Irland, Zypern sowie Bosnien-Herzegowina.

Auch die Vorbereitung im Spätsommer 2003 läuft nahezu perfekt ... bis zum 29. August. An diesem Tag spielt das DBB-Team beim Supercup in Braunschweig gegen Frankreich. Florent Pietrus deckt Nowitzki über die gesamte Partie hart. Umso weniger die Referees ahnden, desto härter geht es zur Sache. Irgendwann knickt Nowitzki nach einem Duell mit dem Franzosen um ...

Dettmann: Dirk verletzte sich in Braunschweig in einem Spiel gegen Frankreich, das sehr schlecht gepfiffen wurde. Das Spiel wurde sehr brutal und Dirk am Knöchel verletzt. Das war knapp zwei Wochen vor dem Turnier. Die Mediziner haben bei seiner Behandlung einen großartigen Job gemacht, aber unser Physiotherapeut sagte vor der ersten Partie in Schweden zu mir, dass Dirk nicht spielen solle. Dirk könne sich nicht zu allen Seiten hin frei bewegen. Dirk spielte trotzdem, seine Leistung war okay, aber das Team agierte verängstigt. Die richtige Entscheidung wäre gewesen, das Turnier ohne ihn zu beginnen und ihm eine Woche Ruhe zu gönnen. Dann hätte er ab der zweiten Runde gespielt. Aber das war damals nicht möglich aufgrund des großen Hypes, den es um ihn gab. Es ist einfach, hinterher klug zu sein. Ich habe daraus meine Lektion gelernt. Die Regel ist halt: Sobald du dein Trikot anziehst, wird von dir erwartet, deine volle Leistung zu bringen. Wenn du das nicht kannst, dann solltest du nicht spielen. Nun, das ist Geschichte. Es war Pech, dass er sich verletzte, aber das ist ein Teil des Spiels. Vor dem Turnier glaubte ich, dass wir gut genug wären, um die Goldmedaille mitzuspielen. Jeder im Umfeld des Teams träumte davon, zu den Olympischen Spielen zu fahren.

Nowitzki: Ich bin beim Supercup in Braunschweig im Spiel gegen Frankreich umgeknickt und nach der Partie direkt zum Arzt gefahren. Der Fuß war extrem geschwollen, und ich konnte deswegen in der Folge zwölf Tage gar nichts machen.

Okulaja: Die Vorbereitung war danach sehr schlecht, weil Dirk angeschlagen war und ich ebenfalls umgeknickt bin. Zu der Zeit war ich wirklich nur auf einem Fuß unterwegs. Ich konnte echt nur noch werfen. Verteidigen und vor allem Energie bringen ging kaum. Der Knöchel war doppelt, teilweise sogar dreifach getaped und tat immer noch weh. Das Gelenk war wegen dem Tape so dick, dass ich kaum in die Schuhe passte und auch nicht mehr so flexibel war.

Es sind also keine optimalen Voraussetzungen für eine Euro, bei der es um die Qualifikation für die Olympischen Spiele geht. Dennoch geht die Mannschaft selbstbewusst an die Aufgabe heran, auch wenn die Gruppe mit Litauen, Lettland sowie Israel keine leichte ist.

Das Team selbst ist immer noch eine verschworene Einheit, doch die Erfolge der vergangenen Jahre haben das Umfeld der Nationalmannschaft verändert. Erstmals entsteht rund um den Kader so etwas wie Druck, und auch die Spieler sind lange nicht mehr so unbeschwert. Die Zeiten der Basketballklassenfahrt scheinen vorbei zu sein …

Okulaja: Wir kamen nach Schweden und dachten, wir sind die drittbeste Mannschaft der Welt. Wir dachten: „Wir zeigen euch jetzt mal, wie man Basketball spielt." Aber du bist immer nur so gut wie dein letztes Spiel.

Nowitzki: Vor der Euro in Schweden haben wir alle gedacht: „Das schaffen wir locker."

Dettmann: Es gab noch einige andere Faktoren, die das Team neben den Verletzungen negativ beeinflussten ... Niederlagen zu verarbeiten, ist eine Fähigkeit. Mit Erfolg umzugehen, ist eine andere Fähigkeit. Ich bin mir nicht sicher, ob wir mit dem Erfolg von Indianapolis gut umgegangen sind. Menschen nehmen manchmal Dinge als selbstverständlich hin, glauben, dass es etwas umsonst gibt, dass sie nicht so hart arbeiten müssen wie zuvor.

Rödl: Es ist oft so, wenn man Erfolg hat, dass es schwierig ist, diese gute Stimmung zu halten. Das war ein schweres Jahr, ich habe das ja mit betreut, als so eine Art Co-Trainer. Ich habe in und um Schweden herum für sie gescoutet, habe versucht, ihnen zu helfen. Und da hat man gesehen, dass die Stimmung aus Indianapolis nicht mehr so da war. Dazu kamen die Verletzungsprobleme, die natürlich auch ihren Einfluss hatten.

Zum EM-Auftakt gegen Israel reicht es in Norrköping für einen knappen 86:81-Erfolg. 21 Ballverluste der Deutschen halten die Israelis in der Partie. Optimisten sprechen von einem dreckigen Arbeitssieg, von den Tugenden einer Turniermannschaft, die jetzt greifen ... und scheinen recht zu behalten. Deutschland gewinnt gegen Lettland mit 94:86.

Bereits am nächsten Tag werden der Mannschaft vom späteren Europameister Litauen klar die Grenzen in diesem Jahr aufgezeigt. 13 ihrer 28 Dreier treffen die Balten beim 93:71. Angeführt vom genialen Point Guard Sarunas Jasikevicius schrauben sie Deutschland nach allen Regeln der Kunst auseinander.

Auf der Bank der Litauer sitzt übrigens ein guter Bekannter von Dirk Nowitzki: Donnie Nelson. Der General Manager der Dallas Mavericks arbeitet zu dieser Zeit als Assistenztrainer der Litauer.

„Unsere Verteidigung war eine einzige Katastrophe", findet Dirk Nowitzki nach der Niederlage ungewohnt klare Worte. „Eine international erfahrene Mannschaft wie Litauen nutzt das eiskalt aus. So eine Leistung darf man sich auf europäischem Spitzenniveau nicht leisten. Wer am Montag nicht motiviert ist, dem ist nicht mehr zu helfen."

Am Montag geht es gegen Italien. Der Sieger dieses Playoffs zieht ins Viertelfinale in Stockholm und damit in die Platzierungsrunde ein. Der Sieger hält den Traum von Olympia 2004 am Leben. Der Verlierer fliegt in die Heimat.

Der Verlierer heißt Deutschland. Mit 84:86 geht das Do-or-Die-Spiel gegen Italien verloren. Dabei sind die Italiener erst nachts um 4:00 Uhr aus dem 1.063 Kilometer entfernten Lulea eingetroffen, wo sie ihre Vorrunde gespielt haben.

Dennoch trifft Italien um Giacomo Galanda, Massimo Bulleri und Gianluca Basile elf von 21 Dreiern. Die „Squadra Azzurra" verteilt 20 Assists. Mithat Demirel spielt für Deutschland groß auf, doch auch seine 23 Punkte können die Niederlage nicht verhindern.

Dettmann: Einige wurden ängstlich, dass wir den Erwartungen nicht gerecht werden könnten. Wir hatten acht Tage vorher in Berlin ohne die verletzten Dirk und Ademola noch gegen Italien mit 78:74 gewonnen. Wir waren die Favoriten, konnten damit aber nicht umgehen. In Schweden verloren wir, weil wir nicht als Team auftraten. Aber so sind Turniere. Es geht nur um ein Spiel, eine Stunde. Leider machten einige Leute im DBB eine Tragödie daraus.

Aus dieser Tragödie wurde in der Nacht der Niederlage eine Farce, die Henrik Dettmann seinen Job als Bundestrainer kostete ... Genau wie die Spieler Basketballdeutschland unvergessliche Momente auf dem Parkett bescherten, sorgten die Funktionäre für einen negativen Höhepunkt in einem Hotel in Norrköping ...

Dettmann: Nach dem Spiel, ziemlich spät am Abend, in einer Umgebung, in der du normalerweise keine Pressekonferenzen hältst, ging der damalige DBB-Vizepräsident Wolfgang Hilgert zur Presse und sagte dort, dass ich raus war. Er rief später bei mir an und entschuldigte sich dafür. In meinen Augen zeigte es einen Mangel an Professionalität. Ich blicke aber nicht verbittert darauf zurück. Ich hoffe, die Leute haben daraus gelernt.

Okulaja: Es waren sehr viele Faktoren, die an unserem schlechten Abschneiden schuld waren. Das lag nicht allein in der Verantwortung von Henrik Dettmann. Im Nachhinein haben wir auch schnell gemerkt, dass er sehr wichtig für die charakterliche Entwicklung von jedem Einzelnen von uns war. Er war der freundliche Lehrer, nicht der böse Direktor. Er hat uns viele Freiheiten und die Möglichkeit gegeben, unsere Qualitäten zu entfalten. Er hat uns einfach spielen lassen.

Dettmann: Es war eine großartige Zeit, mit viel Spaß und viel Erfolg, in der wir von einem relativen Niemand – vor meiner Zeit belegte die Nationalmannschaft 1997 in Barcelona noch den 12. Platz – zur Nummer drei in der Welt heranwuchsen und eine europäische Top-Mannschaft wurden. Die Weltmeisterschaft wird nur alle vier Jahre ausgespielt, nicht jeder qualifiziert sich für die Teilnahme, und dann gewinnst du dort die

Bronzemedaille. Ich glaube, die Basketball-Community in Deutschland hat nicht wirklich realisiert, was dieses Team dort geschafft hat. Man könnte vielleicht sagen, dass die Deutschen grundsätzlich eine Tendenz haben, ihre eigenen Erfolge herunterzuspielen. Wir haben großartigen Basketball gespielt, und in dieser Zeit waren wir das zweitbeste Team in Europa. 2001 in der Türkei verloren wir im Spiel um Platz drei gegen Spanien, das war der Beginn einer goldenen Generation im spanischen Basketball, die ein Jahrzehnt andauerte. Im Jahr darauf in Indianapolis hatten wir uns verbessert und schlugen Spanien im Viertelfinale. Die Art und Weise, wie wir uns von 2000 bis 2002 entwickelt haben, war beeindruckend. Was mich damals wirklich störte und bis heute stört: Anstatt uns den Respekt zu geben dafür, dass wir eine Bronzemedaille gewannen, wurde dieser Erfolg heruntergespielt, da wir uns nicht für die Olympischen Spiele 2004 qualifizierten. Unser Gegner Italien war die Cinderella der Eurobasket 2003. Sie kamen in schwacher Form an. Sie liefen heiß und qualifizierten sich am Ende für die Olympischen Spiele, wo sie sogar die Silbermedaille holten. Heutzutage, als Trainer von Finnland, sage ich immer, dass das die Art von Cinderella-Story ist, die ich gerne heute erleben würde.

Willoughby: Mit dem Abschied von Dettmann war meine Karriere in der Nationalmannschaft zu Ende. In der Qualifikation 2003 war ich noch Erste Fünf, danach wurde ich dann nicht mal mehr angerufen. Einige Zeit später habe ich mich dann verletzt und nie wieder A-Nationalmannschaft gespielt. Im Nachhinein war Henrik Dettmann derjenige, der mir die Chance gegeben hat. Egal, wie viele Sprüche ich vorher gedrückt habe, und ich habe mich ja auch mit ihm auseinandergesetzt. Heute als Trainer verstehe ich das ganz anders. Dafür bin ich ihm ewig dankbar.

Henrik Dettmanns Nachfolger als Bundestrainer wird Dirk Bauermann. Der 1957 in Oberhausen geborene Trainer ist der Gegenentwurf zum „finnischen Phil Jackson". Mit Bayer Leverkusen gewann er von 1990 bis 1996 sieben deutsche Meisterschaften in Folge. Er übernimmt den Posten als Bundestrainer 2003, arbeitet jedoch auch weiterhin als Chefcoach der GHP Bamberg bzw. Brose Baskets, mit denen er 2005 und 2007 zwei weitere BBL-Titel gewinnen wird.

Im September 2004 tritt die Nationalmannschaft unter Bauermann bei der Qualifikation zur Eurobasket 2005 in Serbien an. Dirk Nowitzki ist dieses Mal mit von der Partie. Deutschland gibt sich gegen die Ukraine, Ungarn und Belgien keine Blöße – nur das letzte Spiel in Budapest wird nicht zweistellig gewonnen.

Pesic: Dettmann hat alles richtig gemacht. Er war aber eben auch sechs Jahre Bundestrainer, da kommt ein Zeitpunkt, wo das vielleicht nicht mehr greift. Bauermann war ein großer Unterschied. Bei ihm waren wir immer an der kürzeren Leine. Dafür hat er halt den Dirk gehabt, der unglaublich gespielt hat. Er und Dettmann waren verschiedene Charaktere und Trainertypen, die beide auf ihre Art erfolgreich waren.

Okulaja: Es war eine große Umstellung von Henrik Dettmann zu Dirk Bauermann. Das haben alle Spieler gemerkt. Der Fokus im Angriff lag noch mehr auf Dirk. Es gab noch mehr Plays für ihn. Es wurden sieben oder acht von zehn Plays für ihn gelaufen. Das war auch ihm zu viel. Dirk sagte irgendwann: „Ihr müsst auch was machen." Unsere Antwort war: „Ja, wir wollen, aber es gibt ja keine Spielzüge für uns. Wenn wir 40 Minuten nur oben Pick-and-Roll spielen, können wir nicht viel machen." Zu dieser Zeit haben wir untereinander viel gesprochen.

Der Qualifikation folgt die Vorbereitung auf die EM. Doch der Sommer 2005 verläuft aus verschiedenen Gründen mehr als suboptimal. Drei Tage vor Turnierbeginn fällt Ademola Okulaja mit einer Entzündung im Knie endgültig für die Euro aus. Vor ihm hatten schon Steffen Hamann und Nino Garris verletzt absagen müssen. Die Vorzeichen für das Team stehen also am Abend vor der EM nicht gut. Denn auch bei Dirk Nowitzki gab es Probleme. Sein Mentor Holger Geschwindner musste wegen des Verdachts auf Steuerhinterziehung in Untersuchungshaft.

Nowitzki: Den Sommer 2005, den werde ich nie vergessen ... Damals musste Holger Geschwindner ins Gefängnis, außerdem war meine Schwester zum ersten Mal schwanger. So kam es, dass ich mich alleine auf die Europameisterschaft in Serbien vorbereiten musste. Teilweise hab ich dann sogar meine schwangere Schwester mit in die Halle genommen, oder auch ihren Mann, manchmal auch meine Mutter oder meinen Vater. Je nachdem, wer gerade Zeit hatte. Das war echt ein Wahnsinns-Sommer.

Pesic: Das Team 2005 war lange nicht so talentiert wie 2001 und 2002. Dirk musste deutlich mehr arbeiten als damals. Wir haben eine katastrophale Vorbereitung gehabt, beim berühmten Akropolis-Turnier in Athen haben wir drei Spiele mit 25 oder mehr verloren. Das war kein schöner Sommer in der Hinsicht. Die EM war für viele von uns das letzte wichtige Turnier.

Deutschland trägt seine Gruppenspiele in Vrsac aus, einer 35.000 Einwohner großen Stadt an der Grenze zu Rumänien. Italien, die Ukraine und Russland sind die Gegner. Wieder ist nur der Erstplatzierte der Gruppe direkt für das Viertelfinale qualifiziert. Die Zweit- und Drittplatzierten spielen über Kreuz in der „Elimination Round" aus, wer in die Runde der letzten acht nach Belgrad einzieht.

Der Auftakt gegen Angstgegner Italien misslingt gründlich. Nowitzki trifft nur acht seiner 23 Versuche aus dem Feld, vier von 14 Dreiern. Italien gewinnt 84:82. In der zweiten Partie gegen die Ukraine läuft es hingegen um einiges besser. Deutschland ist hoch überlegen, das 84:58 spricht eine deutliche Sprache und sichert die Qualifikation für die Elimination Round.

Die Partie gegen Russland ist dennoch wichtig. Gewinnt die DBB-Equipe, hat sie in der nächsten Runde Heimrecht und muss nicht reisen. Ein nicht zu unterschätzender Vorteil.

Die Partie ist hässlich und hart umkämpft. Bis auf eine kleine Gruppe deutscher Fans ist die 4.000 Zuschauer fassende Arena auf Seiten der Russen. Offensiv geht an diesem Tag nichts. Beide Mannschaften treffen noch nicht einmal 35,0 Prozent ihrer Versuche. Doch Nowitzki packt sein Team auf seine Schultern. In einer Begegnung, in der er physisch extrem attackiert wird, nimmt er zwölf seiner 18 Würfe von jenseits der Dreierlinie und trifft fünf. Am Ende stehen 24 Punkte sowie 19 Rebounds, drei Blocks und zwei Steals hinter seinem Namen. Deutschland gewinnt 51:50.

Die Türkei reist aus Podgorica für die Elimination Round an. Wieder mit Hedo Türkoglu. Auch die Vize-Europameister von 2001 haben es auf Nowitzki abgesehen. Foul auf Foul prasselt auf den NBA-Star ein. 15 Freiwürfe wird er an diesem Abend werfen und 14 davon verwandeln. 33 Zähler legt er auf, greift zehn Rebounds, drei Blocks. Kein anderer Deutscher punktet zweistellig. Deutschland fährt nach Belgrad. Türkoglu? Nur zwei seiner 15 Versuche finden das Ziel, keiner seiner fünf Dreier trifft. Bogdan Tanjevic, Trainer der Türken, sagt später: „Gegen Gott kannst du auch tun, was du willst, er ist der Stärkere." Er spricht von Dirk Nowitzki ...

Niemand spricht indes von der Verteidigung dieser deutschen Mannschaft. Viele im Team opfern die eigene Offensive, ackern dafür am eigenen Korb mit einer Leidenschaft, die nur wenige andere mitbringen ... und die noch weniger Leuten auffällt.

Im Viertelfinale warten die hoch favorisierten Slowenen. Deutschland gilt spätestens jetzt als Ein-Mann-Team, das mit der Medaillenvergabe nichts zu tun haben wird. Doch gegen die Slowenen bekommt Nowitzki Hilfe. Demirel erzielt 15

Zähler, genau wie Pascal Roller. Demond Greene liefert zehn Punkte. Femerling greift zehn Rebounds, blockt zwei Würfe. Aber natürlich ist trotzdem Nowitzki mit 22 Zählern, neun Rebounds plus drei Blocks der beste Mann auf dem Parkett der 20.000 Zuschauer fassenden „Belgrade Arena".

Im Halbfinale geht es erneut gegen Spanien. Doch die Iberer müssen in diesem Jahr auf Pau Gasol verzichten. Der Superstar gönnt sich eine Auszeit, um sich auf die kommende NBA-Saison vorzubereiten. Er ist zwar in Belgrad, arbeitet aber als Co-Kommentator für das spanische Fernsehen.

In dieser Funktion sieht er, wie seine Farben nach der Pause auf 48:39 davonziehen. Gasol sieht dann aber auch, dass es natürlich Nowitzki ist, der seine Mannschaft schultert und sie mit drei Dreiern in Folge nicht nur im Spiel hält, sondern drei Minuten vor Ende zu einer Elf-Punkte-Führung schießt.

Die Sensation scheint zum Greifen nah, doch dann passieren Ballverluste und auf spanischer Seite Juan Carlos Navarro. Das zweite Halbfinale der Europameisterschaft 2005 steuert auf einen epischen Schlussakkord zu, der den Gegner der Griechen am nächsten Tag ermitteln wird ...

Nowitzki: Ein paar Würfe wird man in seiner Karriere nie vergessen, und dieser Wurf gehört mit Sicherheit dazu. Es war so, dass wir hoch gegen Spanien geführt hatten in den letzten paar Minuten. Doch dann ließen wir uns das Ding echt noch aus der Hand nehmen. Der Juan Carlos Navarro ist heiß gelaufen, hat ein paar Dinger plus seine Floater reingeschossen. Auf einmal waren wir hinten, das war Wahnsinn. Ich hatte in dem Spiel ganz gut getroffen und wusste am Ende: „Du rennst jetzt zum Ball hin, holst dir das Ding, egal wo, und versuchst irgendwas noch aus dem Nichts zu kreieren." Ich bin dann nach links gezogen, hab eine kleine Täuschung gemacht. Der Jorge Garbajosa ist abgesprungen, ich hab nochmal nachgeladen, hab geworfen ... und der Ball ist echt reingefallen. Spanien hat noch ein Timeout gehabt und zwei Sekunden Zeit. Der José Calderon hat einen Dreier geschossen ... Ich dachte, der hätte noch eine Chance reinzugehen. Aber dann flog das Ding echt vorbei, und wir hatten eine Medaille sicher. Das war ein Riesengefühl ... In der Umkleide war die Hölle los. Vor der EM haben wir viele Spiele verloren. Wir haben ein Vorbereitungsturnier gespielt, da haben wir alle drei Partien abgegeben. Ich glaube, wir haben in Serbien nichts erwartet. Von Spiel zu Spiel sind wir besser geworden und haben da echt Silber geholt. Klar, die EM werde ich in meinem Leben nicht vergessen.

Pesic: Ich glaube, Dirk hat danach nie wieder so eine Leistung gezeigt, das war sein Höhepunkt. Als Kollektiv waren wir sehr, sehr stark. Aber ich kann dir nicht sagen, wie wir Zweiter geworden sind. Es gab das Viertelfinale gegen Slowenien, die bis dahin kein Spiel verloren hatten, da war Pascal Roller überragend. Sie haben uns unterschätzt, und wir haben sie weggehauen. Dann kam Spanien, da hatten wir Dirk, der uns getragen hat, und wir haben alle Kleinarbeit gemacht. Dirk war wie früher Drazen Petrovic. Er konnte machen, was er wollte. Wenn Dirk in diesem Turnier ein, zwei Schüsse weniger getroffen hätte, wären wir Achter geworden. Es war nicht wie früher, als wir Ademola hatten, dazu Patrick, Henrik und mich. Ademola war verletzt. Wir waren nicht so gut, aber Dirk war unmenschlich. Dirk hat die Russen in der letzten Sekunde geschlagen, die Türkei massakriert, dann Spanien.

Okulaja: Es war einerseits eine grandiose Leistung von ihm, weil er damals einfach unglaublich gespielt hat. Aber auf diesem Niveau … das kann niemand lange so machen. Ich glaube, körperlich und geistig war er danach nicht mehr so ganz fit. Dirk musste wirklich alles machen in dem Jahr. Aber Basketball bleibt ein Mannschaftssport. Wenn du alles alleine machen sollst, fragen sich die Mitspieler irgendwann, ob sie die Qualität haben, um mit dir mitzuspielen. Das sind wirklich Fragen, die sich auch Nationalspieler stellen. Ich kenne das ja von North Carolina. Am Ende kriegt der Star den Ball, um eine Partie zu entscheiden. Davor müssen aber die Mitspieler eingebunden werden. Dirk wollte nie jedes Mal den Ball, aber er war auch so ein Wettkampftyp und so ehrgeizig, dass er auch gesagt hat: „Ich muss ja werfen." Aber es war nicht so, dass er jeden Wurf nehmen wollte und uns nichts zugetraut hat. Das war nie seine Einstellung.

Das Finalwochenende in Belgrad ist gekennzeichnet von den frenetischen Fans der Griechen. Immer mehr Hellenen kommen in die Stadt. Nicht wenige schlafen mit laufendem Motor vor der Arena in ihren Autos. Über 10.000 Griechen haben sich auf die eine oder andere Weise Tickets für das Finale besorgt und bieten eine imposante Kulisse. Nicht nur in der Halle …

Pesic: Das Spiel gegen Spanien war um 21 Uhr, glaube ich. Am nächsten Tag war direkt das Endspiel, da kannst du ohnehin nicht einschlafen. Du denkst: „Endlich sind wir im Endspiel, nach so vielen Jahren." Vor dem

Hotel war ein großer Parkplatz. Und auf einmal, ab 4.30 oder 5 Uhr, waren da auf einmal eine Million Griechen und haben Radau gemacht, weil sie wussten, dass die Griechen auf der Rückseite des Hotels waren und wir auf der Vorderseite. Wir haben da alle nicht geschlafen.

1987 hatten die Griechen angeführt von Nikos Gallis im eigenen Land den Europameistertitel gewonnen. Gallis hatte im Finale gegen den favorisierten Titelverteidiger aus der Sowjetunion 40 Punkte zum 103:101-Sieg beigesteuert und so für einen Boom in ihrem Land gesorgt. 1989 folgte EM-Silber, die letzte Medaille bis zum Finale 2005.

In der Halle sorgen die Griechen für eine unfassbare Atmosphäre. Über die komplette Spielzeit singen sie – auch und vor allem Schmährufe gegen Dirk Nowitzki. Die kann zwar niemand verstehen, der des Griechischen nicht mächtig ist, Nowitzkis Name ist jedoch deutlich zu vernehmen.

Okulaja: Das ist typisch für Türken, Griechen und Jugoslawen. Die machen so etwas, weil sie wirklich die Qualität und das Level von Top-Spielern anerkennen und verstehen, wie gut jemand ist. Basketball ist in diesen Ländern auch viel mehr Teil der Kultur. Die Beschimpfungen zeigen den enormen Respekt, den sie vor ihm hatten. Ich glaube nicht, dass sie das für einen Amerikaner gemacht hätten, aber vor Dirk hatten sie echt Respekt, auch weil er mit so viel Leidenschaft agierte. Er ist ein geiler Spieler und ein cooler Typ. Der haut dich im einen Moment um, gibt dir aber im nächsten die Hand und hilft dir hoch. Er will halt einfach nur gewinnen. Dirk spielt hart, aber immer fair. Das ist echter Sportgeist. Das ist auch der Basketball, den ich mag: der harte, nicht der dreckige. Wenn ich dir bei einer Bewegung den Ellbogen durchs Gesicht ziehe, dann tut mir das wirklich danach leid. Das ist aber Teil des Spiels, das kann passieren. Aber ich würde nie auf dein Gesicht zielen. So etwas gehört sich nicht. Und so denkt Dirk auch.

Ademola Okulaja ist zusammen mit Nino Garris und Steffen Hamann vom DBB für das Finale nach Belgrad geflogen worden. Sie sind immerhin ein Teil des Teams. Doch das Trio muss mitansehen, wie die Griechen, angeführt von Theo Papaloukas (22 Punkte, sechs Assists, vier Rebounds, drei Steals), nach dem dritten Viertel auf 64:48 davonziehen. Die Vorentscheidung.

Dirk Nowitzki stemmt sich mit allem, was er hat, gegen die Niederlage. Für seine 23 Punkte braucht er jedoch 17 Würfe, der Würzburger trifft nur einen

von acht Dreiern. Die Griechen gehen ihn hart, aber nicht unfair an. Nur Patrick Femerling punktet mit elf Zählern ansonsten zweistellig für Deutschland. Griechenland gewinnt verdient mit 78:62. Im Moment der Niederlage kommt es jedoch zu einem weiteren dieser Momente, die die Nowitzki-Jahre definieren ...
3:22 sind noch zu spielen. Die Griechen führen 69:52. Bauermann entscheidet sich, Nowitzki aus dem Spiel zu nehmen. Die Partie ist verloren ... Dennoch erhebt sich die komplette Arena und applaudiert dem geschlagenen Dirk Nowitzki.

Nowitzki: Dieses Gänsehaut-Gefühl. Dass da plötzlich 20.000 Leute aufstehen und applaudieren. Das war natürlich auch ein Moment, den ich nie vergessen werde. Ich glaube, das war über das komplette Turnier hinweg eine der konstantesten Leistungen, die ich je gezeigt habe. Das war für mich eine riesige Genugtuung, nach diesem emotionalen Sommer, dass wir Silber geholt haben und dass ich auch MVP der Euro geworden bin.

Pesic: Die Standing Ovation für Dirk, der Respekt, und das in einem Basketballland, wo die Leute genau erkennen, wie du spielst. Das gibt es halt nicht so oft. Das hat mich sehr für ihn gefreut.

Die Menschen in der Arena wissen wenig bis gar nichts über die Vorfälle des Sommers. Serben, Griechen und alle anderen Nationalitäten in der Halle ehren einen der besten Basketballer aller Zeiten mit einer Standing Ovation.

Okulaja: Es war natürlich geil in der Kabine. Das kann sich jeder vorstellen. Aber es ist etwas anderes, wenn du selbst spielst, als wenn du über 40 Minuten nur auf der Bank sitzt. Wenn du, wie ich in dem Halbfinale, aber auf der Tribüne sitzt ... dann ist es nochmal etwas anderes. Ich hatte die Mannschaft über Jahre begleitet und auch mit dorthin geführt ... aber ich war in dem Moment kein Teil der Mannschaft. Ich habe auch keine Silbermedaille, weil ich natürlich nicht im Kader stand. Das ist ein Unterschied. Natürlich habe ich mich gefreut, aber es war nicht das Gleiche. Ich hatte keine richtige Verbindung zu dem Team. Das war Dirks überragendes Jahr. Er hat damals alle getragen. Wäre das nicht sein MVP-Jahr gewesen, wären wir, glaube ich, nicht so weit gekommen. Am Ende war diese Euro aber eine grandiose Leistung von allen.

Pesic: Das, was wir gemacht haben, über vier bis fünf Jahre ... Wir haben halt das Scheißpech in Istanbul gehabt, wo wir quasi schon im Endspiel waren. Mit dem Finale 2001 hätten wir drei Medaillen in fünf Jahren geholt. So was machen nicht viele Nationen.

Dettmann: Ich glaube daran, dass das Team 2005 eine Verlängerung des 2003er-Teams ist. Das war dieselbe Altersgruppe derselben Spieler, und sie gewannen 2005 Silber. Selbst wenn es bei der Euro 2003 gegen Italien für uns einen Rückschlag gab, ging die Geschichte weiter, und das Team, das Anfang der 1990er aufgebaut worden war, setzte sich fort. Ich war sehr glücklich über den späteren Erfolg der Mannschaft. Dirk Bauermann schaffte es, auf unserem Erfolg aufzubauen. Ich war sehr froh für die Spieler und dass dieses Team noch sein ganzes Potenzial realisierte. Als sie 2005 Silber holten, war ich nicht bei ihnen, um mit ihnen zu feiern, aber ich feierte anderswo. Ich fühlte mich immer noch als Teil des Teams. Ich fühle mich noch heute so. Ich verfolgte Deutschland auch, als sie es zu den Olympischen Spielen 2008 schafften. Ich war so glücklich für Dirk, weil ich wusste, dass es sein großer Traum war. Für einen solch großartigen Spieler hofft man, dass die Dinge gut ausgehen. Ich habe seinen Weg verfolgt, so wie ich auch die NBA-Finals verfolgt habe und nachts aufgestanden bin, um den Mavericks und Dirk zuzusehen, wie sie den Ring holen. Eigentlich habe ich nicht Dallas zugesehen, sondern Dirk. Und natürlich habe ich bis heute eine enge Verbindung zum Team. Ich kenne sehr viele Leute in der Organisation, und ich bin sehr dankbar für unsere sechs Jahre zusammen. Es war eine wunderbare Reise.

GRÜNDERVÄTER

GRÜNDERVÄTER

TOBIAS JOCHHEIM

BILL RUSSELL

Bill Russell. Der Name flößt jedem halbwegs in Basketballgeschichte versierten Menschen Ehrfurcht ein. Elf Titel in 13 Jahren. Alle mit den Boston Celtics. Wenn es so etwas mit den Grandseigneur der NBA gibt, dann ist das Bill Russell.

Dabei war der fünffache MVP so gar nicht das, was gemeinhin in der Association gefeiert wird. Russell war kein Scorer. Nie markierte er in einer Saison auch nur 20 Punkte im Schnitt. Seinem Spiel fehlte jedes Flair. Auch nannte er nicht diese eine, nicht zu verteidigende Bewegung im Angriff sein Eigen. Nein, William Felton Russell wurde geboren, um Basketballspiele zu gewinnen. Nicht mehr, aber garantiert auch nicht weniger. Russell verteidigte, reboundete, passte den Ball, fungierte als einer der besten Mitspieler aller Zeiten.

Russell umgibt dabei bis heute eine Aura des Geheimnisvollen. Natürlich gibt es Filmaufnahmen aus den 50er und 60er Jahren. Die sind aber längst nicht erschöpfend. Genau wie niemand je sehen wird, wie Wilt Chamberlain damals die 100 Punkte in einem Spiel auflegte oder wie „Dr. J" über die ABA hinwegdunkte, bleibt auch Russells Defense ein Geheimnis. Dass sie unfassbar gut war, darauf schwören die Zeitzeugen Stein und Bein. Die Meisterschaftsbanner an der Decke des Garden in Boston sind ebenfalls ein schlagkräftiger Beweis. Leider begann die NBA aber erst in der Saison 1973/74, Blocks und Steals als Kategorien zu erheben. Da war Russell schon drei Jahre in Rente.

Ich hatte das Glück, Bill Russell zweimal zu treffen. Einmal bei einer Europameisterschaft. Ich glaube, es war die Eurobasket 2005 in Serbien, bin mir aber nicht sicher. Ich weiß nur, dass er plötzlich vor mir stand. Diese lange Gestalt mit dem ergrauenden Bart. Selbst wenn ich nichts über Bill Russell gewusst hätte, irgendetwas hat dieser Mann an sich, das besonders ist.

Umso erstaunlicher war es, als ich ihn bei den NBA-Finals 2013 (die Heat spielten gegen die Spurs) wiedersah. Dieses Mal in einem Starbucks in Downtown Miami. Dort hatte ich den ganzen Morgen über gearbeitet (WLAN in US-Hotels ist oft Glückssache). Nacheinander orderten David Aldridge, Bill Simmons und Juwan Howard dort über einige Stunden ihren Latte. Während Aldridge sowie Simmons nicht erkannt wurden, schlug dem damals wenig bis gar nicht bei den Heat eingesetzten Juwan Howard eine Menge Sympathie entgegen. „Get'em tonight, Juwan!" oder „Beat the Spurs!" riefen ihm die anderen

Gäste im Starbucks zu, als er mit seinem Heißgetränk durch die Tür zu seinem Lamborghini hastete.

Als eine halbe Stunde später – viele der Gäste, die Howard erkannt hatten, waren noch da – die Tür aufging, traute ich meinen Augen nicht. Bill Russell kam, stilecht mit Celtics-Cap auf dem Kopf, mit zwei Frauen hinein. Niemand schien ihn zu erkennen. Kein „Mr. Russell, you are the best!" oder „Bill Russell, you are my hero!" ... nichts. Noch nicht mal große Augen. Nur die ausdruckslosen Gesichter wahllos zusammengewürfelter Kaffeejünger mittags bei Starbucks. Sie erkannten diesen Afroamerikaner mit dem weißen Bart schlicht nicht, obwohl er knapp 30 Minuten lang neben ihnen seinen Cappuccino trank.

Na ja, und ich traute mich nicht, ihn anzusprechen und zu sagen, wie eindrucksvoll das ist, was er geleistet hat. Mir flößte der Mann einiges an Ehrfurcht ein.

DER GRÖSSTE GEWINNER ALLER ZEITEN
2014

Das Leben von Wilt Chamberlain war ein atemberaubender Trip durch die Welt der Starken und Schnellen, Schönen und Reichen, ein Kreislauf der Befeuerung und Entkräftung von Kritikern, ein jahrzehntelanges Brechen von Rekorden, Regeln und Grenzen. Jede denkbare Herausforderung bewältigte er, bis auf eine: Er wurde im Nachhinein nie als ultimativer Gewinner, als (wenn auch etwas spleeniger) Gentleman verklärt. Kurz: Chamberlain war nie Bill Russell.

Dabei war die Beziehung zwischen Russell und Boston, der NBA, der weißen Mehrheitsgesellschaft um ihn herum insgesamt jahrzehntelang von intensiver Abneigung geprägt. Wer die Geschichte dieses Bill Russell erzählen will, kommt nicht an der seines Namensvetters vorbei.

1947 schrieb Bill Garrett Geschichte. Nicht, weil er die Shelbyville Highschool zur Staatsmeisterschaft im basketballverrücktesten Staat überhaupt führte. Auch nicht, weil er als „Indiana Mr. Basketball" ausgezeichnet wurde. Sondern weil er danach für die Mannschaft der Indiana University auflief. Damit war die ungeschriebene Regel gebrochen, mit der die Verantwortlichen der tonangebenden Big Ten Conference einander versichert hatten, Schwarze aus ihren Teams fernzuhalten.

Im selben Jahr, in dem Jackie Robinson als erster afroamerikanischer Baseball-Profi in den Major Leagues anheuerte, wurde der Grundstein für Wandel und Fortschritt auch im Basketball gelegt.

„Bill Garrett ertrug Schmähungen und Rassentrennung, daheim und auswärts, und wurde zum besten Spieler, den Indiana jemals hervorgebracht hatte", heißt es in der Biographie des Pioniers. Mit 1,88 Meter lief dieser am College als Center auf ... und wurde Jahr für Jahr der beste Scorer sowie Rebounder des Teams.

Abseits des Feldes aber machte er fast täglich schmerzhafte Erfahrungen mit Diskriminierung. Immer wieder weigerten sich Hoteliers, das Team zu bewirten. Die Opferrolle, in die ihn weite Teile der Gesellschaft drängten, ertrug Garrett mit Gleichmut, aber auch Humor. Als Coach Branch McCracken sein Team einmal anknurrte: „Ihr trainiert, bis ihr schwarz werdet!", fragte Garrett trocken: „Heißt das, ich kann nach Hause gehen?"

Team-MVP, All Big Ten First Team und schließlich auch All-American – im Frühjahr 1951 wurde Garrett mit Ehrungen überhäuft. Doch die folgende NBA-Draft war eine einzige Demütigung: Sowohl die Indianapolis Olympians als auch Indianas zweites Team, die Fort Wayne Pistons, wählten bewusst schlechtere weiße Spieler. Erst in der zweiten Runde sicherten sich die Boston Celtics Garretts Dienste. Im Jahr zuvor hatte Celtics-Besitzer Walter Brown die Farbbarriere der NBA durchbrochen und Chuck Cooper gezogen.

Einer der anderen Teambesitzer hatte damals entgeistert gefragt: „Walter, ist dir nicht bewusst, dass der Junge farbig ist?" Brown hatte mit aller Entschiedenheit geantwortet: „Es ist mir scheißegal, ob er gestreift, kariert oder gepunktet ist! Boston wählt Charles Cooper von der Duquesne University!"

Voller Vorfreude auf den Beginn seiner Profikarriere feierte Bill Garrett seinen Studienabschluss in Sport und BWL und heiratete seine Freundin Betty. „Damals dachte ich, ich hätte es geschafft", sagte er später. „Ich lag falsch." Denn Garrett wurde eingezogen, um im Koreakrieg zu dienen. Bis August 1953 war er in Tokio stationiert, wo er den Sportbetrieb für die kämpfenden Truppen organisierte. Und bei seiner Rückkehr musste er erfahren, dass die Celtics nicht mit ihm planten. Sie hatten die Quote der NBA für dunkelhäutige Spieler ausgeschöpft. Also nahm Garrett ein Angebot der Harlem Globetrotters an – wenn auch nur höchst widerwillig. Er war kein Showman, und das Team spielte auf eine Art mit Stereotypen, die viele Afroamerikaner verärgerte.

Als er sich das Handgelenk brach, starb Garretts letzte Hoffnung auf ein Comeback. Zeit seines Lebens absolvierte er nicht ein einziges NBA-

Spiel. Hätte er für die Celtics gespielt, wären Bill Garrett und Bill Russell Teamkameraden geworden. Als Russell im Herbst 1956 zum Team stieß, war Garrett 27 Jahre alt.

Sie hätten sich gut verstanden. Aber weil das nicht sein sollte, führte Bill Russell den Kampf schwarzer Athleten, Männer, Menschen um Anerkennung fast im Alleingang.

West Monroe, Louisiana, wo William Felton Russell am 12. Februar 1934 zur Welt kam, war keine schöne Stadt. Nicht auf den ersten Blick – eine brutal funktionale Ansammlung von Warenhäusern für Baumwolle, Holz und Sojabohnen – und schon gar nicht auf den zweiten.

Das gesamte öffentliche Leben war segregiert. Theoretisch hieß das, dass Schwarze und Weiße ähnliche Möglichkeiten bekämen, nur getrennt voneinander. „Separate but equal", so lautete damals der verheißungsvolle Slogan. Praktisch wurden Afroamerikaner in den ehemaligen Südstaaten so systematisch benachteiligt wie während der Apartheid in Südafrika. Erst 1964 wurden mit dem Civil Rights Act die letzten dieser sogenannten „Jim Crow Laws" offiziell aufgehoben.

Bis dahin aber waren sämtliche Schlüsselstellen in Politik und Wirtschaft, Verwaltung und Justiz von Weißen besetzt, die ihre Macht gnadenlos ausnutzten. Deshalb wäre auch Katie, die Mutter des kleinen Bill Russell, einmal beinahe im Gefängnis gelandet – ein Polizist war der Meinung gewesen, mit dem Tragen eines Kleides stelle sie sich auf eine Stufe mit weißen Frauen, und das sei verboten.

Ihrem Mann Charles wurde an einer Tankstelle befohlen zu warten, bis alle weißen Kunden vor ihm bedient worden seien. Als er verärgert davonfahren wollte, soll der Tankwart ihn per Schrotgewehr daran gehindert haben. Ein andermal wurde Mr. Russell von einer Gruppe weißer Männer aus Spaß an der Freude beschossen, weil sie ihn rennen und springen sehen wollten wie in einem schlechten Western.

1943, Bill war neun Jahre alt, hatten seine Eltern genug vom allgegenwärtigen Rassismus in der Provinz. Charles Russell schmiss seinen Job als Hausmeister in einer Papiertütenfabrik, zog mit seiner Familie ins kalifornische Oakland und heuerte in einer Schiffswerft an. Auch eine Wohnung fanden sie – nachdem sein Vater, so erinnert sich Bill Russell, höflich, aber penetrant die Wohnungsbaubehörde besucht hatte. Nicht einmal, nicht zweimal, nicht drei-, vier-, fünf- oder sechsmal – sondern jeden Morgen auf seinem Weg zur Arbeit, vier Monate lang. Dann bekamen die Russells endlich ihre Sozialwohnung.

Als Charles Russell mit dem Ende des Zweiten Weltkriegs entlassen wurde, machte er die Not zur Tugend … und sich selbstständig. Er kaufte einen ausrangierten Truck der Army und fuhr Tagelöhner aus der Stadt zu den Feldern im San Joaquin Valley. Dafür nahm er einen Dollar pro Passagier plus einen von dessen jeweiligem Arbeitgeber an diesem Tag. Die riskante Investition in den Truck zahlte sich aus: Das Geschäft brummte, Familie Russell war von Tag zu Tag weniger pleite. Das Wort „arm" wurde in ihrem Haushalt per se nicht in den Mund genommen. „Pleite" hingegen signalisierte laut Mr. Russell lediglich einen kurzfristigen Umstand, keinen langfristigen Zustand.

Familie Russell war tatsächlich endlich auf dem Weg nach oben – bis Bills Mutter Katie mit 32 Jahren erkrankte und nach einer Woche im Krankenhaus an Nierenversagen starb. Bill war zwölf und untröstlich. „Ich stand unter Schock", erinnert er sich. „Aber auch in dieser Zeit und danach spürte ich stärker denn je, dass sie bei mir war, in meinen Gedanken und Träumen. Manchmal war sie bei mir wie ein Bild, manchmal sprach sie mit mir, als säßen wir im selben Raum, gab mir Trost und Rat."

Der lautete vor allem: Lerne! Bilde dich weiter, ob im Spiel oder bei der Arbeit. Denn Bildung ist das Fundament für alles andere: geistige Reife, gesellschaftlichen und finanziellen Aufstieg. Ungezählte Stunden verbrachte der kleine Bill in der Bibliothek, wo er die Werke der Renaissance-Zeichner Michelangelo und Leonardo da Vinci memorierte, bis er jedes Detail im Kopf hatte. Und in einem Geschichtsbuch seinen ersten Kindheitshelden entdeckte: Henri Christophe, ein ehemaliger Sklave, der zu Beginn des 19. Jahrhunderts zum König von Nord-Haiti aufgestiegen war. Ein Tyrann, ja, aber ein Schwarzer mit Macht und damit ein seltenes Rollenvorbild.

Zuvor war es am Rande der Beerdigung seiner Mutter in Louisiana zum Eklat geklommen: Charles' Schwestern hatten schon unter sich geklärt, wer welchen seiner Söhne Bill und Charlie aufziehen würde, wie es Sitte war. Doch Mr. Russell dachte gar nicht daran, seine Jungs im tiefen Süden zu lassen. Er hatte seiner Frau am Sterbebett versprochen, sie selbst großzuziehen, als Gentleman in einem tadellos geführten Haushalt.

Das sollte er auch erreichen, wenngleich mit harter Hand. Oft setzte es Schläge für die Jungs, und das nicht nur mit einem dünnen Weidenzweig, wobei es Bills Mutter bei ihrem Liebling meist belassen hatte. Vater Russell brachte Opfer. Um bei seinen Jungs sein und ihnen seine Ideale vorleben zu können, verkaufte er sein Unternehmen und nahm einen gefährlichen, mies bezahlten Job an: als Eisengießer für 40 Dollar pro Woche.

Bill besuchte die McClymonds High. Dort erahnte der weiße Coach des Juniorenteams, George Powles, dessen Potenzial. In seiner relativ unbeschwerten Kindheit auf dem Land war Russell ständig umhergerannt und -gesprungen. Die so gewonnene Agilität und Ausdauer zeichneten ihn aus. Zudem hatte er riesige Hände. Koordiniert allerdings waren seine Bewegungen nicht, und basketballerisch war er eine Niete.

Bei aller Liebe konnte es Powles kaum verantworten, ihm eines der 15 Trikots zu geben, die es für die 15 Spieler im Kader gab. Also erklärte er Russell zu Spieler Nummer 16. Bill teilte sich das Trikot mit dem zweitschlechtesten Spieler und wechselte sich mit ihm ab. Was lange vor allem hieß: Russell saß auf der Bank, ohne eine einzige Minute Spielzeit.

Dass Charlie Russell heimlich zu jedem einzelnen auch dieser frühen Spiele seines Sohnes gekommen war, unsichtbar, in einer dunklen Ecke hinter der Ersatzbank, verriet er erst sehr viel später, kurz vor seinem 80. Geburtstag. „Ich kam, weil ich wissen wollte, was du tust und durchstehst. Und weil ich dich unterstützen wollte, ohne Druck auszuüben", erklärte er.

Vielleicht unbewusst auch dadurch, zweifellos aber durch das Vertrauen seines Coaches gestärkt und motiviert, feilte Bill bald täglich im örtlichen Boys Club, einer Mischung aus Jugendheim und Pfadfinderverein, an seinem Spiel. Coach Powles hatte den Mitgliedsbeitrag übernommen.

Russell begann, die Fundamentals zu lernen. Als er 16 Jahre alt war, wurde Powles jedoch zum Coach der ersten Mannschaft seiner Schule befördert – dessen Nachfolger als Trainer der Junior Varsity strich Russell aus dem Kader. Powles gab sein Projekt trotzdem nicht auf und wies Russell an, bei seinem Varsity-Team vorzuspielen. „Was soll denn das bringen?", fragte Russell entmutigt. „Ich glaube, du hast alles, was ein guter Basketballspieler braucht, also tu es", entgegnete der Coach. „Aber die Jungs dort sind so viel besser als ich", entgegnete Russell. Darauf gab ihm Powles eine Lektion fürs Leben: „Wenn du denkst, dass jemand besser ist als du, dann wird er es auch sein." Russell verstand.

Nach einem kräftigen Wachstumsschub und mit seinem Sinn für Timing wurde er ein brauchbarer Basketballer, der in seinem letzten Schuljahr auch startete. Mehr als zehn Punkte erzielte er nur in einem einzigen Spiel, seinem letzten – doch genau das verfolgte ein Scout namens Hal DeJulio.

DeJulio hatte eigentlich einen von Russells Gegenspielern scouten wollen, aber der mit 1,96 Meter nicht besonders große, nur 70 Kilo leichte und noch immer rohe Center mit dem so extravaganten wie effizienten Spiel imponierte ihm. Also besuchte er Russell und lud ihn zum Vorspielen an der USF ein. Der war überrascht, begeistert – und etwas ratlos. „Was ist die USF?", fragte er.

Die University of San Francisco war ein kleines, an ein Jesuitenkloster angegliedertes College. Das Basketballteam „Dons" hatte nicht einmal eine Halle und war deshalb als „Homeless Dons" bekannt. Russell kam es trotzdem vor wie das Paradies. Aber nach dem Vorspielen bekam er nur zu hören: „Wir melden uns bei Ihnen."

Also begann er eine Ausbildung als Blechschlosser in einer Werft in San Francisco. Um Geld zu verdienen, mit dem er vielleicht eines Tages ein Studium bezahlen konnte. „Ich konzentrierte mich darauf, jeden Abend mit dem Gefühl nach Hause gehen zu können, dass ich alles gelernt hatte, was es an diesem Tag zu lernen gab." Russell strebte nach Höherem, hatte sich aber mit seiner Situation arrangiert. Doch eines Abends lag da ein Brief. Von der USF. Mit dem Angebot eines Vollstipendiums.

An der University of San Francisco coachte ein Mann namens Phil Woolpert, der das Run-and-Gun-Spiel verachtete und seinen sämtlich aus der Region stammenden Spielern Defense einbimste. Das kam Russell nicht bloß entgegen, nur deshalb hatte ihn der Trainerstab überhaupt geholt. Er wusste das zu schätzen, machte Basketball aber trotzdem zur zweiten Priorität. Vor allem sog er Bildung auf, insbesondere in Buchhaltung und Logistik.

Auch dem Sport näherte er sich zunächst geistig – gemeinsam mit seinem fast krankhaft schüchternen Bettnachbarn K.C. Jones, der ebenfalls Basketball spielte und in dem er einen Bruder im Geiste fand. „Der Basketballplatz wurde unser Klassenzimmer, Arbeitsraum und Labor. Wir brachten uns dort bei, wie man einen bestimmten Wurf des Gegners erzwingt, der in einem bestimmten Rebound-Winkel resultierte", schrieb Russell später.

Als Freshman trainierte der Linkshänder vor allem seinen eigenen Wurf – bis zu 500 Hookshots mit jeder Hand nahm er pro Nacht. Auch dass er an Wettbewerben im Hürdenlauf, Hoch- und Weitsprung teilnahm, kam ihm auf dem Platz zugute. „Weil ich so oft sprang, musste ich mir selbst beibringen, es korrekt und effektiv zu tun", erklärt er. Russell erkannte, dass viele Schützen, wenn überhaupt, nur pro forma sprangen, aber eben nicht so hoch, wie sie theoretisch gekonnt hätten, um jederzeit die Kontrolle über ihren Wurf zu behalten – während er selbst sich nicht limitieren musste. Coach Woolpert erinnert sich: „Als Bill zum ersten Mal bei uns trainierte, gab ich ihm nur eine Anweisung: ‚Wachse!' Als Sevenfooter wärst du unbesiegbar." Russell erlebte tatsächlich einen späten Wachstumsschub – auf „immerhin" 2,08 Meter.

Unvergleichlich groß war aber sein Basketball-IQ. Er erinnerte die Bewegungen seiner Mit- und Gegenspieler, stellte sich die perfekten Gegenmaßnahmen vor und setzte sie langsam, aber sicher um. Beweglichkeit und Beinarbeit brachte er sich bei, indem er K.C. Jones immer wieder zu Eins-gegen-eins-Duellen forderte. Der hatte keinen Vornamen, sein voller Name war K.C. (obwohl er nach dem Eisenbahnkonstrukteur Casey Jones benannt worden war) –, aber er hatte Skills und Russells Vertrauen.

Jones war es auch, der umgehend den Coach und die Uni-Leitung informierte, als Russell eines Tages gegen Ende seines ersten Jahres wortlos begann, seinen Koffer zu packen. Er hatte erfahren, dass man ihm die 30 Dollar Haushaltsgeld pro Monat streichen würde, die ihm zusätzlich zur Deckung der Kosten für Studium, Wohnheimzimmer und Kantinenessen versprochen worden waren. Jones verstand die Welt nicht mehr: „Du gehst, weil sie dir keine 30 Mäuse zahlen?" Russell antwortete: „Nein. Ich gehe, weil mir etwas versprochen wurde und dieses Versprechen nun gebrochen wird. Ich gehe, weil ich belogen wurde."

Doch Versprechen hin oder her, das Sportdepartment war chronisch unterfinanziert und kein Geld aufzutreiben. Schließlich bot die Uni Russell ein akademisches Stipendium an, das über eine andere Kostenstelle lief und ihm 25 Dollar monatlich garantierte. Nach einiger Bedenkzeit stimmte Russell zu. In gewisser Weise erleichterte es ihm sogar die Arbeit. Denn sein Vater hatte ihm früh Folgendes eingeimpft: Wer einen Job für drei Dollar pro Stunde mache, solle Arbeit im Wert von vier Dollar pro Stunde erledigen. Das schulde man sich selbst, und es verleihe einem Selbstbewusstsein.

Also ging Bill an die Arbeit. In seinem ersten Spiel für die Varsity blockte er 13 Würfe, und fast in jedem folgenden Spielberichtsbogen standen hinter seinem Namen 20 Punkte und 20 Rebounds. Für das Team indes verlief die Saison unspektakulär, weil K.C. Jones wegen eines Blinddarmdurchbruchs flachlag. Sobald Jones zurück war, waren die San Francisco Dons nicht mehr zu halten.

Das Defensiv-Duo führte sie zu den NCAA-Titeln 1955 und 1956, wobei sie 55 Spiele am Stück ungeschlagen blieben. Russell dominierte nach Belieben, obwohl nach seinem ersten Titel die Zone von sechs auf zwölf Fuß verbreitert und Goaltending verboten worden war. Der legendäre US-Sportreporter Jim Murray erinnert sich: „Ich drängte dauernd darauf, dass wir ihn aufs Cover der ‚Sports Illustrated' brachten. Aus der Redaktion in New York kam zurück: ‚Wir haben die Statistiken gesehen, er hat schon wieder nur sechs Punkte erzielt.' Ich dachte mir nur: ‚Richtig, aber habt ihr auch gesehen, dass das gegnerische Team insgesamt nur 42 geschafft hat?'"

Derweil nahm sich Russell (College-Schnitt: 20,7 Punkte, 20,3 Rebounds) Großes vor, wie er sich später erinnerte: „Ich war nie damit zufrieden, einfach zu rennen und zu springen, zu werfen oder zu passen. Ich wollte meine Gaben nutzen, wie niemand zuvor es je getan hatte."

Die San Francisco Dons gewannen, nachdem Russell und K.C. Jones die Uni verlassen hatten, noch fünf weitere Ligaspiele. Ein Testspiel allerdings verloren sie – gegen das Olympia-Team der USA, für das Russell und Jones nun aufliefen. 83:52 war am Ende auf der Anzeigetafel zu lesen. Zwei Nächte später verloren die Dons gegen die University of Illinois in Champaign-Urbana, und die Streak war auch offiziell vorbei: am 17. Dezember 1956 – exakt zwei Jahre nachdem sie begonnen hatte.

Knapp vier Wochen zuvor hatte Russell als Kapitän dieses Olympia-Team in Melbourne zur Goldmedaille geführt. Im Halbfinale demontierte das US-Team Uruguay mit 101:38, das Finale endete mit einem 89:55-Triumph über die Sowjetunion. Russell hatte nun drei Titel und richtig Bock – gerade weil er noch immer deutlich mehr Kritiker als Fans hatte: Die NBA konnte kommen.

„Als ich zu den Celtics kam, war ich ein Center mit den Skills eines Guards", befand Russell im Rückblick gewohnt unbescheiden. Dass sein Wurf in dieser Zeit noch immer kaum existent war, überging er dabei galant. Dass er überhaupt in Boston landete, erforderte einen amtlichen Trade direkt nach der Draft.

Den Teamnamen „Ice Capades" dürfte selbst der fanatischste NBA-Fan nicht kennen. Das macht auch nichts, denn die Ice Capades waren eine Truppe von Eiskunstläufern, die mit ihrer Revue auf Tour gingen.

In Rochester, New York, hatte das dortige NBA-Team die Saison 1955/56 als schlechtestes Team beendet. Damit stand den Rochester Royals der erste Pick der folgenden Draft zu. Bill Russell hätte das finanziell klamme Team aber als sicheren ersten Pick nicht bezahlen können. Allseits wurde gemunkelt, dass Abe Saperstein ihm 50.000 Dollar geboten habe, um für seine Globetrotters aufzulaufen, was wohl übertrieben war. Trotzdem steigerte das Angebot nicht nur Russells Selbstbewusstsein, sondern auch seine Verhandlungsposition in einer Zeit ohne eine Gehaltsobergrenze.

Celtics-Besitzer Jack Brown erkannte seine Chance und versprach, die populären Eiskunstläufer (deren Mehrheitseigner er ebenfalls war) eine Woche lang in Rochester gastieren zu lassen. So würden die Royals frisches Geld in ihre Kasse bekommen. Alles, was sie dafür tun mussten, war, an erster Stelle eben nicht Bill Russell zu ziehen, sondern ihn den an Nummer zwei pickenden Celtics zu überlassen. Also zogen die Royals mit dem ersten Pick den legendären (nicht) Sihugo Green.

Zuvor hatte der legendäre Celtics-Macher Red Auerbach einen Trade mit den St. Louis Hawks ausgehandelt. St. Louis bekam „Easy Ed" Macauley sowie die Rechte an Cliff Hagan aus Boston, um Russell zu den Celtics zu schicken. Der Trade zwischen den Celtics und St. Louis war wohl der einzige in der Geschichte des Basketballs, bei dem sich ein Team, das zwei zukünftige Hall of Famer weggab, je als Sieger fühlen durfte.

Überhaupt machten die Celtics an diesem 30. April 1956 alles richtig: Als „Territorial Pick" (der innerhalb eines 50-Meilen-Radius um die eigene Arena spielen musste) schnappten sie sich außer Konkurrenz den kettenrauchenden, aber wurfgewaltigen Forward Tommy Heinsohn vom nahen College Holy Cross und den defensiven Kettenhund K.C. Jones, Russells Teamkamerad und College-Kumpel. Drei Picks, drei Hall of Famer.

Russell stieß nach seiner Rückkehr von den Olympischen Spielen in Melbourne kurz vor Weihnachten zu einem jungen Celtics-Team, das keinerlei Erfolgsgeschichte hatte, aber einen einzigartigen Coach: Red Auerbach. 1950 hatte er das Amt übernommen – und sofort dafür gesorgt, dass ihn das Publikum in Boston fast gelyncht hätte. Erst überging er den Lokalhelden Bob Cousy, der ebenfalls für Holy Cross spielte. Auerbach fand sein Spiel zu offensiv und vor allem zu arrogant. Und weil er gerade in Stimmung war, nannte er ihn auch noch einen „local yokel", einen Bauern aus der Region. Dann draftete er mit Charles Cooper als Erster einen Afroamerikaner. Eier hatte Auerbach, so viel musste jeder zugeben.

Die Celtics-Dynastie hätte es wohl trotzdem nie gegeben, hätte Bob Cousy nicht unbedingt neben dem Dasein als NBA-Profi eine Fahrschule eröffnen wollen. Die Tri-Cities Blackhawks hatten ihn gedraftet, doch in der Pampa zwischen Davenport, Iowa, sowie Rock Island und Moline, Illinois, sah Cousy keinen Markt für seinen Zweitberuf. Also verlangte er ein für damalige Verhältnisse saftiges Jahresgehalt von 10.000 Dollar. Der

Besitzer der Blackhawks, Bob Kerner, bot 6.000. Cousy lehnte ab und ging zu den Chicago Stags, die aber noch in der Vorbereitung pleitegingen.

Mit viel Glück – das Auerbach zunächst als Pech empfand – landete er schließlich doch in Boston. Dort verdiente er sich das Vertrauen des Coaches, fand die Balance zwischen Speed und Kontrolle und reifte zum Über-Spielmacher. Doch der Erfolg blieb aus, gegen die New York Knicks oder Syracuse Nationals reichte es nie wirklich: Innerhalb von sechs Jahren schaffte es Boston nur 1953 und 1955 in die zweite Playoffrunde und kassierte dort jeweils eine 1-3-Niederlage.

Den offensivstarken Celtics fehlten ein überragender Rebounder sowie ein, zwei Sekunden, um Auerbachs patentierten Fastbreak irgendwie noch schneller zu machen. Russell brachte beides – in einer einzigen Bewegung.

„Wenn ein Big Man den Rebound holt, mit dem Ball landet und seine Ellbogen durchschwingt, um sicherzugehen, dass niemandem ein Steal gelingt, ist die Chance zum Fastbreak vergeben", predigte Russell. „Auch wenn er direkt nach der Landung den Outlet-Pass spielt, vergeht immer noch Zeit, die es den Verteidigern erlaubt, sich zu formieren." Also kreierte der Chef-Pragmatiker und Fundamentals-Liebhaber eine Art Alley-Oop der Defensive – indem er sich schon beim Rebound in Richtung des gegnerischen Korbs drehte und den Outlet-Pass noch vor der Landung nach vorn feuerte, in den Lauf von Cousy oder eines anderen sprintenden Mitspielers. „Die Fähigkeit, diesen Bewegungsablauf hinzubekommen, hat mich stolzer gemacht als alle Auszeichnungen und jede öffentliche Anerkennung", sagte er später.

Das Fundament dafür legte Auerbach, indem er Russell vor dessen erstem Spiel als Celtic versprach, dass er ihn in zukünftigen Vertragsverhandlungen nie an Statistiken messen werde. Ihm war es sogar egal, dass Russell bei einem seiner ersten Auftritte 15 Würfe am Stück danebensetzte. Absolut nicht egal war ihm aber, dass dieser sich herumschubsen ließ. Russell gehorchte – und statuierte bei einem seiner ersten Auftritte ein Exempel an dem biestigen Ray Felix von den Knicks, den er mit einer einzigen Geraden an den Kiefer ausknockte. Damit waren die Verhältnisse geklärt.

So lief schon in der ersten Saison alles hervorragend: Mit einer erstarkten Defense, die regelmäßig mit dem Ruf „Hey, Bill!" und dessen Block endete, erreichte Boston eine Bilanz von 44-28. Am Ende der Playoffs warteten die St. Louis Hawks um Bob Pettit und den für Russell abgegebenen Ed Macauley – und nach einer epischen Serie waren die Celtics am 13. April 1957 erstmals NBA-Champion. Nach doppelter Overtime im siebten Spiel, dank 37 Punkten von „Rookie of the Year" Tommy Heinsohn und 32 Rebounds des anderen Rookies namens Russell.

Auch die Chancen für die Titelverteidigung standen gut: Mit einer Bilanz von 49-23 rauschte Boston in die Playoffs 1958. Doch in Spiel drei der bis dahin ausgeglichenen Finalserie verstauchte sich Russell übel den Knöchel. Bis in die Schlussphase des sechsten Spiels blieben die Celtics um ihren geschienten und humpelnden Kapitän dran. Am Ende bekam Bob Pettit seine Revanche. Und wie ... Er erzielte 50 Punkte, darunter 18 der letzten 21 seines Teams.

Die Celtics waren geschlagen und um die Chance gebracht, die Serie in einem dramatischen Spiel sieben zu Hause doch noch umzubiegen. In den nächsten beiden Finals trafen St. Louis und Boston erneut aufeinander, doch nach 1958 war gegen die Celtics nichts zu holen. Weder für die Hawks noch für sonst eine Mannschaft auf diesem Planeten.

1963 hatten sie fünf Titel in Serie gewonnen, die Spieler der Liga hatten Russell zum dritten Mal in Folge zum wertvollsten Spieler gewählt. Nun aber sagten viele das Ende der Dynastie voraus – denn Bostons geliebter Sohn Bob Cousy, der Steve Nash dieser Ära, beendete seine Karriere.

Neuer Aufbau der Grünen wurde Russells alter Freund K.C. Jones. Der hatte nach seiner Draft zwei Jahre in der Army verbracht. Erst 1958 war er als zehnter und letzter Mann zum Team gestoßen, musste sich in Boston mit Geduld und totaler defensiver Hingabe erst hochdienen. Weil er aber kein zweiter Cousy war oder werden konnte, sondern seine Stärken in der Defensive hatte, mussten Boston und Russell ihr Spiel fundamental in Richtung Offense ändern. Aus dem Halbfeld liefen die Celtics nicht mehr als sieben Spielzüge. „Damit die aber funktionierten, musste jeder andauernd in Bewegung und bereit sein, die zweite, dritte vierte Option für den Abschluss zu sein. Mein Job war es, jede Bewegung jedes Spielers zu sehen, zu koordinieren und weiterzuverarbeiten, als wäre mein Gehirn ein Computer, und dann den richtigen Pass zu spielen." So gewann das Celtics-Kollektiv auch die nächsten Titel. Ganz so, als hätte sich nie etwas geändert.

Doch dass auch die wichtigste Maschine in der Ring-Fabrik nicht fehlerlos lief, zeigte sich am 15. April 1965. Im siebten Spiel der Ost-Finals 1965 führte Boston 110:109 gegen Wilt Chamberlain und die Sixers, als Russell mit vier Sekunden auf der Uhr unter dem eigenen Korb einwarf.

GRÜNDERVÄTER

In einer Aktion, die JaVale McGee stolz gemacht hätte, streifte der Ball die Drahtseile, mit denen der Korb an der Tribüne befestigt war. Damit bekam Philly Einwurf – und die perfekte Chance zum Sieg, der den Finaleinzug bedeutete.

Diese eine unbedachte Aktion in einem Jahrzehnt konstanter Exzellenz drohte die öffentliche Meinung (weiter) gegen Russell kippen zu lassen – doch beim potenziell siegbringenden Einwurf der Sixers passierte, was Kommentator Johnny Most in unsterblich gewordenen Worten beschrieb: „Havlicek stole the ball! It's all over!" Wilt war einmal mehr gescheitert, Russells Celtics stemmten nach einem 4-1-Finalsieg über die Lakers zum siebten Mal in Folge die Trophäe in die Höhe.

Zum Ende der nächsten Saison 1965/66 aber rieben sich die Journalisten die Hände. Was Russell geleistet habe, sei ja gut und schön, hieß es, aber nun sei seine Zeit wohl vorüber. Zumal sein größter Unterstützer Red Auerbach nach dem achten Titel in Serie als Coach zurücktrat, um den General Manager zu geben. Die Reporter ätzten: Der Einzige außer Auerbach, für den Bill Russell spielen würde, wäre ... Bill Russell. Exakt so kam es dann auch, denn mit einer der verwegensten Entscheidungen seiner an solchen nicht eben armen Karriere machte Auerbach Russell zum Spielertrainer – und damit ganz nebenbei zum ersten afroamerikanischen Headcoach der NBA.

Selbstredend verwehrte sich Russell dagegen, ein „Quoten-Neger" zu sein: „Man hat mir diese Stelle nicht angeboten, weil ich dunkelhäutig bin, sondern weil Red der Meinung ist, dass ich sie ausfüllen kann!" Dass er das mit seiner typischen Kompromisslosigkeit tun würde, zeigte sich schon am ersten Tag: Seine Spieler hatten aus Spaß seine Schuhe versteckt und gaben auch auf höfliche Nachfrage nicht preis, wo. Russell hatte sie zwischenzeitlich längst mit Hilfe eines Physios aufgetrieben und mit seinen privaten Sachen weggesperrt. Nun drohte er seinen Spielern, dass er sie laufen lassen würde, bis sie kotzten, sollten sie die Schuhe nicht umgehend wieder an den Start bringen. Was ja unmöglich war, da sie nicht mehr in „ihrem" Versteck waren. Also rannten sie und rannten und rannten. Russell rannte mit, auf Socken. Und seine Botschaft war angekommen: Auf dem Platz war er immer noch einer von ihnen – an der Seitenlinie und in der Umkleide nicht mehr.

Zu einer besonderen Sternstunde kam es in Russells erstem Duell mit der heute extrem unterschätzten Power-Forward-Legende Elvin Hayes. Der hatte am 20. Januar 1968 im „Game of the Century" Lew Alcindor, den späteren Kareem Abdul-Jabbar, demontiert. Mit 39 Punkten und 15 Rebounds verhalf Hayes der University of Houston an diesem Abend zum Sieg über die UCLA Bruins, die zuvor 47 Spiele in Serie gewonnen hatten – und all das im ersten regulären Saisonspiel der NCAA, das landesweit im Fernsehen ausgestrahlt wurde. In die NBA kam Hayes als Nummereins-Pick 1968, seine erste Profi-Saison beendete er mit 28,4 Punkten im Schnitt – womit er bis heute der letzte Rookie ist, der die Liga im Scoring anführte. Das Spiel gegen Boston aber sollte ihm noch lange nachhängen.

„Ich war ziemlich happy mit mir und lief raus in die Ecke, als Russell unter dem Korb stand. Doch als ich zum Schuss hochging, war er plötzlich da und blockte ihn in die zweite Sitzreihe. Das war mir noch nie zuvor passiert, es machte mich fertig, und für den ganzen Rest des Spiels war ich nicht zu gebrauchen", beschreibt Hayes. Mitte des zweiten Viertels hatte er erst zwei Würfe genommen. Russell fragte scheinheilig: „Ich dachte, du wärst hier der Star. Warum spielt dich denn niemand an?" Mit diebischer Freude erzählt Russell noch heute: „Das ließ er an sich herankommen. Ich musste kaum noch etwas tun. Selbst als ich auf der Bank saß, war er nicht der Alte. Weil ich in seinem Kopf war."

Was Russell verschweigt, Hayes aber gern erzählt: „Nach dem Spiel sagte er zu mir: ‚Heute war meine Nacht, aber du wirst selbst noch genügend dieser Nächte haben. Du musst verstehen, wie du gegen mich und andere Spieler in dieser Liga ankommen kannst.'" Dass Hayes' erste Saison Russells letzte war, dürfte für das Zustandekommen dieser netten Ansage nicht die kleinste Rolle gespielt haben.

Russell war der König der Psycho-Spielchen – und ein Streber. Nach seinem Lieblingsspiel gefragt, habe er lange nachdenken müssen, schreibt er. „Zunächst dachte ich an ein Playoffspiel gegen die Lakers, in dem ich rund 30 Punkte und 40 Rebounds geholt hatte, so in der Richtung." Dann aber habe er an die vielen Spiele gedacht, in denen er nur zehn Punkte erzielt habe und auch nicht besonders viele Blocks. „In diesen Partien war ich oft effektiver. Ich konnte zusehen, wie die Spieler auf der Gegenseite ihre Wurfbewegung abänderten oder Abschlüsse komplett verweigerten, weil sie mich in der Nähe wähnten."

Russell selbst brauchte keinerlei Motivation oder Inspiration von außen. Auch nicht in den kritischsten Momenten. 1967 hatten Wilt Chamberlains Sixers die Celtics (wie auch alle anderen Gegner) aus der Halle geschossen. Philly hatte Boston deutlich mit 4-1 im Ost-Finale geschlagen und sich in den Endspielen gegen die San Francisco Warriors um Rick

Barry und Nate Thurmond durchgesetzt. Aber das war nur Formsache gewesen – die entscheidende Serie war die gegen Boston. Und die gewann Philadelphia, eine 140:116-Abreibung im sechsten Spiel inklusive.

Russell war gerührt von den Freudentränen seines Großvaters, dem das Ergebnis herzlich egal war, weil er seinen Augen bei einer kleinen Führung nach dem Spiel kaum glauben konnte ... Der Enkelsohn war Headcoach eines Teams, in dem weiße und schwarze Sportler Seite an Seite spielten und duschten. Vor Wilts Leistung verneigte sich Bill, indem er ihm die Hand gab und schlicht sagte: „Great." Zweimal.

Ein zweites Mal schien Boston 1968 auch eine Niederlage im Ost-Finale gegen die Sixers zu drohen. Schnell lagen sie mit 1-3 hinten. Ins siebte Spiel schafften sie es mit der von Spielertrainer Russell ausgegebenen Parole, immer nur von Spiel zu Spiel zu denken.

Zwölf Sekunden vor Schluss lagen die Celtics in der finalen Partie mit zwei Punkten vorn, als Russell gefoult wurde. Wenn er nur einen treffen würde, war das Spiel gewonnen, weil es noch keine Dreierlinie gab. Russell aber verwarf den ersten. Die Saison stand auf dem Spiel, das zweite Verpassen der Finals in Folge samt Titelverteidigung der Sixers im Raum.

Russell jedoch nahm und traf in aller Seelenruhe seinen zweiten Freiwurf – nachdem ihm Sam Jones etwas ins Ohr geflüstert hatte. Die Reporter waren begierig zu erfahren, welche Wunderworte Jones in diesem Moment gefunden hatte. „Geh kurz in die Knie, Bill", war die trockene Antwort. Jones hatte Russell lediglich daran erinnert, dass er sich im wahrsten Sinne des Wortes locker machen solle. „Ungefähr so inspirierend wie eine Bedienungsanleitung", witzelte der später, – „aber mehr brauchte es nicht."

Egal zu welchen Großtaten Russell die Celtics als Anführer, Ballverteiler und Defensivbollwerk befähigte: Die Mehrzahl der Fans und Journalisten konnten sich zeit seiner Karriere nicht für den ihnen kalt, rätselhaft und aggressiv erscheinenden Mann erwärmen. Ihre Zuneigung reservierten sie für andere – insbesondere für Bob Cousy. Den „Houdini of the Hardwood", den spektakulären Spielmacher. Den Weißen.

Als Russell und Konsorten von einem äußerst erfolgreichen Auswärtstrip ohne ihren verletzten Spielmacher zurückkamen und die Zeitungen aufschlugen, sahen sie, dass die Schlagzeilen von Cousy dominiert wurden: Würde er im nächsten Spiel wieder auflaufen können?

Red Auerbach setzte auf seine Art ein Zeichen dagegen und verkündete (nachdem er sich sicher war, dass er Russell so perfekt bei Laune halten könnte, ohne dass das Team implodierte): „In diesem Team gibt es einen Satz Regeln, der für euch gilt – und einen anderen für Bill Russell." So musste der notorisch trainingsfaule Center zwar zu jeder Einheit antreten – durfte aber beispielsweise auf der Tribüne Zeitung lesen, während die anderen schwitzten.

Diese Vorzugsbehandlung war in der Liga einmalig. Unter dem teils versteckten und teils ganz offenen Rassismus aber litt jeder einzelne dunkelhäutige Spieler. Willie Naulls etwa erinnert sich: „Für die Journalisten war ich einfach ‚ein großer schwarzer Typ'." Einerseits. Andererseits war der Ehrgeiz der Reporter groß genug, um seinen Spitznamen aus College-Zeiten auszugraben – „Willie the Whale", obwohl der damals übergewichtige Naulls längst deutlich abgespeckt hatte. „Ich konnte nur beten, dass ich niemals den Hass ausstrahlen würde, den ich gegenüber Schreibern und Fans empfand", sagte Naulls. „Ich war dazu erzogen worden, dem zu widerstehen. Das waren die meisten schwarzen Athleten."

Russell wurde zwar ebenfalls nie ausfällig oder gar gewalttätig, an seiner Körpersprache aber war umso deutlicher abzulesen, was er fühlte. Sein beharrliches Schweigen und seine Blicke ließen die Reporter frösteln. 1966 schließlich verlieh er seiner Unzufriedenheit und Wut über die alltäglichen schreienden Ungerechtigkeiten unmissverständlich Ausdruck: Im Buch „Go Up for Glory" prangerte er den Rassismus an: „Er war überall. Eine lebendige, schmerzende, verletzende, stinkende, schmierige Substanz, die einen selbst bedeckte. Ein Sumpf, aus dem man sich herauskämpfen muss."

Anders als viele andere Athleten engagierte sich Russell auch politisch – und das zu Zeiten, als dies buchstäblich eine Frage von Leben und Tod war. Im August 1963 nahm er am berühmten Marsch nach Washington teil, deren Höhepunkt Martin Luther Kings „I have a Dream"-Rede war. Sich für Fotos direkt neben die Organisatoren zu stellen, lehnte er dabei ab, weil er sich bewusst war, dass sie viel mehr investiert und riskiert hatten als er.

Seinen eigenen Mut hatte Russell zuvor mit einer Reise nach Jackson, Mississippi, unter Beweis gestellt – unmittelbar nachdem dort am 12. Juni 1963 der Bürgerrechtsaktivist Medgar Evers hinterrücks von Mitgliedern des Ku-Klux-Klans erschossen worden war. „Er rief mich an und fragte, was er tun könne, um zu helfen", erinnert sich Charles Evers, der ältere Bruder des Ermordeten. „Ich sagte: ‚Kommen Sie runter zu uns und lassen Sie uns das erste integrierte Basketballcamp in Mississippi veranstalten.'"

Das tat Russell, stets verfolgt von Mitgliedern des Ku-Klux-Klans inklusive des Mörders von Medgar Evers. Darauf, dass es während Russells Besuch friedlich blieb, hätte damals niemand setzen wollen.

Auf Mannschaftsreisen wurde die Verlogenheit der damaligen Gesellschaft in vielen Orten besonders deutlich, wenn dem Superstar Russell die Behandlung verweigert wurde, die jeder bessere Balljunge oder Physio bekam. Doch Leid lässt sich nicht gegen Leid aufwiegen, und auch privat gab es immer wieder Erlebnisse, die Russell traumatisierten: Im Sommer 1962 war er mit seiner Frau Rose und den beiden gemeinsamen Söhnen von Washington nach Louisiana gefahren, um seinen Großvater zu besuchen. In jedem einzelnen Motel auf dem Weg weigerte man sich, ihnen ein Zimmer für die Nacht oder eine Mahlzeit zu geben. „Wie kann man das einem Fünfjährigen erklären?", fragte Russell. „Das ist nicht zu rechtfertigen." Es hatte sich offensichtlich nichts geändert in den sieben Jahren, seit er als NCAA-Champ von Präsident Eisenhower höchstpersönlich im Weißen Haus empfangen worden war – nur um auf der folgenden Urlaubsreise nach Louisiana von Weißen in den Südstaaten „wie ein Stück Dreck" behandelt zu werden.

Am 06. Juni 1967 unterstützte Russell an der Seite von Kareem Abdul-Jabbar und anderen afroamerikanischen Athleten Muhammad Ali, als der auf einer Pressekonferenz erklärte, lieber ins Gefängnis zu gehen, als sich für den Vietnamkrieg einziehen zu lassen. „Man hat mich gewarnt, dass mich dieser Standpunkt Millionen Dollar kosten würde. Aber wieso sollte ich 10.000 Meilen weit fliegen, um dabei zu helfen, braunhäutige Menschen in Vietnam zu bombardieren – während sogenannte ‚Neger' in Louisville wie Hunde behandelt werden und ihnen die elementarsten Menschenrechte abgesprochen werden?", hatte die Boxlegende damals gesagt. „Dann gehe ich halt ins Gefängnis. Wir sind doch ohnehin seit 400 Jahren Gefangene!"

Russell war hin und weg von der Integrität und dem Mut des Menschen hinter dem Dampfplauderer im Ring: „Trotz all des Drucks und der Probleme, die ihm drohten, brauchte Ali weder uns noch irgendjemand anderen als Unterstützung." Von Russell ist auch die bitter-sarkastische Weisheit überliefert, wie viele Schwarze ein Basketballcoach in welcher Situation aufstellen sollte: „Zwei, wenn du zu Hause spielst. Drei auswärts. Und fünf, wenn du hinten liegst."

Als Celtics-Spieler bezog er ein Haus im feinen weißen Örtchen Reading, Massachusetts. Weil er es konnte. Und weil er stark genug war, nie zu zeigen, wie sehr es ihn verletzte, dass seine zukünftigen Nachbarn Unterschriften gegen seinen Zuzug sammelten. Dass Unbekannte wieder und wieder bei ihm einbrachen, seine Trophäen zerstörten, rassistischen geistigen Dünnschiss an seine Wände schmierten und ganz realen in sein Bett. Die Polizei gab sich machtlos. Bei den kleineren Provokationen wie seinen ständig umgeworfenen Mülltonnen verwies sie auf Waschbären. Russell reagierte auf seine Art und besorgte sich einen Waffenschein samt Gewehr. Von diesem Tag an machten die „Waschbären" einen großen Bogen um Mister Russells Haus.

2010 verlieh ihm US-Präsident Barack Obama für seine Verdienste um Basketball und Bürgerrechte die „Medal of Freedom", die höchste Auszeichnung für Zivilisten überhaupt.

Bill Russell war anders: hochintelligent, stolz, einzigartig und sich all dessen jederzeit absolut bewusst. Wann immer er gefragt wurde, ob er ein Basketballspieler sei, verneinte er. Seine Erklärung: „Basketball spielen ist das, was ich tat. Ich war so viel mehr."

Der Sportjournalist George Kiseda schrieb einmal: „Wilt dominierte jede Arena – und mit ‚Arena' meine ich Raum, Restaurant, Gespräch …" Russell hingegen hatte schon früh beschlossen, sich um dergleichen überhaupt nicht erst zu bemühen. Er spielte, siegte, ignorierte die Fans, brachte die Reporter zum Verzweifeln und ging dann nach Hause, um mit seiner Modelleisenbahn zu spielen. So weit das öffentliche Bild von ihm.

Dass er bei Auswärtsspielen in New York regelmäßig eine Stripperin besuchte (auch, aber nicht nur, um sich über Literatur zu unterhalten), hinter verschlossenen Türen herumalbern konnte und seine typische, meckernde Lache hören ließ („Wenn Giraffen lachen könnten, klängen sie wie ich"), blieb das Geheimnis seiner Mitspieler.

Vor den Spielen war er weniger lässig. Vor lauter Anspannung übergab er sich vor dem Anpfiff so regelmäßig, dass es Auerbach und seine Mitspieler als schlechtes Omen werteten, wenn es einmal nicht dazu kam. Russells Arbeitsauffassung hätte jedem preußischen General Respekt abgenötigt: „Mein Hauptziel war es, in jeder Partie ein perfektes Spiel zu spielen. Vor dem Sprungball hämmerte ich mir jedes Mal ein, dass dies die erste und letzte Chance sein könnte, um das zu schaffen. Erst wenn ich die Perfektion nicht erreicht hatte – also jedes Mal –, konzentrierte ich mich wieder auf die Hoffnung für das nächste Spiel."

Geradezu gekränkt ist Russell, wenn man ihm mit „Mystik" kommt, die „seinen" Celtics aus naheliegenden Gründen gern zugeschrieben wird (vier ihrer Titel gewannen sie mit einem Vorsprung – auf die ganze Serie gesehen – von insgesamt neun Punkten). Motto: Alles Mumpitz – der Erfolg sei nur die logische Folge von Kontinuität und Talent im Team, Selbstvertrauen, Wille und Training gewesen.

„Sehr wohl aber hatte der Boston Garden etwas Mystisches, eine unsichtbare, aber starke Kraft, die unsere Gegner beeinflusste", wusste Russell den Heimvorteil der Celtics zu schätzen. Mit Glamour hatte das nichts zu tun, im Gegenteil. Im Garden war es häufig so dreckig, dass Auerbach dem gesamten Team das Tragen schwarzer statt weißer Schuhe verordnete. Die Lockerrooms hatten keine Spinde, nur zehn Kleiderhaken, zwei Bänke, eine Dusche und eine Toilette.

Und dann war da noch der berüchtigte, unfassbar unebene Parkettboden – gebastelt aus 247 Eichenholz-Paneelen aus einem Wald in Tennessee, der nach jedem Spiel der „eigentlichen" Hausherren, der Boston Bruins (NHL), mit 988 Bolzen neu zusammengeschraubt wurde. „The mystique or the mistakes of the floor" habe ihre Gegner eingeschüchtert, ist Russell überzeugt. Und welches von beiden, sei letztlich unerheblich: „Es gab ihnen eine weitere Entschuldigung, Pleiten gegen uns zu akzeptieren."

Was er selbst beim Spielen und Siegen fühlte, hielt er jahrzehntelang unter Verschluss. In seinem Buch „Russell Rules" gab er 2001 dann preis: „Das Wichtigste am Gewinnen ist die Freude. Man kann auch ohne Freude gewinnen, aber das ist wie im Sternerestaurant zu essen, wenn man überhaupt nicht hungrig ist. Freude sorgt für Energie in deinem Körper, wie Chlorophyll oder Sonnenlicht, sie erfüllt dich und sorgt dafür, dass du ganz automatisch dein Bestes geben willst."

Mit so viel Abstand klang der einstige Basketballroboter plötzlich menschlich: „Hat es mich gestört, dass ich mein Scoring beschränken musste? Absolut, weil es auch mir Spaß machte zu scoren. Ich hatte aber erkannt, dass wir nicht gewinnen konnten, wenn ich mich als Zentrum des Universums aufführte. Ich musste der Katalysator sein."

Der Katalysator eines fast kommunistischen Teams: Sieben der 13 Meisterschaften wurden erreicht, ohne dass auch nur ein Celtic unter den Top Ten der Scorer war.

Seine Weltsicht erklärte Russell bei seinem ersten Treffen mit dem Biographen Taylor Branch folgendermaßen: „Sport ist eine Mischung aus Kunst und Krieg. Wenn es nur Krieg wäre, würden die Schönheit und die Anziehungskraft fehlen. Und wenn es nur Kunst wäre, würde der Wettbewerb fehlen und das Ganze ins Museum gehören." Hinterher schob er seine Kritik des Sportjournalismus: Dort gehe es selten um Kunst und Krieg, sondern meist nur hölzern um Helden und Versager.

Vor diesem Hintergrund wird auch verständlich, dass er jeden Interviewer korrigiert, der ihn zu seiner Rivalität mit Wilt befragt: „Rivalen" seien sie nie gewesen, weil dieser Begriff impliziere, dass es einen Gewinner und einen Verlierer gebe. Er bevorzugt den Ausdruck „Competitors", also Wettkämpfer oder Wettbewerber.

Doch obwohl sich Bill Russell alle Mühe gab und gibt, Wilt Chamberlain zu loben, blieben die Kräfteverhältnisse eindeutig: „Wilt war der größte Offensivspieler, den ich je gesehen habe. Weil sein Talent und seine Fähigkeiten so übermenschlich waren, zwang sein Spiel mich dazu, selbst auf höchstem Level zu spielen. Tat ich das nicht, riskierte ich es, mich lächerlich zu machen und mein Team wahrscheinlich verlieren zu sehen."

Der größte Offensivspieler. In wohl jeder anderen Ära hatte das gereicht, um eine Dynastie anzuführen und Titel in rauen Mengen zu gewinnen. Doch die Zeit des Wilt Chamberlain überschnitt sich mit der von Bill Russell. Und der war eben der größte Defensivspieler. Wo Wilt punkten wollte, war Russell zur Stelle und hinderte ihn daran. Er ist der Mann, der den Mythos Boston Celtics erst schuf. Und der Beweis für die Richtigkeit des Satzes „Offense wins Games, Defense wins Championships".

Russell war ein Kämpfertyp, aber auf eine sehr spezielle Art. Er zügelte seine Wut, seinen gekränkten Stolz und seinen Ehrgeiz. Er war ein echtes „Badass". Berühmt-berüchtigt war seine Abneigung gegen Autogramme. Vergeblich betonte er immer wieder, dass er gern für einen Handschlag und ein paar Worte zu haben sei. Was sich ins öffentliche Gedächtnis einbrannte: Auch dem süßesten Kind verweigerte Russell einen Kringel. Und selbst Tommy Heinsohn, als der ein Foto für seine Familie von allen unterschreiben lassen wollte. Heinsohn war wütend – und Russell noch wütender: „Ich dachte, du würdest mich so gut kennen, um mir nicht mit so was zu kommen ..."

Immerhin: Die Gegner der Celtics bekamen Russells Gnadenlosigkeit ebenfalls eindrucksvoll zu spüren. „Ich wollte nicht nur Spiele gewinnen", schreibt er. „Ich wollte den anderen Teams ihren Glauben an die eigenen Fähigkeiten rauben, und ihre Hoffnung, dass sie je ein Spiel gegen uns drehen könnten."

Gegen seinen einzigen Gegner auf Augenhöhe lief der Meister der Psycho-Spielchen zur Höchstform auf. „Ich konnte Wilts Würfe blocken, wenn ich wollte", sagt er. „Aber meistens wollte ich das eben nicht, weil er dann erst richtig losgelegt hätte. Und seine Dunks konnte ich tatsächlich nicht blocken ... das hätte mich meinen Arm gekostet."

Sein Ziel sei deshalb gewesen, Wilt immer gerade so weit vom Korb wegzudrängen, dass dieser Würfe nahm, die knapp außerhalb seiner Reichweite waren, sich aber für Wilt nicht so anfühlten. „Wenn er die Würfe trotzdem traf, war das eben so. Und wenn nicht, kam er nie darauf, dass ich etwas damit zu tun hatte." Das ist ein klassisches Beispiel für sein statistikfernes Denken: „Am Ende unserer Aufeinandertreffen konnte jeder in der Arena sehen, was er geleistet hatte. Was ich geleistet hatte, wussten meist nur meine Mitspieler, mein Coach und ich."

Russells Bücher zu lesen, ist nicht immer ein Vergnügen, weil er permanent doziert. Beeindruckend ist aber in der Tat, wie er zu seinen Ansichten kam – und dass sie oft das Gegenteil von dem beinhalten, was man vermutet hätte. Beispiel vertikales und horizontales Spiel. Würde man nicht jede Wette eingehen, dass er die vertikale Dimension des Spiels betont, die er durch seine eingesprungenen Blocks extrem erweiterte? O-Ton Russell dazu: „Ein Spiel dauert 48 Minuten. Jedes Team bekommt etwa 80 Würfe, wobei der Ball je anderthalb Sekunden in der Luft ist. Macht etwa vier Minuten. Dazu kommt maximal eine Minute insgesamt für verfehlte Freiwürfe. Also werden nur fünf Minuten des Spiels vertikal gespielt."

Entsprechend sah er auch die größte Herausforderung: „Im Vertikalspiel war Wilt unglaublich, horizontal aber war ich im Vorteil. Natürlich musste ich mich auf sein vertikales Spiel einlassen, was die Hölle war – aber wann immer es möglich war, versuchte ich, ihn dazu zu bringen, mein horizontales Spiel zu spielen. Ich versuchte andauernd, ihn zu locken, bewegte mich so oft wie möglich von Seite zu Seite ..."

Ligaweit bekannt war Wilts Spleen, nie auszufoulen. Er war noch nie wegen zu vieler Fouls aus einem Spiel geflogen – weder an der Highschool noch am College noch als Profi – und wild entschlossen, diesen Rekord zu verteidigen. John Havlicek beteuert: „Wann immer er sein viertes Foul bekam, änderte sich sein Spiel. Ich weiß nicht, um wie viele potenzielle Siege er seine Teams betrogen hat, indem er nicht mehr wirklich spielte, wenn er in Foulprobleme kam." Russell bekam dieses Problem nicht, weil er die Bälle nicht spektakulär wegschmetterte, sondern von hinten oder von der Seite kommend wegwischte und regelrecht aus der Luft pflückte, gern im zweiten Anlauf nach einem Tip zu sich selbst.

Russell erfand den „Chasedown-Block" aus dem Nichts. Er erinnert sich an eine unbedeutende Partie der regulären Saison, in der Boston mit zwölf Sekunden Restspielzeit gegen die Sixers hinten lag. Archie Clark wollte schlicht die Uhr herunterdribbeln, als Russell sich daran erinnerte, dass sein Gegenspieler ein zögerlicher Schütze war, aber liebend gern Leger nahm. „Also drehte ich ihm den Rücken zu und tat, als würde ich aufgeben und vom Feld gehen. Sobald er zum Korb zog, sprintete ich zurück, blockte den Leger und nahm eine Auszeit. Mit drei Sekunden auf der Uhr fand mich Havlicek beim Einwurf, ich dunkte, und wir gewannen in der regulären Spielzeit."

Wie viele Blocks Russell gelangen, wird immer im Ungewissen bleiben, denn offiziell gezählt wurden sie erst nach seinem Karriereende, ab der Saison 1973/74. Die verstorbene Trainer-Legende Jack Ramsey glaubte aber, dass Russell locker zehn Blocks pro Spiel aufgelegt und für jeden geblockten Wurf rund fünf andere erschwert hat.

Nach eigener Schätzung hat Russell im Laufe seiner Karriere 35 bis 40 Angriffe gestoppt, in denen er allein drei Gegenspielern gegenüberstand. Weil er ein so außergewöhnlich stolzer Mann ist, kann man davon ausgehen, dass das in etwa hinkommt.

Abseits des Feldes aber verlor er Duell um Duell. „Viele von uns Sportjournalisten hielten Wilt für deutlich besser als Russell – als Athlet und als Person", sagt etwa Dick Schaap. „Ich versuche, Russell zu mögen, weil ich an die Dinge glaube, an die auch er glaubt. Aber er war einfach nicht sympathisch. Wilt hingegen war liebenswert – ein liebenswerter Riese."

Für jede herzerwärmende Story wie die des Rookies Don Nelson, den Bill Russell per Einladung zu seiner Familienfeier vor einem einsamen Weihnachtsfest bewahrte, gibt es unzählige andere, die ein anderes Bild zeichnen. Der Ex-Profi Tom Meschery beispielsweise erinnert sich daran, wie er einst seine alten Kollegen bat, ihm bei der Promotion einer Basketballliga in Seattle zu helfen. „Weil er nach seinem Karriereende in der Gegend lebte, fragte ich Bill. Aber er wollte dafür bezahlt werden, und ich wollte das Geld der Stadt nicht dafür ausgeben. Dann fiel mir ein, dass Wilt im Sommer viel unterwegs war, und ich rief ihn an. Er fuhr mit seinem Motorrad von L.A. nach Seattle, redete mit den Kids, spielte Schiedsrichter und blieb den ganzen Tag über da. Und er nahm nicht einen Dollar, nicht mal für Spesen."

Sein Image blieb Russell auch nach seinem Karriereende herzlich egal. Aus Boston verschwand er wortlos, selbst der Titelparade anlässlich der letzten Meisterschaft 1969 blieb er fern. Zwei Monate vor Beginn der nächsten Saison erfuhren die Celtics zeitgleich mit dem Rest der Welt aus der „Sports Illustrated", dass sie ohne Center und ohne Coach dastanden.

Auerbach gegenüber hatte er seinen Abschied angekündigt, aber der hatte das für eine Laune gehalten und anstelle eines Centers den Guard Jo Jo White gedraftet. Mit einer Bilanz von 34-48 verpassten die Celtics erstmals seit 20 Jahren die Playoffs. Russell selbst erging es nicht besser: Seine Ehe mit Rose war am Ende, nach der Pleite seiner Kautschukplantage in Liberia und eines Restaurants war er mittellos und hatte die Steuerfahndung an den Hacken.

Als 1972 sein Trikot mit der Nummer sechs unter die Decke des Boston Garden gezogen wurde, geschah das unter Ausschluss der Öffentlichkeit, also ohne Fans und Reporter. 1975 boykottierte er die Feier zu seiner Aufnahme in die Hall of Fame. 1977 heiratete er die 14 Jahre jüngere Didi Anstett. Im Fall der ehemaligen Miss USA habe er seine offen geäußerten Vorbehalte gegen Weiße plötzlich vergessen, lästerte die Presse. Die Ehe hielt keine drei Jahre.

Mehrfach nahm er Jobs an, unter denen sein Ruf litt, von denen aber sein Kontostand profitierte. 1973 wurde er Coach und Manager der Seattle SuperSonics. 1977 verließ er die Franchise mit einer Bilanz von 162-166. Lenny Wilkens coachte das Team 1978 ins Finale und 1979 zum Titel.

Während Russells Zeit in Seattle hatten mehrere Profis gegen die harten Trainingseinheiten und das Schrumpfen ihrer Spielzeit protestiert. Einer von ihnen kam laut Russell in sein Büro und drohte, er werde ihn erschießen. Russells Antwort? „Das ist interessant. Aber weißt du, Waffenläden verkaufen ihre Waffen an jeden, der sie haben will – inklusive derjenigen, denen man droht. Und wenn du auf einer Hirschjagd entdeckst, dass die Hirsche auch Waffen haben, dann bist du plötzlich nicht mehr auf der Jagd ... sondern in einem Krieg."

Russell versuchte sich als Co-Kommentator im Fernsehen, aber seine umständlichen Monologe nervten die Zuschauer. In Sacramento gab er 1987/88 noch mal den Coach, wurde aber nach einem 17-41-Start ins Front Office abgeschoben und anderthalb Jahre später endgültig gefeuert.

1992 unterzeichnete der notorisch gegen das Autogrammschreiben allergische Russell einen Vertrag, der einem Memorabilia-Unternehmen für sieben Jahre das Exklusivrecht einräumte, zu gesalzenen Preisen Trikots, Bälle und andere Produkte mit seiner Signatur zu verkaufen. „Autogramme von Bill Russell sind wertvoller als die jedes anderen lebenden Menschen", sagte dazu Joie Casey, Präsident von Sports Archives Inc.

Ähnlich wertvoll seien nur die von Fidel Castro, Michail Gorbatschow, Papst Johannes Paul II. und der Queen.

Nach dem sportlichen Desaster in Sacramento zog sich Russell für rund ein Jahrzehnt zurück und lebte einsiedlerartig auf Mercer Island, Washington. Kurz vor der Jahrtausendwende kehrte er in die Öffentlichkeit zurück und zeigte sich einerseits geschäftstüchtig, es erschienen Bücher, Filme und Werbespots. Andererseits und vor allem aber erwies sich der neue Bill Russell auch als so altersweise und altersmilde, wie es zu seinem inzwischen weißen Bart passte.

Im Mai 1999 stimmte er der seit Jahrzehnten überfälligen großen Feier zu seinen Ehren in Bostons neuer Arena „Fleet Center" zu, in der er sich unter Tränen mit den Fans versöhnte. Zu der dreistündigen, magischen Feier gaben sich alle die Ehre: Scout Hal DeJulio, Auerbach und Cousy, Heinsohn und Havlicek. Bill Cosby moderierte. Wilt Chamberlain hielt eine Laudatio, die in den Worten „Im Duell mit dir bekommt man Minderwertigkeitskomplexe" gipfelte. Der „New York Times" gestand er kopfschüttelnd noch das Offensichtliche: „Als aktiver Spieler dachte ich immer, ich sei der Einzige auf diesem Planeten, der weiß, was er tut."

Auch wenn er es selbst vehement bestreiten würde: Es müssen die Basketballgötter gewesen sein, die Bill Russells Bilderbuch-Karriere als Spieler auch ein Bilderbuch-Ende bescherten: Mit einer 2-0-Führung im Rücken waren die überragenden Lakers um Jerry West, Elgin Baylor und Wilt Chamberlain 1969 aus Boston heimgekehrt. Spiel drei hatten die Celtics gewonnen, doch in Spiel vier lag Boston sieben Sekunden vor Schluss mit einem Punkt hinten. Russells Team hatte, von allen Experten abgeschrieben, körperlich unterlegen, alt und zerschlagen nur den vierten und letzten Playoffplatz erreicht. Dass sie überhaupt in diesen Finals standen, war ein Wunder …

Russell wechselte sich selbst aus, um die besten Schützen auf dem Platz zu haben. Wie geplant nahm Sam Jones den Schuss schneller, als Wilt ihn blocken konnte – doch er rutschte beim Absprung aus. Im Fallen achtete er darauf, dem Ball mehr Backspin als üblich mitzugeben, „damit Russell eine bessere Chance zum Tip-In hätte", wie er selbst sagte. Jones war davon ausgegangen, dass Russell auf dem Feld stünde. Der aber sah von der Bank genüsslich zu, wie der Ball gefühlte Ewigkeiten auf dem Ring tanzte, um schließlich durchs Netz zu fallen. Dank des Extra-Spins.

Spiel fünf gewann L.A. überzeugend, doch auf Kosten einer Verletzung von Jerry West. Dadurch konnte sich Russell in Spiel sechs auf Wilt konzentrieren und ihn bei acht Punkten halten. Wie so oft erkämpfte sich Boston ein siebtes Spiel, aber eines war anders als in all den Jahren zuvor: Die Celtics waren nicht der Favorit. Doch die Lakers beschworen ihre sechste Niederlage im sechsten Final-Duell gegen Boston selbst herauf: Auf Anweisung von Lakers-Besitzer Jack Kent Cooke wurde auf jedem Sitzplatz ein Flyer platziert, auf dem es hieß: „Wenn – nicht falls – die Lakers den Titel gewinnen ...", gefolgt vom Ablauf der Siegesfeier: 10.000 Ballons würden aus einem riesigen Netz unter der Decke aufs Spielfeld regnen. Die Marschkapelle der University of Southern California würde „Happy Days Are Here Again" spielen. Chick Hearn würde Baylor, West und Wilt interviewen.

Russell war auf hundertachtzig – und erkannte zugleich das Potenzial dieser Situation, um seine Spieler zu motivieren. „Diese bekackten Ballons werden dort oben bleiben", fauchte er nach dem Vorlesen des Flyers in der Kabine beim Aufwärmen – und behielt recht. Boston trotzte dem wütenden Anrennen des nicht zu stoppenden Jerry West und dessen Star-Truppe. Als es Sekunden vor dem Ende 108:104 stand, ließen die Celtics Laker Johnny Egan noch einen Korbleger machen. Es änderte nichts.

Der erstmals überhaupt verliehene Finals-MVP-Award ging an Jerry West (und damit das erste und bis heute einzige Mal an einen Spieler des Verlierer-Teams), der verletzt 42 Punkte, 13 Rebounds und zwölf Assists aufgelegt hatte.

Russell kam zu ihm und drückte ihm lange und fest die Hand, ohne ein Wort herauszubekommen. Er selbst hatte 19 Rebounds gesammelt, aber nur sechs Punkte erzielt, weniger als jeder seiner Teamkameraden. Die Wahrheit ist, dass es stimmte, was in der Playoffvorschau der „Sports Illustrated" stand: „Die Celtics sind zu alt. Zu alt. Zu alt."

Doch ein gutes Pferd springt nur so hoch, wie es muss. In den Playoffs hatten die Celtics alle Wahrscheinlichkeiten, ihre Lieblingsgegner aus Philly und die bärenstarken New York Knicks besiegt, indem Russell außergewöhnlich viel punktete und so Willis Reed daran hinderte, anderweitig in der Verteidigung auszuhelfen. Und jetzt hatten sie die Meisterschaft geholt, zum elften Mal in 13 Jahren, aber erstmals in L.A. und zum ersten Mal nach einem 0-2-Rückstand in der Finalserie überhaupt. Purer Wille hatte über Talent und Jugend triumphiert. In anderen Worten: Es war ein Spiel ganz nach Russells Geschmack.

Dass es auch sein letztes gewesen ist, sagt der 35-Jährige an diesem Abend niemandem.

Der Kopfmensch Bill Russell hatte nicht nur die Physik des Spiels analysiert, sondern auch die Biologie seines eigenen Körpers, die Chemie zwischen den Mitgliedern seiner Mannschaft, die Psychologie des Umgangs mit allen Gegnern und die Logik des Gewinnens perfektioniert. Seine Experimente waren erfolgreich beendet.

Weitgehend vergessen sind diese gefühlt vor Jahrhunderten vollbrachten Großtaten schon jetzt, überschattet von den bunten Bildern von Bird und Magic, MJ, Kobe, Shaq, A.I., LeBron und (hoffentlich) den ewigen Spurs. Niemanden interessiert wirklich, wer der Typ war, nach dem seit 2009 die Finals-MVP-Trophäe benannt ist.

Doch mit Bill Russell gleichziehen wird niemals irgendein anderer Teamsportler. Das weiß er selbst am besten, und die Geschichtsbücher bezeugen es. Nichts anderes zählt.

GRÜNDERVÄTER

TOBIAS JOCHHEIM

WILT CHAMBERLAIN

Man nehme den Körper von LeBron James in der Größe von Dwight Howard. Den Stolz und die Selbstverliebtheit von Michael Jordan. Das Showtalent, die große Klappe und die Segelohren von Will Smith (der auf dieselbe Highschool ging). Und die Kraft, die Dirk Nowitzki aus der Kritik an seiner Andersartigkeit zog. Dieses Paket mit dem Vermerk „Larger than Life" beame man in die NBA der Sechzigerjahre, die überwiegend von Brian-Cardinal-Doubles bevölkert war. So erhält man 50 und 25 – Chamberlains Punkte und Rebounds pro Spiel in der Saison 1961/62.

100 Punkte erzielt er in einer Partie dieser Saison gegen die New York Knicks. Weil er es kann.

Diese eine Zahl sagt schon viel aus über Wilton Norman Chamberlain, doch es gibt noch viele andere. Er pulverisiert Rekorde für Punkte und Rebounds, Freiwurfversuche und gespielte Minuten. Als Demonstration seiner basketballerischen Allmacht sichert er sich einen Titel für die meisten Assists der Liga. Er sackt vier MVP-Trophäen ein, steht in zehn All-NBA-Teams und bei 13 All-Star-Games auf dem Platz. Er ist bis heute Vierter in der ewigen Statistik der Punktesammler und Erster bei den Rebounds. Er erntet Spott für „nur" zwei Meisterschaften und eine Auszeichnung zum Finals-MVP. Und Neid auf sein Geld, seinen Charme und die 20.000 Frauen, die er beglückt haben will.

Wilt Chamberlain platzt fast vor Muskeln, Testosteron und Neugierde, ist schnell gelangweilt und liebt den Wettbewerb. Also erfüllt er sich jede denkbare Männerphantasie: Er glänzt nicht nur in der NBA, sondern auch bei den Harlem Globetrotters sowie als Leichtathlet, Gewichtheber und Marathonläufer. Nach seinem Karriereende verhilft er einem zweiten Ballsport zu ungeahnter Popularität – als Mitgründer, Präsident und Starspieler einer Volleyball-Liga. Um ein Haar hätte er gegen Muhammad Ali geboxt.

Er kauft Rennpferde und Immobilien und lässt sich einen Sportwagen maßschneidern. Er bleibt Athlet und wird zusätzlich Autor, Investor, Nachtclubbesitzer, Koch, Playboy und Liebhaber. Was er anfasst, wird zu Gold. Und was er für Familie, Freunde, Fans und Fremde tut, wird übersehen. Es passt nicht zum medialen Zerrbild seiner Person, das sich schnell verselbstständigt: Wilt Chamberlain interessiert sich ausschließlich für seine Statistiken. Er ist kein Gewinnertyp, nur ein lauter Loser.

Die Wahrheit ist: Er dominierte den Basketball wie niemand vor ihm, aber seine Harmoniesucht war größer als sein Hunger nach Titeln. Er war zu beherrscht, um seine überaggressiven Gegenspieler in die Schranken zu weisen. Und zu ehrlich, um gefällig zu sein. Er gierte nach Anerkennung, Respekt, Liebe – vergeblich. Um die Entzugserscheinungen zu lindern, versuchte er sich an immer unglaublicheren Großtaten. In Zahlensümpfen und Statistikgebirgen wollte er sich verstecken, auf jedem denkbaren Gebiet krampfhaft beweisen, dass er weder tumber Gorilla noch Superschurke war.

Dies ist das traurige, aber wahre Märchen vom guten Riesen Wilton Norman Chamberlain.

DER EWIG GEJAGTE GOLIATH
2014

Promotion wollte die NBA – und Promotion bekam sie. Denn am 02. März 1962 demonstrierte Wilt Chamberlain das ganze Ausmaß seiner Dominanz. Es geschah in Hershey, Pennsylvania – genannt „Chocolatetown" und „The Sweetest Place on Earth", weil der Ort als weiße Mustersiedlung rund um eine Schokoladenfabrik errichtet wurde. Chamberlain wird die Ironie nicht entgangen sein. „Er machte sich den Sport der Weißen zu Eigen, und die Traditionalisten sahen die Zukunft und erbleichten", schreibt Gary M. Pomerantz in seinem Buch „Wilt, 1962".

Es war die dritte Saison, in der er reboundete und rannte, trickste, warf und dunkte, wie es ihm beliebte. Doch da schien noch etwas in ihm zu schlummern, was der Big Man und spätere Nuggets-Coach Dan Issel so ausdrückte: „Man hatte immer das Gefühl, dass er nicht wirklich Ernst machte. Dass er zwar zehnmal besser war als jeder andere, aber quasi auf Autopilot lief." An diesem Abend schaltete Wilton Norman Chamberlain ihn aus und steuerte mit Vollgas, wackligem Freiwurf und ohne Dreierlinie auf ein gefährliches Ziel zu: eine bis dahin unvorstellbare und seitdem nicht mehr erreichte Punktzahl.

„100 Punkte in einem NBA-Spiel zu erzielen, muss man nicht nur wollen, sondern in gewisser Weise müssen", schreibt Pomerantz. „Er bog einen Gegner und einen ganzen Sport nach seinem eigenen Willen zurecht. Um zu zeigen, dass es machbar ist, und zwar nur von ihm allein." Chamberlains irrwitzige Offensivleistung mag vor allem Selbstzweck gewesen sein – doch sie hatte einen wichtigen Nebeneffekt. „Ich glaube, dass Wilt damit die Liga rettete", sagt Oscar Robertson. Der setzte in derselben Saison selbst einen bis heute unerreichten statistischen Meilenstein: 30,8 Punkte, 12,5 Rebounds und 11,4 Assists pro Spiel. Das mag die umfassendere, aussagekräftigere Leistung sein, und mit dem „Play the Right Way"-Gedanken ist sie allemal besser vereinbar als Chamberlains 100-Punkte-Spiel. Für Nicht-Basketballer war und ist Robertsons Rekord aber viel weniger greifbar. Chamberlains Großtat hingegen wurde bald überall diskutiert. Jeder hatte eine Meinung dazu.

Nach diesem Interesse hatte die NBA lange gedürstet. Sie bestand aus neun Teams, und ihr Name war ein einziger Euphemismus. „National" war sie nicht – auch wenn sie seit zwei Jahren mit den L.A. Lakers einen Schritt weg von der reinen Ostküsten-Regionalliga gemacht hatte, die sie ein Jahrzehnt lang gewesen war. Eine „Association" war sie auch nicht, nur ein Haufen wagemutiger, planloser Geizhälse, die sich Schlammschlachten in der Presse lieferten. Und „Basketball" wurde auch nur im weitesten Sinne geboten.

Weil die Medien kaum über die NBA berichteten, stagnierte die Zahl ihrer Fans. Und weil es kaum Fans gab, berichteten die Medien nicht ausführlicher. Die meisten Spieler waren Halbprofis, und so lebten sie auch – selbst gewaschene Trikots, durchzechte Nächte und Zigaretten inklusive.

Die Bosse beim TV-Netzwerk NBC dachten laut darüber nach, ihren Vertrag mit der jungen Liga auslaufen zu lassen. Die NBA war schlichtweg kein Produkt mit Potenzial. Seit der Einführung der Wurfuhr 1954 gab es keine langweiligen Spiele mit wenigen Punkten mehr – dafür aber viele langweilige Spiele mit vielen Punkten. Ihnen fehlte der Zauber besonderer Momente.

Bis zu jenem 02. März 1962, als Chamberlain beim Spiel seiner Philadelphia Warriors gegen die New York Knicks ein Stück Sportgeschichte schrieb. Seine Präsenz in der NBA würde das Ende des Basketballs besiegeln, hatten mehrere Journalisten prophezeit. Stattdessen sorgte sie für dessen Wiedergeburt. Denn der alienhaft anmutende, elegante Riese mit der dunklen Haut und dem großen Mundwerk schaffte, was dem Sport noch nie gelungen war: Er elektrisierte, faszinierte, polarisierte.

Kurz: Er machte Schlagzeilen. Wenn auch nicht am nächsten Tag. Denn das später als historisch gefeierte Spiel fand in der Eishockeyhalle von Hershey statt, einer trostlosen, zugigen Betonröhre abseits der Metropolen. Für 6.000 Dollar konnte damals jeder Kleinstadt-Bürgermeister die Austragung eines NBA-Spiels in seiner Halle kaufen, erinnert sich Celtics-

GRÜNDERVÄTER

Legende Tom „Satch" Sanders. An diesem Abend kamen bei minus sechs Grad allerdings nur 4.124 Menschen in die Halle, die Hälfte der Plätze blieb frei. Ein Radiokommentator war vor Ort, aber kein Fernsehteam. Keine einzige New Yorker Zeitung hatte einen Reporter geschickt. Ein einsamer Fotograf kam – und ging noch vor der Halbzeit. Der einzige Mann mit einer Schreibmaschine war Harvey Pollack – genannt „der Oktopus", wegen seiner Neigung zum Multitasking. Hauptberuflich arbeitete er im Pressebüro der Stadt Philadelphia und nebenbei als Statistiker und PR-Mann für die Warriors. An diesem Abend schrieb er zusätzlich für den „Philadelphia Inquirer" sowie die beiden rivalisierenden Nachrichtenagenturen AP und UPI.

Dass das Medieninteresse noch geringer war als ohnehin üblich, kam nicht von ungefähr. „Die letzten zwei Monate der regulären Saison sind praktisch Zeitverschwendung", sagte selbst das Aushängeschild der Liga, Bob Cousy. „Alles ist eine Abfolge von Hotelzimmern und One-Night-Stands. Am Saisonende wird nur noch hin- und hergerannt und geworfen. Die Verteidigung macht schlapp." Alles deutete darauf hin, dass das auch für diese Partie zwischen Philadelphia und New York gelten würde, das sechst-letzte Spiel der Regular Season und das elfte Aufeinandertreffen dieser Spielzeit. Philadelphia stand auf Rang zwei hinter den übermächtigen Celtics, New York als Vierter am Ende der Ost-Tabelle, ohne Chance auf die Playoffs. Radioreporter Bill Campbell erinnert sich daran, dass er dachte: „Übermorgen wird sich niemand mehr daran erinnern, dass dieses Spiel jemals stattgefunden hat."

Vom Cover des Stadionhefts „Wigwam" grinste an diesem Abend der 25-jährige Chamberlain, als hätte er gewusst, dass es anders kommen würde. Dass das 100-Punkte-Spiel fällig war. „Ich könnte es, wenn ich relaxt und cool bin und eine dieser Nächte erwische, in denen alle Würfe fallen", hatte er dem „Philadelphia Evening Bulletin" bereits drei Monate zuvor prophezeit. Der Anlass waren 78 Punkte gegen Elgin Baylor gewesen, der damit als Topscorer entthront war. Auch Baylor hatte danach gesagt: „Keine Sorge, der Große wird sich schon bald seine 100 Punkte holen."

Dabei waren die Voraussetzungen für den „Großen" schlecht. Natürlich war er in den Kategorien Größe (2,16 Meter), Gewicht (120 Kilo) und Spannweite (2,26 Meter) jedem Gegenspieler überlegen, wie immer. Aber er war auch müde. Nicht nur, weil er die ersten 75 Spiele der Saison komplett durchgespielt hatte, sondern auch, weil seine Nacht in New York City kurz gewesen war. Erst um sechs Uhr früh hatte er sein Date nach Hause gefahren. An diesem Abend würde er sich dennoch als unaufhaltsam erweisen. Auch weil Phil Jordon, New Yorks bester Center, die vorherige Nacht nicht so gut überstanden hatte wie Chamberlain – und verkatert in einem Hotelbett lag.

An seiner Stelle lief Darrall Imhoff auf, und dem wollte Chamberlain demonstrieren, wie unbeeindruckt er von dessen Vita war. Imhoff hatte auf dem Weg zum NCAA-Titel mit der University of California Berkeley 1959 die Teams von Oscar Robertson und Jerry West geschlagen, war bei der Draft 1960 direkt nach diesen beiden gezogen worden und hatte danach mit dem US-Team olympisches Gold in Rom gewonnen. Seine NBA-Karriere fasste er später so zusammen: „Zwölf Jahre habe ich in Wilts Achselhöhlen verbracht, und sein 100-Punkte-Spiel habe ich immer mit mir herumgetragen." Dort bewies er eine prophetische Gabe: Als er früh sein drittes Foul kassierte, fauchte er den Ref Willy Smith an: „Warum gebt ihr dem Typen nicht gleich seine 100 Punkte? Dann können wir alle nach Hause!" Später fügte er gern hinzu: „Na ja, so ungefähr haben wir es dann ja auch gemacht."

Nach dem ersten Viertel stand es 42:26. Chamberlain hatte 23 Punkte und zehn Rebounds aufgelegt. New Yorks Coach Eddie Donovan ordnete an, ihn mindestens zu doppeln, sobald er den Ball bekäme. Doch das nutzte wenig. Den gefürchteten „Dipper Dunk" konnte die Defense der Knicks hier und da verhindern, nicht aber Chamberlains Fadeaway mit Brett. Sein Teamkamerad Paul Arizin, der den einfachen Sprungwurf populär gemacht hatte, war überzeugt, dass der Center sich diesen Wurf angeeignet hatte, gerade weil es nicht notwendig war. „Natürlich bin ich größer und stärker als ihr", hätte Chamberlains Gedankengang gelautet. „Aber besser als ihr wäre ich auch, wenn es anders wäre. Ich kann auch mit Finesse punkten." Dass an diesem Abend aber selbst seine sprichwörtlich schwachen Freiwürfe ihr Ziel fanden, hatte einen einfachen Grund: Wann immer der Zirkus in der Stadt war, hatten Hersheys Dorfjungs die Trampoline zweckentfremdet, gedunkt und sich an die Ringe gehängt. Entsprechend weich federten sie nach, entsprechend oft fielen nicht sauber gezielte Würfe vom Ring doch noch in den Korb. Jeder traf an diesem Abend besser als sonst. Warriors-Guard Al Attles etwa traf alle seine acht Würfe. Doch bei Chamberlain zeigte sich der Effekt am deutlichsten.

In der Halbzeitpause verloste der Ansager Dave Zinkoff eine Kiste Zigarren, einen Gummibasketball und Salami. Es stand 79:68 für Philadelphia. Chamberlain hatte 14 seiner 26 Würfe aus dem Feld sowie 13 von 14 Freiwürfen getroffen. „Spielt den Ball weiter zu Wilt", ordnete Warriors-Coach Frank McGuire in der düsteren Umkleidekabine mit den drei Duschen an. „Mal schauen, wie viele Punkte er schafft." Das Spiel war schnell, ein offener Shootout. Kaum ein Angriff dauerte länger als zwölf Sekunden. Für die Warriors traf Chamberlain, für die Knicks der Ex-Marine Richie Guerin, ein tougher und stolzer Basketball-Arbeiter. „Das Spiel überspannte zwei Ären der NBA", schreibt Pomerantz. „Und es war, als sei die Vergangenheit sauer auf die Zukunft." Immer früher stürzten sich die Knicks auf Chamberlain, immer fieser wurden die versteckten und immer härter die offensichtlichen Fouls.

Nach dem dritten Viertel stand es 125:106, Chamberlain hatte 69 Punkte. Einige der NFL-Profis, die sich vor dem Anpfiff der Partie ihrerseits für 50 Dollar pro Kopf in einem Basketball-Showspiel versucht hatten, verließen die Halle unbeeindruckt in Richtung Kneipe. Die Kinder im Publikum aber waren gebannt und schrien bald bei jeder Gelegenheit: „Gebt Wilt den Ball!" Angetrieben vom tobenden Richie Guerin versuchten die Knicks alles, um zu verhindern, dass Chamberlain sie vorführte. Der schüttelte sie ab, sprang höher, rannte schneller – und punktete immer weiter, obwohl er Finten und Variationen seiner Bewegungen als unter seiner Würde empfand. Fingerroll von rechts, Fadeaway von links und aus der Nähe alles dunken, so lautete sein Motto. Selbst Bill Russell hatte einige Wochen zuvor gesagt: „Wilt und sein Dunk sind nicht aufzuhalten – es sei denn, man sperrt ihn ein oder benutzt eine Schrotflinte. Er ist so groß, stark und ausdauernd, dass er eines Tages 100 Punkte erreichen kann."

Im letzten Viertel wehren sich die Knicks mit dem letzten Mittel, das ihnen zur Verfügung steht: Sie foulen alle anderen Warriors und dribbeln bei ihren eigenen Angriffen die Uhr herunter. Woraufhin die Warriors ebenfalls foulen, um Chamberlain mehr Zeit zu verschaffen. Doch der wird nervös, vergibt einfache Würfe, lässt Pässe durch die Hände gleiten. Und steht doch bei 90 Punkten. Noch drei Minuten sind zu spielen, und Imhoff foult aus. Die letzten Reste von Spielkultur sind passé, übrig bleibt ein Chaos aus wilden Fouls und noch wilderen Anspielen auf Chamberlain. Mit zwei Freiwürfen, einem Fadeaway, einem Korbleger und einem Dunk holt er sich 98 Punkte – und sofort den Ball, als die Knicks ihn wieder ins Spiel bringen wollen. Doch dann wirft Chamberlain daneben. Und noch einmal. Und noch einmal. Die Nerven. Es läuft die letzte Spielminute, als Chamberlain mit einem kurzen „Whoo!" signalisiert, dass er sich für einen Moment befreit hat. Joe Ruklick spielt einen perfekten Alley-Oop-Pass. Der „Dipper" verwandelt zum 169:146, sein 21. Wurf in diesem Viertel bringt ihm 31 Punkte im Schlussabschnitt – und 100 insgesamt. Radioreporter Bill Campbell schreit: „He made it! He made it! He made it! A Dipper Dunk!"

Die Zuschauer stürmen das Feld, Chamberlain lässt sich feiern, und Ruklick fühlt sich einmal mehr wie ein Sechsjähriger. Die verbleibenden 46 Sekunden werden nachgespielt – und interessieren niemanden.

Dass Chamberlains ewiger Rivale Bill Russell mit den Celtics in St. Louis verliert, ist das Sahnehäubchen auf diesem Abend. Zu dessen geradezu mystischer Aura trägt auch die Unbeholfenheit bei, mit der er vermarktet wird: Der „Oktopus" Harvey Pollack kritzelt eine „100" auf ein Blatt geliehenes Papier und drückt es Chamberlain in die Hand, Fotograf Paul Vathis hält den Moment fest. Er hatte sich das Spiel privat angesehen und war am Ende des dritten Viertels zurück zu seinem Auto gerannt, um seine Kamera aus dem Kofferraum zu holen. Er spürte das Kommen der Sensation.

Neben der perfekten 100 verblasste alles andere. Die 25 Rebounds und zwei Assists. Die anderen, nebenbei erzielten Rekorde: Treffer aus dem Feld (36, bei 63 Versuchen), Freiwürfe (28 von 32), Punkte in einem Viertel (31) und einer Halbzeit (59). Und die 43 bisherigen Spiele dieser Saison, in denen Chamberlain 50 oder mehr Punkte erzielt hatte, darunter seine 78-Punkte-Show gegen Chicagos hochgelobten Center Walt Bellamy, den kommenden Rookie des Jahres. Vor allem aber würde diese Leistung die Journalisten verstummen lassen, Shirley Povich zum Beispiel, die in der „Sports Illustrated" geätzt hatte, übergroße „Unfälle der Natur" wie Chamberlain sollten sich lieber als Regenmacher betätigen, anstatt den Sport zu versauen. Auch die Sportredaktion der „New York Herald-Tribune" war sich keiner Schuld bewusst, als Pollacks Agenturmeldungen aus den Telexmaschinen ratterten. Immerhin fanden sie noch Platz dafür – auf Seite 11.

In Hershey sagte Chamberlain den Reportern, wie stolz er sei – und wie dankbar, dass seine Teamkameraden ihm diesen Abend ermöglicht hatten. Er meinte es ernst; der Tatsache, dass seine Mitspieler deutlich weniger verdienten und Nacht für Nacht in seinem Schatten standen, war er sich bewusst. Danach fuhr er mit den Knicks im Auto nach New York, wo er sich in seinem eigenen Nachtclub in Harlem feiern ließ. „Small's Paradise" war legendär; einst hatten die Kellner die Drinks hier tanzend oder auf Rollschuhen serviert. Inzwischen hieß der Laden „Big Wilt's Small's Paradise", und sein Alleinstellungsmerkmal war ein feierfreudiger Übermensch namens Wilton Norman Chamberlain.

„Seit er ein junger Teenager war, hatte Wilt viel Publicity bekommen", sagt Jerry West. „Beim Wirbel um LeBron James fragte ich mich, was passiert wäre, wenn Wilt im Jahr 2000 aufgewachsen wäre statt in den Fünfzigern. Ich glaube, den Journalisten wären schlicht die Worte ausgegangen, um über Wilt zu reden und zu schreiben."

Denn zu schreiben gab es viel über den Jungen, der am 21. August 1936 als sechstes von neun Kindern eines Dienstmädchens und eines Hausmeisters in einem Reihenhaus in Haddington, einem Stadtteil von Philadelphia, aufwuchs. Als Fünfjähriger begann er zu jobben. Als er eines Morgens um fünf Uhr beim Hinausschleichen erwischt wurde, erklärte er seiner Mutter auch, warum: „Ich bin stark. Und ich bin smart. Eines Tages werde ich viel Geld verdienen. Ich habe viel zu tun. Ich kann nicht einfach im Bett bleiben."

In der Grundschule war er der schüchterne, stotternde, große Junge mit den dürren Beinen. Auf dem Klassenfoto der 4a ist er zwei Köpfe größer als seine Lehrerin Mrs. Fogarty. Doch im selben Jahr brachte er der 300-Yard-Staffel seiner Schule als Schlussläufer den Sieg. „Als die Zuschauer applaudierten, kribbelte mein ganzer Körper", erinnerte er sich. Diesem Gefühl sollte er sein ganzes Leben hinterherjagen. „15.000 Zuschauer können dir zujubeln", sollte er später schreiben. „Wenn dich zur gleichen Zeit zehn ausbuhen, hörst du nur sie."

Als Zwölfjähriger war er 1,83 Meter groß, als 16-Jähriger konnte er aus dem Stand beinahe den Ring berühren. Entsprechend dominant trat er auf, etwa in einem Spiel im Februar 1955: Am Ende des dritten Viertels hatten die Roxborough High Indians 13 Punkte erzielt – und Chamberlain allein 57. Im Schlussabschnitt nahm er jeden Wurf, hatte die 100 vor Augen – und wurde ausgewechselt, 2:15 Minuten vor dem Ende des Spiels. Chamberlain hatte in knapp 30 Minuten 90 Punkte erzielt, sein Coach Cecil Mosenson konnte das Schauspiel nicht länger mitansehen. Der Endstand von 123:21 reichte ihm. Chamberlains Bilanz beim Abschluss an der Overbrook High 1955: drei Liga-Titel, zwei Stadtmeisterschaften, 56 gewonnene Spiele bei nur drei Niederlagen und 37,4 Punkte im Schnitt.

Mehr als 200 Colleges boten ihm ein Stipendium an. Eine „Menschenjagd" nannte es das Magazin „Sport". Chamberlain erinnert sich: „Wann immer ich nach Hause kam, wartete irgendjemand auf mich. Telefon und

Türklingel hörten nicht auf zu klingeln. Täglich waren neue Angebote in der Post. Coaches kletterten durch die Fenster – ich war ein Gejagter."

Zu den Jägern gehörte auch Eddie Gottlieb, der Besitzer der Philadelphia Warriors. Der wollte ihn sofort verpflichten, doch die Regel „Keine Highschool-Kids" war unumstößlich. Also überredete er die anderen Teambesitzer zu einer Änderung in Bezug auf den „Territorial Pick" – die zu dieser Zeit erlaubte Verpflichtung eines überragenden Talents aus der Region vor der „normalen" Draft anstelle eines Erstrundenpicks. Auch Philadelphias Highschools lägen in seinem Einflussgebiet, argumentierte er und sicherte sich die Rechte an Chamberlain für 1959, wenn dieser das College beendet hätte. Mit diesem Schachzug bootete er Red Auerbach aus, der Chamberlain bereits zuvor verpflichten wollte. Der Entscheider bei den Celtics hatte Chamberlain bereits 1954 in einem Camp im „Kutsher's Resort" getroffen. Dort ging der 17-Jährige einem Ferienjob als Page nach, für 13 Dollar pro Woche plus Trinkgeld – und hob die Koffer von draußen mühelos in den ersten Stock.

Auerbach forderte ihn zum Eins-gegen-eins gegen den Most Outstanding Player der NCAA-Finals des Vorjahres auf – B.H. Born verlor mit 10:25 und überdachte prompt seine Karriereplanung: „Ich dachte mir, wenn es solche guten Highschool-Kids gab, wäre ich nicht gut genug, um es als Profi zu schaffen." Born wurde stattdessen Traktormechaniker. Auerbach war baff und regte deshalb an, Chamberlain solle in Harvard studieren und spielen, um ihn als „Territorial Pick" für Boston wählen zu können. Doch Chamberlain fand Harvard zu wenig urban, zu langweilig, zu uncool. Die University of Kansas hingegen hatte ein renommiertes Basketball-Team. Als er sie besuchte, wurde er trotz der Ankunft seines Flugs um drei Uhr morgens von rund 50 Menschen feierlich am Flughafen empfangen und mit einem Cadillac zum Campus gefahren. Nach der Besichtigungstour am nächsten Tag „lieh" ihm der Vorsitzende einer Studentenverbindung seine eigene Freundin als Date. Und die Jazz-Szene in Kansas City war vorzüglich. Also sagte Chamberlain zu.

Sein Start an der University of Kansas war allerdings mehr als holprig. Statt nach einer langen, nächtlichen Autofahrt aus Philadelphia willkommen geheißen zu werden, verweigerte man ihm im Restaurant seiner Wahl aufgrund seiner Hautfarbe die Bedienung. Und dann war da noch die Kontroverse um Phog Allen. Der legendäre Coach hatte das Spiel von James Naismith höchstselbst gelernt und dafür gesorgt, dass Basketball 1936 eine olympische Disziplin wurde. Allen war der ausschlaggebende

Faktor für Chamberlains Entscheidung gewesen. Doch er wurde zu seiner Verbitterung gezwungen, in Rente zu gehen, bevor Chamberlain ins Team kam, weil er die Altersgrenze von 70 erreicht hatte – obwohl er Chamberlain unbedingt trainieren wollte. Und obwohl dieser unbedingt von ihm trainiert werden wollte.

Die Saison 1955/56 verbrachte Chamberlain im Freshman-Team. In dessen Spielplan stand nur eine wichtige Partie: Das Auftaktmatch der Junioren gegen das eigentliche Schulteam, die Jayhawks, wurde seit 1923 ausgetragen – und jedes Mal verloren. Mit Chamberlain, seinen 42 Punkten und 29 Rebounds, gewannen sie 81:71. Allen jubelte: „Mit ihm werden wir nie ein Spiel verlieren. Wir könnten den NCAA-Titel mit ihm, zwei Jungs und zwei Mädchen aus einer Studentenverbindung holen!" Bill Strannigan, der Coach der Iowa State University, äußerte sich ähnlich. Auf die Frage, was man gegen Wilt tun könne, antwortete er: „Geduld zeigen, bis er seinen Abschluss macht ..." Das wollten die NCAA-Regelhüter nicht riskieren – und verboten das Dunken von Freiwürfen (nachdem Tex Winter mit eigenen Augen sah, dass Wilt es konnte). Auch Einwürfe von hinten über das Brett sowie „Offensive Goaltending", also das In-den-Korb-Lenken der Würfe von Mitspielern, wurden verboten.

Bei seinem Debüt in der eigentlichen Schulmannschaft am 03. Dezember 1956 führte Chamberlain die Jayhawks zu einem 87:69-Sieg gegen Northwestern – und brach dabei mit 52 Punkten und 31 Rebounds die ewigen Rekorde seines Teams. Sein Gegenspieler Joe Ruklick sagte danach: „Es ist absurd, gegen ihn komme ich mir vor wie ein Sechsjähriger."

Chamberlain führte die Kansas Jayhawks ins Finale des NCAA-Turniers. Dort ließ North Carolinas Coach Frank McGuire Triple-Teams auf ihn los – ein Mann von vorne, einer von hinten und ein Dritter, sobald Chamberlain den Ball bekam. Es wurde eine der besten Partien der NCAA-Geschichte – und nach dreimaliger Verlängerung lautete der Endstand 54:53 für North Carolina. Joe Quigg, der Center der Tar Heels, versenkte sechs Sekunden vor Schluss die entscheidenden zwei Freiwürfe. Der letzte verzweifelte Pass zu Chamberlain wurde abgefangen, das Spiel war aus. Er trug nicht die Schuld an der Niederlage, seine Trefferquote von 46 Prozent war fast doppelt so gut wie die des restlichen Teams. Verdient wurde er zum „Most Outstanding Player" des Final Four gewählt, doch ihm blieb versagt, was wirklich zählte: eine Meisterschaft.

Was er während seiner College-Zeit bekam, waren drei Titel im Hochsprung (er erreichte die Zwei-Meter-Marke), seine eigene Radio-Show

„Flippin' with the Dipper", ein Cabrio und 4.000 Dollar Bargeld pro Jahr – letzteres von Absolventen der Uni. Das widersprach den Regeln der hochprofitablen Amateurliga NCAA aufs Gröbste, doch es blieb bis 1985 geheim. Ebenso wie der Fakt, dass er ab und an unter falschem Namen in anderen Ligen antrat, um ein paar Dollar zu verdienen. „Ich habe mich immer dafür geschämt", sagte er später. „Nicht dafür, dass ich gespielt habe, sondern dafür, dass ich der Scheinheiligkeit der NCAA nachgab, anstatt sie zu bekämpfen."

Vielleicht sorgten diese Regelbrüche für schlechtes Karma: Etwa zur Halbzeit seiner zweiten Saison mit den Jayhawks bekam Chamberlain das Knie eines Gegenspielers in den Unterleib, was eine schmerzhafte Entzündung zur Folge hatte. Als er wieder fit war, waren die Playoffs außer Reichweite. Frustriert und mit 29,9 PPG und 18,3 RPG (ohne Wurfuhr!) im Gepäck verließ er nach drei Jahren das College – eine Entscheidung, die in großen Teilen der Öffentlichkeit als Frevel empfunden wurde: Ein junger Mann entschied sich freiwillig gegen einen Studienabschluss und erwies sich dabei auch noch als schlechtes Vorbild für die unzähligen Afroamerikaner, die studieren wollten, aber nicht konnten oder durften. Und all das nicht etwa, um als Profisportler seinem Beruf nachzugehen – sondern um mit einer Zirkustruppe um die Welt zu tingeln. Dass er das Exklusivrecht an seiner Geschichte „Why I Am Quitting College" für 10.000 Dollar an das Magazin „Look" verkaufte, bestätigte seine Kritiker nur in ihrem Urteil.

Da er in der NBA erst spielberechtigt war, wenn sein College-Jahrgang seinen Abschluss machte, schloss sich Chamberlain für ein Jahr den Harlem Globetrotters an. Dafür verwarf er den Plan, selbst ein Team zu gründen und damit um die Welt zu touren. 65.000 Dollar, mehr als jeder Basketballer je verdient hatte, waren Grund genug. Dazu kamen ungeahnte Freuden und Freiheiten. 250 Spiele und quälende Busfahrten dazwischen – aber immer als ein scherzender, prahlender, flirtender dunkelhäutiger Mann unter vielen. Als Globetrotter wurde er nicht gedoppelt, hart gefoult, rassistisch beleidigt, für Niederlagen oder zu geringe Punkt- oder Reboundzahlen kritisiert. Er spürte keinen Druck, wurde bejubelt und konnte sogar sein Spiel weiterentwickeln – Teambesitzer Abe Saperstein setzte ihn als Point Guard ein. Gern erzählte Chamberlain später von den Spielen im Moskauer Leninstadion und davon, wie er das sowjetische Politbüro um Nikita Chruschtschow unter den Tisch trank.

Eddie Gottlieb war ein Kauz. Profitorientiert wie Donald Sterling, meinungsfreudig wie Mark Cuban und mit einem Astralkörper gesegnet wie Helmut „die Birne" Kohl höchstselbst. 1952 kaufte Gottlieb die Philadelphia Warriors, drei Jahre später sicherte er sich die Draftrechte an Chamberlain. Dabei war Gottlieb kein großer Verfechter der Gleichstellung von Afroamerikanern. Sein Geschäftssinn war größer als sein Mitgefühl; er war davon überzeugt, dass das weiße Publikum nicht zahlen würde, um dunkelhäutige Spieler zu sehen. Als Knicks-Besitzer Ned Irish 1950 den anderen Teambesitzern gegen erheblichen Widerstand das Zugeständnis abrang, Nat „Sweetwater" Clifton verpflichten zu dürfen, hatte „Gotty" geschrien: „Du Idiot, du hast gerade unsere Liga ruiniert!"

Es kam bekanntlich anders – und für Chamberlain galt geradezu das Gegenteil. „Wilt war die NBA", sagt Johnny „Red" Kerr, der mit und gegen ihn spielte. Das Blogger-Kollektiv „Free Darko" vergleicht Chamberlains erste NBA-Saison in „The Undisputed Guide to Pro Basketball History" mit einer „Naturkatastrophe, die über ein nettes, friedliches Dörfchen hereinbricht".

Seine erste Profisaison beendete der Mann, der aus Spaß parkende Autos erst vorne und dann hinten anhob und so „umparkte", schneller sprintete als fast jeder Guard und problemlos 48 Minuten lang durchspielte, mit einer Niederlage im Ost-Finale gegen Boston – aber auch mit acht NBA-Rekorden, 37,6 PPG, 27,0 RPG sowie als Rookie des Jahres, MVP und MVP des All-Star-Games. Diese Leistungen sah er von der Presse nicht genügend gewürdigt und ätzte bei der Verleihung der Awards: „Ich will nicht falsch zitiert werden, also sage ich nur: ‚Danke sehr!'"

Sehr gut verstand er sich allerdings mit Jack Kiser von der „Philadelphia Daily News". Deshalb hatte der die Story, über die im Februar 1960 die gesamte Liga redete: Fünf Tage lang fabulierte Kiser darüber, dass Chamberlain die Liga verlassen würde, um bei der Teilnahme an einer Reihe internationaler Leichtathletik-Wettbewerbe den Weltrekord im Zehnkampf zu überbieten. Mit jedem anderen Protagonisten wäre diese Geschichte absurd gewesen, aber bei Wilt Chamberlain konnte man nie wissen ... Er sprang sieben Meter weit, übertraf 16 Meter beim Kugelstoßen und 280 Kilo beim Kreuzheben. Am Saisonende im März trat er tatsächlich zurück und ging erneut mit den Globetrotters auf Tour. Nebenbei pokerte er allerdings um einen besseren Vertrag – obwohl er bereits im Vorjahr fast doppelt so viel eingestrichen hatte wie der bisherige Topverdiener Bob Cousy mit 25.000 Dollar.

Chamberlain bekam zuerst seinen Drei-Jahres-Vertrag und dann, im Oktober 1961, einen neuen Trainer: Frank McGuire. Den Frank McGuire, der ihm am College ein etwas ungewöhnliches Kompliment gemacht hatte: „Irgendwann wird ein Coach seinen Job verlieren, weil Chamberlain 130 Punkte gegen ihn macht. Im Gefängnis könnte es jemanden geben, der Chamberlain bändigen kann – aber am College gibt es niemanden, das garantiere ich Ihnen." Im NCAA-Finale 1957 hatte ihm McGuire als gegnerischer Coach noch den Titel entrissen. Nun machte McGuire seinen Assistenten Dean Smith zum Headcoach in North Carolina und wechselte an Wilts Seite.

McGuire hatte sich in der NCAA einen exzellenten Ruf erworben, zu seinem Amtsantritt bei den Warriors widmete ihm die „Sports Illustrated" eine Titelstory. Tenor: McGuire könnte, sollte, müsste doch Autorität und Stil in die NBA bringen. Vor allem musste er sich umgewöhnen: Mangels Assistenztrainer bei Auswärtsspielen auf die Wertsachen seiner Spieler achten zu müssen, war eine große Prüfung für ihn. „Sorge dich nicht darum, was ich auf dem Platz treibe", sollte Chamberlain in Anspielung darauf später witzeln. „Sorge lieber dafür, dass mein Bargeld und meine Ringe sicher sind."

Gottlieb hatte McGuire nur eine einzige Anweisung gegeben: „Das Team gehört Wilt. Stelle sicher, dass er viel punktet." Der Coach erkannte, dass eine gute Beziehung zu seinem Starspieler der Schlüssel zu allem war. Also hatte er über Chamberlain recherchiert – rund 400 Dollar ließ er sich die Telefonate kosten. Auch aus Eigeninteresse. Sein Vorgänger hatte gehen müssen, weil er Chamberlain anging, unter anderem so: „Einer unserer Gegenspieler hat fünf Würfe aus der Ecke getroffen. Sein Name ist Kerr. Hol ihn dir!" Reaktion: „Mein Name ist Chamberlain. Ich hole ihn mir, wann ich will." Dieser Coach war nicht irgendjemand, sondern Neil Johnston, der selbst als Center bei den Warriors gespielt und die NBA dreimal in Folge beim Scoring angeführt hatte.

Seinem neuen Trainer erklärte Chamberlain: „Wenn du mich aus dem Spiel nimmst, sitze ich hier neben dir und kann nicht scoren oder rebounden. Und wenn du mich wieder einwechselst, braucht mein Körper drei Minuten, um auf Touren zu kommen." McGuire ließ Chamberlain seinen Willen, und der spielte in der folgenden Saison 3.882 Minuten, 48,5 im Schnitt. Zehn Verlängerungen und seine exzellente Kondition machten's möglich.

Warum Chamberlain so auftrat? Weil er es sich leisten konnte. Falls die lauter werdende Kritik an seinem Spiel einen Effekt hatte, dann höchstens den, ihn zu noch größeren individuellen Heldentaten anzuspornen. Dazu konnte er sich Kisers Rückendeckung sicher sein. Einmal erwiderte er den Kritikern anstelle des „Dippers": „Wilt trifft derzeit 49,3 Prozent seiner Würfe, der Rest des Teams 40,2 Prozent. Nuff said."

Chamberlains Feldwurfquote sollte steigen, seine Freiwurfquote allerdings nicht: Nur 51,1 Prozent traf er in seiner Karriere – selbst Shaq schaffte 52,7 Prozent. In seiner dritten Saison hatte es Chamberlain mit veränderter Technik immerhin auf 61,3 Prozent gebracht. Nur so war sein Punkteschnitt von 50,4 überhaupt möglich geworden. Doch kaum war dieser Meilenstein geschafft, kehrte sich Chamberlain wieder ab vom beidhändigen Unterhandwurf aus der Hocke – weil er ihn als unmännlich empfand.

Apropos unmännlich: Der 01. April 1962 ging als „April Stool's Day" in die Basketballgeschichte ein – weil sich Bostons Guard Sam Jones im Duell mit Chamberlain einen Stuhl von der Seitenlinie schnappte. O-Ton Jones: „Wenn ich gegen ihn kämpfe, dann sicherlich nicht fair ..."

Wenn man so will, war es auch nicht fair, was Chamberlain den anderen Spielern antat: Er änderte die Geschwindigkeit und die Geometrie des Spiels. Er spielte es nicht nur auf einem anderen Level, er definierte es neu. Chamberlain forderte mehr Geschwindigkeit, mehr Athletik, mehr Dunks, mehr Spontaneität, mehr Stil. Mehr Rucker Park und zugleich mehr Professionalität.

Deswegen hasste er den Spitznamen „Wilt the Stilt", den ihm ein einfallsloser Schreiberling verpasst hatte. Er war keine Stelze, er war mehr als seine Körpergröße. Er war schnell, ausdauernd, intelligent und wurde immer stärker. Dass die NBA 1964 die Zone um ein Drittel verbreiterte, konnte ihn nicht stoppen. Am liebsten war Chamberlain der Spitzname „Big Dipper" – eine Bezeichnung, die sich auf zweierlei Weise deuten lässt. Einerseits: der große Typ, der sich dauernd bücken muss (= to dip one's head). Andererseits: das im Deutschen „Großer Bär" genannte Sternbild, das bekannteste am Nordhimmel, ganzjährig sichtbar, der Erde entrückt.

Seine erste Meisterschaft gewann Chamberlain erst 1967 mit den Philadelphia 76ers. Spieler-Trainer Russell und die Celtics wurden im Ost-Finale überrollt, im Finale zog San Francisco den Kürzeren. Warum es so lange dauerte? Weil Chamberlain erst jetzt exzellente Mitspieler hatte: Power Forward Lucious Jackson, Small Forward Chet „the Jet" Walker und Point Guard Wali Jones, dazu die Hall of Famer Hal Greer und den Sixth Man Billy Cunningham, genannt „The Kangaroo Kid", der in jedem anderen Team Starter gewesen wäre. Ihr Coach war Alex Hannum, der 1958 mit den St. Louis Hawks auch den letzten Titel vor der absoluten Unschlagbarkeit der Celtics gewonnen hatte. „Natürlich gab es plötzlich viele Geschichten über den ‚neuen' Wilt", schrieb Leonard Koppett in der „New York Times". „Ihre Implikation war unfair und historisch inkorrekt obendrein. Ja, Wilt spielte den besten Basketball seiner Karriere, aber das liegt nicht an einem Defizit seinerseits. Es lag nur daran, dass er endlich ein richtiges Team hatte – eine Situation, die Russell hatte, seit er zu einem Team mit Cousy, Sharman und Heinsohn stieß und von Auerbach gecoacht wurde."

Im Jahr darauf waren die Celtics erneut zu stark – und behielten trotz eines 1-3-Rückstands im Ost-Finale die Oberhand. Einmal mehr prasselte Kritik auf Chamberlain ein – dieses Mal, weil er im letzten Viertel von Spiel sieben nur zwei Würfe genommen hatte. Warum ihn seine Teamkameraden im Schlussabschnitt nur zweimal in der Zone anspielten (!), ist bis heute ungeklärt. Jedenfalls drohte Chamberlain mit dem Absprung in die ABA, wenn er nicht an die Westküste getradet würde.

Nach drei Jahren bei den Philadelphia Warriors, zweieinhalb mit demselben Team in San Francisco und dreieinhalb bei den neu gegründeten Philadelphia 76ers zog er deshalb erneut um – diesmal nach Los Angeles, zu den Lakers. Mit „Mister Inside" Elgin Baylor und „Mister Outside" Jerry West bildete Chamberlain dort ein Trio, das den Miami Heat um Dwyane Wade, LeBron James und Chris Bosh in nichts nachstand.

Fünfmal hatten West und Baylor gegen die Celtics im Finale gestanden, fünfmal hatten sie verloren (und denkwürdigerweise verhöhnte sie niemand als Loser).

Auch 1969 sollte es nicht reichen – trotz Wilt und trotz einer 2-0-Führung. Für Boston war es der elfte Titel in 13 Jahren. Die Krönung einer Dynastie, errungen in einem Spiel sieben in der gegnerischen Halle. Russell beschloss, zurückzutreten – und Chamberlain zerschoss sich zu Beginn der nächsten Saison das rechte Knie. Als Teil seiner Reha spielte er Beachvolleyball – und fühlte dabei „eine Art von Sicherheit und einen inneren Frieden, den ich zuvor nicht kannte". In seiner ersten Autobiographie „Wilt" schrieb er später: „Damals entschied ich, dass ich im Basketball mein Bestes gegeben hatte – Rekord um Rekord gebrochen, Team um Team zu seiner besten Saison geführt. Ich hatte genug davon, mich über meine Kritiker aufzuregen und mich immer und immer wieder beweisen zu müssen." Mit nur einem Titel abtreten wollte er dennoch nicht.

1970 verloren Chamberlains Lakers gegen die Knicks um Willis Reed, Walt Frazier, Dave DeBusschere und Bill Bradley – die siebte Niederlage im siebten Anlauf. Chamberlain spielte gut, doch die Nachwirkung seiner Operation war unverkennbar. 1971 hatten sie ohne die verletzten West und Baylor keine Chance gegen die Milwaukee Bucks um Lewis Alcindor und Oscar Robertson. Chamberlains Chancen schienen zu schwinden.

Doch dann kam Coach Bill Sharman – und verlangte von Chamberlain, seinen Fokus noch weiter vom Scoring auf Rebounds und Defense zu verlagern. „Das ist, als ob man von Babe Ruth verlangen würde, keine Homeruns mehr zu schlagen", lamentierte Chamberlain. Auch Sharmans Vorschlag eines leichten morgendlichen Trainings („Shootaround") war für Chamberlain, der mit außergewöhnlich wenig Schlaf zurechtkam, aber oft erst nachmittags aufstand, schwer zu ertragen. Doch er gehorchte – und als ihm Sharman zu Saisonbeginn nach Baylors alters- und verletzungsbedingtem Rücktritt das Kapitänsamt anbot, blühte er auf. Chamberlain reboundete und feuerte Outlet-Pässe zu Jerry West, der Gail Goodrich oder einen anderen Schützen fand. So gewannen die Lakers 33 Spiele in Folge – bis heute unerreicht. Nebenbei stellte der „Dipper" Russells Rebound-Rekord ein und überschritt die 30.000-Punkte-Grenze. Am Saisonende hatte L.A. eine Bilanz von 69-13, die bis dahin beste der NBA-Geschichte. Die Lakers führten die Liga bei Punkten, Rebounds und Assists an. Im West-Finale schlugen sie Milwaukee in sechs Spielen, im Finale rächten sie sich an den Knicks: Mit einem gebrochenen Handgelenk legte Chamberlain im fünften und entscheidenden Spiel 24 Punkte, 29 Rebounds und zehn Blocks auf. Die Fans stürmten den Platz und hoben den so lange ungeliebten Giganten auf ihre Schultern.

In der nächsten Saison, seiner letzten, verbuchte er einen Karrieretiefstwert von 13,2 Punkten – das allerdings bei einer bis heute unerreichten Quote von 72,7 Prozent. Dazu kamen 18,6 Rebounds, die in dieser Saison niemand toppte. Die Lakers schlugen Chicago und Golden State, doch ihre Titelverteidigung scheiterte an den abermals verstärkten New York Knicks. West und Harold „Happy" Hairston waren verletzt, Chamberlain über seinen Zenit hinaus. Mit 1-4 ging das Finale verloren.

1973 bot das ABA-Team San Diego Conquistadores dem „Dipper" 600.000 Dollar Gehalt, wenn er als Spieler-Trainer für sie auflaufen würde. Spielen durfte er nicht – die Lakers pochten auf ihre Option für diese Saison und gewannen einen entsprechenden Rechtsstreit. Das Trainerdasein reizte Chamberlain nicht wirklich; einen Großteil seiner Aufgaben überließ er seinem Assistenten Stan Albeck. Mit einer Bilanz von 37-47 schleppte sich San Diego in die Playoffs und ging dort gegen die Utah Stars unter. Chamberlain tröstete sich mit dem Erfolg seiner ersten Autobiographie mit dem schönen Titel „Wilt: Just Like Any Other 7-Foot Black Millionaire Who Lives Next Door" und beendete seine Karriere.

Den Rest seines Lebens verbrachte er mit Reisen, am Strand und in seinem Haus (über das ein eigenes Buch existiert, das aber seit Jahrzehnten vergriffen ist). Chamberlain hatte wie immer keine halben Sachen gemacht: Für damals unerhörte 150.000 Dollar kaufte er ein Grundstück auf dem höchsten Hügel von L.A. im exklusiven Bel Air – und ließ sich am 15216 Antelo Place für 1,5 Millionen Dollar ein einmaliges Anwesen bauen: „Ursa Major", benannt nach dem Sternbild, das vom „Big Dipper" dominiert wird.

Die Villa wirkt wie die futuristische Interpretation einer Pyramide, die von einem Stararchitekten auf Drogen auseinandergenommen und in gewagten Winkeln wieder zusammengesetzt wurde. Fünf Stockwerke hoch, 665 Quadratmeter Wohnfläche auf einem 10.000-Quadratmeter-Grundstück – alles in Dreiecksformen, ohne einen einzigen rechten Winkel. Ein paar Stichworte: 200 Tonnen Stein und fünf Eisenbahnwagenladungen Redwood-Mammutbaum, Geysire und ein Wasserfall außen, ein knapp 14 Meter hoher, mit einer Greifvogel-Skulptur verzierter Kamin, drei Meter hohe Bücherwände, Sauna, Fitness- und Billardraum innen – und Pools überall. Das komplett verspiegelte Schlafzimmer („Spielzimmer") besteht aus einer violetten Plüschlandschaft, die ein drehbares rundes Wasserbett aus demselben Material sowie eine dreieckige vergoldete Badewanne umgibt.

Eine „postmoderne Playboy-Mansion" nannten es manche. Chamberlains langjähriger Anwalt und Vertrauter Seymour „Sy" Goldberg fand einen anderen Vergleich: „Er war kein religiöser Mensch, aber dieser Ort war wirklich majestätisch – wie eine Kathedrale." Eine, die nicht der eigenen Verherrlichung diente. Die meisten seiner vielen Trophäen hatte Wilt seinen Wegbegleitern geschenkt – Freunden, Ärzten, Physiotherapeuten –, die meisten verbleibenden Memorabilia erinnerten an seine Zeit an Highschool und College.

Überraschend: Alle Möbel im Haus hatten normale Abmessungen – wichtiger als alles andere war es Chamberlain, dass sich seine Gäste wohlfühlten. Und während sie den von ihm gebackenen Kuchen aßen, wusch er von Hand das Geschirr ab.

31.419 Punkte, 23.924 Rebounds, sieben Scoring-Titel in Folge, elf Rebound-Kronen in 14 Saisons und die legendäre Auszeichnung als Assist-Leader 1967/68 – im Basketball hatte Chamberlain alles erreicht, als er 1973 seinen Rücktritt verkündete. Oder eher: Er hätte alles erreicht, wenn in seiner Zeit nicht die dominanteste aller Dynastien ein Abonnement auf den Titel gehabt hätte und ihm nur zwei übrig ließ.

Vom Zeitpunkt seines Rücktritts an war er jedenfalls offener denn je für sportliche Herausforderungen. Jahre zuvor hatte er bereits angeboten, gegen Muhammad Ali zu boxen – und das Angebot zurückgezogen, als Ali gegen Joe Frazier verlor. Chamberlains Gedanke war simpel: Als Belohnung für seine Risikobereitschaft wollte er einzig und allein um die Weltmeisterschaft im Schwergewicht kämpfen. Doch schon bald hatten ihn der finanziell klamme Ali und seine Promoter bei der Ehre gepackt: Chamberlain sagte wieder zu und war sicher, Ali mit seiner knapp 30 Zentimeter größeren Reichweite schlagen zu können. Mit langen Jabs wollte er Ali so auf Abstand halten, dass er selbst keine Treffer fürchten musste. Ali hatte seinerseits nur einen Kommentar für Chamberlain übrig: „Fallobst!"

Letztlich fiel der Kampf dennoch aus, er scheiterte am Streit über die Verteilung des Profits. Chamberlain selbst wartete später mit einer launigen Erklärung für seine Absage auf: „Ich erinnere mich daran, wie ich mein Haus in L.A. verlassen will, und ich sage noch zu meinem alten Herrn, einem großen Boxfan: ‚Dad, ich habe ein paar Tage frei und fliege nach Houston, um den Vertrag über einen Kampf gegen Muhammad Ali zu unterzeichnen.' Mein Vater dreht sich zu mir um und sagt, ich sollte lieber an meinen Freiwürfen trainieren. Und ich antworte: ‚Dad, damit hast du vielleicht recht ...'"

Chamberlain versuchte sich in vielen anderen Sportarten: Handball faszinierte ihn, doch die Gelegenheit zum Spielen ergab sich zu selten. Das Skifahren gab er schnell auf, beim Polo bekam er Mitleid mit den Pferden. Ihm blieben Tennis, Leichtathletik, Gewichtheben, Aerobic, Wasserski ... und die Bewunderung für Turmspringer, Indy-500-Fahrer und Balletttänzer. Mit Mitte dreißig entdeckte er Volleyball für sich und erreichte dank seiner Block- und Schmetterfähigkeiten ein beachtliches Niveau, am Strand wie in der Halle. Die gemischtgeschlechtliche „International Volleyball Association", in der er Präsident und Starspieler war, existierte immerhin fünf Jahre lang.

Als seinen Lieblingsathleten nannte er gerne Jackie Joyner-Kersee – eine Siebenkämpferin. Das größte Sportereignis aller Zeiten war Chamberlain zufolge der Auftritt der rumänischen Kunstturnerin Nadia Comaneci bei den Olympischen Sommerspielen in Montreal 1976. Dort errang sie Gold am Stufenbarren mit der ersten je vergebenen Note 10,0 – im Alter von 14 Jahren.

Chamberlains Interesse beschränkte sich nicht auf die Welt des Sports. Er zeigte sich offen für Herausforderungen jeder Art. Die Nachricht auf seinem Anrufbeantworter lautete: „Tell me who, what, when and where and I'll take it from there."

Unter anderem arbeitete er sich exzessiv in die Feinheiten von Tartanböden ein und half mit diesem Wissen bei der Ausrichtung der Olympischen Sommerspiele 1984 in L.A. Ein Jahrzehnt zuvor hatte er die 5.000 Dollar, die er von „Sports Illustrated" für den Exklusivabdruck der Nachricht seines Rücktritts bekommen hatte, in ein vierzigköpfiges Team von Leichtathletinnen gesteckt. Die zweifache Olympiateilnehmerin Patty van Wolvelaere erinnert sich: „Er fuhr zwei Stunden Auto, um uns beim Training zu besuchen. Dann harkte er die Sprunggrube (...). Wir hatten viele junge Mädchen im Team, für die ich mich nicht interessierte. Aber er kannte die Namen und Bestzeiten jeder einzelnen Teilnehmerin. Und sie liebten ihn."

Überhaupt wusste Chamberlain zu überraschen: In seiner zweiten Autobiographie „A View from Above" hält er Plädoyers für Frauensport, erklärt seine Bewunderung für Leonardo da Vinci, kritisiert die teils martialische Bildersprache von Sportkommentatoren und sinniert über die Opfer des Baus von Prunkbauwerken wie den Pyramiden oder der Chinesischen Mauer.

„Er war wissbegieriger als jeder andere Mensch, den ich jemals kannte", sagt Sy Goldberg. Ursprünglich als Anwalt engagiert, hatte er sich im Laufe der Jahre zu einem der wenigen engen Freunde des Mannes entwickelt, der sich gern als Star präsentierte und ungern als Mensch zeigte. „Manchmal rief er mich sogar nachts an, um über Philosophie zu diskutieren!", erinnert sich Goldberg.

Aus der Politik hielt sich Chamberlain hingegen raus – was in den Sechzigern eine größere Tragweite hatte als heute, insbesondere für einen Afroamerikaner. Überall in den USA kämpften Schwarze gegen Diskriminierung und für Gleichberechtigung, die Reden von Bürgerrechtlern wie Malcolm X bewegten die Massen. 1968 wurde Martin Luther King erschossen. Bei den Olympischen Spielen im selben Jahr machten die Sprinter Tommie Smith und John Carlos Schlagzeilen, als sie während der

Siegerehrung stumm und mit gebeugtem Kopf den „Black Power"-Gruß zeigten. Eine hochgereckte Faust im schwarzen Handschuh, mit nackten Füßen als Symbol für die Armut der schwarzen Bevölkerung in den USA. Zur Strafe wurden die beiden von den ausdrücklich unpolitischen Olympischen Spielen ausgeschlossen – von Avery Brundage, dem Präsidenten des Internationalen Olympischen Komitees, der den Hitlergruß bei den Spielen von 1936 als nationale Eigenart verteidigt hatte.

Solche Doppelmoral war in dieser Zeit fast an der Tagesordnung, und so zog sich Chamberlain die Wut der schwarzen Community zu, indem er sich stets um Neutralität bemühte. „Ich führe für niemanden einen Kreuzzug", hatte er 1960 verkündet. Chamberlain hatte den Nerv, zur Beerdigung von Martin Luther King an der Seite des republikanischen Präsidentschaftskandidaten Richard Nixon aufzulaufen – unter anderem, weil er sich weigerte, als Schwarzer „automatisch" die Demokraten zu unterstützen. Später gab er zu Protokoll, dass er Larry Bird dem „Doctor" Julius Erving vorziehe. Ein andermal sagte er: „Am besten hilft man der Integration, indem man ein gutes, ordentliches Leben führt." Defensiver geht es nicht.

Sein Nachtclub, sein Rennpferd, seine Pokerrunden, seine Autos: Wilt Chamberlain war der Prototyp des Hedonisten. Er musste immer das Teuerste, Schönste und Beste haben, genau wie er auch selbst immer der Beste, Stärkste, Schnellste und Ausdauerndste sein musste. In der Sommerpause 1961 holte er während der Globetrotter-Tournee in London einen nagelneuen Bentley ab, fuhr damit quer durch Europa und ließ ihn schließlich nach New York verschiffen. Von der Ost- zur Westküste fuhr er regelmäßig – und prahlte gern damit, die 4.500 Kilometer lange Strecke einmal in 36 Stunden zurückgelegt zu haben. Also mit Tempo 125 im Schnitt, und selbstverständlich ohne eine Minute Schlaf. Als sein Teamkamerad Guy Rodgers diese Story anzuzweifeln wagte, reagierte Chamberlain patzig: Dass er an Schlaflosigkeit leide, sei ja wohl allgemein bekannt. Aber die Geschwindigkeitsbegrenzungen? „In Kansas gibt's keine" – dort hätte er die zuvor verlorene Zeit aufgeholt. Toilettenstopps? „Nicht einer!" – und Proviant hätte er ausreichend mitgenommen: Sandwiches und ein paar Flaschen Seven-Up, die (koffeinfreie) Limonade. Und Tankstopps? „Unnötig, mein Cadillac hat Zusatztanks!"

Die Globetrotters nannte er gern „besser als jedes NBA-Team der Sechziger". Und nicht nur das: „Sie spielen auch Baseball – ich sage euch, sie könnten die New York Yankees schlagen!"

Bestärkt wurde Chamberlain in derartigen Ausschmückungen seiner Erlebnisse durch die Reaktion: Viele seiner Zuhörer nahmen sich fest vor, genervt zu sein von seiner Besserwisserei – und wurden doch Opfer seines Charmes und seiner vielen Talente: Sein Freund Cal Ramsey etwa musste nach einer Predigt über seine nachlässig verstauten Klamotten samt Demonstration zugeben: „Verdammt, du bist auch der beste Hosenaufhänger der Welt!" Und als er ein andermal Chamberlains Erzählung von einem Kampf gegen einen wilden Puma anzweifelte, zog der sein Hemd aus und entblößte lange, krallenförmige Narben. Dazu sagte er gern in seiner unnachahmlichen Art, mit ernstem Blick und tiefer Stimme: „Wenn ich dir sage, dass eine Maus ein Haus ziehen kann, dann stell keine Fragen. Leg ihr einfach das Geschirr an ..."

Fakt ist jedenfalls, dass Chamberlain zum exklusiven Zirkel derjenigen gehörte, die sich ihr eigenes Auto maßschneidern ließen: Weil er es leid war, dass er den Sitz aus seinem Lamborghini Countach ausbauen lassen und auf der Fußmatte sitzen musste und der rote Maserati mit dem goldenen Aufdruck seines Namens langweilig wurde, ließ er 1996 den knallgelben Sportwagen „Searcher One" bauen – für 750.000 Dollar. Wie sagte sein Highschool-Coach Cecil Mosenson? „Wilt wurde ein ziemlicher Egoist – aber das werfe ich ihm nicht vor. Wenn ich Wilt Chamberlain wäre, wäre ich auch ein Egoist."

Chamberlains Hang zum Größenwahn fand seinen Höhepunkt im Schlafzimmer. In „A View from Above" schätzt er in einem Gedankenexperiment die Zahl seiner Bettgenossinnen auf 20.000. „Doch, das ist korrekt, 20.000 verschiedene Ladys. Das heißt: Sex mit 1,2 Frauen pro Tag, an jedem einzelnen Tag seit meinem 15. Geburtstag."

Das sorgte für viel Kopfschütteln, mehr Zoten und noch mehr Kritik. Insbesondere Arthur Ashe, der erste afroamerikanische Tennisstar, konnte kaum an sich halten: „Afroamerikaner haben jahrzehntelang bestritten, von Natur aus sexuell primitiv zu sein, wie Rassisten seit den Zeiten der Sklaverei argumentiert haben. Und jetzt tun diese beiden schwarzen, am College ausgebildeten Männer mit ihrem internationalen Ruhm und immensen Reichtum ihr Bestes, um das Vorurteil zu verstärken." Der zweite schwarze Mann, von dem Ashe sprach, war Earvin „Magic" Johnson, der nur wenige Wochen nach dem Erscheinen von Chamberlains Buch der schockierten Welt seine HIV-Erkrankung mitteilte. Nach eigenen Angaben hatte er sich vermutlich beim ungeschützten Geschlechtsverkehr mit dem Virus angesteckt.

Der von seinem schlechten Timing kalt erwischte Chamberlain beeilte sich zu versichern, dass er den Schlafzimmersport nicht nach der Devise „Quantität vor Qualität" betreibe und „ein Mann erlesenen Geschmacks" sei. „Den meisten der Frauen, denen ich begegnete, hätte jeder normale Mann sofort beim ersten Date einen Antrag gemacht." In einem der letzten Interviews vor seinem Tod präsentierte er sich indes altersweise – mit der Erkenntnis, die langjährige Gesellschaft einer einzigen Frau sei mehr wert als die temporäre von tausenden.

Es war eine versöhnliche Erkenntnis – und das indirekte Eingeständnis, dass das geflügelte Wort „No Man is an Island" zutrifft. Jahrzehntelang hatte Chamberlain nur seine riesigen Doggen an sich herangelassen – und ansonsten versucht, es dem Protagonisten von Simon & Garfunkels „I am a Rock" gleichzutun: „I touch no one and no one touches me / I am a rock, I am an island / And a rock feels no pain / And an island never cries."

„Für immer", hatte Chamberlain einst geantwortet, als ihn sein Coach McGuire gefragt hatte, wie lange er Basketball spielen wolle. Später, im Ruhestand, sah er sich vor seinem geistigen Auge vielleicht „wenigstens" 100 Jahre alt werden. Die Zahl sagte ihm zu. Doch am 12. Oktober 1999 sah Chamberlain die Sonne nicht mehr aufgehen. Im Alter von 63 Jahren schlief er ein, durch das Dach seines Schlafzimmers – das geöffnet werden konnte – sah er ein letztes Mal die Sterne. In der Nacht versagte sein Herz. Es hatte ihn schon länger geplagt – ebenso wie sein Magen, seine Zähne, seine Hüfte und sein Knie. Das Drängen seiner engsten Vertrauten auf sofortige medizinische Hilfe ignorierte er. So wollte er nicht gesehen werden, so wollte er nicht sein. Chamberlains letzte Worte zu seinem Backgammon-Partner Alan Shifman waren: „An irgendetwas muss man nun mal sterben."

„Er hat sich entschieden, eine Legende zu werden, anstatt ein Leben zu leben", sagte seine langjährige Liebhaberin Lynda Huey – der er zum 50. Geburtstag erst ein Ständchen sang und ihr dann riet, das Band des Anrufbeantworters aufzuheben, weil es einmal viel wert sein würde. Im Gespräch über die fabelhaften 20.000 Frauen hatte er sie augenzwinkernd gefragt: „Was ist schon eine Null unter Freunden?" Ihre Theorie ist, dass Chamberlain so irrwitzig wenig schlief, weil er schon in der Highschool „eine Berühmtheit wurde und kein normales Leben mehr führen konnte. Der Druck war einfach zu viel für ihn. Er verbrachte sein Leben mit einem einzigen großen Schlafdefizit. Wir alle machten ihm Vorschläge, aber er sagte: ‚Ich habe schon alles versucht.'"

Mehrere Freunde erinnern sich an merkwürdige Anrufe und Briefe, die ihnen im Nachhinein wie der Abschied eines Mannes erscheinen, der seinen Tod kommen sah. Vielleicht hatte er am Abend seines Todes endlich seinen Frieden gefunden und wollte aufhören, als es am schönsten war. In den letzten Monaten hatte er Domino- oder Backgammonspiele und selbst gekochte Abendessen mit engen Freunden seinem alten, lauten Leben vorgezogen, das eine einzige Reizüberflutung war.

Auch nachdenklicher war er geworden: „Immer wieder werde ich daran erinnert, dass Fans das 100-Punkte-Spiel mit meiner Karriere gleichsetzen. Das ist mein Etikett, ob ich will oder nicht." Ein andermal sagte er: „Dieses Spiel war mir peinlich ... ich habe die 100 erzwungen und damit das Spiel zerstört, weil ich Würfe nahm, die ich normalerweise nie genommen hätte."

Seine Aussage von 1993, er hätte auch „140 oder 150 Punkte" erzielt, wenn sich nur nicht das komplette Team der Knicks auf ihn konzentriert hätte, war jedenfalls ein Ausrutscher, der seinen Kritikern gut in den Kram passte. Die wenigsten von ihnen kannten die andere Seite des „Dippers", der sich mit der todkranken 16-jährigen Enkelin von Paul Arizin anfreundete und persönlich dafür sorgte, dass alle fünfzig besten Spieler der NBA-Geschichte im Buch der begeisterten Autogrammsammlerin unterschrieben.

Im Januar 1998 schloss er nach vierzig Jahren des Schweigens auch Frieden mit seinem College – so lange hatte er gebraucht, um seine Angst zu überwinden, dass er bei seiner Rückkehr wegen der Niederlage im NCAA-Finale 1957 ausgebuht werden würde. Nach einer Feierstunde zu seinen Ehren nahm er sich ausgiebig Zeit für die Fans. „Drei Stunden und 18 Minuten lang saß er da", sagte der Sportdirektor der Uni. „Es war nicht eine einzige Person anwesend, die ein Autogramm wollte, aber keins bekam."

Dass er unsterblich war, hatte selbst Chamberlain nicht geglaubt. Viele seiner Zeitgenossen allerdings sehr wohl. Walt Frazier etwa hatte Gerüchte gehört, dass Chamberlain einen Herzschrittmacher bekommen sollte. „Aber ich dachte nicht, dass er in einer lebensgefährlichen Lage war. Ich hatte ihn immer für unzerstörbar gehalten." Der Zeitpunkt von Chamberlains Tod war auf eine merkwürdige Weise passend. Aus dem Kreis der fünfzig besten NBA-Spieler aller Zeiten war vor ihm nur einer gestorben: Pete Maravich, ein rätselhafter, getriebener Showman wie er selbst.

In einem seiner letzten Interviews hatte Chamberlain einige denkwürdige Sätze gesagt: „Der sensationellste, unglaublichste Basketballer, den ich jemals sah? Die Leute sagen, das sei Dr. J oder Michael Jordan. Für mich war es immer Meadowlark Lemon." Nicht er selbst, nicht Bill Russell oder Oscar Robertson. Meadowlark Lemon, der mehr als zwanzig Jahre lang die Harlem Globetrotters anführte, in jedem Spiel einen Hakenwurf von der Mittellinie versenkte und als „Clown Prince of Basketball" bekannt wurde. „In Wilts Leben gab es keine traurigen Songs", sagte Lemon in seiner Trauerrede.

Dabei hatte Chamberlain schon 1965 um Hilfe gerufen – laut und deutlich, in einer von ihm selbst verfassten Titelstory von „Sports Illustrated". Und zwar darüber, „wie es ist, 2,16 Meter groß zu sein und mich nirgendwo verstecken zu können. David hatte es gut im Alten Testament. Auf die Idee, auch nur danach zu fragen, wie es Goliath geht, ist niemand gekommen. (...) Seit ich ein Kind war, haben die Leute an mir gerissen und gezogen. Ich wurde angestarrt, ausgelacht und untersucht. Verdammt, das FBI war hinter mir her, als ich noch zur Highschool ging, wegen der Gerüchte über die sagenhaften Angebote einiger Colleges (...). Ich war doch nur ein leicht zu beeindruckender Junge, der nichts anderes wollte, als Basketball zu spielen. Und die Leute waren hinter mir her, als wäre ich der größte Verbrecher des ganzen Landes. Von da an lief es im Basketball immer besser – aber mein Leben wurde immer schwieriger."

Er wisse ja, dass er fürstlich entlohnt werde, schreibt Chamberlain weiter, und dass viele dächten, er könne über all das lachen, während er zur Bank laufe, um sein Geld zu zählen. „Eigentlich ist es sogar noch besser: Ich kann darüber lachen, während ich in meinem 27.000 Dollar teuren, lavendelfarbenen Bentley Continental Cabrio zur Bank fahre. Aber das hilft nicht gegen den Schmerz in meinem Inneren." Eine Woche später legte er nach: „Manchmal fühle ich mich, als würde ich nicht leben, sondern durchs Leben gejagt werden, wisst ihr?"

Nein.

Erahnen können wir vielleicht, wie es war, Wilt Chamberlain zu sein. Wissen werden wir es nie.

JAN HIERONIMI

JERRY WEST

„Greatness" ist ein Wort, das sich schwer ins Deutsche übersetzen lässt. „Größe" oder „Großartigkeit" kommen dem Sinn des Wortes nicht nahe. Gemeint ist damit eine dauerhafte Einzigartigkeit, die den Betroffenen von der breiten Masse abhebt. Ein Etikett, das mit Bedacht vergeben werden muss. Das Wort ist reserviert für die Besten ihres Fachs – nicht nur, aber auch im Basketball. Und es hat viel mit diesem Buch zu tun. Denn dieses Buch ist in vielerlei Hinsicht der „Greatness" gewidmet. Die großen Spieler der Gegenwart, Vergangenheit und Zukunft machen den Inhalt dieses Buches aus – nicht nur die großen Stars, sondern Spieler jedweder Art und Ausprägung, solange sie in ihrer Karriere Momente von „Greatness" erschaffen haben.

„Greatness" ist nicht nur schwer zu übersetzen. Sie ist auch schwer zu definieren. Was ist gut und was außergewöhnlich? Wo fängt Exzellenz an, und wo endet sie?

Bei Fragen wie diesen kommt Jerry West ins Spiel. Als einer der erfolgreichsten Scorer aller Zeiten, dekoriert mit zahlreichen Auszeichnungen und Ehrentiteln, als Anführer eines der besten Teams in der Liga-Geschichte und NBA-Champion von 1972 sollte sein Status über jeden Zweifel erhaben sein. Wir, die wir ihn nie live haben spielen sehen und ohnehin kaum vergleichen können zwischen den so unterschiedlichen Epochen von damals und heute, verlassen uns auf die Summe seiner Erfolge und die Zeugnisse seiner Zeitgenossen.

Demnach ist Jerry West einer der besten Guards, die je ein Basketballfeld betreten haben. Doch ausgerechnet West kämpfte stets mit seiner eigenen Definition von „Greatness". Wer hinter seinen Trophäenschrank guckt, der sieht einen Mann, der über Jahrzehnte an seinem eigenen Anspruch zu zerbrechen drohte.

Bei der Recherche für dieses Kapitel und vor allem bei der Lektüre seiner Autobiographie „West by West" verblüffte mich diese unerklärbare Diskrepanz zwischen der Einzigartigkeit dieses Spielers, der dem Ideal eines perfekten Basketballers so nahe gekommen zu sein scheint, und einer Eigenwahrnehmung, die ihn stets an seinem eigenen Ideal scheitern sah. Am Ende der Arbeit an diesem Artikel wollte ich in Großbuchstaben schreiben, nach jedem Satz ein Ausrufezeichen, so abstrus scheinen die Selbstzweifel dieses Mannes. So schwierig sie auch zu greifen sein mag: Jerry West war „Greatness" in Person. Es bleibt zu hoffen, dass er das eines Tages selbst erkennen wird ...

MAD MAN
2014

Er ist der berühmteste Gesichtslose der Welt, diese weiße Silhouette mit dem linkshändigen Dribbling und den kurzen Shorts. Seit über 40 Jahren ist dieser Irgendwer das Erkennungszeichen der NBA. Es ist ein Logo, das weltweit erkannt wird.

Nicht zu erkennen ist darauf, dass der Gesichtslose verrückt ist, beschädigt, anders. Ja, man könnte gar sagen, dass die National Basketball Association als wohl einziges Unternehmen der Welt einen Geisteskranken als Logo gewählt hat.

Offiziell hat die NBA stets dementiert, dass ein einzelner Spieler für die Silhouette Modell stand. Dabei ist längst allgemein akzeptiert, dass in Wirklichkeit ein Foto von Jerry West als Vorlage diente. Jerry West selbst bestätigt das. Und wer auch sonst hätte damals Pate stehen sollen?

1969, als die Arbeiten an dem Logo begannen, war der Forward der Los Angeles Lakers längst zu einer ikonenhaften Figur geworden. Er war ein Superstar. Nichts belegte das deutlicher als die gerade zu Ende gegangenen NBA-Finals, in denen die L.A. Lakers gegen die verhassten Boston Celtics in sieben Spielen knapp unterlagen – nicht zuletzt, weil West sich wegen einer Oberschenkelzerrung nur humpelnd durch die Serie schleppen konnte.

Trotzdem legte er im entscheidenden Spiel mit 42 Punkten, 13 Rebounds und zwölf Assists ein Triple-Double auf. L.A. verlor knapp. Als erster und bis heute einziger Spieler des Verlierer-Teams wurde er damals zum Most Valuable Player der Finals gewählt.

„I love you, Jerry", raunte ihm nach Spielende Celtics-Forward John Havlicek zu, und Kelten-Center Bill Russell hielt ihm nach der Niederlage tröstend die Hand. Inmitten einer der heftigsten Rivalitäten der Liga war all das Ausdruck eines tief empfundenen Respekts, den der Flügelspieler sich durch jahrelange Brillanz und Hingabe verdient hatte.

Jerry West war alles, was ein Basketballer in dieser Ära zu sein hoffen durfte: ein todsicherer Werfer, besessener Arbeiter, athletischer Springer, kluger Passgeber, harter Verteidiger, purer Gewinner, ein Gentleman. Er war schon das Aushängeschild der Liga, lange bevor er durch die Zeichner im Ligabüro „The Logo" wurde.

Nur wenige wussten, mit welchen Opfern er sich diese Einzigartigkeit erkauft hatte und welchen Preis er jeden Tag dafür zahlte. Sein Spiel war das

Resultat eines Perfektionismus, der seine Wurzeln in einem gewalttätigen Elternhaus hatte. Seine Gewinnermentalität war die Angst vor der totalen Depression, die jeder Niederlage folgte. Sein Fleiß war eine Reaktion auf einen krankhaften Mangel an Selbstwert, den ihm seine Jugend in West Virginia eingetragen hatte.

So zeichnete die Liga in diesen Tagen des Sommers 1969 die Umrisse eines beschädigten Mannes in ihr Logo. Eines Mannes, der zur gleichen Zeit mit dem Gedanken spielte, seine NBA-Karriere zu beenden, um dem Schmerz des Verlierens zu entfliehen. Der sich in diesen Tagen wild ins Nachtleben von Los Angeles stürzte, seiner Frau immer wieder untreu wurde, bis daran die gemeinsame Ehe zerbrach. Dem von manchem Mitspieler suizidale Tendenzen unterstellt wurden. Ein Spieler, der sich marterte, jede freie Minute, über die Frage, die ihn sein ganzes Leben beschäftigte: Warum war ich nicht gut genug? Oder auch: Was hätte ich anders machen müssen?

Heute, 46 Jahre nach diesem Sommer, in dem er zum Logo wurde, gilt dieser von Selbstzweifeln zerfressene Mann noch immer als einer der besten Spieler in der Geschichte des Profibasketballs. Seine Ausnahmestellung hat die Jahrzehnte überdauert. Seine Karriere beendete er als viertbester Punktesammler aller Zeiten, Anfang 2015 belegte er noch den 19. Platz der ewigen Topscorer-Liste. Doch auch wenn ihn bald einige noch aktive Spieler überholen werden (in Reichweite sind vor allem LeBron James und Carmelo Anthony), werden ihn der sechsthöchste Punkteschnitt (27,0 Zähler) und der drittbeste Playoffschnitt aller Zeiten (29,1) noch immer als dominanten Scorer ausweisen.

In 13 seiner 14 Profijahre erzielte er mit seinem schnellen Distanzwurf und seiner starken Sprungkraft im Zoneninneren über 20 Punkte im Schnitt, gleich viermal über 30. Zudem offerierte West durchschnittlich 6,4 Korbvorlagen pro Spiel. Mehr noch als die reinen Zahlen jedoch zeichnete West stets seine Einstellung aus. Er spielte mit gebrochener Nase und jedweder anderen denkbaren Verletzung – die Liste all seiner Gebrechen, die sich im Anhang seiner Autobiographie findet, ist ganze vier Seiten lang.

Er arbeitete besessen an seinem Spiel, beginnend mit den einsamen Tagen am heimischen Basketballkorb, an dem er seine schnelle Wurfbewegung entwickelte und lernte, das letzte Dribbling etwas härter zu machen, um den Ball schnell in der Wurfposition zu haben.

Er schraubte sein Spiel in immer neue Höhen, je höher der Druck und je wichtiger die Partie wurde. Dieses runde Gesamtpaket ist in Würde gealtert: Noch heute feiern ihn Experten, das Basketballmagazin „SLAM" führte ihn 2011 noch als elftbesten Spieler aller Zeiten, die Liga ehrte ihn als einen der besten fünfzig Akteure ihrer Geschichte.

Die große Tragik dieser illustren Karriere liegt darin, dass Jerry West gerade jetzt in seinem Büro sitzen mag, ganz verloren in seinen Gedanken, und sich mit der Erinnerung an einen Ballverlust oder einen Fehlwurf foltert, irgendwo zwischen all den Wundertaten seiner Karriere.

„Warum war ich nicht gut genug?" – das ist die Frage, die sein Leben bestimmt. Sechsmal spielten Wests Lakers im NBA-Finale gegen die Boston Celtics um Bill Russell, und nichts nagt mehr an ihm als die Tatsache, dass er nie gegen die verhassten Kelten gewinnen konnte. Wochenlang lebte der Ausnahmespieler nach diesen Niederlagen wie unter einer dunklen Wolke, wie ein Geist, um den seine Familie behutsam herumlebte, während er mit seiner Depression kämpfte. Bei der Enthüllung der Statue, die heute vor dem Staples Center an West erinnert, trat dessen Sohn Jonnie ans Mikrofon, blickte herüber zu dem eigens angereisten Russell und sagte halb im Scherz, halb im Ernst: „Ich möchte Ihnen danken, dass Sie mir und meiner Schwester die Jugend versaut haben."

Es ist richtig, dass es zur Folklore des US-Sports gehört, dass seine Helden einen fast pathologischen Erfolgsdurst haben. Gewinner und Verlierer unterscheiden sich demnach vor allem durch ihren unbedingten Siegeswillen. „Cutthroat", „assassin", „killer" (Kehlendurchschneider, Attentäter, Mörder) – mit diesen tödlichen Worten beschreiben sie in den USA solche Gewinnertypen, denen jeder Korb mehr zu bedeuten scheint als dem Rest und die von jeder Niederlage in einen Abgrund gerissen werden. Michael Jordan ist das Paradebeispiel dieser Gattung – und es ist bezeichnend, dass selbst Jordan einst zu Jerry West sagte, dass dieser seine Niederlagen zu persönlich nehme.

„Es war noch nicht meine Zeit", mit diesen Worten konnte selbst „His Airness" sich nach einer Weile mit dem Misserfolg abfinden. West jedoch konserviert den Schmerz wie in Formaldehyd eingelegt. „Ich hoffe, dass du Frieden findest", sagte Bill Russell vor einigen Jahren zu ihm. Ein Perfektionist, gefangen in der eigenen Unvollkommenheit.

Es ist schwer zu sagen, wann Jerry West so beschädigt wurde, doch es gibt zwei Bruchstellen in seinem Leben, die sich anbieten: Da ist sein Vater, ein Minenarbeiter und Gewerkschaftler, der sich politisch gegen die Ausbeutung der Arbeiter engagierte und danach daheim den eigenen Sohn unter wüsten Verwünschungen mit seinem Gürtel blutig schlug.

„Ich kenne den Unterschied zwischen Züchtigung und Prügel. Und das hier war brutal. Während eines Minenstreiks sagte ich einmal zu meiner Mutter, dass ich etwas nicht essen wollte, das sie gekocht hatte, und er schlug auf mich ein, für zehn Minuten. Ich kroch unters Bett, er zerrte mich heraus. Ich weiß noch, wie meine Mutter zu ihm sagte, dass er mich so umbringen würde", sagt West.

Er erinnert sich an viele solcher Übergriffe, an den totalen Mangel an Liebe oder auch nur Interesse, an den Alkoholmissbrauch und die Aura der Angst in der heimischen Wohnung. Eines Tages drohte er dem Vater, er werde ihn umbringen, wenn dieser ihn nochmal schlagen würde. Es war das Ende der Prügel, doch das Gefühl, ungeliebt zu sein, blieb. West wurde aggressiv in der Schule, ein Einzelgänger, der zuschlug, wenn ihn jemand reizte, und der ansonsten still mit dem Leben haderte.

„Die Umstände hatten viel mit diesem Verhalten zu tun. Ich fragte mich oft, was ich bloß falsch gemacht hatte, um dieses Schicksal zu verdienen. Ich hatte niemandem etwas getan", sagt er heute. Es blieb der Wille, keine Angriffsflächen zu bieten. Gut zu sein, besser, am besten perfekt.

Sein älterer Bruder David war wie eine Insel in dieser dysfunktionalen Familie. In seiner Biographie „West by West, my charmed tormented life" beschreibt er den Bruder wie die fleischgewordene Perfektion: nett und freundlich, sportlich und hilfsbereit, ehrgeizig und charmant, gläubig, wohlerzogen. „David war wie ruhiges Wasser, ich war das Gegenteil. Dass jemand in diesem Alter so reif sein konnte, war verblüffend. Als habe er eine Aura. Er tat grundsätzlich das Richtige, nie das Falsche", schreibt Jerry West.

David ist sein Vorbild und Freund, jedoch auch der Goldstandard, an den Jerry nicht heranreichen kann. Nie könnte er so perfekt sein wie David, so scheint es. Sein Bruder verpflichtet sich nach der Highschool als Soldat, nach wenigen Jahren fällt er mit erst 21 Jahren im Koreakrieg.

Das ist die zweite Bruchstelle im Leben des Jerry West. Denn Davids Tod nimmt nicht nur den geliebten Bruder, er radiert auch jeden Rest von Harmonie und Liebe in der West-Familie aus. „Er wäre der Einzige gewesen, der mir gesagt hätte, dass er stolz auf mich war. Es war eine sehr schwierige Zeit für mich, denn wegen der Dinge in meiner Familie, die ich sah, wurde ich zunächst sehr aggressiv. Es veränderte mich sehr. Aus dieser Aggression wurde Passivität, ich wurde komplett introvertiert. Ich war mein eigener Freund und erzählte mir selbst Dinge, die mich glücklich machten", beschreibt West.

Er wird ein Sonderling. Mancher Mitschüler hört ihn nie sprechen, so still und schüchtern ist West. Neben seinen Ausflügen zum Jagen und Angeln in die Wälder von West Virginia ist Basketball für ihn ein sicherer Hafen, in dem er schnell ein gottgegebenes Talent an sich entdeckt.

Dabei darf er als Teenager keinen Kontaktsport ausüben, da er zu dünn und zerbrechlich ist. Stattdessen wirft er endlose Stunden lang auf den Korb. So wird der Sonderling besonders: Die lange Arbeit am eigenen Spiel und der sonst so belastende Perfektionismus erschaffen einen kompletten Basketballer. Als Freshman schafft er es in die Highschool-Mannschaft, drückt aber die Reservebank. Schon im Folgejahr dominiert er nach einem Wachstumsschub die Partien und wird in die All-State-Auswahl gewählt.

1956 wird West nach einer Saison mit 32,3 Punkten pro Spiel zum „West Virginia Player of the Year" und „Highschool All-American", er führt seine East Bank High zur Staatsmeisterschaft – bis zu ihrer Schließung benennt sich die Schule zur Feier des Titels jedes Jahr am 24. März in „West Bank Highschool" um. Jahre später wird in der Heimat sogar eine Straße nach ihm benannt.

West wählt zwischen über sechzig interessierten Colleges die University of West Virginia aus, wo er nach zwei soliden Spielzeiten schließlich als Junior mit 26,6 Punkten und 12,3 Rebounds im Schnitt zum Star wird. Im NCAA-Turnier erzielt er in fünf Spielen nacheinander zusammen 160 Punkte – ein Rekord, der bis heute besteht. Im Finale gegen California liefert er 28 Punkte und elf Rebounds und wird zum Most Outstanding Player gewählt – obwohl sein Team das Spiel verliert.

Für den krankhaften Perfektionisten ist die Niederlage im Finale unverzeihlich, der Award als bester Spieler schmeckt für ihn nach Hohn. Auch im Folgejahr reicht es trotz seiner 29,3 Punkte (bei 50,4 Prozent aus dem Feld) und 16,5 Rebounds im Schnitt nicht für den Titel – jedoch kann West im Sommer als Co-Kapitän der US-Nationalmannschaft bei Olympia 1960 olympisches Gold feiern. Die Medaille wird sein wertvollster Besitz, sie überlebt ein Feuer im Haus seiner Eltern und erhält stets einen Ehrenplatz im Hause West. Fast so, als würde ihr Besitzer ahnen, dass er auf lange Zeit ohne weiteren Titel bleiben wird ...

Beschädigt, wie er ist, wird er 1960 an zweiter Stelle der Draft von den Minneapolis Lakers gedraftet, die im selben Sommer nach Los Angeles umziehen. „Tweety Bird" nennen ihn die neuen Kollegen wegen seiner quäkenden Stimme. Sein starker Akzent kombiniert mit seiner ländlichen Herkunft trägt ihm den Spottnamen „Zeke from Cabin Creek" ein.

Die Hänselei dauert jedoch nicht lange, weil der Scharfschütze umgehend zu einem Leistungsträger wird. „Mr. Outside" nennen sie ihn, das perfekte Gegenstück zu Superstar Elgin Baylor, den sie „Mr. Inside" nennen. Das vormals miese Team schafft es in die Playoffs und wird in den folgenden 13 Jahren nur viermal das Finale verpassen. West hat die Lakers zu einem Meisterschaftskandidaten gemacht – und sagt Jahre später trotzdem: „Es wäre fast besser, gar nicht in die Playoffs zu kommen, anstatt immer auf den letzten Metern liegen zu bleiben."

Für einen Außenstehenden ist seine nachfolgende NBA-Karriere ein einziger Reigen an Auszeichnungen, Rekorden und Höchstleistungen. Zwölfmal steht er insgesamt im „All-NBA First Team" bzw. „All-NBA Second Team", 14-mal wird er All Star. Nachdem das sogenannte „All Defensive Team" erfunden wird, ist er jedes Jahr Mitglied, bis er seine aktive Laufbahn beendet. West ist nicht blind für diese Ausnahmeleistungen – er ist jedoch noch viel scharfsichtiger für seine Fehler und Schwächen, die Niederlagen und Kränkungen des Liga-Alltags.

Es ist diese verquere Weltsicht, die West sein Leben verleidet, aber ihn gleichzeitig zu Höchstleistungen treibt. „Jerry weiß seit seinen Jugendjahren, wie eigenartig er sein kann. Aber er ist entschlossen, an dieser Eigenschaft festzuhalten, weil es ihn im Wettbewerb so antreibt. Dank dieser Unzufriedenheit, diesem Perfektionismus und dieser Unruhe konnte er auf höchstem Niveau spielen. Und das war seine Priorität", analysiert der Co-Autor von Wests Biographie, Jonathan Coleman.

In einer Zeit vor der Erfindung der Dreierlinie, in der die Center dominieren, avanciert der Guard mit seinen Mitteldistanzwürfen und entschlossenen Drives zum Phänomen. „Ich bin verwundert, wenn mein Wurf nicht im Korb landet. Ich bin wirklich der Meinung, dass ich jeden Wurf treffen sollte", sagt er. In Wests zweitem Jahr wird Baylor zur Armee-Reserve eingezogen und spielt nur 48 Partien, West fährt sein Game auf 30,8 PPG, 7,9 RPG und 5,4 APG hoch, er wird ins First Team gewählt und führt seine Mannschaft bis ins Finale, wo die Lakers in sieben Spielen gegen Boston verlieren.

Zunächst gibt er den Co-Star an der Seite von Baylor, ab 1963/64 führt er die Lakers beim Scoring an – ein Jahr später liegt er mit 31,0 PPG auf Platz zwei der Liga hinter Wilt Chamberlain. In derselben Saison erleidet Baylor eine schwere Knieverletzung, West liefert in der Erstrunden-Serie gegen Baltimore legendäre 46,3 PPG, bis heute der höchste Schnitt in einer Playoffserie der NBA.

Der längst „Mr. Clutch" getaufte Guard ist zur Legende geworden, bleibt jedoch ohne Titel. Um das ändern, holen die Lakers 1968 in einem Trade Wilt Chamberlain, der Bostons Bill Russell in Schach halten soll. Erneut geht es im Finale gegen Boston, erneut gibt es sieben Spiele. Die entscheidende Partie findet in der Heimhalle der Lakers statt, Team-Besitzer Jack Kent Cooke lässt bereits Luftballons an der Hallendecke für die Siegesfeier befestigen, für West ein absoluter Sündenfall und unnötige Motivation für die Celtics – die anschließende Niederlage kreidet der Sonderling bis heute den Ballons an. Dass er nach den Finals zum MVP gewählt wird, kann den Schmerz nicht lindern. „Er litt unter Niederlagen stärker als jeder andere Spieler, den ich kannte", sagte Lakers-Kommentator Chick Hearn damals. „Er saß dann nur alleine herum und starrte ins Nichts. Eine Niederlage riss ihm die Eingeweide heraus."

Den ganzen Sommer leidet West – doch seine Rücktrittsgedanken nehmen keine Form an. 1970 steht er erneut im Finale, er trifft den wohl berühmtesten Buzzerbeater aller Zeiten, einen Wurf von der Mittellinie zum Ausgleich des dritten Spiels gegen New York. Da es noch keinen Dreier gibt, zählt der Wurf nur zwei Punkte, das Spiel geht in die Verlängerung, wo L.A. verliert. Wests Karriere neigt sich dem Ende zu, er muss fürchten, ohne Titel in den Ruhestand zu gehen – vor allem, als Baylor zu Beginn der Saison 1971/72 seine Karriere beendet. Doch statt einzubrechen, gewinnen die Lakers 33 Spiele in Serie (die längste Siegesserie aller Zeiten) und holen 1972 tatsächlich die Meisterschaft: Im erneuten Duell gegen New York steuert West 21 Punkte in Spiel drei bei, Spiel vier gewinnt Wilt fast im Alleingang, und West liefert in Spiel fünf 23 Zähler – der Titel ist fix! Doch selbst im Moment des Erfolges sind seine Dämonen vor Ort. „Ich habe furchtbar gespielt, und wir haben gewonnen. Mein Team hat trotz meiner Leistungen gewonnen. Vielleicht ist es das, worum es bei einem Team geht", hadert er mit sich.

1974 endet die illustre Karriere, West glaubt den eigenen Ansprüchen nicht mehr genügen zu können und tritt ab. Seine neue Karriere beginnt: West versucht sich als Coach, scheitert jedoch an seinem Naturell und seinen Ansprüchen. 1982 wird er General Manager seiner Lakers – und baut dort zwei der größten Dynastien aller Zeiten auf. Zunächst verfeinert er die Showtime-Lakers um Magic Johnson und Kareem Abdul-Jabbar, die insgesamt fünf Titel gewinnen. Nach Magics Rücktritt dann baut er das Team um, holt junge Talente wie Nick Van Exel, Eddie Jones, Cedric Ceballos und Vlade Divac. 1996 verpflichtet er Shaquille O'Neal und holt im Tausch für Divac einen gewissen Kobe Bryant nach Los Angeles. Die nächste Dynastie erwächst. Mit Phil Jackson als Trainer fahren die Lakers einen Threepeat ein.

Spätestens nach dem erneuten Dreier gilt Jerry West als bester General Manager der Liga. Erneut hat er es an die Spitze geschafft. Erneut leidet er an seinem Erfolg wie ein Hund. Wenn sein Team spielt, läuft er wie besessen durch die Katakomben des Staples Center. Er flucht und zetert in seiner VIP-Loge vor sich hin, verlässt regelmäßig die Arena, wenn die Spiele eng werden. „Es war keine glückliche Zeit. Ich wachte jede Nacht auf, zehn- oder zwölfmal", erinnert sich West. Als die Lakers 2000 im siebten Spiel der Serie gegen Portland eines der größten Comebacks aller Zeiten hinlegen und die Serie gewinnen, ist West längst nicht mehr da: Er sitzt im Kino und guckt „Gladiator". Am Tag nach dem Gewinn des ersten Titels wenige Wochen danach sitzt er wieder im Büro, mit dicken Augenringen, und wälzt Scouting-Berichte. „Ich empfand keine Freude. Nur Erleichterung", sagt er.

Nach dem dritten Titel bittet er um eine Pause. Es gibt Spannungen mit Coach Jackson, stetige Streitigkeiten zwischen Shaq und Kobe, ein schwieriges Verhältnis zu Teambesitzer Jerry Buss. Vor allem jedoch spürt West, dass der Job ihn auffrisst. „Nichts fühlte sich gut an, nichts hörte sich gut an, nichts war gut. Es war eine Krankheit. Ich hatte nicht den Eindruck, dass ich etwas ausrichten konnte", sagt er. Er steht dem Team nur noch als Berater zur Verfügung, sein alter Weggefährte Mitch Kupchak übernimmt seinen Job bei den Lakers. Nach langer Zeit ist es die erste Phase ohne Erfolgsdruck, ohne Leiden, ohne Depression. Und doch nimmt West 2002 die Stelle als General Manager der Memphis Grizzlies an. Er kann nicht einfach nur dasitzen, er braucht Basketball als sicheren Hafen. „Die Leute fragten sich, warum er zu einem Verlierer-Team wechselte. Meine Antwort darauf ist, dass die Grizzlies aufhörten, ein Verlierer-Team zu sein, sobald er durch die Tür trat", sagt Indiana-Pacers-Präsident Donnie Walsh. Innerhalb weniger Jahre baut West das Team komplett um, installiert Hubie Brown als Cheftrainer, nordet den wilden Aufbau Jason Williams ein und schafft somit ein Playoffteam. Er ist glücklicher in diesen Jahren, der Druck in Memphis ist geringer, die Erwartungen niedriger. Und doch bleibt er der Alte. „Jerry soll ein ganzes Spiel durchhalten, ohne vor lauter Anspannung mittendrin die Halle zu verlassen? Kommt schon! Solche Dinge ändern sich nicht", kommentiert damals sein alter Weggefährte Gary Colson.

Es ist stiller geworden um West. Sein Abschied aus Memphis folgte 2007, er nahm eine Position als Berater der Golden State Warriors an. Die Arbeit an seinem Buch, einem bemerkenswert offenen Werk, das sich mehr mit Depressionen beschäftigt als mit Sprungwürfen, nahm viel Raum ein. „Die Depression ist ein Teil von mir, und sie wird mein Problem bleiben, bis ich sterbe. Mir ist klar, dass viele Leute sich wundern werden, wie jemand wie ich depressiv sein kann. Ich, der ich als Basketballspieler eine Ausbildung am College erhalten habe, nur weil ich diese eine Fähigkeit hatte, und der ich hier in Los Angeles Profi wurde und das Wachstum dieser Franchise begleitet habe. Aber zu einem Menschen gehört mehr als nur der Sportler. Manchmal musst du dich damit auseinandersetzen, wer du bist", sagte er, als das Buch erschien.

Für viele Wochen stand sein Buch auf der Bestseller-Liste der „New York Times". Einmal mehr hatte Jerry West es ganz an die Spitze geschafft – als Spieler, Manager, Autor. Nicht obwohl, sondern gerade weil er so ist, wie er ist. Verrückt, beschädigt, anders.

ANDRÉ VOIGT

ELGIN BAYLOR

Elgin Baylor ist eine dieser Legenden, die niemand von uns wirklich hat spielen sehen. Genauso wenig können wir ihn verstehen.

Natürlich gibt es da diverse YouTube-Clips, in Schwarz-Weiß und weit jenseits von Full HD. Was wir da jedoch sehen, lässt uns weitgehend kalt. Vielleicht grinsen wir auch ein wenig, weil das alles so langsam aussieht, die Defense nur rumsteht, diese Moves so unorthodox sind.

Unsere Augen sind anderes gewohnt, wir können nicht „ungesehen" machen, was in unseren Y2K-Hirnen an Basketball-Highlights gespeichert ist. Leider ...

Denn so können wir nicht verstehen, was Elgin Baylor in seiner Zeit für die Fans in den Hallen so besonders machte. Genauso wenig können wir begreifen, was Elgin Baylor selbst in seiner Karriere erleiden musste. Vor allem in den ersten Jahren in Minneapolis.

Heute schütteln wir zu Recht fassungslos den Kopf, wenn bei Fußballspielen Affenlaute aus einem Fanblock auf den Platz hallen, auf dem ein afrikanischer Sportler sein Bestes gibt. Elgin Baylor kam zu Beginn seiner NBA-Karriere nach Minneapolis, in einen US-Bundesstaat, in dem kaum Afroamerikaner lebten. 1958 rettete er quasi die stolze Lakers-Franchise im Alleingang vor dem Ruin und sah sich trotzdem ständig rassistischen Anfeindungen ausgesetzt.

Der unfassbar geniale Terry Pluto lässt die Protagonisten der Zeit in seinem Buch „Tall Tales" von einem Auswärtsfreundschaftsspiel der Lakers in Charleston, West Virginia, erzählen.

Als die Lakers dort ankommen, will das eigentlich gebuchte Hotel sie nicht beherbergen. Der Grund? Baylor sowie seine beiden afroamerikanischen Mitspieler Boo Ellis und Ed Fleming. Wenn sie ebenfalls in diesem Etablissement absteigen sollten, darf der Rest des Teams dort nicht nächtigen. Das Team findet schließlich eine andere Bleibe: „Edna's Retirement Hotel", das von Afroamerikanern betrieben wird. Was die Lakers nicht wissen: Das Hotel ist eigentlich ein Bordell.

„Ich wollte zu diesem Zeitpunkt trotzdem spielen, immerhin hatte das Team uns unterstützt", erinnert sich Baylor in „Tall Tales". „Dann wollten Boo Ellis, Ed Fleming und ich vor der Partie ein Sandwich essen gehen, aber kein Restaurant wollte uns bedienen. Wir wurden jedes Mal abgewiesen. Nur im Greyhound-Busbahnhof bekamen wir etwas zu essen."

Baylor geht daraufhin zu seinem Coach John Kundla und berichtet, was passiert ist. „Ich sagte ihm: ‚Trainer, ich kann in dieser Stadt nicht spielen.' Coach erwiderte: ‚Elgin, das kann ich dir nicht verdenken.'"

Erst fünf Jahre später steht Martin Luther King vor dem Lincoln Memorial in Washington, D.C. und erzählt von seinem Traum. „Ich habe einen Traum, dass meine vier kleinen Kinder eines Tages in einer Nation leben werden, in der man sie nicht nach ihrer Hautfarbe, sondern nach ihrem Charakter beurteilt", sagt King damals.

Fünf Jahre lang musste sich Elgin Baylor zuvor die übelsten Beschimpfungen und Erniedrigungen gefallen lassen. Er hörte das N-Wort häufiger als ein Zuschauer bei „Django Unchained".

Trotzdem ging er raus aufs Parkett. Er spielte Basketball. Er tat dies vielleicht besser als jeder andere, der vor ihm in die NBA kam.

1962 erscheint in den USA die Single „Born To Lose" von Ray Charles – eine schnulzige Ballade über eine verlorene Liebe. Charles schmachtet direkt zu Beginn die folgenden Zeilen:

> Born to lose, I've lived my life in vain
> Every dream has only brought me pain
> All my life I've always been so blue
> Born to lose and now I'm losing you.

„Elgin war farbenblind. Er wollte, dass wir im Team alle Mannschaftskameraden sind, über Rasse wurde nicht viel gesprochen", erklärt John „Hot Rod" Hundley, Baylors Mitspieler bei den Lakers, der in Charleston geboren wurde. „Als Ray Charles ‚Born To Lose' herausbrachte, sagte Elgin zu mir: ‚Das ist die schwarze Nationalhymne.' Diesen Kommentar habe ich nie vergessen."

Was das bedeutet, werden wir wohl nie verstehen können. Kein YouTube-Video, keine TV-Doku kann uns mitnehmen in diese Welt, in der ein Mensch weniger wert ist als der nächste, weil seine Hautfarbe anders ist.

Wir müssen jedoch wissen, dass die NBA in den Fünfzigern und Sechzigern in einer anderen Welt spielte. Das sind wir Elgin Baylor und all seinen Mitstreitern dieser Zeit schuldig.

AIR BAYLOR
2005

*„Elgin Baylor never broke the law of gravity,
but he's awfully slow about obeying it."*
Unbekannter Journalist

„Elgin Baylor is as unstoppable as a woman's tears."
Jim Murray, Pulitzer-Preis-Gewinner

Wie definiert sich im Basketball Größe? Vor allem historisch gesehen? Meisterschaften gewinnen ist wohl der ultimative Gradmesser, gilt doch selbst heute noch niemand als wirklich „groß", wenn er keinen klobigen Meisterring am Finger stecken hat. Auch Auszeichnungen als wertvollster Spieler oder Siege im Rennen um die Krone des Topscorers gelten viel. Ansonsten?

Nein, da bleibt wenig, was die Zeit überdauert. Wer aus den Vor-Fernseh-Tagen der 1950er- und 1960er-Jahre befindet sich denn in diesem Jahrtausend noch im kollektiven Bewusstsein der Basketballwelt? George Mikan, Wilt Chamberlain, Bill Russell, vielleicht noch Bob Cousy.

TV-Übertragungen der NBA waren in diesen Tagen selbst in den USA Glückssache. Nur die absoluten Superstars vermochten es, die Nation zu interessieren. Ohne TV waren Fans auf Zeitungen, Radio und die Überlieferungen von Freunden oder Mitarbeitern angewiesen, wenn diese live in der Halle dabei gewesen waren. Nicht „Sehen und gesehen werden" galt als oberstes Motto jener Zeit. Der Basketballoholiker lebte „vom Hörensagen".

Wer sich damals einen Namen machen wollte, musste den Menschen im Gedächtnis bleiben. Wer ohne Filmmaterial des eigenen Spiels, ohne Meisterschaftsring oder MVP-Trophäe auch Jahrzehnte später nicht vergessen werden wollte, musste anders sein. So wie einst Elgin Baylor.

Wenn Zeitzeugen auf die Karriere Baylors zurückschauen, schwelgen sie in Superlativen. Der 1,96 Meter große Forward war anders, ein Blick in die Zukunft, einer der ersten modernen Basketballer. Chick Hearn, der 2002 verstorbene legendäre Kommentator der L.A. Lakers, sagte einmal: „Elgin war ein Pionier der athletischen Spieler, die wir heute in der NBA sehen. Viele der Moves, deren Erfindung Julius Erving oder Michael Jordan zugeschrieben werden, habe ich Elgin viel früher machen sehen."

Baylor fühlte sich als erster NBA-Star in der Luft zu Hause. Wenn er zum Korb ging, schien die Zeit für Bruchteile von Sekunden stillzustehen. Einmal abgesprungen, erfand Baylor ständig neue Wege, seinen Körper zu verbiegen, packte unmöglichen Spin auf den Ball oder fand Löcher in der Defense, wo eigentlich keine waren. „Manchmal ging Elgin einfach hoch – und es sah so aus, als hätte er die Balance verloren", beschreibt Zelmo Beaty, der über Jahre als Center der St. Louis Hawks mit Baylors Zügen zum Korb klarkommen musste, in Terry Plutos Buch „Tall Tales". „Doch mitten in der Luft fand er dann sein Gleichgewicht wieder. So was hatte ich noch nie gesehen. Er war der erste Spieler mit ‚Hangtime'."

Was sich mit heutigen Augen wie die Spielbeschreibung so vieler momentan die NBA bevölkernder Überathleten ohne Basketballverstand liest, könnte weiter entfernt von der Wahrheit nicht sein. Elgin Baylor war nicht nur mit einer Ausnahmeathletik gesegnet, das Cerebellum des Mannes muss orangefarben und genoppt gewesen sein. Sein spektakulärer Stil war immer nur Mittel zum Zweck. „Ich weiß nicht, warum ich so spielte, wie ich es tat. Ich hatte vorher nie jemanden meine Moves machen sehen", erklärt er. „Alles beginnt mit Talent, du musst springen können. Aber noch viel mehr war es meine Kreativität. Ich hatte den Ball und reagierte auf die Verteidigung. Und das Wichtigste war immer, auch zu treffen. Ich habe viele Jungs gesehen, die spektakulär zum Korb kamen, dann aber verlegten. Den Move und den Korb machen, DAS fühlte sich gut an." Und Baylors folgerichtiger Spitzname steigerte das Wohlgefühl abermals: Er war „der Mann mit den 1.000 Moves".

Dabei sah sein Körperbau nicht aus wie der eines filigranen Shooting Guards à la Michael Jordan. Baylor war kraftvoll gebaut, 102 Kilo pure Muskelmasse, lange bevor Hanteltraining in der NBA angesagt war. „Elgin war ein 1,96 Meter großer Karl Malone. Er hatte diese ‚Ich hau alle aus dem Weg'-Kraft", erklärt der ehemalige Lakers-Guard „Hot Rod" Hundley. „Wie Karl holte er einen Rebound, spielte den Pass zum Aufbau, lief seine Spur nach vorne, bekam den Ball zurück und donnerte zum Korb wie eine Dampflok."

Trotzdem war Baylors Weg in den College-Basketball kein gewöhnlicher. Als Teenager hatte er den Uni-Aufnahmetest nicht bestanden und war über einen Freund an ein Stipendium des College of Idaho gekommen, wo er eigentlich Football spielen sollte. Am Ende spielte Baylor nur Basketball, wechselte aber nach einer Saison nach Seattle, weshalb er eine Spielzeit aussetzen musste. In seinen drei Uni-

GRÜNDERVÄTER

Jahren markierte er trotzdem grandiose 31,3 Punkte pro Spiel. 1958 führte er die Seattle University vollkommen unerwartet ins NCAA-Finale, wo seine Redhawks mit 72:84 gegen die Kentucky Wildcats unterlagen. Baylor erzielte 24 Punkte, griff 19 Rebounds, traf aber nur neun seiner 32 Würfe. Trotzdem wurde er zum herausragenden Spieler des Final Four gewählt.

Als Baylor allerdings in die NBA kam, wusste er nicht, was ihn erwartete. Selbst als gefeierter Uni-Star sah er sich nicht als kommenden Überflieger bei den Profis. „Ich hatte nie eine NBA-Partie gesehen, bis ich selber in einer spielte. Wie sollte ich wissen, wie gut ich sein würde?", erinnert sich Baylor. „Die Liga kam ja kaum im Fernsehen. Erst nach ein paar Wochen im Trainingslager wusste ich, dass ich mithalten konnte."

Vor allem Lakers-Besitzer Bob Short hatte dies schon immer gewusst. Shorts Klub spielte 1958 noch in Minneapolis, wo die Lakers fünf Meisterschaften mit Superstar George Mikan gewonnen hatten. Doch nachdem der Edelcenter 1956 in Rente gegangen war, stand der Klub vor einer ungewissen Zukunft, die in der Saison 1957/58 ihren Tiefpunkt erreichte. Die Lakers gewannen nur 19 von 72 Spielen und waren mit 14 Niederlagen Abstand das schlechteste Team der acht Mannschaften umfassenden NBA. Die erfolgsverwöhnten Fans im Land der 10.000 Seen blieben fern, genau wie die lokalen Sponsoren. Die Lakers standen vor der Pleite. Short musste etwas tun – und zwar schnell.

In seiner Verzweiflung bot er Baylor 20.000 Dollar Jahresgehalt, eine der Top-Gagen jener Zeit, wenn dieser sein letztes Collegejahr aufgeben und nach Minnesota kommen würde. „Hätte Elgin mich damals abblitzen lassen, wäre ich pleite gewesen", sagte Short später. Für ihn stand fest, dass sein Klub ohne einen absoluten Star nach kurzer Zeit zahlungsunfähig gewesen wäre. Baylor war dieser Star – und er kam. Und wie.

Mit 24,9 Punkten (viertbester Wert in der NBA), 15,0 Rebounds (3.) und 4,1 Assists (9.) wurde er „Rookie des Jahres". Mit 55 Punkten in einem Spiel stellte er sogar die Saisonbestleistung auf.

Dabei erwies sich ein Nervenleiden Baylors als recht hilfreich. Wenn der Forward den Ball in der Hand hatte, kam es vor, dass sein Kopf unkontrolliert zu zucken begann. „Elgin hatte dieses Zucken ... es war anders als eine Wurftäuschung, wo der Kopf nur leicht nach oben zuckt", erinnert sich Zelmo Beaty. „Es war viel heftiger. Wenn es passierte, stand man vor ihm und dachte nur: ‚Was war das?' Na ja, und wenn man dann weiterspielen wollte, war er schon lange zum Korb gezogen ..." Baylor selbst nahm sein Leiden mit Humor. „Eigentlich passierte mir das nur auf dem Feld. Keine Ahnung, warum", sagt er. „Ich ging zu ein paar Ärzten, doch die sagten, das wäre nichts Ernstes. Ich sollte mir keine Sorgen machen, also habe ich mir keine gemacht." Musste er auch nicht, außer beim Pokern mit den Mitspielern. Da zuckte Baylor nämlich immer, wenn er ein gutes Blatt hatte, und die anderen stiegen aus ...

Als Rookie führte Baylor sein Team mit unwiderstehlichen Punkte-Arien vollkommen unerwartet in die Finals gegen die Boston Celtics. Die Kelten, mit Bob Cousy und Bill Russell, gewannen mit 4-0 den ersten Sweep der NBA-Finals. Es sollte der Beginn einer großen Leidenszeit sowie der Startschuss der großen Lakers-Celtics-Rivalität sein.

Trotz des kurzen Aufschwungs war 1960 der Umzug der Lakers nach Los Angeles nicht mehr abzuwenden. Baylor hatte es kommen sehen. In seinen zwei Jahren in Minnesota hatte Bob Short zu seinem Team vor allem zwei Dinge gesagt. Erstens: „Jungs, ihr könnt mich wegen allem jederzeit anrufen, nur nicht wegen Geld." Und zweitens: „Der Scheck ist in der Post."

Beinahe hätte es das Kapitel L.A. Lakers gar nicht gegeben – zumindest nicht für Baylor und seine Mitstreiter. Am Abend des 18. Januar 1960 fliegt das Team aus St. Louis zurück nach Minneapolis, als das Flugzeug in einen Schneesturm gerät. Erst fällt der Strom aus, dann das Radar. Weder der Pilot noch der Co-Pilot (der bei offenem Fenster den Schnee von der Cockpitscheibe kratzt, um überhaupt etwas zu sehen) wissen, wo sich der Flieger befindet.

Schließlich kommt der Co-Pilot mit einer Taschenlampe zu den Passagieren. „Wir sind in einem Schneesturm, haben noch für circa 30 Minuten Kerosin und weder Strom noch Funk", erklärt er. „Wir können entweder auf dem Maisfeld unter uns landen oder nach einem Flugplatz Ausschau halten. Wir haben allerdings keine Ahnung, wo einer ist ..." Die Antwort des Teams ist eindeutig: „Bring diese Scheißkiste runter!"

Die Piloten brauchen mehrere Anläufe, bevor sie endlich auf dem Feld landen. Niemand wird verletzt. „Das Erste, was ich sah, als ich aus dem Flieger stieg, war ein Leichenwagen", erzählt Baylor. „Wir waren nah am Haus des Bestatters vorbeigeflogen und hatten ihn geweckt. Also war er direkt losgefahren. Er wollte sich das Geschäft nicht entgehen lassen ..."

Selbiges machten die Lakers später in der nagelneuen L.A. Sports Arena. Schauspiel-Ikone Doris Day saß in der ersten Reihe – und Baylor wurde im Medienmarkt Los Angeles endgültig zum Star. Vor allem seine

71 Punkte gegen die New York Knicks am 15. November 1960 verzauberten Fans und Medien. Denn dieser NBA-Punkterekord war nicht von einem Zwei-Meter-Monster aufgestellt worden, das einfach größer und stärker war als seine Gegner, sondern von einem „kleinen" Spieler, der mit seinem Talent überragte.

„Ich war bei den Knicks, als irgendwie jeder gegen uns Punkterekorde aufstellte. Elgin machte seine 71 Zähler, und einige Monate später gelang Wilt Chamberlain sein 100-Punkte-Spiel", erinnert sich New Yorks Richie Guerin. „Elgins Leistung war bei weitem die bessere. Diese 71 Punkte in einer Partie sind bis heute die eindrucksvollste Vorstellung, die ich je gesehen habe. Bei Wilt versuchte die ganze Mannschaft, ihn anzuspielen, damit er den Rekord knacken konnte. Bei Elgin war nichts künstlich oder gestellt. Er machte seine Punkte einfach im Fluss des Spiels." Besitzer Bob Short war sogar so begeistert, dass er für den gesamten Lakers-Kader Manschettenknöpfe mit einer „71" darauf anfertigen ließ.

Baylor selbst wusste noch am Abend seines Rekords, dass dieser nicht lange halten würde. Zu verrückt war die NBA Anfang der Sechziger, als Defense nur aus reiner Selbsterhaltung gespielt wurde und vor allem Chamberlain, der 1961/62 wahnwitzige 50,4 Punkte pro Partie ablieferte, zu dominant war. „Ich freute mich über die 71 Punkte", sagt Baylor. „Ich sagte den Reportern aber: ‚Hört zu, Wilt wird eines Tages 100 machen, das ist unausweichlich.'"

Nur etwas über einen Monat nach Baylors 71-Punkte-Ausbruch lieferte er sich mit Chamberlain am 08. Dezember 1961 den größten Shootout aller Zeiten. „The Stilt" brachte 78, Baylor 63 Zähler. Ihre 141 Punkte sind bis heute Rekord für zwei Spieler in einer Partie. Die Lakers gewannen 151:147 nach Triple-Overtime.

Seit dem 11. April 1960 fand Baylor einen Co-Star an seiner Seite. Per Draft hatte L.A. an diesem Tag Jerry West verpflichtet, der nach einer durchwachsenen ersten Saison mit „nur" 17,6 Punkten pro Partie während Baylors Zeit bei der US Army seinerseits zum Superstar wurde.

Denn zur Saison 1961/62 musste Reservist Baylor im Zuge der Berlin-Krise seinen Wehrdienst ableisten – neben ihm war Lenny Wilkens der einzige NBA-Profi, der eingezogen wurde. So kam es, dass die Lakers Teile ihres Trainingslagers in die Kaserne verlegten, in der Baylor stationiert war. „Sie gaben uns eine Baracke, in der wir schliefen. Da war nichts mit Klimaanlage – und das im August in San Antonio ... morgens um sechs Uhr fingen draußen die Soldaten an zu marschieren, und wir konnten nicht schlafen", erzählt Rudy LaRusso, Guard der Lakers. „Also brüllten wir aus den Fenstern, dass sie gefälligst ruhig sein sollten. Unsere Baracke sah fürchterlich aus. Überall Bierdosen und Dreck. Niemand machte sein Bett, das ganze Ding stank."

Baylor selbst musste tagsüber die Grundausbildung absolvieren, bevor er abends mit dem Team trainierte. In der Folge verpasste er aber alle Vorbereitungsspiele und konnte während der Saison nicht an den Einheiten teilnehmen. Egal.

„Die Saison begann mit einem Spiel gegen Detroit", sagt LaRusso. „Elgin kommt in die Umkleide, ohne vorher trainiert zu haben, zieht das Trikot über, geht raus und macht 52 Punkte." 1961/62 konnte Baylor nur 48 Spiele absolvieren, in denen er 38,4 Punkte im Schnitt erzielte – seine Karrierebestleistung. „Während der Saison war ich in Fort Lewis in Seattle stationiert. Ich bekam Freigang für die Begegnungen am Wochenende", erklärt Baylor. „Ich konnte freitags um Mitternacht gehen, nahm den Flieger in die Stadt, in der das Team spielte, und musste sehen, dass ich bis Sonntag um Mitternacht wieder in der Kaserne war."

Mit West und Baylor hatte L.A. eines der besten Punkte-Duos aller Zeiten. West terrorisierte seine Gegner mit Sprungwürfen aus jeder Lage, während Baylor sich in bewährter Manier in der Zone als Vollkontaktbasketballer mit dem Flair fürs Besondere versuchte. Der eine war „Mr. Outside", der andere „Mr. Inside". Dabei war die Hierarchie klar. Baylor war der Boss, West der scheue Co-Star. Baylor nannte West aufgrund der hohen Stimme und der dünnen Beine „Tweety Bird".

Auf dem Feld kannten Baylor und West keinen Neid. „Die beiden machten zwar privat nicht viel zusammen, aber das war eigentlich klar, da sie beide solche Riesenstars waren", erinnert sich „Hot Rod" Hundley. „Beide hatten einen ungeheuren Respekt voreinander. Sie stritten sich nicht darüber, wer jetzt mehr Würfe bekam. Wenn wir verloren, nahmen sich das beide sehr zu Herzen."

Zusammen sollten sie aber auch zu den wohl tragischsten Helden der NBA-Geschichtsschreibung werden.

Siebenmal erreichen sie bis 1970 die Finals, siebenmal gehen sie als Verlierer vom Platz. Sechsmal werden sie von den Celtics geschlagen, einmal von den Knicks. „Von der Logik her verstehe ich, warum wir gegen die Celtics verloren", sagt Baylor heute. „Die Celtics waren besser. Ich weiß, dass Bill Russell der Unterschied war. Wir hatten niemanden, der gegen ihn bestehen konnte …"

1962 kommt Baylor dem Titel am nächsten. Die Lakers unterliegen im siebten Spiel in Boston nach Verlängerung mit 107:110 – trotz 41 Punkten von Baylor. In Spiel fünf hatte er sogar 61 Punkte aufgelegt ...

1965 müssen die Lakers sogar ohne Baylor das Finale bestreiten. Denn in den Western Divisional Finals gegen Baltimore endet die Ära des ersten Highflyers der NBA.

„Ich ging zum Wurf hoch, und mein Knie explodierte", sagt Baylor. Seine Teamkollegen hören nur ein „Knacken" und dann Baylors Schreie. Ein Achtel seiner Kniescheibe ist abgebrochen. Die Ärzte müssen in der folgenden Operation das abgerissene Knochenstück, einige Bänder und Sehnen entfernen. Doch sie schneiden noch mehr aus seinem Körper.

Sie nehmen die Schnelligkeit, die Hangtime, die Grundlage für Baylors Spiel. Nur noch 16,6 Punkte und 9,6 Rebounds bringt er im Jahr eins nach seiner Verletzung. Baylor ist 31 Jahre alt und muss doch das Spiel neu lernen.

Baylor beginnt zu arbeiten. Der Durst nach einer Meisterschaft treibt ihn an. Er verfeinert all die Facetten, für die er keine Athletik braucht. Der Wurf, das Ausboxen, die Bewegungen am Zonenrand. Er hat noch immer diese Kraft, noch immer seinen Instinkt, die Intelligenz. Baylor kommt – neu erfunden – schon 1967 zurück. Er erzielt 26,6 Punkte und greift 12,8 Rebounds.

1968 verpflichten die Lakers Wilt Chamberlain. Sie wollen sich den Titel kaufen. Und wer soll sie mit Baylor, West und Chamberlain im Team auch schlagen? Die erste Hälfte der Antwort kennen die Lakers schon: Bill Russell, mittlerweile Spielertrainer. Die Celtics gewinnen 1969 in den Finals mit 4-3.

Die zweite Hälfte ist neu, dafür aber nicht weniger spektakulär. 1970 kommt es in Spiel sieben der Endspielserie zum großen Auftritt von Willis Reed. Der Knicks-Center läuft trotz großer Schmerzen für New York auf, erzielt die ersten vier Punkte seines Teams und inspiriert sowohl seine Mitspieler als auch die Fans im Garden. Als er sich noch im ersten Viertel endgültig fertig vom Feld schleppt, ist die Partie schon zugunsten New Yorks entschieden.

1970 stoppt ein Achillessehnenriss Elgin Baylor endgültig. Gerade zwei Spiele bestreitet er in der Saison 1970/71.

Wieder arbeitet er sich – mittlerweile 36 Jahre alt – heran. Doch es ist zu spät. In neun Spielen der darauffolgenden Spielzeit bringt er 11,8 Punkte und 6,3 Rebounds. Damit kann er nicht leben. „Ich will meine

Karriere nicht künstlich verlängern", erklärt er. Dieses Level ist für ihn indiskutabel.

Was folgt, ist der größte Schlag ins Gesicht, den die NBA je gesehen hat. Ohne den Mann, der die Franchise rettete, stellen die Lakers eine bis heute unerreichte Serie von 33 Siegen in Folge auf. In den Finals treffen sie auf die New York Knicks – und gewinnen mit 4-1. Jerry West erringt den einzigen Titel seiner Karriere, Wilt Chamberlain seinen zweiten und letzten. Baylor geht leer aus. Er gewinnt weder den Titel des NBA-Champions noch den des MVP, nicht mal Topscorer wird er in seinen 14 Saisons bei den Lakers.

Und doch bleibt er den Fans im Gedächtnis. Bis heute regiert in seinem Fall das Hörensagen. Die Menschen wollen wissen, was dran ist an der Legende Elgin Baylor. Chick Hearn, der in seiner Zeit bei den Lakers von Baylor bis LeBron James alle Großen hat spielen sehen, fand eine ganz eigene Antwort. „Die Leute fragen mich, wie gut Elgin Baylor war ...", sagte er einmal. „Nun, er war vielleicht der beste Spieler aller Zeiten."

TOBIAS POX
KAREEM ABDUL-JABBAR

Die Brille. Sie ist das Erste, was an Kareem Abdul-Jabbar auffiel. Auch mir. Eines der ersten NBA-Spiele sah ich Ende der 80er-Jahre auf dem Kabelsender Super Channel. Damals fiel natürlich dieser Typ namens „Magic" auf. Welch ein Name! Aber sofort danach sprang Abdul-Jabbar ins Auge.

Warum? Er war – das war selbst einem absoluten Basketballneuling klar – anders. Äußerlich war da diese große Brille mit dem Gummizug, die Glatze. Und dann dieser Wurf. War es überhaupt einer? Im Schulsport hatte uns nie jemand gezeigt, so zu werfen. Von der Seite? Über den Kopf? Das hatten wir höchstens mal im Übermut probiert. Dieser lange, dünne Glatzkopf mit der Nummer 33 aber schien jeden dieser komischen Würfe zu treffen.

Dass Abdul-Jabbar wirklich anders war, habe ich erst Jahre später verstanden. Aus heutiger Sicht ist das schwer nachzuvollziehen. In der Gegenwart ist so ziemlich jeder NBA-Star eine Marke. Die muss im Gespräch bleiben, um möglichst viel Rendite abzuwerfen. Schlechte PR? Die will sich niemand leisten. Antworten in Interviews sind weichgewaschen durch stundenlanges Medientraining. Aktivitäten in den sozialen Netzwerken sind wohl überlegt (okay, bei den meisten jedenfalls …).

Abdul-Jabbar aber scherte sich damals um all dies nicht. Er wollte allein sein. Basketball spielen. Sich selbst finden. Schwer vorstellbar, wie er in die NBA 2K gepasst hätte. Als Muslim. Als knorriger Interviewpartner. Als Boykotteur der Olympischen Spiele. Hätten die sozialen Medien vielleicht sogar eine Karriere, wie Kareem Abdul-Jabbar sie hatte, verhindert? Wären die öffentlichen Anfeindungen nicht zu viel für ihn gewesen?

Nach all den Jahren, in denen Abdul-Jabbar Basketball zelebrierte, bleibt vor allem eines zurück: Staunen. Dass ausgerechnet ein Center dieser Länge sich so agil bewegte, dass er einen Wurf perfektionierte, der seither niemandem mehr auch nur annähernd so gelang – wie konnte das sein?

Abdul-Jabbar war immer mehr als nur ein Basketballer. Er entdeckte früher als die große Mehrheit Stretching, Yoga sowie die Vorteile einer gesunden Ernährung für sich. Er war seiner Zeit weit, weit voraus. Bei ihm stimmte der Körper, der Geist, der Wille und die Technik – trotz aller widrigen Umstände, die seine schwierige Persönlichkeit mit sich brachte.

Viele fragen sich, ob es je wieder einen Jordan, Magic oder Bird geben wird. Bei Abdul-Jabbar stellt sich niemand diese Frage. Vielleicht weil die Antwort klar ist: Nein, das wird es nicht.

CAPTAIN SKYHOOK
2005

Viele sahen in Kareems Brille symbolisch eine Maske, die seine rätselhafte Persönlichkeit versteckte. Doch die sogenannten „Goggles" hatten einen anderen, ganz simplen Zweck: Sie dienten dem Schutz. Im Januar 1968, beim Spiel der UCLA Bruins gegen den Pac-10-Konkurenten Cal, hatte ein Gegenspieler Kareem mächtig im Auge rumgepult. Um das Sehorgan kurzfristig zu schonen und langfristig derartig niederträchtige Attacken unmöglich zu machen, griff Kareem fortan zur berühmten Brille.

Wie man sich täuschen kann. „Ich habe mir immer gesagt, dass ich vier, fünf Jahre spielen, eine Million verdienen und mich dann auf den West Indies zur Ruhe setzen würde", sagte Kareem Abdul-Jabbar einmal. Doch als er 1989 seine berühmte Sportbrille an den Nagel hängte, weilte er nicht etwa auf den Bahamas, sondern im hektischen Los Angeles.

Inzwischen war er 42 Jahre alt und Multimillionär. Hinter ihm lagen über drei Jahrzehnte Leistungsbasketball. Eine Zeitspanne, in der der 2,18-Meter-Center mit dem patentierten Hakenwurf die Highschool, das College und schließlich auch die NBA nach Belieben dominiert hatte.

In aller Kürze ließe sich Kareems unvergleichliche Karriere mit der Abkürzung „MDE" zusammenfassen: „the Most Dominant Ever" – auch wenn jetzt zweifellos ein Aufschrei durch die Shaq-, Bill-Russell- und Wilt-Chamberlain-Fangemeinde geht. Aber warum immer diese Wertungsversuche?

Das fragte einst auch Pat Riley, der Kareem acht Jahre bei den Lakers trainierte: „Warum soll man jemanden, der so viele Rekorde gebrochen und Meisterschaften gewonnen hat, beurteilen? Lasst uns einfach auf den großartigsten Spieler aller Zeiten anstoßen." Ein Prost also auf jenen Grandseigneur des Basketballs, der, als er nach 20 NBA-Jahren abtrat, sechs Ringe an den Fingern hatte und nicht weniger als neun individuelle Ligabestmarken hielt. Bester Korbjäger wird Kareem mit seinen 38.387 Karrierepunkten wohl bis in alle Ewigkeit bleiben. Ein Prost aber auch auf „The Player Formerly Known As Lew Alcindor". Denn als Kareem Abdul-Jabbar noch Lew Alcindor hieß, führte er erst in seiner Heimatstadt New

York die Power Memorial Highschool zu einer 95-6-Bilanz und drei Stadtmeisterschaften. Später am College sorgte er dafür, dass die UCLA Bruins während seiner Studentenzeit nur zweimal verloren und drei NCAA-Titel gewannen. Warum es nicht vier waren? Damals durften Freshmen nicht in der ersten Mannschaft einer Uni auf Korbjagd gehen ...

Allen Erfolgen zum Trotz genoss Kareem Abdul-Jabbar nie die Popularität eines Magic Johnson oder Michael Jordan. Ganz im Gegenteil. Zeit seiner Karriere hatte Kareem einen schlechten Ruf. Er war distanziert und mürrisch. In Interviews gab er sich einsilbig, manchmal machte er den Mund gar nicht auf. Seine effiziente, kalkulierende Spielweise vermittelte bei vielen den Eindruck von Desinteresse, ja sogar Überheblichkeit. Selbst den eigenen Mitspielern war der launische Riese suspekt. Bei den Lakers galt er lange als „der Bruder von einem anderen Planeten".

Mit der Rolle des Freaks und Außenseiters war Kareem jedoch von klein auf vertraut. Als Neunjähriger maß er bereits 1,73 Meter. Wegen seiner Länge und guten Schulnoten lachten die Klassenkameraden ihn aus. Wenn der frühreife Schlaks ins Kino ging, gab ihm die Mutter immer die Geburtsurkunde mit, damit, so Kareem, „ich nicht die 50 Cent extra für einen Erwachsenen zahlen musste". Das Anderssein manifestierte sich auch in der ethnischen Herkunft. „Als Teenager", erzählt Kareem, „wurde mir meine Hautfarbe von Tag zu Tag bewusster, und ich versuchte, in meine schwarze Kultur hineinzuwachsen. Ich musste sie nur finden."

Die Suche dauerte nicht lange, die Black-Power-Attitüde war schnell gefunden. Kareem arbeitete als Reporter für die Wochenzeitung des „Harlem Youth Action Project". Zudem trieb er sich in Musikclubs herum, wo er seine lebenslange Liebe für den Jazz entdeckte: „Ich bin ein Kind der Bebop-Ära, dieser Stil wurde ein Teil meines Lebensrhythmus."

Natürlich prägte aber auch Basketball den Rhythmus und die Identität des Heranwachsenden. Wenn er nicht gerade für Power Memorial trainierte oder spielte, war Kareem ein gern und oft gesehener Gast auf dem legendären Rucker Park in Harlem. Dort bewunderte er das schwarze Streetgame, das in seinen Augen für mehr als Sport stand. „Das war eine Ausbildung vor Ort. Das waren Philosophen, die da spielten", erinnerte er sich später. „Jedes Eins-gegen-eins war eine Debatte, jeder Move ein Konzept. Ich habe dieses Seminar so oft wie möglich besucht."

Kareems Rassenbewusstsein wurde immer ausgeprägter. 1968, als er Student war und in ganz Amerika ethnische Konflikte tobten, unterstützte er die vom schwarzen Sportsoziologen Harry Edwards angeführten Protestaktionen afroamerikanischer Athleten und boykottierte die Olympischen Spiele in Mexiko-Stadt. „Ich hatte nicht die Absicht, meine Ausbildung zu unterbrechen, damit ein Land, das meine Rasse missbraucht, sich in der Weltöffentlichkeit sonnen kann", erklärte er. Natürlich hagelte es Kritik. Die Aufwiegler wurden vom Mainstream-Amerika als undankbar und unpatriotisch gebrandmarkt. Im Fall von Kareem nahm die Missgunst noch zu, als er am College vom Katholizismus zum Islam konvertierte und seinen Geburtsnamen änderte, was er allerdings erst später publik machte. Kareem war nunmehr nicht nur eine politische Gefahr, sondern auch eine religiöse Bedrohung. Er war der Muhammad Ali des Basketballs.

Eines stand indes nie zur Debatte: die Basketballkunst des Kareem Abdul-Jabbar. War der bewegliche Center mit den ewig langen Beinen schon an der Highschool eine Sensation, potenzierte sich sein sportlicher (Stellen-)Wert an der University of California in Los Angeles noch mal um ein Zigfaches.

Selbst als Kareem in seinem ersten Collegejahr 1965/66 noch nicht am Punktspielbetrieb teilnehmen durfte, sorgte er für Schlagzeilen: etwa bei der Eröffnung der neuen Bruins-Arena, des „Pauley Pavilion". Zu diesem Anlass trat die von Kareem angeführte Freshmentruppe gegen das Varsity-Team, die erste Mannschaft, der UCLA an. Die „Brubabes", wie die Frischlinge hießen (kurz für „Bruins Babies"), siegten 75:60 – sie hatten somit niemand Geringeren als den amtierenden NCAA-Champ geschlagen. Kareem lieferte bei dem uniinternen Vergleich 31 Punkte, 21 Rebounds und sieben Blocks ab. „Im Land mag UCLA die Nummer eins sein, auf ihrem eigenen Campus aber sind sie nur die Nummer zwei", schrieb danach eine Zeitung.

Als endlich Kareems Sophomore-Jahr und somit die wirkliche Wettkampfzeit kam, fegten die Bruins wie ein Hurrikan über die Konkurrenz hinweg. Sie gewannen alle ihre 30 Saisonspiele, samt dem Finale gegen Dayton (79:64), leicht und locker mit durchschnittlich mehr als 15 Punkten Differenz. Kareems beeindruckende Saisonwerte: 29 Zähler, 15,5 Rebounds und eine Feldquote von 66,7 Prozent.

Die Dominanz des Big Man und seines Teams war vielen jedoch ein Dorn im Auge. Sie fürchteten, nicht ganz zu Unrecht, es würde Langeweile im College-Basketball aufkommen. Diese Angst umtrieb insbesondere auch die NCAA-Oberen, die deshalb nach der Saison 1966/67 ein überraschendes Machtwort sprachen: Ab sofort war bei

Collegespielen das Dunken verboten. „Der Dunk ist einer der größten Zuschauermagneten, und es gibt keinen guten Grund, ihn aufzugeben, außer dass ich und andere Schwarze das Spiel in die Hand genommen haben", schimpfte Kareem. Doch am Entschluss der Ligaobrigkeit war nicht zu rütteln.

Kareem machte aus der Not eine Tugend. Er perfektionierte mit dem Skyhook jene Wurftechnik, die laut dem späteren Lakers-Kompagnon Magic Johnson „so sicher war wie Geld in der Bank". „Als ich das erste Mal einen Hookshot geworfen habe, war ich in der vierten Klasse", beschreibt Kareem die Geburtsstunde seines Markenzeichens, „ich fühlte mich total wohl mit dem Wurf und war zuversichtlich, dass er reingehen würde. Seit diesem Tag ist er Teil meines Spiels." Kareem selbst charakterisierte den Skyhook einmal als „nicht wirklich sexy". Dafür hatte der Wurf aber durchaus etwas Philosophisches für ihn ...

„Bei einem normalen Wurf kann man einfacher ein Dreieck bilden. Die drei Ecken sind die Augen, der Ball und der Korb. Die meisten Spieler werfen irgendwo in Augenhöhe. Beim Skyhook aber ist der Ball viel, viel höher. Diese Veränderung im Dreiecksverhältnis bedingt, dass die meisten die Koordination des Skyhook nicht hinbekommen", erklärte Abdul-Jabbar einst. „Magic Johnson hat mich mal gebeten, ihm den Wurf zu zeigen, aber er hat es nie richtig gemacht. Der Skyhook ähnelt dem Zen-Buddhismus: Man konzentriert sich auf die innere Ruhe und das Vorhaben, alles andere wird ausgeblendet, bis man schließlich eins wird mit dem Ziel."

So kompliziert sie auch war, die Technik war eben auch verdammt effektiv und wurde zu einer der tödlichsten Waffen im Basketball – zumal der Spezialist sie mit beiden Händen gleich gut ausführen konnte.

So regierte UCLA auch in den dunkingfreien Jahren das Geschehen. In sechzig Spielen gab es lediglich zwei Niederlagen. Die Bruins fuhren zwei weitere Meisterschaften ein. Kareem schaffte, was seither nie wieder jemandem gelungen ist: Er wurde drei Jahre in Folge zum wertvollsten Spieler des Finales gekürt. Natürlich weckten diese Leistungen Begehrlichkeiten. „In meinen letzten zwei Collegejahren hätte ich zu den Profis wechseln können", erzählt Abdul-Jabbar, „aber ich war auf die Uni gegangen, um einen Abschluss zu machen, und das war mir wichtig für mein Leben. Die Leute erzählten mir, dass ich zwei Jahresgehälter verpassen würde. Aber in den zwei Saisons, in denen ich am College geblieben bin, haben wir die NCAA gewonnen, und mein Wert ist gestiegen."

Diese Äußerung verdeutlicht einerseits die geschäftsmäßige Herangehensweise des Centers an den Basketballsport – eine Haltung, für die er stets viel Kritik einstecken musste. Andererseits wird klar, dass er sich über mehr als den Basketball definierte: „Ich kann mehr als nur einen Ball durch den Ring stopfen. Meine größte Ressource ist mein Verstand."

Nach seinem Uniabschluss wurde Kareem 1969 von den Milwaukee Bucks an erster Stelle gedraftet. Der College-Gott war somit bei einer Franchise gelandet, die erst seit einer Saison in der NBA spielte und im Premierenjahr 55-mal verloren hatte. Doch mit dem Edelrookie änderten sich die Aussichten der Bucks schlagartig. Im ersten Kareem-Jahr lieferten sie eine 56-26-Saison ab. Endstation war erst im Ostfinale der spätere Meister New York. Kareem war auf Anhieb zweitbester Scorer (28,8 Punkte) und drittbester Rebounder der Association (14,5 Bretter).

Doch der neue Star, der in den Worten von Bostons Trainerlegende Red Auerbach „eine Kombination aus Wilt Chamberlains Offensive und Bill Russells Defensive" war, wusste, dass er auf sich allein gestellt in der Knochenmühle NBA keine Meisterschaft würde einfahren können. „Ein einzelner Spieler kann eine entscheidende Zutat für ein Team sein, aber er kann keine Mannschaft bilden", philosophierte der Pivot. Die Bucks reagierten und holten zur neuen Saison den Spielgestalter Oscar Robertson von den Cincinnati Royals. Mit „The Big O" als Zulieferer hatte Kareem einen kongenialen Partner gefunden, der Weg zu seiner ersten Profimeisterschaft war geebnet. In der Finalserie ließen die Bucks den Baltimore Bullets mit 4-0 keine Chance – keines der Spiele wurde von Milwaukee mit weniger als acht Punkten Unterschied gewonnen. Die Frage nach dem Finals-MVP war eine rhetorische.

Kareem ließ in seiner NBA-Karriere fünf weitere Championships folgen, allesamt mit den Los Angeles Lakers. Zu denen war er am 16. Juni 1975 gewechselt, nachdem Milwaukee ein Jahr zuvor das Finale gegen Boston verloren hatte und in der nächsten Saison auseinandergebrochen war. Bis der Neu-Laker allerdings seine erste Meisterschaft in der neuen Heimat feiern konnte, zogen fünf Jahre ins Land. In der Westküstenmetropole wuchs deshalb die Kritik am neuen Franchise-Player. Ihm wurde mangelnder Einsatz und Selbstzufriedenheit nachgesagt. Die Vorwürfe zeigten Wirkung. Genervt von dem Rummel um seine Person und der ewigen Foulerei der Gegner streckte Kareem im Oktober 1977 Milwaukees Kent Benson nieder. Der sonst so besonnene Center brach sich bei dieser unüberlegten Aktion die Hand und musste 20 Spiele aussetzen: „Ich wusste, dass ich jetzt in der Öffentlichkeit noch mehr Feindseligkeiten würde einstecken müssen."

Die bösen Stimmen verstummten erst zur Saison 1979/80, als die Lakers Aufbau Earvin „Magic" Johnson drafteten und L.A. endgültig zum Showtime-Express wurde. So wie einst Robertson in Milwaukee dirigierte der Neue das Spiel so geschickt, dass die Stärken von Kareem in der Zone perfekt ausgespielt werden konnten. Zudem genoss es Magic sichtlich, im Rampenlicht zu stehen, folglich richtete sich das öffentliche Auge nun verstärkt auf ihn. Und dies umso mehr, nachdem der Rookie in der verletzungsbedingten Abwesenheit von Kareem mit einem legendären sechsten Spiel in der Finalserie gegen Philadelphia die Championship nach L.A. holte.

Ganz aus den Schlagzeilen kam Kareem aber natürlich nicht. Vor allem nicht nach dem 31. Januar 1983. An diesem Tag brannte seine drei Millionen Dollar teure Villa in Bel Air bis auf die Grundmauern ab. Sämtliche materiellen Habseligkeiten gingen in den Flammen auf, darunter wertvolle Teppiche und eine Sammlung von dreitausend seltenen Jazzplatten. Der Schicksalsschlag hatte jedoch auch sein Gutes, wie Kareem erzählt: „Die Öffentlichkeit hatte Mitleid mit mir und streckte die Arme nach mir aus. Die haben sogar versucht, meine Plattensammlung zu ersetzen. Ich merkte auf einmal, wie sehr ich mich zuvor verschlossen hatte. Von da an begann ich, die Fans anders zu sehen. Und auch sie begannen, mich mit anderen Augen zu betrachten."

Auch das Verhältnis zur Mannschaft besserte sich merklich. Früher waren die Mitspieler, wie Ex-Lakers-Forward Jamaal Wilkes es einmal formulierte, aus Angst vor Kareem „auf Zehenspitzen an ihm vorbeigeschlichen". Jetzt teilte der einstige Grantler bereitwillig High-Fives aus.

Einen besonderen Anlass zum Abklatschen gab es, als die Lakers 1985 endlich ihr Boston-Trauma ad acta legten und zum ersten Mal in einer Finalserie gegen die Celtics triumphierten. In der Hauptrolle: der mittlerweile 38-jährige Kareem. Im ersten Spiel war L.A. im sagenumwobenen „Memorial Day Massacre" mit 148:114 von Bird & Co. gedemütigt worden. Kareem hatte es im Centerduell mit Robert Parish nur auf magere zwölf Punkte und drei Rebounds gebracht. Gegner und Medien überschlugen sich mit Hohn und Abgesängen, Kareem wurde als alter, ausgebrannter Sack abgestempelt. Die passende Antwort folgte prompt. Im zweiten Spiel markierte ein wütender Kareem 30 Punkte, 17 Rebounds, acht Assists und drei Steals, er schmiss sich sogar nach Looseballs.

Die Lakers gewannen 109:102. „Ich glaube, er mag es nicht, wenn man ihn alt nennt", kommentierte Mannschafskollege Bob McAdoo. Coach Pat Riley erklärte der „Sports Illustrated": „Was ihr heute gesehen habt, war Leidenschaft." Die Lakers gewannen die Serie 4-2. Kareem wurde zum zweiten (und letzten) Mal Finals-MVP.

In Kareems letzten vier Jahren, in denen die Lakers dreimal das Finale erreichten und zweimal Meister wurden (1987, 1988), nahm seine Dominanz ab. 1986/87 fiel sein Punkteschnitt mit 17,5 Zählern unter die 20er-Marke. In seiner Abschiedssaison hatte er nach den ersten Spielen einen Punkteschnitt von 8,6, die „Los Angeles Times" forderte daraufhin seinen vorzeitigen Rücktritt.

Doch der 19-malige All Star ließ sich nicht einschüchtern. Kareem hat seine späten Spielerjahre einmal wie folgt zusammengefasst: „Ich möchte für meine Konstanz erinnert werden. Wir haben zum Beispiel in meiner 20. Saison im Finale gegen Detroit gespielt. Wenn die Pistons mich mit nur einem Gegenspieler verteidigt haben, habe ich ihnen viele Schwierigkeiten bereitet. Ich bin stolz, dass ich so lange auf so hohem Niveau spielen konnte." Ein passendes Fazit.

„EDLER, STARKER DIENER ALLAHS"

Kareem Abdul-Jabbar wurde am 16.04.1947 als Ferdinand Lewis Alcindor Jr. geboren. Doch fast alle nannten ihn kurz Lew. Seine Eltern waren streng katholisch. Bis zur Studienzeit waren seine Religionszugehörigkeit und sein Name kein Thema für Lew. Dann aber las er an der Uni die Autobiografie von Malcolm X. Die Lektüre faszinierte ihn. Anschließend ging Lew beim türkischen Imam Hamaas Abdul Khaalis in die Koranschule und konvertierte schließlich 1968 zum islamischen Glauben. Seinen neuen Namen, der übersetzt „edler, starker Diener Allahs" bedeutet, machte Kareem Abdul-Jabbar allerdings erst am 01. Mai 1971 offiziell publik, einen Tag nachdem er mit Milwaukee seinen ersten NBA-Titel gewonnen hatte.

GRÜNDERVÄTER

ANDRÉ VOIGT

EARL MONROE

Das Jahr ist 1998. Der Film heißt „He Got Game". Denzel Washington spielt eine Hauptrolle, genau wie der gerade in Milwaukee zum Hoffnungsträger avancierende Ray Allen.

Spike Lee ist der Regisseur. Kein Wunder, dass die Basketballwelt auch in Deutschland extrem heiß auf diesen Film ist.

Dabei geht es gar nicht um die NBA, sondern um einen extrem talentierten Highschooler, der sich für ein College entscheiden muss – es ist die inoffizielle Biografie des frühen Stephon Marbury. Was dieser Film mit Earl Monroe zu tun hat? Einiges.

Denzel Washingtons Figur gab seinem Sohn einst den Namen „Jesus". Ein Name, der dem Sohn mehr Leid zufügt, als dass er dem Filius nützt. Warum der Vater seinen Sohn einst so genannt hat?

Vater: „My all-time favorite ballplayer was Earl Monroe."

Sohn: „Earl the Pearl?"

Vater: „Yeah, he was nice. See, everybody remember him from the Knicks, you know, when he helped win that second championship. I'm talking about when he was with the Bullets down at Winston-Salem Stadium ... before that, with 42 points a game the whole season. 41,6 ... the whole season.

But the Knicks, they put the shackles on him, man, you know, on his whole game. They locked him up, like in a straitjacket or something. When he was in the streets of Philly, the playgrounds, you know what they called him?"

Sohn: „What?"

Vater: „Jesus. That's what they called him ... Jesus. Cause he was the truth. Then the white media got a hold of it. Then they got to call him Black Jesus. You know, but still ... he was the truth. So that's the real reason why you got your name."

Sohn: „You named me Jesus after Earl Monroe, and not Jesus in the Bible?"

Vater: „Not Jesus of the Bible, Jesus of North Philadelphia. Jesus of the playgrounds. That's the truth, son ... the way he dished, the way he, you know, he spinned ... you know how you do, coming off and all that. Taw!"

1998 kannte niemand in Deutschland Earl Monroe. Woher auch? Selbst in den USA war er der jüngeren Generation kein Begriff. Ich weiß allerdings noch, wie ich mir den Namen merkte, als ich den Film das erste Mal sah. Dabei waren die Highlights, die in „He Got Game" vom Guard zu sehen waren, schon aus damaliger Sicht keine echten Hingucker mehr.

Jahre später begann ich als Jungjournalist über Monroe zu recherchieren. Ich schrieb die erste Version des folgenden Artikels für einen meiner ersten Arbeitgeber ... der den Text bis zur Unkenntlichkeit verstümmelte. Also speicherte ich meine Originalversion und brachte sie Jahre später in der FIVE #50. Warum ausgerechnet in der Jubiläumsausgabe?

„Black Jesus" war einer der Gründe, warum wir 2003 die FIVE gründeten. Ich war überzeugt, dass es in Deutschland viele Menschen gab, die eine Geschichte dieser Länge über einen Basketballer, der kein „Superdunker" oder „Megastar" war, lesen wollen würden.

Also setzte ich mich hin, polierte den folgenden Text auf und dankte irgendwo still Spike Lee, dass er Earl Monroe damals bei „He Got Game" eingebaut hatte.

BLACK JESUS
2008

Philadelphia, im Dezember 1944. Die rauen Straßen der Southside sind schneebedeckt. Dort, wo sonst die Seele des Streetballs in Philly lebt, ist es ruhig. Verlassen liegen die Playgrounds der „City of Brotherly Love" da. Das Spiel ruht, und doch wird dem Basketballsport am 21. Dezember 1944 der Heiland geboren.

Vernon Earl Monroe kommt in einfachen Verhältnissen zur Welt. Er ist nur ein weiterer Mund, den es zu stopfen gilt. Geboren in die harte Welt des Ghettos. Niemand bringt seinen Eltern Geschenke, kein Arbeiter der berüchtigten Hafendocks der Stadt macht sich auf, um das Kind zu sehen. Noch nicht. Doch irgendwas, irgendwer berührt diesen Jungen in jener Nacht. Bringt ihm statt Myrrhe, Weihrauch und Gold einen Jumpshot, Wurffinten und den Spinmove.

GRÜNDERVÄTER

Earl Monroe ist schon vierzehn Jahre alt, als er den Basketball und seine Bestimmung entdeckt. Jahrelang hatte er sich nur für Football und Baseball interessiert. Doch mit nunmehr 1,93 Meter Körpergröße sprechen ihn immer wieder Highschool-Trainer der Nachbarschaft an. Er solle es einmal mit Basketball versuchen und seine Größe nicht verschwenden. Die Coaches wissen: You can't teach height. Der Teenager lässt sich auf das neue Spiel ein und entdeckt eine neue Liebe.

Bald ist Earl fast nur noch auf den Freiplätzen Philadelphias zu finden. Dort, wo die Big Men Connie Hawkins und Wilt Chamberlain regieren und wo es noch ehrlich mit vollem Ellbogeneinsatz zur Sache geht. Dort, wo „No blood, no foul" keine Regel, sondern ein Lebensgefühl ist. Auf den ersten Blick wirkt Monroe fehl am Platz. Er kann nicht springen wie „Hawk", ist keine physische Ausnahmeerscheinung wie „The Stilt", selbst gegen die anderen üblichen Verdächtigen der Courts sieht er schmächtig aus. Im Gegenteil: Seine dünnen Ärmchen und Beinchen erwecken eher Mitleid. Und doch kommen die Leute, um ihn zu sehen. Ihn, Earl Monroe. Sie pilgern zu ihm, zum heißen Asphalt. Sie nennen ihn „Jesus". Ein Spitzname, dem die weitgehend weißen Pressevertreter der Stadt schnell das Adjektiv „black" voranstellen.

Denn Earl ist anders. Er punktet so virtuos und innovativ, dass sie ihn bald auch noch „Thomas Edison" taufen, weil er so viele Moves erfindet. Earl Monroe ist kreativ, unberechenbar. Er ist Disco-Funk, als alle Welt noch den Beatles zujubelt. Oft dribbelt Monroe scheinbar aussichtslos und mit voller Geschwindigkeit in ein Knäuel von Verteidigern. Nimmt Kontakt auf, dreht sich blitzschnell, springt ab. In der Luft zieht er den Ball von einer Seite zur anderen und wieder zurück. Bis er wie Moses das Meer aus Verteidigerarmen teilt. Er wirft mit dem Rücken zum Korb. Er wirft nach fünf, sechs Pumpfakes. Er lässt butterweiche Floater regnen. Wie er das ohne Hangtime schafft? Das bleibt Earls Geheimnis.

In einer Zeit, in der Guards dazu bestimmt sind, vor allem den Ball zu verteilen, scort Monroe mit Style. Während andere Aufbauspieler die Zone meiden wie radioaktives Sperrgebiet, sucht Earl die Herausforderung am Korb. „Die Jungs in Philly spielten einen sehr harten Stil", sagt er Jahre später. „Ich musste meinen Wurf so lange wie möglich verzögern, um nicht geblockt zu werden."

Durch Mundpropaganda wird Monroe an der gesamten Ostküste zum Phantom. Er ist der Typ, den der Freund des Kumpels eines Bekannten mal irgendwo gesehen hat – halb Realität, halb Fiktion. Im Sommer machen er, Chamberlain und andere Größen aus Philly den Trip nach New York. Im Rucker Park betreten sie den heiligsten aller Streetball-Böden. Bald ist „Black Jesus" auch im Big Apple ein Begriff.

„Das Problem war, dass ich selbst vorher nicht wusste, was ich im Angriff mit dem Ball anstellen würde", sagt Earl. „Aber wenn selbst ich es nicht wusste, dann würde es mein Gegenüber auch nicht wissen, da war ich mir ziemlich sicher." Leider tappen auch Monroes Coaches öfter im Dunkeln, als ihnen lieb ist. Da er mit den Konventionen des Guard-Gewerbes bricht und für die Galerie spielt, gilt er bei gegnerischen Trainern als „Showboat", als Schönspieler, der es nie zu etwas bringen wird. Zumal Monroe in der Highschool fast ausschließlich als Center spielen muss.

Also bleiben die Angebote der großen Colleges aus. Wer will schon einen 1,93-Meter-Center und verkappten Harlem Globetrotter? Earl Monroe steht vor der Wahl, an der so viele Streetball-Legenden vor und nach ihm scheitern. Zu Hause im eigenen Viertel bleiben, weiter auf den Freiplätzen Heldentaten vollbringen, ein bisschen Kohle machen und endlos von der NBA träumen? Das Talent für ein paar Dollars verschenken? Oder den konventionellen Weg gehen und irgendwo studieren?

Monroes Wahl fällt auf Winston-Salem State in North Carolina, wo ausschließlich Afroamerikaner studieren. Der Prophet kommt zum Berg. Am kleinen Provinzcollege der NCAA Division II findet er in Coach Clarence Gaines eine Vaterfigur und einen Trainer, der ihm vertraut. In vier Uni-Jahren steigert sich Monroe von 7,1 auf 41,5 Punkte pro Spiel. Die Zeitungen nennen ihn „The Pearl". Wichtiger als all die Floater und Fakes ist indes die Division-II-Championship, die Winston-Salem in Monroes letzter Saison gewinnt.

Aus dem Showboat wird ein Winner, und die NBA reißt sich plötzlich um „Black Jesus". Jetzt ist er mehr als ein Streetball-Mythos. Als einer der wenigen Playground-Götter entkommt er dem Griff der Straße. Er gilt als Franchise-Player, als Heilsbringer einer neuen Ära scorender Guards, die schon Jerry West bei den Lakers und Dave Bing bei den Pistons eingeläutet hatten. Außerdem spiegelt er den Zeitgeist wider.

In den USA wird gerade die Rassentrennung aufgehoben, der Vietnamkrieg ist im Gange, Bürgerproteste erschüttern das ganze Land. Die Menschen stellen allerorten die Autorität der Obrigkeit in Frage … auch auf dem Basketballfeld. „Vietnam und die Bürgerrechtsbewegung veränderten die Menschen. Sie sagten, was sie dachten, sie lebten für ihre Überzeugungen", soll Monroe Jahrzehnte später erklären. „Im Basketball war es genauso. Die Jungs, die damals in die Liga kamen, wollten sich ausleben, kreativ sein und zeigen, was sie einzigartig machte. Genau das war es, was den Basketball für immer veränderte und das Spiel zu dem machte, was es heute ist." Und Earl Monroe steht an der Spitze dieser Bewegung.

„Gib ihm einen Basketball, und Earl macht wundervolle Dinge", jubelt Gene Shue, Coach der Baltimore Bullets, die Monroe 1967 an Nummer zwei draften. „Er mischt sein Basketballtalent mit einem einzigartigen artistischen Flair." Die Bullets sind auf einmal wieder wer. Noch im Vorjahr waren sie mit 20 Siegen das schlechteste Team der Liga. Dank „Black Jesus" und seiner 24,3 Punkte im Schnitt gewinnt Baltimore 36 Partien und verpasst nur knapp die Playoffs. „Selbst Gott könnte Earl nicht im Eins-gegen-eins schlagen", erklärt Bullet Ray Scott und spricht den Fans damit aus der Seele.

Im Jahr darauf bildet Monroe zusammen mit Rookie Wes Unseld gar den Kern des besten Teams der NBA. Der bullige Center greift sich als Debütant 18,2 Rebounds, wird „Rookie of the Year" und MVP! Monroe verwertet die Outletpässe von Unseld im Fastbreak, vollbringt seine üblichen Wunder im Halbfeld, erzielt 25,8 Punkte pro Partie. Die 57 Siege der regulären Saison bedeuten in den Playoffs allerdings gar nichts. Die New York Knicks schlagen Baltimores Youngsters mit 4-0 in der ersten Runde. Es ist der Beginn einer der größten Rivalitäten der NBA-Geschichte.

Auf der einen Seite stehen die Young Guns Monroe und Unseld, auf der anderen die erfahrenen Teamspieler der Knicks um Willis Reed, Dick Barnett, Bill Bradley etc. Und nirgends wird der Unterschied zwischen beiden Mannschaften so deutlich wie bei den Point Guards. Dem Style und Spektakel Monroes steht auf Seiten der Knicks der coole Walt „Clyde" Frazier gegenüber. Frazier ist ein Defensivkünstler, ein Playmaker. Einer, der nur im Notfall selbst schießt. „Clyde" und „The Pearl" sind die absoluten Gegensätze im Point-Guard-Universum. Sie sind Feuer und Eis. Disco und Jazz.

„Man muss ihn schon umhauen, um ihn zu stoppen. Pearl bringt seinen Körper perfekt zwischen den Verteidiger und den Ball, sodass du einfach nicht rankommst", keucht Frazier nach einer Playoffpartie 1970. „Und er spielt so verdammt relaxt, als würde er gar keinen Druck kennen."

Außerdem bringt „The Pearl" eine seinem Namen nicht wirklich entsprechende Fertigkeit in die Profiliga. „Trashtalk war schon immer ein fester Bestandteil des Playgrounds gewesen. Earl brachte diesen Style in die NBA", schmunzelt Walt Frazier heute. Die Knicks gewinnen trotzdem auch die zweite Postseason-Serie gegen die Hauptstädter, diesmal mit 4-3. Sie werden in einem epischen Finale gegen die Lakers um Wilt Chamberlain sogar Meister. Doch Frazier weiß, dass die Bullets, solange Monroe dort spielt, gefährlich sein werden. „Gegen ihn zu verteidigen, das ist, als würde man sich einen Horrorfilm ansehen", gibt „Clyde" zu.

Ein Jahr später hat dieser Streifen für die Knicks kein Happy End. 93:91 gewinnen die Bullets das siebte Spiel ausgerechnet im Madison Square Garden. Die Meisterschaft aus dem Vorjahr, die beste NBA-Bilanz, alles verpufft. „Black Jesus" triumphiert, doch der Sieg ist teuer erkauft. Nach den hart umkämpften Conference Finals ziehen Monroe und Unseld verletzt ins Finale ein. Dort warten die Bucks mit Oscar Robertson und Lew Alcindor (später Kareem Abdul-Jabbar). Die Serie wird zum Desaster für Baltimore und endet im Sweep. Kein Spiel ist wirklich knapp. Es ist Monroes letzter Playoffauftritt für die Bullets.

Im folgenden Sommer gibt es Probleme zwischen „The Pearl" und dem Management in D.C. – es geht ums Geld. Die falschen Worte fallen zur falschen Zeit. Der Prophet ist im eigenen Land nichts mehr wert. Bei seinem Kampf um Respekt droht Monroe sogar mit einem Wechsel in die Konkurrenzliga ABA. Das Verhältnis zwischen Star und Team ist zerrüttet, als das Unglaubliche passiert. Die Bullets traden Monroe nach drei Saisonspielen für zwei Bankdrücker und Geld zu den verhassten Knicks!

„Clyde" und „The Pearl" im selben Backcourt. Feuer und Eis. Disco und Jazz. Passt das? Würde Monroe teilen können? Er, der in einer Saison bisher nie mehr als 4,9 Assists pro Partie verteilt und trotzdem den Ball dominiert hatte? Würde dem extrovertierten Frazier die Hälfte des grellen Broadway-Rampenlichts reichen? „Nicht viele Spieler haben das Glück, in einem Team zu spielen, in dem sich alles um sie dreht", blickt Monroe zurück. „Doch genau das ließ ich damals in Baltimore zurück. Ich kam nach New York und wusste, dass ich nicht mehr die Nummer eins war. Die Knicks waren Clydes Team, und das habe ich von Anfang an akzeptiert."

Trotzdem ist der Anfang für das Traumduo schwer. Monroe hat Probleme mit freien Knorpelteilchen in seinen Knöcheln, die ihm die Leichtigkeit nehmen, zudem muss er sich erst an den defensiven Stil der Knicks gewöhnen, auch die alte Regel „Vier Pässe vor jedem Wurf" – in

New York Gesetz – ist für „The Pearl" nur eine weit entfernte Erinnerung an längst vergangene Highschool-Tage.

Es dauert über eine halbe Saison, bis sich der Neue integriert hat. Sein Punkteschnitt sinkt auf für ihn miserable 11,9 Zähler. In den Conference Finals trifft New York erneut auf Baltimore, und Monroe bekommt seine Rache. Die Knicks entscheiden die Serie mit 4-2 für sich. „The Pearl" steht wieder im Endspiel um die NBA-Meisterschaft 1971/72. Und verliert abermals. Die L.A. Lakers um Gail Goodrich, Jerry West und Wilt Chamberlain verlieren nur eine der fünf Partien.

Nun werden die Stimmen in den Five Boroughs immer lauter. Es sind die Puristen, die den Garden seit Jahrzehnten bevölkern. Sie haben nie an diesen „Black Jesus" geglaubt und Monroe als Wurzel des Übels ausgemacht. Es sind jene Jünger der „Ich passe, also bin ich"-Religion, die seine Entwicklung von Feuer zu Eis nicht erkennen können. Nicht erkennen wollen. Sie sehen nicht, dass sich dieser Earl Monroe entwickelt hat. „Black Jesus" hingegen hat verstanden. „Ich bin jetzt ein anderer Spieler. Mit Walt Frazier im Backcourt bringe ich den Ball nicht mehr so oft nach vorn", erklärt Monroe. „Aber das ist okay. Denn obwohl wir ein großartiges Team sind, viel passen und gut verteidigen, geht es am Ende doch immer um das Eins-gegen-eins." Und auch Frazier ändert sich. Eis beginnt ein wenig Feuer zu fangen. 23,2 Punkte bringt er mit Monroe an seiner Seite – so viele wie noch nie in seiner Karriere.

In der Saison 1972/73 passt dann endlich alles zusammen. Die Knicks sind eingespielt. Sie wissen jetzt, wie sie Monroe am besten einsetzen. Stockt die Offense, bekommt „The Pearl" den Ball. Spinmoves und Floater verzaubern den Garden. Der Prophet gilt plötzlich etwas im zuvor so fremden und doch eigenen Land. Monroe und Frazier bekommen ihren eigenen Spitznamen: Sie sind der „Rolls Royce Backcourt".

Angetrieben von seinen Nobel-Guards ist New York nicht zu stoppen. Erst fällt Baltimore in fünf Spielen, dann unterliegen die Boston Celtics nach sieben Partien, obwohl John Havlicek, Dave Cowens, Jo Jo White und Paul Silas die reguläre Saison mit 68 Siegen als bestes Team dominiert hatten.

In den Finals warten erneut die Lakers auf New York – wieder mit Chamberlain und West. Beide Teams kennen sich in- und auswendig. Nur eine Partie wird mit mehr als fünf Punkten Differenz entschieden. Und trotzdem: Nachdem Los Angeles die erste Begegnung gewinnt, blicken die Knicks nicht mehr zurück. Sie gewinnen die folgenden vier Aufeinandertreffen, Monroe ist endlich NBA-Champion. Es ist der Höhepunkt seiner Karriere. „Black Jesus" ist endlich unsterblich. Die wohl letzte Chance, er hat sie im Alter von 28 Jahren genutzt. Seine 16,1 Punkte in den Playoffs erzielt er mit einer Feldquote von 52,6 Prozent – so effizient hatte er zuvor noch nie agiert.

Die Knicks brechen in der Folge bald auseinander, die Schmerzen in Monroes Sprunggelenken werden schlimmer. „Ich konnte noch ab und zu den Schalter umlegen", erinnert er sich.

Doch diese Tage sind selten. 1980 ist endgültig Schluss. Earl Monroe – „The Pearl", „Thomas Edison", „Black Jesus" – tritt ab.

„Ich habe in New York gelernt, das Spiel zu analysieren. Clyde und ich haben im anderen das Beste zum Vorschein gebracht", zieht Monroe Bilanz. Er, der Freigeist, der das Individuelle in die NBA brachte, erkennt, dass sein Partner, der die alte NBA verkörperte, ihn verändert hat. „Clyde bekam etwas von meinem Feuer und ich etwas von seiner Coolness. Wir ergänzten uns perfekt. Wenn es nach mir geht, waren wir der beste Backcourt aller Zeiten."

Amen.

ANDRÉ VOIGT

RED AUERBACH

Schon komisch. Eigentlich verwundert es nicht wirklich, dass ein extrem schlauer und gewiefter Basketballtaktiker wie Red Auerbach die frühen Jahre der NBA dominierte. Immerhin gab es für die Pioniere des Spiels weder auf dem Feld noch in Sachen Management große Erfahrungsschätze, auf die Profis wie Entscheider hätten zurückgreifen können.

Red Auerbach lebte und handelte nie nach dem Motto „Das haben wir schon immer so gemacht". Allein damit hob er sich von der Masse der Bosse ab... Auerbach wollte dem Rest der NBA immer mindestens zwei Schritte voraus sein. Dies gelang, indem er den Erfolg nicht konservierte, sondern immer wieder andere, neue Wege fand, um eine nachhaltige Kultur des Gewinnens zu kreieren.

Ach so, was komisch ist? Auerbachs Leistungen natürlich nicht. Die waren schlichtweg brillant – vor allem, da er ohne aufgeblähten Mitarbeiterstab auskam. Komisch ist, dass in der heutigen NBA viele Manager ähnlich ahnungslos agieren wie ihre Vorgänger zu Auerbachs Zeiten. Dabei verfügen sie nicht nur über den Macher aus Boston als Vorbild, sondern auch über allerlei Werkzeuge und Mitarbeiter, von denen Red Auerbach nur träumen konnte.

DAS SCHLITZOHR
2005

Am Ende war es immer die Zigarre. Angezündet auf der Bank der Celtics, war sie das ultimative Zeichen des Sieges. Die Heimfans warteten auf sie, den Gegnern graute vor ihr. Und genau wie mit dem Symbol des Sieges verhielt es sich auch mit dem Mann, der den Rauch dieser Zigarre Richtung Decke des Boston Garden blies. Arnold „Red" Auerbach war zeit seines Schaffens für Celtics-Fans ein gottgleiches Genie. Sie bewunderten den Architekten der erfolgreichsten US-Sport-Franchise aller Zeiten für dessen Intellekt, Weitsicht, Bauernschläue und Chuzpe. Doch jeder, in dessen Adern kein grünes Celtics-Blut floss, hasste Auerbach von ganzem Herzen. Seine Arroganz, seine Überheblichkeit und seine Dominanz hingen den Gegnern zum Hals heraus.

Auerbach war ein Universalgenie, erfolgreich als Trainer, Manager, Scout, selbst als Marketingmann.

Als Nicht-Bostonian fiel es einem jedoch nicht leicht, diesen Mann mit der Halbglatze zu lieben. Da waren seine nicht enden wollenden Diskussionen mit den Schiedsrichtern, die nur selten von einem Technischen Foul begleitet wurden, dafür aber mit merkwürdigen Pfiffen zugunsten der Celtics einhergingen. Dieses ewige Schlagen mit dem zusammengerollten Programmheft auf seine Handfläche. Da waren diese so betäubend effizienten Teams, bei denen es nie Kontroversen zu geben schien, die nie die wichtigen Spiele verloren. Diese rettenden Wunderspieler, die immer per Trade oder Draft in Boston aufzutauchen schienen, wenn die Celtics im Abstieg begriffen waren. Und natürlich war da die Zigarre. Angezündet, wenn das Spiel in Auerbachs Augen entschieden war, als ultimativer Schlag ins Gesicht jedes Gastteams im Boston Garden.

Allein neunmal zündete sich Auerbach als Celtics-Trainer, -Scout und -Manager in Personalunion sein Markenzeichen im letzten Spiel der Saison an. Sieben weitere Meisterschaften sollten ohne ihn auf der Bank (immer aber mit den Fäden in der Hand im Hintergrund) folgen. Doch die Zigarre verließ ihn nie, bis heute nicht ...

„Es ärgerte mich immer, wenn ich Trainer sah, die mit 20, 30 Punkten führten und noch ein, zwei Minuten vor Ende herumbrüllten", erklärt Auerbach in John Feinsteins Buch „Let me tell you a Story". „Ich wollte einfach die Ersatzspieler bringen, auf der Bank relaxen und den Sieg genießen." Doch Auerbach war sich zunächst nicht sicher, wie er seine Entspanntheit am besten zum Ausdruck bringen sollte. Die Beine übereinanderschlagen? Zurücklehnen? Schließlich fiel ihm ein, dass Knicks-Coach Joe Lapchick während der Spiele permanent auf der Bank rauchte. Eine Idee war geboren. „Ich entschied mich also, wenn das Spiel gewonnen war, mir auch eine anzuzünden", erklärt Auerbach. „Als wir dann zu gewinnen begannen, warteten die Leute richtig darauf. Sie nannten sie die ‚Siegeszigarre'."

So arrogant diese Gewohnheit auch selbst heute noch erscheinen mag, Auerbach griff nie bei Auswärtsspielen zur Tabakware. Auch nicht in Cincinnati, als die Royals 5.000 Zigarren an ihre Fans mit der Order verteilen ließen, diese anzuzünden, sobald das Heimteam den Feind aus Boston besiegt hatte.

Auerbachs Reaktion: „Ich sagte den Jungs vor dem Spiel: ‚Wenn ihr heute nicht gewinnt, dann bringe ich euch um!'" Natürlich gewannen die Celtics, doch selbst an diesem Abend ließ ihr Coach, obwohl er kurz überlegt hatte, auswärts den Glimmstengel stecken.

Doch bevor es überhaupt etwas zu rauchen gab, musste Arnold Jacob Auerbach erst mal nach Boston kommen. Der Absolvent der George Washington University wurde am 20. September 1917 in Brooklyn, New York als Sohn von Hyman und Marie Auerbach geboren. Sein Vater war im Alter von zwölf Jahren zusammen mit zwei Brüdern in New York angekommen. Ihre Eltern, wohnhaft in Minsk (Russland), hatten die drei auf ein Schiff gesetzt, ohne selbst in die Neue Welt überzusiedeln. Von den drei Brüdern konnte nur Hyman lesen und schreiben ... Im Big Apple entdeckte Red Auerbach früh seine Liebe zum Basketball, studierte Sport und spielte bei George Washington eine ordentliche Karriere, die ihm 1942/43 ein Kurzzeitengagement bei den Harrisburg Senators einbrachte. Da es aber für die große Profikarriere nicht reichte, konzentrierte sich Auerbach auf die Tätigkeit als Lehrer und Trainer.

Doch die musste warten. Der Zweite Weltkrieg brach aus. Auerbach wurde von der US Navy eingezogen. Von 1943 bis 1946 diente er im Marinestützpunkt in Norfolk, wo er gleichzeitig als Assistenztrainer das Stützpunktteam coachte. Kaum aus dem Armeedienst entlassen, eröffnete sich dem 29-Jährigen die erste Profitrainerstelle. Die Washington Capitals erreichten dank Auerbachs genialem Auge für Talente mit 49-11 die beste Bilanz der Basketball Association of America (BAA – Vorgänger der NBA). Es war indes nicht allein Auerbachs Verdienst, dass das Hauptstadtteam so erfolgreich war. „Wir hatten einen Heimvorteil: Ratten", erklärt Auerbach in „Let me tell you a Story". In der Tat tummelten sich Hunderte der Nager, angezogen vom Popcorngeruch, unter den Tribünen der Uline Arena. Gegnerische Spieler sahen ihre Augen im Dunkel unter den Tribünen blitzen, was vielen einen Schauer über den Rücken jagte. Erst nach einigen Monaten konnten die Hausherren die Plage mit Hilfe einer Riesenkatze namens „Old Bones" und einiger Arbeiter mit Schrotflinten beseitigen ...

Auch die beiden folgenden Jahre schloss Auerbachs Team mit einer positiven Bilanz ab. In seinen drei Saisons bei den Caps erreichte er einmal das Finale (1948/49), verlor dort aber mit 2-4 gegen Centerlegende George Mikan und die Minneapolis Lakers. Danach zerbrach das Verhältnis zum Besitzer des Teams. Auerbach ging ein halbes Jahr als Sportlicher Direktor an die Duke University, heuerte aber zur nächsten NBA-Saison bei den Tri-Cities Blackhawks an. Dort hielt es Auerbach aber nur eine Saison lang aus. Mit 28-29 lieferte er die einzige negative Bilanz seiner Karriere ab, dann kam der Anruf aus Boston.

Auerbach galt zu dieser Zeit als einer der besten Trainer des Landes. Und diese Reputation war es auch, die ihm den Posten bei den Celtics verschaffte. Boston hatte die Vorsaison mit einer 22-46-Bilanz auf dem letzten Platz der Eastern Division abgeschlossen. Besitzer Walter Brown, selbst kein Basketballfachmann, beauftragte eine Trainerfindungskommission damit, einen Coach für seinen dahinsiechenden Klub anzuheuern. Die Berater schlugen vor, Arnold Auerbach zu holen. Blackhawks-Besitzer Ben Kerner war mehr als froh, seinen Trainer aus dem laufenden Vertrag zu entlassen. Kurz zuvor hatten sich die beiden wegen eines Trades, den Kerner ohne das Wissen seines Coaches durchgezogen hatte, heftig gestritten.

Also zog Auerbach erneut um, ließ seine Familie allerdings in Washington, D.C. zurück. Auerbachs Tochter Nancy litt an schwerem Asthma, die Winter in Massachusetts wären für sie nicht erträglich gewesen. Wann immer es seine Zeit erlaubte, fuhr Auerbach also zu seiner Familie und wohnte ansonsten in einem Apartment in Boston.

Dass es überhaupt zu einer Dynastie bzw. zu einer Zigarrentradition kam, verdanken die Celtics-Fans einem missglückten Griff in einen Zylinder und jenem Deal vom Draft-Tag 1956.

Die Celtics der 50er waren in der Gunst der Einheimischen knapp über den New York Yankees angesiedelt. Neben den Red Sox aus der Major League Baseball und den Eishockey-Legenden der Boston Bruins blieb den Profibasketballern nur ein Schattendasein. Schlimmer noch: Die Celtics mussten sich sogar die Halle mit den Bruins teilen. Eine Partnerschaft, in der – selbst während der Meistersaisons der 60er – nie Gleichberechtigung herrschte. Immerhin gehörte der 1928 erbaute Boston Garden den Besitzern der Bruins.

„Es gab Zeiten, da war es einfach schrecklich", erinnert sich Auerbach. „Fans kamen an den Ticketschalter, und die Verkäufer fragten: ‚Warum wollen Sie sich denn die anschauen? Warum Basketball?'" Die Bruins verlangten sogar, dass die Celtics ihre legendären Meisterschaftsbanner von der Decke holten, wenn die Eishockeycracks spielten. Das Hochziehen der Fahnen stellten sie dann aber natürlich den Jungs in Shorts wieder in Rechnung ... Schon in seiner Premieren-Draft bei den Celtics setzte Auerbach ein Zeichen. Mit Chuck Cooper verpflichtete er den ersten Afroamerikaner der NBA. „Es gab keine Geheimabsprache gegen schwarze Spieler. Es war einfach so, bei den Profis und am College", erklärt Auerbach die damaligen Gegebenheiten. „Ich ging damals zu Walter Brown und sagte, dass wir Chuck Cooper nehmen sollten, da er der beste Spieler sei. Walter sagte nur: ‚Dann nimm ihn.' Mehr mussten wir gar nicht besprechen." Auerbach legte auch in der Folge eine Farbenblindheit an den Tag, die die NBA veränderte. Die Celtics ließen unter seiner Regie als erstes NBA-Team fünf Schwarze starten. Als Auerbach mit 48 Jahren dem Coaching den Rücken kehrte und nur noch als Manager arbeitete, ernannte er Bill Russell zu seinem Nachfolger – als ersten afroamerikanischen Trainer der Ligageschichte.

Neben Cooper stieß 1950 vor allem ein Point Guard namens Bob Cousy zu den Celtics. Den Lokalmatador wollte Auerbach zunächst gar nicht verpflichten. Cousy belehrte seinen Trainer allerdings schnell eines Besseren, sein spektakuläres Spiel stand immer im Dienste der Mannschaft. Mit ihm, Bill Sharman und Ed Macauley standen in der Folge drei künftige Hall of Famer in Reihen der Celtics. Das Team erreichte von 1950 bis 1955 jedes Jahr die Playoffs, schaffte es aber nie in die NBA-Finals. Dann kam die Draft 1956.

Auerbachs Teams waren genau das: Teams. Sie spielten uneigennützig, intelligent, hielten zusammen. Jeder, der für ihn ein Trikot überstreifen wollte, musste das Ego an der Hallentür abgeben. „My way or the highway" war Auerbachs oberste Regel, wenn es um seine Mannschaft ging. „Individuelle Preise und Auszeichnungen sind nett, aber kein Celtic war je scharf darauf. Wir hatten nie den Liga-Topscorer bei uns im Team", sagt Auerbach. „Ich habe sogar neun Meisterschaften gewonnen, ohne dass einer meiner Jungs auch nur in den Top Ten der besten Scorer gewesen wäre. Wir waren nie auf unsere Statistiken stolz."

Diese Philosophie wurde von seinen Spielern von Beginn an aufgesogen. Sie bildete die „Celtics Mystique", die Aura der Celtics. Sie ermöglichte Auerbach Innovationen, die heute selbstverständlich erscheinen. Der „Sixth Man" oder der Rollenspieler gehen auf ihn zurück. Mit diesen Erfindungen war Auerbach dem Rest der Basketballwelt immer einen Schritt voraus. Genau wie bei der Verpflichtung Bill Russells.

Dabei erfand Auerbach keineswegs das Spiel neu. Die Celtics operierten über die Jahre im Angriff mit sieben Spielzügen.

Auch in der Verteidigung hielt sich der Coach an das alte K.I.S.S.-Prinzip – „Keep It Simple and Stupid". „Das einzig Innovative, was wir damals brachten, war, dass wir die großen Scorer wie Jerry West und

Oscar Robertson zumachten, damit sie gar nicht erst den Ball bekamen", weiß Ex-Celtic K.C. Jones.

„Ein Rollenspieler ist ein Spieler, der gerne einen undankbaren Job übernimmt, damit das Gesamtpaket erfolgreich ist", sagte Auerbach gerne. Gleichzeitig war er davon überzeugt, dass nur um einen echten Center herum ein Team erfolgreich aufgebaut werden könnte. Was lag also näher, als eine Kombination aus beidem zu finden: Bill Russell. Während anderen Trainern vor allem das limitierte Offensivpaket Russells auffiel, sah Auerbach den Anker seines neuen Teams. Mit Russells Rebound- und Blockfähigkeiten war der Celtics-Fastbreak geboren, als die meisten anderen Teams noch starr im Halbfeldangriff verharrten. Dieses Vorausdenken führte zu neun Meisterschaften unter Auerbachs Coaching-Ägide, die erste davon in Russells Rookie-Saison. Sieben weitere Titel sollten mit Auerbach als Manager bzw. Präsident der Franchise folgen.

Das Abtreten von der Coaching-Bühne fiel Auerbach nicht schwer, wollte er doch mehr Zeit mit seiner Familie verbringen. Außerdem gefiel ihm die Art und Weise seines Abgangs enorm. „Es ist genau wie beim Pokern. Wenn du da ein paar Mal den Pott gewinnst, auch noch den fettesten Gewinn des Abends abräumst, einfach aufstehst und gehst ... dann würden dich die anderen am liebsten zusammentreten. Sie wollen sich halt an dir rächen, bevor du aufhörst", beschreibt Auerbach die Umstände seiner letzten Trainersaison. „Aber ich habe ja nicht erst nach dem letzten Spiel gesagt, dass ich aufhöre. Ich gab das schon im Januar bekannt. Alle hatten sie noch ihre Chance, uns zu schlagen. Aber wir schlugen sie alle. Deshalb ließ mich diese Meisterschaft auch so zufrieden abtreten."

Trotz aller Meisterschaften – von 1959 bis 1966 gewannen die Celtics jedes Jahr den Titel – blieb die Liebe der Fans weitgehend aus. Erst als Larry Bird 1979 nach Boston kam, waren für Celtics-Spiele regelmäßig keine Tickets zu haben.

„Die Leute dachten sich halt damals: ‚Hey, die gewinnen sowieso immer, ich gehe hin, wenn die Playoffs anfangen'", erinnert sich Auerbach, der als erster NBA-Manager begann, Promotions bei den Spielen laufen zu lassen, um mehr Tickets zu verkaufen.

Als ihm z.B. ein Geschäftsmann 3.000 Baseballschläger für je einen Dollar das Stück anbot, griff Auerbach zu. Beim folgenden Spiel bekamen 3.000 Fans beim Einlass Baseballkeulen geschenkt. „Stellt euch mal vor, wir würden das heute machen", lacht Auerbach. „Beim ersten schlechten Pfiff würde es Baseballschläger regnen."

Auf ein anderes Standard-Gimmick verzichten die Celtics aber als einziges NBA-Team bis 2006: Cheerleader.

„Mit denen gibt es einfach zu viele potenzielle Probleme", erklärt Auerbach. „Wenn sie nichts mit den Spielern haben, sind deren Frauen trotzdem angepisst, weil sie misstrauisch sind. Hat einer der Jungs was mit einer Cheerleaderin, sind am Ende alle angepisst. Deshalb habe ich immer verlangt, dass wir keine Cheerleader haben. Aber ich bin mir sicher, dass die Celtics am Tag nach meinem Tod einhundert von ihnen einstellen."

Red Auerbach behielt wie so oft auch damit recht … also fast.

Arnold „Red" Auerbach stirbt am 28. Oktober 2006 im Alter von 89 Jahren, in der Saison 2006/07 schicken die Celtics erstmals ein Dance Team auf das Parkett des TD Banknorth Garden, der so gar nichts mit dem alten Boston Garden gemein hat.

Doch nur einige Monate später wird die im Vergleich so steril wirkende Arena vom alten „Celtics Pride" erfüllt. Trades bringen erst Kevin Garnett und Ray Allen sowie in der Folge den 17. Titel der Celtics nach Boston. Red Auerbach wird es, wo immer er auch sein mag, mit Wohlwollen registriert haben – und vielleicht hat er sich für solche Fälle ein paar Zigarren dorthin mitgenommen.

FAVORITEN

FAVORITEN

TOBIAS POX
HAKEEM OLAJUWON

Hakeem Olajuwon spielen zu sehen, war ein Traum. Das mag sich jetzt banal bis einfallslos lesen, aber es war eben so. Und heute, mehr als 20 Jahre nach dem Höhepunkt seiner Karriere, ist dieser platte Einstiegssatz wahrer als jemals zuvor.

Hakeem Olajuwon am Zonenrand spielen zu sehen, war ein Erlebnis, eine Mischung aus grazilen Bewegungen, brutaler Kraft und überlegener Intelligenz. Wo heute viele Center froh sind, zwei Bewegungen halbwegs sauber auf das Parkett zu bringen, besaß „The Dream" einen ganzen Baukasten von Moves, die er scheinbar beliebig aneinanderreihen konnte. Olajuwon verstand es, die Aktionen seines Verteidigers zu lesen und irgendwie immer den richtigen Konter parat zu haben. Es schien, als würde er nie die Balance verlieren, als sei alles, was er da im Angriff an Drehungen, Finten oder Abschlüssen brachte, Teil einer Choreographie.

Und natürlich war der eigene Wurf nur ein Teil seines so unfassbar kompletten Spiels. Olajuwon griff Rebounds, blockte Würfe, spielte Assists ...

Warum all das im 21. Jahrhundert traumhafter sein soll als in den 90er-Jahren? Weil das Aussterben der wirklich elitären Center seit über einem Jahrzehnt voranschreitet. 2012/13 erzielte nur ein NBA-Fünfer über 20 Punkte pro Spiel. Sein Name? LaMarcus Aldridge ... richtig, der ist eigentlich ein Power Forward und traf nicht einmal die Hälfte seiner Feldwürfe. Der erste „echte" Pivot auf der NBA-Scorerliste? Brook Lopez mit 19,4 Zählern sowie gerade mal 6,9 Rebounds.

Nein, wer Olajuwon sah oder heute bei YouTube sieht und ihn mit der Gegenwart vergleicht, der muss denken, dass er träumt. So unfassbar gut ausgebildet, so vielseitig, so intelligent, so unwiderstehlich.

Doch es gibt da einen Wermutstropfen ... Nein, nicht unbedingt, dass er seine Titel ausgerechnet in den Jahren gewann, in denen Jordan nicht in der NBA oder nicht in Basketballform war. Es ist vielmehr der traurige Umstand, dass beide nie in den Finals aufeinandertrafen. Es wäre wohl eine Serie für die Ewigkeit geworden. Eine zum Träumen ...

DER PERFEKTE BASKETBALL-TRAUM
2004

Der Juni 1994 war ein Wonnemonat für den NBA-Fan in Deutschland. Zum ersten Mal wurde die Finalserie der besten Basketballliga der Welt in der Bundesrepublik live im Fernsehen übertragen. Verantwortlich für das grandiose Geschenk war der Privatsender Sat.1, der seit dem November des Vorjahres mit dem wöchentlichen NBA-Magazin „Jump ran" auf den komplett ausgedörrten deutschen Basketballmarkt drängte. So hieß es also zwischen dem 08. und 22. Juni: siebenmal mitten in der Nacht hoch, Kaffee kochen, Stullen machen und an der Bildröhre verfolgen, wie die Houston Rockets den New York Knickerbockers doch noch den Titel entrissen und die Nachfolge der Chicago Bulls antraten.

Trotz der Spannung ging die Serie als eine der unspektakulärsten in die Geschichtsbücher ein, zu defensivgeprägt, zu methodisch war die Spielweise, hieß es. Zu viel taktisches Geplänkel, zu wenig Show. Dem nachtschwärmenden Basketball-Junkie im deutschen Lande war die allgemeine Geringschätzung schnuppe. Das Finale war live im Fernsehen zu sehen, das allein zählte. Und ganz so minderwertig war das Produkt auf dem Feld beileibe nicht, immerhin bat mit Hakeem Olajuwon jener Spieler zum Tanz, der seinerzeit der beste war. Von allen.

Dass „The Dream", wie Houstons Center wegen seines leichtfüßigen, grazilen Spiels genannt wurde, nicht mehr Respekt und Zuneigung bekam, lag nicht an ihm. Die Ligaanhänger und Medien hatten immer noch nicht überwunden, dass Michael Jordan vor der Saison zurückgetreten war. Olajuwon als Erbe von MJ, diese Thronfolge konnte und wollte keiner wirklich akzeptieren. Doch Olajuwon zementierte seinen neuen Status nachhaltig. Nachdem der damals 31-Jährige in den Endspielbegegnungen klar seinen New Yorker Positionskollegen Patrick Ewing beherrscht hatte, sahnte er den Titel des Finals-MVP ab.

Zuvor war er bereits dank durchschnittlich 27,3 Punkten und 11,9 Rebounds zum wertvollsten Akteur der regulären Spielzeit ernannt worden. Und, zum zweiten Mal hintereinander, zum besten Verteidiger der Liga. Eine solche Anhäufung von individuellen Auszeichnungen in nur einem Jahr hatte selbst Jordan nicht geschafft.

Wenn das im Basketball-Vokabular leider zu oft inflationär verwendete Charakteristikum „vielseitig" jemals auf einen Center zutraf, dann auf Olajuwon. Mit seinen unzähligen Täuschungen im Lowpost ließ er seine Gegenspieler steinzeitalt aussehen. Nach seinem unnachahmlichen „Dream Shake", jener Bewegung, die situationsbedingt diverse Täuschungen aneinanderreihte, schloss er wahlweise per Fadeaway-Jumper, Fingerroll oder Dunk ab.

Er war ein Fünfer mit der Athletik und den Talenten eines Small Forwards. Seine Fußarbeit wird sehr wahrscheinlich niemals von einem anderen Big Man übertroffen werden. Und wie im vorangegangenen Absatz angedeutet: Ein Defensivmonster war er auch. „Man hätte Olajuwon nicht besser in einem Labor entwerfen können", schrieben die Kollegen von ESPN.com einmal. Kein Wunder, dass der Werdegang von Olajuwon ebenso faszinierend war wie seine Vorstellungen auf dem Court.

„Wenn du in Nigeria aufwächst, spielst du Fußball, das ist einfach so", sagte der in Lagos geborene Olajuwon einmal in einem Fernsehinterview. Er bestätigte somit jene Anekdote, welche die Sat.1-Kommentatoren Lou Richter und Matthias Stach bei den nächtlichen Übertragungen nervtötend oft zum Besten gaben. Dass König Fußball einen positiven Transfer zum Basketball ermöglichte, stimmt auch. „Wenn du Torhüter im Fußball bist, ist es dein Ziel, das Tor zu verteidigen", erklärte Hakeem. „Diese Erfahrung war ein großer Vorteil für mich. Das Blocken ist eine Kunstform, die allein mit Antizipation und Timing zu tun hat. Ich denke, das kam mir deshalb (durch den Fußball) natürlich entgegen."

Wie sehr ihm das Recyceln fremder Geschosse lag, ist in einem Satz gesagt: Olajuwon führt die ewige Bestenliste der NBA in der Rubrik Blocked Shots mit weitem Abstand vor Dikembe Mutombo an – auch wenn diese Zahlen nur unter Vorbehalt gültig sind, da zu Zeiten von Bill Russell und Wilt Chamberlain der Block nicht als eigene Statistik erfasst wurde.

Damit sei die Referenz zum Fußball aber auch abgehakt. Die weitaus wichtigere Sportart im frühen Leben von Hakeem Olajuwon war – die mächtigen Ellbogen- und Knieschoner lassen es erahnen – Handball. „Das war der Sport, den ich für meine Schule spielte", so Olajuwon. Diese Präferenz ging jedoch vor allem einem ordentlich gegen den Strich. „Immer wenn mich der Basketballtrainer zum Handballfeld gehen sah, sagte er: ‚Hakeem, das ist nicht dein Sport, Basketball ist dein Sport.'"

Dass der „pöbelnde" Coach recht behalten sollte, ist einer schicksalhaften Fügung zu verdanken. Weil das Handballturnier bei einem nationalen Sportfest in Sokota abgesagt wurde, lief der inzwischen bald 17-jährige Olajuwon dort für die Basketballtruppe seiner Penne auf. Die taktische Marschroute war denkbar einfach, wie er sich einst schmunzelnd erinnerte: „Der Trainer teilte mir Folgendes mit: ‚Ich weiß, du kennst die Regeln nicht. Ich will einfach, dass du in der Mitte der Zone bleibst und alles blockst, was dir entgegenkommt.'" Gesagt, getan. Olajuwon, dessen Name übersetzt „immer obenauf" bedeutet, verliebte sich in das neue Spiel und vertrat schon bald die Juniorennationalmannschaft seines Landes.

Wie der Spätentwickler anschließend ausgerechnet an der University of Houston landete, darum ranken sich genauso viele Legenden wie um das tatsächliche Alter von Dikembe Mutombo. Olajuwon selbst erzählt gern die Geschichte, dass er auf Empfehlung eines nigerianischen Collegetrainers, der Houstons Coach Guy Lewis kannte, relativ problemlos zum Cougar wurde.

Eine andere Version besagt, dass Lewis einen Tipp von einem amerikanischen Kollegen bekam, der Olajuwon bei einem Länderspiel gesehen hatte. Fakt ist: Lewis war skeptisch. „Mir sind schon Hunderte von ausländischen Nachwuchsspielern empfohlen worden. Sie spielen aber einfach nicht den Basketball, den wir hier in den USA spielen", sagte der Übungsleiter damals. Kein Wunder also, dass keine feierliche Cougars-Delegation bereitstand, um Olajuwon abzuholen, als dieser zum Vorspielen in Houston eintraf. Der Ankömmling witterte trotzdem, dass es ihm dort gefallen würde. „Als ich in Houston ankam, war es so warm wie in Nigeria. Ich fühlte mich sofort wohl", gab er später zu Protokoll.

Auch Lewis durfte sich gut fühlen. Er sah zwar einen rohen, verhärmten Spieler, aber das Talent war unverkennbar. Der Diamant musste nur noch geschliffen werden.

Also setzte Olajuwon sein erstes Unijahr als sogenanntes „Redshirt" aus, um Muskelmasse aufzubauen, ein besseres Spielverständnis zu entwickeln und sich der US-Kultur anzupassen – heute in Zeiten von One-and-Done und hoch gedrafteten, rohen Spielern à la Bismack Biyombo ein undenkbarer Vorgang. Anschließend folgte ein beeindruckender Lauf von drei Final-Four-Teilnahmen in Folge. Unvergessen bleibt vor allem die Saison 1982/83, als Olajuwon und sein Teamkamerad Clyde Drexler das viel gefeierte, wegen des hohen Tempos und der zahllosen Dunks „Phi Slamma Jamma" genannte Cougars-Team mühelos bis ins NCAA-Finale führten.

Dort sorgte jedoch N.C. State, ironischerweise mit einem spielentscheidenden Dunk in der letzten Sekunde, für eine der größten Überraschungen aller Zeiten im Collegebasketball.

Ein Jahr später unterlag Houston erneut im Endspiel, dieses Mal gegen Patrick Ewings Georgetown Hoyas. Wohin Olajuwons Weg führen sollte, war trotz der Finalniederlagen kristallklar. Mit einer Trefferquote von 67,5 Prozent, einem Reboundschnitt von 13,3 und überragenden 5,6 Blocks pro Partie führte er das Land in drei zentralen Statistikrubriken an. Olajuwon war der beste Unibasketballer im Land. Noch vor einem gewissen Shooting Guard aus North Carolina.

Drafts sind ein eigenwilliges Phänomen. Im Nachhinein wird sich gern ereifert: Wie konnte dieser oder jener Spieler nur so weit oben gezogen werden? Und wieso ging dieses Talent vor jenem über den Tresen? Die Liste der sogenannten „Draft Busts" ist länger als ein Giraffenhals. Es ist umso bezeichnender, dass Jens Plassmann in seinem Buch „NBA Basketball. Stars & Stories" Folgendes hervorhebt: „1984 entschieden sich die Houston Rockets mit ihrem Erstwahlrecht unter allen Collegeabgängern für Olajuwon. Die Tatsache, dass die Richtigkeit dieser Wahl nachträglich nie in Frage gestellt worden ist, obwohl Houston damals unter anderem Michael Jordan und Charles Barkley übergangen hatte, sagt eigentlich schon alles über die Klasse von Hakeem."

Zusammen mit dem wandelnden Wolkenkratzer Ralph Sampson (2,23 Meter), der im Jahr zuvor ebenfalls als Nummer-eins-Pick zu den Rockets gestoßen war, bildete Olajuwon die gefürchteten „Twin Towers", die hinten wie vorne alles abräumten. In Sachen Punkte musste Olajuwon (20,6) in seiner Rookie-Saison noch dem kongenialen Partner (22,1) den Vorrang lassen. Was das Rebounden und Blocken anging, übernahm er prompt selbst das Kommando, seine 11,9 Bretter und 2,7 Blocks bedeuteten ligaweit Rang vier und zwei. Hätte Jordan nicht so eine aberwitzige, den Gesetzen der Physik widersprechende Spielzeit hingelegt, wäre die Wahl zum besten Neuling ohne Zweifel auf Olajuwon gefallen.

Im Gegensatz zu „His Airness" durfte sich Hakeem aber auch schnell über Teamerfolge freuen. Die Rockets stießen in der Folgesaison im Westfinale den amtierenden Meister, Magic Johnson und dessen Showtime Lakers, vom Sockel. Die „Sports Illustrated" lichtete Olajuwon auf dem Cover ab und titelte: „Die neue Macht". Ganz so weit war es freilich noch nicht. In der Endspielserie 1986 gegen den Ostchampion Boston siegte die Erfahrung von Larry Bird, Kevin McHale & Co. mit 4-2. Drei der vier Celtics-Erfolge in dieser Serie waren Kantersiege.

Houstons Aufstieg wurde hiernach durch die ewigen Verletzungssorgen von Sampson gehemmt – so sehr, dass der Verein den vermeintlichen Franchise-Player schließlich nach Golden State verschiffte. Die Rockets waren nun allein Olajuwons Mannschaft. Individuell konnte der neue Chef im Ring die immens hohen Erwartungen erfüllen. Er wurde zweimal in Serie bester Rebounder der Liga und lieferte in den Playoffs 1988 gepfefferte 37,5 Punkte.

Wie vielseitig „The Dream" außerdem war? Am 29. März 1990 gelang ihm gegen die Milwaukee Bucks mit 18 Punkten, 16 Rebounds, zehn Assists sowie zwölf geblockten Würfen ein Quadruple-Double.

In Teamerfolg ließen sich diese Leistungen jedoch nicht übersetzen. Houston verabschiedete sich regelmäßig in der ersten Runde aus dem Meisterschaftsrennen.

Das System – alles durch die Mitte, alles über Hakeem – war zu starr, zu berechenbar. Dass Olajuwon seinen Mitspielern nicht vertraute und ihnen kaum Verantwortung übergab, trug ebenfalls entscheidend zum Stillstand bei.

Im Frühjahr 1992 schien die Ehe zwischen Klub und Star dann endgültig gescheitert zu sein. Das Management warf Olajuwon vor, er habe wegen stockender Vertragsverhandlungen eine Verletzung vorgetäuscht, und sperrte ihn intern für drei Partien. Hakeem forderte einen Trade. Sein Agent warf den Rockets Rufmord vor, engagierte sogar ein Anwaltsbüro, um den Abschied Olajuwons aus Texas zu forcieren. „Ich komme nicht mehr zurück, um für die (das Management) zu spielen", ließ Olajuwon damals wissen. „Würdest du gern für ein Management spielen, das all diese Dinge über dich sagt? Es ist besser für alle, wenn ich nach der Saison meine Sachen packe und verschwinde."

Das Schicksal wollte es anders. Nicht nur, dass die Unstimmigkeiten aus dem Weg geräumt wurden und Olajuwon eine fürstlich honorierte Verlängerung bekam, zudem übernahm bereits während der turbulenten Spielzeit 1991/92 mit Rudy Tomjanovic ein Trainer das Zepter, der endlich einen Zusammenhalt zwischen dem (Über-)Center und dem Rest der Mannschaft herstellte.

Olajuwon, der 1991 die Schreibweise seines Vornamens von „Akeem" zu „Hakeem" geändert hatte und als Moslem stets den Fastenmonat Ramadan einhielt, stand zwar noch immer ganz klar im Zentrum des Geschehens. Anders als zuvor gab er den Ball aber jetzt willig an wurfbereite Kollegen wie Kenny Smith, Vernon Maxwell oder Robert Horry ab, wenn er gedoppelt wurde und den Abschluss nicht finden konnte. Hakeems Assistrate stieg rapide an. 1993 scheiterten die Rockets in der zweiten Runde in sieben Spielen an den SuperSonics denkbar knapp, als sie die finale Partie mit 100:103 verloren. Sie wurden zu einem Team, das kaum noch zu verteidigen war, und holten schließlich 1994 zum ersten Mal die Meisterschaft.

Wer Houstons Titelgewinn 1994 sowie Olajuwons Ruf, der allerbeste Basketballer in Abwesenheit von Jordan zu sein, kritisch beäugte, der musste diese Zweifel spätestens in den Playoffs 1995 begraben.

Houston spielte eine krisenbeladene reguläre Saison, in der allen voran Maxwell seinem Spitznamen als „Mad Max" traurige Ehre erwies. Doch dem Titelverteidiger gelang am Valentinstag 1995 ein Coup. Clyde Drexler kam für Power Forward Otis Thorpe aus Portland. Und auch wenn die Rockets im Westen nur als an sechster Stelle gesetztes Team in die Playoffs gingen – gegen den Champ wollte niemand spielen.

Olajuwon beherrschte die Konkurrenz in dieser Postseason, wie er es noch nie getan hatte. Dabei waren es noch nicht einmal seine 33,0 Punkte, 10,3 Rebounds, 4,5 Assists oder 2,8 Blocks an sich, die ihn so legendär machten. Olajuwon dominierte nicht nur, er degradierte direkte Gegenspieler von Hall-of-Fame-Format zu Statisten.

Im Endspiel der Western Conference narrte er den frisch gekürten MVP und Centerrivalen David Robinson von den San Antonio Spurs so heftig, dass der „Admiral" wohl noch heute nachts schweißgebadet hochschreckt, wenn er von dieser Serie träumt. Die Szene, in der Hakeem Robinson dreimal ins Leere springen lässt, ist bis heute unvergessen. Es war der „Dream Shake" in Perfektion. Olajuwon schenkte seinem Pendant in den sechs Spielen im Schnitt 35 Zähler ein. „Ich dachte eigentlich, dass ich ihn ganz ordentlich verteidigt habe", sagte ein konsternierter Robinson anschließend und unterstrich damit die unglaubliche Leistung von Olajuwon.

Laut Spurs-Forward Sean Elliott war es „die dominanteste Vorstellung, die ich jemals von einem Spieler gesehen habe".

Es überraschte demnach nicht, dass auch die Orlando Magic und deren damals erst 22 Jahre alter Big Man Shaquille O'Neal – der kolossale Inbegriff der damals aufblühenden neuen Centergeneration – im Finale bluten mussten. Houston kehrte die jungen Magic in nur vier Partien mit dem Besen vom Parkett. Olajuwons Zahlen gegen den „Shaqster" lauteten: 31, 34, 31 und 35 Punkte. Zusätzlich angelte er sich 11,5 Rebounds und verteilte 5,5 Vorlagen.

Der NBA-Fan in Deutschland durfte diese lehrbuchreife Basketballdemonstration von Hakeem erneut live verfolgen, diesmal im Deutschen Sportfernsehen.

„Was er (Olajuwon) gezeigt hat, ist schwer zu glauben", fasste Rockets-Coach Rudy T. nach der zweiten Meisterschaft in Folge treffend zusammen.

Es ist müßig, danach zu fragen, was passiert wäre, wenn Jordan 1993 nicht in den Basketballkurzruhestand getreten wäre. Hätte Hakeem trotzdem so dominiert? Wie wäre eine Finalserie zwischen den Bulls und den Rockets ausgegangen, als beide Superstars auf dem Höhepunkt ihres Könnens waren?

1997 hätte es beinahe eine verspätete Antwort darauf gegeben. Doch Houston scheiterte im Westfinale trotz des Triumvirats Olajuwon, Drexler und Barkley mit 2-4 an den Utah Jazz. Ungeachtet aller wirren Gedankenspiele konnte sich Hakeem Olajuwon, der nach der Saison 2001/02 – inzwischen das Jersey der Toronto Raptors tragend – in Rente ging, einer Sache vollkommen sicher sein: Es gab eine Zeit, da war er der König der Liga, der perfekte Basketballtraum.

TOBIAS POX & ANDRÉ VOIGT

DAVID ROBINSON

David Robinson. Zu diesem Edelcenter fallen mir spontan drei Dinge ein. Da wäre zuerst dieser eine Dunk in einem der Highlightvideos der NBA der 90er-Jahre. Die Spurs rennen einen Fastbreak, Robinson bekommt einen Pass, den er zum Alley-Oop macht, landet und spannt einen Trizeps an. Als heranwachsender Basketballer hatte ich einen solchen Arm noch nie gesehen. Genau wie ich noch nie einen Sevenfooter mit solcher Geschwindigkeit den Schnellangriff sprinten sah.

Dann ist da dieser Werbespot aus dem Jahr 1991. Angelehnt an die US-Kindersendung „Mr. Rodgers' Neighborhood" bat Nike gleich mehrfach in „Mr. Robinson's Neighborhood".

Der beste Teil dieser Werbeserie war aber der, in dem Gutmensch Robinson seinen NBA-Gegenpol begrüßt: Charles Barkley.

Der „Sir" bringt dem „Admiral" (der spielt gerade mit einem Modellschlachtschiff und einer F15 in der Badewanne) das „Wort des Tages" bei. Dieses lautet „fined" (auf Deutsch: „Strafe zahlen").

Robinson: „Wieso muss man Strafe zahlen?"

Barkley: „Du kannst für eine Menge Sachen Strafe zahlen: brüllen, diskutieren, einen Schiedsrichter beleidigen ... aber vor allem für eine Schlägerei."

Robinson: „Musstest du schon mal eine Strafe zahlen, Charles?"

Barkley: „Never. Ever. No, no, no, no, no ..."

Robinson: „Charles ist ein großartiger Spieler, aber er hat ein lausiges Gedächtnis." (checkt den Spot hier: http://bit.ly/1u8DJ2f).

Schließlich sind da die Western Conference Finals gegen die Houston Rockets 1995. In nur sechs Spielen stürzte David Robinson vom Center-Olymp. Warum? Hakeem Olajuwon ließ ihn per „Dream Shake" immer und immer wieder ins Leere springen. Einer der besten Pivoten aller Zeiten war plötzlich ein Verlierer.

Weich. Als Superstar nicht mehr vermittelbar. Bis heute wirkt diese Serie nach. Zu Unrecht.

Wenn davon gesprochen wird, dass es nie wieder einen Magic Johnson oder Larry Bird geben wird, fehlt immer Robinson in der Aufzählung. Einen Center mit dieser Kombination aus Länge, Kraft, Athletik und Fertigkeiten wird es schwerlich wieder geben.

Robinson ist außerdem der einzige US-Basketballer, der sein Land dreimal bei Olympia vertrat (1988, 1992 und 1996). Am 17. Februar 1994 schaffte der „Admiral" gegen die Detroit Pistons als vierter NBA-Profi überhaupt ein Quadruple-Double. 34 Punkte sowie jeweils zehn Rebounds, Assists und Blocks legte er damals auf (am 11. Januar desselben Jahres fehlten zwei Blocks zum Vierfachzehner).

Aus heutiger Sicht mögen viele ihm immer noch vorwerfen, dass Robinson seine beiden Meisterschaften erst gewann, als Tim Duncan der Fokus der Spurs war. Viel heuchlerischer kann ein Vorwurf nicht sein. Denn Robinson opferte sich in seiner Karriere für seine Spurs auf, wechselte nie die Franchise.

„So sehr auch jeder eine Meisterschaft gewinnen will, meiner Meinung nach hast du Probleme, wenn du denkst, dass du sie brauchst, um dich zu definieren", sagte Robinson einmal. „Es gibt andere Dinge im Leben, die mich definieren. Vielleicht hat mich all die Kritik deshalb nie kaputt gemacht. Am Ende des Tages wusste ich, dass ich mein Bestes gegeben habe und was wirklich wichtig ist."

Er war ein ultimativer Teamspieler, dessen vielleicht größter Beitrag – bei all seiner Brillanz – die Ausbildung von Tim Duncan war. Robinson machte dem Youngster damals vor, was es heißt, Opfer für das Team zu bringen. Wie ein Star ins zweite Glied rücken kann und trotzdem Erfolg hat. Robinson legte damit den Grundstein für das Phänomen, welches die San Antonio Spurs in der Ära Gregg Popovich sind.

Und so war es nur passend, dass er im letzten Spiel seiner Karriere die zweite Meisterschaft feiern durfte. Im Finale gegen die New Jersey Nets spielte David Robinson, dessen individuelle Werte inzwischen erheblich gesunken waren, den Schlussakkord zu seiner imposanten Laufbahn.

„Mein letztes Spiel, von oben fliegen die Papierschlangen, wir sind Meister", schwärmte der 37-Jährige damals. „Wie könnte man ein besseres Drehbuch schreiben?"

EIN OFFIZIER UND GENTLEMAN
2006

Avery Johnson hat es am besten ausgedrückt. „Wenn du im Wörterbuch den Begriff ‚Vorbild' nachschlägst, wirst du ein Bild von ihm sehen", sagte der ehemalige Aufbauspieler der San Antonio Spurs einst über seinen langjährigen Mannschaftskollegen David Robinson. Die Ligaoberen teilen diese Meinung bedingungslos. Nicht umsonst gaben sie im März 2003, wenige Monate vor Robinsons Karriereende, bekannt, dass die Auszeichnung für NBA-Spieler, die sich besonders abseits des Feldes engagieren, fortan die „David Robinson Plakette" genannt werden würde.

David Maurice Robinson war in der Tat der pure Glücksfall für die Liga. Ein Mann, der nur so vor unaufgesetzter Rechtschaffenheit strotzte. Ein Mann mit tief verankertem christlichem Glauben und immensem Sinn für Gerechtigkeit. Ein Mann, der pflichtbewusst seinen Dienst bei der US Navy absolvierte, bevor er Profi wurde. Ein Mann, dem Trashtalk und das sonst unter Basketballern so gängige Protz- und Pompgehabe komplett abgingen. David M. Robinson, ein Familienmensch und Philanthrop. Christ. Ein Vorbild eben.

Ach ja, und nebenbei war der „Admiral", wie Robinson wegen seiner beruflichen Vergangenheit genannt wurde, einer der einflussreichsten und erfolgreichsten Center, die in der Geschichte des Sports die Basketballtreter schnürten. Ein 2,16 Meter großer Athletikfreak mit dem Körper einer griechischen Götterstatur und der Beweglichkeit eines Guards.

Die Robinson-Akte ist auch deshalb so besonders, da sie nicht den scheinbar obligatorischen Verbrachte-die-Jugend-permanent-auf-dem-Court-und-entkam-so-seinen-Problemen-Eintrag hat. Im Gegenteil, bis zu seinem letzten Schuljahr spielt Robinson keinen organisierten Basketball. Er ist zwar sportlich sehr talentiert und kann es im Tennis, Golf oder Bowling – ja selbst in Sachen Gymnastik – mit so ziemlich jedem aufnehmen. Doch statt Gedanken an eine Laufbahn als Profisportler zu verschwenden, bastelt er lieber an Computern und anderen technischen Geräten herum.

Als Vierzehnjähriger belegt er in der Schule PC-Kurse mit Collegeniveau, sein Fernsehgerät mit dem riesigen Bildschirm schustert er sich selbst zusammen. Dass er schließlich doch noch im Basketball-Team der Osbourn Park Highschool in Manassas, Virginia, landet, ist dem Drängen von Freunden zu verdanken.

Dabei hatte er es schon in der siebten Klasse mit dem orangefarbenen Leder probiert. Damals war er 1,75 Meter groß, hörte aber bald wieder auf. „Ich musste lernen, dieses Spiel zu lieben", gibt Robinson, der auch eine musische Ader hat, später unumwunden zu. Liebe auf den ersten Blick aber, der einzige Weg nach oben? Nein, das ist Basketball für ihn nicht.

Die Collegewahl verdeutlicht, dass der Spalding eigentlich weiter Nebensache bleiben soll. Robinson erzielt beim Unizugangstest 1.320 von 1.600 möglichen Punkten. Damit übertrifft er die Mindestvoraussetzung von 600 Zählern, an der schon einige angehende NBA-Stars in grandioser Manier scheiterten. Robinson entscheidet sich für eine Ausbildung an der Marine-Akademie, der später zehnfache All Star will zur See fahren und seinem Land dienen! Zudem möchte er Mathematik studieren. Und das an einer Uni, deren Studenten bei ihren Vorgesetzten eine Erlaubnis einholen müssen, wenn sie ins Kino gehen wollen ...

Das Institut darf zwar niemanden aufnehmen, der größer als 2,03 Meter ist, doch der Neuling unterbietet diesen Grenzwert zu diesem Zeitpunkt noch um zwei Zentimeter. Einer erfolgreichen Offizierskarriere scheint demnach nichts im Wege zu stehen. Robinsons Wachstum ist allerdings bei weitem nicht abgeschlossen, während seiner Hochschulzeit schießt er fünfzehn Zentimeter in die Höhe. Das wird spätestens, als er wirklich zur See fahren soll, zum Problem – auf Kriegsschiffen ist der Platz rar ...

„Ich merkte gar nicht, wie schnell ich wuchs", kommentiert er später schmunzelnd, „es schien, als würden immer mehr Leute zu mir hochblicken und sagen: ‚Du musst wohl Basketball spielen.'" Das tut er für das traditionell eher miese Uniteam der Navy ... und diesmal wirklich nachhaltig.

Erstaunlicherweise geht der späte biologische Entwicklungsschub nicht zu Lasten seiner Koordination, Robinson bleibt trotz seiner riesenhaften Größe ein beeindruckender Athlet, der schnell und leichtfüßig über das Feld schwebt. Als Freshman sind seine Statistiken mit durchschnittlich 7,6 Punkten und vier Rebounds eher bescheiden, danach explodieren sie aber genauso wie der Körper. Als Senior legt der Center 28,2 Punkte sowie 11,8 Rebounds auf und blockt 4,5 Würfe pro Partie! So räumt er mühelos die bedeutungsvollsten individuellen Collegeauszeichnungen ab.

Navy, sonst wegen des selbst auferlegten Mangels an Big Men nur eine Fußnote in der Division One, qualifiziert sich dank seines Stars im Frühjahr 1987 für das NCAA-Tournament. Dort ist schon in der ersten Runde Schluss – trotz der 50 Punkte, 13 Rebounds und drei Blocks, die Robinson bei der 82:97-Pleite gegen Michigan erzielt. Es ist seine letzte Unipartie.

Als die Draft naht, gibt es keinen Zweifel: David Robinson, dieser noch rohe, aber dennoch bereits so dominante Centerdiamant, der sich nicht nur als Scorer und Rebounder, sondern eben auch als krasser Shotblocker präsentiert, wird an erster Stelle von den San Antonio Spurs gezogen werden. Es gibt jedoch auch Fragezeichen. Muss der Absolvent der Navy-Akademie nicht seinen auf fünf Jahre angesetzten Militärdienst ableisten? Und was ist mit dieser ominösen NBA-Regelung, wonach sich ein Spieler, der dient, nach seiner Armeezeit erneut für die Draft anmelden kann (lies: auf ein anderes Team hoffen darf), wenn er nicht zuvor bereits bei einem Verein unterschrieben hat?

Die Antworten sehen schließlich so aus: Die Navy will Robinsons Profikarriere nicht gänzlich untergraben, sofort entlassen will sie ihren Promi aber auch nicht. Nach einigem Hickhack wird Robinsons Dienstsoll auf zwei Jahre verkürzt. Von der Militär-Draftregelung macht Robinson keinen Gebrauch, er schließt einen Vertrag mit San Antonio ab. Dieser Kontrakt hat es allerdings in sich, und dies nicht allein, weil der Neu-Spur bereits mehrere Millionen bekommt, bevor er auch nur einen einzigen Korb für den neuen Verein erzielt hat.

Robinsons Agenten lassen eine obskure Klausel in das Vertragswerk setzen, die besagt, dass ihr Klient sofort eine Nachbesserung erhält, sobald zwei NBA-Akteure ein höheres Jahresgehalt haben als er, andernfalls kann er Free Agent werden. Diese Regelung, die Commissioner David Stern später kopfschüttelnd kommentiert („An dem Tag, an dem dieser Vertrag durchging, muss jemand tief geschlafen haben"), garantiert, dass Robinson stets zu den besten Verdienern der Liga zählen wird. Angesichts seiner Leistungen scheint dies im Nachhinein mehr als gerecht. Und auch in anderer Hinsicht ist das Geld bestens angelegt, denn Robinson wird zum spendabelsten Wohltäter in der NBA.

Während seiner zwei Jahre beim Militär kann Robinson nur bei den Panamerikanischen Spielen 1987 und ein Jahr darauf bei Olympia Wettkampfpraxis sammeln. „Nach der Uni stieg ich halt nicht gleich in das NBA-Leben ein", erklärte er damals der „Sports Illustrated". „Ich diente zwei Jahre, lebte das normale Leben auf der Basis. Es war schon komisch. Ich besuchte NBA-Veranstaltungen wie das All-Star-Game, wo jeder hofiert wurde, und kam dann zurück auf den Stützpunkt, wo die Jungs normal mit ihren Familien zum Supermarkt gingen, arbeiteten und all die normalen Dinge taten, die normale Menschen eben tun. Damals hatte ich je einen Fuß in zwei Welten."

Zu dieser Zeit nimmt er einige seiner Freunde bei der Navy zur Seite und bittet sie: „Sagt mir bitte, wenn ich mich jemals verändern sollte und arrogant werde."

Trotz der zweijährigen Pause legt Robinson eine beeindruckende Rookie-Kampagne hin. Im ersten Saisonspiel serviert der damals 24-Jährige beim Sieg gegen die Lakers einen saftigen Doppelpack von 23 Punkten und 17 Rebounds. Er deutet an, dass die zuletzt so miesen Spurs, die in der Spielzeit 1988/89 nur 21 Siege einfuhren, auf dem Weg der Besserung sind und dass sich Klubeigner Red McCombs einen Umzug aus dem Kopf schlagen sollte. „Einige Rookies sind einfach keine wirklichen Neulinge. Robinson ist einer davon", sagt der stark beeindruckte Ober-Laker Magic Johnson nach dem Match.

Der Gelobte selbst schätzt seine Fähigkeiten weitaus kritischer ein. „Ich kam in die Liga und hatte kaum ein Angriffsspiel", blickt Robinson zurück, „ich benutzte meine Größe und meine Geschwindigkeit, um den Gegenspielern zu entkommen. Ich konnte dunken. Das war meine Offense." Dieses Arsenal reicht 1989/90 für 24,3 Zähler pro Partie, die Wahl zum All Star und den Titel des „Rookie of the Year". Mehr noch: Das neu formierte San Antonio vollzieht eine Kehrtwende und gewinnt 56 Partien. In den Playoffs ist erst in der zweiten Runde Schluss. Für den „Admiral", der seinem Spiel nach und nach mehr Feinschliff und Varianz verpasst (etwa mit dem Hakenwurf oder dem respektablen Sprungwurf), und seinen Klub brechen ertragreiche Zeiten an.

Zufrieden ist Robinson trotzdem nicht. „Da stand ich nun und hatte alles, was man sich wünschen kann, dennoch war ich nicht glücklich", erinnert er sich. „Mir gefiel nicht, was mit mir passierte. Ich fühlte mich so wichtig und war egoistisch und arrogant." Auch wenn diese Eigenschaften kaum jemand anderem auffallen und Robinson alles andere als ein Bad Boy ist, begibt er sich auf spirituelle Sinnsuche. Er vertieft sich in die Bibel, findet dort seinen Seelenfrieden und ernennt sich zum „wiedergeborenen Christen". Robinson wird zum Vorzeigebürger und Feingeist, zu jemandem, der weitaus mehr zu bieten hat als nur die sportlichen Fertigkeiten.

„Eines Abends lud er mich und meine Frau zu sich ein und zeigte uns sein Haus. Das war etwas sehr Besonderes, weil David eine sehr private Person ist", holt Ex-Spurs-Trainer Bob Hill zu einer Charakterisierung seines Schützlings aus. „Die Tour begann damit, dass er sich ans Klavier setzte und ein klassisches Stück spielte. Ich glaube, es war Mozart. Dann zeigte er uns, wie seine ganzen Computer funktionieren. Zum Schluss holte er sein Keyboard hervor und spielte ein wenig Jazz und Rap. Er ist wie eine Märchengestalt. Er raucht und trinkt nicht, und er ist ein großartiger Ehemann und Vater."

Robinson hat jedoch auch viele Kritiker. Er sei zu weich und schenke dem Basketballspiel nicht genügend Hingabe, heißt es oft. Ein vergeudetes Talent? Dass der „Admiral" in der Saison 1993/94 am letzten Spieltag dank eines furiosen 71-Punkte-Auftritts noch Orlandos Shaquille O'Neal überholt und sich die Krone des besten Punktesammlers sichert, vermag die Nörgler ebenso wenig von ihrer Meinung abzubringen wie die Auszeichnung zum wertvollsten Spieler der NBA im Folgejahr. Auch die Tatsache, dass Robinson immer wieder trotz großer Schmerzen aufläuft, wird kaum beachtet. „Ich habe gesehen, wie er 25 Punkte plus 15 Rebounds auflegt und danach vor Schmerzen kaum durch die Kabine gehen kann", sagt Point Guard Avery Johnson über seinen Center. „Ist das ein weicher Mann?"

Die Kritiker führen trotz allem als entscheidenden Parameter immer wieder die fehlende Meisterschaft ins Feld. Die hätte es eigentlich in der MVP-Saison geben sollen, als die Spurs mit 62 Erfolgen die beste NBA-Bilanz liefern und in Michael Jordans Baseball-Auszeit als Meisterkandidat Nummer eins gelten.

Im Westfinale trifft San Antonio jedoch auf die hungrigen Houstons Rockets, die trotz des Status als Titelverteidiger und schlechter regulärer Saison nach einer weiteren Meisterschaft lechzen. Es kommt zum Duell zwischen David Robinson und Hakeem Olajuwon, den beiden besten Centern der Liga. „The Dream" liefert die vielleicht beste Serie seines Lebens. Seine 35,3 Punkte, 12,5 Rebounds, 5,0 Assists, 4,2 Blocks und eine Wurfquote von 56,0 Prozent sind das eine.

Wie er Robinson stellenweise im direkten Duell am Zonenrand vernascht (für einige seiner „Dream Shakes" gegen den „Admiral" wurde dieses Wort wohl erfunden), zementiert seinen Status als einer der besten Center aller Zeiten.

Robinson gilt trotz ansehnlicher 23,8 Zähler, 11,3 Rebounds, 2,7 Assists, 2,2 Blocks und 44,9 Prozent aus dem Feld in dieser Serie als nicht konkurrenzfähig … und er ist es in diesen sechs Partien auch nicht. Houston gewinnt die Serie mit 4-2. Robinson macht in der Folge eine schwere Krise durch. „Ich verbrachte einige Zeit auf meinen Knien und fragte Gott, was hier eigentlich los sei", sagt er später. „Ich verstehe es immer noch nicht."

Das Ende des Leidens wird pikanterweise durch ein weiteres Leiden eingeläutet. Zwei Jahre nach dem Houston-Debakel kann Robinson wegen einer Rückenverletzung und eines gebrochenen Fußes nur sechs Spiele der Saison 1996/97 absolvieren. Die Spurs kollabieren ohne den 31-Jährigen und werden mit nur 20 Siegen zur schlechtesten NBA-Mannschaft.

Zum Trost dürfen die gefallenen Texaner in der Draft 1997 jedoch einen gewissen Power Forward namens Tim Duncan ziehen. Der Neue schlägt so sehr ein, dass Gregg Popovich, inzwischen Headcoach des Teams, beschließt, die Offense auf ihn auszurichten. Für Robinson, den jahrelangen Topscorer und unangefochtenen Sheriff, bedeutet dies, dass er ins zweite Glied rutscht und sich fortan vor allem als Defensivanker betätigen wird.

Jeder andere Star wäre wegen dieser Degradierung auf die Barrikaden gegangen. „David strahlte in jeder Hinsicht Klasse aus. Ihn dabei zu beobachten, wie er andere behandelte, wie er das Spiel, seine Trainer, seine Teamkameraden und seine Gegenspieler respektierte, war eine wunderbare Lernerfahrung für mich", stimmt Tim Duncan den Lobgesang auf seinen Mentor an. Und auch Coach Popovich stimmt zu. „David hätte mich die Toilette herunterspülen können, wenn er gewollt hätte, aber er glaubte an diese Mannschaft", beschreibt Popovich den Edelmut von Robinson, der seine neue Rolle ohne großes Murren akzeptiert.

Doch ganz so einfach fällt dem Ex-MVP die Umstellung trotz allem nicht. „Das war damals nicht leicht für mich. Alles in mir, was ehrgeizig ist, sträubte sich ... mein Ego, mein Stolz, all das ...", verrät Robinson. „Ich war hier immer der Mittelpunkt. Jetzt zu fühlen, dass ich das nicht mehr bin, ist schwer ... sehr schwer. Ich schaue meine Statistiken an, und sie sehen so merkwürdig aus. Ich habe früher über Jungs gelacht, die zwölf Punkte und zehn Rebounds auflegten. Jeder konnte zwölf und zehn bringen. Jetzt aber befinde ich mich in dieser Situation." Auch wenn es an ihm nagt: Die Geste des Verzichts untermauert, wofür der „Admiral" steht, sie ist der Gipfel seiner Selbstlosigkeit. Und so führt er die NBA in den Playoffs 1997/98 bei den Rebounds (14,1) sowie den Blocks (3,3) an.

Mit der neuen Taktik prescht San Antonio in der wegen des Lockouts verkürzten Spielzeit 1998/99 zum ersten Titel. Gerade einmal zwei Spiele gehen in den Playoffs verloren. Der Hinweis, dass Finalgegner New York wegen des Ausfalls von Patrick Ewing (Achillessehnenreizung) stark gehandicapt ist, mag durchaus berechtigt sein. Aber die Knickerbockers hätten wohl auch in Bestbesetzung nicht viel zu melden gehabt.

Wer nun erwartet, dass David Robinson nach dem Gewinn der Meisterschaft zum verbalen Rundumschlag gegen seine Kritiker ansetzen würde, der irrt. Für eine solch banale Tat ist er einfach zu sehr Gentleman, zu sehr ausgeglichener Christ. Er würdigt den Triumph auf seine eigene, ganz bescheidene Art und Weise.

„Nach dem Sieg wollten einige Fotografen ein Bild davon machen, wie ich die Trophäe küsse", erzählt Robinson später exklusiv in der „Sports Illustrated". „Ich sagte ihnen aber, dass ich nichts küsse, das mich nicht zurückküsst. Alle denken, dass der Pokal und die Ringe die ultimativen Sachen sind. Sie sind zwar sehr wertvoll, letztlich sind sie allerdings eben doch nur Gegenstände, die irgendwann in einem Regal landen."

Das Magazin, das den demütigen Champion ausführlich zu Wort kommen lässt, kann sich einen Seitenhieb auf die Lästermäuler der vergangenen Tage indes nicht verkneifen. „Who is soft now?", fragt das Sportblatt in großen Lettern auf seinem Cover, das Robinson ablichtet.

Nein, weich mag David Robinson nie gewesen sein, aber immer ein Vorbild.

ANDRÉ VOIGT

CLYDE DREXLER

Clyde Drexler war immer der andere. Immer im Schatten. Von wem? Von Michael Jordan natürlich. Wie kein anderer Spieler seiner Generation wurde „The Glide" von MJ geplagt. In den Augen von „His Airness" war Drexler ein Widersacher, den Jordan zerstören wollte. Was ihm auch in vielerlei Hinsicht gelang. Erinnert sei hier nur an das „Was, ich habe sechs Dreier in einer Halbzeit getroffen? Da muss ich selbst mit den Schultern zucken"-Finalspiel.

Am Ende war es deshalb ein netter Zug des Basketballgottes, ausgerechnet Drexler die Meisterschaft 1995 gewinnen zu lassen, als Jordan von seiner Jagd nach Curveballs zurückgekehrt war. In dieser Saison spielte Drexler bei den Houston Rockets die Rolle, die eigentlich wohl die perfekte für ihn war: die des talentierten Zweitstars neben Hakeem Olajuwon.

Patrick Ewing, Charles Barkley, Karl Malone, John Stockton und Co. scheiterten allesamt an Jordan, gewannen nie einen Titel. Drexler wurde Champion. Nicht als Alphatier, aber auch nicht als abgehalfterter Ringjäger (hust ... Gary Payton ... hust). Vielleicht war es ausgleichende Gerechtigkeit für die Prügel, die Clyde Drexler über die Jahre von MJ einstecken musste – und diesen Tip-Dunk von Lorenzo Charles ...

CLYDE THE GLIDE
2004

Clyde „The Glide" Drexler. Selten war ein Spitzname so passend wie der des zehnmaligen All Stars der Portland Trail Blazers. Er hatte alles: Hangtime, Flair, er konnte punkten, war intelligent und sah gut aus. Wer Drexler in dessen Hochzeit operieren sah, erinnert sich vor allem an die Leichtigkeit, mit der der Shooting Guard spielte. Seine Dunks und seine Drives schienen immer irgendwie in Zeitlupe abzulaufen. Und dann dieser Sprungwurf ... Oft zog er die Beine etwas an, um dann – gerade zu Beginn seiner Karriere – einen ziemlich flachen Jumper abzugeben.

Clyde Drexler ist aber trotz seiner spektakulären Spielweise, eines NBA-Titels, der Goldmedaille bei den Olympischen Spielen in Barcelona und der Ernennung zu einem der 50 besten Spieler der NBA-Geschichte nie zu einem der ganz großen Stars geworden. Er blieb immer einige Reihen hinter der NBA-Elite zurück. Jordan, Magic und Larry standen vorne. Kurz dahinter kamen Barkley, Isiah, Ewing, Olajuwon. Wie kam es dazu, dass Drexler nie den Sprung unter die absoluten Topspieler schaffte – und das, obwohl er zeitweilig als zweitbester Spieler der NBA hinter MJ galt?

Nach seiner Highschool-Zeit ist Clyde Austin Drexler kein begehrtes Talent. Als eine der wenigen großen Unis bieten ihm die Houston Cougars ein Stipendium an. Trainer Guy Lewis ist von den Fähigkeiten Drexlers überzeugt.

„Clyde war der erste Spieler, den ich vom ersten Training an in die Startformation gestellt habe", sagt er. „Er war ein großer Scorer am College, obwohl er kein guter Werfer war. Er klaute sich einfach hinten den Ball, sprintete nach vorne und dunkte ihn rein." An der Uni trifft der athletische, aber technisch unreife Shooting Guard auf einen Center namens Akeem Olajuwon (damals noch ohne das „H"). Der Big Man ist ein begnadeter Shotblocker und für seine Größe unglaublich koordiniert, doch der Nigerianer spielt noch nicht lange Basketball. Olajuwon braucht fast zwei Jahre, um sich an den Stil in Amerika zu gewöhnen.

Dank ihrer Athletik und der Liebe zum Schocker-Dunk verpasst ein Sportjournalist den Cougars den treffenden Spitznamen „Phi Slamma Jamma". Die Cougars sind aber keine Showtruppe. Ihr schneller Stil bringt ihnen 1982 einen Trip zum Final Four. Es soll die erste Begegnung in einer Playoffatmosphäre zwischen Michael Jordan von der University of North Carolina und Drexler sein. UNC entscheidet das Halbfinale mit 86:63 für sich und gewinnt später gegen Georgetown – durch den berühmten letzten Wurf von MJ – auch den Titel.

Im folgenden Jahr schafft es Houston dann ins Championship Game. Drexler (15,2 Punkte und 10,5 Rebounds) und Olajuwon (13,9 und 11,4), das heißt automatisch zwei Double-Doubles. Im Finale wartet der krasse Außenseiter North Carolina State. Coach Jim Valvano macht sich keine großen Hoffnungen, dass sein relativ kleines Wolfpack (der Center von N.C. State ist 2,01 Meter groß) es mit dem 2,13 Meter großen Olajuwon und dessen Air Force aufnehmen kann.

„So etwas wie dieses Team habe ich in 16 Jahren als NCAA-Headcoach nicht gesehen. Wir werden irgendwie ... na ja ... das Tempo verschleppen", sagt er am Tag vor dem Finale. „Wenn wir den Jump bekommen, kann es sein, dass wir morgen früh den ersten Wurf nehmen." Damals gibt es noch keine 45-Sekunden-Schussuhr in der NCAA.

Wie Valvano versprochen hat, mutiert das Spiel schnell zu einer Halbfeldschlacht. Drexler gerät zu allem Überfluss früh in Foulprobleme und muss lange Zeit zuschauen, wie das Wolfpack die Partie knapp hält und kurz vor Schluss zum 52:52 ausgleicht. Was dann passiert, ist einer der größten Momente der US-Sportgeschichte. Valvano lässt Houstons Alvin Franklin 1:59 Minuten vor Ende foulen. Alvin bekommt Eins-und-eins-Freiwürfe (alte Collegeregel: Trifft er den ersten, darf er noch einen werfen. Verwirft er, ist der Ball frei). Franklin vergibt, das Wolfpack hat den Rebound und spielt die Uhr herunter.

Wenige Sekunden vor Schluss schlägt Drexler den Ball aus den Händen seines Gegners. Den Looseball ergattert sich aber Dereck Whittenburg und drückt aus zehn Metern verzweifelt ab. Jeder in der Halle sieht, dass der Wurf zu kurz ist. Nur einer reagiert: Lorenzo Charles. Er ist der 2,01-Meter-Center, der gegen Olajuwon verteidigt hatte. Jetzt springt er hoch, fängt den Airball von Whittenburg in der Luft und slamt ihn durch den Ring. Eine Sekunde ist noch auf der Uhr, als er wieder landet. Es ist Drexlers letztes Collegespiel.

Nach der Niederlage im Finale verabschiedet sich Drexler als All-American in Richtung NBA, wo ihn die Portland Trail Blazers an Nummer 14 draften. Bei den Blazers sitzt Clyde aber zunächst zumeist auf der Bank, spielt 17 Minuten pro Partie und bringt 7,7 Punkte. Vor ihm stehen Veterans wie Jim Paxson, Calvin Natt und Fat Lever. Die Spielzeit kommt aber schon in der zweiten Saison, und mit ihr die Punkte (17,2). Die Blazers glauben, dass aus diesem Drexler ein ganz besonderer Spieler werden kann, weshalb sie bei der Draft 1984 einen gewissen Michael Jordan nicht mit ihrem zweiten Pick wählen, sondern sich für Center Sam Bowie entscheiden – das größte Draft-Desaster aller Zeiten.

Von Saison zu Saison scheint sich Drexler besser in der NBA zurechtzufinden. 1989 ist er in der Form seines Lebens. 27,2 Punkte, 7,9 Rebounds und 5,8 Assists legt er auf, doch die Blazers verlieren in der ersten Playoffrunde mit 0-3 gegen die Lakers – es ist die vierte Erstrundenniederlage in Folge. Portland ist eine junge, hungrige Mannschaft voller Athleten, die darauf wartet, zusammenzuwachsen und um den Titel zu spielen. Neben Drexler bilden Point Guard Terry Porter, Small Forward Jerome Kersey und Center Kevin Duckworth den Kern Portlands. Um Drexler gab es jedoch in den Jahren zuvor immer wieder Ärger. Gerade er, der höfliche Gentleman mit dem elektrisierenden Lächeln, soll für die Entlassung von Coach Mike Schuler gesorgt haben.

Trainer und Star hatten immense Probleme. Von Beginn an kamen die beiden menschlich und basketballerisch nicht klar, und als der Erfolg in den Playoffs über Jahre ausblieb, verhärteten sich die Fronten. Ein Hauptstreitpunkt schien die mangelnde Spielzeit für Drexlers guten Freund Kiki Vandeweghe zu sein. Drexler wollte seinen Kumpel als Shooter auf dem Feld haben, weil außer Vandeweghe und Porter niemand wirklich sicher von draußen schießen konnte. Schuler sah das anders. Vandeweghe war nicht mehr der Jüngste – und in der Defense war er noch nie effektiv gewesen. „Es geht nicht darum, dass Mike und ich anders sind. Wir sind komplett gegensätzlich. Es war für uns von Beginn an hart, miteinander zu arbeiten, und ich würde sagen, es wird immer schlimmer, nicht besser. Das mit Kiki hat damit zu tun, es geht aber auch noch um eine Menge anderer Sachen", sagte Drexler.

Mit diesen „anderen Sachen" war hauptsächlich Schulers Kritik an Drexlers Spiel gemeint. Ein kompletter Basketballer würde sich nicht nur auf den Drive verlassen, lag der Coach seinem Spieler in den Ohren. Der wollte davon nichts wissen. „Mein Problem ist, dass ich zu einfach an meinem Mann vorbeiziehen kann", erklärte Drexler. „Wenn du das kannst, kümmerst du dich nicht allzu viel um den Sprungwurf. Außerdem war ich immer ein hochprozentiger Werfer." War er, weil viele seiner Würfe sichere Korbleger und Dunks waren. Neben der Sprungwurfdiskussion geriet durch den Spieler-Trainer-Disput auch die latente Trainingsfaulheit Drexlers ans Tageslicht. „Wenn Clyde wütend ist, kann es passieren, dass er einfach sagt: ,Ich spiele nicht'", verriet Jim Paxson. „Auf der anderen Seite kann er mit seinem Talent aber auch Spiele alleine gewinnen. Seine Einstellung störte schon Dr. Jack Ramsay (Trainerlegende, die vor Schuler in Portland coachte), und sie stört Mike Schuler jetzt. Clyde entscheidet so ziemlich selbst, ob er trainiert oder nicht. Das macht die Sache für einen Trainer, der jeden gleich behandeln soll, natürlich sehr schwer." Drexlers Antwort damals klingt wie die eines kleinen beleidigten Kindes: „Ich bin ein Typ, der auf dem Platz in jeder Minute alles gibt. Wann würdest du lieber meinen vollen Einsatz sehen, im Spiel oder im Training?"

Als die Situation eskaliert, steht das Management der Blazers vor der Entscheidung: Drexler oder Schuler. Rick Adelman ersetzt Schuler während der Saison 1988/89 und installiert einen Fastbreak, der die Blazers in den kommenden Jahren an die Spitze der Western Conference katapultiert. Aber auch die Arbeit und Nörgelei Schulers trägt späte Früchte. Drexlers Dreierquote verbessert sich von Saison zu Saison – und auch sein Halbdistanzwurf wird immer besser. „Ich war schon immer ein guter Scorer, aber Mike hat mich überzeugt, dass ich meinen Jumper verbessern muss", gibt Drexler zu. „Seit ich meinen Sprungwurf verbessert habe ... Na, ich will ehrlich sein. Es kommt mir echt einfach vor zu punkten." Die Leute in Portland hören diese Worte gerne. Sie verzeihen Clyde seine Eskapaden der Jahre zuvor.

1990 bekommen die Blazers, nach dem frühen Playoffaus im Vorjahr, Power Forward Buck Williams für Sam Bowie und einen Erstrundenpick aus New Jersey. Drexler jubelt: „Jetzt haben wir endlich ein Team, das die Championship gewinnen kann!" Mittlerweile hat sich „The Glide" zu einem gewissen Mythos entwickelt. Seine Dunks sind in den Highlightvideos der NBA zu sehen, und immer mehr Menschen an der Ostküste der USA bleiben abends länger wach, um die wenigen Übertragungen von Westspielen zu sehen. Michael Jordan kennen sie zur Genüge, aber da in Portland soll einer spielen, der vielleicht sogar genauso gut ist. „Der Abstand zwischen Drexler und Jordan ist nicht so groß, wie viele denken", sagt damals Kings-Manager Jerry Reynolds. „Oft haben Dreierschützen keinen guten Zug zum Korb. Wenn jemand aber beide Aspekte vereint, wie es Drexler jetzt tut, hat die Defense echte Probleme."

Während Jordan aber mit seinen Bulls mal wieder an den Detroit Pistons scheitert, ist 1990 das Jahr der Blazers. Sie schlagen erst Dallas 3-0, dann San Antonio 4-3 und ziehen mit einem 4-2 über Phoenix in die Finals ein, wo Isiah Thomas mit seinen Bad Boys wartet. So gut die Blazers aber auch sind, gegen die Pistons verlieren sie alle drei Heimspiele und die Serie mit 1-4. Wieder muss Drexler zusehen, wie andere feiern. Zum ersten Mal hat ihn eine breite Öffentlichkeit spielen sehen.

Im kommenden Jahr haben die Fans zumindest in den Finals nicht die Gelegenheit dazu. Die Lakers um Magic Johnson feiern ein letztes Hurra und besiegen Portland mit 4-2 in den Playoffs, bevor sie in den Finals von Jordans Bulls vorgeführt werden. „His Airness" ist am Ziel, kann „The Glide" ihm bald folgen? Die Fans sehnen einen Showdown der beiden Dunk-Artisten herbei – und schon im kommenden Jahr soll es so weit sein.

Chicago vs. Portland. 1992 kommt es endlich zum großen Aufeinandertreffen. Jordan wird MVP, Drexler landet bei der Wahl auf Platz zwei. Das Duell der beiden Swingmen treibt die Diskussion, ob Drexler auf einem Level mit Jordan ist, auf einen neuen Höhepunkt. „The Glide" sei der bessere Rebounder (6,6), ein um Längen besserer Dreierschütze (33,7 3P%) und würde genauer passen (6,7), behaupten die Drexler-Freunde. Die Story der Serie ist also geschrieben, bevor der erste Ball im Korb landet: die NBA-Finals 1992 – Glide vs. Air.

Genau dieses Interesse, das Scheinwerferlicht, zeigt den vielleicht größten Unterschied zwischen den beiden Stars. Während Jordan gewohnt cool mit den Medien umgeht und die Bedeutung des persönlichen Duells herunterspielt, zeigt Drexler seine Unsicherheit. Im Mittelpunkt zu stehen, ist ihm zuwider. „Je mehr ich die Dinge ungesagt lassen kann, desto besser fühle ich mich", sagt er damals.

Als die Finals beginnen, hoffen viele auf eine ausgeglichene Serie. Chicago hat durch zwei harte Serien gegen New York (4-3) und Cleveland (4-2) gehen müssen. Portland war in den Western Conference Finals gegen Utah nie wirklich in Gefahr geraten (4-2) und hatte zuvor Phoenix (4-1) überrannt. Die Bulls schienen zudem übermäßig stark von Jordan abhängig zu sein.

Hatten die Blazers nicht den mindestens zweitbesten Spieler der Liga, sogar auf derselben Position? Selbst wenn Drexlers Defense nicht ausreichen würde, um Jordan auszuschalten, MJ müsste Glide ja auch verteidigen. Wenn Jordan sich in der Defensive verausgaben würde, könnte er im Angriff keine Wundertaten vollbringen. Bekäme Drexler im Gegenzug sein Gegenüber nur halbwegs in den Griff, hätten die tiefen Blazers mit Porter (18,1 Punkte), Kersey (12,6), Clifford Robinson (12,4), Williams (11,3), Duckworth (10,7) und Danny Ainge (9,7) genug Scorer, um die Champs abzulösen.

Während Drexler versucht, den Druck auszublenden, setzt MJ sich ihm voll aus. Mehr noch, er macht das Matchup mit Drexler zur persönlichen Vendetta. Jordan liest die Berichte in den Zeitungen und sieht die Analysen im Fernsehen. Da gibt es also jemanden, der auf seinem Level stehen sollte, vielleicht sogar über ihm – und es ist derselbe Typ, wegen dem er damals nur an Nummer drei gedraftet wurde. Jordan motiviert sich mit dem Feindbild Drexler. Und „The Glide"?

Der misst dem Aufeinandertreffen zwar die nötige Bedeutung bei, hebt es aber nie auf das Level einer persönlichen Auseinandersetzung. Und genau da liegt der Hauptunterschied zwischen Air und Glide. Als die Serie beginnt, wird schnell klar, dass Portlands Rechnung nicht aufgeht. Im ersten Spiel verteidigt Drexler vor allem Jordans Drive zum Korb und dessen Postup (wegen seiner Größe bereitet er MJ dort Probleme). An der Dreierlinie lässt Drexler Jordan indes offen stehen. Kein revolutionäres Konzept, weiß doch jeder, dass „His Airness" in dieser Saison nur kläglich 27,0 Prozent seiner Versuche von Downtown verwandelt hat.

Michael Jordans Antwort ist ebenso überraschend wie gnadenlos. Sechs Dreier, 35 Punkte in der ersten Hälfte, 39 Zähler insgesamt, 122:89 für die Bulls – die Finals sind nach der ersten Halbzeit im ersten Spiel bereits entschieden.

Der Rest der Serie ist nur noch Beiwerk. Drexler bringt 24,8 Punkte, 7,8 Rebounds und 5,3 Assists – Jordan bringt 32,3, 4,8 und 6,5. Immer dann, wenn die Bulls die Big Points brauchen, ist er da. Drexler? Es scheint, als würde er auch auf dem Feld vor der großen Konfrontation zurückstecken. Seine Defizite gegenüber dem Rivalen werden im Duell auf der größten Bühne der NBA allzu offensichtlich. Jordan ist der mit Abstand komplettere Spieler.

Seine Defense ist von Drexler nicht zu erreichen, genau wie der Jumpshot. Drexler ist ohne Drive nur halb so viel wert und muss sich auf einen unkonstanten Sprungwurf verlassen. Der Schuss – innerhalb der Dreipunktelinie, Spiel eins war eine Ausnahme – ist hingegen Jordans größte Stärke. Egal, ob als Fadeaway oder blitzschnell aus dem Dribbling angebracht, der Jumper ist nicht zu verteidigen. Die Diskussion um „The Glide" oder „His Airness" ist beendet.

Wenige Wochen nach den Finals kommt das 1992er Dream Team erstmals zusammen. Es gilt, sich beim „Tournament of the Americas" in Portland für die Olympischen Spiele in Barcelona zu qualifizieren. Drexler und Jordan kommen mit sehr unterschiedlichen Empfindungen ins Trainingslager. Hier der stolze, wie immer etwas arrogante Sieger, dort der noch immer enttäuschte Verlierer. Drexler fühlt sich geehrt, mit den größten Spielern seiner Zeit in diesem Team stehen zu dürfen, gleichzeitig fühlt er sich aber auch unsicher neben Magic, Bird und Co.

Wieder zeigt sich der größte Unterschied zwischen den beiden. Jordan sieht die wenigen intensiven Trainingsspiele des Dream Teams untereinander als Kampf und als Investition in die Zukunft. Drexler will zwar auch gewinnen, aber nicht um jeden Preis.

David Halberstam beschreibt in seinem Buch „Playing for Keeps", wie Jordan in der Vorbereitung auf das Qualifikationsturnier den Ball nach vorne bringt, von Drexler verteidigt wird und zu folgendem Trashtalk ansetzt: „Hab ich dir nicht schon gerade (vor ein paar Wochen) in den Arsch getreten? Denkst du, dass du mich jetzt stoppen kannst, Clyde? Pass mal lieber auf meine Dreier auf, Clyde!"

Jordan reizt seinen Kontrahenten derart, dass Charles Barkley ihn beiseite nimmt und dazu auffordert, das Ganze sein zu lassen, um keine schlechte Stimmung ins Team zu bringen. Jordan sieht das ein, hält in der Folge seinen Mund, lässt es sich aber nicht nehmen, Drexler bei jedem direkten Aufeinandertreffen in einem Trainingsspiel besonders hart zu verteidigen. Es ist eine merkwürdige Art von Kompliment für Drexler. MJ sieht trotz des klaren Finalsieges in Drexler eine Gefahr für die Zukunft. Er will sich durch diese Psychospielchen schon jetzt einen vermeintlichen Vorteil für die Zukunft verschaffen.

Die Sonderbehandlung durch „His Airness" ist ein Hauptgrund dafür, dass Drexler sich lange nicht im Dream Team wohlfühlt. Er ist unsicher, will dazugehören, gleichzeitig aber nichts falsch machen. Auch der ganze Hype und die Medienaufmerksamkeit sind ihm zuwider. Drexler will sich unter keinen Umständen eine Blöße geben. Als er zu einem Training zwei linke Schuhe mitnimmt, ist es ihm unangenehm, jemanden nach einem anderen Paar zu fragen. Also zieht er einen der Sneaker über seinen rechten Fuß und trainiert so ...

Nach dem Gewinn der olympischen Goldmedaille kehrt Drexler voller Tatendrang nach Portland zurück. Das Dream Team hat ihm geholfen, das Training hat ihn besser gemacht. In den folgenden zwei Jahren plagen den Blazer aber immer wieder Verletzungen. 1992/93 spielt er nur in 49 Partien, das Jahr darauf in 63. Auch sein Punkteschnitt geht von 25,0 Zählern in der Saison 1991/92 erst auf 19,9 (1992/93) und dann auf 19,2 (1993/94) zurück. Die Blazers sind nach der zweiten Finalniederlage nicht mehr dasselbe Team. Sie erreichen zwar noch die Playoffs, in der ersten Runde ist jedoch Schluss – ihre große Zeit ist vorbei. Drexler ist 32 Jahre alt, er weiß, dass sich sein Meisterschaftsfenster immer schneller schließt. Als er in Portland nicht mehr das Potenzial für einen Trip zu den Finals sieht, lässt er das Management wissen, dass er bei einem Titelkandidaten spielen will. 35 Spiele vor Ende der Saison 1994/95 erfüllen ihm die Blazers diesen Wunsch und traden ihn zu den Houston Rockets.

Zusammen mit Forward Tracy Murray wechselt Drexler für Otis Thorpe, die Rechte an Marcelo Nicola und einen First-Round-Pick zum amtierenden Meister. Dort wartet Hakeem Olajuwon mit offenen Armen auf ihn. Drexler ist wieder zu Hause in Houston und „Phi Slamma Jamma" wieder vereint. Die Situation für den Neuen ist perfekt. Neben

„The Dream" (27,8 Zähler) kann Glide (21,4) genüsslich die Rolle des zweiten Scorers spielen.

Trotzdem sieht es zunächst so aus, als ob der Deal für die Rockets nach hinten losgeht. Das Team gewinnt nur 17 der letzten 35 Spiele und geht an Nummer sechs gesetzt in die Playoffs. Außerdem ist Shooting Guard Vernon Maxwell (13,3 Punkte) mit seiner neuen Rolle hinter Drexler unzufrieden und macht in den Playoffs nur ein Spiel, bevor er das Team verlässt. Die Rockets haben einen schweren Weg zum Titel vor sich.

Zunächst warten die drittplatzierten Jazz mit Stockalone. Es ist eine hart umkämpfte Serie, die die Champs durch einen 95:91-Sieg in Salt Lake City mit 3-2 für sich entscheiden. In den Conference Semifinals geht es nicht minder knapp zu. Charles Barkleys Suns verlangen Houston alles ab – und wieder zeigen die Rockets ihre Härte. 115:114 gewinnen sie in Phoenix im siebten Spiel. Erst die Conference Finals bringen etwas Entspannung. Gegen Olajuwons Brillanz am Brett haben auch die Spurs von David Robinson keine Chance. Houston zieht mit 4-2 in die Finals ein, und Drexler hat zum dritten Mal eine Chance auf den Ring.

Im Finale heißt das Motto „Alt gegen Jung, Orlando vs. Houston". Und die Jungen haben keine Chance. Houston packt den Besen aus. 4-0 schlagen sie Shaquille O'Neal, Anfernee Hardaway und deren Orlando Magic. Drexler hat es geschafft! Endlich hat er seinen Ring. „Als Sportler willst du eine Meisterschaft gewinnen", sagt er nach dem Sieg. „Und in einem Teamsport brauchst du eine Mannschaft, die gut genug ist, um den ganzen Weg zu gehen. Wenn du nicht aufgibst und immer weiter arbeitest, dann zahlt sich das irgendwann aus. Ich habe jetzt endlich in einem Team gespielt, das gut genug ist."

Dieser letzte Satz symbolisiert die gesamte Karriere des Clyde Drexler und den Grund dafür, warum er nicht in den Olymp der ganz großen NBA-Götter aufgestiegen ist. Trotz all seiner Talente, trotz seiner Eleganz war er nicht arrogant, nicht eigensinnig genug, um ein Michael Jordan oder Larry Bird zu sein. Drexler brauchte das Team, einen Co-Star, der Verantwortung übernehmen konnte.

In der Folge schaffen es die Rockets noch einmal (1996/97) in die Conference Finals, wo sie gegen die Jazz 2-4 unterliegen, im Jahr darauf ist für Drexler Schluss. Er verlässt die NBA im Alter von 36 Jahren, um Trainer an seiner alten Uni in Houston zu werden. Und auch wenn er es nicht geschafft hat, einer der ganz Großen zu sein – das ist Drexler mittlerweile egal. Er hat seinen Ring. Das ist alles, was zählt.

TOBIAS POX
DOMINIQUE WILKINS

Wer war Dominique Wilkins? Für viele mag diese Antwort leicht sein: „Er war einer der besten Scorer und Dunker seiner Zeit!" Die meisten werden allerdings außerdem ergänzen: „... und kein Gewinner."

Genau dieser Umstand macht es so schwer, „The Human Highlight Film" eine Note zu verpassen. Auf der einen Seite ist Basketball ein Teamsport. Kein einzelner Spieler kann ein Team zum Meister machen. Auf der anderen Seite erwarten wir von den Stars genau das. Sie sollen mindestens einmal in ihrer Karriere nicht nur den Titel gewinnen, sondern möglichst auch noch der beste Spieler ihrer Mannschaft bei diesem Erfolg sein.

Gelingt der Coup, blicken wir über vieles hinweg. Dirk Nowitzki war vor der Meisterschaft 2011 ein weicher Euro, der nur von draußen warf, nicht verteidigte und sein Team nicht führen konnte. Danach? Clutch, tough, Dirk Superstar.

LeBron James galt gleichfalls als nicht titelfähig, als zu arrogant, mit zu großer Scheu vor den wirklich wichtigen Würfen. Zwei Titel später? Einer der besten Spieler aller Zeiten (gut, außer für die Hater ...).

Karl Malone, Patrick Ewing, Charles Barkley und John Stockton? Jedem dieser Hall of Famer haftet der Gestank des Nichtgewinnens an – auch wenn sich dieser über die Jahre langsam verflüchtigt.

Aber zurück zu Wilkins. Er gewann nicht nur keinen Titel. Seine NBA-Teams schafften es nie auch nur in die Conference Finals. War dies seine Schuld? Jein.

Klar, „Magnifique Dominique" war einer der besten Scorer der NBA, zudem – das wird immer wieder vergessen – ein überragender Offensivrebounder auf seiner Position, seine Dunks sind mit Recht bis heute legendär.

Der „Top Dog of Dunk" (sein College-Spitzname) scherte sich aber von jeher kaum um die Verteidigung, dafür drückte er gern ab. Als Star seines Teams nahm er von 1985 bis 1994 22,4 Würfe pro Partie. Das ist eine Zahl, von der selbst Carmelo Anthony (19,7) lediglich träumen kann – selbst Kobe Bryant kam von 1999 bis 2013 „nur" auf 21,4 Korbaktionen.

Leider fehlten damals noch die mannigfaltigen Analysewerkzeuge, um Wilkins' Spiel vollends zu durchleuchten. Der Schluss liegt aber nahe, dass der Hall of Famer bei all seinen Qualitäten im Angriff gewisse Facetten vermissen ließ, die gemeinhin von einem erfolgreichen Star erwartet werden.

Deshalb ist es im Nachhinein vielleicht dann doch nicht verwunderlich, dass „'Nique" nicht beim Dream Team dabei war. Es gab halt zwölf Spieler, die besser ins Konzept passten als der Vielwerfer mit dem wackeligen Dreier (31,9 Prozent) und der Defensivallergie.

Dennoch sollte Dominique Wilkins nicht vergessen werden. Denn er war viel mehr der Grund, dass sich die Hawks in seiner Zeit nahe der Spitze der Eastern Conference wiederfanden, als dass er der Makel war, der verhinderte, dass sein Team Meister wurde.

DER VERGESSENE
2005/2014

Der schlechteste Move, den Dominique Wilkins jemals gemacht habe, sagte mal ein Analyst von FOX Sports, „war, als er Bill Walton und Kareem Abdul-Jabbar aus seinem Haus warf – und das war in einer Werbung für Tostitos Chips". Ein trefflicher Kommentar.

Dominique Wilkins hat in seiner Karriere in der Tat eigentlich alles richtig gemacht. In seinen 15 NBA-Spielzeiten erzielte er im Schnitt 24,8 Punkte. Seine unfassbare Athletik paarte sich mit Fähigkeiten zu dem, was die Amerikaner „Poetry in motion" nennen – fleischgewordene, bewegte Poesie.

Vor allem (aber nicht nur) manifestierte sich diese Poesie in Dunks. Teils graziös, teils wuchtig spielte Wilkins in Sachen Vertikalakrobatik in einer Liga mit „Dr. J" und „His Airness". Nicht umsonst wurde Wilkins seit seinen Collegetagen an der University of Georgia als „Human Highlight Film" bezeichnet. Dieser Titel war jedoch mehr Bürde als Huldigung. Letztlich war er sogar ein Fluch.

„Weil ich ein energiegeladener und sprunggewaltiger Spielertyp war, ist das alles, was die Leute gesehen haben", erklärt Wilkins. „Ich war jedoch mehr als nur ein Dunker. Der Dunk war nur ein Werkzeug zur Einschüchterung, auch zur Unterhaltung. Er hat meine Mitspieler aufgerüttelt, sie spielbereit gemacht. Ich habe nur zwei- oder dreimal pro Spiel gedunkt, aber das begriffen die Leute nicht. Für sie war ich der eindimensionale Hochseilartist." Die Reduktion zum Dunkologen haftete wie eine Klette an der Laufbahn des Mannes, den sie auch „Magnifique Dominique" riefen.

So ist die Geschichte des Dominique Wilkins letztlich eine tragische. Eine Geschichte der Enttäuschungen und Verfehlungen. Des mangelnden Respekts. In der öffentlichen Wahrnehmung stand der 1960 in Paris geborene Wilkins nie für das, was er geleistet hat. Dass er bis Mitte der 90er-Jahre der potenteste Scorer neben Michael Jordan war, ist vielen bis heute nicht bekannt oder schlicht schnuppe.

Seine 26.668 Karrierepunkte, die den zwölften Rang in der ewigen Korbjägerliste bedeuten, werden nur als Fußnote gelesen. Ebenfalls nicht zur Kenntnis genommen wird, dass Wilkins kaum auf Unterstützung seines Teams bauen konnte. Doch wenngleich die Mitspieler Jon Koncak oder Randy Wittman hießen, machte er aus der grauen Maus Atlanta jährlich einen ernstzunehmenden Ost-Konkurrenten der mächtigen Celtics, Pistons und Bulls.

Trotzdem fiel das Zeugnis schlecht aus, wurden die achtbaren Leistungen schneller vom Tisch gekehrt, als er selbst das Spielgerät beim erbarmungslosen Windmill durch die Reuse jagte. Die Kritiker haben stets allein ein einziges Bild von Dominique Wilkins gezeichnet: das des offensivgeilen Egozockers, der zwar bis an die Hallendecke springt, mit dieser Spielweise aber herzlich wenig erreicht. Totschlagbeleg für die Ineffizienz: der fehlende NBA-Titel.

Auch die Coaches waren voreingenommen, wie Bob Weiss, von 1990 bis 1993 Trainer der Hawks, einst unterstrich: „Bevor ich nach Atlanta kam, hielt ich Dominique für einen athletischen Korbjäger, der für Punkte sorgte, von dem ich aber nicht wusste, inwieweit er seine Nebenleute ins Spiel bringen konnte. Ich glaube inzwischen, er würde diesen Ruf gerne loswerden. Ich glaube, er möchte als kompletter Spieler anerkannt werden, nicht nur als Supertalent."

Wie Wilkins vor allem im Herbst 1991 auf schmerzhafte Art und Weise erfahren musste, blieb die erhoffte Anerkennung aus. Obwohl er gerade die kompletteste Spielzeit seines Lebens hingelegt und mit Karrierebestwerten bei den Rebounds (9,0) und den Assists (3,3) bewiesen hatte, dass er mehr als nur punkten (25,9) konnte, wurde er nicht für das Dream Team nominiert. Chuck Daly, der die Traumauswahl bei Olympia 1992 trainierte, versuchte, tröstende Worte zu finden: „Wenn es eine Liste mit den zehn nächsten Spielern gegeben hätte, wäre 'Nique Erster auf dieser Liste gewesen."

Doch die Botschaft war deutlich, das Unheil angerichtet. Noch Jahre später zeigte sich Wilkins verbittert und fasste sein gesamtes Dilemma selbst zusammen: „Das ärgert mich auf jeden Fall immer noch. Ich würde niemals sagen, ein anderer Spieler hätte nicht dabei sein sollen, aber ich denke, auch ich hätte in diesem Team stehen können. Ich bin einfach im Großen und Ganzen in all den Jahren nie respektiert worden. Ich weiß auch nicht, warum. Vielleicht, weil ich nie mit meiner Mannschaft etwas gewonnen habe. Es kommt mir so vor, dass ich der Typ bin, der zwar stets im Rampenlicht steht, aber dann betritt immer ein anderer die Hauptbühne." Weil Wilkins den Großteil seiner Laufbahn ein Atlanta Hawk und somit ein Kind des Ostens war, hießen die damaligen Hauptwidersacher qua Basketballnaturgesetz Larry Bird und Michael Jordan. Wie sehr die beiden dem Dritten im Starbunde die Show stahlen, wurde bereits im Jahr 1988 deutlicher denn je.

Beim All-Star-Wochenende in Chicago kommt es nach zwei Jahren, in denen abwechselnd Jordan (1986) und Wilkins (1987) verletzungsbedingt beim Slam-Dunk-Contest fehlten, endlich zum erneuten direkten Aufeinandertreffen der zwei Dunkpäpste. Es sollte der spektakulärste Jam-Wettkampf aller Zeiten werden.

In den ersten zwei Finalrunden legt Wilkins zwei perfekte 50-Punkte-Dunks hin, Jordan hingegen kommt nur auf 97 Zähler. Was dann folgt, reihen viele Basketballfans noch heute in die Kategorie der größten Basketball-Frechheiten des vergangenen Jahrhunderts ein. Wilkins hämmert einen beidhändigen Windmill durch den Ring und lässt keinen Zweifel, dass er zum zweiten Mal nach 1985 bester Slammer der Liga werden wird. Die Juroren geben ihm aber nur 45 Punkte.

Selbst der Gegner versteht die Welt nicht mehr. „Ich war geschockt", sagt Jordan, „ich hätte ihm eine 49 oder 50 gegeben." Das sagte MJ auch seinem Konkurrenten: „Mike sagte mir damals: ‚Hey, weißt du, du hast wahrscheinlich gewonnen. Du weißt das, ich weiß das. Aber, hey, du bist hier in Chicago. Was soll ich sagen?'"

Hollywood liegt an diesem Tag in Chicago. MJ bringt den eingeflogenen Dr. J von der Freiwurflinie an den Mann und lässt Kampfrichter und 18.403 Zuschauer im Chicago Stadium gleichermaßen jubeln. 50 Punkte. Heimsieg. Dabei hatte Jordan genau diesen Dunk schon in der Vorrunde gebracht ...

Nur 24 Stunden nach der bitteren Niederlage geht das Jordan-Trauma in die zweite Runde. Wilkins liefert mit 29 Punkten das beste seiner neun All-Star-Games ab und ist kurz vor Ende des Spiels heißer MVP-Kandidat. Es winkt Wiedergutmachung für den Slam-Dunk-Contest. Dann allerdings liefert Michael Jordan eine jener Performances ab, zu denen nur er imstande war.

"His Airness" markiert in den letzten 5:51 Minuten 16 Zähler. Schlussendlich kommt er auf 40 Punkte. Der Osten gewinnt 138:133. Ein strahlender Jordan streckt die MVP-Trophäe in die Höhe.

Noch mehr Narben hinterließ die Causa Larry Bird. Denn hier ging es nicht um Budenzauber bei einem Showwettbewerb, sondern um den Einzug in das Finale der Eastern Conference 1988. Seit 1967, als Wilkins' Klub noch in St. Louis hauste und im Westen spielte, waren die Hawks nicht mehr bis in eine Conference-Finalserie vorgedrungen. Das wollten 'Nique & Co. mit aller Macht ändern, selbst wenn es gegen die scheinbar übermächtigen Celtics ging, die zwei der drei letzten Titel gewonnen hatten.

Doch Boston gewinnt die ersten beiden Partien in eigener Halle, eine klare Angelegenheit droht. Dann aber drehen die Hawks das Blatt. Das Team von Coach Mike Fratello geht nach drei Siegen in Folge mit 3-2 in Front. Einen Erfolg daheim in Georgia braucht es noch, um die Sensation perfekt zu machen.

Spiel sechs indes gewinnen Bird und seine Mannen, trotz Dominiques 35 Punkten, zehn Rebounds und vier Assists, mit 110:108. Wilkins trifft zwar nur 13 seiner 30 Versuche, hält aber zusammen mit Doc Rivers (32 Zähler) seine Hawks – von denen in dieser Partie niemand sonst mehr als acht Zähler auflegt – im Spiel.

Zum letzten und entscheidenden Match geht es in den altehrwürdigen Boston Garden. Wer hier eine Serie gewinnen will, muss Außerordentliches leisten. Genau das tut Wilkins … aber eben auch Bird. Vor dem Anwurf des letzten Viertels führt Boston 86:84. Was Wilkins und Bird dann abliefern, gilt als der beste Shootout aller Zeiten.

„In Spiel sieben waren wir beide ‚in the Zone'", erinnert sich Wilkins, „der frühe Teil der Partie ist mir nicht mehr so bewusst, aber mit fortschreitender Spieldauer wurden wir immer mehr wie zwei Pistolenhelden. Es war wie ein Krieg. Ich landete auf der einen Seite des Courts einen Treffer, dann kam Bird und machte auf der anderen Seite einen Korb. Es ging irgendwann nur noch hin und her." Laut Celtics-Forward Kevin McHale zeigten die Duellanten im letzten Viertel eine Basketballdemonstration, „wie man sie in reinerer Form nicht sehen wird".

Eine Sekunde vor dem Buzzer führt Boston 118:115, Wilkins steht an der Freiwurflinie. Den ersten Wurf versenkt er, den zweiten setzt er absichtlich daneben. Der Rebound geht jedoch an die Celtics. Bei Wilkins werden am Ende 47 Punkte notiert. Der Triumph aber geht an „Larry

Legend", der allein 20 seiner 34 Punkte in den zwölf Abschlussminuten markiert. Der Showdown ist der Spiegel für Wilkins' gesamte Karriere. „Das ist das größte Spiel, in dem ich jemals stand", sagt er noch heute. Bezeichnenderweise fand es in der zweiten Playoffrunde statt ...

Obwohl Wilkins alle Facetten seines Spiels zeigte, verlor er das Match. Der sportliche Heldenberg war für Dominique Wilkins nicht zu erklimmen, seine Heimat blieb das unwirtliche Tal der Verlierer.

Dabei hätte Wilkins leicht zum Gewinner, seine sportliche Vita zur Bilderbuchgeschichte werden können. Denn als 1982 die Draft anstand, lag der Nummer-eins-Pick bei niemand Geringerem als dem amtierenden Meister. Die Lakers hatten den hohen Pick von den Cleveland Cavaliers, dem Letzten im Osten, erworben und anschließend im damals üblichen Münzwurf gegen das Schlusslicht des Westens, die San Diego Clippers, den Topzuschlag erhalten.

L.A. war damals auf der Suche nach einem athletischen Small Forward, der die Point-Guard-Center-Achse um das Zauberduo Magic Johnson und Kareem Abdul-Jabbar ergänzen sollte. Dank seiner beeindruckenden Uni-Karriere bei den Georgia Bulldogs verfügte Wilkins über aussichtsreiche Bewerbungsunterlagen für den Traumjob. Auch L.A.s damaliger Manager Jerry West zeigte sich angetan von Wilkins, doch der Klub entschied sich für James Worthy von der University of North Carolina. Ausschlaggebend für diese Wahl war Lakers-Coach Pat Riley, der in Wilkins einen wurfbesessenen Spieler ohne Defense sah.

Die Draft ebnete die Weichen für den weiteren Werdegang. Wilkins musste sogar noch Terry Cummings den Vortritt lassen und wurde erst als Dritter von den Utah Jazz gezogen. Auf die hatte 'Nique aber so viel Bock wie ein Vegetarier auf ein saftiges T-Bone-Steak. Er verweigerte den Dienstantritt in Mormon City, woraufhin ihn die Jazz im Tausch für zwei Spieler (John Drews und Freeman Williams) und einen finanziellen Ausgleich nach Atlanta abgaben.

Dort begann dann die Ausstrahlung jener Wilkins-Show, die einen hohen Unterhaltungswert besaß, aber keine Rendite abwarf. Die Hawks fuhren ab 1985 vier Jahre in Folge mindestens 50 Siege pro Saison ein, weiter als die zweite Playoffrunde kamen sie aber nie.

Wilkins konnte sich immerhin damit trösten, in der verletzungsbedingten Abwesenheit Jordans 1985/86 mit 30,3 Punkten bester Korbjäger der Association zu werden. 1990 gewann er zum zweiten Mal den All-Star-Dunk-Contest.

In der Saison 1993/94 schien der Teufel der Erfolglosigkeit, der Wilkins und die Hawks regierte, sich endlich seine Hörner abgestoßen zu haben. Jordan war gerade zum ersten Mal zurückgetreten, und Atlanta wies nach vier Monaten Spielbetrieb die beste Bilanz im Osten auf. Wilkins punktete in gewohnt zuverlässiger Manier, zeigte sich aber mannschaftsdienlicher als jemals zuvor. Die Teamchemie stimmte.

„Ich fühlte damals, dass wir den Titel gewinnen würden", sagt Wilkins, „ich hatte meine Denkblockade, dass wir uns lediglich für die Playoffs qualifizieren und dann gleich wieder ausscheiden würden, besiegt. Ich hatte mich dazu entschlossen, dass wir es diesmal schaffen würden. Aber genau dann – bam!"

Das abrupte Ende bescherten die Offiziellen der Hawks. Sie schoben das Aushängeschild ihres Vereins, das Präsident Stan Kasten noch Monate zuvor als den „vielleicht jüngsten 33-Jährigen im Basketball" beschrieben hatte, am 24. Februar im Tausch für den sechs Jahre jüngeren Danny Manning zu den Los Angeles Clippers ab. „Wie kann man denn seinen besten Spieler traden?", fragte der fassungslose Wilkins. „Einige Dinge machen Sinn, andere nicht. Und dieser Tausch macht keinen Sinn."

Der Trade erschütterte die ganze Liga. „Das hätte niemals passieren dürfen", kommentierte Magic Johnson. Kevin Willis, seit zehn Jahren mit Wilkins im Team, wurde noch deutlicher: „Das war verheerend. Man tradet nicht einfach so seinen Franchise-Player. Das war ein großer Fehler. Dominique hätte besser behandelt werden müssen."

Auch der Lauf der Geschichte bewies, wie sinnlos der Deal war. Die Hawks schieden in der zweiten Playoffrunde gegen Indiana aus, Danny Manning machte seinen Atlanta-Aufenthalt zum kurzen Gastspiel und wanderte nach der Saison in Richtung Phoenix ab. Was blieb, war ein traumatisierter Wilkins, der kein richtiges Bein mehr auf den Ligaboden bekam. „Ich bin in den Kerker geschmissen worden", klagte der neunfache All Star, „ich bin vom Penthouse ins Plumpsklo gegangen."

Ob bei den miesen Clippers oder im Jahr darauf bei den ambitionslosen Boston Celtics, der Forward wurde nie wieder heimisch und fühlte sich, wie er oft betonte, immer nur als Hawk. Nach seiner Saison in Boston war die NBA-Messe für Wilkins gelesen. Er, einer der erfolgreichsten Scorer der Liga, stand plötzlich ohne Mannschaft da. Keiner wollte den inzwischen 35-Jährigen haben. „Ich war so desillusioniert von der NBA, dass ich einfach raus musste", beschrieb der Ausgegrenzte. Und so geschah, was seit Bob McAdoo nicht mehr passiert war: Einer der klangvollsten

Namen der NBA suchte sein Heil in Übersee und wechselte nach Europa. Interessantes Detail: Auch McAdoo – genau wie Wilkins – wurde 1996 nicht zu einem der besten 50 Spieler der NBA-Geschichte gewählt. McAdoo war der einzige NBA-MVP, dem diese Ehre nicht zuteilwurde.

Trotz eines deftigen Gehalts und sportlicher Erfolge wurde Wilkins bei Panathinaikos Athen nicht glücklich.

Dabei gewann Wilkins mit den Griechen nicht nur den heimischen Pokal, sondern auch die Euroleague und wurde in seiner Geburtsstadt Paris zum MVP des Final Four gewählt. Trotzdem löste der NBA-Star seinen über sieben Millionen Dollar dotierten Zweijahresvertrag nach nur einer Saison auf.

Der Grund: Management und Trainer des Klubs hackten ungeachtet aller Erfolge ständig auf ihrem Edelimport herum – vor allem, weil das Team nicht Meister wurde. Sie kritisierten ihn dafür, dass er mehrfach in die Heimat fuhr, als innerhalb von drei Monaten sein Vater, seine Großmutter und seine Tante starben. Wilkins war „not amused". „Ich habe den Verantwortlichen gesagt, dass sie zur Hölle fahren können", ist Wilkins noch Jahre später verbittert. „Bei all dem, was zu Hause passierte, konnte ich mich ja wohl kaum auf Basketball konzentrieren."

Sein Marktwert ist nach der Rückkehr in die USA so niedrig, dass Wilkins von San Antonio nur das Mindestgehalt von 247.500 Dollar bekommt. Der Forward wird mit 18,2 Punkten in einer von Verletzungen überschatteten Saison (David Robinson und Sean Elliott fallen lange aus) noch mal Topscorer seines Teams, das nur 20 Siege in dieser Saison einfährt. Danach muss er gehen.

Ironie des Schicksals: Die Spurs gewinnen das erste Wahlrecht der folgenden Draft. Mit dem an Nummer eins gewählten Tim Duncan werden sie zwei Jahre später NBA-Champion.

Für Wilkins indes geht es erneut über den großen Teich, diesmal zu Teamsystem Bologna.

Die seit 1994 andauernde Odyssee des Dominique Wilkins endet schließlich in der Saison 1998/99. Bezeichnenderweise im Rentnerparadies Florida. 'Nique absolviert 27 Spiele im Dress der Orlando Magic. An der Seite seines Bruders Gerald fährt er aber nur 5,0 Pünktchen pro Partie ein. Sein Zauber ist endgültig verflogen, seine Zeit vorbei.

Am 14. Juni 1999 streicht ihn Orlando aus dem Kader. Ein symbolträchtiger Abgang eines irgendwie vergessenen Stars.

JAN HIERONIMI

JASON KIDD

Es macht „Boom!". Der Korb zittert, erschüttert, ehrfürchtig, als wolle er das Haupt in den Staub werfen, damit ihm so viel Gewalt nicht nochmal widerfährt. Die Fans springen auf, alle gemeinsam, eine große Jubelmasse, die einen großen Urschrei loslässt. Die Teamkollegen hüpfen, tanzen, schubsen einander, euphorisiert. In der Mitte des Trubels steht er – der Typ, der diesen Wahnsinns-Dunk herausgelassen hat, der Star des Moments, das sichere Highlight in den Fernseh-Shows dieses Abends. Er schwebt hinüber auf die andere Spielfeldhälfte, böse guckend, vor sich hin fluchend, posierend.

Jason Kidd war nie dieser Typ. Jason Kidd war der Typ, der den Pass vor dem „Boom!" spielte, oder den Pass vor dem Pass vor dem „Boom!", vielleicht hatte er auch den Steal oder den Rebound geholt, der den Angriff erst einleitete, oder es gab kein „Boom!", und er hatte einfach nur einen kreuzlangweiligen Korbleger versenkt. Doch während ein Dunk eindeutig ist, selbst vom völlig fachfremden Zuschauer zu verstehen, genauso eindeutig wie ein getroffener Dreier, wie Punkterekorde oder Monster-Blocks, war wenig von dem, was Jason Kidd tat, eindeutig als Meisterleistung zu erkennen. Der Pass, der Pass vor dem Pass, der Steal, der Rebound, zwei kleine Punkte, die kluge Positionierung in der Defense – es waren Nuancen, die sich nur dem Experten erschließen. Und darum war Kidd in seinen 19 NBA-Jahren zwar ein Star – Co-Rookie des Jahres 1994/95, zehnfacher All Star, neunmal in einem der All-Defensive-Teams, fünfmal im All-NBA First Team und so weiter – und durchaus ein Spieler, der gute Zahlen auflegen konnte (Karriereschnitt: 12,6 Zähler, 8,7 Korbvorlagen und 6,3 Rebounds), aber doch eher ein Star aus der zweiten Reihe.

Als er 2013 seine Karriere beendete, da deutete immerhin die schiere Masse an Assists (12.091) und Steals (2.684) die historische Dimension seiner Leistungen an – schließlich belegt er in beiden Kategorien den zweiten Platz in der ewigen Bestenliste, nach John Stockton. Und seine legendäre Vielseitigkeit lebt in Form seiner 107 Triple-Doubles in der regulären Saison und deren elf in den Playoffs fort – Platz drei bzw. zwei der Rangliste. Und doch lässt sich sein wahrer Wert für eine Basketball-Mannschaft damit nicht ausdrücken. Seine Fähigkeit, Teams besser zu machen, als sie zuvor erschienen, seine Führungsqualitäten, seine kluge Verteidigung, nicht zuletzt: sein Basketball-IQ. Und Schande auf uns als FIVE-Redakteure, dass wir in all den Jahren nur zwei Geschichten über den Ausnahme-Aufbau verfassten.

Erst bei einem genaueren Blick auf die Stationen seiner Karriere erschließt sich die Einzigartigkeit dieses Aufbauspielers, der lange Zeit ohne funktionierenden Sprungwurf durchs Leben ging und doch Spiele dominieren konnte wie wenige andere. Es war dann auch diese Eigenschaft, die ihn mir am Anfang seiner Karriere sympathisch machte: Seine Schuhe – die Nike Zooms mit den Insektenaugen – waren meine ersten echten Basketball-Schuhe, seine Trading Card klebte während meiner Schulzeit an der Wand: Sein Spiel gab mir Hoffnung, dass ich auch ohne Jumpshot erfolgreich Basketball spielen können würde ...

Kidd war damals einer der aufstrebenden „Three Js" der Dallas Mavericks, bestehend weiterhin aus Jamal Mashburn und Jim Jackson. Die Freiplätze von Oakland – wo der 15-Jährige von Guard-Legende Gary Payton, damals Star an der University of Oregon State, „mit dem Ghetto geimpft wurde", wie Payton sagte – und zwei Jahre an der University of California, die er nach einer 10-18-Bilanz im Jahr zuvor zu einer der besten Unis im Land machte, hatten eines der Top-Talente der Draft 1994 geschaffen.

Zum dritten Mal in Folge hatten die Mavericks einen Top-Pick und holten Kidd: Nun boten sie zwei vielseitige Flügelscorer auf, die 1994/95 jeweils über 24 Punkte im Schnitt erzielten und vom neuen Rookie-Aufbau perfekt eingesetzt wurden. Ihre 36-46-Bilanz im ersten gemeinsamen Jahr war eine Verbesserung von 23 Siegen gegenüber dem Vorjahr – das erste Mal nach den College-Tagen war der „Kidd-Faktor" zu sehen.

Im Folgejahr ruinierten Verletzungen (Mashburn verpasste 64 Spiele) und interne Streitereien (angeblich war Sängerin Toni Braxton der Anlass, nachdem sie für ein Date mit Kidd in der Hotel-Lobby auftauchte, jedoch mit Jim Jackson abzog) den Vibe der jungen Truppe. Ihre Bilanz von 26-56 bedeutete einen jähen Absturz. 1996/97 wurden die drei Wilden daher auseinandergerissen – Kidd wurde nach Phoenix getradet, im Tausch für Sam Cassell, Michael Finley, A.C. Green und einen Draftpick.

Die Suns erhalten damals einen Guard, dessen Trefferquote im freien Fall ist und mit 36,9 Prozent unterhalb des Akzeptablen liegt. 9,9 Punkte und 9,1 Assists deuten damals noch nicht auf einen zukünftigen Hall of Famer hin. Doch im traditionell fastbreakfreudigen Stil der Suns avanciert Kidd (mit dem alternden Kevin Johnson als Mentor) schnell zum Führungsspieler, der jedes Spiel startet (und dadurch einen Rookie namens Steve Nash zur Rolle als Backup verdammt). Dreiermaschine Rex Chapman auf dem Flügel, Flugwunder Antonio McDyess in der Zone, dazu zwei der ersten „Stretch Fours" der Moderne mit

Danny Manning und Cliff Robinson sowie der athletische Cedric Ceballos von der Bank – Kidd mangelt es nicht an Anspielstationen. Ein zweites Mal zeigt sich der „Kidd-Effekt": In seinem ersten vollen Jahr mit Phoenix gewinnen die Suns 16 Partien mehr als im Vorjahr (56-26) und werden unter seiner Führung fortan immer eine positive Bilanz haben.

Ab 1998/99 führt er die Liga dreimal in Serie bei den Assists an, am Ende sind Tom Gugliotta, Rodney Rogers, Shawn Marion oder Penny Hardaway Abnehmer seiner Pässe. Und doch trennen sich die Suns von ihrem Aufbau mit der zwischenzeitlich platinblonden Haarpracht. Der Grund: In den Playoffs bleiben Kidd und Co. Jahr für Jahr erfolglos, dem Aufbau hängt der Ruf an, kein Gewinner zu sein. Mit dieser Entscheidung retten die Suns die New Jersey Nets aus deren jahrzehntelanger Drittklassigkeit.

Im Sommer 2001 wechseln Stephon Marbury, Johnny Newman und Soumaila Samake im Tausch für Kidd nach Arizona, und prompt avanciert das vormalige Graupen-Team aus den Sümpfen vor Manhattan zu einer Macht im (zugegeben miesen) Osten: Nach 26 Siegen im Vorjahr holt New Jersey 52 Siege (50 Erfolge hatte Kidd vor Saisonbeginn prophezeit), erreicht Platz eins im Osten und zieht danach erstmalig in die NBA-Finals ein. Chancenlos gehen die Nets dort 0-4 gegen die L.A. Lakers unter.

Ein Jahr später geht es erneut in die Finals, diesmal unterliegen Kidd und Co. mit 2-4 gegen San Antonio. Es ist ein „Kidd-Effekt" auf Steroiden! Marbury hatte sich als Net „All Alone 33" auf die Schuhe gekritzelt, so alleine fühlte er sich in diesem talentlosen Team – Kidd dagegen macht die junge Truppe aus Keith Van Horn, Kerry Kittles, Kenyon Martin und Richard Jefferson zu einer Macht. Es ist die Zeit, in der das US-Magazin „SLAM" die Nets als „bestes Team der Liga" auf das Titelblatt hievt, und auch Kidd scheint überzeugt von der Zukunft der Mannschaft. 2003 unterschreibt er nach heftigem Flirt mit San Antonio (wo er statt des jungen Tony Parker die Eins besetzen soll) einen Vertrag in New Jersey. Die Welt erscheint rosig. Und doch hat Jason Kidd nur anderthalb Jahre später ...

99 PROBLEMS
2004

Die Brooklyn Atlantic Yards. 80.000 Quadratmeter Beton, eingeschlossen von der Flatbush Avenue, Atlantic Avenue, Vanderbilt Avenue und der Dean Street. Hier schlägt das Herz der mit knapp 2,5 Millionen Einwohnern viertgrößten Stadt der USA. Die Glitzerwelt Manhattans ist nur wenige Bahnstationen entfernt, doch in dieser Ecke Brooklyns scheint die Madison Avenue so weit weg wie Tokio. Die Fassaden der umliegenden Häuser sind dreckig, zwischen der Atlantic Avenue im Norden und der Pacific Avenue im Süden spaltet die Eisenbahn das Viertel in zwei Teile. Und hier, ausgerechnet hier, liegt die Zukunft der New Jersey Nets. Geht es nach Bruce Ratner, dem neuen Besitzer der Nets, der die Franchise im Juni für 300 Millionen US-Dollar erworben hat, soll Brooklyn ab 2007/08 die neue Heimat des Teams werden – 50 Jahre nachdem die Stadt 1957 mit ihren heißgeliebten Brooklyn Dodgers (einer Major-League-Baseball-Franchise) ihr letztes Profisport-Team nach Los Angeles verlor.

Eisenbahngleise und Backsteinhäuser sollen schon in wenigen Jahren einem Komplex weichen, der neben einer modernen Basketball-Arena (mit einer Laufbahn im Sommer und einer Eisbahn im Winter auf dem Dach) auch Geschäftsräume, Wohnungen und einen öffentlichen Park umfassen soll. Gut 500 Millionen Dollar soll alleine die Halle, 2,5 Milliarden das gesamte Projekt kosten, designt von Star-Architekt Frank Gehrig, dem die Welt unter anderem den Neuen Zollhof in Düsseldorf oder die fischförmigen Bushaltestellen in Hannover anno 1990 verdankt. Das Borough soll zu neuer Blüte finden – und beginnen soll alles hier, in den Brooklyn Atlantic Yards.

Es ist ein Projekt, das Träume weckt. Auch bei den Spielern der Nets, die seit Jahren in den Sümpfen der Meadowlands vor gähnend leeren Tribünen zocken müssen, in der eher hausbackenen Continental Airlines Arena. „Ich habe all das noch nie erlebt: neue Locker Rooms, diese ganze Erfahrung. Wenn du in San Antonio bist, deren Trainingshalle ist einfach top. Du gehst dahin und wünschst dir, es wäre deine Halle", sagte Forward Kenyon Martin, als er während der Saison zu den Plänen befragt wurde. Die Heimkehr der einst als New York Nets in den Profibasketball gestarteten Franchise – „es wäre auf jeden Fall eine schöne Art, meine Karriere zu beenden", sagt auch Jason Kidd.

Ob Kidd die Gelegenheit dazu erhält, steht jedoch in den Sternen. Martin zumindest wird den Umzug der Nets nicht mehr miterleben – er wurde per Sign-and-Trade zu den Denver Nuggets geschickt. Zudem wurde auch Shooting Guard Kerry Kittles für nicht mehr als einen Zweitrundenpick zu den L.A. Clippers getradet. Als Kidd davon erfuhr, war er laut Auskunft seines Agenten mehr als wütend. Gut möglich ist jedoch auch, dass er selbst bei seinem ersten Besuch der Brooklyn Arena in der Besucher-Umkleide logieren muss. Denn nur ein Jahr nachdem Kidd seinen Namen unter einen Sechsjahresvertrag über 103 Millionen Dollar setzte, ist der Point Guard nicht mehr länger unverkäuflich.

Den gesamten Sommer über hieß es aus den Büros der NBA-Manager, Kidd sei für die richtige Kombination aus Spielern per Trade zu haben. „Er wurde nicht aggressiv angeboten", sagte ein Entscheider dem US-Sportsender ESPN. „Wer zu angestrengt versucht, jemanden zu traden, lässt dessen Wert nur in den Keller fallen." Soll heißen: Kidd steht zwar nicht im Schaufenster, verhandelt wird jedoch unter der Ladentheke. Auch wenn bis Redaktionsschluss kein Deal zustande kam, bis zum faktischen Umzug der Franchise nach Brooklyn kann viel passieren. New block for the Kidd? New Jersey oder new jersey? Tatsache ist – die Zukunft von Jason Kidd in New Jersey ist so klar wie die New Yorker Morgenluft.

Erinnern wir uns ein gutes Jahr zurück. Der Sommer 2003. FIVE war noch nicht mehr als ein Hirngespinst von ein paar Basketball-Verrückten, Saddam noch „Präsident" des Irak – na ja, 2003 eben. Erinnern wir uns an den Tag, an dem Jason Kidd in San Antonio Herzen brach. Monatelang hatten die Spurs gehofft, den besten Point Guard der NBA mit dicker Kohle und der Aussicht auf den Gewinn der Championship nach Texas locken zu können. Vergeblich. Kidds Unterschrift in New Jersey bedeutete nicht weniger als die Rettung der Franchise vor dem erneuten Absturz in die Bedeutungslosigkeit – einer Umgebung, die den Nets lange genug Heimat gewesen war. Mit ihm dagegen waren die Nets in der Eastern Conference einmal mehr Favorit auf den Finaleinzug. Kidd WAR die New Jersey Nets. Und nach seiner Unterschrift 103 Millionen Dollar schwerer.

Genau hier beginnt jedoch das Problem. Angeblich hat Neu-Besitzer Bruce Ratner das Management angewiesen, die Ausgaben zu reduzieren. Geiz ist geil. Die Weigerung des Teams, Kenyon Martin einen Maximalvertrag zu geben (zugegebenermaßen eine happige Forderung für einen Innenspieler ohne Postmoves), sowie der Trade des Power Forwards deuten in diese Richtung. Während andere Teams Millionen investieren und aufrüsten, gaben die Nets so ihren zweitbesten Scorer und Top-Rebounder im Tausch für drei zukünftige Erstrundenpicks nach Denver ab.

2006 läuft auch der Vertrag von Small Forward Richard Jefferson aus, der in den Playoffs 2004 zeitweise bereits der beste Net auf dem Feld war (21,0 Punkte, 7,0 Rebounds in den Conference Semifinals) und sich innerhalb von drei Jahren zu einem der besten Dreier der Liga entwickelt hat. Auch er wird einen Maximalvertrag fordern. Doch General Manager Rod Thorn hat bereits eingestanden: „Wir hätten gerne ein Team, das keine

Luxury Tax zahlen muss. Wir werden im Laufe der Zeit in diese Richtung arbeiten. Das muss nicht unbedingt in diesem Jahr klappen."

Egal, in welchem Jahr es klappen soll, Kidds Megavertrag dürfte bei diesen Bestrebungen der Nets in jedem Fall ein Problem darstellen. Fünf Jahre verbleiben noch von seinem Vertrag, im letzten Jahr seines Deals verdient er 21,3 Millionen Dollar. Dann ist er 36 Jahre alt. „Obwohl er ein großartiger Spieler ist", sagt ein weiterer General Manager anonym, „ist es eine schwere Entscheidung, einem Point Guard, der von seiner Schnelligkeit lebt, zwanzig Millionen zu zahlen, wenn er 35 oder 36 Jahre alt ist." Ihn zu traden, solange der heute 31-Jährige noch hoch im Kurs steht, würde Sinn ergeben – es wäre jedoch eine harte Entscheidung ...

Denn ohne Kidd sind die Nets nicht die Nets. Ohne ihn fehlt Richard der Alley zum Oop. Fehlt Kerry der No-Look zum Dunk. Fehlt Lucious (Harris) der Assist zum Dreier. Kurz, ohne Kidd fehlt den Nets ihre Identität. „Wenn du einen Typen im Team hast, der so den Ball passt und jedem anderen Energie gibt, fängt auf einmal das ganze Team an, den Ball zu passen", erkannte Knicks-Guard Shandon Anderson beim Playoff-Aufeinandertreffen mit den Nets. „Auf einmal lässt Rodney Rogers einen Alley-Oop-Pass auf Kenyon Martin raus. Wann hat er das bitte jemals zuvor gemacht? Es ist einfach ansteckend." Den Mann, der New Jersey mit dem Erfolgsvirus infiziert hat, abgeben? Den Mann, mit dem das Märchen vom Finaleinzug damals im Sommer 2001 begonnen hat?

Das Jahr 2001. Phoenix, Arizona. Familie Kidd sitzt in einer Filiale der Fastfood-Kette Taco Bell. Mitten in der Diskussion über die Bestellung klingelt das Handy von Joumana Kidd. Ein Journalist ist dran, mit der Bitte um eine Stellungnahme zum Trade des Tages. „Was meinst du, Mike Bibby für Jason Williams?", fragt sie. „Nein", antwortet es auf der anderen Seite. „Stephon Marbury für Jason Kidd. Dein Mann spielt jetzt in New Jersey." „Was?", schreit Joumana und legt das Handy zur Seite. Jason hört sich ihren Bericht an und sagt nicht mehr als: „Ich nehme Menü Nummer drei." Er hat so etwas kommen sehen. Nach fünf Erstrunden-Schlappen in Serie und einem medienwirksamen Wutausbruch im Januar gegenüber seiner Frau fühlte er sich bei den Suns nicht mehr gewollt.

Der Tag bei Taco Bell ist der Beginn der Erfolgsgeschichte der Nets. Noch bevor Kidd auch nur ein Spiel mit seinem neuen Team absolviert hat, prophezeit er eine Saisonbilanz um die 50 Prozent. 41 Siege Minimum. Die Experten halten ihn für vollkommen bescheuert. 2000/01 hatten die Nets nur 26 Spiele gewonnen. Tatsächlich übertrifft das Team Kidds Vorhersage noch: New Jersey gewinnt 52 Partien und schafft es bis ins NBA-Finale. Auch wenn die Genesung von Kenyon Martin (Beinbruch) und Kerry Kittles (Knieprobleme) sowie der Neuzugang von Richard Jefferson ihren Anteil am Erfolg der Nets haben, ist es doch vor allem die Ankunft Kidds, die aus dem Loser- ein Gewinner-Team macht.

2002 und 2003 gewinnen die Nets zusammen 29 von 44 Playoffspielen. Sie ziehen beide Male ins NBA-Finale ein. Ausgerechnet der Mann, dem früher in Phoenix nachgesagt wurde, er könne in der Postseason nicht gewinnen, feiert nun Erfolge ohne Ende. Auch deshalb, weil Kidd hier erstmals ein maßgeschneidertes Team hat: An seiner Seite stehen Athleten, die hinten Fehlwürfe oder Ballgewinne provozieren und beim anschließenden Fastbreak mit ihm Schritt halten können.

Kidd weiß das, verlängert auch deswegen 2003 seinen Vertrag. Inzwischen hat er mit Martin seinen Lobpass-Partner verloren, ohne dafür echten Ersatz an der Seite zu haben. Mit Rodney Rogers hat ein wichtiger Bankspieler seinen Vertrag nicht verlängert. Center Alonzo Mourning wird wohl nie wieder Basketball spielen. Insgesamt keine guten Nachrichten für den Mann, der seine Unterschrift in Jersey mit den Worten kommentierte, er wolle da spielen, „wo ich eine Chance habe, eine Championship zu gewinnen". Die neue Sparsamkeit des Nets-Managements deutet dagegen nicht auf große Titelambitionen in der näheren Zukunft hin. Und so könnte Kidd, sollte er das Nets-Jersey lange genug tragen, tatsächlich den Umzug nach Brooklyn miterleben – und sich bis dahin mit einem mittelmäßigen Team von Playoffklatsche zu Playoffklatsche quälen.

Detroit, 20. Mai 2004. Eigentlich sollte die Tatsache, dass der amtierende Meister der Eastern Conference zum ersten Mal in drei Jahren eine Playoffserie gegen ein Ost-Team verloren hat, Unterhaltungsstoff genug bieten. Eigentlich sollte der Conference-Finaleinzug der Detroit Pistons nach ihrem 2-3-Rückstand in der Halbfinalserie das Thema sein. Und doch drehen sich auch 30 Minuten nach der 90:69-Klatsche der Pistons gegen New Jersey die Fragen der Reporter nur um eine Zahl: null.

„Jason Kidd auf null Punkten zu halten, ist mehr oder weniger unmöglich", sagt Detroits Rasheed Wallace mit einem Kopfschütteln. Und doch stehen nach Spielende neben sieben Assists und fünf Rebounds in 43 Minuten null Punkte hinter dem Namen Jason Kidd. „Alle Würfe, die ich genommen habe, sahen gut aus, fühlten sich gut an, gingen nur nicht rein", sagt Kidd selbst. Keinen seiner acht Feldwurfversuche hat er getroffen. Zum ersten Mal in seiner Karriere bleibt Kidd in einem Playoffspiel ohne Punkt – ausgerechnet in der wichtigsten Partie der Saison, Spiel sieben der Conference Semifinals. Der siebenfache All Star und fünffache NBA-First-Teamer hat versagt.

„Jeder, der das hier auf Jason Kidd abwälzt, ist ein Idiot. Dieses Team hätte ohne ihn in den vergangenen Jahren gar nichts gerissen", betont Kenyon Martin. Richtig. Trotzdem: Ebenso, wie die Nets in den vergangenen Jahren wegen ihres Point Guards Spiele und Serien gewannen, haben sie diese Serie wegen ihm verloren. Die Zahlen alleine sprechen eine deutliche Sprache. Starken neun Assists und 6,7 Rebounds pro Spiel stehen in der Pistons-Serie schwache 10,1 Zähler entgegen – 6,5 Punkte unter seinem Karriereschnitt in den Playoffs. Aus dem Feld traf er in sieben Spielen nur 28,4 Prozent seiner Würfe, nur 14,7 Prozent seiner Dreierversuche. Dazu das unentschuldigte Fehlen im entscheidenden siebten Spiel. Das war nicht derselbe Spieler, der in den Playoffs 2002 mit 19,6 Punkten, 9,1 Assists und 8,2 Rebounds beinahe einen Triple-Double-Schnitt verbuchte.

Wie auch. Der Kidd von 2004 kämpfte mit einer Verletzung am linken Knie, die ihn während der regulären Saison bereits 15 Spiele gekostet hatte, die an der Fitness fraß und jeden Jumper und jeden Cut schmerzen ließ. „Jason ist nicht der Typ Spieler, der dir sagt, dass er verletzt ist", sagt Teamkollege Lucious Harris. „Manchmal merkt man's, manchmal nicht. Er ist ein Krieger und spielt immer so hart, wie er kann."

In Runde eins gegen die Knicks reichte auch ein Kidd unter 100 Prozent Leistungsstärke. Gegen Detroit nicht. Die Verletzung und die mangelnde Fitness zeigten Wirkung. „Wir versuchen, unsere Guards möglichst viel ins Spiel einzubeziehen, sodass bei jedem Angriff gegen sie verteidigt werden muss", erklärte Pistons-Coach Larry Brown Kidds Burnout-Syndrom. „Denkt mal an die Minuten, die Jason in dieser Serie gespielt hat." Es waren 44 Minuten pro Abend.

Auch wenn Spiel sieben mit Jasons Nullrunde der spektakuläre Tiefpunkt war, auch in den Begegnungen zuvor war er alles andere als dominant. Er verteilte den Ball wie üblich, strahlte jedoch nur in Spiel vier, in dem er in altbekannter Manier 22 Punkte, 10 Rebounds und 11 Assists verbuchte, ansatzweise Korbgefahr aus. Im Spiel davor traf er nur zwei von 14 Würfen. „Ich war ganz gut drauf", scherzte er hinterher. Sein Team hatte gewonnen. „Ich hab einen getroffen, dann zwischendrin eine ganze Menge Würfe genommen und später nochmal einen mit Brett getroffen. So wie ich spiele, kommt es eh nicht auf Punkte an."

FAVORITEN

Und doch sehen viele Experten in seiner miesen Performance gegen Detroit den Vorboten seiner Zukunft, den ersten Schritt auf dem langen Weg nach unten. Seine Knieverletzung erforderte eine schwierige Operation. Am 01. Juli unterzog er sich einer sogenannten „Microfracture Surgery" am linken Knie, bei der Löcher in den Knochen gebohrt werden, um das Wachstum von Knorpel zu stimulieren. Eine OP, wie sie auch Kerry Kittles und Allan Houston über sich ergehen lassen mussten. Ersterer fiel eine gesamte Saison (2000/01) aus, Houston fehlte 2003/04 ganze 32 Spiele. Auch Kidd dürfte wenigstens vier Monate verpassen.

Sollten Komplikationen auftreten, droht im schlimmsten Fall sogar ein langwieriger Reha-Prozess. Reibt dann bei Kidd Knochen auf Knochen, ist seinem Knie nicht mehr zu helfen. Es gilt, sich nach der Playoff-Enttäuschung und der OP wieder aufzurappeln. Bei erfolgreicher Reha dürfte Kidd im November wieder auf dem Parkett stehen. Dann jedoch nicht mehr mit den Nets, die er zweimal in Serie in die NBA-Finals geführt hat. Die Dinge haben sich verändert in New Jersey. Neue Besitzer, neue Marschroute, neue Visionen, ein neues Team. Auch für Kidd hat sich viel geändert. Wo früher „NBA-Titel" stand, stehen nun auf der Liste möglicher Szenarien für die Zukunft dick und fett Phrasen wie „Trade zu einem anderen Team", „Verpassen der Playoffs" oder „baldiges Karriereende".

Es ist eine unsichere Zukunft für Jason Kidd. Und plötzlich scheinen die schönen Träume von der Brooklyn Arena ganz, ganz weit weg ...

Luxus der Rückbetrachtung, dass wir die Ironie dieses Artikels erkennen dürfen: Damals hoffte Kidd, die schöne Zukunft in Brooklyn noch als Spieler erleben zu dürfen. Wie wir heute wissen, verzögerte sich der Umzug, und Kidd kehrte 2013 nach seinem Karriereende prompt als Trainer der Brooklyn Nets zurück. Doch davon später mehr.

Zunächst also noch New Jersey, nun auf dem Spartrip und entsprechend weit entfernt von Titelambitionen. Trotzdem versucht Kidd, seine Truppe nach ganz oben zu führen. In jedem Jahr mit ihm auf der Eins erreichen die Nets die Endrunde. „Jasons Wille geht über alles hinaus, was ich kenne. Er hält keine großen Reden in der Umkleide, er geht einfach raus und erledigt seinen Job", lobt damals Coach Lawrence Frank. Die Schwächephase in den Playoffs 2004 bleibt genau das: eine Phase.

In den Playoffs 2006/07 erzielt Kidd in zwölf Spielen gegen die Raptors und die Cavaliers 14,6 Punkte, 10,9 Rebounds und 10,9 Assists – ein Triple-Double im Schnitt. Damit ist er neben Oscar Robertson der einzige Profi, der das jemals über eine gesamte Postseason hinweg geschafft hat. Beim Sieg im dritten Spiel gegen Toronto kommt er auf 16 Zähler, 16 Rebounds und 19 Vorlagen – eines seiner besten Spiele überhaupt.

Im ersten Heimspiel gegen „King James" führt Kidd sein Team nach zwei Niederlagen in Cleveland zu einem 96:85-Sieg, zu dem er 23 Punkte (5/6 Dreier), 13 Rebounds und 14 Assists beisteuert. Zwei Tage später erzielt der 1,93 Meter große Aufbau mit 17 gefangenen Abprallern eine neue Karrierebestleistung. Und bei der letzten Niederlage gegen die Cavs bringt er sein Team nach einem 22-Punkte-Rückstand zu Beginn des letzten Viertels wieder bis auf einen Zähler heran. Dann geht die Puste aus, und Kidd hofft, dass „jemand da weitermacht, wo ich aufgehört habe". Leider kommt aber niemand.

An seiner Seite mangelt es an Format. Seine Co-Stars Vince Carter und Richard Jefferson punkten auf dem Flügel, ansonsten bietet der Kader Hochkaräter wie Nenad Krstic, Mikki Moore, Bostjan Nachbar oder Eddie House. „Jason spielt verdammt hart. Das ist für jeden offensichtlich", sagt Frank. „Einige Jungs lassen sich gelegentlich durchs Spiel treiben und können so 40 Minuten spielen, aber von Jasons Minuten auf dem Court kann man jede ganz genau fühlen."

Weise Worte – erst recht über einen nun 34-Jährigen. In der FIVE schreiben wir in jenem Jahr: „Der Körper hat einiges auf dem Kilometerzähler. 13 Jahre als NBA-Profi bedeuten in seinem Fall 946 Saisonspiele. Dazu siebenmal Schaulaufen als All Star (2007 trat er wegen einer angebrochenen Rippe nicht an) und satte 100 Auftritte in den Playoffs, wo der Motor in den besonders hohen Bereichen dreht. Insgesamt macht das 39.212 Minuten Spielzeit seit 1994 – meistens im roten Bereich des Fastbreakspiels."

All das fordert Tribut. Steter Tropfen höhlt den Stein. Die kleineren und größeren Verletzungen und Unfälle kann er schon gar nicht mehr alle aufzählen: der Rücken, die Füße, zuletzt 2004 die Mikrofraktur im linken Knie. Auch jetzt in den Playoffs war dieses Knie angeschlagen. Manchmal treibt ihn nur der Wille über das Feld. Ans Aussetzen denkt er trotzdem nur selten. „Irgendwas ist doch meistens, aber in den Playoffs kannst du wegen so etwas doch nicht pausieren", sagt Kidd.

Er spürt, wie der eigene Akku langsam leer wird. Er sieht, wie wenig Hilfe er hat. In der Liga ist der Oldie noch immer hoch angesehen (wie die Berufung in die US-Auswahl einmal mehr belegt). Und so fordert er im Laufe der folgenden Saison einen Trade, will nicht länger Teil dieses auf Mittelmaß ausgerichteten Teams sein.

Es hagelt miese Presse, aber es folgt schließlich der ersehnte Trade: nach Dallas, zu einer Mannschaft, die ganz dringend einen Neuanfang braucht. 2006 *auf dramatische Art und Weise den NBA-Titel verzockt, 2007 nach der besten Bilanz der Liga katastrophal in der ersten Runde gegen Golden State ausgeschieden – Dallas gilt als weiches, traumatisiertes Team und verliert auch nach Kidds Ankunft prompt in der ersten Playoffrunde.*

Das schnelle Aus überschattet die Geschichte von der Heimkehr des verlorenen Sohnes, 13 Jahre nach dem Abgang aus Dallas. Kidd kehrt zurück als hochdekorierter Veteran, der alles gesehen und erlebt hat, was die NBA zu bieten hat. Glatze statt GI-Schnitt, mehr Masse als früher – Kidd ist ein anderer geworden und hat doch noch immer viel zu bieten.

War er es wert, ein junges Talent wie Devin Harris abzugeben? Die reinen Zahlen sprechen nicht für Kidd, zumal Harris in Jersey nach dem Wechsel zunächst 15,4 Punkte und 6,5 Assists, ein Jahr später gar 21,3 Punkte und 6,9 Vorlagen abliefert. Doch der Einfluss von Kidd lässt sich nicht in Zahlen ausdrücken. So wie es einst Ex-Hornets-Trainer Byron Scott formulierte: „Wenn du dir Jason in dein Team holst, machst du es nicht um einen Mann stärker, sondern um elf, die du bereits im Kader hast."

Als Maverick wird Jason Kidd 35, 36, 37 Jahre alt. Bald ist er einer von nur sieben NBA-Spielern, die vor 1974 geboren sind, aber als Starter mit über 33 Minuten Spielzeit im Schnitt noch immer ein Aktivposten. 2009/10 bringt er 10,3 Punkte und 9,1 Assists pro Partie. Letzteres bedeutet Platz fünf in der Liga, zudem kommt Kidd auf 26 Double-Doubles. In der FIVE suchen wir damals nach Gründen für die Langlebigkeit jenes Spielers, der passenderweise Kidd heißt, als sollte der Name seine ewige Jugend vorwegnehmen – dank einer Mischung aus guten Genen, viel Yoga, Pilates, Ice-Packs und Schläfchen verpasst er kaum Spiele (nur neun von 2005 bis 2010).

„Der schnelle erste Schritt, die Geschwindigkeit, diese Sprungkraft – das alles ist noch erstaunlich gut in seinem Alter", sagt Spurs-Chefcoach Gregg Popovich über Kidd. Dem Point Guard hilft dabei die Tatsache, dass er dank seiner Übersicht und seines Spielverständnisses den Mangel an Explosion durch Antizipation kompensieren kann.

2009/10 produziert er nur 2,4 Ballverluste pro Spiel, einer der niedrigsten Werte seiner Karriere. Was schon sehr gut ist.

Geradezu sensationell indes entwickelt sich Kidds Wurf: Konnte er in 14 Spielzeiten eine Quote von mageren 33,6 Prozent von jenseits der Dreierlinie verzeichnen, sind es von 2008 bis 2010 plötzlich 42,1 Prozent. Das Resultat langer Trainingseinheiten, aber nicht zuletzt auch der Einfluss von Dirk Nowitzki und dessen Mentor Holger Geschwindner, von dem sich Kidd in Sachen Wurfmechanik und Trainingsmethodik vieles abguckt. Der Distanzwurf versetzt Kidd in die Lage, in der Offensive der Mavs auch dann eine Rolle zu spielen, wenn er den Ball abgegeben hat. Das ist vergleichsweise neu.

2008, zu Beginn der Mavs-Ära, scheint Coach Avery Johnson nicht zu wissen, welches Genie er im Kader hat – er will Kidd in feste Bahnen lenken, baut nie eine Beziehung zu seinem Aufbau auf, wird am Ende gefeuert, weil er nie den ganz großen Erfolg feiert. Nachfolger Rick Carlisle installiert eine komplexe, aber wirksame Offensive und lässt Kidd freie Hand auf dem Feld. „Mit Jason ist es wie mit Picasso, wenn er dabei war, ein Bild zu malen. Man sollte einen Künstler nicht stören, wenn er gerade am Werk ist", sagte einst Byron Scott. In Dallas hat Kidd endlich seine Leinwand: Nowitzki, Alley-Oop-Wunder Tyson Chandler, Dreier-Werfer an jeder Ecke, der ewig zum Korb schneidende Shawn Marion.

„Das Passen hat mich immer vor Probleme gestellt, weil ich davon abhängig bin", erklärt Kidd. „Ich bin zwar gut darin. Es ist nur so: Mit Pässen muss ich mich auch auf andere konzentrieren und werde abhängig von meinen Mitspielern, anstatt selbst zu scoren und Spiele zu entscheiden." Nun hat er Mitspieler, mit denen er brillieren kann. Doch ist es zu spät?

Nach „nur" 50 Siegen 2008/09 und „immerhin" 55 Erfolgen im Jahr darauf gewinnt Dallas 2010/11 mit einem nun 37-jährigen Kidd erneut gute, aber unauffällige 57 Spiele. Kidd scheint unterwegs Richtung Ruhestand, bei 36,1 Prozent aus dem Feld und nur noch 7,9 Punkten pro Partie. Und doch wird er Dirk Nowitzki, Jason Terry, Tyson Chandler und J.J. Barea in diesem Jahr zur NBA-Meisterschaft führen. Niemand sieht diese Sensation kommen.

In Runde eins gegen Portland läuft der Oldie zur Höchstform auf: 11,7 Punkte, 6,5 Assists, dazu Trefferquoten von 48,1 Prozent aus dem Feld und 39,5 Prozent von Downtown – Kidd ist einer der Garanten des 4-2-Erfolges. Gegen den amtierenden Champ, die L.A. Lakers, stürzt die Quote des Guards auf entsetzliche 28,1 Prozent, und doch kann er mit 8,3 Assists die Fäden ziehen auf dem Weg zum sensationellen Sweep durch die Mavs – Kidd ist der Motor der sensationell uneigennützigen Offensive.

Beim 4-1 gegen die Oklahoma City Thunder im Conference-Finale liefert er annähernd ein Double-Double (9,6 Punkte, 8,6 Assists im Schnitt), besonders beeindruckend jedoch ist seine Verteidigung gegen Kevin Durant oder Russell Westbrook. Die Liga ist aufgeschreckt, Dallas steht im Finale – es ist die Wiederauflage des Albtraums von 2006, nur dass aus den Miami Heat von einst die „Big Three" um LeBron James wurden, die Mavs jedoch älter, langsamer und weiser geworden sind. Dirk Nowitzki und Jason Terry sind die offensiven Leistungsträger – und doch ist es Jason Kidd, der in jeden entscheidenden Spielzug involviert zu sein scheint.

Die Statistiken erzählen nicht die ganze Geschichte. 37 Minuten spielt er pro Parte, nur Dirk Nowitzki erhält mehr. Kidd verteidigt Aufbau Mario Chalmers, Offguard Dwyane Wade, stellt sogar LeBron James kalt, so gut es geht, versenkt nebenbei 42,9 Prozent seiner Dreipunktewürfe. Als Dallas in Miami in Spiel vier zum 2-2 ausgleicht, stehen null Punkte, drei Rebounds, drei Assists in seinem Boxscore. Und doch stellt Nowitzki ihn nach Spielende im Interview heraus. „Kidd hört einfach nicht auf, mich zu beeindrucken. Er kann ein Spiel dominieren, ohne einen einzigen Punkt zu erzielen. Wie er für andere kreiert, verteidigt und den Angriff leitet ... Wahnsinn", sagt Nowe.

Auch wenn die Stats niemanden umhauen: Kidd ist da, wenn die Partie auf der Kippe steht. Verschärft das Tempo. Trifft den Dreier zum 105:100 kurz vor Ende im vorentscheidenden Spiel fünf. Verwandelt mit Ablauf der 24-Sekunden-Uhr vor Ende des dritten Viertels einen wilden Dreier zum 78:70. Und kann sich somit seinen Traum von der Meisterschaft auf der Schlussgeraden seiner NBA-Karriere doch noch erfüllen.

Zwei Jahre spielt Jason Kidd nach dem Gewinn des Titels noch. 2011/12 führt er in Dallas weiterhin Regie, in einem veränderten Team. Denn Mavs-Besitzer Mark Cuban war nach dem Titelgewinn den ungewöhnlichen Weg gegangen, trotz der Meisterschaft nicht alle Leistungsträger zu halten. Anstatt die verdienten Champions mit (zu) hohen Gehältern zu beschenken und den Repeat zu versuchen, erlaubte sich das Management einen realistischen Blick auf die Zukunftstauglichkeit des Teams – und ließ Tyson Chandler, J.J. Barea und DeShawn Stevenson ziehen, um im folgenden Sommer auf dem Free-Agent-Markt Hochkaräter wie Deron Williams zu umwerben. Dallas bezahlt die geopferte Titelverteidigung mit einer Bilanz von 35-31 in der Saison nach dem Lockout und einem Erstrunden-Aus.

Kidd geht in die Free Agency, ein Dreijahresvertrag über neun Millionen Dollar steht im Raum, der Oldie soll als Maverick in den Ruhestand gehen. Entsprechend schockiert ist Dallas, als Kidd plötzlich in New York unterzeichnet. „Ich war mehr als aufgebracht: Ich war angepisst", kommentiert Mark Cuban kurz darauf den Wechsel. „Jason ist ein großer Junge, er kann machen, was er will. Es hat meine Gefühle verletzt, weil ich dachte, dass wir eine Beziehung zueinander aufgebaut hätten und dass er sich dieser Organisation verpflichtet fühlte. So schien es jedenfalls."

Da ist sie: Eine Seite von Jason Kidd, die hier noch nicht thematisiert wurde und die auch in den Medien stets hinter dem Bild vom souveränen Anführer zurücktrat: kaltherzig, kalkulierend, aufbrausend, selbstgerecht. Es gibt einige unschöne Beispiele für den Charakter Kidds, dem schon zu Collegezeiten nach-

gesagt wurde, für den Rauswurf von Trainer Lou Campanelli mitverantwortlich gewesen zu sein, der in New Jersey mit einer Schimpfkanonade in der Umkleide den Abgang von Headcoach Byron Scott einleitete und der 2012 wegen Autofahrens unter Drogeneinfluss suspendiert wurde.

Ist das nur die Spitze des Eisbergs? Schließlich sagte seine Exfrau Joumana im Rahmen ihrer Scheidungsklage aus, dass ihr Ehemann übermäßig trinke, in Casinos zocke, regelmäßig mit Stripperinnen und TV-Moderatorinnen fremdgegangen sei und sie wiederholt geschlagen habe (2001 wurde er aus diesem Grund in Phoenix verhaftet).

In der öffentlichen Wahrnehmung indes blieben all diese Vorfälle nicht dauerhaft an Kidd haften – auch nicht das vergleichsweise sanfte Vergehen, statt in Dallas nun in New York unterzeichnet zu haben. Selbst Cuban sagt ein Jahr später, er könne sich inzwischen wieder vorstellen, Kidds Nummer nicht mehr zu vergeben und dessen Trikot unter die Hallendecke zu ziehen. Außerhalb von Dallas ist sein Abgang ohnehin nie ein Thema – erst recht, als er unverhofft erneut zum Starter avanciert.

In New York kann der alte Mann ein weiteres Mal den inzwischen legendären Kidd-Effekt demonstrieren: 54 Siege feiert das vom Spielermaterial her weitgehend unveränderte Team, eine Verbesserung der Siegesquote um elf Prozentpunkte. 48 gestartete Spiele, die zweite Playoffrunde, sechs Punkte, 3,3 Boards und 4,3 Assists im Schnitt – es ist eine stolze kleine Ehrenrunde, die Kidd in New York dreht.

Unmittelbar nach dem Playoffaus tritt der Guard – bis dato fast ungekannt in der NBA – eine Stelle als Headcoach der ein Jahr zuvor nach Brooklyn umgezogenen New Jersey Nets an. Er ist erst der dritte Spieler seit dem Zusammenschluss der NBA mit der Konkurrenzliga ABA, der direkt nach dem Karriereende auf die Trainerbank wechselt. Es gibt viele Zweifel an dem abrupten Sprung ins Trainerlager, insbesondere aufgrund des damit verbundenen Mangels an Erfahrung als Coach.

Gleichzeitig scheint der ewige Basketball-Stratege wie gemacht für den Platz an der Seitenlinie. „Der Typ, der den Pass vor dem ‚Boom!' spielte, oder den Pass vor dem Pass vor dem ‚Boom!'. Vielleicht hatte er auch den Steal oder den Rebound geholt, der den Angriff erst einleitete" … dieser Typ hat nun den Ball nicht mehr in Händen, er soll seine Erfahrung und Ideen übersetzen, um seinem neuen Team eine Identität zu geben. Es ist eine andere Rolle als all die Jahre zuvor, darum holt Kidd einen alten Bekannten an Bord, eine Art Simultanübersetzer. Lawrence Frank, einst sein Coach in New Jersey, wird an Kidds Seite der bestbezahlte Assistenztrainer der Liga.

Das ist typisch Brooklyn: Unter dem russischen Besitzer Mikhail Prokhorov sind die Nets eine Geldverbrennungsmaschine geworden, wie die Yankees, die Dallas Cowboys oder Real Madrid. 197 Millionen Dollar – das Dreifache des eigentlich „erlaubten" Salary Caps – investiert Prokhorov 2013/14 allein in seinen Kader, bestehend aus All Stars wie Brook Lopez und Deron Williams, aber auch Oldies wie Kevin Garnett, Joe Johnson und Paul Pierce.

Von der Bank kommen Edelreservisten wie Andrei Kirilenko, Andray Blatche oder Mirza Teletovic. Damit verbunden ist der Anspruch, in kürzester Zeit Erfolge vorweisen zu können. Titel sind die einzige Währung, die in der neu errichteten Glanzwelt der Nets gilt – und Kidd kann zu Beginn seiner Trainerkarriere nicht wechseln.

Das Star-Ensemble gewinnt nur zehn der ersten 31 Spiele. Kidd sucht noch seinen Weg. Im Training ist er still, zurückhaltend, beobachtet. Schlagzeilen macht er eher unfreiwillig: Als er in einem Spiel gegen die L.A. Lakers kurz vor Spielende keine Auszeit mehr hat, flüstert er seinem Spieler Tyshawn Taylor zu: „Stoß mich an" – und verschüttet ein Getränk, das er in seiner Hand hält, aufs Spielfeld.

Die folgende Pause, in der die Flüssigkeit auf dem Feld aufgewischt wird, nutzt er, um seine Spieler zu instruieren – seine Nets verlieren trotzdem, die Videokameras überführen ihn, Kidd muss 50.000 Dollar Strafe zahlen.

Der Stunt erinnert an einen Moment als Spieler, als er den Trainer der gegnerischen Atlanta Hawks, Mike Woodson, bei dessen Anweisungen zu weit auf dem Feld stehen sah und instinktiv mit dem Ball in der Hand auf ihn zudribbelte, die Kollision suchte, um so ein Foul zu schinden. Ob als Spieler oder als Trainer ... stets mitdenkend, stets auf der Suche nach dem Vorteil.

Es sind schwere Tage. Doch in jener Zeit beginnt Kidd sich zu emanzipieren. Der stoische Ex-Profi ergreift nun öfters das Wort bei der Video-Analyse, spricht Klartext, macht Ansagen – und stört sich zunehmend an Lawrence Franks aktiver Rolle, auch wenn der eingekauft wurde, um an Kidds Seite auf die Spieler einzuwirken. Es kommt zu einer lauten Auseinandersetzung, bei der Kidd fordert, dass Frank „die Klappe halten" solle – kurz darauf wird der hochbezahlte Assistent dazu degradiert, fortan „Berichte" zu verfassen.

Angesichts der Niederlagenserie und des peinlichen Zwists mit seinem eigenen Assistenten wird bereits über den Rauswurf Kidds gemunkelt – erst recht, nachdem der Ausfall von Brook Lopez durch einen gebrochenen rechten Fuß das Team dezimiert. Kidd wendet sich an das Management, stellt die Arbeit von General Manager Billy King in Frage, fordert Veränderungen. Sein erster Trainerjob steht auf wackligen Füßen. Dann jedoch schafft der Neuling unverhofft *den Turnaround: Ohne Lopez lässt er die Nets klein spielen, Paul Pierce läuft als Power Forward auf, Ersatzspieler wie Shaun Livingston erhalten größere Rollen.*

Die „neuen" Nets bieten nun vier Schützen gleichzeitig auf, lassen den Ball rotieren und verteidigen gut. In 2014 erzielt Brooklyn eine Bilanz von 34-17, erreicht die Playoffs und schlägt die drittplatzierten Toronto Raptors, bevor gegen den Champ aus Miami das Aus folgt. Zweimal wird Kidd als Trainer des Monats im Osten ausgezeichnet. Für ihn ist es eine bemerkenswerte Leistung. Für die Nets indes ist es ein verlorenes Jahr, schließlich wird der alte Kader nur noch ein, maximal zwei oder drei Jahre gut genug sein, um die Playoffs zu erreichen. Kidd weiß das. Und dieses Wissen dürfte ihn getrieben haben, im Sommer 2014 ein weiteres Mal negativ aufzufallen ...

Überraschend nimmt er den Posten als Headcoach der Milwaukee Bucks an – auch wenn diese Stelle bis dato nicht frei ist. Der erfolglose Larry Drew trainiert das Team, Kidd verletzt somit ein ungeschriebenes Gesetz, wonach sich Trainerkollegen nicht um ihre Jobs bringen – denn Drew wird ziemlich prompt gefeuert.

Einmal mehr gibt es miese Presse für den Ex-Aufbau. Bezeichnend auch, dass Brooklyn den Trainer ziehen lässt. Indes, die Perspektive ist gut: In Milwaukee hat er fortan das Kontrastprogramm zu Brooklyn. Die Bucks stellen die viertniedrigste Gehaltsliste der Liga, ihre Leistungsträger sind Youngsters wie Rookie Jabari Parker oder „The Greek Freak" Giannis Antetokounmpo. Statt unmittelbarer Erfolge ist der Aufbau eines nachhaltig erfolgreichen Programms das Ziel. Ein neuer Anfang, dessen Ausgang beim Verfassen dieser Zeilen ungewiss ist.

Gewiss dagegen ist – trotz der beschriebenen Charakterschwächen – Kidds Platz in der ewigen Rangliste der NBA-Historie. Er ist als einer der besten Point Guards aller Zeiten in die Annalen eingegangen, nicht nur was seine abstrusen Statistiken, die 107 Triple-Doubles, die zweitmeisten Assists und Steals der NBA-Geschichte anbelangt. Sondern auch wegen seiner Fähigkeit, vom athletischen Fastbreak-Guard zum souveränen Halbfeld-Dirigenten zu werden, vom Korbleger- zum Dreier-Spezialisten zu graduieren, unterwegs eine Meisterschaft und drei Final-Teilnahmen zu feiern.

1996 folgte ich Jason Kidd, weil er – wie ich – als Aufbau ohne Sprungwurf agierte, wenngleich ungleich erfolgreicher als NBA-Star. Dafür, dass er 15 Jahre später dazu beitrug, Dirk Nowitzki dessen einzigen Titel zu schenken, wird er mir ewig im Gedächtnis bleiben. Der Mann mit dem Pass vor dem „Boom!".

JAN HIERONIMI

STEPHON MARBURY

Ich bin spät zum Basketballnerd berufen worden. Jordans erster Rücktritt, der Aufstieg von Charlotte und Orlando zu „Everybody's Darlings", Houstons Meister-Teams, das sind meine ersten Basketball-Erinnerungen. Die Liebe zum orangefarbenen Ball wuchs langsam, und sie nahm erst 1995 richtig Fahrt auf. Daher war die Draft 1996 meine erste: Der erste Jahrgang neuer NBA-Spieler, an deren Ankunft ich aktiv teilnehmen konnte, über deren Zukunft ich spekulierte, aus denen ich Lieblingsspieler rekrutierte.

Was für eine Monster-Draft hatte ich mir da ausgesucht! Kobe Bryant, Steve Nash, Ray Allen, Peja Stojakovic, Jermaine O'Neal sie alle waren nicht mal die Top-Picks dieses Jahrgangs (das war Allen Iverson), der an Stars und Sternchen reicher war als vielleicht jeder andere der Liga-Geschichte.

Auch Stephon Marbury wurde in jenem Jahr in die Liga gespült, und um wenige Youngsters gab es so viel Hype wie um den Ex-Freshman der University of Georgia Tech, der schon als Teenager die Medienhauptstadt Atlanta mit seinem Talent verrückt gemacht hatte. Als Rookie, und in seinen ersten Profijahren danach, schien er den großen Vorschusslorbeeren gerecht zu werden.

Wenn NBA-Spieler Aktiengesellschaften wären, so hätte ich mich damals im großen Stil mit Marbury-Anteilen eingedeckt, so sicher schien mir sein Superstar-Potenzial. Und so wie mich sollte er später immer wieder Beobachter in seinen Bann ziehen: nicht nur unbedarfte Fans, sondern Trainer, Manager, Team-Besitzer. Sie alle setzten auf die Zukunft dieses ultratalentierten Überfliegers. Und mein Schicksal wurde das ihre: Gemeinsam warteten wir all die Jahre auf die überfällige „Rally", auf den dramatischen Wertzuwachs unserer Papiere: auf Stephon Marburys Durchbruch.

In einer Zeit, als ich des Wartens schon lange überdrüssig geworden war, versetzte ich mich für die sogenannte „Timewarp"-Serie unseres Magazins noch einmal zurück in die Vergangenheit: Zurück zu den Anfängen, als der von den Minnesota Timberwolves verpflichtete Guard an der Seite von Kevin Garnett nicht nur eines der besten, sondern wohl das coolste und hipste junge Basketball-Duo bildete, das die NBA zu bieten hatte. Damals, als der Aktienkurs der Marbury AG auf dem Höchststand gewesen sein dürfte, lange vor meiner später einsetzenden Ernüchterung.

KG + X = DYNASTIE
2005

Ganz am Anfang war da gegenseitiger Respekt unter zwei Highschool-Talenten. Game recognizes game. „Klar hatte ich von diesem Typen namens Mayberry aus New York gehört", lacht Kevin Garnett heute. „Kann nicht werfen, aber der Motherf*cker ist schnell." Und auch zu Stephon Marbury waren Storys von diesem KG vorgedrungen, Storys über einen Guard im Center-Körper: „Ich dachte nur: ‚Wow, für einen großen Spieler ist das nicht normal, was der macht.'" Getroffen hatten sich die beiden bis dahin nie.

Als Stephon sich entschloss, Garnett einfach anzurufen, war dessen Mutter am Telefon. „Dich kenne ich aus den Magazinen, du bist dieser süße kleine Junge", sagte Shirley Garnett. Steph hinterließ seine Nummer. „Ich habe versucht, ihn zurückzurufen, aber er ist schwerer zu erreichen als der Präsident", erinnert sich Garnett. Erst einen Tag später bekam er „Starbury" ans Rohr. Fortan verbindet die beiden jahrelang nur das Telefon. Garnett wohnt in Mauldin, South Carolina, Marbury in Long Island, New York. Sie besuchen verschiedene Camps, spielen in verschiedenen AAU-Teams, sind tausende Kilometer auseinander und kennen den anderen nur von Fotos und als Stimme am anderen Ende der Leitung.

Trotzdem diskutieren sie stundenlang über die großen Themen des Lebens: Basketball, Frauen, Sneakers. 80 Dollar teure Telefonrechnungen flattern ins Haus. „Mr. Garnett, du hast nicht mal einen Job", schimpft Kevins Mutter. Der arbeitet daraufhin bei Burger King und drückt die Hälfte seines Gehalts für die Telefonate ab. „Die Jungs dachten wohl, das wären Ortsgespräche", lacht Mama Garnett heute.

Erst im Sommer 1994 kreuzen sich die Wege der beiden Freunde. Garnett geht inzwischen in Chicago zur Schule, Marbury ist in Chi-Town zu Besuch. Ihr erstes Treffen findet vor einer Halle auf der West Side statt. Handshake, Umarmung und der Weg aufs Parkett. Als sie zusammen auf dem Feld stehen, ist ihr erster Spielzug ein Regenbogen-Alley-Oop. „Die Leute drehten völlig durch. Sie rannten aus der Halle. So einen Dunk hatten sie noch nie gesehen", erzählt KG. Damals kann er nicht ahnen, dass sie eines Tages gemeinsam NBA-Defenses vorführen werden. Doch bis KG und „X" (so Marburys früher Spitzname, lose basierend auf seinem zweiten Vornamen Xavier) die Wolves-Fans aus der jahrelangen Depression aufwecken, soll noch etwas Zeit vergehen. Denn während Garnett

1995 als erster Highschooler seit zwanzig Jahren in die NBA gedraftet wird, besucht Stephon die University of Georgia Tech.

Dort erzählt er auf dem Campus jedem, der zuhört, dass sein Kumpel die Liga dominieren wird: „Als er gegen Vancouver 21 Punkte machte, sagte ich allen: ‚Jetzt dreht er durch, jetzt geht er ab. Wartet nur!'" KG geht währenddessen seinem neuen Trainer auf die Nerven. Vor jedem Spiel der Georgia Tech Yellow Jackets heißt es: „My boy got game!" Immer wieder drängt er Coach Flip Saunders und General Manager Kevin McHale, seinen Buddy bei der nächsten Draft zu verpflichten. Die Wolves hoffen jedoch auf einen anderen Aufbauspieler.

„Am Anfang redeten alle von Allen Iverson", erinnert sich Garnett. „Doch irgendwann hieß es auf einmal: ‚KG, komm mal ins Büro. Wird dein Kumpel in die NBA wechseln? Sag's mir! Meldet er sich zur Draft an?'" McHale hatte sich verliebt und arrangiert einen Trade mit Milwaukee.

Die Bucks verpflichten Marbury mit ihrem vierten Pick und traden ihn direkt nach Minnesota weiter – für den von den T-Wolves an fünfter Stelle gezogenen Ray Allen sowie einen Pick der Draft 1998, der Center Rasho Nesterovic werden sollte.

„Da Kid" und „Starbury" – eine Allianz fürs Leben. Schon damals sehen Fans wie Coaches multiple Championships auf vier Beinen, wenn sie Steph und Kev ansehen. Jeder Einzelne von ihnen wäre in der Lage, auch ohne den anderen für ein Loser-Team das Playoff-Abo zu lösen. Da ist KG, ein Spieler, wie er maximal einmal alle zehn Jahre daherkommt. Lange Arme, schnelle Füße, kranke Sprungkraft, ein sauberer Touch beim Wurf und der brennende Siegeswille eines echten Gewinners. Da ist Marbury, der geborene Point Guard. Schnell wie der neue SLK, tough wie ein Amboss und kälter als die andere Seite vom Kissen. Kein Spieler diesseits von Iverson ist fixer auf den Beinen, nur dass bei dem New Yorker Aufbau anders als bei „A.I." das Mischungsverhältnis von Scoring und Passen in Ordnung ist.

Gemeinsam sind die beiden größer als die Summe ihrer Teile. Sie sind schlichtweg das Duo der Zukunft. „Die Liga bewegt sich in Richtung einer Zwei-Mann-Offense", sagt Raptors-Manager Isiah Thomas, ein Mann, der es wissen muss. Besonders potent ist die Kombination aus athletischem Big Man und starkem Aufbau. Zwei Jahre in Folge pick-and-rollten sich die Utah Jazz mit Karl Malone und John Stockton zuletzt ins NBA-Finale, im Jahr davor stoppten erst die Bulls Shawn Kemp und Gary Payton. 1995 hievten Shaquille O'Neal und Penny Hardaway mit den Magic eine gerade mal 72 Monate alte Franchise quasi im Alleingang ins NBA-Finale

– damals waren beide 23 Jahre jung. Zwei Jahre älter, als es die beiden Hoffnungsträger der T-Wolves heute sind.

„Ich habe neulich mit Clem Haskins von der University of Minnesota gesprochen und sagte ihm, dass meine beiden besten Spieler jünger sind als seine beiden besten", lacht Flip Saunders. Doch hier enden die Parallelen zu Shaq und Penny bereits. Denn anders als die Ex-Magic-Stars sind Garnett und Marbury keine eifersüchtigen Primadonnen, die dem anderen Erfolg, Gehalt und Spielanteile neiden. Sie sind Freunde. Nach dem Training wird auf dem Sofa Playstation gezockt, das neue Jay-Z-Album eingelegt, über das Leben philosophiert – ganz so wie früher. Angst um ein schmutziges Auseinanderbrechen des Duos muss in Minnesota niemand haben. Was bleibt, ist pures Potenzial.

Was fehlt, ist ein bisschen Zeit, um zu reifen ... durch Erfahrung, aber auch Schmerz. So wie die Erstrundenserie 1998 gegen eine Sonics-Mannschaft, die Ehrfurcht gebietet. Vin Baker, Gary Payton, Detlef Schrempf – Stars auf dem Höhepunkt ihres Könnens. Daneben die altgedienten, respektierten Veteranen: Dale Ellis, Hersey Hawkins, Sam Perkins, Greg Anthony. Die Seattle SuperSonics 1998, sie sind eine Truppe von All Stars und ausgewachsenen NBA-Legenden, die mehr miese Tricks vergessen haben, als die meisten Youngsters überhaupt kennen. 61 Spiele haben sie in der regulären Saison gewonnen, Platz zwei im Westen hinter den Utah Jazz. Die Erwartungen sind dementsprechend hoch. In den Playoffs ist der kollektive Blick der Sonics auf die Finals fokussiert. Die Minnesota Timberwolves, Tabellensiebter und noch bis 1997 Jahr für Jahr in der Lottery verloren, sind als Erstrundengegner nicht mehr als zukünftiger Roadkill, der am Straßenrand vom nächsten Müllwagen zusammengefegt werden darf.

Nur hat das den T-Wolves niemand gesagt. Sie haben im Vorjahr beim 0-3 gegen Houston erstmals Playoff-Luft geschnuppert, 1998 soll das Ergebnis ganz anders aussehen. „Mit einem Jahr Erfahrung mehr fühle ich mich schon als Veteran", sagt Marbury. „Vergangene Saison waren wir nervös. Im zweiten Anlauf bist du immer entspannter." „Dieses Jahr versuchen wir, in die nächste Runde zu kommen", legt Garnett nach. „Das ist das Schlüsselwort: weiterkommen."

Und wirklich: Zwei wunderschöne Tage lang dürfen die Wölfe von der Überraschung träumen. 2-1 führen sie in der Erstrundenserie gegen Seattle. Dann machen die Sonics ernst, gleichen aus und holen Spiel fünf mit 97:84 nach Hause. Wieder ist Schluss in der ersten Runde. Vor allem deshalb, weil das gefürchtete Duo der Wolves in den Playoffs regelmäßig ins Leere schlägt. Marbury trifft nur 30,6 Prozent seiner Wurfversuche für 13,8 Punkte und (starke) 7,6 Assists pro Spiel, Garnett produziert mehr Ballverluste (4,4) als Rebounds (4,0) und erzwingt nur neun Freiwurfversuche. „Ich habe nach dem Ende mit Stephon und Kevin gesprochen und ihnen gesagt, dass alle großartigen Spieler irgendwann zu Beginn ihrer Karriere in einer wichtigen Partie schlecht gespielt haben", erklärt Veteran Sam Mitchell. „Sogar der legendäre NFL-Wide-Receiver Jerry Rice hat schon mal Touchdown-Pässe fallen lassen. Selbst Michael Jordan hatte seine schlechten Tage. Aber die wirklich Großen gehen nach Hause, verarbeiten die Niederlage und kommen stärker zurück als je zuvor."

Was für den Rest der NBA richtig schlechte Nachrichten wären. Denn KG und „X" waren 1997/98 bis dahin beängstigend gut. 18,5 Punkte und 9,6 Rebounds im Schnitt riss Garnett in seiner dritten Saison ab, 17,7 Punkte und 8,6 Assists blies Marbury gegnerischen Point Guards in seinem zweiten Profijahr um die Ohren – Stats, die Fans und Coaches ein Glitzern in die Augen zaubern. 41 Spiele lang bildete Forward Tom Gugliotta den dritten Eckpunkt des Dreiecks. Ab Januar fiel „Googs" mit Knöchelproblemen aus. Für Minnesota eine Sneak Preview auf die Zukunft, schließlich wird der 28-Jährige im Sommer Free Agent. Doch auch ohne dritten Star hielten Kev und Steph ihr Team auf Playoff-Kurs. In den letzten elf Spielen der regulären Saison erzielte „Da Kid" 22,5 Zähler und 11,6 Boards pro Partie, „Starbury" kam in den letzten sechs Partien auf 21,0 Punkte und 11,2 Korbvorlagen. „Wenn wir die beiden zusammenhalten können, spielen wir irgendwann um den Titel mit", verkündete Headcoach Saunders.

Genau das wird sich vielleicht schon im Sommer, spätestens jedoch im Laufe der nächsten Saison klären. Während Garnett mit seinem dicken 126-Millionen-Vertrag auf Jahre gebunden ist, läuft Marburys Deal im nächsten Sommer aus. Team-Besitzer Glen Taylor sagt ganz klar: „Ich möchte beide halten." Dass der Aufbauspieler nicht billig zu haben sein wird, hat Marbury bereits deutlich gemacht. „Die Leute sagen mir allen Ernstes, ich soll weniger Gehalt verlangen, damit die Franchise besser dasteht", sagt er. „Ich nehme für niemanden weniger Geld! Das hier ist ein Geschäft!" Deutliche Ansage.

Entscheiden sich die Wolves dazu, Marbury im Sommer die gewünschte Vertragsverlängerung anzubieten, ist für Gugliotta kein Platz mehr unterm Salary Cap. Eine Lücke, die wie in der zweiten Saisonhälfte von den beiden Starspielern gefüllt werden muss. „Wir brauchen zwei All Stars", sagt Coach Saunders. „Darum haben wir Stephon ja verpflichtet.

Kevin war sich sicher, dass dieser Junge eines Tages All Star sein würde. Vielleicht werden sie so wie Stockton und Malone: Spieler, die zusammen sehr lange im selben Team standen. Ich glaube, die Idee spricht sie an."

Sollte dies der Fall sein, könnte in Minnesota eine neue Dynastie heranwachsen. Eine Aussicht, die Stephon das miese Wetter und das müde Nachtleben der Twin City vergessen lassen könnte – und die er auch bei den Vertragsverhandlungen im Hinterkopf haben dürfte. „Alles Geld der Welt ist egal, wenn du nicht gewinnst", sagt er. „Wenn wir die Dinge richtig angehen, können wir in zwei Jahren einen Titel holen. So gut, wie wir im Moment zusammenspielen – gnade Gott der NBA, wenn wir noch mal ein Level höher klettern!"

Für unbedarfte NBA-Fans wie mich wurde die Causa Marbury der erste von vielen Sündenfällen: Nach all den warmen Worten, all dem Gerede über Freundschaft und die gemeinsame Zukunft, machte der Aufbau kurz danach klar, dass er nicht länger in Minnesota bleiben wollte. Teils wegen des miesen Wetters und des kleinstädtischen Flairs (vor den Weltmeisterschaften in Buenos Aires Jahre zuvor hatte er als Teenager bereits zwei Wochen Trainingslager in Minnesota erlebt und danach gesagt: „Ich hasse den Ort. Und das war im Sommer! Ich konnte es kaum abwarten, nach Argentinien zu kommen – und das will ja was heißen ..."), teils wegen des steten Aufstiegs von Kevin Garnett, neben dem Marbury zur Randnotiz zu geraten drohte.

1999 landete er daher in einem Drei-Team-Trade in New Jersey, nahe der Heimat. Minnesota erreichte ohne Steph sechs Jahre in Folge die Playoffs, scheiterte jedoch bis 2004 jede Saison in der ersten Runde.

Marbury spielte zweieinhalb Saisons in New Jersey, ohne die Postseason zu sehen. Zwar lieferte er starke individuelle Zahlen und viele Highlights ab. Doch die Analysten fanden Löcher in seinen Bilanzen – sein Aktienkurs fiel zusehends. Aber prompt fand sich ein neuer Investor, der an die Fundamentaldaten glaubte: Die Phoenix Suns gaben im Tausch für „Starbury" ihren Star-Aufbau Jason Kidd ab. Zweieinhalb Jahre sollte Marbury im Wüstenstaat bleiben, die Niederlagen folgten ihm, während die Nets zweimal in Folge das NBA-Finale erreichten (dazu deutlich mehr im Kapitel über Jason Kidd).

Doch in Phoenix schien er einen Reifeprozess durchzumachen. Ein kurzer Aufenthalt im Gefängnis nach einer Anklage wegen Autofahrens unter Alkoholeinfluss (in den USA nennt sich das kurz „DUI") schien den inzwischen zum Problemfall geratenen Star geläutert zu haben. „Das war der Tiefpunkt. Das DUI, wir verloren ständig, währenddessen musste ich die Nets in den Finals sehen, es war furchtbar", erklärte Marbury damals. „Ich brachte den ganzen Stress mit nach Hause. Ständig habe ich mich mit LaTasha (seiner späteren Frau) gestritten und ihr furchtbare Sachen gesagt." Vermeintlich wurden die Dinge damals plötzlich klar: „Ich muss der vollkommene Anführer und Teamspieler werden. Ich fand heraus, wer ich wirklich bin. Auf einmal musste ich mir im Spiegel begegnen, und so lernte ich, wer ich sein wollte."

Skepsis war dennoch angebracht: Das war derselbe Stephon Marbury, der in Darcy Freys Buch „The Last Shot" als arroganter, eigensüchtiger Highschooler beschrieben wurde. Derselbe Stephon, der aus Minnesota geflüchtet war. Derselbe Steph, der in New Jersey durch zwei Spielzeiten voller Niederlagen stolperte und sich dabei an jeder Ecke Feinde zu machen und Fans zu vergraulen schien. Marbury schien es ernst zu meinen: Er heiratete seine College-Liebe LaTasha, er schwor dem Partyleben ab, sein Bodyguard Fred Galloway sagte, sein Schützling „wurde einfach so vom Kind zum Mann".

Ein Artikel in FIVE #1 von unserem Korrespondenten Pat Cassidy (dem Chef der amerikanischen „Dime") strotzte nur so vor positiven Signalen. Pat begleitete Marbury auf die Freiplätze in dessen Heimat Coney Island und wusste Folgendes zu berichten ...

SONNENWENDE
2003

Kinder spielen, Nachbarn strömen vorbei, der Postbote macht seine Runde. Und niemand zuckt auch nur mit der Wimper, weil Stephon Marbury wieder zu Hause ist. Stell dir Michael Jordan in Wilmington vor, Kevin Garnett in seiner Heimat Maudlin – es wäre Chaos pur. Doch während der zwei Stunden, die Marbury hier verbringt, fragt nur einmal ein Passant nach einem Autogramm.

Auf der 31. Straße ist er nur einer von ihnen, der es eben raus geschafft hat, und er ist mit jedem „down". Winkt dem Mann, der auf dem Dach des Imbisses gegenüber arbeitet, und kennt sogar seinen Namen. Eine vorübergehende Frau fragt er nach ihrem neugeborenen Baby. Mit einem seiner jungen Cousins – einem Freshman an der University of Delaware namens Willie Mobley – unterhält er sich für mehrere Minuten über Basketball und was sonst so passiert.

Und als er auf der anderen Straßenseite seinen alten Nachbarn entdeckt, den er „Doo-Doo" nennt, rennt er wie ein Teenager hinüber, um ihn zu begrüßen. Warum drehen die Leute in seinem alten Viertel nicht durch, sobald Stephon da ist? „Er ist eben ständig da", antwortet sein Cousin Willie. „Wir wachsen in dieser Hood gemeinsam auf, und er ist nicht mehr als einer von uns, wenn auch einer, der es geschafft hat und Erfolg hat. Er hat ein Beispiel für uns alle geschaffen. Im vergangenen Jahr ist er sogar noch öfter hier gewesen als früher. Ich glaube, er hält es für seine Verantwortung, viel Zeit auf Coney Island zu verbringen und sich sehen zu lassen, mit den Leuten zu sprechen. Er hat mehr meiner Spiele besucht als jemals zuvor."

Marbury, der Multimillionär, braucht diesen Ort. Er hält ihn am Boden, gibt den Dingen eine andere Perspektive. Nach dem Spaziergang durch das Viertel lehnt er an der Hauswand neben der Tür zu seiner alten Wohnung. Die Tür wird geöffnet, eine Familie kommt heraus. Angewidert verzieht Marbury das Gesicht. „Habt ihr das mitbekommen?", fragt er. „Dieser Geruch nach Pisse holt einen schnell auf den Boden zurück."

20 Jahre lang ist Stephon Marbury immer der beste Spieler in jedem Team gewesen, in dem er gespielt hat. Kein Wunder, dass er zu oft versuchte, Spiele im Alleingang zu gewinnen. „Ich musste erwachsen werden", sagt er. „Die letzten drei, vier Jahre waren so hart für mich. Ich wusste, dass ich mich ändern musste, dass ich den Leuten an meiner Seite Kraft geben musste. Wie sonst sollten sie wissen, was ich von ihnen erwarte? Ich musste erst lernen, die Meinungen anderer zu akzeptieren und in mein Spiel einfließen zu lassen. Selbst Penny (Hardaway) hat damals erkannt: ‚Als Steph hier ankam, trug er unglaublich viel Last mit sich herum. Er fühlte sich, als müsste er jedes einzelne Spiel für uns gewinnen.' Genau so habe ich damals wirklich gedacht. Bis mir Coach Johnson sagte: ‚Steph, du musst dich zurücknehmen und das Spiel zu dir kommen lassen. Du musst deinen Mitspielern helfen, dir zu helfen.'"

Der Wandel war dramatisch. Noch ein Jahr zuvor, in der Saison 2001/02 – Marburys erster in Phoenix –, hatten die Suns nur 36 Spiele gewonnen und zum ersten Mal in 14 Jahren die Playoffs verpasst. Jetzt, verstärkt mit Rookie Amar'e Stoudemire, einem gesunden Penny Hardaway und angeführt von einem neuen Marbury, gewannen die Suns in der hart umkämpften Western Conference 44 Spiele und waren unbequem genug, um selbst dem späteren Champ aus San Antonio in Runde eins einen Schrecken zu versetzen.

„In New Jersey konnte ich nicht gewinnen, egal was ich tat", sagt Marbury. „Guckt euch die Leute an, mit denen ich da spielen musste. Jim

McIlvaine, Gheorghe Muresan, Keith Van Horn, Sherman Douglas war mein Ersatz. Ich meine, Sherm ist schon okay, aber ich versuche einen verdammten Titel zu holen. Das geht nicht ohne die richtigen Puzzleteile. Ständig hieß es, ich würde zu viel schießen. Okay, sagt mir, wem ich den Ball hätte geben sollen! Hier in Phoenix haben wir alle Teile. Hier können wir einen Titel holen."

Kurz hatte der Egomane Marbury da sein Haupt erhoben – die Primadonna, die sich einst „All Alone" auf die Sneakers geschrieben hatte, weil ihm in New Jersey der Kader nicht zusagte. In Phoenix schrieb er nun „TYT" auf die Schuhe, „take your time", er zelebrierte das Zusammenspiel mit Amar'e Stoudemire und hatte in den Playoffs gegen San Antonio (bei seiner ersten Teilnahme als „Solist" ohne KG) stark aufgespielt. Es fehlte nur das Superman-Zeichen, so wie er die Suns mit 22 und sechs pro Spiel anführte und Spiel eins in Overtime mit einem Dreier aus dem Lauf gewann. All das mit einer Reihe von Verletzungen, darunter Knochenabsplitterungen in beiden Knöcheln, ein verletztes Handgelenk und eine ruinierte Schulter, die viel mehr schmerzte, als irgendjemand ahnte.

„Ich war so im Arsch", erinnert er sich. „Ich konnte nicht mal mehr den Ball dribbeln. Ich musste mich regelrecht darauf konzentrieren, dass der Ball wieder in meine Hand zurückkam." Spurs-Aufbau Tony Parker sagt später, dass kein anderer Guard so viele Probleme verursache wie Marbury. „Er ist ein Point Guard mit Scorer-Qualitäten, und er greift dich immer wieder und wieder an", sagte Parker den Reportern damals. „Du kannst dir auf dem Court keine Pause gönnen, weil er immer wieder attackiert. Darum ist er der härteste Gegenspieler für mich."

Ja, dieser Sommer 2003 war eine kurze Phase der Erholung für die Marbury AG, die Kurse stiegen wieder, clevere Anleger hätten mit ihm auf den dicken Reibach spekuliert. Deuteten nicht sein Karriere-Punkteschnitt (besser als der von Kidd, Gary Payton oder Baron Davis), seine Assist-Werte (nur Kidd verteilte mehr Vorlagen), sein Paket von 20 Punkten und acht Assists über seine Karriere hinweg (nur Oscar Robertson kam unter den Guards noch auf diese Werte) auf einen echten Starspieler hin?

Nun ... alle, die damals auf ihn setzten, sollten enttäuscht werden. Denn in Phoenix konnte er nicht an die starke Saison 2002/03 anknüpfen – und wurde daher mitten in der Folgesaison ein weiteres Mal getradet. Der Trade war eine Monsterstory: Marbury kehrte zurück in seine Heimat New York, die ebenso wie er nur ein Schatten glanzvollerer Tage war.

Der Deal war uns umgehend eine Story wert, „Homecoming" hieß sie. Es war nicht ganz Michael Jordans erster Rücktritt vom Basketballsport. Es war nicht ganz Magic Johnsons Pressekonferenz wegen seiner HIV-Infektion. Aber es war trotzdem – wie bei MJ und Magic – einer dieser Momente, von denen du noch in fünfzig Jahren weißt, wo du warst, als du die Nachricht hörtest. In meinem Fall auf dem Weg nach Hause, SMS auf dem Handy, Drés Stimme auf der Mailbox: „Alter, die haben Marbury getradet! Nach New York! Ruf mich an!"

„Steph in New York. Eine Stadt dreht durch. Coney Island's Finest zurück im Big Apple, nur diesmal nicht im lächerlich mausgrauen Trikot der New Jersey Nets jenseits des Hudson River, sondern im legendären Blau-Orange der Knickerbockers." So schrieben wir damals über die plötzlichen Hoffnungen der Knicks, mit Marbury sowie dessen Teamkollegen Allan Houston, Keith Van Horn, Kurt Thomas und Dikembe Mutombo in Reichweite einer Meisterschaft zu kommen. „Unser Ziel ist es, einen Titel zu holen, und dazu müssen wir erst ein Team zusammenstellen, das dazu in der Lage ist", summierte Isiah Thomas den Deal, der die Gehaltsliste über 90 Millionen Dollar trieb, davon mehr als 50 Millionen für Marbury, Houston und Penny Hardaway. Die Heimkehr des Aufbaus, der viermal in acht Jahren getradet worden war und nie die zweite Playoffrunde erlebte, war von Anfang an umstritten.

„Auf dem Papier sind wir vom Talent her eines der Top-Teams der Liga", sagte Forward Van Horn. „Aber bisher nur auf dem Papier." Und wir schrieben damals: „Spielt Marbury wie der perfekte Point Guard, der die Suns vergangene Saison in die Playoffs führte und beinahe die San Antonio Spurs aus dem Rennen gekickt hätte, können die Schwarzhändler rund um den Madison Square Garden schon mal den Marmorfußboden fürs Badezimmer ordern. Dann sind die Playoffs locker drin. Aber was, wenn Marbury wieder in den Egomodus schaltet, wie in seiner Zeit in Jersey oder in der ersten Saison in Phoenix?"

Schon damals war klar, dass Marbury nicht länger nach individuellen Statistiken bewertet werden würde, sondern nach den Erfolgen seiner Mannschaft. Und genau über diese zogen wir ein Jahr später in einer weiteren Story Bilanz ...

KING OF NEW YORK?
2005

Es ist der 01. Januar 2005. Der Tag, an dem die ganze Welt mit guten Vorsätzen in die Zukunft aufbricht. Stephon Marbury trifft an diesem Abend auf seine Vergangenheit: Die New Jersey Nets haben den Trip durch den Lincoln Tunnel zur 32. Straße Manhattans gemacht – das Team, für das er von 1999 bis 2001 spielte –, und mit ihnen der Mann, für den Steph einst nach Phoenix getradet wurde: Jason Kidd. In den beiden kompletten Spielzeiten Marburys auf der anderen Seite des Hudson River hatten die Nets eine 57-107-Bilanz. Kidd führte die einstige Trümmertruppe in seinen ersten beiden Saisons ins NBA-Finale. Verständlich, dass das Ex-Team und sein Nachfolger ein sensibles Thema für den Knicks-Guard sind.

„No comment", war darum immer seine Antwort, wenn Journalisten ihn nach Jason Kidd fragten. Heute ist das anders. Heute, am 01. Januar 2005, hat „Starbury" etwas zu sagen. „Kidd ist ein toller Aufbauspieler. Aber wie soll ich ihn und mich vergleichen, wenn ich doch der Meinung bin, dass ich der beste Point Guard im Basketball bin? Ich sag's, wie es ist: Ich weiß, dass ich der beste Aufbau in der NBA bin", erklärt er. Mutige Ansage. Denn angesichts von Stephs ausgeprägtem Korbdrang gelten die Spielmacher-Fähigkeiten des Knickerbocker schon seit Jahren als fragwürdig. Selbst sein Auftritt bei Olympia in Athen 2004 lieferte den Kritikern Futter.

Im Viertelfinale gegen Spanien traf er sechs Dreier und erzielte 31 Punkte – US-Olympia-Rekord –, das Spiel seiner Mannschaft bekam er aber nur selten organisiert. Nicht umsonst hatte Team-USA-Coach Larry Brown den Point Guard im Vorfeld fast aus der Nationalmannschaft geschmissen, weil dieser die simpelsten Drills nicht laufen konnte. Am Ende „gewann" Team USA Bronze, zum ersten Mal also nicht die Goldmedaille, seit NBA-Spieler für die US-Auswahl auflaufen.

Der beste Aufbau der NBA? Marburys Statement dominiert tagelang die Sportseiten der Zeitungen. Ganz Basketball-Amerika diskutiert darüber, wer der beste Einser der Liga ist. „Steve Nash ist derzeit der beste Point Guard der NBA", sagt Kidd. „Marbury ist vielleicht der beste Scoring Point Guard der Liga", glaubt Shaquille O'Neal. Stephon ist der ganze Aufstand egal, auch wenn die Kolumnisten ihn hart kritisieren. Immerhin ist er der Star eines Teams, das mit einer 16-13-Bilanz die Atlantic Division anführt.

„Ich habe lediglich eine Frage ehrlich beantwortet. Das ist so, als würde mich jemand fragen, ob es draußen regnet. Also antworte ich ihm: ‚Ja, es regnet'", sagt er. Knicks-Personalchef Isiah Thomas begrüßt Stephons laute Worte sogar. „Ich halte ihn in dieser Saison ebenfalls für den besten Point Guard. Wir sind schließlich Erster in unserer Division. Vielleicht ist es eine schwache Division, aber Erster bleibt Erster."

Darauf musste New York auch lange genug warten. 1.735 Tage vergingen, seit die Knicks zuletzt an der Spitze der Atlantic Division thronten. Dazwischen lag unteres Mittelmaß. Der Erfolg kam erst, als Isiah Thomas eben diesen Stephon Marbury per Trade zurück in dessen Heimat holte. Aufgewachsen in Coney Island, war es seit frühester Kindheit dessen Traum gewesen, irgendwann im Madison Square Garden das Weiß-Blau-Orange der Knicks zu tragen. Trotz des immensen Drucks und der riesigen Erwartungen führte er sein Team 2004 prompt in die Playoffs. Für Thomas nur der Anfang. Für ihn ist Marbury der Schlüssel auf der Jagd nach dem NBA-Titel, ebenso wie er selbst einst der Meistermacher der „Bad Boys" aus Detroit war. Steph und Isiah, beide Aufbauspieler, aufgewachsen im Ghetto, schnell und korbgefährlich, selbstbewusst und ausgestattet mit einem ausgewachsenen Dickschädel. „Nummer drei ist jeden Abend für uns da. Er geht aufs Feld und gibt uns alles, was er hat. Wenn er nicht gut drauf ist, haben wir keine Chance zu gewinnen", sagt Thomas über Marbury.

Was als Lob gemeint war, klingt einen Monat später wie eine düstere Vorahnung. Die Knicks beenden den Januar mit einer Bilanz von 2-13 – der schlechteste Monat der Franchise-Geschichte. Coach Lenny Wilkens muss gehen, doch auch Nachfolger Herb Williams bringt den Erfolg nicht zurück. Der Playoffplatz ist weg, erst recht die Führung in der Atlantic Division. „Wenn er nicht gut drauf ist, haben wir keine Chance ..."

Stephon Marbury muss sich an der Bilanz seines Teams messen lassen, und weil die inzwischen eine Katastrophe ist, prasselt die Kritik auf ihn ein. Trotz seiner 20,4 Punkte, seiner 8,2 Korbvorlagen, der besten Quote seiner Karriere mit 46,6 Prozent aus dem Feld. „Gewinnst du, liegt es an der Mannschaft. Verlierst du, ist alles deine Schuld", kommentiert er achselzuckend. Richtig. Es ist das Schicksal eines hochbezahlten Franchise-Players ...

Geile Stats abzuliefern oder den Zuschauern die kollektive Kinnlade auf den Boden fallen zu lassen, damit hatte „Starbury" noch nie ein Problem. Es fiel ihm jedoch etwas schwerer, sein Team zu einem Gewinnerkollektiv zu machen. Erst zweimal erreichte er als absoluter Führungsspieler seiner Mannschaft – seine Zeit an der Seite von Kevin Garnett in Minnesota zählt also nicht – die Playoffs: 2003 mit den Phoenix Suns und 2004 mit New York. Ansonsten war für Stephon ab Ende April Ferienanfang. Schlimmer noch: Sowohl die Nets als auch Phoenix spielten unmittelbar nach seinem Abgang um Lichtjahre besser als vorher. New Jersey erreichte zweimal in Folge das NBA-Finale, Phoenix steht in Saison eins nach seinem Abschied auf Platz zwei der Western Conference. Beide hatten Erfolg mit einem neuen Kommandanten auf der Brücke – Kidd bei den Nets, Nash bei den Suns. Sicher, hier wie dort trugen Neuzugänge, wiedergenesene Dauerverletzte und herangereifte Youngsters ihren Teil zum plötzlichen Erfolg bei. Trotzdem, das Loser-Etikett hängt deutlich sichtbar hinten an Marburys Jersey. Vor allem deshalb, weil Stephon als Aufbau jedem Team seine Art zu spielen aufdrückt – und die heißt: Ich werfe, ich ziehe, ich lege ab. Wie auf dem Freiplatz eben. Doch dieser Stil funktioniert in der NBA nur in Ausnahmefällen.

Teamkollege Kurt Thomas wollte nach einem Spiel gegen die Cavaliers gar seine Faust in „Starburys" Gesicht parken, weil der zu viel dribbelte. Forward Jerome Williams befand: „Wir spielen keinen Team-Basketball." Headcoach Herb Williams überlegte gar laut, ob es Sinn ergeben würde, Steph als Shooting Guard abseits des Balles einzusetzen, um die Offense in Fahrt zu bekommen – das erinnert an die Tage in Philly, als Allen Iverson 22 Jahre jung war. Stephon ist heute 28.

Wird Marbury seine Lektion noch lernen? Wird er eines Tages die gleiche Reife an den Tag legen wie Allen Iverson seit Saisonbeginn? Wird er seinen Stil zugunsten seines Teams ändern? Bis er das tut, wird er nicht sein, was er für sich bereits lange ist. Nicht der beste Point Guard der NBA. Und auch nicht der König von New York.

Ausgerechnet die Station in der Heimat wird am Ende den Absturz der Marbury-Aktie einleiten. Bald ist er ein „Pennystock", ein Ramschpapier. Und all die gute PR rund um den bezahlbaren Billig-Basketball-Sneaker, für den er seinen Namen hergibt, um armen Kids einen Schuh zu bieten, der nicht über 100 Dollar kostet, kann ihm nicht helfen.

Marbury gerät als Protegé von Isiah Thomas in die peinliche Seifenoper rund um den Knicks-Manager, der eine Mitarbeiterin sexuell belästigt haben soll, gibt unglaubliche Aussagen vor Gericht ab, leistet sich eine Beinahe-Schlägerei mit Teamkollege Quentin Richardson. Am Ende wird er gar aus dem Kader gekickt.

Zuvor hatte er sich erst mit Coach Larry Brown, später mit dessen Nachfolger Isiah Thomas und schließlich mit Mike D'Antoni angelegt. Der Aussortierte heuert in der Folge noch für eine Rolle als Reservist bei den Boston Celtics an – dann ist seine NBA-Karriere vorbei, und Marbury geht mit einem unrühmlichen Titel in den Ruhestand: als Mike Tyson der NBA. Und das passt, findet damals unser Kollege Maximilian Rau in der FIVE – und berichtet dann von einer sensationellen Verwandlung im fernen China, wo später ein Musical über Marburys Leben aufgeführt wird …

MARBURYS LANGER MARSCH
2012

Der Vergleich passte wie die Faust von „Iron Mike" an die Kinnspitze seiner Kontrahenten: Tyson stammt wie Marbury aus ärmsten Verhältnissen im New Yorker Stadtteil Brooklyn. Er war ebenso ein Box-Wunderkind wie Marbury als Basketballer. Tyson war der spektakulärste Boxer seit Muhammad Ali, wurde jüngster Schwergewichts-Champion der Geschichte und galt zeitweise als unbesiegbar.

Irgendwann aber machte sich die Sportwelt Sorgen, dass Marbury, genau wie Tyson, geisteskrank sei. Auch wenn seine Eskapaden nicht in die Welt des Verbrechens gehörten, wie die Ausfälle Tysons, der sich wegen Vergewaltigung und Körperverletzung verantworten musste ... Der Point Guard streamte sein Leben bei einem Videodienst im Internet, er aß Vaseline (!), seine skurrilen Auftritte in Sport-Shows wurden millionenfach auf YouTube angeklickt. Er ließ sich sogar wie Tyson ein Kopf-Tattoo stechen ...

Sein Absturz ließ sich live verfolgen. ESPN-Kolumnist Scoop Jackson schrieb: „Jemand muss Stephon Marbury retten." Es schien sich zu rächen, dass hier ein junger Mann mit allen Mitteln gedrillt worden war, ein Sport-Star zu werden – raus aus der Armut, aber nicht vorbereitet auf das Leben im Rampenlicht, unreif, fehlgeleitet. Seine drei älteren Brüder, selbst talentierte Spieler, die knapp am Sprung in die NBA gescheitert waren, hatten ihn von Kindesbeinen an zu einem Athleten geschmiedet. Ihre Heimat waren die Projects von Coney Island – ein Stadtteil, einst berühmt für seinen Freizeitpark, doch nach dem Zweiten Weltkrieg im steten Verfall. Seine Eltern und die sieben Kinder lebten in einem Apartment mit vier Schlafzimmern. Seine Mutter arbeitete in einer Kindertagesstätte. Sein Vater machte „alles, um Geld zu bekommen. Er arbeitete auf dem Bau, er zockte, er machte Kriminelles", erzählt Marbury.

Die Brüder sahen in Stephon die Chance, dem Ghetto zu entfliehen. „Ich war wie eine Laborratte, wie ein Wissenschaftsprojekt", sagt Marbury in einer bemerkenswerten Reportage der Zeitschrift „GQ". „Sie legten schon einen Ball in meine Krippe. Sie sagten: ‚Okay, wir werden einen Point Guard züchten und die Tür zur NBA mit ihm eintreten.'"

Und dieses Projekt musste mit Nachdruck verfolgt werden. Marbury erinnert sich nur zu gut an das gefährliche Leben auf Coney Island. Während Spielen warf er sich etliche Male auf den Boden, weil Schüsse fielen. Drei

Cousins starben bei Schießereien, einer kam wegen Mordes in den Knast. „Wir alle wussten, dass ich in die NBA musste, um meine Familie rauszuholen", so Marbury. Im Alter von sechs Jahren konnte er schon mit beiden Händen werfen und dribbeln. Als er elf war, wurde er vom Magazine „Hoop Scoop" als bester Sechstklässler der USA geführt. Zwei Jahre später beobachteten ihn die ersten College-Scouts. Er stand im Rampenlicht, New York blickte auf ihn: Besser als die Big-Apple-Legenden Mark Jackson und Kenny Anderson sollte er sein. Marburys Geschichte war die Inspiration für Spike Lees Film „He Got Game".

Nach seinem letzten Schuljahr wurde Marbury als „Mr. Basketball" des Staates New York ausgezeichnet, er war McDonald's All-American. Mit dem Basketball konnte er im Grunde alles machen. Nur eines hatten ihm seine Brüder nicht beibringen können, weil sie das Geheimnis selbst wohl nicht kannten – was es braucht, um ein Team erfolgreich zu machen.

Mit seiner Fokussierung auf Stats, individuellen Erfolg und Geld war er die Ausgeburt all des Negativen der 90er-Jahre der NBA mit ihren überbordenden Verträgen und Egos. Die Liste der Gescheiterten seiner Generation ist lang: Derrick Coleman, Kenny Anderson, Latrell Sprewell, Vin Baker, Glenn Robinson, Nick Van Exel, Antoine Walker, Allen Iverson … Sie alle waren All Stars (Iverson gar MVP), keiner von ihnen schöpfte das eigene immense Potenzial vollends aus. Ihre Karrieren endeten zum Teil in einem unfassbaren Fiasko.

Als Marbury Anfang 2010 nach einem Jahr Pause (das Vaseline-Jahr …) in der chinesischen Liga CBA anheuert, sieht es nach einer Verzweiflungstat aus. In der besten Liga der Welt würde er eh keinen Platz mehr finden. China ist sein Exil. Der Ausgestoßene braucht Geld. Marbury hatte 2006 eine Schuh- und Kleidungsfirma gegründet, die ihre Produkte zu sehr niedrigen Preisen verkaufte – unter anderem den Starbury-Schuh für nur 15 Dollar. Doch der Einzelhändler „Steve and Barry's", mit dem das zunächst erfolgreiche Unternehmen zusammenarbeitete, musste zwei Jahre später Insolvenz anmelden. „Die Leute sagten, mit der Starbury-Firma ist es vorbei", erinnert sich Marbury, „seine Basketball-Karriere ist vorbei. Er ist erledigt."

Nicht wenige behaupten damals, dass Marbury nur wegen seiner Marke, deren Produkte über einen kruden Webshop verkauft werden, in China anheuere. Und wirklich … ohne Starbury wäre Stephon Marbury nicht in Asien. Der Besitzer seines ersten Teams, der Shanxi Zhongyu Brave Dragons, sichert ihm direkt eine Investition in Höhe von 2,2

Millionen Dollar zu. Im größten Markt der Welt will Marbury künftig seine Schuhe verkaufen.

Er gibt sich von Anfang an zugänglich, ist ein Vorzeigeprofi. Immer wieder verbreitet er seine Message: Love is love. Schließlich steht das Schicksal der Starbury-Marke auf dem Spiel – und damit das von insgesamt 18 Mitarbeitern in den Büros in North Carolina, New York und Los Angeles.

Rund zehn Millionen Dollar hat Marbury bis dahin selbst in das Unternehmen gesteckt – und die Aussichten in China sind rosig. Die Starbury-Produkte haben für ihren günstigen Preis eine gute Qualität – das wird von den Chinesen geschätzt.

Sein neues Team, die Beijing Ducks der CBA, sind beileibe kein Top-Team der besten chinesischen Basketballliga. Der Hauptstadtklub ist eher Hertha BSC Berlin denn Alba Berlin. 2003 geht es für die Enten ins Halbfinale der CBA-Playoffs, ansonsten schwimmen die Ducks im Mittelmaß. Beijing hat nicht das Geld, um ausländische Top-Stars und gute Chinesen zu holen.

Auch als Stephon Marbury 2011 in Peking anheuert, glaubt niemand an einen schnellen Aufstieg. Wahrscheinlich noch nicht einmal Coach Min Lulei. Doch die Ducks starten mit 13 Siegen in Folge in die Saison 2011/12. Euphorie macht sich unter den Fans breit, die in der zweiten Saisonhälfte jäh erstickt wird. Die Hauptstädter verlieren elf ihrer nächsten 19 Partien, in die Playoffs geht es zwar als zweitbestes Team hinter den Guangdong Southern Tigers (Bilanz: 27-5), der Schwung der ersten Saisonwochen scheint jedoch verflogen.

Doch dann passiert etwas Merkwürdiges mit Marbury und Co. Die Leichtigkeit der ersten Saisonwochen ist wieder da. Im Playoff-Viertelfinale siegt Beijing souverän mit 3-0 gegen die Zhejiang Guangsha Lions. Danach geht es für die Ducks gegen Shanxi Zhhongyu über die volle Distanz von fünf Spielen – getragen von Marbury. In der Serie erzielt der Aufbau im Schnitt 40,4 Punkte, trifft 58,3 Prozent aus dem Feld sowie 48,3 Prozent von der Dreierlinie. Zudem liefert er 5,8 Assists und 4,8 Rebounds. Nach dem 110:98-Triumph im fünften Spiel weint Marbury (30 Punkte, acht Assists, neun Rebounds) hemmungslos in der Kabine. Er steht zum ersten Mal in seiner Karriere in einem Finale. Die TV-Kameras des Staatsfernsehens halten direkt auf den US-Star.

So kommt es zu den bislang größten und am meisten herbeigesehnten CBA-Finals. Auf der einen Seite der viermalige Titelverteidiger mit zwei Top-Importen in Aufbau Aaron Brooks, immerhin Most Improved Player der NBA 2010, und Forward James Singleton. Dazu fünf chinesische Nationalspieler – noch nie war Guangdong so stark besetzt.

Auf der anderen Seite der krasse Außenseiter mit Marbury und Center Randolph Morris sowie einigen einheimischen Talenten.

Das erste Spiel der Best-of-Seven-Serie in der 18.000 Zuschauer fassenden Olympia-Arena von Beijing ist innerhalb von acht Minuten ausverkauft. „Manche CBA-Spiele haben nicht einmal so viele TV-Zuschauer", urteilt NiuBBall.com, das beste Blog über die chinesische Liga. Es ist ein neuer Zuschauerrekord für eine Partie der chinesischen Liga.

Am Ende setzt sich der Außenseiter klar mit 4-1 durch. Vor allem, weil Marbury erstmals eine Balance zwischen der eigenen Offensive und dem Bessermachen seiner Mitspieler findet – zum wahrscheinlich ersten Mal in seiner Karriere. Bezeichnend dafür ist die fünfte Partie. Zehn Punkte liegt Beijing sieben Minuten vor Ende zurück, doch angeführt von Marbury (41 Punkte, sieben Assists) gelingt der 121:121-Ausgleich 120 Sekunden vor Spielende.

Keine Minute später muss der „Ma Dao", der Anführer, mit seinem sechsten Foul auf die Bank – seine Mannschaft hat jedoch das Selbstvertrauen, den Sieg einzufahren. „Wir glaubten an uns als Team. Stephon trug uns, bis er ausfoulte", sagt Morris, „danach wussten wir, dass wir es reißen müssen."

„Ich habe immer dafür gebetet und gehofft, dass Gott mich segnet und meine größten Träume im Leben wahr macht", schreibt Marbury nach dem Triumph in seiner Kolumne in der staatlichen englischsprachigen Zeitung „China Daily" und fügt an: „Am Sonntag war es endlich so weit."

Die MVP-Auszeichnung bekommt Marbury, der in den Finals im Schnitt 33,4 Punkte, 6,4 Assists und 4,0 Rebounds erzielt, trotzdem nicht. Diese ist – genau wie der MVP-Award der regulären Saison – laut Ligastatuten chinesischen Profis vorbehalten.

Doch wer braucht schon einen MVP-Award, wenn er unsterblich werden kann? Wie viele MVPs bekommen ihre eigene Statue? Nicht viele. Marbury wird diese Ehre zuteilwerden – dank HoopCHINA.com. Die größte Sportwebsite des Landes startete direkt nach den Finals eine Aktion, um Marbury gebührend zu ehren. Über eine Million Chinesen stimmten auf der Page dafür, „Ma Bu Li" eine Statue zu errichten, welche bald aufgestellt werden soll. (Im Mai 2012 war es dann wirklich so weit.) Und die Sache mit den Schuhen läuft auch: Wenn über eine Million Menschen in einem komplett basketballverrückten Land für eine Statue

Marburys stimmen, wie viele kaufen dann erst die Sneaker des besten Spielers der CBA? Während starbury.com eine tote Website ist, lässt sich auf starbury.taobao.com eine große Auswahl an Schuhen mit dem Stern ordern. Doch so verlockend es ist, Stephon Marbury auf seine Erfolge auf dem Feld und als Geschäftsmann zu reduzieren, so falsch wäre diese Sichtweise.

„Ist es China, was Marbury liebt? Oder die mystische Tabula rasa – den kompletten Neuanfang?", fragt die „Sports Illustrated". Blogger Jon Pastuszek von NiuBBall.com antwortet: „Die Möglichkeit, sich noch einmal neu zu erfinden, ergibt sich selten, wenn überhaupt, für einen über 30 Jahre alten Basketball-Profi. Aber bei Marbury hat sich viel mehr entwickelt." Demnach lieben die Fans Marbury nicht nur, weil er ein guter Spieler ist, sondern weil er sich aufrichtig für die Kultur und das Leben in China interessiert. Manchmal fährt er von seinem Fünf-Sterne-Hotel mit der U-Bahn zum Training, er geht in normale Restaurants, er kommuniziert fast ständig mit seinen rund 250.000 Followern auf Weibo, Chinas Pendant zu Twitter. Er lernt die Sprache – wenn auch sehr langsam. „Coney Island's Finest" schaut sich sogar die Spiele des Beijinger Fußballklubs an!

Marbury ist in den Augen der Fans kein Wai Yuan, kein ausländischer Spieler. Er ist einer von ihnen. „Kein Sportler hat das jemals getan", sagt ein Redakteur der chinesischen Ausgabe der „Sports Illustrated" über Marburys Nähe zum Volk. „Nicht mal Yao Ming oder der Hürdenläufer Liu Xiang. Stephon ist der Erste."

Marburys Spielweise mag sich kaum verändert haben. Er ist älter geworden, in China kann er trotzdem noch immer nach Belieben dominieren. Aber als reifer Basketballer versteht er endlich, wie ein Team gewinnt. Zwei Jahre später belegt er das mit seiner zweiten chinesischen Meisterschaft, nach der er im Stile eines Michael Jordan in der Umkleide hemmungslos weint. Die Menschen vergöttern ihn, er ist mehr als ein Aufbau.

Zurück in die NBA zieht es ihn nicht mehr. Noch nicht einmal in die USA. „Ich gehe nicht zurück, keine Sorge", meldete er auf Twitter in Sachen NBA. Auch nach seinem Karriereende will er in China bleiben. „Es ist viel besser hier", tweetete Marbury. Selbiges gilt auch für ihn.

JAN HIERONIMI

STEVE FRANCIS

Es ist eine positive Begleiterscheinung der Arbeit an diesem Buch, dass uns alte Basketball-Bekannte wieder begegnen. Spieler, die selbst ausgesprochene Basketball-Nerds wieder vergessen hatten.

Spieler wie Steve Francis: In den letzten Jahren seiner NBA-Karriere nur noch ein Schatten alter Tage, danach professionell aktiv in der chinesischen Profiliga, zuletzt auf Twitter mit einer Reihe unvorteilhafter Fotos beim All-Star-Weekend 2013 auffällig geworden. Dieser Typ, der in den letzten vier seiner zehn NBA-Jahre nur in 124 von 246 möglichen Spielen auflief und bestenfalls ein solider Rollenspieler war, galt einst als einer der explosivsten Spieler seiner Generation.

Wenige Spieler seiner Größe waren je spektakulärer anzusehen als „Stevie Wonder" mit seinen Tomahawk-Dunks über gegnerische Center oder seinen Killer-Crossovers auf dem Weg zum Korb. Der Hype um Francis damals war vergleichbar mit dem heute um Überathleten wie Russell Westbrook oder Derrick Rose, ähnlich wie seine Stats als Frischling (Rose erzielte 16,8 Punkte, 6,3 Assists und 3,9 Rebounds im Schnitt, Francis noch stärkere 18,0 Zähler, 6,6 Vorlagen und 5,3 Boards).

Ein Star schien den Houston Rockets geboren – und sein höchst unerfreulicher Auftritt bei der Draft 1999, als er sich weigerte, für die Vancouver Grizzlies aufzulaufen, schien vergessen ...

STEVIE FRANCHISE
1999

Aus Steve Francis ist Stevie Franchise geworden. Selbst Hakeem Olajuwon sagt, die Raketen seien nun Francis' Team. Ursprünglich sollte der ohne Frage extrem talentierte und überathletische Francis bei den Texanern behutsam im Dunstkreis der Altmeister Olajuwon, Scottie Pippen sowie Charles Barkley aufgebaut und rehabilitiert werden. Doch die Troika der künftigen Hall of Famer fiel nach der Verpflichtung von Francis schneller um als Andy Möller im Strafraum.

Zunächst wurde im Oktober überraschend Pippen nach Portland verschifft. Am 08. Dezember zerfetzte sich dann „Sir Charles" ausgerechnet in Philadelphia, der Geburtsstadt seiner NBA-Karriere, die Patellasehne im linken Oberschenkel – eine Verletzung, die ihn nach 16 Ligajahren in den Ruhestand zwingen wird. Und „Hakeem the Dream"? Der Starcenter ist in dieser Saison häufiger im Rehabereich anzutreffen als auf dem Feld.

Der steile Aufstieg von Francis in der Rockets-Hierarchie mag unfreiwillig und ungeplant sein. Aber Fakt ist: Der vor wenigen Monaten wegen seines Draft-Auftrittes noch so harsch attackierte Youngster hat seit seinem Dienstantritt bei den Raketen so ziemlich alles richtig gemacht. Das Image von Francis, der mit seinen durchschnittlich 17,8 Punkten und fast sieben Vorlagen bester Rookie in beiden Kategorien und somit auf dem Feld über jeglichen Zweifel erhaben ist, hat sich so sehr gewandelt, dass er in H-Town eine eigene wöchentliche Radioshow bekommen hat. Er engagiert sich freiwillig in der Community und wurde von einem Mitglied des Rockets-Managements unlängst sogar als „PR-Traum" bezeichnet.

Francis, der Fügsame. Francis, der Wissbegierige. Francis, der Selbstlose. Um zu verdeutlichen, wie radikal diese Gratwanderung ist, muss sich vergegenwärtigt werden, wie daneben, wie asozial das Verhalten des Neulings bei der Draft und in den Folgewochen war. Den ersten Fehltritt leistete sich der angehende Profi allerdings bereits unmittelbar vor der NBA-Talentziehung, als er Medienberichten zufolge bei einem Fototermin mit anderen Draftees ein Handzeichen machte, das von den Crips, einer landesweit gefürchteten Straßengang, benutzt wird, um zu signalisieren, dass ein Mitglied einer rivalisierenden Bande kaltgemacht wurde.

„Das sehe ich jetzt zum ersten Mal", kommentierte Francis seine Geste wenige Tage später. „Wenn ich das meiner Großmutter zeigen würde, wäre sie sehr unglücklich, denn meine Oma und meine Mutter haben mich nicht großgezogen, damit ich mich in einer Gang oder so etwas herumtreibe. Ich habe bei dem Fototermin einfach ein wenig herumgealbert und schätze, dass das Bild genau in dem Augenblick geschossen wurde."

Was sich dann bei der Draft im MCI Center zu Washington, also unweit von Francis' Heimat in Takoma Park, Maryland, zutrug, ließ sich nicht so einfach leugnen. Denn nicht nur alle Anwesenden in der Arena, sondern auch Millionen von Zuschauern in den Wohnzimmern Amerikas sahen, wie Francis griesgrämig das Gesicht tief in den Händen vergrub, als Commissioner David Stern mit gewohnt sachlicher, nüchterner Stimme verkündete: „Mit dem zweiten Pick der Draft 1999 wählen die Vancouver Grizzlies Steve Francis von der University of Maryland." Worte, die für den Gezogenen wie die Verkündung eines Todesurteils waren.

Als er anschließend zum Podium schritt, hätte man anhand seines Mienenspiels in der Tat meinen können, er müsse gerade den Gang zum Henker antreten. Sein mächtiges Unbehagen drückte Francis auch verbal aus. Nachdem er das obligatorische Grizzlies-Cap aufgesetzt bekommen hatte, hörten Zeugen, wie er zischend sagte: „Ich setze dieses Ding ab, sobald ich es kann."

Noch schroffer war er gegenüber einem Offiziellen von Vancouver, der ihm ein Vereinstrikot überreichen wollte. „Ich will dein Jersey nicht haben", fauchte Francis ihn an. Die diplomatischsten Worte, die Stevie F. an diesem Abend sprach, waren jene, die über die PR-Anlage des MCI Center ertönten: „Hoffentlich werde ich mich morgen, wenn ich aufwache, freuen können." Er konnte es nicht.

So mimte Francis auch in den kommenden Wochen den Oberbeleidigten und disste seinen neuen Arbeitgeber nach Belieben. Entgegen der Gewohnheit, sich am Tag nach der Draft beim neuen Klub zu melden und eine Pressekonferenz zu geben, dauerte es drei Wochen, bis er zum ersten Mal nach Vancouver reiste. Den Medienvertretern stellte er sich nicht, auch ein Vertrag wurde nicht unterzeichnet. „Wir haben alles nur Mögliche getan, haben uns den Rücken krumm gemacht, um jegliche Probleme, die Steve mit uns hat, anzusprechen und zu lösen", sagte der sichtlich frustrierte Grizzlies-Manager Stu Jackson, nachdem feststand, dass Francis seinen Dienst beim kanadischen NBA-Ableger nicht antreten würde. „Alles, was wir wollten, war, ihm sein Gehalt von insgesamt neun Millionen Dollar zu überreichen und aus ihm einen sehr bekannten Basketballspieler zu machen."

Doch nach beinahe zweimonatigem Tauziehen bekam Francis am 27. August schließlich seinen Willen und wurde im größten Trade der Ligageschichte – der Deal umfasste insgesamt elf Spieler und band neben den Rockets und Grizzlies auch die Orlando Magic ein – nach Houston geschickt. Neben den hohen Steuern in Kanada schreckte „Franchise" die sportliche Misere der Grizzlies ab. Er wollte nicht bei einem Klub unterkommen, der so unterirdisch schlecht ist, dass sie selbst in der deutschen Basketball-Bundesliga über ihn lachen würden.

Die einzigen Lichtblicke in dem Team, das die letzte, vom Lockout auf fünfzig Spiele reduzierte Saison mit einer Bilanz von 8-42 beendete, sind Shareef Abdur-Rahim und Mike Bibby, der Nummer-zwei-Pick von 1998. Der viel gelobte Bibby bekleidet indes die gleiche Position wie Francis – ein Umstand, der die Wahl der Grizzlies von vornherein fragwürdig machte.

Die Houston Rockets jedoch scherten sich herzlich wenig um Francis' üblen Leumund. „Wann immer man einen Lottery-Pick bekommen kann, ohne ein Lottery-Team zu sein, muss man sich sehr glücklich schätzen", kommentierte Houstons spielerfreundlicher Übungsleiter Rudy Tomjanovich die umstrittene Verpflichtung. Der kühle Pragmatismus hat sich bezahlt gemacht – vor allem, da bei den vor der Saison zum Meisterschaftskreis gezählten Texanern nun wie gesagt der Super-GAU eingesetzt hat und von den Big Three – Pippen, Barkley, Olajuwon – praktisch keiner übrig geblieben ist.

Nicht auszudenken, wo Houston zu diesem Zeitpunkt stünde, wenn Francis nicht das Trikot des zweimaligen Champions tragen und die Geschicke der arg gebeutelten Truppe derart gekonnt leiten würde. Die aktuelle Bilanz von 20-30 ist wahrlich kein Anlass zum Feiern, aber unter den gegebenen Umständen ist sie akzeptabel. Francis hat bewiesen, dass er doch so etwas wie Verstand hat. Und dass er gewillt ist, Verantwortung zu übernehmen.

Steve Francis sei einer der wenigen Spieler der Liga, die eine Begegnung kontrollieren, gleichzeitig aber auch auf dem Court für gute Unterhaltung sorgen könnten, lobte Trainerlegende John Thompson von den Georgetown Hoyas kürzlich in einem Fernsehinterview. Fürwahr, wenn Francis seinen Gegenspielern Knoten in die Beine dribbelt und furchtlos Richtung Korb fliegt, um dort entweder selbst abzuschließen oder seinen Mitstreitern aufzulegen, kleben sämtliche Augen – die des Gegners, die der Zuschauer und die der Kameras – an dem spielerisch so gewitzten Aufbau.

Seit „His Airness" hat kein Rookie seinen Jahrgang sowohl in der Punkte- als auch in der Assiststatistik angeführt. Wenn der 22-Jährige weiter solche Topleistungen abliefern kann und auch das mentale Hoch fortdauert, dürfte die Wahl zum besten Neuling der Saison ein Selbstläufer sein.

Noch während des damals begonnenen Höhenflugs hatten Dré und ich die Gelegenheit, Francis persönlich zu treffen. Sein Sponsor Reebok – damals das Sport-Label mit dem größten Scheckbuch für Baller der Marke „spektakulärer Einzelkönner" wie Francis, Baron Davis oder Allen Iverson – hatte in München zum Launch der neuen rbk-Serie geladen, und Francis stand nebst Kollege Damon Jones selbst auf der Matte. Dré lernte „Franchise" als sympathischen Vogel kennen, als er sich gemeinsam mit Steve für eine Fotostrecke („Wie funktioniert ein Crossover?") ablichten ließ und zwischen all den langsamen, für den Fotografen gestellten

Dribblings auch einen atemberaubend schnellen Killer-Crossover serviert bekam, von dem bis heute die Dré'schen Knöchel schlackern. Aber Dré war damals auch selbst schuld. Aus falschem Ehrgeiz heraus sagte er damals zu Francis: „Let's do one live!"

Abends auf der offiziellen Launch-Party im Münchner P1, die unter anderem die Kollegen von Kickz an den Start gebracht hatten, gab Francis dann das komplette Superstar-Programm mit fetter, juwelenbesetzter Uhr am Handgelenk und reihenweise Magnum-Champagner-Flaschen, die er großzügig mit den Umherstehenden an seinem Tisch im VIP-Bereich teilte, solange man ihm bei der Gelegenheit auch das Glas voll machte.

Unsere Bilanz nach einem Tag eingehender Begutachtung des Stars? Der Junge hatte zu viel Geld, ließ es gerne krachen, nannte ein krasses Game sein Eigen – so weit, so gut. Wir wussten jedoch nicht, dass damals der Absturz des Fliegers kurz bevorstand. Denn in Houston wurden langsam die Weichen neu gestellt, von Neuaufbau auf „Es wäre auch schön, hier mal Spiele zu gewinnen". Und es sollte sich bald zeigen, dass der Mann mit den krassen Moves, dem dicken Konto und der Freude an Partynächten wenig Bock auf Systembasketball, Team-Spiel und übermäßige Schufterei hatte …

FEHLZÜNDUNG
2004

„Stevie Wonder" fiel Basketball so leicht. Shake-and-Bake. Crossover. Penetration. No-Look-Pass. Dunk. Wurf aus dem Dribbling – Face. Up-and-under. Scoop-Shot. Headfake, Dreier – jahrelang war alles so einfach für Steve Francis.

Offensiv hatte er alle Freiheiten. Das grüne Licht, jederzeit von überall zu werfen, selbst bei Orange, manchmal auch bei Rot. Die Rockets spielten Fastbreak-Basketball. Stevie flog nur so über den Court, küsste Alley-Oop-Pässe in die Luft oder feuerte Dunks durch die Arme bemitleidenswerter Gegenspieler. Kein anderer Point Guard war so athletisch wie er, keiner so spektakulär.

Im Halbfeldangriff tanzten er und Shooting Guard Cuttino Mobley den Texas Two-Step. Einer ging One-on-One zum Korb, der andere wartete auf den Pass und den offenen Dreier. Step in the name of love.

Das ist heute anders. „Stevie Wonder" ist noch nicht tot, aber er liegt im Sterben. Pass in den Post. Cut. Am Block vorbei. Sprungwurf oder auf die ballschwache Seite passen. Der neue Steve Francis, er kommt ohne „Wonder". Sehen, verstehen, reagieren – diese Saison ist Basketball für Steve Francis um einiges schwerer geworden. Was sich früher natürlich aus dem Fluss des Spiels entwickelte, ist jetzt mühsame Denkarbeit. Jede Bewegung erfolgt erst mit einigen Hundertsteln Verzögerung. Seine Zahlen sind schlechter als vergangene Saison, ausnahmslos. Sein Selbstvertrauen, sein ansteckender Enthusiasmus für das Spiel – weg! Fast so, als hätte der Mann, den sie in Houston „Franchise" tauften, über Nacht verlernt, wie man Basketball spielt.

„Ich versuche, freier zu spielen, mehr aus Instinkt anstatt wie ein Roboter. Es ist hart, aber es wird besser", sagt er.

Francis steckt mitten in einem schmerzhaften Wachstumsprozess. Unter Jeff Van Gundy, seit dieser Saison Headcoach in Houston, spielen die Rockets einen ganz anderen Basketball als in den Jahren zuvor unter Rudy Tomjanovich. Wie einst bei den New York Knicks, die er 1999 ins NBA-Finale führte, betont JVG Worte wie „Kontrolle", „Team-Basketball", „Defense". Die Knicks arbeiteten unter seiner Regie einen verdammt unansehnlichen, aber erfolgreichen Basketball. Motto: Gewinnen, egal wie. Das will er auch in Houston, und dazu müssen seine Spieler umlernen, vor allem sein Aufbau und (noch) Topscorer.

„Ich hatte zu Beginn meine Schwierigkeiten damit, mich auf die neue Situation mit dem neuen Coach einzustellen", sagt Francis. „Nicht, dass ich mit dem, was er macht, nicht einverstanden wäre. Aber ich kannte eben nur eine Art zu spielen. Nach und nach habe ich begonnen, an das zu glauben, was Coach Van Gundy von mir sehen will. Ich glaube, es wird mir helfen." Seitdem lernt Stevie das Spiel neu. Schwarz ist weiß. Richtig ist falsch. Und alles bleibt anders. „Schon ganz zu Beginn habe ich Stevie erklärt, dass wir zu oft versuchen, Homeruns zu schlagen", erzählt Van Gundy. „Das war einfach schwache Team-Offense, die dazu führte, dass der beste Spieler mit wenigen Sekunden auf der Wurfuhr aus dem Nichts etwas kreieren musste. Die richtig guten Spieler schaffen das gelegentlich auch. Aber wenn man als Team von diesen Situationen lebt, dann ist das überhaupt nicht gut."

Heute beginnt das Spiel der Rockets – zumindest im Idealfall – innen. Der Ball wandert zu Center Yao Ming, der entweder den eigenen Abschluss sucht oder den offenen Mann findet. Steve schneidet an Blöcken vorbei, fängt den Ball und schießt oder sucht aus dem Pick-and-Roll seinen Wurf. Wie gesagt: im Idealfall.

Die Rockets stehen in der Tabelle mit einer 29-22-Bilanz gut da, doch ihre Spiele gewinnen sie defensiv, nicht vorne. Die 83,4 gegnerischen Zähler, die sie erlauben, sind gut für Platz zwei in der NBA, gegnerische Teams treffen nur 38,9 Prozent ihrer Würfe. Niemand verteidigt effektiver. Playoff-Basketball eben. Ihre 87,2 Punkte pro Spiel sind dafür die drittschlechteste Offensivausbeute aller Teams. Noch stolpert die Rockets-Offense oftmals zu schwerfällig durch das Spiel.

Werfen? Nicht werfen? Ist das der Schuss, den wir wollen? Das neue System verunsichert, auch Francis, obwohl an seiner Wurfauswahl niemand etwas auszusetzen hat. „Steve nimmt sehr gute Würfe, das ist kein Problem", betont Van Gundy. „Ich versuche ihm aber beizubringen, weniger herumzudribbeln, bevor er schießt. Er hat das Talent dazu, auch so seinen Wurf loszuwerden." „Wenn er offen ist, soll er ohne zu zögern werfen", pflichtet Assistant Coach Tom Thibodeau bei. „Aus dem Pick-and-Roll ist er als ballführender Spieler immer die erste Option. Sobald er am Block vorbeigeht, müssen seine Augen am Korb hängen." In anderen Situationen sollen seine Augen am offenen Mann kleben.

Doch wann ist was angesagt? Francis lernt, dass er seine Teamkollegen in der Offense bedienen muss, damit sie sich hinten mehr reinhängen. Er lernt, dass die Rockets mehr als ein, zwei Optionen haben. Er versucht, sich defensiv mehr anzustrengen. „Frei, aber kontrolliert" soll er spielen, sagt Van Gundy. Damit kommt der 27-Jährige so gut klar, als würde er beim Autofahren seine Steuererklärung machen. Steves Punkte- und Assistschnitt (17,0 Zähler und 5,8 Vorlagen pro Spiel) sowie die Wurfquoten aus dem Feld, von der Freiwurflinie und von Downtown sind die schlechtesten Werte seiner Karriere (39,8 Prozent aus dem Feld, 75,8 von der Linie, 30,5 Prozent von der Dreierlinie).

„Auf diese zurückhaltende Rolle umzuschalten, die ich nun habe, war schon hart", sagt Francis. „Ich bin nicht sauer, weil ich weniger punkte. Ich freue mich, dass wir gewinnen und uns weiterentwickeln. Aber es ist hart." Steve will das Richtige sagen, auch wenn in ihm der Kampf tobt: alter Steve gegen neuer Steve. Die eine Seite versteht, was JVG von ihm will. Die andere hat keinen Bock auf Veränderungen. Solange der Kampf tobt, sind der Star-Guard und sein Coach nicht ein Herz und eine Seele. An manchen Tagen setzt Stevie auf Konfrontation.

Am Super Bowl Sunday taucht er nicht pünktlich zum Abflug der Team-Maschine nach Phoenix auf. Um den Super Bowl zu sehen, sagt Van Gundy, der ihn auf dem Parkplatz vor dem Stadium am Telefon gehabt haben will. Um sich um ein familiäres Problem zu kümmern, sagt Steve. Er wird für ein Spiel suspendiert, die Medien schreiben vom möglichen Trade des Stars. „Es wird immer Tage geben, an denen Coach glaubt, ich hätte etwas anders machen sollen", sagt er. Die Stimmung ist angespannt. „Er wird coachen, wie er es für richtig hält, ich werde spielen, wie ich es für richtig halte", tönt Francis.

Der Grund für all die Erschütterungen in der Welt des Steve F. ist 2,29 Meter groß, spricht nur leidlich gut Englisch und steht gerade mal in seinem zweiten Profijahr. Trotzdem dreht sich seit seiner Ankunft in Houston im Sommer 2002 bei den Rockets alles um Yao Ming. Egal, welche Stats er produziert. Egal, ob er zu oft auf elegante Layups setzt statt auf Chinese-Thunder-Dunks. Yao ist das Fundament der Franchise. Korbgefährliche Big Men sind ohnehin schwerer zu finden als Massenvernichtungswaffen im Irak. Korbgefährliche Big Men über 2,20 Meter, ausgestattet mit Jumpshot und Passspiel eines Guards? Nun, bisher gab es so einen Spieler nur im „Create a Player"-Modus bei „NBA Live".

„Er IST die Franchise", sagt Fernseh-Kommentator Calvin Murphy. „Und ich meine damit nicht in ein paar Jahren." Derzeit sind Steve und Yao zusammen das verheißungsvollste Duo der Liga. Sie bemannen die beiden wichtigsten – und am schwierigsten zu besetzenden – Positionen im Basketball: Aufbau und Center. Zusammen könnten sie bald die NBA dominieren. Zuvor müssen sie allerdings lernen, wie man zusammenspielt. Steve kann jederzeit seinen eigenen Wurf kreieren. Yao dagegen ist als Big Man auf seine Teamkollegen angewiesen.

„Es gibt heute mit den vielen neuen Regeln so viele Wege, wie man große Spieler im Post verteidigen kann", sagt Van Gundy und meint zum Beispiel die jetzt zum Teil erlaubte Zonenverteidigung. „Als Post-Player ist man viel abhängiger vom Passspiel als kleinere Spieler." Noch ist das Team, ist Francis nicht daran gewöhnt, einen echten Center mit Bällen füttern zu müssen. Noch immer kriegt Yao nicht die Anzahl von Lederkontakten, die Coach Van Gundy gerne sehen würde.

Die Kollegen suchen ihren Big Man nicht aus eigenem Willen, sondern oft nur auf Geheiß von oben. Yao verunsichert das. Deshalb spielt er zurückhaltend, geht erst alle Passoptionen durch, bevor er selbst wirft. Noch immer will der Lange sich anpassen und nicht ungebührend fordern. „Seine Skills und seine Fußarbeit sind großartig, sein Spiel ist bereits auf einem sehr hohen Level", sagt Calvin Murphy. „Das Problem ist, dass seine Mitspieler noch nicht gelernt haben, wie sie mit ihm zusammenspielen sollen. Die Rockets waren die vergangenen Jahre immer ein Team, das an den Guards ausgerichtet war. Wenn die begreifen, dass die Dinge anders laufen, werden sie ein besseres Team sein."

An guten Tagen begreift Steve Francis und spielt über lange Strecken den Basketball, den sein Trainer sich vorstellt: kontrolliert, aber ohne zu zögern. Verteilt Stevie fünf Assists oder mehr, gewinnen die Rockets 68 Prozent ihrer Spiele. An schwachen Tagen macht er alte Fehler. Wie früher, als das Spiel noch einfach war. Gegen die Pistons verfällt er nach einem coolen Move gegen Kontrahent Chucky Atkins in den One-on-One-Modus. Nach sechs Punkten im ersten Viertel verteilt Steve im zweiten nur einen Assist, wirft viermal vorbei. Während die Kollegen zugucken.

Die Rockets erzielen fast sechs Minuten lang keinen Punkt. Yao Ming, der die ersten beiden Körbe des Spiels gemacht hatte, berührt den Ball acht Minuten lang nicht. „Francis wollte One-on-One spielen – und ich wusste, dass ich Hilfe im Rücken hatte", lacht Atkins nach dem 85:66-Erfolg der Pistons. Fortschritt, Rückschritt. Stundenlang analysieren Coach und Point Guard zusammen Spielvideos, nehmen jede Szene auseinander und diskutieren über alternative Ausstiege aus den Systemen.

„Inzwischen sehe ich den Court viel besser", glaubt Francis. „Ich habe verstanden, wie ich die Situationen erkenne, in denen ich schießen sollte, und die, in denen ich passen sollte. Es ist viel besser, diese Sachen auf Tape zu sehen, anstatt nur darüber zu reden."

Steve Francis steht mächtig unter Druck. Er merkt es jeden Tag, wenn völlig fremde Typen ihm auf der Straße die Hand schütteln und ihn aufmuntern. „Ich gehe essen und Leute kommen zu mir und sagen: ‚Vergiss, was die Leute sagen! Kümmere dich nicht drum!'", erzählt er. „Da scheint irgendwas über mich im Fernsehen zu kommen oder in der Zeitung zu stehen, was ich nicht sehe oder lese." Stimmt. Die Rockets-Fans wollen langsam Erfolge sehen, ihnen reichen ein paar Highlights und vielversprechende junge Talente nicht mehr. Siege müssen her, die Playoffteilnahme. Verlieren die Rockets, machen sie den All Star des Teams dafür verantwortlich, den Großverdiener mit dem 85-Millionen-Dollar-Vertrag. Bei schlechten Spielen hallen Buhrufe durch das neu gebaute Toyota Center. Der Zuschauerschnitt der Rockets von 14.900 ist bei 18.300 Plätzen schwer verbesserungswürdig, an manchen Tagen sind die Rufe der Getränkeverkäufer die lauteste Anfeuerung, die zu hören ist.

„Im Sport, besonders im Basketball, werden die bestbezahlten Spieler immer für Erfolg oder Misserfolg verantwortlich gemacht", sagt Francis.

In ihm brodelt es jedoch. Neuer Coach, neue Rolle, die Fans, die Kritik ... dabei gewinnen die Rockets bereits, liegen zum All-Star-Break auf einem Playoffplatz. Und genau dies ist das Maß aller Dinge. „Verlieren heißt, nicht in den Playoffs zu stehen", sagt Coach Van Gundy. Schaffen die Rockets die Postseason, hat die ganze harte Arbeit Früchte getragen. Und dafür schuftet Stevie. Dafür hat er sein Ego zurück- und sein Spiel umgestellt.

Schritt für Schritt nähert er sich der Vorgabe, „frei, aber kontrolliert" zu spielen. „Er wird besser darin, den offenen Mann zu finden, wenn ein zweiter Verteidiger aushilft", lobt Van Gundy. „Seine Defense ist besser als früher. Er findet langsam die Balance, den Ball zu bewegen und trotzdem selbst zu scoren." „Stevie Wonder" fiel das Spiel immer leicht. Bald wird es auch „Stevie Fundamental" leichtfallen.

Nun, das war aus heutiger Sicht ein etwas leichtfertiges Statement. Denn nichts fiel Francis fortan schwerer, als die kleinen Feinheiten des Systembasketballs zu meistern. Auch die Undiszipliniertheiten hielten an. Houston hatte schließlich trotz des ersten Playoffeinzugs seit 1999 die Faxen dicke. Logische Konsequenz: der Trade nach Orlando für Tracy McGrady, ein anderes Sorgenkind. In Florida sollte Francis den Neuaufbau stemmen. Unter anderem an der Seite von Rookie Dwight Howard. „Unter Jeff Van Gundy gab es einfach zu viele Beschränkungen. Das würde ich niemandem wünschen", sagte ein angesäuerter Francis damals der „SLAM" und freute sich auf seine neue Freiheit. Ungefähr zwei Monate lang erfreuen sich auch die Magic an ihrem neuen Aufbauspieler – dann wird der dribbelfreudige Scorer auf die Position des Shooting Guards geschickt. Dass parallel sein alter Kumpel Cuttino Mobley (der aus Houston mitgekommen war) getradet wird und auch die Liebe der Fans ausbleibt, verbessert die Stimmung nicht unbedingt.

„Versuchen wir, Steve zu verändern? Ja und nein", sagt der damalige General Manager der Magic, John Weisbrod (ja, der heißt wirklich so ... nein, er ist kein Afroamerikaner). „Einerseits macht ihn seine Spontaneität und diese Revolverheld-Mentalität gut. Legen wir ihm Ketten an, wird er dadurch nicht besser. Doch wir versuchen, ihm andere Möglichkeiten zu geben, damit er seinen Stil spielen und trotzdem alle anderen mit einbeziehen kann." Erneut verzweifelt „Franchise" an diesem Balanceakt. Er mosert herum, bleibt nach dem All-Star-Break ein bisschen länger im Heimaturlaub. Auch die Magic haben die Nase bald voll – der nächste Trade, diesmal zu den historisch dysfunktionalen New York Knicks, läutet den quälend langsamen Abschied von Athletik, Ruhm und Star-

Dasein ein. Denn die Knicks sind damals nicht nur unorganisiert und schlecht gecoacht – einen Spieler mit Rollenspieler-Game und Star-Ego können sie nicht gebrauchen. Fade to black, der Star wird vergessen.

Und wird mir doch immer in Erinnerung bleiben: Als der Steve Francis, den ich 2002 in München traf, als er die Champagnerkorken knallen und Dré mit seinem Crossover stehen ließ. Es sind Erinnerungen aus einer Zeit, als „Franchise" nur ein paar Reifegrade von seiner Bestimmung als echter Franchise-Player entfernt schien. Der Fame, die Moves. Beides hatte Francis, und beides ist leider vergänglich …

JAN HIERONIMI

JASON WILLIAMS

Jason Williams war mein Lieblingsspieler. Das Game von „White Chocolate" haute mich völlig unvorbereitet aus den Schuhen, so wie Hunderttausende Basketball-Fans Ende der Neunziger-, Anfang der Nullerjahre. Nie hatte ich jemanden so spielen sehen wie diesen kleinen, weißen Jungen. So kreativ und einfallsreich, so wagemutig und wild. Den Crossover von Tim Hardaway oder die No-Looks von Jason Kidd hatte ich schon lange abgefeiert, doch „J-Dub" war in Sachen Style-Faktor eine völlig neue Hausnummer. Er bildet den Anfang einer kollektiven Begeisterung für Ballhandling, die Jahre später ihren Höhepunkt in den AND1-Mixtapes und den Nike-Werbespots mit ebenjenem Jason Williams fand. Sein Trikot war überall, seine Sacramento Kings waren das heißeste Team der Liga, und auf jedem Freiplatz verknoteten sich Freizeitzocker die Arme beim Versuch, seine Moves zu kopieren.

Noch heute liegen viele seiner Pässe abrufbereit auf meiner mentalen Festplatte – der Crossover plus Floater gegen Gary Payton, der Ellbogen-Pass im Rookie-All-Star-Game, sein linkshändiger Baseball-Pass in die Arme von Corliss Williamson nach dem Dribbling durch die Beine, der Durchstecker über die eigene Schulter auf Chris Webber, all die Behind-the-back-Dribblings in heftigstem Verkehr auf dem Weg zum Korb.

2003 in Paris und einige Jahre später in Memphis habe ich ihn persönlich getroffen. Es war in beiden Fällen enttäuschend, wie es wohl immer ist, wenn Fans ihr Idol treffen – erst recht, wenn sie inzwischen als Pressevertreter auftreten. Auf Deutsch gesagt: Jason Williams verhielt sich wie ein Arsch. Doch wer seine Geschichte kannte, der konnte diese Situationen einordnen. Und so hat er bis heute eine Ecke in meinem Basketballerherz behalten, wie bei so vielen Fans, die ihn nicht wegen seiner Rekorde und Erfolge in Erinnerung behalten, sondern wegen der Begeisterung, die er in ihnen auslöste. Als ewigen Lieblingsspieler.

DIE SIEBEN LEBEN VON PANTHER UND DRACHE
2013

Jason Williams spielen zu sehen hieß immer, eine Meinung zu ihm zu haben. Ohne ging es nicht. Anders ging es nicht. Es gab kein Mittelfeld, keine Grautöne. Williams polarisierte, mit dem ersten Dribbling, dem ersten Pass, Dreier oder Korbleger. In einer Welt, in der die Urteile über Profisportler ohnehin nur in absoluten Extremen zu haben sind, war Williams immer ein Sonderfall – ein Spieler, den die eine Hälfte des Basketballplaneten vergötterte, während er für die andere Hälfte alles verkörperte, was schlecht war auf dem orangefarbenen Erdkörper. Und das Faszinierende an seiner Geschichte ist, dass sie nicht stehen blieb in diesem Kraftfeld zwischen Liebe und Hass, sondern dass Jason Williams sich seinerseits entwickelte, bewegte, nicht aufgab, sondern kämpfte. Bis irgendwann am Ende seiner Karriere die Frage offen ist: Wer hat den Kampf eigentlich gewonnen?

War es Jason Williams – der tätowierte Antiheld, Straßenbasketballer, Highlight-Lieferant und sture Verfechter eines Styler-Basketballs, der Coaches reihenweise dem Haarwuchsmittel zusprechen ließ?

Oder jene kollektive Basketball-Weisheit, gegen die er anspielte – die alte Schule, nach der bestimmte Entscheidungen ewiglich richtig, andere falsch waren, nach denen es einen „richtigen Weg" gab, Basketball zu spielen, und zwar genau die Art Basketball, die Jason Williams nicht spielen wollte?

Die Antwort darauf ist gar nicht so leicht zu finden, und genau darum gehört „J-Dub", wie seine Fans ihn liebevoll nannten, auch in dieses Buch. Nicht nur, weil er eine Generation von Fans bewegte und fesselte, wie es nicht viele Basketballer können. Sondern auch wegen des Weges, den er machte. Wegen der vielen Leben, die er lebte. Sieben haben wir gezählt.

Sein erstes Leben fand naturgemäß abseits der Öffentlichkeit statt, in den Jahren vor dem Profidasein. Es war der Anfang dieser Basketball-Adaption von „8 Mile" – ein Trailer Park in Belle, West Virginia, wenig Bock auf Schule, viel Bock auf No-Look-Pässe und Crossover. Jason hatte den Schlüssel zur Trainingshalle, feuerte den Ball endlos alleine gegen die Hallenwand, einhändig, durch die Beine, hinter dem Rücken. Er dribbelte mit dicken Arbeiterhandschuhen an den Händen, um das Handle zu schulen. Seine Spiele waren von Beginn an eine Show an der DuPont Highschool, wo er gemeinsam mit dem späteren Wide Receiver und NFL-Star Randy Moss spielte. Die Dynamik der beiden war wie im Football-Team der Schule, wo Jason den Quarterback gab: Er feuerte die weiten Bomben, wilde Dreier, No-Looks übers ganze Feld, Moss sammelte die Bälle ein, lieferte die Dunkings. 1994 stand das Team im Finale um die Staatsmeisterschaft und verlor, im selben Jahr wurde Williams zum „West Virginia Player of the Year" gewählt, so wie einst Jerry West Jahrzehnte vor ihm.

Dieses erste Leben schuf einen Spieler, wie ihn der NBA-Mainstream lange nicht gesehen hatte. Kreativ, genial, verspielt. Gleichzeitig stur, ineffizient, fehleranfällig. Es gab diese zwei Jasons, die fortan miteinander und gegeneinander existierten. Jahre später erinnerten zwei Tattoos an den doppelten „J-Dub", ein Panther und ein Drache, einer auf dem rechten, der andere auf dem linken Arm, zwei Repräsentanten dieses Kampfes der beiden Persönlichkeiten. Der Panther führte seine Highschool ins Finale um die Staatsmeisterschaft, wurde zum „Player of the Year" seines Bundesstaates gewählt, sagte der anerkannten University of Providence zu.

Der Drache wechselte dann unverhofft zur unbekannteren Marshall University, als Providence-Coach Jim Cleamons die Uni verließ. Seine erste NCAA-Saison setzte er aus. Der Panther brillierte danach zwei Jahre unter einem gewissen Billy Donovan und folgte dem Trainer an die renommierte University of Florida, nach der vorgeschriebenen einjährigen Pause lieferte Williams dort 17,1 Punkte, 6,7 Assists und 2,8 Steals im Schnitt ab. Fabel-Stats, bevor der Drache wegen des dritten positiven Marihuana-Tests den Rest der Saison aussetzen musste. Damit endete seine College-Karriere, die bereits einen Schatten vorauswarf: Langweilig sollte es mit diesem Übertalent niemals werden.

Doch genau das konnte die NBA gerade gut gebrauchen. Als siebter Spieler der Draft 1998 verpflichtet, war seine Rookie-Saison ausgerechnet Jahr eins nach dem Lockout. Es begann eine durch die Aussperrung der Spieler verkürzte Saison nach dem langen Streit um Millionengehälter, der die Fans vergrault hatte – und noch dazu war es Jahr eins nach Michael Jordans Rücktritt. Dieser wilde – noch dazu, so billig es klingt: weiße – Junge aus dem Nirgendwo, der in einem Spiel für drei oder vier Highlights gut war, war die beste Medizin, um die schlingernde Liga aus dem Popularitätsloch zu hieven.

„Mir geht es nicht darum, etwas Spektakuläres zu machen, nur weil Leute auf der Tribüne sitzen. In einer leeren Halle würde ich genauso spielen", erklärte er. „Manchmal weiß ich allerdings auch nicht, warum ich einige von diesen Sachen auf dem Feld bringe. Oft mache ich einen Move, der nicht klappt, und dann frage ich mich: ‚Warum hast du das gemacht?'"

Williams und sein verspieltes Game trafen in diesem Niemandsland namens Sacramento nicht nur auf die vielleicht hingebungsvollste Fan-Gemeinde, sondern auch auf ein neu formiertes Team. Mit Chris Webber und Vlade Divac hatte es gleich zwei Hochkaräter nach „Sac-Town" verschlagen, die Kings wurden unverhofft zur Cinderella-Story der NBA. Und niemand personifizierte den Wandel der Franchise dabei wie ihr Rookie auf der Eins: Er stand für ihre Spielweise, uneigennützig, schnell und wie berauscht. Er war ein Underdog, ebenso wie sein neues Team. Er wurde zum Liebling der Massen, genau wie die Kings schnell zur Lieblingsmannschaft der USA wurden. Nicht umsonst war seine Nummer 55 zeitweise das meistverkaufte Trikot der Liga.

„Wenn man jemanden zu einem Spiel mitnehmen möchte, das süchtig nach der NBA macht, dann ist Sacramento der erste Anlaufpunkt", sagt damals Byron Scott, Trainer der New Jersey Nets. Die US-Zeitschrift „Sports Illustrated" ernennt die Kings zum „Heilmittel gegen den NBA-Blues" – und in Anlehnung an die spektakulären St. Louis Rams in der NFL zur „Greatest Show on Court". (Im Original brachte dem Super-Bowl-Champion das spektakuläre, auf Highlight-Plays ausgelegte Spiel den Beinamen „Greatest Show on Turf" ein.)

„Wir spielen Basketball so, wie er gespielt werden sollte. Wir rennen den Court hoch und runter, attackieren, suchen den einfachen Abschluss und lassen die Defense nicht zur Ruhe kommen", erklärt Chris Webber den Highlight-Stil seines Teams. „Basketball ist traditionell ein Spiel, das nicht so langsam ist, wie es zurzeit von einigen Mannschaften praktiziert wird. Man muss den Ball nicht langsam nach vorne bringen und jedes Mal einen Spielzug ansagen. Basketball ist ein Laufspiel, wie es zum Beispiel die Celtics früher mit Bob Cousy und Bill Russell gezeigt haben. Wir haben also nicht unbedingt etwas Neues erfunden, wir tun einfach Dinge, die der Rest der Liga nicht mehr macht."

Während die ewigen Isolationen oder Pick-and-Rolls – sowie das unbeteiligte Eierschaukeln der restlichen Angreifer – bei den Fans für immer lauteres Gähnen und Stöhnen sorgen, sind Webber, Williams, Divac & Co. „ein Schnellangriff laufendes Zeugnis, das an die vergessene Kunst des Werfens, des Schneidens und des Passspiels erinnert", wie ein US-Magazin passend kommentiert.

„Wir haben im Vergleich zu anderen Teams mit Chris Webber und Vlade Divac zwei Big Men, die exzellente Passgeber sind", erklärt Kings-Coach Rick Adelman. „Mit Peja Stojakovic und Doug Christie haben wir zudem Flügelspieler, die gerne rausgehen und rennen, und mit Jason Williams haben wir einen Point Guard, den ich nicht bremsen könnte, selbst wenn ich es wollte. Es gibt nicht viele Teams, die fünf Kerle auf dem Feld haben, die mit dem Ball umgehen, passen und werfen können."

So überrascht es nicht, dass Sacramento im dritten Jahr der neuen Formation gleich zwanzigmal im nationalen US-Fernsehen zu sehen ist, allein die Teams aus den größten Fanmärkten des Landes, die Lakers und Knicks, stehen häufiger im Programm. Das Ansinnen von David Stern liegt auf der Hand: Die Kings sollen Imagepflege betreiben und neue Basketballliebhaber gewinnen, sie sollen abtrünnige Fans wieder zurückerobern, die dem Spiel im Zuge des Streits zwischen Millionären und Milliardären während des Lockouts den Rücken kehrten.

100,2 Punkte im Schnitt, dann 105, dann 108 erzielen die Kings in den drei Jahren mit „White Chocolate", wie der Aufbau bald gerufen wird. 12,8 Zähler und sechs Assists sind seine Stats in Jahr eins, 12,3 und 7,3 legt er in der zweiten Saison nach, doch lauter als die soliden Zahlen sprechen die „Ooooohs" und „Aaaaaahs" des Publikums bei den Passfinten, Behind-the-back-Pässen, Dribblings hinter dem Rücken und durch die Beine.

Beim Rookie-All-Star-Game spielt er einen Pass hinter dem Rücken an den eigenen Ellbogen und von da in die Hände des hinterherzuckelnden Raef LaFrentz, weltweit schnellen am nächsten Tag auf Freiplätzen, in Trainingshallen und Kreisliga-Spielen die Turnover-Quoten in die Höhe – es sind Highlights für die Ewigkeit. Aber keine „Winning Plays".

Und so beginnt das dritte Leben im dritten NBA-Jahr: Während die Fans noch feiern, wird im Trainerbüro schon die Stirn gerunzelt. Williams trifft unterirdische 37 Prozent seiner Würfe, verlor 1999/00 erschreckende 3,7-mal pro Spiel den Ball, ließ 505 Dreier steigen und versenkte nur 29 Prozent davon. Um ihn herum steht ein Team von Titel-Format, doch der Geschmack der weißen Schokolade ist nun weniger gefragt. Im dritten Jahr spielt er nur knapp 30 Minuten, verbessert seine Trefferquote und die Ballverluste, doch wird immer mehr durch den neu verpflichteten Backup Bobby Jackson ersetzt.

„Bisher spielten wir, um die Leute zu unterhalten, dieses Jahr spielen wir, um zu gewinnen", sagt Webber. Nach zwei Erstrunden-Pleiten in Folge sollen Siege her, und dafür wird nun auch defensiv hingelangt.

„Wir kreieren jetzt mehr Verwüstung in der Verteidigung als zuvor", freut sich Headcoach Rick Adelman, „wir wollen hinten aktiver sein und nicht immer nur auf alles reagieren."

Der defensive Neuanstrich ist beachtlich. 1999/00 kassierten die Kings 102 Zähler pro Spiel, nur die L.A. Clippers und Golden State Warriors waren mieser. 2000/01 wird der Gegner bei knapp 94 Punkten gehalten, was der zehntbeste Ligawert ist. Stellvertretend für den erfolgversprechenden Wandel ist Doug Christie, der vor dieser Spielzeit von Toronto nach Sacramento wechselte und allabendlich seinen Ruf als Defensivmaestro zementiert. Tatsächlich erreicht die Truppe dieses Mal die zweite Runde der Playoffs – die defensive Ausrichtung zieht.

Doch wie passt der „Point Guard mit dem Gewissen eines Streetballers, der das Mitochondrium von Sacramentos Tempo-Bball ist und mit seinen Trickpässen und Dribblings die Fans in der heimischen ARCO Arena immer wieder aus den Sitzen reißt", wie in der FIVE später geschrieben wird, in diese Mannschaft hinein?

„Er ist einer der am meisten überbewerteten Spieler überhaupt", sagt Ex-Phoenix-Suns-Coach Danny Ainge. „In seinem Rookiejahr wurde so ein Trubel um ihn gemacht, und er war in der Tat ein aufregender Spieler. Ich gebe zu, dass auch ich ihm gerne zugeguckt habe. Als Trainer würde er mich allerdings in den Wahnsinn treiben." Bimbo Coles, Guard bei den Cleveland Cavaliers, sekundiert. „Als ich vor zwei Jahren mit Atlanta zweimal gegen Jason spielte, habe ich ihn kein einziges Mal einen normalen Pass geben sehen", so Coles. „Er spielte den Ball hinterm Rücken, mit Drehung oder als No-Look – was auch immer ihm in den Sinn kam. Nur den einfachen Pass, den spielte er nie. Wir gewannen beide Spiele. Was sagt uns das?"

Coles' Grundaussage – es geht um das Resultat – ist gleichzeitig das beste Argument für „J-Dub". Schließlich wurde sein Team seit seiner Ankunft zur Gewinnertruppe. „Jeder kann mich kritisieren, wenn er will, aber solange ich dazu beitrage, dass meine Mannschaft siegt, und solange meine Mitspieler und mein Trainerstab keine massiven Probleme mit mir haben, interessiert es mich nicht, was andere sagen", kontert Williams. „Irgendetwas mache ich ja offensichtlich richtig."

Die Kings stehen damals am Scheideweg. Sie lieben ihren Jason wie einen ungezogenen Jungen. „Jason Williams ist etwas Besonderes", sagt Assistenztrainer Pete Carril. „Wenn man ihm sein Flair nimmt, macht man ihn zu etwas Normalem, Alltäglichem. Ich spüre zwar immer einen kleinen Schmerz in der Brust, wenn er einige Sachen macht, aber er hat einen sehr geduldigen Headcoach." Trotzdem trennen sich die Wege im Sommer 2001.

Da ist zum einen die fallende Produktion von nur 9,4 Zählern und 5,4 Vorlagen, dann die schwache Defense, zudem so manches Problem abseits des Feldes: Wegen Verstoßes gegen die Anti-Drogen-Politik der Liga wird er zu Saisonbeginn bereits für fünf Spiele gesperrt. Nachdem er Ende November in San Antonio einige Zuschauer mit obszönen Gesten und heftigen Worten attackiert, wird er von der Liga mit einer Strafe von 10.000 Dollar belegt.

Im Februar 2001 verdient er sich mit rassistischen Worten gegen einen asiatischen Fan, der ihn beleidigt hatte, eine weitere Strafe über 15.000 Dollar. Nike streicht ihn daraufhin aus einer Werbekampagne.

Williams ist mit seinem kompletten Chaos-Paket ein Luxus, den Sacramento sich nicht mehr leisten kann. Zumal Webber in jenem Sommer Free Agent wird. Dessen Aussage, Sacramento sei „stinklangweilig", stiftet Verwüstung in der Fan-Gemeinde – um keinen Preis soll der MVP-Kandidat verloren gehen. Die Team-Besitzer stellen riesige Werbebanner auf, um Webber zu bezirzen, doch nachhaltiger überzeugen „C-Webb" die 127 Millionen Dollar Gehalt über sieben Jahre und wohl auch der Tausch der weißen Schokolade.

Williams geht per Trade für Mike Bibby nach Memphis. Prompt erreichen die Kings im nächsten Jahr das West-Finale, wenngleich sie dort trotz einer 3-2-Führung und Heimrecht gegen die L.A. Lakers verlieren. Für Williams hat da schon das vierte Leben begonnen: der Neuanfang in Memphis.

Die Grizzlies 2001, das ist die Definition von Umbruch und Neuanfang. Bibby und Shareef Abdur-Rahim sind weg. Die Franchise ist gerade von Vancouver nach Tennessee gezogen und braucht ein Zugpferd, um das Fan-Interesse zu wecken. Die neuen Hoffnungsträger sind Pau Gasol, Shane Battier, Stromile Swift und eben Williams.

Doch jeder der Jungs kommt trotz des immensen Talents mit einem Koffer voller Fragezeichen nach Memphis. „J-Will" ist der Wilde, „Stro" der Jumper ohne Basketballhirn, Battier hat trotz fabulöser NCAA-Karriere kein Starpotenzial, und Gasol ist in den Augen der US-Amerikaner ein weicher Euro aus Spanien.

„Wir brauchten eine Talent-Infusion, und die haben wir bekommen", erinnert sich der gerade an Bord gekommene General Manager Jerry West. Trotzdem erfüllt es die Legende mit Unbehagen, sein Team in die

Hände eines Jungen mit tätowierten Fingerknöcheln zu legen. „Anfangs hätte ich ihn ab und zu am liebsten umgebracht", sagt West todernst, bevor er anfängt zu lachen. „Nein, ich schätze, wenn man wie ich in eine neue Umgebung kommt, ist man viel weniger voreingenommen gegenüber den Spielern, die bisher noch nicht viel Erfolg hatten. Man ermutigt sie mehr." West gibt „J-Dub" die Chance, unter anderen Vorzeichen neu anzufangen.

In Memphis ist er nicht das Problem, sondern der Schlüssel zur Lösung. Hier muss er in seiner vierten NBA-Saison die Rolle des Anführers ausfüllen. „Nicht nur, weil ich älter bin, sondern auch, weil ich Aufbau spiele", sagt er. „Das wird von mir erwartet, und ich gehe gerne mit gutem Beispiel voran. Das beginnt mit den selbstverständlichen Dingen: pünktlich beim Training sein, immer alles geben. Manchmal sind es Kleinigkeiten. Zum Beispiel öfter mal Anweisungen geben. Ich muss darauf achten, dass die Jungs zuhören und verstehen, was ich vorhabe und worauf ich hinauswill."

Das erste Jahr in Tennessee bringt mit 14,8 Punkten und 8,0 Assists bessere Werte für Williams, das Team gewinnt aber nur 23 Partien – genauso viele (oder wenige) wie im Vorjahr. 2002/03 starten die Grizzlies mit acht Niederlagen und null Siegen, Coach Sidney Lowe wird gefeuert. Es kommt ein Mann, der schon mit Moses über Pick-and-Roll-Defense diskutiert hat: Hubie Brown, damals 69 Jahre alt.

Der Opa und der Troublemaker – niemand traut dem ungleichen Paar zu, dass es miteinander klarkommt. Doch erst hier nimmt der Reifeprozess des Jason Williams richtig Fahrt auf. „Jeder dachte, dass Hubie und ich aneinandergeraten würden, aber er ist das Beste, was mir passieren konnte", sagt Williams. „Ich denke, dass ich ihm auch ein bisschen geholfen habe. Wir beide arbeiten zusammen, versuchen zu gewinnen. Nur darum geht es."

Unter dem Altmeister blüht auch das Team auf. Brown bringt den jungen Grizzlies das Spiel bei und verscheucht die Verlierer-Mentalität, die seit Jahren zu ihnen gehört wie der Bär im Teamlogo. Wenn sein Aufbau Führung braucht, gibt er sie ihm. „Ich habe niemals zu ihm gesagt, dass er seinen Spielstil ändern soll", sagt Brown. „Solche Gespräche hat es zwischen uns nie gegeben. Er wollte sich verbessern, und ich habe versucht, ihm dabei zu helfen. Mehr nicht."

Wer noch mitzählt, der zählt hier das fünfte Leben des „Whiteboy". Nach dem holprigen Neuanfang kann man sich damals zum ersten Mal die Frage stellen, wer jetzt eigentlich gewonnen hat: das System oder der

Rebell? Ist Jason Williams klüger, besser, effizienter geworden – oder hat er sich an die „alte Schule" des Basketballs verkauft?

Am Ende des Jahres sind die Grizzlies zwar immer noch kein Playoffteam, aber auch nicht mehr der Witz der Liga. Mit Brown gewinnen sie 40,6 Prozent ihrer Spiele. Und „J-Dub" beendet das Jahr als zweitbester Assistgeber der NBA und bester Starting-Point-Guard in Sachen Assist-Turnover-Verhältnis (3,8). „Meine Teamkollegen haben sich entwickelt, sind besser geworden", relativiert er seine Leistungen. „In meinem ersten Jahr in Memphis war das anders. Meine ganzen Assists könnte ich nicht machen, wenn meine Jungs die Dinger nicht reinhauen würden. Alle denken immer, dass nur ich mich ändere, aber meine Teammates helfen mir mit ihrem Spiel dabei."

„Jason war immer zwischen Platz 25 und 45 in der Liga, was sein Assist-Turnover-Verhältnis angeht", erklärt Hubie Brown. „Vergangene Saison war er der beste Aufbaustarter der NBA in dieser Kategorie. Er hat seine Spielweise angepasst und nebenbei noch ein Team zusammengehalten, in dem von zehn Stammspielern drei Rookies standen und drei Jungs erst ein Jahr in der NBA waren. Er hatte sechs Kids neben sich und hat trotzdem die Show geschmissen! Es ist erstaunlich, dass das offenbar niemand gemerkt hat."

Oder auch nicht so erstaunlich. Denn Memphis ist nicht gerade der Mittelpunkt der Basketballwelt, die Grizzlies sind selten im Fernsehen. Und da Williams der Presse nicht gerade den Hintern küsst, ist mit positiven Features auch nicht zu rechnen. Er könnte sich damals die Liebe der Medien abholen und alte Rechnungen begleichen. Aber nein, „J-Will" braucht und will das nicht. „Ich versuche ja, die Medien so weit wie möglich zu ignorieren", erklärt er. „Die schreiben sowieso, was sie wollen. Hauptsache, meine Mitspieler und die Coaches wissen, was ich leiste. Das ist das Einzige, was wichtig ist."

So erlebt die FIVE ihn damals dann auch, im Oktober 2003. Die NBA schickt ihre Teams damals zum ersten Mal nach langer Pause auf PR-Tour durch Europa. San Antonio gegen Memphis lautet die Begegnung in Paris. Es ist die Medien-Stunde der Grizzlies, und die FIVE-Autoren sind vor Ort. Shane Battier führt an der Seitenlinie gerade seine Deutsch-Kenntnisse vor. Wesley Person referiert über die Kunst des Jumpshots. Pau Gasol steht inmitten von mindestens zehn spanischen Journalisten. Hubie Brown tut das, was betagte Menschen am liebsten tun: von den guten alten Zeiten erzählen. Eigentlich redet so ziemlich jeder Spieler, Coach oder Manager mit irgendjemandem. Nur Jason Williams nicht.

„Naw man, I'm workin on my shot", sagt er, als ihn circa zehn Journalisten um ein Interview bitten. Während er 25 Minuten lang mit Stromile Swift und Lorenzen Wright an der Linie herumalbert, ist Warten angesagt. Dann, fünf Minuten vor Ende der Fragestunde, geht Ronald Tillery zu Williams hinüber. Tillery schreibt täglich für die Zeitung „Commercial Appeal" aus Memphis über die Grizzlies. Die beiden kennen sich. Williams' sonst so starre Miene entspannt sich. Beide witzeln über europäisches Fastfood. Plötzlich friert das schelmische Grinsen wieder ein. Diktiergeräte und Kameras nähern sich, mit unbekannten Gesichtern und Fragen dahinter. Jason Williams schaltet in den Pressemodus.

„Glaubst du, dass ihr die Playoffs erreichen könnt?"
„Ja."
„Hast du schon mal im Rucker Park gespielt?"
„Nein, noch nie."

Das muss reichen. Ende. Jason Williams hat seine Schuldigkeit getan und flüchtet in Richtung Spielerbank.

„Eigentlich ist er ein richtig netter Typ", sagt Teamkollege Person. „Er will auf dem Feld alles richtig machen, spielt sehr selbstlos und achtet darauf, dass jeder seine Würfe kriegt. Es macht auf jeden Fall Spaß, mit ihm zu spielen, auch offcourt. Er ist superwitzig. Aber mit den Medien quatscht Jason halt nicht rum, sondern kommt schnell auf den Punkt. Er beantwortet die Fragen und ist weg. Er will sich hier keine Freunde machen. Manche Leute sind halt so gestrickt."

Jason Williams will sich selbst schützen. Das gebrannte Kind scheut das Feuer. Zu oft ging es zuletzt in den Zeitungen um Williams' Vergangenheit, seine Tattoos, seine Sturheit, sein schroffes Verhalten gegenüber Journalisten und Fans. Das trifft ihn tief. Deshalb baut sich „J-Will" fortan einen Kokon aus Schweigen und abweisenden Blicken, der jeden neugierigen Fragensteller abschrecken soll. Die Momente, in denen er über den selbst geworfenen Schatten springt, sind rar. „Die Medien müssen ihre Geschichten machen", sagt Williams. „Und diese Storys über mich ließen sich damals halt gut lesen. So etwas wollen die Leute nun mal."

Damals schreibt er eine ganze andere Story, die sich gut lesen lässt. Sie trägt den Titel „Der Alte und der Aufbau". Denn nicht nur Trainer Hubie Brown, auch der legendäre General Manager Jerry West legt damals einen Zugang durch Williams' raue Schale. Später wird zu lesen sein, dass West sein Leben lang mit Depressionen kämpfte.

Er hat daher nicht nur aufgrund seiner Herkunft aus West Virginia einen besonderen Zugang zu dem launischen, mental anfälligen Guard. Er weiß den wilden Jungen zu nehmen. Es entwickelt sich eine Art Freundschaft zwischen den beiden. Williams schöpft nicht nur aus dem endlosen Fundus an Basketball-Weisheiten der alten Legende, sondern spürt auch dessen absolute Fixierung auf Erfolg. Ausgerechnet er, der nach einer Niederlage sagte: „Ich gehe nach Hause, sehe meine Kinder, meine Frau, und alles ist gut. Dieser ganze Scheiß hier ist für mich zweitrangig."

Im Sommer 2005 wird Williams ein weiteres Mal getradet: Er ist Teil des bis dato größten Deals aller Zeiten, bei dem 13 Spieler das Team wechseln, darunter außer ihm noch Antoine Walker, Eddie Jones und James Posey. In Miami spielt er an der Seite seines alten Freundes Shaquille O'Neal.

„Ich war derjenige, der sich für diesen Trade eingesetzt hat. Er wollte mit mir spielen, ich wollte mit einem Guard spielen, der gerne passt. Ich glaube, dass Dwyane Wade, er und ich eine gute Kombination sein werden", sagt Shaq damals. Williams' sechstes NBA-Leben bedeutet eine zweite Chance unter anderen Vorzeichen: So wie einst in Sacramento ist er hier wieder Teil einer Mannschaft, der der Gewinn der Meisterschaft zugetraut wird. Erneut soll er als Starter seinen Beitrag leisten – doch er ist nicht mehr der wilde Highlight-Hallodri seiner Anfangstage.

Eine Knieverletzung limitiert seine Einsatzzeit in der regulären Saison, neben O'Neal, Wade und Gary Payton scheint er zum Rollenspieler verkommen zu sein. Doch in den Playoffs liefert er seinen Beitrag: Das sechste Spiel des Conference-Finales gegen die Detroit Pistons entscheidet er mit 21 Punkten fast im Alleingang. Im Finale gegen Dallas liefert er effizient und leise zwölf Punkte und fünf Assists im Schnitt. Jason Williams ist nur noch Panther, er ist ein Ausbund an Effektivität und Routine. Und er ist ein Champion. Es ist der Höhepunkt in diesem ewigen Kampf zwischen alter und neuer Schule.

In der Folge lässt sein Game spürbar nach. Williams spielt noch zwei Jahre in Miami, bevor er seinen Rücktritt bekannt gibt. 2009 kehrt er nochmals zurück und unterschreibt in Orlando, 2011 ist seine Profikarriere dann endgültig vorbei.

Das siebte Leben des Jason Williams, es findet jenseits der Basketball-Öffentlichkeit statt … wenn er nicht gerade bei Wohltätigkeitsspielen den Ellbogen-Pass auspackt. Es ist ein stilles Dasein für Familie und Kinder. Und wir bleiben zurück, mit unserer Meinung über Jason Williams.

Über die Tattoos, die Ausfälle, die Drogen, die Ballverluste, die Widerworte, den Ärger. Und über den Style, die Highlights, die Dreier, die Begeisterung, den Wandel, die Meisterschaft. Und jeder muss für sich die Antwort finden auf die Frage vom Anfang dieses Kapitels.

Hat er den Kampf gegen jene kollektive Basketball-Weisheit gewonnen, gegen die er stets anspielte?

JAN HIERONIMI

PAUL PIERCE

„Wahrheit" ist ein großes Wort. Philosophen und Logiker haben sich ihr gewidmet, Wissenschaftler sie definiert, Gutmenschen sie zur Tugend erklärt. Dahinter steckt die Suche nach etwas Wertvollem, Objektivem, Unverrückbarem, denn Wahrheit ist auf den Kern reduziert. Und so bedarf es oftmals eines echten Kennerblicks, sie zu erfassen – jene „reine Wahrheit und nichts als die Wahrheit".

„The Truth", die Wahrheit – das ist also ein ziemlich amtlicher Spitzname. Paul Pierce trägt ihn seit mehr als einem Jahrzehnt. In seinem dritten Profijahr hatte er gegen die Los Angeles Lakers 42 derart beeindruckende Punkte erzielt, dass Shaq höchstselbst den Bostoner Reportern hinterher diktierte: „Notiert das: Mein Name ist Shaquille O'Neal, und Paul Pierce ist die gottverdammte Wahrheit. Zitiert mich und lasst nichts weg. Ich wusste, dass er spielen kann – aber nicht, dass er so spielen kann. Er ist die Wahrheit."

Es war ein Ehrensiegel sondergleichen, und es passte. Denn Pierce spielt ohne Schnörkel, ohne Flash, dafür vielseitig, effizient, grundsolide. Selbst FIVE widmete ihm nur zwei Artikel in 100 Ausgaben, dabei ist er ein Spieler für echte Basketball-Connaisseure. Einer, der in großen Spielen zur Topform aufläuft, der auswärts besser spielt als daheim, der Trashtalk austeilt und dabei immer ein bisschen „gangsta" bleibt. So war es früher, so ist es heute. Über seine 15 Profijahre ist sein Spiel in Würde gealtert, zum Game eines weisen Veteranen. Dem Game eines Gewinners.

Pierce musste lange kämpfen, bis ihm eine Meisterschaft vergönnt war, und nicht immer galt er in diesen Jahren als der Hall of Famer, als der er heute wahrgenommen wird. Ein Gewinner war er nicht immer. Im Gegenteil, sein Image wechselte über die Jahre stetig: vom jungen Wilden zum Problemfall zum Trade-Kandidaten zum Champion. Ironisch, dass ausgerechnet der Mann, den sie „die Wahrheit" nennen, so viele Wahrheiten überstanden hat ...

Nur passend also, dass die Liga schon ganz zu Beginn seiner Karriere nicht zu wissen schien, wer dieser Paul Pierce war, besser noch: was „wahr" war. Sensationell stürzte der vorher so hoch eingestufte Kansas Jayhawk am Draft-Abend 1998 bis auf den zehnten Platz ab – eine Kränkung, die er lange Zeit als Treibstoff nutzte, um der Liga seine ganz eigene Wahrheit über seine Fähigkeiten zu präsentieren.

In Los Angeles aufgewachsen, hatte es ihn ausgerechnet zum Lakers-Erzrivalen nach Boston verschlagen, wo er sich in der Folge seinen Platz in der ruhmreichen Vereinsgeschichte erarbeiten sollte: Von Beginn an Starter, lieferte er unter Trainer Rick Pitino zunächst 16,5 Punkte als Rookie und danach 19,5 Zähler pro Partie ab. Dann explodierte er auf Elite-Terrain: 25,3 Punkte, 6,4 Rebounds und 3,1 Assists im Schnitt bei 45,4 Prozent aus dem Feld und 38,3 Prozent von Downtown sowie zudem starke neun Freiwurfversuche pro Partie etablierten „P-Double" als veritablen NBA-Star, im Folgejahr führte er die seit 1995 playofflosen Boston Celtics mit ähnlich fantastischen Zahlen (und unter dem neuen Coach Jim O'Brien) in die Postseason und wurde erstmals zum All Star gewählt.

Die jungen Grün-Weißen kamen sensationell bis ins Conference-Finale, wo sie 2-4 gegen New Jersey verloren. Es waren die Jahre an der Seite des umstrittenen Antoine Walker mit dessen dribbel- und dreierintensivem Spiel. Walker und Pierce galten bei allem jugendlichen Leichtsinn als eines der Top-Duos der Liga, freudig unterzeichnete Pierce eine Vertragsverlängerung bei den Kelten. Ohne die geringste Ahnung, dass er sich wenig später, 2004, mitten in einem schmerzhaften Rebuild-Projekt befinden würde. Oder wie wir in blumigeren Worten schrieben, mitten im ...

AUFBAU (B)OST(ON)
2004

Ein trauriger Apriltag in Boston. Während enttäuschte Fans in Scharen durch die Ausgänge des ohnehin halbleeren Fleet Center strömen, ticken drinnen die letzten Minuten der Playoffträume der Boston Celtics von der Uhr. Die Reservisten der Indiana Pacers geben den überforderten „Celts" mit einem beeindruckenden Arsenal an Highlight-Dunks den Rest.

Das 90:75 ist der Gnadenschuss. Mit 4-0 ziehen die Pacers in Runde zwei ein. Es ist der zweite Sweep für Boston in der zweiten Saison in Folge nach dem sieglosen Auftritt gegen New Jersey im Vorjahr – und Paul Pierce, dreifacher All Star, ist alles andere als glücklich über den Zustand seiner Franchise. „Das hinterlässt einen schlechten Nachgeschmack", sagt er nach Spielende. „Dieses Team war einfach nicht bereit für die Playoffs. In jedem anderen Jahr wären wir wahrscheinlich nicht mal in die Postseason gekommen. Wir sind auf das beste Team der Liga getroffen und waren darauf nicht vorbereitet. Die Serien der letzten beiden Jahre sind das Peinlichste, was mir je passiert ist."

Doch es wird noch schlimmer werden für Paul P., denn niemand kann sagen, wie lange es noch dauert, bis die Sonne wieder auf das Fleet Center scheint. Pierce dagegen ist noch für vier Jahre an die Celtics gebunden. Ihm steht ein langer Sommer bevor, der Beginn eines schmerzhaften und mehrjährigen Projekts mit dem Namen „Aufbau Boston". „Die Boston Celtics dürfen einfach nicht aus den Playoffs gesweept werden! Es ist uns vergangene Saison schon passiert und nun wieder. So eine Franchise sind wir nicht", proklamiert Pierce. „Die Celtics sind einer der größten Klubs im Basketball. Wenn wir Leute haben, die das nicht akzeptieren, die nicht jeden Abend, an dem sie die Uniform anziehen, darauf stolz sind, die nicht jeden Abend auf hohem Niveau spielen können, dann brauchen wir eben neue Spieler! Wir müssen – egal wie – unseren Stolz zurückgewinnen."

„Stolz" ist ein Wort, das die Celtics immer ausgezeichnet hat. Doch die Ära der „Celtic Pride" ist lange Vergangenheit. Pierce spürt das Gewicht der jahrzehntelangen Celtics-Dynastie schwer auf seinen Schultern liegen. „Diese 16 Championship-Banner hängen nicht ohne Grund da oben", sagt er. „Wir müssten eigentlich Jahr für Jahr mit dem Gefühl in die Saison gehen, dass wir eine weitere Meisterschaft gewinnen können." Doch das ist derzeit das Letzte, worüber sich die Bostonians Gedanken machen sollten. Mit ihrer 36-46-Bilanz waren die Celtics eines der schlechtesten Teams, die je die Postseason erreichten.

Nach dem schnellen Ende gegen Jermaine O'Neal, Ron Artest und Co. wunderten sich viele, was dieses Team überhaupt in den Playoffs zu suchen hatte. Wenn die Antwort darauf „gar nichts" lautet, so lag das jedenfalls nicht an Paul Pierce und seinem Einsatzwillen. Verzweifelt versuchte er vier Spiele lang, sein Team mitzureißen, feuerte einen Wurf nach dem anderen ab, ändern konnte er nichts. Er erzielte 20,6 Punkte im Schnitt, traf jedoch nur 26 seiner 76 Versuche aus dem Feld, nur fünf von 17 Dreiern und schaffte es nie, sich Artests Bewachung zu entziehen. So ist Paul in eine traurige Spieler-Kategorie gerutscht: Stars, denen weniger Respekt als Mitleid erwiesen wird – die umso härter kämpfen und umso schwerer versagen.

„Das ist hart", sagt ein gebeugt sitzender, deutlich gezeichneter Paul Pierce nach Spiel drei. „Ihr alle wisst, dass ich ehrgeizig bin. Ich will um jeden Preis gewinnen, da tut so ein Blowout mir im Herzen weh."

„Ich hatte mir definitiv etwas anderes vorgestellt, als ich damals für mehrere Jahre hier unterschrieben habe", fügt er an. „Ich muss einfach Vertrauen in uns haben. Ich will unbedingt Teil dieses Turnarounds sein und dieses Team auf ein Level bringen, wo die Boston Celtics einfach hingehören."

Tatsächlich stemmte Pierce sich auch in der Folge wacker gegen das Mittelmaß, für das sein Team gemacht zu sein schien. Doch dem Gestank des Verlierens konnte er sich nicht entziehen. Auch er geriet in den Strudel aus Niederlagen, Frust und schlechten Entscheidungen – wie so viele Leistungsträger schlechter Teams. Plötzlich scheint der eigene Kompass wild durchzudrehen, der Fokus geht verloren, schlechte Entscheidungen sehen plötzlich wie gute aus. Und so wie sich das Schicksal der einst so jungen, vielversprechenden Celtics gedreht hatte, so drehte sich auch die Wahrnehmung von Pierce. „The Truth" – das war nun eine ganz andere Wahrheit, die von Star-Allüren, Party-Leben und blinder Werferei handelte.

P-TROUBLE
2005

Schwer zu sagen, wann sie angefangen hat, die Verwandlung des Paul Pierce. Die Metamorphose vom allseits geschätzten Franchise-Player zum Trade-Kandidaten, sie war ein schleichender Prozess. Nur die Rahmendaten sind bekannt: Das „Vorher" auf der einen Seite, der junge Swingman, der Boston 2002 zum ersten Mal seit sieben Jahren in die Playoffs führte. Ein Star, ein Gewinner, ein würdiger Repräsentant der traditionsreichsten NBA-Franchise. Das „Nachher" auf der anderen Seite drei Jahre später, 2005, die übellaunige Primadonna, über die die Fans ungläubig den Kopf schütteln. Dazwischen unendlich viele Schattierungen von Grau, der langsame Verfall einer Romanze zwischen Spieler, Fans und Klub. Zielsicher steuerte die Ehe, die einst für die Ewigkeit geschlossen zu sein schien, auf den Scheidungsrichter zu.

Bis zum Höhepunkt im Sommer 2005: Zahlreiche Wechselgerüchte schwirren durch den Blätterwald. Es hagelt Dementis und noch mehr Versicherungen der Insider, dass hinter verschlossenen Türen doch Gespräche über einen Wechsel geführt werden. „Should the Celtics trade Paul Pierce?", titelt ESPN.com noch kurz vor Saisonbeginn auf der NBA-Seite und bittet zur Abstimmung. Doch der „World wide leader ...", wie sich ESPN so gern nennt, stellt die falsche Frage. Sie muss anders lauten: Wann verlor Paul Pierce sein Lächeln? Und wann verlor Boston den Glauben an ihn?

All die Jahre stand die Fassade. Von außen betrachtet könnte alles in allerbester Ordnung sein. Nach dem Playoffrun 2002 erzielt Pierce nie weniger als 20,0 Punkte, 6,5 Rebounds, vier Assists pro Spiel, verpasst in drei Jahren lediglich fünf Partien. Mitspieler, Coaches, sogar der General Manager werden ausgetauscht. Doch davon unbeeindruckt führt „P-Double" sein Team Jahr für Jahr in die Playoffs und repräsentiert das Team mit schöner Regelmäßigkeit beim All-Star-Weekend.

Seine Karriere will er als Celtic beenden, versichert er. Sein Truck trägt das Team-Logo und hat im Innenraum eine Kopie des Parkettbodens aus dem „TD Banknorth Center", das trotzdem noch immer alle den Boston Garden nennen. Unter der glänzenden Oberfläche aber brodelt es unsichtbar für die Augen der Fans.

Im Sommer 2002 muss Aufbau Kenny Anderson gehen. Die Celtics erreichen ohne ihn trotzdem die Meisterrunde, verlieren erneut gegen New Jersey (nachdem sie in Spiel drei im Schlussviertel einen 21-Punkte-Rückstand aufholen, ein NBA-Playoff-Rekord). Im Sommer 2003 wird Co-Star Antoine Walker nach Dallas getradet, nun lastet die Verantwortung alleine auf Pierce' Schultern. Wo die geballte Medienschelte bisher Walker und seinen wilden „Ich nehme Dreier, weil es keine Vierer gibt"-Stil getroffen hatte, schlägt sie jetzt bei Nummer 34 ein. „Antoine hat die Fähigkeit, die Last und die Kritik zu schultern – er ist unser Blitzableiter", erkennt Manager Danny Ainge, der „Toine" damals hauptsächlich für Raef LaFrentz in den Lone Star State Texas schickte, heute. „Das habe ich unterschätzt."

Pierce ist ein Ehrgeizling, wie alle Großen. Sein Stolz kann ein Plus sein – wie damals, als die Tatsache, dass er erst an zehnter Stelle gedraftet wurde, ihn motivierte, mit einer Killer-Rookie-Saison alle Teams abzustrafen, die ihn einst verschmähten. Es kann jedoch auch ein fettes Minus sein, wenn die Franchise, deren Trikot er trägt, mitten im Neuaufbau steckt. Und genau das ist die Situation in Boston, seit Danny Ainge den Posten des General Managers bekleidet.

Um Pierce herum versammelt er seit seinem Amtsantritt beharrlich junge Talente. Rookies, die Zeit brauchen – Zeit, die Pierce nicht hat. So hält er aus jedem Winkel drauf, sieht jeden Zentimeter Platz als Einladung zum eigenen Abschluss. Seine Quoten stürzen 2003/04 auf 40,2 Prozent aus dem Feld und 29,9 Prozent von Downtown, er legt alarmierende 3,7 Ballverluste pro Spiel auf. Gelingt es „The Truth", diese Ansammlung von Mittelmaß und Jugend, die Ainge ein Team nennt, zum Sieg zu schießen, fühlt er sich bestätigt, weiter in den Alleingang zu schalten.

Verlieren die Celtics, schimpft Pierce frustriert auf die Personalpolitik der Franchise.

Es fehlt ein Coach, der seinen Star zurechtweist, mehr Geduld und Teamspiel verordnet. Headcoach Jim O'Brien ist genau das Gegenteil, ebenso wie Pierce ist er sauer auf das Management, weil es eine einst erfolgreiche Mannschaft zerpflückt hat. Damals ließ er Walker nach Lust und Laune Dreier werfen, jetzt hat Pierce grüne Welle. So schießt „P²" die Kelten auch 2004 in die Playoffs, wird All Star. Doch seine Attitüde sorgt für hochgezogene Augenbrauen im Front Office. Einfach war er noch nie: Bei der Basketball-WM 2002 hing er als Nationalspieler in den Partyclubs der Stadt ab, nach Auszeiten murmelte er gerne mal Sätze wie „Paul Pierce läuft solche Spielzüge nicht" vor sich hin. Schon damals galt er als Problemfall, der für das schwache Abschneiden des Teams verantwortlich war. Doch nun haben seine Star-Allüren ein neues Hoch erreicht.

Als Coach O'Brien zurücktritt, holt Ainge 2004/05 Doc Rivers an die Seitenlinie. Schnell entwickelt sich die Beziehung von Headcoach und Star zum Dauerkräftemessen. Als Pierce in einem engen Spiel gegen die Milwaukee Bucks im Dezember nicht vollen Einsatz zu geben scheint, setzt Rivers ihn fünf Minuten vor dem Ende auf die Bank. „P-Double" reagiert zunächst mit Erstaunen, dann mit Wut. Auf dem Weg vom Feld schimpft er in Richtung seines Coaches. „Du sitzt jetzt", antwortet der nur. Als Pierce wenig später wieder eingewechselt werden soll, blickt er starr geradeaus an Rivers vorbei, das Kinn nach vorne gereckt. Kaum auf dem Feld, trifft er einen Dreier zur Führung, starrt rüber zur Bank und schreit ein paar böse Worte.

Boston gewinnt, doch die Körpersprache des Stars spricht Bände. Wie überhaupt die ganze Saison über: Während der Auszeiten und auf der Ersatzbank trägt Pierce eine Maske aus Selbstmitleid, verletztem Ego und offener Antipathie. Läuft es auf dem Feld schlecht oder trifft einer der Youngsters eine schlechte Entscheidung, verdreht Pierce die Augen und trabt mit hängenden Schultern zurück in die Defense.

Immer wieder wird von Auseinandersetzungen berichtet. Rivers will, dass Pierce cleverer spielt, weniger schlechte Entscheidungen trifft. Vor allem jedoch soll er die Jungen mit guter Stimmung motivieren, anstatt sie runterzuziehen. Die Umstellung fällt dem All Star schwer. Der Frust über Anpassungsschwierigkeiten, Neuaufbau und das Dasein im Mittelmaß trifft gebündelt den Trainer. Eine ganze Saison lang köchelt der Konflikt auf kleiner Flamme vor sich hin: keine offene Rebellion, eher ziviler Ungehorsam.

Den traurigen Höhepunkt bilden die Playoffs 2005. Spiel sechs der Serie gegen Indiana. 13 Sekunden sind noch zu spielen, Boston führt mit einem Punkt und hat den Ball, als Jamaal Tinsley Pierce hart foult. Anstatt cool zu bleiben und mit zwei Freiwürfen den Sieg einzutüten, schlägt Pierce per Ellbogen zurück: Technisches Foul, Disqualifikation, der Topscorer ist raus. Auf dem Weg in die Kabine reißt er sich das Trikot vom Körper und schwenkt es provozierend über dem Kopf.

Die Celtics gewinnen trotzdem und erzwingen eine siebte Partie. Nach Spielende erscheint Pierce mit Kopfbandage zur Pressekonferenz. „Tinsley hat mir den Kiefer gebrochen", witzelt er, doch die Journalisten schauen einander nur betreten an. Versteht der Mann nicht, dass er sein Team beinahe die Serie gekostet hat? Auch die Fans wissen nicht, was sie mit ihrem einstigen Liebling anfangen sollen. Als die Celtics Spiel sieben verlieren und sich in den Sommerurlaub verabschieden, sieht Pierce einer sehr unsicheren Zukunft entgegen ...

„Diese Sache hat meinem Ruf wirklich geschadet. Ich habe das Gefühl, dass mich die Menschen jetzt mit anderen Augen sehen. Sie wissen nicht mehr, mit wem sie es zu tun haben. Diese Sache mit dem Jersey, alles wurde falsch verstanden", sagt Pierce.

Das Training Camp hat begonnen, Monate sind seit dem Playoffaus vergangen, er ist trotz aller Gerüchte noch immer ein Celtic. Gegangen sind andere, Aufbau Gary Payton und – einmal mehr – Forward Antoine Walker (der zuvor per Trade Mitte der Saison zu den Celtics zurückgekehrt war.). Trotz der Abgänge der hochklassigen Mitspieler betont Pierce in jedem Interview, dass er im Sommer beschlossen habe, sich zu ändern. „Ich weiß, dass ich vergangene Saison manchmal nicht der positivste Mensch der Welt war und nicht immer mit gutem Beispiel vorangegangen bin", bekennt er. „Wir sind ein junges Team, da muss ich mehr Optimismus ausstrahlen, mehr Anführer sein."

Es sind nur Worte. Aber immerhin gestehen sie Schuld ein, versprechen Besserung. Tatsächlich trägt der 28-Jährige beim Camp ein ungewohntes Dauergrinsen zur Schau, tritt demonstrativ als Leader auf, der regelmäßig Ratschläge verteilt, Mitspieler motiviert, kleine Witze macht. Ein Friedensangebot, das Rivers nur zu gerne – wenn vielleicht auch skeptisch – annimmt: „Vergangene Saison war nur der erste Schritt. Es gab ein paar Schlaglöcher, aber ehrlich gesagt war das kein großes Ding. Mir geht es darum, Paul zu dem besten Spieler zu machen, der er sein kann."

Tatsächlich machte Pierce, trotz aller Probleme und Streitereien, 2004/05 bemerkenswerte Fortschritte. „Unter Jim O'Brien hatte Paul alle Freiheiten. Er konnte tun, was er wollte. Doc dagegen hat ihn wirklich gecoacht", glaubt sein Agent Jeff Schwartz. Pierce punktete zwar mit 21,6 Zählern pro Partie so wenig wie seit vier Jahren nicht, spielte jedoch so effektiv wie nie zuvor. Seine Quoten aus dem Feld (45,5 Prozent) und von der Linie (82,2 Prozent) waren die besten seiner Karriere, gleichzeitig nahm er deutlich weniger Würfe und verbuchte pro Spiel einen Turnover weniger als im Vorjahr.

„Paul versteht, dass er ein produktiverer Spieler war, indem er weniger Würfe genommen hat", sagt Danny Ainge. „Er ist nicht nur ein guter Schütze – er ist ein großartiger Schütze", sekundiert Rivers. „Sobald er anfing, den Ball öfter abzugeben und mit seinen Pässen Gefahr auszustrahlen, gab es keinen Weg mehr, ihn zu stoppen. Ich hoffe, dass es so weitergeht."

Denn nur mit einem Paul Pierce in Bestform haben die Kelten im wiedererstarkten Osten irgendeine Chance auf die Playoffteilnahme. Ebenso wichtig wie sein Spiel auf dem Court ist jedoch die Einstellung. Nimmt er nach ein paar Niederlagen frustriert wieder die Abfahrt nach Ego-Town, ist das junge Team verloren.

„Paul hat keine Ahnung, wie mächtig er ist", sagt Coach Rivers und meint den Einfluss seines Stars auf Youngsters wie Al Jefferson, Tony Allen, Delonte West oder Gerald Green. Dem Quartett wird eine großartige Zukunft bescheinigt. Doch bis die Talente zu Stars herangewachsen sind, werden Jahre vergehen. Wann es so weit sein wird, dass die Celtics das Kaliber eines Titelkandidaten erreichen, kann derzeit noch niemand sagen.

Wenn es so weit sein sollte, will Pierce jedenfalls bereit sein. „Ich glaube, dass ich in den nächsten fünf Jahren meinen besten Basketball spielen werde. In der Zeit kann alles passieren. Wir brauchen nur einen Trade und können plötzlich ein Top-Team sein, so wie Detroit nach dem Trade für Rasheed Wallace", sagt er. „Ich kenne das Gefühl, zu gewinnen und in den Playoffs weit zu kommen. Ich will dieses Gefühl zurück."

„Wir brauchen nur einen Trade und können plötzlich ein Top-Team sein." Aus heutiger Sicht möchte man „Vorsehung" zum umfangreichen Talentpaket von Pierce addieren. Denn zwei erfolglose, aber effiziente Jahre später – darunter seine beste Saison mit 26,8 Punkten, 6,7 Rebounds und 4,7 Assists bei 47 Prozent Trefferquote in 2005/06 – kommt für den Alleingelassenen tatsächlich die Erlösung in Form eines der epochalsten „Turnarounds" aller Zeiten.

Zwei Trades bringen die Wende, schon sind Playofferfolge wieder in Reichweite. „Wallace nach Detroit" ist dagegen eine Randnotiz der Liga-Historie: In der Draft-Nacht 2007 holt Boston zunächst im Tausch für Rookie Jeff Green Scharfschütze Ray Allen aus Seattle, dann überzeugt das Management Kevin Garnett, einem Trade aus Minnesota zuzustimmen und im Anschluss nicht aus seinem Vertrag auszusteigen. „The Big Ticket" kommt im Tausch für Al Jefferson, den auslaufenden Vertrag von Theo Ratliff, Gerald Green, Sebastian Telfair, Ryan Gomes sowie einige Draftpicks. Ein Wahnsinns-Trade, schließlich ist Garnetts MVP-Saison erst drei Jahre her.

Das neu formierte Star-Trio (das sich anfangs vehement gegen den Namen „Big Three" wehrt) wird vom vielversprechenden Aufbau Rajon Rondo (der als Rookie immerhin 25 Spiele als Starter aufgelaufen war), dem jungen Center Kendrick Perkins sowie einem Haufen nachverpflichteter Veteranen komplettiert. Und schon ist aus dem NBA-Außenposten ein Titelkandidat geworden, der an die legendären Erfolge der Franchise anknüpfen soll. Denn das ist der neu formulierte Anspruch dieses Teams: Im Trainingszentrum hängen die 16 Meisterschafts-Banner an der Wand, einige vergilbt und verstaubt, daneben prangt ein leerer Platz, der von Scheinwerfern angestrahlt wird. Nummer 17 soll folgen, das ist die Ansage.

Doch dafür muss Coach Doc Rivers die drei Superstars dazu bringen, zu einer Einheit zu verwachsen, den Ball zu teilen, die Egos zu stutzen. „Ubuntu" wird sein Schlagwort, ein afrikanischer Begriff für Zusammenhalt, der dem großen Ganzen dienen soll. Seine Worte fallen auf fruchtbaren Boden. KG ist wie ausgezehrt nach den Jahren des Verlierens in Minnesota, Allen gleichfalls siegeshungrig nach einer Karriere ohne Titel. Und Pierce?

Auch der als „Gunner" verschriene Swingman zieht mit. Er verschreibt sich wie alle anderen dem neuen Defensivkonzept von Assistenztrainer Tim Thibodeau, das die beste Verteidigung der Liga produzieren wird. Er teilt freimütig den Ball, nimmt 4,4 Würfe pro Partie weniger als im einsamen Vorjahr. Warum auch nicht – er hat bekommen, was er immer wollte. „Paul ist viel zufriedener, weil das Team in einer besseren Situation ist. Das ist alles, was er immer wollte", sagt Kendrick Perkins.

Die drei Stars finden in ihrem Streben nach ihrer ersten Meisterschaft eine gemeinsame Basis. Als Garnett morgens um acht in die Trainingshalle kommt, wo er sonst immer der Erste war, findet er dort Pierce schweißgebadet beim Hanteltraining vor, der wiederum nach Ray Allen in der Halle eintraf. „Natürlich war ich überrascht", sagt Garnett, „aber genau so habe ich mir das auch vorgestellt." Am Ende einer Saison mit wenigen Tiefen und vielen Höhen belegt

Boston mit einer 66-16-Bilanz den ersten Platz der Division, kämpft in den Playoffs Atlanta in sieben Spielen nieder, dann die Cleveland Cavaliers in sieben Spielen, schließlich Detroit in sechs Partien. Pierce spielt weiterhin seine Rolle in der teamorientierten Offense des Teams, ist jedoch da, wenn er muss: Cleveland brennt er im entscheidenden siebten Spiel 41 Punkte auf den Pelz.

Die gleichfalls neu formierten L.A. Lakers mit Kobe Bryant, Pau Gasol und Andrew Bynum warten im Finale, doch Bostons beinharte Defense ist zu gut. In Spiel eins wird Pierce verletzt in einem Rollstuhl vom Feld gebracht, kehrt aber zurück und erzielt 15 Punkte auf dem Weg zum Auftaktsieg. 3-2 geht Boston in Führung. Im sechsten Spiel dann demontieren die Kelten ihren Gegner mit 131:92, die 39-Punkte-Schlappe geht als höchster Final-Sieg in die Geschichte ein. „Ubuntu" bringt schon im ersten Jahr den ersten Titel für Boston seit 1986, den ersten für Pierce, Garnett und Allen. Die neue Wahrheit über „The Truth": Er ist ein Champion und Finals-MVP!

Zwar gewinnt die „Big Three" (nach dem Titelgewinn darf man sie so nennen) keinen weiteren Titel mehr. Aber Boston dominiert auf Jahre den Osten, gewinnt 2008/09 62 Spiele, erreicht 2010 erneut das NBA-Finale, wo dieses Mal L.A. den längeren Atem hat. Und auch wenn sich in den Folgejahren die Bilanzen weniger beeindruckend lesen, so sind die alten Herren immer noch für einen Playofferfolg gut, verlangen beispielsweise LeBron James' hochtalentierten Miami Heat stets alles ab – wie beim 3-4 in den Playoffs 2012, dem ersten Meisterjahr der Heat.

Pierce' Vermächtnis scheint nach all den Heldentaten schon lange vor seinem Abschied vom Profisport gesichert: Er ist einer der besten Celtics aller Zeiten, zweitbester Scorer der Teamgeschichte (nach John Havlicek), erzielte als einer von drei Kelten über 20.000 Punkte (neben Havlicek und Larry Bird) und ist ein klarer Fall für die Hall of Fame.

Zudem war er lange Zeit ein wandelnder Anachronismus in der modernen NBA: Nach Kobe Bryant (seit 1996) und gemeinsam mit Dirk Nowitzki (seit 1999) ist er der Spieler, der am längsten ununterbrochen für eine Franchise auflief. Mehr noch: Im Gegensatz zu Bryant und Nowitzki wurde er von diesem Team auch gedraftet.

In einer idealen Welt wäre Paul Anthony Pierce im grün-weißen Dress in den Sonnenuntergang geritten, doch der Traum von einem solchen Ende verpufft im Sommer 2013: Da macht General Manager Danny Ainge seine Ankündigung wahr, dass er seiner ehemaligen Meistermannschaft nicht (wie zu seiner aktiven Zeit den alten Recken um Bird, Robert Parish und Kevin McHale) beim Altern zusehen will. Center Perkins hatte er schon 2011 im Tausch für Jeff Green nach Oklahoma abgegeben, Ray Allen im Sommer 2012 als Free Agent verloren und damit das Ubuntu-Feeling ordentlich gedämpft. Nun stellt Ainge nach dem Erstrunden-Aus der Kelten die Zeichen komplett auf Neuanfang und gibt (mit deren Einverständnis) Garnett und Pierce im Duo nach Brooklyn ab.

„Wir hatten keinen Platz unter dem Salay Cap und nur wenige Spieler, die man traden konnte. Aber wer weiß, wen wir im Gegenzug bekommen hätten? Wir waren im Niemandsland zwischen Neuaufbau und Titelrennen. Unser Management merkte, dass wir nicht mehr um Titel mitspielen konnten, und ich wusste, dass es Veränderungen geben würde", zeigt Pierce später Verständnis.

Und doch hat der Abgang Spuren hinterlassen. „Mark Cuban sagt, dass Dallas niemals Dirk traden würde, San Antonio niemals Tim Duncan, die Lakers sagen, dass sie Kobe weiterverpflichten werden, und zur gleichen Zeit wird dasselbe nicht über mich gesagt, und ich werde getradet. Dieser Teil der Geschichte tut weh", gibt er zu.

Seine neue Wahrheit ist die Chance, seine Erfolgsgeschichte an anderer Stelle weiterzuschreiben. Brooklyn statt Boston – kaum 350 Kilometer voneinander entfernt, trennen beide Franchises doch Welten.

Gemeint ist zunächst der Ort selbst: Hier das überwiegend irische, also weiße Boston, dem schon lange eine schwierige Beziehung zu Afroamerikanern nachgesagt wird. Eine Stadt, in der Basketball stets die Nummer drei hinter Football und Baseball ist. Dort das überwiegend afroamerikanische, aufstrebende Brooklyn, bisher Heimat der Unterprivilegierten, Wiege des HipHop, wo Basketball seit Jahrzehnten die Nummer eins ist und die Nets das einzige Profiteam darstellen.

Auch die Klubs selbst könnten kaum unterschiedlicher sein: Boston als Traditionsverein mit 17 Meisterschafts-Bannern unter der Hallendecke, wo bis heute die gleiche Uniform getragen wird wie einstmals mit Bill Russell und Bob Cousy. Die Nets, einstige Loser-Franchise aus New Jersey, aus der ABA in die NBA übernommen, kurz erfolgreich, als Aufbau Jason Kidd den Fastbreak organisierte, danach wieder nur ein Niemand auf der falschen Seite des Hudson River.

Der Umzug nach Brooklyn hat die Franchise über Nacht hip gemacht, die Trikots wurden zum wiederholten Male neu angestrichen. Nun will der milliardenschwere Teambesitzer Mikhail Prokhorov in Rekordzeit zum Titel. Pierce ist ein Baustein dieser Vision. Nur darum stimmte er dem Trade zu und überzeugte Garnett, ebenfalls ein Net zu werden. „Es wäre schwierig gewesen, in einer Umgebung zu sein, wo das Ziel nicht lautet, einen Titel zu gewinnen", sagt Pierce. „Wenn du den Erfolg einmal geschmeckt hast, wie ein sehr gutes Essen, dann willst du das nicht mehr missen."

Doch in Brooklyn müssen viele hochbezahlte Einzelspieler zu einer Einheit verschmelzen: die bisherigen Leistungsträger Deron Williams und Brook Lopez *mit den keltischen Neuankömmlingen Pierce und Garnett sowie dem neuen Coach Jason Kidd. Aber eine Fortsetzung von „Ubuntu" bleibt aus. Die Nets spielen nicht um die Meisterschaft. Sie scheitern an den eigenen Ansprüchen, Verletzungen, auch dem Alter, das sich bei Garnett immer stärker zeigt. Auch das vorletzte Kapitel in der Karriere des Paul Pierce läuft anders als gedacht.*

Das Gastspiel in Brooklyn endet für Pierce nach nur einer Saison. Dann zieht es ihn als Free Agent nicht etwa zu Ex-Coach Doc Rivers in seine Heimat Los Angeles. Nein, Pierce geht zu den Washington Wizards. Dort spielt er im Winter seiner Karriere eine extrem wichtige Rolle. Als Scorer, Anführer, variabel einsetzbarer Spieler eines der gefährlichsten Teams im NBA-Osten ... und wohl doch ohne echte Chancen auf die Meisterschaft.

Wenn irgendwann die Karriere des Paul Anthony Pierce endet, wird diese rückblickend bestimmt anders wahrgenommen werden als zu seiner aktiven Zeit. Er war nie Kobe, nie Dirk – zumindest nicht außerhalb von Boston. Wie wird die Geschichte am Ende über ihn urteilen?

JAN HIERONIMI

RON ARTEST

Er war nie das Riesentalent. Kein Iverson, Carter, McGrady – kein Jahrhundertspieler also, dem man vorwerfen musste, seine gottgegebenen Skills zu verschwenden. Trotzdem war Ron Artest das ultimative Sorgenkind. Ein Spieler, der seine Herkunft – die traurigen, harten Straßen von New York – nie hinter sich lassen konnte.

Das Erbe seines Vaters, eines unscheinbaren, aber cholerischen Amateurboxers, von dem er die eigene Tendenz zum Wutausbruch übernommen hatte, konnte er ebenso wenig abschütteln wie die Reflexe einer Jugend zwischen Drogen, Gangs und Schusswechseln. Gleichzeitig machte genau diese lebensfeindliche Umgebung Artest zu einem speziellen Spieler. Sie bildete das verquere Betriebssystem, das den bulligen, langarmigen und leichtfüßigen Small Forward zu einem der besten Verteidiger der Ligahistorie und zu einem äußerst vielseitigen Offensivspieler machte. In der NBA angekommen, wurde Artest erst zum schlagkräftigen Metzger, dann zum Auslöser des wohl singulär schlimmsten PR-GAUs der Liga (direkt nach „The Punch" von Kermit Washington), schließlich zum verrückten X-Faktor und Meisterschaftsgaranten der L.A. Lakers.

Die Liga blickt heute auf Artest wie auf den durchgeknallten Onkel bei der Familienfeier. Dabei hat die Welt vergessen, dass seine Verfehlungen eben nicht nur lustig-durchgeknallte, kauzige Ideen waren, sondern teils brutal und verheerend. An vorderster Front natürlich seine Rolle beim „Malice at the Palace", als er kurz vor Spielende der Partie Indiana vs. Detroit von einem Bierbecher getroffen wurde und ins Publikum stürmte, um den vermeintlichen Werfer zu verprügeln. Eine üble Massenschlägerei folgte – und bis Artest in Sacramento, Houston und L.A. sportliche Highlights setzen konnte, blieb er „der Typ mit der Schlägerei". Doch dazu später mehr. Unseren ersten Artikel schrieb ich 2004, ein halbes Jahr früher, als Artest „nur" als uriges Raubein galt. In Indiana war der New Yorker zum Leistungsträger eines Titelanwärters herangereift und nun erstmals All Star.

DIE WUTPROBE
2004

Beim All-Star-Weekend in Los Angeles gehört das breiteste Grinsen des Tages dem Mann, den seine Teamkollegen nur „The Beast" nennen. Wie ein Kind im Süßigkeitenladen läuft Ron Artest durch die Halle, das Grinsen ins Gesicht gemeißelt, als wäre er der Joker. Mit Kameracrew und Mikro im Schlepptau greift er seine Kollegen für Interviews bei NBA.TV ab. Beim All-Star-Game wechselt er für jedes Viertel seine Schuhe, trägt an jedem Fuß ein anderes Modell, acht insgesamt. Beim Break passt er den Ball rückwärts durch seine Beine und lacht, als der Ball ins Aus kullert. Und der Mann, der vergangene Saison den Abfangjäger der Indiana Pacers gab, der jeden vorwitzigen Drive zum Korb per Bodycheck beendete, lässt reihenweise Gegenspieler zum Korb ziehen. Was geht?

Vergangene Saison wurde „Ron-Ron" nicht ins All-Star-Team des Ostens gewählt. Sein Name fehlte sogar auf dem Wahlzettel, auf dem die Fans ihre All Stars ankreuzen können. Wütend verkündete er damals: „Ist auch besser so. Ich hätte richtig harte Defense gespielt und Flagrant Fouls gemacht." Frust pur, aber nach einer leeren Drohung klang das damals nicht. Nicht aus dem Mund des Vorzeige-Psychos der Liga, der Technische Fouls und Flagrants sammelte wie Trading Cards und im Madison Square Garden eine 100.000-Dollar-Kamera zerstörte. Wegen ihm entfernten die Pacers damals alle Gegenstände vom Anschreibetisch, die man werfen konnte.

Seine Ausraster machten Artest zum Untersuchungsobjekt zahlloser Journalisten. So ziemlich jedes Sportmagazin wagte damals einen Ausflug in die Verhaltenspsychologie und titelte seitenfüllend: „Is he crazy?" Dieselben Journalisten erleben nun beim All-Star-Game einen Sonnenschein auf zwei Beinen. Auf die Frage, welcher Ron Artest denn nun der echte sei, hat Pacers-Headcoach Rick Carlisle folgende Antwort: „Ich kenne nur einen, der sitzt da drüben und ist zu Recht All Star." „Ron-Ron" lacht, als er dieselbe Frage gestellt bekommt. „Na ja, ich würde sagen, beide sind ein Teil von mir. Beide sind Teil meiner Persönlichkeit und der Art, wie ich spiele. An manchen Tagen bin ich emotionaler auf dem Feld, an anderen spiele ich entspannter."

In dieser Saison überwiegen bisher eindeutig die entspannteren Tage. In 53 Spielen fing sich Artest erst drei Technische Fouls und wartet noch immer auf sein erstes Flagrant Foul – und das trotz unvermindert harter

Defense. An der Seite von Reggie Miller und Jermaine O'Neal wurde er sogar zum Teamkapitän gewählt – ein Vertrauensbeweis. Trotzdem gibt es immer noch gelegentliche Ausflüge ins Land der Ausraster: Die Offense seiner Pacers nannte er langweilig und handelte sich eine Sperre ein. Insgesamt dreimal wurde er von Coach Carlisle für ein Spiel suspendiert, weil er dumme Dreier nahm oder – wie nach dem All-Star-Break – seinen Flug verpasste. Inzwischen sind solche Ausrutscher aber die Ausnahme von der Regel. „Vergangene Saison wollte er vor allem wahrgenommen werden", glaubt Teamkollege Jermaine O'Neal. „Suspendiert zu werden war seine Art, Aufmerksamkeit zu bekommen. Jetzt weiß er, dass das nicht der richtige Weg ist."

Mangels Negativschlagzeilen steht nun endlich sein Game im Mittelpunkt des Medieninteresses, denn Artest hat maßgeblichen Anteil an der starken Bilanz der Pacers, die zum All-Star-Break mit einer 39-14-Bilanz die Eastern Conference anführten. Abend für Abend ist er gut für 18 Punkte, 5,3 Rebounds, 3,9 Assists und zwei Steals pro Spiel. Wichtiger sind ihm jedoch Statlines wie diese: Carter, Vince, 7 von 17 Würfen, 18 Punkte. Pierce, Paul, 8/19, 19. Artests Job ist es, den gegnerischen Topscorer zu entnerven. Kein Guard oder Small Forward kann das besser – erst seit dieser Saison allerdings auch ohne Blutvergießen.

Dabei ist die unberechenbare Seite seiner Persönlichkeit Artest nicht einfach abhandengekommen. Er hat sie lediglich besser unter Kontrolle, lässt sich nicht mehr von seiner Wut übermannen wie noch vor einem Jahr. Schon vor Saisonbeginn hatte Coach Carlisle, der den Trainerposten in Indiana von Isiah Thomas übernommen hatte, den Seelenzustand seines Small Forwards zur Chefsache erklärt. „Deine Weste ist bei mir wieder weiß", sagt er ihm damals. „Es ist mir egal, was früher passiert ist." Die Worte fielen auf fruchtbaren Boden, denn auch „Ron-Ron" hatte sich über den Sommer seine Gedanken gemacht. „Ich will dieses Jahr Platin schaffen", verkündete er vor Saisonbeginn – und das geht nur, wenn man auch regelmäßig auf dem Feld steht. Verschwinden wird diese Seite jedoch nie. Dazu ist sie schon viel zu lange ein Teil von Ron Artest.

61 Siege und ein Playoffritt bis ins Conference-Finale waren die Bilanz jener Saison 2003/04. Sicher: Es rumorte schon damals unter der Oberfläche des Teams – Artest wollte mehr Spielanteile, Veteran Miller seine Ruhe, O'Neal war der Star und wollte es bleiben. All das war jedoch nur der ganz normale NBA-Wahnsinn und Artest zu Beginn der folgenden Saison eben einfach nur ein zur Cholerik neigender All Star. Was folgte, war dann jedoch alles andere als „normal". Es begann mit der ungewöhnlichen Idee im November 2004, eine kurze Auszeit vom Profibasketball zu nehmen: Artest brauchte Erholung von der stressigen Arbeit im Sommer an seiner zweiten Karriere als Rapper und Musikproduzent. Ein erstes Fragezeichen.

Danach folgte der Sündenfall der NBA-Neuzeit, ein Ereignis, das sich wohl jedem Fan in die Netzhaut gebrannt hat: der „Malice at the Palace" in Detroit. Artests Sprint ins Publikum. Jermaine O'Neals Punch gegen einen Fan auf dem Parkett. Jamaal Tinsley mit dem Aschenbecher um sich schwingend. Dann die Gewalt der Fans, die ihrerseits zuschlugen, Stühle warfen, Bier schütteten. Es war ein dunkler Tag, der das Image der Liga lange beschädigte und die NBA veränderte – so wie der auch aufgrund dieser Massenschlägerei eingeführte Dresscode, der das Tragen von HipHop-typischen Trikots und Bandanas untersagte und ein Business-Outfit mit Jackett, Anzugschuhen und Co. vorschrieb. Artest wurde für die gesamte Saison gesperrt, seine Teamkollegen etwas kürzer. Er riss die Titelhoffnungen seines Teams mit sich in den Abgrund. Während er sich daheim auf dem eigenen Court (und später sogar in der eigentlich Rookies und Arbeitssuchenden vorbehaltenen Summer League) fit zu halten versuchte, gewann Indiana nur 44 Spiele.

Auch den Wiedereinstieg versaubeutelte „Ron-Ron" amtlich: Kaum zurück bei dem Team, das ihm trotz allen Troubles den Rücken gestärkt hatte, verlangte er einen Trade. Im Januar 2006 landete Artest in Sacramento – und zeigte dort, wie schmerzhaft sein Fehlen für Indiana gewesen war. Prompt gewann Sac-Town 14 von 19 Spielen, erreichte die Playoffs und verlor dort gegen San Antonio nur mit 2-4 – wobei Artest zwei Begegnungen der Serie verpasste.

Im darauffolgenden Sommer tourte der Kings-Star durch Europa, um sein neu erschienenes Rap-Album zu promoten – und für mich ergab sich die Gelegenheit, ihn persönlich kennenzulernen. Denn er stand inzwischen beim Münchner Basketball-Label k1x unter Vertrag, wo er bald seine eigene Fashion Line bekommen sollte. Den Tourstopp in München nutzte er für einen Besuch beim neuen Ausrüster. Ich war beeindruckt.

Artest erwies sich als nett, offen, ja richtiggehend warmherzig. Zur Begrüßung gab er jedem einzelnen k1x-Mitarbeiter die riesige Hand. Er cruiste begeistert im firmeneigenen Smart durch die Straßen, den er mit seinem riesigen Körper komplett ausfüllte. Dann ging er mit uns ambitionierten Hobbyspielern auf den angrenzenden Freiplatz und spielte für einige Stunden Streetball (mein Team hat im 3-gegen-3 gegen ihn gewonnen, aber das nur am Rande). Beim Essen in einem angesagten Münchner Hotel, bei der folgenden Party um die Ecke, wo Artest samt

Rap-Crew das Spesenkonto tötete, am Folgetag beim verkaterten Foto-Shooting für die neue Kollektion und abends nach seinem Kurzauftritt im Vorprogramm von Fat Joe – immer fand sich Zeit für ein paar Fragen. Und erneut lieferte das Interview einen Einblick in die leicht verquere Welt des Stars.

SCHIZO GENIE
2006

Da steht Ron Artest also, auf der Bühne einer Disco unweit der Münchner Vorzeige-Flaniermeile Maximilianstraße, und spuckt Reime ins Mikrofon. Anfang August ist es. Durch ganz Europa tourt Artest in diesem Sommer, er tritt im Vorprogramm von Fat Joe auf, mit dem ihn seit Jahren eine Freundschaft verbindet. Das Album soll danach folgen, die Single steht parat, Videodreh in der Offseason, das ganze Programm. Mögen sich die Kritiker, wie einst bei Shaquille O'Neal, an seinem zeit- und energieraubenden Nebenjob reiben. Ron geht das am Hintern vorbei.

Bei deinem Debüt als Produzent, dem Album der Gruppe Allure, hast du eine Menge Spott abbekommen.
Stimmt. Das war ein R&B-Album. Meiner Meinung nach war es ein gutes, auch wenn es sich nicht sonderlich verkauft hat. Ich habe viel Spott einstecken müssen, weil es in der Öffentlichkeit so ankam, als würde ich Basketball zugunsten der Musik aufgeben. Wobei ich übrigens nicht verstehe, wie Leute dazu kommen, sich darüber aufzuregen. Wenn du etwas gefunden hast, was du unbedingt mit deinem Leben anfangen möchtest, sollte das niemanden etwas angehen. Wenn ich wirklich lieber Musik hätte machen wollen – es ist MEIN Leben. Ich nehme an, dass Neid eine Rolle gespielt hat. Und Neid hatte auch viel damit zu tun, dass ich suspendiert wurde. Klar, die Sache mit der Schlägerei in Detroit hat auch ein Jahr später noch nachgewirkt, aber grundsätzlich war meine Musikkarriere der Anlass. Die NBA ist eben eine ganz eigene Organisation, in der du nach ihren Regeln spielen musst – oder du fliegst raus.

Wie hast du, Stichwort Prioritäten, während deiner Tour durch Europa eigentlich trainiert?
Ich wusste ja, dass ich im Sommer ein volles Programm haben würde. Darum habe ich nach der Saison, anstatt einen Monat Pause zu machen,

weiterhin trainiert. So konnte ich mir später ein paar Wochen Urlaub gönnen, und anstelle von Ferien kümmere ich mich eben um die Musik. Daheim fange ich wieder mit dem Training an, und der Fokus liegt wieder auf Basketball.

Der Fokus auf Basketball, das ist neu. Es schien lange Zeit völlig egal zu sein, wie Ron Artest Basketball spielt. Sein Game war in den Hintergrund gerückt, verdeckt vom Chaos in Detroit, von den Suspendierungen, von seinen Sonderlichkeiten – oder schlichtweg: kollektiv vergessen. Nicht verwunderlich, zockte der „Tru Warier" doch anderthalb Jahre lang vornehmlich in der Anonymität diverser Freiplätze, Hinterhöfe und Trainingshallen. Abseits seiner Eskapaden fiel sein Name kaum noch, wenn von den besten Spielern der Liga gesprochen wurde. Doch das änderte sich schnell, kaum hatten die Pacers ihn per Trade nach Sacramento wieder auf die NBA losgelassen. Schluss mit den ewigen Workouts, rein in die Schlacht um Playoffplätze – und Artests Ankunft zeigte Resultate. Die Kings kämpften sich noch in die Meisterrunde und boten dem amtierenden Champ aus San Antonio in Runde eins sechs Partien lang die Stirn. Vom Sommerurlaub mit Frühbucherrabatt in die Playoffs, dank des Neuen aus Indianapolis.

Da waren sie also wieder, die zwei Seiten von „Queensbridge's Finest" – eben Sicherheitsrisiko und vermeintliches Krebsgeschwür am Teamherzen, jetzt Heilsbringer. Eben noch Einzeltraining im Vorgarten, jetzt All Star auf der Playoffshowbühne. „Ich habe es den Leuten gezeigt. Sie haben gesehen, dass ich ein Team positiv beeinflussen kann", sagt Artest, als wäre es das Normalste auf der Welt. „Zuvor hatten viele nicht dieses Vertrauen in mich. Sacramento dagegen hat an mich geglaubt. Nicht an meine Scoring-Fähigkeiten alleine, sondern an das, was ich insgesamt leisten kann. In Spiel sechs der Playoffs war ich verletzt, in Spiel zwei suspendiert. Ohne diese beiden Rückschläge, da bin ich mir sicher, hätten wir die Championship geholt. Wir hatten die Chance, von einem der schlechtesten Teams der Liga zum Meister zu werden, und das innerhalb einer halben Saison. Und nächstes Jahr ist klar, dass der Titel nach Sacramento kommt..."

Beschreib uns deine Rolle bei den Kings.
Ich habe den Ball wesentlich mehr in den Händen als in Indiana. Ich habe mehr Freiheiten, mehr Raum zum Atmen. In Indiana haben sie mich mehr oder weniger in der Zone geparkt, und da stehe ich nicht so drauf. Ich bin

im Angriff gern in Bewegung. Ich konnte in diesem System nicht spielen, und deswegen mag ich es in Sacramento.

Und deswegen hast du den Trade gefordert?
Das war einer der Gründe, ja. Ich wollte meine eigene Identität finden. Ich wollte eine Franchise, die an mich und meine Fähigkeiten glaubt. Ich wollte eine Chance, den Titel zu holen. Wenn ich mir meine Karriere bis hierher ansehe, dann habe ich ein gutes Gefühl, wenn ich sehe, wo ich jetzt bin. Es ist ein Segen, bei den Kings zu sein. Ich habe eine meiner besten Saisons abgeliefert. Indiana war so systematisch, einengend, und viele Teamkollegen wollten selbst eigentlich gar nicht dort sein. Darum war es am besten, dass ich gegangen bin.

Wie stellt sich der Unterschied zwischen Indiana und Sacramento in Sachen Basketball dar?
In Sacramento wird mehr Wert auf die Offensive gelegt, in Indiana ging es eher um Verteidigung. Bei meinem neuen Team gibt es so ein Familiengefühl, es wird viel gewitzelt, die ganze Mannschaft zieht mit. In Indiana waren nur ein paar Spieler so drauf, in Sacramento ist jeder mit einem Spruch dabei, es geht hin und her.

Auch nachdem du gegangen warst, gab es bei den Pacers weiter Probleme. Saßt du daheim in Sacramento und dachtest dir: „Ich hab's euch doch gesagt ..."?
Andauernd! Als ich noch dort spielte, lag die Schuld immer bei mir. Jetzt merken sie, dass es da immer noch Probleme gibt, die nichts mit meiner Person zu tun haben. Ich hatte durch den Trade die Chance, aus dem Rampenlicht herauszutreten. Nachdem ich weg war, kamen dort die Probleme an die Oberfläche. Es sollte nun eigentlich klar sein, dass es nicht so war, dass Ron Artest die Indiana Pacers „zerstört" hat oder dergleichen, sondern dass Ron Artest als einer von vielen Spielern in Indiana nicht zufrieden war.

Was hast du bei den Kings über deine neuen Teamkollegen und ihre Fähigkeiten gelernt?
Dass sie sehr gute Spieler sind. Mike Bibby ist in meinen Augen ein All Star. Brad Miller ist sehr gut. Als ich dort nach dem Trade ankam, merkte ich: Wow, wenn wir hart arbeiten, können wir die Playoffs noch schaffen. Und genau das ist dann auch passiert.

Zum Abschluss: Deine erste komplette Saison in Sacramento – wo landet ihr am Ende?
Wir wollen die Championship, ganz klar. Und ich werde All Star. MVP. Die ganze Nummer. Aber vor allem werden wir Meister.

Wir verkneifen uns mal den Seitenhieb, dass das mit der Meisterschaft lange Zeit nicht klappte. In Sacramento nicht, wo Artest noch anderthalb Jahre den Alleinunterhalter (inklusive Punkteschnitt über 20 Zähler) gab, und nicht in Houston, wo er eigentlich die perfekte Ergänzung zu Tracy McGrady und Yao Ming darstellen sollte.

Aber kaum angekommen, fiel zunächst „T-Mac" (siehe unser Kapitel zu McGrady in „Planet Basketball") verletzt aus. Und doch kämpfte sich das Rockets-Team höchst ehrbar in die Playoffs, gewann dort zum ersten Mal in elf Jahren eine Playoffserie. Gegen die L.A. Lakers fiel auch Yao Ming aus, Artest lieferte als neuer Go-to-Guy die übliche Mischung aus Genie und Wahnsinn. Mit 3-4 scheiterten die Rockets gegen den späteren Champ.

Im Sommer wechselte „Ron-Ron" dann die Seiten – und wurde zur wandelnden Achillesferse der Lakers. Konnte der Titelverteidiger mit diesem Kopfkranken erneut Meister werden?

WANDERER ZWISCHEN DEN WELTEN
2010

Professionelle Basketballer sagen coole Dinge. Teflonbeschichtete, nichtssagende Sätze, an denen die Öffentlichkeit sanft entlanggleitet. Professionelle Basketballspieler sagen andere Sätze eher selten. Erst recht nicht in Interviews, nicht in die Mikrofone von Schreiberlingen oder direkt vor Millionen von TV-Zuschauern. „Ich möchte zunächst einmal meiner Psychiaterin danken", ist so ein Satz. „Es gibt einige Fälle von Geisteskrankheiten in meiner Familie", ebenfalls so ein Satz. Oder auch: „Früher trank ich in der Halbzeit Hennessey. Ich hatte die Flasche immer in meinem Schrank in der Umkleide stehen."

Ron Artest ist Basketballprofi, man könnte sogar sagen: ein Star. Doch er sagt solche Sätze, freiheraus, regelmäßig. Das macht ihn ein Stück weit sympathischer, weil er menschlich rüberkommt. Weil er kein zur Unkenntlichkeit trainierter Nichtssager ist. Auch wenn er selbst von sich behauptet, er würde „manchmal lieber nichts mehr erzählen, weil ich nicht weiß, ob ich das Richtige sagen werde". Denn die Offenheit macht ihn angreifbarer. Erst recht, weil er nicht nur solche Sätze spricht, sondern auch die dazu passenden, verrückten Dinge tut: ein paar Wochen Urlaub vom NBA-Alltag verlangen, um seine neue HipHop-CD angemessen promoten zu können; sich vor Saisonbeginn um eine Stelle in einem Technikmarkt bewerben, um dort den Mitarbeiter-Rabatt zu bekommen; zur Halbzeit regelmäßig alle Kleidung bis auf Socken und Boxershorts ablegen oder eben in fremder Halle ins Publikum laufen und wahllos Leute verprügeln.

Letztgenannte verheerende Massenschlägerei in der Heimhalle der Detroit Pistons, die er im November 2004 auslöste, richtete zwar erst vollends die Scheinwerfer der Medien auf ihn und seine, nun, Eigenheiten. Doch längst war er damals bereits als Problem etikettiert worden. Weil er so viele unsportliche Fouls austeilte, wurde er 2002/03 für insgesamt zwei Spiele suspendiert und von Commissioner David Stern ins Gebet genommen. Zuvor hatte er sich Auseinandersetzungen mit Gegenspielern und Trainern – unter anderem Heat-Coach Pat Riley – geleistet, musste mehrmals Geldstrafen zahlen für Mittelfinger und sonstige Gesten in Richtung der Fans und Gegenspieler, zerstörte vor lauter Wut über Niederlagen eine Fernsehkamera sowie ein eingerahmtes Foto von sich selbst. Nicht zuletzt war er es, der nach seiner Rookie-Saison Michael Jordan bei dessen Comeback-Trainingseinheiten einige Rippen brach. Nicht zu reden von gleich mehreren innerehelichen Streitereien, welche die Polizei an die Türschwelle brachten.

Daheim in den Straßen seiner Heimat indes ist seine Strafakte nichts Besonderes. Viel ist schon geschrieben worden über das von Artest und Kollegen „Queensbridge" genannte Viertel nahe der Queensboro Bridge, wo er aufwuchs – einer der sozialen Brennpunkte in New York, in denen Kriminalität und Drogendelikte an der Tagesordnung sind. Hier gilt noch der Spruch „Ein Mann ohne Knast ist wie ein Baum ohne Ast". Die spektakulärste Anekdote seiner Jugend berichtete Artest erst letztes Jahr: Als Teenager war er Zeuge, als auf einem Freiplatz im Streit um den Spielstand ein Mitspieler mit einem abgebrochenen Tischbein erstochen wurde.

Es ist eine harte Gegend, in der ein ebenso harter Vater – seines Zeichens Amateurboxer und Navy-Veteran – seinen Sohn mit allen Mitteln ebenso hart machen will. „Ron-Ron" fängt früh an zu boxen, spielt Basketball gegen seinen Dad, aber auf eine Art, die an Football-Spiele erinnert. Härte ist wichtig. Und er erlebt den normalen Wahnsinn des Armenviertels – die zehn, zwölf, vierzehn Leute, die in ihrer Wohnung übernachten. Er sieht, wie sein Vater seine Mutter schlägt, erlebt ihre Scheidung, er sieht Gewalt und Schießereien.

Aus dieser Umgebung entsteigt er als besessener Basketballer, den sie bald „Tru Warier" taufen. Er hat panische Angst zu versagen, und das treibt ihn an. Am College in St. John's fürchten Gegenspieler seine körperliche Spielweise, die harte Defense. Mitspieler und Coaches können zahllose Geschichten erzählen über seine Ausraster im Training, über Schubsereien, über Wut. „Als ich jünger war, wusste ich nicht, wie man spielt. Ich konnte nicht konstant werfen, traf nicht aus dem Dribbling. Ein Zocker mit guter Defense. Dieser junge Ron? Er war dumm", sagt Artest heute. Gedraftet wird er damals trotzdem, und er nimmt Queensbridge mit in die Liga.

Mit diesem Werdegang, mit seiner Wut, mit all seinen Verfehlungen ist er bis heute ein Sonderfall in einer Liga, die eigentlich nicht arm ist an Störenfrieden und Exoten. Er ist wie ein Mix aus Dennis Rodman, Charles Oakley und Isaiah Rider. Bei aller Konkurrenz ist klar: Von allen Verrückten in der Liga ist er der durchgedrehteste. Von allen Troublemakern ist er der profilierteste. Von allen PR-Katastrophen des vergangenen Jahrzehnts bescherte er der NBA mit dem „Malice at the Palace" die größte.

Dank all dem ist Ron Artest dann auch von allen möglichen Heldenfiguren die unwahrscheinlichste. Schließlich hat er zehn Profijahre lang den Beweis erbracht, dass er von zwei möglichen Wegen mit schlafwandlerischer Sicherheit den falschen nehmen wird. Nicht nur abseits des Courts. „Ron-Ron" ist auch auf dem Feld ein wandelnder Störfall, schon immer gewesen. In Chicago einfach nur jugendlich-unbeherrscht und Teil einer Loser-Truppe. Danach einer, der ein vielversprechendes Pacers-Team erst durch seinen Anspruch auf den Star-Status, dann ab November 2004 durch seine 86 Spiele währende Suspendierung schwächte, der ein mieses Sacramento-Kings-Team erst in die Playoffs hievte, um dann dort wegen eines unsportlichen Fouls das zweite Spiel der einzigen Playoffserie zu verpassen, der 2009 in Houston im Laufe der Serie gegen L.A. gleich zweimal in sieben Begegnungen aus einem Spiel geworfen wurde.

Dieser Typ also ist es, den die L.A. Lakers im Sommer 2009 als ihre neue Idealergänzung an der Seite ihres Star-Duos Kobe Bryant und Pau Gasol präsentieren. „Wenn du kommst, werden wir Meister", hatte Lamar Odom – alter Freund aus New York und neuer Teamkollege – ihm versprochen. Klar: Es kommt ein ehemaliger All Star, der um die 20 Punkte im Schnitt erzielen kann, der Defensivspieler des Jahres 2004, einer der besten Verteidiger der Liga. Mit seinen Skills am Ball eine gute Ergänzung für die Triangle-Offense, eigentlich. Auf der anderen Seite: ein Freak, eine Zeitbombe, immer gut für den fatalen Ausrutscher mitten in der Crunchtime.

57 Siege holt in der Folge das im Vergleich zum Vorjahr lediglich durch „Ron-Ron" (als Ersatz für Trevor Ariza) verstärkte Lakers-Team, eine nette Zahl für die reguläre Saison. Doch sogar Artest weiß, dass alleine der Erfolg oder Misserfolg in den Playoffs ihn von seinem ewigen Sündenregister erlösen kann. „Jeder hier will den nächsten Ring", sagte er schon im September. „Wenn wir den nicht holen, dann bin ich schuld, und alle sollen auf mich zeigen und mich mit Tomaten bewerfen." Das ist die heimliche Nebenhandlung der Playoffs 2010, dieses Verfahren „Die NBA-Welt gegen Ron Artest", in der die Basketballgötter zu Gericht sitzen, um zu entscheiden, was der New Yorker denn nun ist: verkannter Held oder ewiges Krebsgeschwür?

1,5 Sekunden. So lange in etwa dauert die Urteilsfindung in der ersten Sitzung dieses hohen Gerichts. Ebenso lange sitzt die NBA-Öffentlichkeit im „Zuschauerraum" und erwartet die Entscheidung. 1,5 Sekunden, das ist ziemlich genau die Zeit, die ein Basketball für die 7,25-Meter-Distanz von der Dreierlinie bis zum Ring benötigt. Die Welt steht fast still in diesen Momenten, bevor der Ball seine Reise entweder im weichen Nylon oder auf der harten Realität der Korbanlage beendet. Es sind ganz schön lange 1,5 Sekunden – aber besonders lange, wenn so wie hier eine ganze Karriere auf dem Spiel steht, die von Ron Artest nämlich: Es ist das Conference-Finale Los Angeles gegen Phoenix, Spiel fünf in eigener Halle, L.A. will nach zwei Niederlagen in Folge und beim Stand von 2-2 in der Serie wieder in die Spur finden.

Mit 101:98 liegt L.A. anderthalb Minuten vor dem Ende hauchdünn in Front, und kurz vor dem Ablauf der Wurfuhr findet der Ball Ron Artest. Er wirft, es ist kein schlechter Versuch. Der Schuss geht daneben, doch Pau Gasol tippt das Leder zurück in die Hände seines Teams. Nun haben die Lakers den Ball und damit alle Trümpfe in der Hand, nun haben sie alle Zeit der Welt. Noch eine Minute auf der Uhr, 24 Sekunden können sie verwenden für den nächsten, geduldig herausgespielten Versuch. So weit die Theorie. Doch Ron Artest hält nicht viel von Theorie, er ist kein Taktiker. Und deswegen brät er umgehend seinen nächsten Wurf auf den Korb, einen Dreier, Kobe Bryant hebt entgeistert die Hände über den Kopf, die Fans sind fassungslos.

Es ist der wahr gewordene Albtraum aus dem Sommer, ein denkbar blöder Wurf in der Crunchtime, er geht daneben. Spätestens als Jason Richardson wenig später auf der Gegenseite per Dreier Sekunden vor dem Ende den Ausgleich erzielt, scheint das Urteil gesprochen: Ron Artest – der wandelnde Fehltritt, der im Alleingang Titelchancen verzocken kann. „Es gab immerhin mal einen Punkt in meinem Leben, da habe ich 40 Prozent von draußen geworfen. Ich habe schon eine Menge Würfe versenkt", gibt er nach Spielende fast trotzig die Erklärung für den Dreierversuch. 1/8 liest sich seine Wurfquote nunmehr, Kobe Bryant gibt ihm in der Auszeit deftige Worte mit auf den Weg, Coach Phil Jackson ebenfalls. „Er versuchte sehr angestrengt, mir nicht zuzuhören", wird sich der Trainer später erinnern. Und doch schickt Jax den Small Forward zurück aufs Feld für den finalen Wurf ... noch wenige Sekunden.

Kobe Bryant bekommt den Ball, er täuscht, drückt ab, sein Fadeaway ist zu kurz – und plötzlich ist dort „Ron-Ron", der den Rebound fängt und den Ball zum Sieg in den Korb legt. „Vom Penner zum Helden", titelt das Online-Portal Fanhouse sehr treffend. Selten wurde aus Hass und Geringschätzung so schnell Liebe und Begeisterung. Und dass hier eben kein psychotischer Arsch zufällig unverdienten Ruhm eingeheimst hatte, belegten die Zitate seiner Teamkollegen. „Es gibt keinen im Team, dem wir den Erfolg mehr wünschen als Ron", sagt Luke Walton. „Er arbeitet so hart, er opfert so viel, und wir alle wollen wirklich nur das Beste für ihn."

In der Tat ist es eine ungewohnte Rolle für Artest: die des stillen X-Faktors, als Nummer drei, vier oder fünf in der offensiven Hackordnung. Nach den Lehrjahren als Chicago Bull erzielte er in Indiana in seinem fünften NBA-Jahr 18,3 Punkte pro Partie, er wetteiferte damals mit Oldie Reggie Miller und Center Jermaine O'Neal um den Alphatier-Status im Team. Nach seiner Suspendierung und dem Trade nach Sacramento gefiel er sich dort in der Rolle des Stars, 18,8 Zähler zunächst im ersten vollen Jahr in Kalifornien, dann 20,5 Punkte. Einen Trade später in Houston sollte er danach Teil eines Trios mit Yao Ming und Tracy McGrady sein, doch erst fiel „T-Mac" aus, dann Yao. In den Playoffs war „Ron-Ron" die erfahrene Offensive des Teams – mit allen Freiheiten, wenn auch relativ ineffizient in der Art, wie er sie nutzte. Nun in Los Angeles jedoch gibt es Lauf- und Passwege wie nirgendwo sonst in der Liga. Jeder Neuzugang kämpft erst mal mit den Feinheiten des „Triangle", Artest muss zudem seine Streetball-Instinkte zügeln und die Hierarchie verinnerlichen. Zuerst darf Kobe essen, dann Pau, dann Bynum, erst dann er und NYC-Kumpel Lamar Odom. Ein schwieriger Job für den Straßenzocker mit der fragwürdigen basketballerischen Grundausbildung.

Es ist diese Problemstellung, mit der Artest erst die Saison, dann die ganze Postseason hindurch kämpft – vor allem jedoch nach dem Erreichen des Finales. Wie so viele Gegner zuvor – vor allem die per Gamewinner bestraften Suns – lassen auch die Boston Celtics den wackligen Distanzschützen gerne werfen. Defensiv erfüllt er seine Rolle in Perfektion, bereitet Gegenspieler Paul Pierce – so wie bereits Kevin Durant in Runde eins – große Probleme. Aber offensiv fallen die Würfe nicht, nur 36 Prozent finden das Ziel. Die Serie wogt hin und her über die volle Distanz von sieben Spielen, und ebenso schwankt seine Leistung im Angriff. Artest ist wieder mal ein Fragezeichen.

Ausgerechnet im entscheidenden Spiel sieben dann erwischt Kobe Bryant einen schwarzen Tag, schießt alle Lampen aus. Artest dagegen trifft. Ohne Punkt im ersten Viertel, hat er kurz vor Ende 17 Zähler erzielt. 76:70 führen die Lakers anderthalb Minuten vor Schluss, dann verkürzt Rasheed Wallace per Dreier den Rückstand auf drei Punkte. Die Fans zittern, jeder Wurf ist nun wertvoll.

Kobe dribbelt, wird gedoppelt, passt nur widerwillig auf Artest an der Linie. Der täuscht an und lässt einen Dreier fliegen. Kein weit offener Wurf – und wieder dauert es 1,5 Sekunden, in denen das Urteil über seinen wahren Wert für das Team in der Luft hängt. 1,5 Sekunden wie in Zeitlupe – dann fällt der Ball durch das Netz, Artest bläst Luftküsse durch die Halle, Bryant ballt die Fäuste.

„Phil Jackson ist der Zen Master, darum konnte ich ihn in meinem Kopf hören: ‚Wirf nicht, Ron, wirf nicht.' Ich dachte mir: ‚Egal ... und BOOOM!'", beschreibt er den größten Wurf seiner Karriere. „Gott hat mir gesagt, ich solle werfen." Im entscheidenden Spiel der Finals liefert Artest 20 Punkte, fünf Steals und fünf Rebounds. „Er war heute der MVP. Er hat dem Team und dem Publikum Energie gegeben", sagt Coach Jackson.

Als die finale Sirene ertönt und Konfetti von der Decke regnet, gibt es keinen breiter grinsenden Menschen in der Arena als Artest. Tagelang – so sagt er später – schläft er nicht. Er trägt seine verschwitzte Uniform selbst beim Abendessen in teuren Restaurants, er feiert Nacht um Nacht und gibt einige der lustigsten Interviews der Sportgeschichte. Kostprobe: „Als wir gewonnen hatten, war mir das gar nicht klar. Ich wusste wirklich nicht, dass wir gewonnen hatten. Ich habe vor dem Spiel geweint. Wie dämlich ist das bitte? Wer weint denn vor dem Spiel, aber nicht, nachdem er Meister geworden ist? Daddy, du hast einen Idioten großgezogen."

Es bleibt die Frage, wie nun das Urteil lautet. Über einen Spieler, der zehn Jahre lang nicht gewinnen konnte und so viel falsch machte, der aber eben auch seine große Chance in einem titeltauglichen Team nutzte, ja: der, als die Meisterschaft gewonnen werden musste, zum Gamewinner avancierte. Über einen Star, der allerdings erst an der Seite zweier Superstars Erfolg hatte. Über den heimlichen Helden der Finals, der danach durch seine unterhaltsam-wirren Interviews niemanden vergessen lässt, welcher Chaot hier gerade Meister geworden ist.

Wahrscheinlich lautet die Antwort, dass Artest beides ist, immer im Wechsel. Held oder Penner. Star oder Zeitbombe. Und dass niemand das während seiner Karriere ändern konnte.

Wahnsinn: Ron Artest ist Meister. Und ebenfalls Wahnsinn: Kurz nach dem Titelgewinn benennt er sich offiziell um in „Metta World Peace". Es ist wie eine kleine Erinnerung, dass der in die Jahre gekommene „Tru Warier" noch immer einen kleinen Hau hat. Nicht umsonst dankt er in seiner denkwürdigen Ansprache nach dem Sieg seiner Psychotherapeutin. Die alten Dämonen sind noch da, doch zunächst scheint er sie im Griff zu haben.

Er versteigert sogar seinen Meisterschaftsring zugunsten verschiedener wohltätiger Stiftungen, denen er über 100.000 Dollar spendet. Und als die neue Saison losgeht, da scheint er seinen inneren Zen-Meister entdeckt zu haben: Er spielt weiterhin hart, aber ohne die Wut und den Hass, die ihn einstmals antrieben.

Allerdings liefert er schlechtere Leistungen ab als je zuvor – dabei müsste er doch nach einem Jahr Erfahrung mit der Triangle-Offensive eigentlich souveräner im Angriff agieren ... Stattdessen trifft er unterdurchschnittlich aus dem Feld (39,7 Prozent), liefert Karriere-Tiefstwerte bei den Punkten, Assists und Rebounds, ist auch in der Defense nicht mehr so effektiv wie früher.

Die paar Extrakilos, die er aus dem Sommer mitbrachte, mögen schuld sein. Am Ende verlieren die Lakers in der zweiten Runde gegen den späteren Champ aus Dallas, der Threepeat ist verloren, und Coach Jackson verlässt die Trainerbank. Unter Nachfolger Mike Brown reicht es in der Lockout-Saison für Platz eins der Pacific Division, doch in Runde zwei bleiben die Oklahoma City Thunder souverän siegreich (4-1).

Erneut ist Artest eine Schwachstelle, spielt die schlechteste Saison seines Lebens: 39,4 Prozent aus dem Feld, 29,6 Prozent von Downtown, nur 7,7 Punkte und 3,4 Rebounds im Schnitt, sein PER beträgt lausige 11,0. Es mag der Frust über die eigene Leistung gewesen sein, der in einem regulären Saisonspiel gegen OKC den alten Artest zum Vorschein bringt: Nach einem Steal und einem Dunk läuft World Peace zurück in die Defense und schlägt sich martialisch auf die Brust, als er mit dem zurückjoggenden James Harden kollidiert – dem er ansatzlos und mit voller Wucht seinen Ellbogen gegen die Schläfe schleudert. Harden geht zu Boden und fällt mit einer Gehirnerschütterung einige Tage aus, der Weltfrieden wird suspendiert.

Immerhin: Im Folgejahr erlebt Artest so etwas wie ein Comeback, erscheint in Topform zum Training Camp, liefert inmitten der katastrophalen Lakers-Saison 2012/13 (Stichworte: Dwight Howard, Mike D'Antoni, Kobes Achillessehnenriss) solide 12,4 Zähler und fünf Rebounds im Schnitt, die Dreierquote von 34,2 Prozent gefällt ebenfalls.

Beeindruckend auch seine frühe Rückkehr von einer Operation seines gerissenen Meniskus, um pünktlich zu den Playoffs wieder im Kader zu stehen. Ein 0-4 gegen San Antonio später jedoch nutzen die Lakers ihre Buyout-Option, um den teuren Vertrag Artests aus den Büchern zu tilgen. Der heuert über den Sommer bei den New York Knicks an. Zurück in die alte Heimat also. Ein passendes letztes, vielleicht auch vorletztes Kapitel in der spannenden und verwirrenden Karriere dieses in jeder Hinsicht speziellen Spielers. Seine Rolle im Knicks-Team definiert er dann auch, wie nur Ron Artest es kann: „Ich werde tun, was richtig ist." Das wäre neu gewesen.

Am Ende ist er nur für 29 Spiele ein Knick. Nach einer Knieverletzung rutscht Artest aus der Rotation von Coach Mike Woodson. Team und Spieler einigen sich auf eine Abfindung. Mit 34 Jahren glaubt der Small Forward noch immer, einen positiven Beitrag in der NBA leisten zu können, die Liga sieht das jedoch etwas anders.

Am 04. August 2014 unterschreibt der einmalige NBA-All-Star bei den Sichuan Blue Whales in der Chinese Basketball Association. Auch seinen Namen ändert er. Aus „Metta World Peace" wird „The Pandas Friend". Der Plan ist, nach dem Ende der Saison in China bei einem NBA-Playoffteam anzuheuern. Der geht aufgrund einer Knieverletzung nicht auf. Nach 13 Partien ist für ihn in der CBA Schluss.

So endet das Kapitel Ron Artest ohne großen Knall. Irgendwann war er einfach weg. Ein unerwarteter Schluss.

JAN HIERONIMI

DETROIT „BAD BOYS" PISTONS

Ich bin – als Basketballfan zumindest – Mitte der Neunzigerjahre aufgewachsen. Profibasketball, das war in einer Zeit nach den „Showtime Lakers" (von denen ich nur vom Hörensagen wusste) und vor den wilden Sacramento Kings der Jahrtausendwende um Jason Williams (in die sich damals die ganze Basketballwelt verliebte) vor allem eins: Arbeit.

Klar, ich habe die NBA-Top-Ten mit Heißhunger verschlungen, habe Highlight-Videos rauf und runter geguckt – aber wo all diese Highlights herkamen, das war mir immer ein Rätsel.

Denn wenn wir ehrlich sind, gab es damals abseits einiger weniger Teams wie den spektakulären Orlando Magic oder den wilden L.A. Lakers so eine Art Stahlkäfig-Basketball zu sehen. Korbverhinderung stand weit über Schönspiel.

Vor Erfindung der Anti-Handchecking-Regeln durfte in der Defense noch ordentlich zugepackt werden. Coaches verliebten sich zusehends in die strategische Kleinarbeit, die gegnerische Offensive zu zerstören. Auf Schlägereien standen noch keine drakonischen Spielsperren. Und daher gab es in der Nähe des eigenen Korbs für den Gegner einfach auf den Kopf, bis sich niemand mehr in die Zone traute.

New York gegen Miami, die Live-Spiele zur Sonntags-Prime-Time, gingen damals gerne mal 85:78 aus. Es war kein schöner Basketball. Damals wusste ich das nicht – ich kannte es ja gar nicht anders. Heute weiß ich, wie anders der Sport sein kann. Heute weiß ich, dass wir dieses dunkle Jahrzehnt einem Team zu verdanken hatten, das mit seinem brachialen Stil sogar die jungen Bulls zurift: den Detroit Pistons, die als „Bad Boys" berühmt-berüchtigt wurden.

HARTE JUNGS
2004

Zwischen dem 08. und dem 15. März 2003 riefen die Detroit Pistons die „Rivals Week" in Detroit aus. In dieser Woche empfingen Ben Wallace und Co. mit den L.A. Lakers, den Boston Celtics und Michael Jordan – wenn auch im Wizards-Jersey – nacheinander die drei größten Rivalen der Teamgeschichte.

Die Teams, mit denen sich die legendären „Bad Boys" zwischen 1983 und 1992 um Playoffsiege und Championship-Trophäen prügelten. „Als einer der Original-Bad-Boys wird diese Woche für mich viele Erinnerungen wachrufen", sagte Ex-Piston Bill Laimbeer. „Diese Woche gibt mir die Gelegenheit, einige der schönsten Momente meiner Karriere wiederzuerleben."

Trotz „Big Ben", zwei aufeinanderfolgenden Saisons mit je mindestens 50 Siegen und Platz zwei im Osten ist und bleibt die Ära der Bad Boys die stolzeste Zeit in der Geschichte der Franchise. Spieler wie Isiah Thomas und Bill Laimbeer wurden von den Gegnern gehasst und daheim bejubelt.

Die Bad Boys beendeten die Dominanz der Lakers und Celtics, erfanden die „Jordan Rules", gewannen zwei Titel in Serie und gelten heute als eines der besten zehn Teams der NBA-Geschichte – kaum eine Mannschaft in der Historie der NBA hat so tiefe (Kratz-)Spuren hinterlassen. Dabei fing alles mehr als suboptimal an in der Autostadt ...

Nach zwei Jahren an der University of Indiana inklusive NCAA-Championship will Isiah Thomas zurück nach Hause. Die Draft steht vor der Tür, und nach zwei Jahren Exil im Hoosier State zieht es Thomas in die Heimat: Chicago, Windy City, die Stadt, in welcher der kleine Aufbau aufwuchs.

In seinen Träumen spielt er bereits im rot-weißen Bulls-Trikot, führt die Trümmer-Franchise ins gelobte Playoffland. Ein Traum, der angesichts der harten Realität wohl ein solcher bleiben wird. Denn die heimischen Bulls dürfen erst an sechster Stelle der Draft 1981 wählen – zu spät, um den verlorenen Sohn zu verpflichten. Theoretisch.

Denn was wäre, wenn Thomas es sich irgendwie mit den ersten fünf Mannschaften der Draft-Reihenfolge verscherzt und bis nach Chicago durchgereicht wird? Genau das ist der Plan, den sich Thomas vor der Talentziehung zurechtlegt.

„Ich versuchte meine Interviews mit den Teams so übel wie möglich zu versauen, damit ich noch zu haben sein würde, wenn die Bulls an sechster Stelle drafteten", erinnert sich Thomas. Bei seinem Besuch in Dallas – die damals den ersten Pick in Händen halten – versuchen ihm die Mavs als PR-Gag einen Stetson-Hut aufzusetzen. „Ich bin doch kein Cowboy", mosert Thomas und haut sich den Hut vom Kopf. Prompt streichen ihn die Mavs von ihrer Liste. Mission erfüllt.

Nächstes Team auf der Shitlist: die Pistons. Als ein Detroiter Reporter ihn interviewt, sagt er: „Du verschwendest hier nur deine Zeit, die Pistons werden mich eh nicht nehmen. Ich bin ein Point Guard. Mein Job ist es, Scorern den Ball zu servieren. Wem soll ich in Detroit schon den Ball geben? Die werden einen Scorer draften." Kollektives Niedermachen der vermeintlichen zukünftigen Mannschaftskameraden? Das müsste reichen, um auch in der Motor City in Ungnade zu fallen. Denkt Thomas.

Denn den Pistons ist es ziemlich latte, was der Rookie zu sagen hat – nachdem die Mavs an Nummer eins Mark Aguirre verpflichten, holen sie Isiah Thomas nach Motown. Der arrangiert sich trotz seiner anderweitig gearteten Pläne ziemlich fix in Detroit. „Nach zwei Monaten war ich über diese Sache mit Chicago völlig hinweg", sagt er. Sein Glück. Denn trotz mieser Vorzeichen ist die Ankunft von Isiah Thomas der Grundstein, auf dem die Pistons ein legendäres Team zusammenpflastern, das Gegenspielern reihenweise braune Streifen in der Unterhose beschert und den NBA-Basketball für immer verändert.

Im Sommer 1981 ist davon allerdings noch nichts zu spüren. Die Pistons sind einfach nur schlecht. Insgesamt 37 Spiele hat die Franchise in den beiden Spielzeiten zuvor gewonnen. Seit 1957 – dem Jahr, als die Pistons aus Fort Wayne nach Detroit gezogen waren – haben sie erst dreimal eine positive Siegesbilanz auf die Reihe bekommen. Nicht mal Axel Schulz hat so oft so hart auf die Nase bekommen.

Die Pistons sind ein Team ohne Identität, ohne Fans (ihr bester Zuschauerschnitt lag bei 7.500 in der Saison 1974/75), aber mit roten Zahlen in den Finanzbüchern. „Detroit war die Stadt, mit der andere Manager ihren Spielern Angst machten", erinnert sich der frühere Assistenztrainer Brendan Suhr. „Nach dem Motto: ‚Benimm dich, oder ich verscherbele dich nach Detroit!'"

Detroit spielt zunächst im Cobo Center, einer lauschigen Halle, in der die Zuschauer in der ersten Reihe schon mal den Mantel zur Seite ziehen und auf ihren Colt zeigen, wenn ein gegnerischer Spieler sich zu eifrig mit einem Piston prügelt. 1978 zieht die Franchise in den Pontiac Silverdome um, fast 50 Kilometer außerhalb von Detroit. Selbst der Bürgermeister mag das Team nun nicht mehr. „Ich interpretiere das als feindlichen Akt", sagt Stadtoberhaupt Coleman Young damals über den Umzug in die Vorstadt. Zuschauer kommen aber auch hier nicht. Die Pistons sind zu mies, „zweitklassig", sagt der Bürgermeister. Nichts, aber auch gar nichts deutet darauf hin, dass diese Franchise einmal Basketballgeschichte schreiben wird.

1980 verpflichtet Besitzer Bill Davidson einen neuen General Manager namens Jack McCloskey. Ein Move, der auf der nach oben offenen Genialitätsskala kurz nach „$e=mc^2$" rangiert. In seiner ersten Draft holt McCloskey Thomas nach Detroit. Nach dem Point Guard holt er einen Big Man, der als Kind von seinen Schulkameraden verprügelt worden war (Bill Laimbeer). Einen Forward, der an der Highschool zu mies fürs Schulteam gewesen war (Dennis Rodman), sowie einen Gentleman-Guard, der dieselbe Position beansprucht wie Isiah Thomas (Joe Dumars). Und als Krönung verpflichtet McCloskey einen Coach, der seine Karriere in Punxsutawney begonnen hatte (Chuck Daly). Richtig, Punxsutawney wie Punxsutawney Phil aus „Und täglich grüßt das Murmeltier" ...

Bei den Pistons verbinden sich die unterschiedlichen Teile zu einem großen Ganzen. Schon in seiner ersten Saison als Personalchef sieht McCloskey sein Team 18 Spiele mehr gewinnen als im Jahr zuvor. Nachdem Coach Daly 1983 das Steuer übernimmt, scheren die Pistons auf die Überholspur aus. Unter seiner Führung bekommt die Mannschaft eine eigene Identität – und Zuschauer. „Die Pistons hatten die beste Marketing-Strategie der Welt", erinnert sich Suhr heute. „Sie gewannen!"

Unter Daly ziehen die Pistons 1984 zum ersten Mal in die Playoffs ein. Bis zu seinem Rücktritt im Jahr 1992 gewinnen sie 467 Spiele (63 Prozent), belegen nie einen schlechteren Tabellenplatz als Rang drei der Central Division und ziehen Jahr für Jahr in die Playoffs ein. Dabei gibt es wesentlich talentiertere Mannschaften in der Liga. Nur: Keine Truppe will so unbedingt gewinnen.

„Ich helfe uns zu gewinnen, auch wenn es mich umbringt – oder dich", fasst Center Rick Mahorn die Spielweise seiner Pistons zusammen. „Am Ende des Tages kommt es nur darauf an, dass ich gewonnen habe und du nicht", stimmt Isiah Thomas zu. „Ich würde es auch lieber auf die nette Art schaffen. Wenn das nicht klappt, dann mache ich es halt auf die nicht so nette Art. Jedenfalls werde ich nicht nett verlieren."

Diese bedingungslose Herangehensweise trägt ihnen bald einen miesen Ruf in der Liga ein: Die Pistons spielen schmutzig, heißt es. Hinter dem freundlichen Lächeln von Thomas steckt ein Killer. Einmal beißt er Celtics-Center Robert Parish in die Hand, um einen Rebound zu bekommen. Rick Mahorn hat für jeden seiner Gegenspieler einen gut gemeinten Ellbogen auf Kopfhöhe zur Hand. Konsequenterweise verkauft die NBA die Pistons bald als Schurkentruppe aus Motown. „Dieses Image wurde uns von der Liga aufgedrückt", sagt Chuck Daly. „Die machten damals so ein Video, und wir übernahmen das Label dann."

Die Bad Boys sind geboren – und sie sind so beliebt wie eine Kakerlakendusche im Dschungelcamp. Ganz oben auf der Abschussliste aller gegnerischen Spieler und Fans steht der ungelenke Center des Teams: Bill Laimbeer. Der kratzt, provoziert und schauspielert sich zum Titel des meistgehassten NBA-Spielers aller Zeiten.

Charles Barkley, Larry Bird, Sidney Moncrief, Robert Parish, Scottie Pippen, Dominique Wilkins, selbst Teamkollege Isiah Thomas – sie alle versuchen irgendwann, „Lambs" einen Kopf kürzer zu machen. Er ist ein Meister der fiesen Tricks und ein Provokateur vor dem Herrn. „Er war für mich die größte Heulsuse, der abscheulichste, ekelhafteste Spieler der NBA", sagt Barkley heute. Zu Recht. Guckt der Referee nicht hin ... schnell ein kleiner Schlag mit dem Ellbogen und dann schön theatralisch umfallen, wenn der Gegenspieler zurückschlägt.

Mit einem Bodycheck gegen Larry Bird provoziert er in einem Spiel gegen die Celtics eine Schlägerei. Als die vorbei ist, feuert „Larry Legend" ihm aus ein paar Meter Entfernung den Ball ins Gesicht. Aber Laimbeer, dieser Typ, der nicht mal auf eine „Bild am Sonntag" springen könnte, kann auch spielen.

Er greift 9,7 Rebounds pro Partie in seiner Karriere, erzielt 12,9 Punkte und trifft 32,6 Prozent seiner Dreier. „Er war ein Profi", sagt Coach Daly. „Niemand in der Liga hat mehr aus seinem Talent gemacht als er. In einem Jahr war er der beste Rebounder der NBA, was ein Witz ist, weil er kein bisschen höher springt als du oder ich."

Niemand zieht besser Offensivfouls als die Nummer 40 im Pistons-Trikot, niemand nervt gegnerische Center effektiver bis zur Weißglut und teilt mehr versteckte Fouls aus. Basketball ist für „McNasty" nur ein harter Job, den er ohne Liebe, aber mit Hingabe macht. Und wie früher auf dem Schulhof versteckt er sich ganz schnell hinter dem großen Bruder, wenn eine schmerzhafte Abreibung droht.

„Rick beschützt mich. Ein Haufen Typen in dieser Liga würden mir gerne eine reinhauen, aber wenn sie Rick sehen, haben sie Schiss", sagt „Lambs" und meint Center-Kollege Rick Mahorn.

Der talentierteste Spieler der Liga ist Mahorn aka „McFilthy" wirklich nicht. Sein Spiel baut auf harter Arbeit auf – und dem Schüren purer Angst. „Sein Trick liegt in der Einschüchterung", glaubt Ex-TV-Kommentator Steve Jones. „Die Art Einschüchterung, die dich fertig macht. Er macht dich so wahnsinnig, dass du das Spiel völlig vergisst." Mark Price, dem putzigen Aufbau der Cleveland Cavaliers, brachte ein Ellbogencheck von Mahorn einmal eine Gehirnerschütterung und eine Spielpause von zwei Partien ein. „Wie kann man davon nur eine Gehirnerschütterung kriegen?", wunderte sich Mahorn später. „Ich habe ihn kaum berührt. In ,The Hole' wäre das ein freundschaftlicher Klaps gewesen."

Die Pistons mögen das Image der harten Jungs. Beim Training laufen sie komplett in Schwarz auf, mit Totenköpfen auf den T-Shirts. Nur einer will so gar nicht in die Kloppertruppe aus Motown passen: Off-Guard Joe Dumars. Er ist der Einzige, dem die Teamkollegen keinen Spitznamen verpassen wie „Zeke" (Thomas), „Worm" (Rodman), „Spider" (Forward John Salley), „Buddha" (Center James Edwards) oder „Microwave" (Guard Vinnie Johnson). Dumars ist der Outsider im Team. Die Bad-Boys-Attitüde belächelt er.

„Das bin ich nicht", grinst der Combo-Guard. „Ich schau es mir an und lache." Zwischen Sprungball und Schlusssirene dagegen lässt der Gentleman die Klosterschülermanieren hinter sich. Mit dem Knigge unterm Kopfkissen kommt man nicht viermal ins All-Defensive-Team. „Mich nennen ja alle den Bad Boy, aber Joe kommt mit mehr miesen Tricks davon als wir alle", behauptet Bill Laimbeer. Und hat recht.

Trotz des miesen Images als Schlägertruppe der Liga können die Bad Boys tatsächlich Basketball spielen. Wenige Mannschaften sind ausgeglichener besetzt oder spielen besser zusammen. Da ist Superstar Isiah Thomas, der von 1984 bis 1986 im NBA First Team steht und als Scorer nach und nach gegenüber dem Kollektiv in den Hintergrund tritt, je mehr Verstärkungen die Pistons per Draft oder Trade herankarren. Da sind Joe Dumars als Backcourt-Partner, Vinnie Johnson als Sechster Mann, junge Hüpfer wie Dennis Rodman und John Salley sowie Center James Edwards.

Daly installiert eine „Three Guard Offense" mit Thomas, Dumars und Johnson, die später von vielen Teams kopiert wird. „Wir waren Guards, die werfen und verteidigen konnten, und das machte uns gut", sagt Dumars und meint wohl vor allem den Teil mit der Verteidigung ...

Persönliche Lorbeeren sind in diesem Kollektiv nicht Teil des Masterplans. Nur Dennis Rodman gewinnt einen Award, passenderweise als „Verteidiger des Jahres" – diesen Titel heimst er 1990 und 1991 ein. Kein Bad Boy bringt es zum „Rookie of the Year" oder gar MVP. Coach Daly wird nicht „Coach of the Year". Auch nicht in der Saison 1988/89, in der die Pistons 63 Siege feiern. Egal! Das Kollektiv ist wichtiger als der Einzelne.

Für den Titel reicht es in den ersten Jahren der Bad-Boys-Ära jedoch nicht. Lakers-Showtime und Celtic-Pride regieren. Vier Jahre lang machen Boston und L.A. den Titel unter sich aus.

Trotzdem: Wenn die Bad Boys auf die großen Namen aus L.A. oder Beantown treffen, fließen Blut, Schweiß und Tränen. 1988 scheint endlich die Stunde der Bad Boys zu schlagen. Im Finale treffen sie auf die Lakers, doch Magic, Kareem und die restliche Belegschaft des „Showtime Express" sind noch zu viel für die Pistons. Mit 3-4 verlieren sie die Serie.

„Nachdem wir verloren hatten, gingen Bill und ich in die Umkleide der Lakers, klauten eine Flasche Champagner, setzten uns in die Dusche und heulten uns die Augen aus", erinnert sich Isiah Thomas. „Wir wussten, dass wir das bessere Team waren. Und wir schworen uns, dass wir den Titel im nächsten Jahr holen würden."

So spielen die Pistons dann auch. In neuer Halle – dem Palace of Auburn Hills – zelebrieren sie Basketball wie kein anderes Team der Liga. Der Pistons-Topscorer der Saison muss aber vorzeitig gehen. Adrian Dantley, ein im Lowpost punktender Small Forward, wird nach 42 Spielen für Mark Aguirre getradet, der mehr auf dem Flügel agiert.

Am Ende gewinnen die Pistons 63 Partien, erlauben gegnerischen Teams die zweitschlechteste Wurfquote der NBA, sechs Akteure punkten zweistellig. Jedes Spiel ist ausverkauft. Vorher ein Team „ohne Tradition, ohne Erbe", wie Isiah Thomas es so passend ausdrückt, wollen die Pistons nun ihr Kapitel in die NBA-Annalen kritzeln.

Boston und Milwaukee werden in den Playoffs mit 3-0 und 4-0 kurzerhand überfahren, die jungen Bulls um Michael Jordan beim 4-2 in den Conference Finals immerhin noch eine Weile mitgeschleift. Im Finale treffen die Pistons erneut auf die Lakers, aber diesmal ist die Showtime vorbei: Mit 4-0 zerstören die Bad Boys die Truppe aus LaLa Land und sweepen sich zum ersten Titel. Joe Dumars wird zum Endspiel-MVP gewählt.

Zuvor eher für seine harte Verteidigung als für seine Scoring-Qualitäten bekannt, erzielt der Gentleman-Basketballer 27,3 Punkte in den Finals, in Spiel drei 17 seiner 31 Zähler in Folge. Die Pistons sind Meister. In 17 Playoffspielen haben sie ihren Gegnern nur 92,9 Punkte erlaubt – der niedrigste Wert seit Einführung der Shotclock 1954/55. „Das war das beste Team, in dem ich je gespielt habe", sagt Isiah Thomas.

Ein Jahr später lassen sie diesem Titel einen zweiten folgen. Anders als die Lakers, die in ihrer Serie gegen die Bad Boys verletzungsbedingt auf Byron Scott und Magic Johnson verzichten mussten, sind die Portland Trail Blazers eine echte Herausforderung. Jedes Spiel ist ein Kampf. Die Blazers gewinnen Spiel zwei im Palace of Auburn Hills. Goodbye, Heimvorteil. In der vierten Partie trifft Blazers-Guard Danny Young einen Dreier aus mehr als zehn Metern zum Ausgleich, der wenige Hundertstel nach der Schlusssirene seine Hand verlässt – zu spät, 3-1 für die Pistons.

In Spiel fünf läuft Pistons-Backup Vinnie Johnson heiß. In den Schlusssekunden trifft er beim Stand von 90:90 einen Dreier, der 0,7 Sekunden vor Ende einschlägt. Die Pistons sind Meister, nach drei Auswärtssiegen in Folge. „Die Dimension dieses Sweeps in Portland wird oft unterschätzt", sagt Ex-Sonics-Coach Bernie Bickerstaff. „Ein Spiel in Portland zu gewinnen, ist schon schwierig genug. Aber drei in Folge ..."

Isiah Thomas wird zum MVP der Finals gewählt. Seine Stats: 27,6 Punkte, 7,0 Assists, 5,2 Rebounds. „Man kann über mich sagen, was man will, aber nicht, dass ich kein Gewinner bin", grinst er. „Wir sind jetzt das Team, für das jeder spielen will. Früher waren es die Lakers oder Boston. Heute sind es ohne Zweifel die Pistons."

Sie bleiben es jedoch nicht lange ... Isiah Thomas verletzt sich im Januar 1991, und ohne ihren Anführer schlingern die Pistons durch die reguläre Saison. „Jeder lief in eine andere Richtung", sagt Dennis Rodman. In den Conference Finals 1991 wischen Michael Jordan und Scottie Pippen mit den Pistons den Boden auf und gewinnen die erste von drei Championships in Serie.

„Wenn man drei Jahre in Folge in den Finals stand, dann wird man leicht zu satt", kritisiert Coach Daly. „Wir liefen zu lange auf ‚Automatik', weil wir auch Spiele gewinnen konnten, ohne besonders dafür zu arbeiten." Wenige Sekunden vor Ende des vierten Spiels gegen Chicago verlassen die Pistons erhobenen Hauptes die Bank und gehen in die Umkleide. Kein Händedruck, kein „Glückwunsch", kein Respekt für den Gegner. Es passt zum Bild der Bad Boys.

Nur Joe Dumars schüttelt den Bulls die Hand. „Die Jahre zuvor hatten sie uns immer gratuliert, obwohl es ihnen genauso wehgetan hatte, eliminiert zu werden", erklärt er. Der Eklat ist ein schwacher Abgang, der das Ende der Bad-Boys-Ära einläutet. Die Bulls übernehmen das Zepter. Vorbei die Zeiten, in denen Dalys „Jordan Rules" die Kreise von MJ effektiv einengten. Ellbogenchecks, Double-Teams? Die Regeln gelten nicht mehr. Die Pistons haben den Einschüchterungsvorteil verloren, der Scottie Pippen noch in Spiel sieben der Conference Finals 1990 mit „Migräne" auf die Bank trieb.

Die Bad Boys altern vor sich hin, werden getradet oder treten nach und nach zurück: Erst nimmt Coach Daly 1992 seinen Hut. 1993 wird Dennis Rodman nach San Antonio geschickt, nachdem er in der Vorbereitung in Streik getreten war. Bill Laimbeer beendet seine Karriere, weil ihm das Spiel keinen Spaß mehr macht. „Party bei mir, jeder ist eingeladen", feiert Bulls-Forward Horace Grant, als er davon hört.

Schließlich legt auch Isiah seine Sneakers weg. Die Pistons landen wieder da, wo sie herkamen: im Bodensatz der Liga. Die Saison 1993/94 beenden sie mit einer Bilanz von 20-62. Die Dynastie ist vorbei. Die Rivalitäten sind nur noch Geschichte.

Doch die Bad Boys sind mehr als nur eine Erinnerung. Sie leben in jedem Basketballspiel fort, das wir sehen. Die Defense in der modernen NBA geht auf sie zurück. 2004 gewinnen die Pistons mit einer Reinkarnation der Bad Boys unter Führung von Defensivmonster Ben Wallace einen weiteren Titel. „Schaut euch den Basketball doch heute an – wenige Punkte, physische Defense. Das waren alles wir", sagt Bill Laimbeer stolz. „Damals hieß es, wir würden den Sport ruinieren. In Wirklichkeit haben wir die Zukunft definiert."

Gott sei Dank war diese Zukunft bald wieder vorbei.

JAN HIERONIMI

PHOENIX SUNS

Im Herbst des Jahres 2004 verfiel die Basketballwelt einer Mannschaft, die wie ein gleißendes Licht über ein dunkles, dunkles Tal kam. Nur passend war da, dass die Franchise einstmals für sich den Namen „Sonnen" gewählt hatte.

In einer grau gewordenen Liga, in der wenige Monate zuvor die raubeinigen Korbverhinderer aus Detroit die Meisterschaft errungen und das alte Mantra „Defense wins championships" erneut bestätigt hatten, brachten die Phoenix Suns einen erfrischend spielfreudigen Offensivbasketball zurück, der Jahrzehnte zuvor bereits en vogue gewesen war.

110,4 Punkte lieferten die Wunderwerfer im Schnitt, das waren 16,2 mehr Zähler als noch im Vorjahr (die höchste Verbesserung seit Einführung der Shotclock) und 17,1 mehr als der amtierende Champ. Wie unser Kollege Sven Simon später schrieb: „Während der Großteil der Klubs marschierte, wollte die Franchise aus Arizona tanzen" ... und feierte Erfolge mit dieser ungewöhnlichen Taktik. Die Suns gewannen zwischenzeitlich 27 von 29 Begegnungen, schlossen die Saison mit einer Bilanz von 62-20 ab und erzielten somit die meisten Siege aller NBA-Teams 2004/05.

Nie hatte Phoenix so viele Partien für sich entschieden wie in dieser Spielzeit. Gegenüber dem Vorjahr fuhren sie satte 33 Erfolge mehr ein (nur zwei Klubs schafften in der Geschichte einen krasseren Aufschwung).

Zwar gab es ohnehin eine lange Tradition in Phoenix, den Ball schnell zu machen und das Heil im Fastbreak zu suchen. 1993 etwa hatte Kevin Johnson die beste Offense der Liga um Charles Barkley, Dan Majerle und Cedric Ceballos ins NBA-Finale gegen die Chicago Bulls geführt. Im Frühjahr 1997 kam mit Jason Kidd der nächste dominante Point Guard mit Hang zum schnellen Spiel, der mit Johnson, Wesley Person und Rex Chapman die Software in den NBA-Scoreboards gefährlich nah an den Absturz brachte.

Doch diese Suns anno 2004 waren anders als all ihre Vorgänger: Es war die perfekte Ehe zwischen der frischen Basketball-Philosophie von Trainer Mike D'Antoni und einem Kader, der wie für diese Philosophie gemacht schien – allen voran in Person des im Sommer aus Dallas verpflichteten Aufbaus Steve Nash. Mavericks-Besitzer Mark Cuban hatte sich gescheut, dem Kanadier eine mehrjährige Vertragsverlängerung zu gewähren, da er sich um den fragilen Rücken des Guards sorgte. Derart angestachelt, lief Nash in Phoenix zu Höchstform auf und dirigierte den schnellen Fastbreak-Basketball, der als „Seven seconds or less" bekannt wurde; benannt nach dem Ziel des Teams, innerhalb der ersten sieben Sekunden eines Angriff abzuschließen.

„Wir rennen einfach immer. Nach einem Steal, nach einem langen oder kurzen Rebound und selbst, wenn wir einen Korb kassiert haben. Geht das nicht, machen wir das Spiel mit unseren Schützen weit und versuchen, möglichst schnell ins Pick-and-Roll zu kommen", so einfach fasst Backup Leandro Barbosa die Strategie damals zusammen.

Vier wunderbare Jahre lang feierten die Fans das spektakuläre Spiel, das Nash zusammen mit Amar'e Stoudemire (auf Center), Swingman Shawn Marion (auf Power Forward) und einer wechselnden Kollektion von Flügelspielern zelebrierte. Phoenix war „America's Team". 2004/05 wurde Nash mit dem MVP-Titel belohnt, Coach Mike D'Antoni wurde Trainer des Jahres und Jerry Colangelo bester Manager der Liga. In den Conference Finals war die Meisterschaft nicht in Reichweite, gegen San Antonio gingen die Sonnen mit 1-4 unter. Und als im Folgejahr mit Stoudemire der kongeniale Pick-and-Roll-Partner von Nash verletzt ausfiel, schienen die Suns nach kurzem Strohfeuer wieder auf dem Weg nach unten.

Was folgte, war eine Meisterleistung des amtierenden MVP sowie eine erneute Bestätigung, dass die Rückkehr des schnellen Spiels von Dauer sein könnte.

ALLES TEIL DES PLANS
2006

Die vergangene Saison war für die Phoenix Suns schon gelaufen, bevor sie begonnen hatte. Nicht nur der alte, dicke, laute, aber eben auch ehrliche Mann unter den US-Basketballexperten, Charles Barkley, war sich da sicher. Der Conference-Finalist des Vorjahres würde wieder im Mittelfeld der Liga verschwinden – nun, da mit Amar'e Stoudemire (Knie-OP) der beste Offensivspieler des Teams für Monate ausfallen würde. Ohne den athletischen Big Man, der im Fastbreak gegnerischen Großen davonsprintete und sie im Halbfeldangriff mit seiner Beweglichkeit und Sprungkraft zu Dunk-Contest-Zuschauern degradierte, wäre der wilde Tempo-Stil der Suns zum Scheitern verurteilt. Klare Sache.

Zahlreiche Experten stimmten nach dem 62-Siege-Strohfeuer in 2004/05 im Kanon das Lied vom schnellen Verglühen des Suns-Sterns an. „Amar'e

Stoudemire zu verlieren, das bedeutet: Sie sind wie die Jackson Five ohne Michael", tönte der „Chuckster" im Fernsehen.

Doch wo die legendäre Großfamilienband ohne ihren Leadsänger statt im Fernsehen vor Millionenpublikum zweifellos eher auf Betriebsfeiern für ein warmes Essen gesungen hätte, überstanden die Suns den Verlust ihres Star-Forwards vergleichsweise unbeschadet. 54 Siege, reihenweise Top-Plätze in der Ligastatistik. Die Suns lieferten die meisten Punkte, spielten mit 26,6 die meisten Assists, keine Mannschaft traf öfter oder besser aus dem Feld (47,9 Prozent) oder von Downtown (40,0 Prozent), und einmal mehr gelang der Einzug ins Finale der Western Conference. All das ohne ihren vermeintlichen „Michael", der lediglich in drei Partien übers Parkett humpelte.

An seiner Stelle tanzten anderswo zum Bankoder Rollenspieler degradierte Titos und Jermaines die Choreographie so flüssig, dass die Abwesenheit von „STAT" selten spürbar wurde. Auch dort, wo im Vorjahr die mittlerweile abgewanderten Joe Johnson oder Quentin Richardson für kurze Solo-Parts in die Bühnenmitte hatten treten dürfen, fand sich ein passender Ersatz. Boris Diaw, Raja Bell, James Jones oder Eddie House feierten ihren NBA-Durchbruch. Und die wenigen Überbleibsel aus dem Suns-Team der vorangegangenen zwölf Monate lieferten ihrerseits allesamt Karrierebestwerte ab – Steve Nash, Shawn Marion und James Jones mit Karrierebestleistungen bei den Punkten, Rebounds sowie der Feldwurfquote. Raja Bell, Leandro Barbosa und Boris Diaw gelang dies in den Kategorien Punkte, Assists, Rebounds, Feldwurf- und Dreierquote.

War es zuvor naheliegend gewesen, den Erfolg der Franchise an den Stars im Team festmachen zu können – also am All-Star-Trio Stoudemire, Nash und Marion sowie am Beinahe-All-Star Joe Johnson –, so schob die Saison 2005/06 das System der Suns ins Rampenlicht. Wie konnten die zahlreichen Abgänge und Ausfälle so schmerzlos kompensiert werden? Wieso mutierten andernorts Aussortierte hier zu Leistungsträgern? Was machte diese Franchise richtig, das andere falsch machten?

Kurz gesagt: Die Suns machen nichts „richtiger", nur halt alles anders. Hinter ihrem Basketball steht eine eigene Philosophie. Eine andere als bei fast jedem Team der NBA: Seit Mike D'Antoni im Dezember 2003 als Headcoach übernahm, spielt Phoenix schnell, attraktiv und vornehmlich offensiv ausgerichtet.

„Wir haben die physischen Voraussetzungen, um einen Basketball zu spielen, den man sich gerne ansieht, der den Jungs und den Fans Spaß macht. Wir werden das System öffnen und mehr laufen. Wir wollen über 100 Punkte pro Partie erzielen. Solange wir den Ball teilen und eine richtige Teamchemie entwickeln, haben wir genug Feuerkraft. Das ist der Plan, an den wir uns halten", sagt der Trainer damals bei seiner Antritts-Pressekonferenz.

Dallas ist zu jener Zeit die einzige Mannschaft der NBA, die auf einen schnellen Stil und hohe Punktezahlen setzt. Der Rest der Liga klammert sich an althergebrachte Leitsätze à la „Offense wins games, defense wins championships". So wie die Detroit Pistons, deren vorderstes Ziel die Korbverhinderung ist und die im Sommer 2004 dank ihrer erstickenden Verteidigung Champion werden sollen – 84,3 Zähler erlauben sie in ihrer Meistersaison pro Begegnung. Ihre Art Basketball ist das, was ihr Coach Larry Brown „the right way" nennt.

Der Rest der Liga sieht das ähnlich – im Westen vornehmlich die defensiv nicht weniger potenten San Antonio Spurs. Als D'Antoni das Traineramt übernimmt, erzielen lediglich Dallas und Sacramento allabendlich über 100 Punkte. Es ist die NBA, wie sie die Detroit Pistons der Achtziger der Nachwelt hinterlassen haben, seit die „Bad Boys" sich mit harten Ellbogen und breiten Schultern zu zwei Titeln kratzten und bissen.

Offensiv ausgerichtete Mannschaften werden seitdem als weiche Schönspieler diskreditiert, die in den Playoffs nichts reißen. Künstlern wie den Sacramento Kings gelingt vielleicht ein Trip in die Conference Finals – aber eine Meisterschaft? Nein. Die gibt es nur für die, die verhindern und in den Playoffs im Schlafwagentempo ihre Gegner im Halbfeld zermalmen. Nur die Harten kommen in den Meisterschafts-Garten.

Trotzdem glaubt D'Antoni damals, mit seinem Konzept Erfolg haben zu können. Der Neue im Amt ist ein Freigeist, geprägt von seiner Zeit als aktiver Spieler in der ABA und Europa. Sein Masterplan vereint das schnelle Spiel der legendären Chaosliga mit dem Teamgedanken des europäischen Basketballs. Auf einen Nenner gebracht: Phoenix soll schnell spielen, aber eben gute, weil offene Würfe nehmen – egal, was die Schussuhr auch anzeigt.

„Wir sind in der Unterhaltungsindustrie. Die Fans kommen, weil wir spektakulär sind. Die Liga will ein schnelles Spiel, weil sich das gut im Fernsehen verkauft. Und der Kuchen, von dem wir unsere Stücke bekommen, wird immer größer, je mehr Fans wir anziehen", erläutert der Coach einen der Vorteile seines Fastbreak-Styles. Dabei sprechen wesentlich handfestere Argumente für die Spielweise der Suns.

Phoenix rennt bei jeder Gelegenheit. Darin liegt der große Unterschied zu jedem anderen Team der NBA-Gegenwart. Wo andere Trainer nur nach Ballgewinnen oder weiten Rebounds zum Schnellangriff blasen, fahren die Suns auch nach gegnerischen Korberfolgen mit hoher Drehzahl. Das hat mehrere Vorteile. Einen davon illustrierte Video-Koordinator Noel Gillespie im Training Camp anhand eines Video-Mitschnitts einer Begegnung gegen Cleveland. „Ilgauskas dunkt hier gegen uns", kommentierte Gillespie die Spielszene. „Er fühlt sich super, joggt nach hinten. Und zack, schon ist Amar'e an ihm vorbei, haut einen Dunking rein. Könnt ihr euch vorstellen, wie das eine Mannschaft frustriert?"

Ein nicht zu verachtender psychologischer Vorteil, der nicht selten die Taktik des Gegners verändert. So wie bei Sixers-Rookie Rodney Carney, als er in der Preseason gegen die Suns antrat: „Ich ging zum Offensivrebound, und als ich mich umdrehte, war mein Gegenspieler schon auf der anderen Seite und machte einen Korbleger. ‚Okay, ab sofort keine Offensivrebounds mehr', dachte ich mir. Das Tempo war der Wahnsinn."

Freie Leger gegen lässig zurückjoggende Verteidiger sind jedoch nicht die Regel. Vielmehr kommt Phoenix zumeist früh in der Wurfuhr gegen eine noch ungeordnete Verteidigung zu schnellen Abschlüssen. Weil der Ball fix in der gegnerischen Hälfte steht, ist die Defense zumeist in der Rückwärtsbewegung und somit nicht eng genug am Mann. Die Zuordnungen der Verteidiger zum jeweiligen Angreifer stimmen noch nicht. Die Rotationen kommen nicht so flüssig wie gegen den langsameren Halbfeldangriff.

„Die meisten Trainer glauben, dass die Verteidigung am einfachsten zu treffen ist, wenn man sie die ganze Schussuhr über mit vielen Pässen beschäftigt hat. Wir dagegen glauben, dass die Defense am angreifbarsten ist, bevor sie sich formiert hat", sagt D'Antoni. Überfallartig kommen die Suns somit zu schnellen und meist hochprozentigen, weil offenen Wurfchancen. Weil der Ball nicht lange gegen eine gut aufgestellte Defense bewegt werden muss, sinkt zudem die Gefahr von Ballverlusten.

„Die Entscheidung, schnell zu spielen, war gefallen, sobald ich Headcoach wurde, denn anders kann oder will ich nicht coachen. Die Entscheidung, diesen Stil auch gut zu spielen, war gefallen, sobald wir Steve Nash bekamen", erinnert sich D'Antoni heute und lacht. In der Tat war es die Ankunft von „Nasty" im Sommer 2004, die die Weichen für den Suns-Express dauerhaft auf die Titelkandidaten-Schiene umstellte. Selten passte ein Spieler so perfekt in das angestrebte Spielsystem wie

Nash in Phoenix. „Wenn ich die Wahl hätte, wäre genau dies die Art und Weise, wie ich agieren würde. So soll Basketball gespielt werden", sagt der amtierende MVP. Doch nicht jedes Team hat das nötige Personal. „Der Kader diktiert, wie du zu spielen hast", weiß Nash.

Gut, dass in Phoenix seit Jahren die richtigen Leute im Kader stehen. Nash scheint vom Basketballgott auf die Erde entsandt, um Fastbreaks zu organisieren, Stoudemire und Marion, um sie krachend abzuschließen. Der perfekte Nukleus also für D'Antonis Stil. Zu ihrer Unterstützung holte das Management über die Jahre zahlreiche Neuzugänge nach Arizona, die allesamt einem klaren Anforderungsprofil zu entsprechen hatten. Athletische, vielseitige, junge Spieler, die das hohe Tempo körperlich mitgehen können und gleichzeitig über die Pass und Dribbelfertigkeiten verfügen, um auch aus der Bewegung den Ball zu kontrollieren.

Ein absolutes Muss darüber hinaus: ein guter Distanzwurf und ein hoher Bball-IQ. „Die Fähigkeit, aus der Distanz zu werfen, ist sehr wichtig. Ebenso die Fähigkeit, schnelle Entscheidungen zu treffen. Wir müssen uns in der Offensive ständig bewegen. Wenn der Ball zu lange an einer Stelle bleibt, bringt uns das in Probleme", erklärt Nash.

D'Antoni benutzt vorne wie hinten alle fünf Akteure, die auf dem Feld stehen. Im Gegensatz zu Teams, die beispielsweise manchen Big Man nur zum Blockstellen und Rebounden gebrauchen, soll jeder Spieler Gefahr ausstrahlen. Auch das geht nur mit dem richtigen Personal. Aufgrund der neuen Regelauslegung, die schnelle Spieler bevorzugt und körperliche Härte bestraft, kann der Trainerstab auch mit einer kleinen Aufstellung aufwarten, in der beispielsweise ein Distanzschütze wie James Jones auf der Vier oder der dribbelstarke Boris Diaw auf der Fünf aufläuft.

So kann potenziell jeder Spieler Druck auf die Defense ausüben. Die Suns wollen das Spiel weit machen und die Verteidigung auseinanderziehen. Neben dem Fastbreak und einer sehr uneigennützigen Spielweise ist der Dreier darum ein zentraler Bestandteil ihres Plans. „Unser Stil ist effektiv", fasst Nash zusammen. „Unsere Spieler sind schnell, sie alle können den Ball dribbeln und sicher passen, wir verfügen über viele Leute, die für ihre Teamkollegen Wurfchancen kreieren können. Und wir haben viele Schützen, die durch ihre Würfe das Spiel auseinanderziehen." Die Suns haben also das richtige Personal und ein festes Konzept. Alles, was noch zu tun bleibt, ist die Umsetzung der angestrebten Spielweise …

Paradoxerweise erfordert es viel Konzentration, derart konsequent den schnellen Abschluss zu suchen. „Kontinuierlich zu laufen – und zwar so schnell wie möglich –, das klingt sehr einfach, es ist jedoch leicht, im Laufe der Begegnung in dieser Hinsicht die Disziplin zu verlieren", sagt Nash. Darum hämmert der Trainerstab die Leitlinie „Laufen, laufen, laufen" immer wieder in die Köpfe der Spieler. Für Sprinter wie Leandro Barbosa ist dieser Stil so etwas wie ihre zweite Natur. Andere Akteure wie Ex-Indiana-Pacer James Jones mussten dermaßen lange einen geruhsamen Spielaufbau praktizieren, dass die Saisonvorbereitung mit Phoenix einer Gehirnwäsche gleichkam. So wurde im Training Camp in Rom 2006 mit einer verkürzten Wurfuhr gespielt. Statt 24 Sekunden hatten beide Teams nur sieben Sekunden Zeit, um einen Wurf loszuwerden. Gerade für Neulinge eine massive Umstellung.

„Wir müssen irgendwie 110 Punkte pro Spiel auf die Reihe kriegen", schwört D'Antoni seine Mannschaft regelmäßig ein. 2004/05 erzielte sein Team im Schnitt 110,4, immerhin 108,4 waren es im Jahr ohne Amar'e. Die 110 ist die magische Marke in Arizona. Sie ist das Ergebnis einer recht simplen Rechnung: Die Suns haben viele Scorer auf dem Feld und nehmen aufgrund ihres aggressiven Stils vergleichsweise hochprozentige Würfe, nämlich Korbleger und offene Abschlüsse. Halten sie das Tempo hoch und schließen schnell ab, gibt es umso mehr Wurfchancen pro 48 Minuten. Je mehr beide Teams werfen, desto wahrscheinlicher ist es, dass das bessere Offensivteam am Ende der Partie mehr Punkte erzielt hat als der Gegner – das sind normalerweise die Suns.

Dazu bedarf es auch in Phoenix einer effektiven Offensive im Halbfeldangriff. Disziplin ist auch hier das Stichwort. „Der Fastbreak ist ja nur ein Teil unseres Systems; die Kunst besteht darin, sowohl schnell zu spielen als auch im Halfcourt gut zu agieren", sagt Nash. Ist der einfache Abschluss nicht da, stoppen die Trailer – meistens ein Center oder Power Forward – aus vollem Lauf zum schnellen Pick-and-Roll mit Steve Nash auf Höhe der Dreierlinie (sogenannter „Drag").

Der Kanadier zelebriert das Block-und-Abrollen mit geradezu Stockton'scher Perfektion und findet einen zum Korb donnernden Stoudemire ebenso sicher wie einen für den Sprungwurf von der Baseline abrollenden Kurt Thomas.

Dass bei den Suns auch gerne mal der Center (Diaw) mit dem Power Forward (Marion) das Blocken-und-Abrollen spielt sowie per Alley-Oop abschließt, unterstreicht die Unkonventionalität ihres Systems. Dabei sind die Absichten dahinter nichts Neues. „Wir wollen einfach nur mehr punkten als der Gegner", simplifiziert D'Antoni.

In der Tat erzielten die Suns vergangene Saison im Schnitt 5,5 Punkte mehr als ihre Gegner. Nur drei NBA-Teams gewannen im Schnitt mit einem komfortableren Vorsprung. Trotzdem nehmen auch nach zwei Saisons jenseits der 50-Siege-Marke inklusive Conference-Finals-Einzug manche Experten die Suns nicht für voll. Eine Mannschaft, die allabendlich 102,8 Punkte abschenkt, sei kein Titelkandidat, ist ihre Argumentation. Auch hier haben die Suns eine eigene Sicht der Dinge. „Wenn wir mehr Punkte machen als der Gegner, ist unsere Verteidigung offensichtlich besser als ihre", sagt D'Antoni. „Wir hatten vergangene Saison die beste Offensive der Liga. San Antonio hatte die beste Defense. Keiner von uns beiden war im NBA-Finale. Es kommt eben auf die richtige Kombination an."

Im Übrigen sei die Defensive der Suns besser als ihr Ruf. Die vergleichsweise hohen gegnerischen Wurfquoten und Punktezahlen interessieren den Coach nicht, zumal die Suns-Abwehr vergangene Saison bis zum verletzungsbedingten Ausfall von Kurt Thomas zu den besseren der Liga zählte. Bei den pro Ballbesitz erlaubten Punkten sei seine Mannschaft am Saisonende das viertbeste Team der NBA gewesen, erklärt der Coach. Abgesehen von Steve Nashs Torero-Defense stehen tatsächlich mit Raja Bell, Kurt Thomas und Shawn Marion mehrere starke Verteidiger im Kader.

D'Antoni kündigt darum mit gutem Gewissen für die neue Saison eine starke Defense an. „Wir sind hinten stärker, als die Leute glauben, und wir werden einen weiteren Schritt aufs nächste Level machen. Bessere Defense bei gleicher Offensivproduktion bedeutet, dass wir besser werden", sagt der Coach. „Wir haben gute Leute behalten und neue dazugeholt."

Der wichtigste Neuzugang im Team heißt Marcus Banks. In der Tat gilt er zumindest als engagierter Verteidiger. D'Antoni nennt ihn „eine Bulldogge". Wichtiger jedoch: Er soll zukünftig als Backup auf der Eins Nashs Minutenschnitt herunterfahren. Der aus Minnesota geholte Aufbau ist gebaut wie ein Profi-Footballer und ebenso exzellent im Fastbreak, wie er im Halbfeld mittelmäßig ist. Dank Banks hat D'Antoni ein geradezu unheiliges Update für den 2003 formulierten Masterplan. „Wir werden noch mehr laufen als in der letzten Saison. Mit Banks als Ersatzmann und mit Amar'es Rückkehr können wir schneller spielen als bisher – und wir sind ein besseres Team", glaubt D'Antoni.

Besseres Team? Für einen Conference-Finalisten ist da nicht mehr viel Luft nach oben. Nächster Halt NBA-Titel? Es wäre der letzte Schritt, die Kritiker am Suns-System ruhigzustellen. „Aufgrund unseres Stils ist der

Gewinn des Titels die einzige Chance für uns, Respekt zu kriegen", sagt D'Antoni. Der Rest der Liga sollte schon einmal tief Luft holen ...

Völlig zu Recht wurde Steve Nash für das Meisterstück, das er mit diesem durch Free-Agent-Abgänge und Verletzungen dezimierten Kader geleistet hatte, ein zweites Mal in Serie zum Most Valuable Player gewählt (daneben wurde übrigens Diaw 2006 als „Most Improved Player" geehrt). Nebeneffekt der Wahl war, dass Nash es als dritter Guard nach Magic Johnson und Michael Jordan schaffte, in zwei aufeinanderfolgenden Jahren wertvollster Spieler der Liga zu werden.

„Ich sehe zwar diese beiden Auszeichnungen bei mir zu Hause, aber ich sehe mich deswegen nicht wirklich mit diesen Jungs in einer Reihe", sagte der Kanadier später. „Wie denn auch, ohne eine Meisterschaft?" Denn einmal mehr wurden die Suns nicht Meister, ebenso wenig im Jahr darauf.

Erst 2007 schien Phoenix an die Pforte zur Ewigkeit zu klopfen: Beim Stand von 2-2 in der zweiten Runde besaßen sie gegen die San Antonio Spurs zumindest alle Chancen, bis ein cleveres bis unsportliches Foul von Robert Horry an Steve Nash zur Rudelbildung auf dem Parkett führte ...

Weil sie unerlaubt das Spielfeld betreten hatten, wurden Stoudemire und Diaw von der NBA gesperrt. Derart dezimiert hatten die Suns keine Chance mehr. San Antonio wurde wenig später Meister und schickte Phoenix im Folgejahr erneut in die Ferien, diesmal mit einem 4-1 in Runde eins. Das Ende der „Seven seconds"-Ära.

Mike D'Antoni nahm seinen Hut, und mit ihm ging die Leichtigkeit des Fastbreaks. General Manager Steve Kerr installierte mit Terry Porter einen Vertreter der alten Schule als Cheftrainer und holte mit Shaquille O'Neal den prototypischen Brettcenter der Neuzeit, dank dem von Schnellangriff keine Rede mehr sein konnte. Erstmals seit 1991/92, als Charles Barkley und Tom Chambers das Sonnenlogo trugen, standen mit Shaq und Stoudemire zwei dominante Big Men auf dem Feld. „Wenn wir auf die Historie unseres Spiels schauen, sehen wir, dass kein Team, das diesen schnellen Stil pflegte, viel Erfolg hatte", sagte Kerr kurz nach seinem Dienstantritt. „Natürlich gab es Erfolge in der regulären Saison, ich rede hier aber über eine Meisterschaft." So weit die Theorie.

Auch mit traditionellem Stil war den Suns indes kein Titel vergönnt. Stattdessen krebste Nash nach dem Shaq-Intermezzo sowie dem Trade von Stoudemire mit einem mittelmäßigen Kader herum, wechselte erst 2012 (zu spät!) zu den Los Angeles Lakers, wo wenig später die Wiedervereinigung mit Mike D'Antoni folgte. Die Suns waren damit endgültig im Neuaufbau angekommen. Immerhin: Ihre kleine Basketball-Revolution versandete nicht folgenlos.

Nicht nur, dass neben Nashs zwei MVP-Titeln die zahlreichen Auszeichnungen der Sonnen-Akteure von der Einzigartigkeit dieser Teams künden werden, darunter seit 2004/05 zehn Nominierungen fürs All-Star-Game, vier Berufungen ins erste All-NBA-Team, drei ins zweite und zwei ins dritte.

Ihr Stil veränderte nachhaltig die Liga und wurde über die Jahre nicht nur von den schnell spielenden Denver Nuggets, Golden State Warriors sowie dem Doppel-Champion aus Miami adaptiert.

Nein, jedes Team in der National Basketball Association spielt heute wie die Suns. Nicht „Seven seconds or less" als krasse Philosophie, aber die vielen schnellen Aktionen aus dem Pick-and-Roll, die Allgegenwärtigkeit der Stretch-Vierer ... überall finden sich Reminiszenzen.

Und so strahlt es bis heute weiter: das gleißende Licht des Offensivbasketballs der Phoenix Suns.

JAN HIERONIMI

SAN ANTONIO SPURS

Mit wenigen Ausnahmen sind die Kapitel dieses Buches einzelnen Spielern gewidmet – in Sonderfällen auch grundlegenden Bestandteilen des Spiels, wie bei unserem Sammelkapitel zum Dunking (siehe „Planet Basketball").

Die San Antonio Spurs sind ein Ausreißer von dieser Regel, denn ihnen haben wir ebenfalls ein eigenes Kapitel zugeschrieben (ebenso wie den Phoenix Suns und den Bad Boy Pistons). Und das – so glauben wir – mit Recht. Zwar haben wir Tim Duncans großartige Karriere bereits in unserem ersten Buch gefeiert. Mit ihm begann die wundersame Ära des Spurs-Erfolges, als er 1997 als erster Spieler der Draft verpflichtet wurde (und zwar nicht von Boston, das in der Vorsaison kunstfertig Spiele abgeschenkt hatte ... genau wie San Antonio auch, um die besten Chancen auf Duncan in der Draft zu haben). Doch trotz der Bedeutung von Timmy D. für den Aufstieg der „Sporen" war bei den Texanern das Team immer größer als der einzelne Superstar.

Beginnend mit dem alternden David Robinson, der nach der Ankunft Duncans großmütig in den Hintergrund trat und mit zwei Championships belohnt wurde. So schufen die Macher eine Mannschaft, die über fast zwei Jahrzehnte stetig in Reichweite einer Meisterschaft operierte und fünf Titel holte. Die trotz oder wegen ihrer Erfolge und ihrer teamdienlichen Spielweise nie heiß geliebt wurde. Umso mehr haben sie hier auf diesen Seiten etwas Liebe verdient – von einem, der gleichfalls lange ein Hater war.

1999 drückte ich im Duell mit San Antonio vehement den New York Knicks die Daumen, dem Achtplatzierten im Osten, der mit Marcus Camby, Latrell Sprewell, Allan Houston und Larry Johnson sensationell in die Finals vorgestoßen war. Die Knicks waren cool. Die Spurs gewannen die Serie.

2003 wünschte ich mir den Sieg der Fastbreak-Nets um Jason Kidd – vergeblich. Die Spurs gewannen.

2005 langweilten mich die Spurs im Finale gemeinsam mit den Detroit Pistons zu Tode. Wieder gewann Texas.

2007 schließlich hoffte ich auf LeBrons ersten Titel – San Antonio machte kurzen Prozess.

Nicht genug damit, zwischendurch wurden die Spurs stets „meinen" Los Angeles Lakers gefährlich. Schienen Dirk Nowitzki auf dem Weg zum Titel im Weg zu stehen. Und all die Jahre lernte ich Bruce Bowen hassen – jenen unglaublichen Verteidigungsspezialisten, der stets jenseits des Erlaubten zu agieren schien, ohne nachhaltig bestraft zu werden. Genau übrigens wie Robert Horry. Sein Schubser gegen Steve Nash ... egal.

Erst mit der Zeit verstand ich, wie außergewöhnlich dieses Phänomen San Antonio war: Stars, die an nichts interessiert waren außer dem Erfolg ihrer Mannschaft. Ergänzungsspieler, die einfach nur ihren Job machen wollten. Ein Coach, der keine Egos schonte, sondern seine Stars genauso schimpfwortlastig coachte wie die Bankdrücker – und dabei noch Humor bewies. „Ich habe die Jungs nur gefragt, ob es für sie in Ordnung wäre, wenn wir wieder etwas aggressiver sein könnten, weil ich mich sehr darüber freuen würde", erklärte er nach einer unerfreulichen Begegnung seine Schimpftiraden einmal. „Sie sagten: ‚Natürlich, Pop. Sehr gerne würden wir das machen.' Es lief alles sehr freundlich ab, so eine Art Kumbaya-Nummer."

Spät, vielleicht zu spät, lernte ich San Antonio schätzen, als Mannschaft fernab aller Zwänge, die sonst im Profisport existieren. Und nur dank dieses ganz besonderen Systems gelang es der Franchise, ihre Brillanz bis in die Gegenwart zu konservieren. 2012 holte San Antonio den ersten Platz im Westen und hatte 20 Spiele in Folge gewonnen, bevor in den Playoffs die bissigen und jüngeren Memphis Grizzlies Feuer fingen und ein 0-2 in ein 4-2 verwandelten.

Viele Beobachter wähnten die alten Recken nun endgültig auf dem Weg ins Mittelmaß – doch die neue Saison, Duncans 16., belehrte sie eines Besseren und verleitete die FIVE dazu, das Team einmal mehr zu beleuchten.

SO PERFEKT
2013

Es ist ein ganz normaler Tag in Basketball-Utopia. Ganz normal, vielleicht bis auf die Tatsache, dass im heutigen Spiel Tim Duncan und Gregg Popovich ausfallen, der Superstar wegen seines schmerzenden linken Knies, der Trainer wegen einer Viruserkrankung. Aber auch das gehört ja zu dieser Utopie namens San Antonio Spurs: dass sie trotzdem funktioniert, auch ohne Star und Trainer. Auch heute gewinnen die Spurs, ein ungefährdetes 108:99 gegen Phoenix, es ist der achte Sieg in Serie. 36-11 lautet nun die Bilanz der Texaner, es ist die zweitbeste der gesamten Liga, und einen Tag später wird sie dank der Niederlage von Oklahoma City zur besten mutieren.

Kaum jemand hätte das erwartet. Im Sommer war einmal mehr vom bevorstehenden Abstieg des betagten Teams geschrieben worden, wo doch Tim Duncan (36 Jahre) und Manu Ginobili (35) im Vorjahr manchmal bereits so alt gewirkt hatten. „Er ist der beste Power Forward aller Zeiten, aber ich hoffe wirklich, dass er in Rente geht", hatte TV-Kommentator Charles Barkley damals über Duncan gesagt. Nun stehen die Spurs doch wieder an der Spitze der Liga, auch dank ihres wiedererstarkten Innenspielers. Sie sind auch in diesem Jahr Titelkandidat, wieder die alte, ewig perfekte Franchise: Es gibt keine Skandale und Krisen, keinen Neid, keine Rauswürfe und Mega-Trades, keine Ego-Touren und Machtkämpfe. Es gibt nur Basketball, wie aus dem Lehrbuch abgepaust. Teamdienlich, souverän, erfolgreich.

Leider ist nichts so langweilig wie diese immer gleiche Utopie. Darum führen die Trikots der Spurs nicht die Verkaufs-Ranglisten des NBA-Stores an, darum laufen ihre Spiele nicht am ersten Weihnachtstag zur Primetime, darum lächeln Tim Duncan und Tony Parker selten von den Titelseiten der Sportmagazine herunter. Die Basketballwelt hat – wenn sie denn je welches hatte – das Interesse verloren an der bezeichnenderweise schwarz-weißen Franchise. Ihre vollkommene Spielweise wird schulterzuckend hingenommen, das Team existiert wie in einer Parallelwelt an der üblichen Medienhysterie vorbei. Effizienz und Erfolg rührt die Fantasie nicht.

Es wirkt alles altbekannt, immer gleich – doch genau dieser Anschein ist falsch. Denn vieles ist neu an diesen Spurs, wenn man an den immer gleichen Gesichtern und Trikots vorbeischaut, in den Maschinenraum dieser Utopie. Dort, wo seit Jahren und Jahrzehnten schon neu verschraubt und geschmiedet wird, an der Verteilung der Spielanteile, am System, an der Ausrichtung der Mannschaft. Hier wird deutlich, dass die Spurs sich stetig neu erfunden haben in den 16 Jahren der Tim-Duncan-Ära, in denen sie zur erfolgreichsten Franchise im gesamten US-Sport wurden.

Und was für eine Ära das ist: 2013 markiert die fünfzehnte Playoffteilnahme in Folge. Nie gewannen sie weniger als 61 Prozent ihrer regulären Saisonspiele, im Durchschnitt sind es über all die Jahre markerschütternde 70 Prozent gewesen. Vier Meisterschaften und (bisher) drei weitere Teilnahmen an den Conference Finals sprangen dabei heraus, kein anderes Profi-Team im US-Sport war so lange so gut. Doch die eigentliche Sensation ist die Tatsache, dass sich die Spurs während all dieser Erfolgsjahre so massiv veränderten.

Doch fangen wir damit an, was gleich geblieben ist, bis heute: zum Beispiel der Kern der Mannschaft, der tatsächlich schon immer dagewesen zu sein scheint. Manu Ginobili trägt seit elf Jahren das schwarz-weiße Trikot, Tony Parker seit zwölf, beide spielten nie für ein anderes Team. Tim Duncan ist sogar seit 16 Jahren Teil der Franchise, auch er war niemals woanders, Trainer Gregg Popovich ist seit 17 Jahren dabei. In Zeiten von „Super-Teams" und Mega-Trades ist so viel Kontinuität die Ausnahme geworden, ein Standortvorteil gegenüber den Mannschaften, die alle paar Jahre neu zusammengestellt werden. „Dieselben Spieler sind seit hundert Jahren zusammen, jeder weiß, wie der andere spielt, und darum haben sie Titel über Titel gewonnen", kommentierte es vor kurzem Phoenix-Forward Michael Beasley (später Miami Heat).

Der Grundpfeiler dieses Konstruktes ist – natürlich – Tim Duncan. Mit ihm begann der Aufschwung der Spurs, die 1997 dank einer langen Verletzungspause von Starcenter David Robinson sowie viel Glück in der Lottery unverhofft ihren ohnehin guten Kader mit dem Nummer-eins-Pick der Draft aufpolstern durften. Coach Popovich erlebte diesen schicksalhaften Tag völlig bodenständig mit einem Bier und einem Burger in einem behelfsmäßigen Zelt, das die Liga backstage unweit der Draft-Lotterie aufgebaut hatte, er plante bereits die Offensive um den späteren Nummer-zwei-Pick Keith Van Horn herum.

„Plötzlich bestürmten mich die Journalisten und fragten mich aus, als hätte ich irgendetwas geleistet", erinnert er sich zurück. San Antonio hatte den Top-Pick gewonnen. „Das Leben ist nicht fair, aber manchmal auch sehr großzügig. Wenn du so viel Glück hast, versuchst du nur, es nicht zu versauen."

Es gab nie einen Zweifel, dass Tim Duncan an erster Stelle der Draft verpflichtet werden würde. Und kurz darauf unternahm „Pop" den unkonventionellen Schritt, seinen künftigen Schützling in dessen Heimat St. Croix auf den Virgin Islands zu besuchen. Irgendetwas machte damals klick zwischen Trainer und Spieler, so laut, dass es bis heute fortwirkt. Gemeinsam schwammen die beiden damals ins Meer hinaus, der einstige Wettkampfschwimmer Duncan vorneweg, der tapfere „Pop" hinterher.

„Es gab sofort diesen gegenseitigen Respekt, dieses Verständnis, so als wären wir seelenverwandt", erinnert sich Popovich. Sein völlig bullshit-freies Auftreten hinterließ Eindruck und bereitete den Boden für jene einzigartige, ja eben utopische Kultur in San Antonio, in der alle Spieler gleich sind vor den Basketball-Göttern. Wer Mist baut, wird vom Übungsleiter mit einer Tagesration Schimpfwörtern rundgemacht, ob er nun Duncan heißt oder Blair, ob Starspieler oder zehnter Mann.

„Als ich dort ankam, hatte ich ja schon in anderen Teams Erfahrung gesammelt. Ich wusste, wie es anderswo funktioniert – und umso schöner war es zu sehen, dass es hier anders lief und sie damit Erfolg hatten", erinnert sich Ex-Spur Jacque Vaughn, der heute Trainer in Orlando ist.

Es ist ein unbezahlbarer Luxus, sich als Mannschaft ganz auf Basketball konzentrieren zu dürfen, ganz ohne Ego-Touren der Starspieler, ohne Nebenkriegsschauplätze. In der Saison 2012/13 spielen elf Akteure mehr als 19 Minuten im Schnitt, nur einer über 30 – und niemand muckt auf wegen zu wenigen Minuten, zu wenig Ruhm. Es lohnt sich, dass schon bei der Spielerauswahl verstärkt auf den Charakter geachtet wird.

Reif sollen sie sein, keine Wichtigtuer, keine Exzentriker. Wenn dann noch die Stars sich dem Team unterordnen, zieht der Rest der Mannschaft nach, so wird diese Kultur zum sich selbst verstärkenden Kreislauf. Jeder Einzelne opfert etwas, sogar bei den Vertragsverhandlungen verzichten die Stars auf einige Millionen, sofern es dem Kader guttut. Und so lebt die Utopie weiter, von David Robinson und Sean Elliott über Duncan, Ginobili und Parker bis zu den Neuankömmlingen, zu den Youngsters wie Kahwi Leonard oder Tiago Splitter.

So viel zu den Dingen, die sich nicht geändert haben. Doch auf diesem unverrückbaren Fundament haben die San Antonio Spurs ihr Team neu erfunden. Vor allem in den vergangenen drei, vier Jahren. So haben die heutigen „Sporen" nicht mehr viel mit der Mannschaft von 2007/08 gemeinsam. Die letzte Meisterschaft lag damals ein Jahr zurück, das Defensivbollwerk rumpelte langsam und methodisch durch die Liga. Bruce Bowen repräsentierte die knallharte Verteidigung des Teams, vorne operierten Duncan, Ginobili und Parker gleichberechtigt im Halbfeld. Nur zwei Teams spielten damals langsamer als San Antonio.

Seither hat sich viel getan: Heute führt Tony Parker, der Jüngste des Trios, selbstbewusst die Regie. Schon immer besaß Parker das seltene Talent, trotz seiner nur 1,86 Meter im Zoneninneren hochprozentig zu punkten. Derzeit sind es über 30 Prozent seiner Wurfversuche, die in Brettnähe erfolgen, er trifft davon 62 Prozent – und ist damit extrem effizient für einen ohne nennenswerte Sprungkraft. Mit den Jahren hat der Franzose zudem gegen absinkende Gegenspieler einen sicheren Mitteldistanzwurf hinzugefügt (50 Prozent Trefferquote) und bestraft übertriebene gegnerische Aufmerksamkeit mit öffnenden Pässen auf die Teamkollegen.

„Tony ist jetzt an einem Punkt in seiner Karriere, an dem er extrem selbstbewusst agiert, sich in der ersten Halbzeit etwas zurücknimmt und dann, wenn wir ihn brauchen, seine Würfe trifft und einfach übernimmt", sagt Teamkollege Manu Ginobili. Je besser der Franzose wurde, umso mehr legte Popovich die Geschicke des Teams in die Hände des Aufbauspielers. „In den vergangenen Jahren ist dieses Team mein Team geworden", sagt Parker heute, „und Coach Pop hat mich immer herausgefordert, der Franchise-Player zu werden, der Spiele gewinnt und gute Entscheidungen trifft. Pops Herausforderungen nehme ich mir immer zu Herzen."

Der Wandel lässt sich am sogenannten „Pace Factor" ablesen, der das Spieltempo abbilden soll: 2007/08 war es Platz 28 der Liga gewesen, danach Platz 26, dann 20, 14, dann sieben – bis in der aktuellen Saison nur Houston und Denver rasanter spielen als San Antonio.

„Schuld" ist Parker, der als einer der schnellsten Spieler der Liga gilt und gemeinsam mit den Athleten im Kader gerne schnelle Fastbreak-Punkte mitnimmt. Der Effektivität des Angriffes hat das keinen Abbruch getan, im Gegenteil: San Antonio führt die Liga mit 25,3 Assists deutlich an, erzielt die zweitmeisten Punkte (104,4), liefert die zweitbeste Feldwurf- und die fünftbeste Dreierquote der NBA. Ligaweit erzielen die Sporen die viertbeste Offensiveffizienz.

Die Fabelzahlen belegen, wie effektiv der Umbau des Teams gelungen ist. Meisterhaft passt Popovich das Angriffssystem dem Spielerpersonal an: Wanderte der Ball früher regelmäßig durch den Lowpost, wo Duncan als Spielmacher fungierte, lebt San Antonio heute von der erbarmungslosen Genauigkeit bei der Umsetzung der zahlreichen Pick-and-Rolls und Handoffs, bei denen oftmals Parker im Mittelpunkt steht.

Die Spurs-Systeme sind dabei keine Geniestreiche des Trainers, einfach nur geradlinige Spielzüge von mechanischer Effizienz: Die Distanzwerfer stehen in perfektem Abstand voneinander an der Dreierlinie, die Blocksteller rollen hart zum Korb ab, die Guards attackieren seriös die Zone, und schon muss die Defensive sich entblößen, schon folgt der richtige Pass, und der nächste, und der nächste, bis ein offener Wurf dabei herausspringt.

San Antonio kann von überall auf dem Feld punkten, ist aber besonders gefährlich von Downtown: 2007/08 versuchte San Antonio bereits 19,6 Dreier pro Spiel, heute sind es 22,6 (die sechstmeisten Versuche der Liga) bei starken 38 Prozent Trefferquote. Gerade aus den Ecken des Spielfeldes, wo die Dreierlinie am wenigsten weit vom Ring entfernt ist, ziehen die Distanzexperten ab – und das ist der statistisch effektivste Wurf im Basketball (laut 82games.com 118,8 Punkte pro 100 Ballbesitze).

San Antonio hat sich auf solche Kleinigkeiten spezialisiert, maximiert die Offensive, indem die Macher Spezialisten finden, die perfekt ins eigenwillige System passen. Spät in der Draft, geparkt in Europa, versteckt in unspektakulären Trades oder gar als ungedraftete Free Agents verpflichtet, findet das Team Rollenspieler wie Gary Neal, Patty Mills oder Matt Bonner. Spieler, die klar definierte Aufgaben haben und diese für kleinstes Geld perfekt ausfüllen. Auch das ist Teil der Utopie ...

Allein, ein kleiner Wermutstropfen: In den vergangenen Jahren gehörte der Gewinn der Meisterschaft nicht mehr zu dieser Basketball-Wunschvorstellung. 2007 feierten die Spurs zuletzt einen Titel, seither stand das Team zweimal im Conference-Finale und scheiterte. Oft galten sie als Geheimfavoriten, so wie vergangene Saison nach ihren 61 Erfolgen, nach zwanzig Siegen in Serie zum Saisonende, darunter zehn Playofferfolge in Folge, bevor sie dann unverhofft vier Spiele in Folge gegen Oklahoma verloren und der Titeltraum platzte.

„Diese Erinnerung ist noch lebendig, so wie die aus jedem anderen Jahr, in dem wir Chancen hatten, aber den Titel nicht gewinnen konnten", erinnert sich Duncan. „Wenn du lange genug spielst, dann gewinnst du mal und verlierst mal. Manchmal bricht es dir das Herz. Aber wir glauben, dass wir nochmal angreifen können. Und das ist eine gute Ausgangsposition."

Auf den ersten Blick wirkt die aktuelle Saison ein wenig wie ein Klon des Vorjahres. Auch damals belegten die alten Spurs eher unverhofft den Spitzenplatz. Auch damals schien die perfekt geölte Basketballmaschine in der regulären Saison unbezwingbar. Doch am Ende zogen die Oklahoma City Thunder ins Finale ein – in den Worten von Stephen Jackson: „Diese M*therf*cker waren einfach besser als wir."

Gerade Duncans Fitness war eine Schwachstelle. „Mental konnte ich auf einem hohen Level spielen, aber physisch leider nicht", erinnert er sich. Das ist dieses Jahr anders.

Dafür arbeitete der Oldie über den Sommer hart an sich, verlor fast zehn Kilo Gewicht, unterzog seine stetig schmerzenden Knie einem neuartigen medizinischen Verfahren (zu dem er sich sehr bedeckt hält). Sein Player Efficiency Rating von 24,9, das sechstbeste der ganzen Liga, ist Ausdruck dieser neuen Fitness, und Popovich achtet pedantisch auf die Spielzeit des Centers, um ihn für die Playoffs ähnlich fit zu halten.

Angesichts der limitierten Minuten sind seine Stats umso beeindruckender: 17,5 Punkte, 9,8 Rebounds und 2,8 Assists pro Spiel, dazu starke 2,7 Blocks und eine Quote von 50,5 Prozent aus dem Feld. Auch der gleichfalls betagte Ginobili wird geschont. Nicht umsonst handelte sich „Pop" eine 250.000-Dollar-Strafe ein, weil er in einem Spiel gegen Miami gleich vier Starter aussetzen ließ. Um jeden Preis soll seine Mannschaft in Bestform in der Postseason ankommen. Bis dahin soll auch die Verteidigung des Teams auf Top-Niveau sein. Ihre Titel gewannen die Spurs stets als absolute Korbverhinderungs-Experten. In den vergangenen Jahren jedoch haben sie ihre defensive Brillanz zugunsten der eigenen Offensive geopfert.

„Vergangene Saison waren wir ein gutes Team im Angriff, jedoch ein mittelmäßiges Team in der Verteidigung. Unser Ziel war es daher, uns dort deutlich zu verbessern", sagt Coach Popovich. „Wir müssen verstehen, dass wir den nächsten Schritt nur machen, wenn wir Stops kriegen. Meisterschaften haben wir immer nur gewonnen, wenn unsere Defense großartig war", unterstreicht Parker. Dass die Spurs das vierteffizienteste Defensivteam sind, unterstreicht die Tatsache, dass dieses Ziel bereits erreicht wurde.

Eine Schlüsselrolle kommt dabei Kahwi Leonard zu: Der Zweitjahresprofi überraschte vergangene Saison als Rookie durch seinen sicheren Distanzwurf und sein abgeklärtes Spiel. Vor allem jedoch stellt der athletische Zweier als Stopper auf dem Flügel gegnerische Außenspieler kalt. Lange fehlte es den alten Herren an überdurchschnittlichen Eins-gegen-eins-Verteidigern, was der Defense nicht gut zu Gesicht stand: Die Spurs möchten möglichst wenig aushelfen und rotieren, wollen ihre Gegner vor sich halten. Ohne Individualkönner ist das schwer.

Leonard ist daher ein Gottesgeschenk. „Er verteidigt den besten Scorer des Gegners, hat viel Länge, einen guten Körper, er hat die Anlagen für diese Rolle und genießt sie auch. Von seinen Skills her ist er gesegneter als Bruce Bowen", adelt Coach Popovich den Mann mit der Armspannweite von 2,18 Meter. Der sonst so kritische Trainer hält große Stücke auf den Swingman. „Er wird eines Tages ein Star sein. Und mit der Zeit wird er das Gesicht unseres Teams werden", glaubt „Pop". Bis dahin soll er verteidigen und offensiv seine Freiräume nutzen.

Selbiges gilt auch für Tiago Splitter – einen weiteren jungen Leistungsträger, der die Defensive gegenüber der vergangenen Saison verstärkt. Der Brasilianer punktet nicht nur sehr effektiv am Brett, er ist mit seinen schnellen Beinen und langen Armen auch ein vielseitiger Verteidiger. Nicht umsonst erhält er zumeist den Vorzug gegenüber Matt Bonner oder Boris Diaw auf der Vier. Auch er macht ein paar Prozentpünktchen aus, auf die sie in San Antonio bauen.

Derart ausgerüstet machen die Spurs Fortschritte in der Korbverhinderung: Bei den erlaubten Punkten und der gegnerischen Wurfquote belegten die Texaner 2011/12 nur den 16. und 17. Platz – diese Saison sind sie in beiden Kategorien immerhin Zehnter. Und so steuern sie einmal mehr auf die zweite Saisonhälfte zu, auf die erneute Playoffteilnahme mit Heimvorteil: relativ unbeachtet, jedoch stark angreifend und verteidigend, ausgeglichen, ausgeruht. Sie sind kein Topfavorit mehr, aber ein veritabler Mitbewerber um den Titel. Das reicht, um an die eigene Chance zu glauben.

Ein ganz normales Jahr in Utopia.

So normal wurde es dann doch nicht, dieses Jahr 2012/13. Denn anders, als die Fachwelt es erwartet hatte, stießen nicht etwa die Oklahoma City Thunder ins Finale vor (nicht zuletzt aufgrund der Knieverletzung von Russell Westbrook), sondern die Oldie-Spurs. Die hatten – ausgeruht dank der weitsichtigen Schonung der Stars während der regulären Saison – zuvor die Kobelosen L.A. Lakers, die wilden Golden State Warriors sowie die Memphis Grizzlies abserviert.

Im Finale wartete der amtierende Champ aus Miami auf sie – und unverhofft avancierten die Spurs für einen Großteil der Basketballwelt zum Fanfavoriten. Wer wollte Tim Duncan schon seinen Titel Nummer fünf verwehren, seine wohl letzte Chance auf eine weitere Meisterschaft? Wer drückte nicht die Daumen für den Sieg des Kollektivs über das Star-Trio der Heat?

Und wenngleich die Spurs der überbordenden Athletik der Heat ausgeliefert schienen, sollte es eine der spannendsten und hochklassigsten Finalserien der Neuzeit werden.

Mit dem hauchdünnen Spurs-Sieg in Spiel eins beginnt es: Ein Wunderwurf bringt die Entscheidung. Es sind noch etwas mehr als zehn Sekunden zu spielen, San Antonio führt, kann die Uhr aber nicht herunterspielen.

Aufbau Tony Parker hat bereits verschiedenste Verteidiger umkurvt, da stürzt er. Sein linkes Knie ist am Boden. Er dribbelt noch zweimal, während er sich mit dem linken Arm auf dem Boden abstützt. LeBron James baut seine 2,03 Meter und 113 Kilo über dem Spur auf. Parker weiß, dass die Wurfuhr fast heruntergelaufen ist.

Der Franzose dreht sich um seinen linken Fuß, James springt, Parker taucht unter dem ausgestreckten Arm des MVP hindurch und wirft. Der Ball verlässt seine Hand, als noch 0,1 Sekunden auf der Wurfuhr sind. Die Sirene ertönt. Brett, Ring, Ring, drin ... 92:88, 5,2 Sekunden vor Schluss. „Es kam mir wie eine Ewigkeit vor. Es war ein verrücktes Play. Es funktionierte nicht so, wie ich mir das gedacht hatte", sagt Parker, der sich keinen einzigen Ballverlust erlaubt hatte, später. „Ich dachte, ich hätte den Ball schon drei-, viermal verloren. Am Ende war ich nur froh, dass ich den Wurf rechtzeitig losbekam." Auch LeBron James durchlief in diesen wenigen Sekunden hunderte gegenläufiger Emotionen: „Das waren die längsten 24 Sekunden, an denen ich jemals beteiligt war."

Der Gamewinner ist wie ein Vorzeichen für das Hin und Her, das folgen soll – eine der besten Finalserien aller Zeiten hat begonnen. Spiel zwei gewinnt Miami nach engem Verlauf mit 103:84 dank eines 39:24-Laufes in der zweiten Hälfte. In Erinnerung bleibt der Block von LeBron James gegen Tiago Splitters Dunkversuch, 20 Zentimeter über Ringniveau. Die dritte Partie wird dann zum Beleg der Spurs'schen Ausgeglichenheit.

Danny Green und Gary Neal sollten eigentlich gar nicht hier sein. Die NBA-Finals? Als zwölfter Mann durchaus denkbar, eventuell in Zivil auf der Bank à la Juwan Howard bei den Heat. Als Kaderfüller halt, aber nicht hier, nicht auf dem Podium vor den Medienvertretern aus aller Welt. Nicht nach einem 113:77-Kantersieg gegen das Überteam 2012/13, welches in der regulären Saison 27 Partien in Folge siegreich beendet hatte.

Neal kam nach einer Europareise durch die Türkei (Pinar Karsiyaka), Spanien (FC Barcelona), Italien (Benetton Treviso) sowie nochmals Spanien (Malaga) im Sommer 2010 zu den Spurs und blieb an Bord. Er schleppte sich gar mit der berüchtigten Plantar fasciitis durch die Spielzeit 2012/13.

Green spielte als Rookie 2009/10 in Cleveland mit LeBron James, bevor ihn die Cavaliers entließen. San Antonio verpflichtete ihn im November 2010, nur um ihn zweimal in die Wüste der Vertragslosigkeit zu schicken, bevor er sich 2011/12 endgültig im Kader festspielte.

Jetzt kamen sie nacheinander in den provisorisch eingerichteten Pressekonferenzraum in den Katakomben des unübersichtlichen AT&T Center, weil die Medien von ihnen hören wollten. Denn Green (mit seinen sieben von neun Dreiern) und Neal (sechs von zehn) hatten die Heat nicht nur zerlegt, sie ließen die so eindrucksvolle Defensive Miamis mit im wahrsten Sinne des Wortes zuckenden Schultern zurück. Die Defense der

Heat verpatzte ihre Rotationen, sie verlor vor allem Green immer wieder aus den Augen, wenn er sich an der Grundlinie entlangbewegte. Trafen er oder Neal in der Folge ihre Dreier, schauten sich James, Wade, Miller, Allen und Co. oft fragend an, zeigten mit dem Finger aufeinander.

Miami hatte zwar die Big Three San Antonios auf 25 Zähler gehalten, die Rollenspieler aber allzu oft aus den Augen verloren – ein unverzeihlicher Fehler auf diesem hohen Level. „Wir haben heute bekommen, was wir verdient haben ... Wenn du nicht deinen Job machst, stehen Leute frei, und genau das ist passiert", analysierte Heat-Coach Erik Spoelstra konsterniert. „Sie haben zu Beginn all die einfachen Würfe bekommen, die sie haben wollten. Wenn du die einfachen bekommst, sieht der Korb auf einmal immer größer aus."

Doch der Meister kontert erneut, in Person von Dwyane Wade, der bis dahin aufgrund stetiger Kniebeschwerden nicht in Topform gewesen war. 32 Punkte, sechs Rebounds, vier Assists sowie sechs Steals lassen, so schreiben wir damals, „überall Erinnerungen an die Finals 2006 aufkommen. Er trifft seine Floater, aus der Mitteldistanz, er dunkt sogar im Fastbreak. Wade ist überall. Vor allem im vierten Viertel, in dem er zehn Zähler auflegt. ‚Der Typ war heute wieder der Flash von 2006', jubiliert LeBron James."

Die Spurs dagegen können nicht kompensieren, dass Tony Parker durch eine Oberschenkelverletzung, die normalerweise zehn Tage Pause erfordern würde, eingeschränkt ist. 93:109, Ausgleich.

Zeit, etwas Neues auszuprobieren. Und so lässt „Pop" überraschend seinen Edelreservisten in die Erste Fünf. Manu Ginobili – bis dato in den Finals eine Enttäuschung – läuft als Starter auf und dankt die größere Rolle mit 24 Punkten und zehn Assists. Ein weiterer Garant des Erfolges ist Danny Green, der nun vielerorts als Finals-MVP-Kandidat genannt wird.

Mit sechs weiteren Treffern von Downtown bei zehn Versuchen bricht er mit seinem 25. Dreier den NBA-Finals-Rekord. Aufgestellt 2008 von Ray Allen, da noch in Diensten der Celtics.

„Ich kann nicht glauben, dass er zu diesem Zeitpunkt der Serie immer noch freisteht. Sie doppeln noch immer mich und Timmy. Dann steht Danny komplett frei, und wenn du ihn so stehen lässt, dann trifft er seine Dreier", sagt Tony Parker.

Nur noch ein Sieg fehlt zum nächsten Titel. Und wirklich sehr lange sieht es so aus, als würden sich die abgezockten Veteranen aus Texas ihre Chance nicht nehmen lassen – nicht zuletzt dank Tim Duncan.

Der bald 38 Jahre alt werdende, vierfache NBA-Meister erzielt in den ersten 24 Minuten von Spiel sechs 25 Punkte – mehr, als er in jeder anderen Partie insgesamt aufgelegt hatte. 13-mal nimmt er den Wurf, elfmal findet Duncan das Ziel gegen Chris Bosh, der keine Mittel zu haben scheint. Der Heat-Center ist auf sich allein gestellt. Hilfe, die in den fünf Partien zuvor kam und so den Dreierschützen Möglichkeiten offerierte, bleibt aus. Es heißt „Duncan vs. Bosh", und der Altmeister gewinnt.

Von Downtown kommt zwar nichts, das Kalkül von Spoelstra und Co. scheint dennoch nicht aufzugehen. Nach drei Vierteln führen die Spurs mit 75:65. Und dann passiert etwas, vor dem sich alle San-Antonio-Fans gefürchtet haben müssen ...

Warum LeBron James explodiert? Ob es das Stirnband ist, welches er bei einer Offensivaktion verliert und dann nicht wieder aufzieht? Niemand weiß es. 14 Punkte schmeißt er den Spurs im vierten Durchgang in den Korb. Einen per Freiwurf und drei per Wurf auf der Distanz. Der Rest? Korbleger und Dunks. Hatten ihn die Spurs in der gesamten Serie erfolgreich aus der eigenen Zone ferngehalten, gelingt ihnen dies jetzt nicht mehr. Plötzlich zeigt sich, wie hilflos Leonard, Green oder Diaw sind, wenn James mit voller Entschlossenheit zum Ring geht. Jetzt, da die Saison zu enden droht, agiert der MVP wie entfesselt.

Er blockt Duncan, dem in der zweiten Hälfte nur noch fünf Zähler gelingen. Angeführt von Nummer sechs erstickt die Defensive Miamis über 6:02 Minuten fast völlig die Bemühungen der Texaner, nur Leonard trägt sich in dieser Zeit in die Scorerliste ein. 1:51 Minuten vor Schluss führen die Heat. 89:86. Es folgen die wildesten 111 Sekunden des Basketballjahres.

Tony Parker trifft einen unfassbaren Stepback-Dreier gegen James. Dann stibitzt der Franzose den Pass von Mario Chalmers, dribbelt bis in die Zone der Heat, um dort einen Spinmove-Floater aus dem Stand zu verwandeln. 91:89 Spurs.

Miami ist am Zug, natürlich bekommt James den Ball. Er zieht gegen Parker, ist schon in der Zone ... und leistet sich einen Ballverlust. Den folgenden Fastbreak stoppt Ray Allen mit einem Foul an Ginobili. Der bleibt eiskalt, trotz einer Partie mit acht haarsträubenden Ballverlusten. 93:89. Wieder soll es James richten, wieder berührt kein anderer Heatle den Ball im Spiel. Wieder ein Turnover. Noch kläglicher als der zuvor. Kann das sein? Wieder foult Allen, wieder tritt Ginobili an die Linie. Einer ist drin. 94:89.

28,2 Sekunden verbleiben auf der Uhr. Die Larry O'Brien Trophy wird in Position gebracht. James bekommt nach der folgenden Auszeit den Ball an der Dreierlinie, er schießt, ohne zu zögern – und verfehlt. Zu diesem Zeitpunkt sind nur Flügelspieler sowie Boris Diaw auf dem Parkett. Die Spurs scheinen den Rebound schon sicher zu haben, doch Diaw und Leonard können den Ball nicht packen. Er landet bei Mike Miller. Der Shooter findet erneut James in 7,24 Meter Entfernung: 94:92, 19,4 Sekunden vor Schluss.

Kawhi Leonard kann die Meisterschaft an der Freiwurflinie vorentscheiden. Er trifft nur einen von zwei, drei Punkte Führung. Und dann passiert es ...

Es folgt ein Moment, der wohl für immer der Moment dieser NBA-Finals 2013 sein wird. Fehlwurf Miami, Rebound Chris Bosh, Ray Allen trippelt wie auf Autopilot zurück in die Ecke hinter die Dreierlinie, der Pass, der Wurf gegen Tony Parker – Allen trifft. Overtime.

Die Trophäe wird wieder vom Spielfeldrand entfernt, das Absperrband fallengelassen. Dass Tim Duncan in dieser Sequenz nicht auf dem Feld steht, ist doppelt bitter. Popovich nahm den Big Man zuvor bei den Freiwürfen von Kawhi Leonard aus der Partie – der Coach wollte in der Defensive jeden Block switchen, wenn die Heat auf einen Dreier gingen. Nachvollziehbar. Am Ende gewinnt Miami 103:100.

Hätte Popovich foulen sollen, um den Dreier von Allen zu verhindern? Eine Option wäre dies sicherlich gewesen. Doch die Heat mit so viel Zeit an die Freiwurflinie schicken? Dann selbst die Freiwürfe verwandeln müssen? Auf dieses Spiel wollte sich Popovich nicht einlassen. Eine nachvollziehbare, aber eben aufgrund der Faktenlage für viele falsche Entscheidung. „Es war einfach unglücklich, wie einige Bälle heute gefallen sind", war Duncan nach der Partie tief enttäuscht. „Wir stoppen sie mit unserer Defense, und der Ball fliegt unglücklicherweise raus zu Ray Allen. Das da drüben ist ein sehr gutes Team, sie spielen bis zur letzten Sekunde."

„Es war das beste Spiel, an dem ich je teilgenommen habe", sagt LeBron James. „Die Höhen und die Tiefen, diese Achterbahn der Emotionen, das Gute und das Schlechte, die gesamte Partie über. Diese Emotionen sind etwas, das wir später – wenn wir diesen Sport nicht mehr spielen – niemals werden spüren können."

Für Spiel sieben hoffen die Spurs darauf, dass der totale Angriff auf das Innenleben ihrer Verteidigung durch James nur eine Ausnahme bleiben, dass er auch weiterhin seinen Sprungwurf nicht treffen wird. Es ist eine Hoffnung, die sich nicht bestätigt. Denn plötzlich trifft LeBron James seine Sprungwürfe. 37 Punkte, zwölf Rebounds, vier Assists. Zwölf von 23 Würfen getroffen, fünf von zehn Dreiern. Als hätte es all die Probleme der ersten sechs Partien nicht gegeben, geht James im finalen Spiel der Saison hin und wirft mit Entschlossenheit.

Er dribbelt mit Rhythmus in seine Würfe, als würde er am Rucker Park spielen. Es wirkt leicht, natürlich, lässt keine Zweifel an der jeweiligen Entscheidung aufkommen – selbst wenn der Ball das Ziel verfehlt. „LeBron trug sein Team heute. Er war sehr aggressiv", resigniert Kawhi Leonard nach der finalen Partie. „Wir blieben größtenteils bei unserer Taktik. Aber er kam damit immer besser zurecht und traf heute seine Sprungwürfe."

Das tut auch Shane Battier. Fast die gesamte Serie über auf die Bank gesetzt, sorgen seine 18 Punkte – sechs Dreier – für den unerwarteten offensiven Schub, den Miami neben James' erneuter Explosion braucht. Miller, Chalmers und Allen netzen zusammen nur einen von 13 Distanzschüssen ein.

Was Battier für den Angriff der Heat ist, besorgt Bosh für die Verteidigung. Zwar verfehlt er jeden seiner fünf Wurfversuche und beendet die Partie ohne einen einzigen Punkt, Bosh ackert jedoch 45 intensive Minuten gegen Duncan. Der Big Man schiebt sich immer wieder vor seinen Kontrahenten, macht das Anspiel an den Zonenrand schwer bis unmöglich. Der einzige Schwachpunkt der eigenen Defensive ist keiner mehr …

So bleibt die Larry O'Brien Trophy in Miami. Sie darf aufs Feld, nachdem das Absperrband gespannt ist. Während die Heat sich zum zweiten Mal in der Big-Three-Ära zum Meister krönen lassen – zum letzten Mal vom scheidenden Ligaboss David Stern –, verschwinden die Spurs in ihre spärliche Gästekabine. In den Köpfen noch immer die Niederlage zwei Tage zuvor.

„Natürlich war es schwer, nach Spiel sechs zu schlafen. Wir konnten nicht aufhören, an diese zwei Rebounds zu denken, diese beiden Dreier. So viele kleine Dinge hätten es bei den letzten beiden Plays für uns entscheiden können", blickt Manu Ginobili zurück. San Antonio sucht keine Ausreden.

Nicht den Oberschenkel von Parker lassen sie gelten, nicht das Alter von Ginobili oder Duncan. Die Texaner blicken nicht nur 48 Stunden zurück, sie schauen nach vorn. „Ich kann nicht glauben, dass Sie mir diese Frage stellen", fährt Tony Parker einen Journalisten an, der es gewagt hatte zu fragen, ob dies das letzte Mal gewesen sei, dass diese Spurs eine Chance auf den Titel haben würden. „Seit fünf, sechs Jahren sagt ihr, dass wir zu alt sind. Ich werde diese Frage nicht beantworten!"

Die Befürchtung, das könnte es nun gewesen sein mit dem Dasein der Spurs als Spitzenmannschaft – sie war sehr real nach dieser schmerzhaften Niederlage. Was wäre geblieben, wenn es das gewesen wäre, nach ein paar weiteren Jahren im oberen Ligadrittel?

Vier Meisterschaften wären geblieben, was San Antonio zur viertrerfolgreichsten Franchise aller Zeiten gemacht hätte, nach den Boston Celtics (17 Titel) und L.A. Lakers (17) sowie den Chicago Bulls (6).

Kaum ein Team war über anderthalb Jahrzehnte so dominant wie die Spurs. Beides wird Duncan ebenso in die Ruhmeshalle spülen wie Manu Ginobili, Tony Parker und Trainer Gregg Popovich.

Geblieben wäre auch der Einfluss ihres Systems auf die gesamte Liga: Für internationale Spieler haben sie längst den Weg bereitet, nachdem sie (oftmals spät in der Draft) als eines der ersten Teams auch in Übersee zuschlugen und neben Ginobili und Parker auch Luis Scola, Leandro Barbosa, Goran Dragic, Beno Udrih und Tiago Splitter verpflichteten – auch wenn nicht alle ihr Trikot trugen.

Viele Manager folgen heute ihrer Blaupause und versuchen, eine ähnlich langfristige Kultur zu etablieren. Oftmals bedienen sich die Besitzer dabei aus dem Fundus ehemaliger Spurs-Angestellter: Viele Cheftrainer lernten in San Antonio. Doc Rivers etwa, Monty Williams, Mike Budenholzer, Steve Kerr – von Vinny Del Negro, Avery Johnson, Terry Porter, Mike Brown und P.J. Carlesimo gar nicht zu reden. Und ähnlich viele General Manager gingen in Texas in die Lehre: Danny Ferry, Sam Presti oder Kevin Pritchard. Auch ohne den fünften, den krönenden Titel wäre diese Mannschaft eine für die Ewigkeit gewesen.

„Wäre", darin steckt bereits der Konjunktiv. Zum Glück. Denn nach dem Albtraum von 2013, der bereits als ihre allerletzte Chance gegolten hatte, schafften die Spurs 2013/14 das kaum Vorstellbare: Die alten Herren schüttelten ihr Trauma ab, perfektionierten ihren Systembasketball eine ganze Saison lang, während die Oldies im Team ihre schmerzenden Knochen schonten, und pflügten in den Playoffs durch die Liga wie auf einer Mission.

Dallas (4-3) schien den texanischen Nachbarn noch vor die schwierigste Herausforderung zu stellen, Portland (4-1), Oklahoma City (4-2) und überraschenderweise auch die titelsatten Miami Heat (4-1) stellten kaum ein Hindernis dar auf dem Weg zum fünften Titel innerhalb von 15 Spielzeiten.

Wohl zum ersten Mal in dieser Ära waren die Spurs auch der Liebling der Massen, die nun endlich den selbstlosen Fundamental-Basketball des Teams zu schätzen wissen schienen. Nach den Schmerzen des Vorjahres gönnte wohl jeder außerhalb von Miami den einst als Basketballrobotern verhassten Silber-Schwarzen den Titel von Herzen.

Es war, als hätte die Welt einfach eine Weile gebraucht, um das Genie erkennen zu können.

DIE SCHÖNHEIT VON 100 SCHLÄGEN
2014

Er ist kaum wiederzuerkennen, als er vor seine Mannschaft tritt. Die grau-schwarze Krawatte hängt lose über seinen Schultern. Der Kragen seines weißen Hemdes ragt über das Revers des dunklen Anzuges.

In der Hand hält er die weiße Baseballkappe des Meisters. Viele seiner Spieler haben dieses unverzichtbare Accessoire, dieses Äquivalent einer Krone aufgesetzt, Gregg Popovich hält sie nur in der Hand.

Es ist jedoch nicht das Äußere, was den Coach der San Antonio Spurs so anders wirken lässt. Wie er an diesem 15. Juni 2014 spricht, der Ton seiner Stimme, die Worte, die er in der Heimkabine der Spurs wirken lässt ... das ist nicht der Gregg Popovich, den Fans und Beobachter kennen. Oder zu kennen glauben ... Jetzt ist er nicht der wortkarge Grantler, der von oben auf Journalisten herabblickende Besserwisser, der seine Spieler vor 20.000 Menschen zusammenbrüllende General. Er ist „Pop". Jeder hier weiß, wie er wirklich ist. Deshalb lieben sie ihn. Deshalb folgen sie ihm.

„Jeder in dieser Kabine weiß, dass jeder ein Stück zu diesem Ding beigetragen hat. Gut, Kawhi denkt, er hat das alles alleine geschafft ... Aber wir alle wissen, dass jedem ein Stück davon gehört. In all den Jahren, in denen ich coache, bin ich nie stolzer auf ein Team gewesen. Mich hat noch keine Saison so stolz gemacht, weil ich die innere Stärke gesehen habe, mit der ihr nach dieser schrecklichen Niederlage vergangenes Jahr zurückgekommen seid, um euch in die Position zu bringen, das zu tun, was ihr in den Finals getan habt. Dafür solltet ihr geehrt werden. Ich kann euch nicht sagen, wie viel mir das bedeutet. Vielen, vielen Dank für alles, was ihr mir zu tun erlaubt habt."

Popovich spricht, als noch keine Schampusflasche versprizt, noch keine der blauen Bud-Light-Aluflaschen geköpft ist. An den Wänden der im NBA-Vergleich so kargen Heimkabine der Spurs prangt – in diesem Moment unbemerkt – ein Zitat. Seit 18 Jahren hängt es hier, in jeder Muttersprache, die im Team der Spurs vertreten ist.

„Wenn nichts mehr zu helfen scheint, schaue ich einem Steinmetz zu, der vielleicht 100-mal auf seinen Stein einhämmert, ohne dass sich auch nur der geringste Spalt zeigt; doch beim 101. Schlag wird er entzweibrechen, und ich weiß, dass es nicht dieser Schlag war, der es vollbracht hat, sondern alle Schläge zusammen."

Es stammt von Jacob August Riis, einem dänisch-amerikanischen Journalisten, der als Pionier der sozialdokumentarischen Fotografie gilt. Riis kämpfte Ende des 19. Jahrhunderts unermüdlich für bessere Lebensbedingungen in den Immigranten- und Armenvierteln von New York City. Popovich las in den 90er-Jahren über Riis und dessen nicht enden wollenden Einsatz. „Die Art und Weise, wie Riis sich in diesem Zitat ausdrückt, ist sehr eloquent, und ich dachte, dass es sehr gut passt", erklärte Popovich vor einiger Zeit, warum ausgerechnet Riis' Ausspruch in der Spurs-Kabine hängt. „‚Sieger tun das und das' oder ‚Verlierer geben immer auf' oder ‚There is no I in team' – all dieser ausgelutschte, platte Mist, den du in Umkleiden auf allen Levels siehst ... Du hast diesen Müll irgendwann satt. Also dachte ich, dass dieses Zitat, keine Ahnung, ein bisschen intelligenter ist. Es ist ein anderer Weg, um die Jungs zum Nachdenken anzuregen."

Nachdenken. Verantwortliche wie Spieler in San Antonio hatten zwölf Monate lang eine Menge Grund dazu. Noch nie war ein Team in der Geschichte der NBA so knapp in den Finalspielen gescheitert wie die Spurs 2013. Die sechste Partie. Die Auswechslung Duncans. Der Rebound von Chris Bosh. Der Dreier von Ray Allen zur Verlängerung. Das Zurückschieben der Larry O'Brien Trophy vom Spielfeldrand in die Katakomben der American Airlines Arena. Kawhi Leonards Freiwürfe. Tim Duncans Korbleger gegen Shane Battier. Das Feiern der Miami Heat nach der ultimativ entscheidenden siebten Partie. „Wenn das hier das Schlimmste ist, was uns in unserem Leben passiert, dann sind wir ganz schön privilegiert", sagte Popovich damals den leeren Gesichtern vor ihm.

Tim Duncan erklärte dennoch: „Spiel sieben wird mich wohl immer verfolgen."

Ähnlich erging es wohl dem gesamten Kader, der fast komplett 2014 zur Revanche antrat – einzig Jeff Ayres und Marco Belinelli hatten nicht für Popovich im Vorjahr auf dem Finals-Parkett gestanden. Und natürlich auch ihrem Coach ...

„Ich denke jeden Tag an Spiel sechs", hatte Gregg Popovich im September 2013 verraten. „Ohne Ausnahme. Ich denke über jeden Ballbesitz nach. Ich kann LeBrons Wurf sehen und den Rebound und den zweiten ... Ich war ziemlich kummervoll." Der Chefcoach war so niedergeschlagen, dass seine Tochter Jill eingriff und ihren Vater aus der Lethargie riss.

„Okay Dad, lass mich das richtig verstehen ... Du hast vier Titel gewonnen und erreichst deine fünften Finals", nahm sie laut der Tageszeitung „San Antonio Express News" ihren Vater ins Gebet. „Andere Trainer scheitern andauernd, aber der arme Greggy kann nicht verlieren, weil er etwas Besonderes ist? Kannst du bitte klarkommen? Ende der Diskussion." Das war der Anfang der Arbeit.

Popovich bittet seinen Trainerstab drei Monate nach den Finals 2013 nach San Francisco zum jährlichen „Coaching Retreat". Zusammen mit seinen Assistenten und General Manager R.C. Buford werden die Finals schonungslos aufgearbeitet ... egal, wie sehr das auch schmerzt. Natürlich hätte alles so bleiben können, wie es war. Immerhin war das Team so nah dran am fünften Titel. Nur: Stillstand bedeutet Rückschritt. Mit Mike Budenholzer (zu den Atlanta Hawks) und Brett Brown (Philadelphia 76ers) verlor Popovich zwei seiner langjährigen Assistenten. Jim Boylan und Sean Marks ersetzen sie, sollen neue Impulse bringen. Die große Frage des Retreats ist: Wie werden wir besser?

Denn genau hier liegt das Geheimnis des anhaltenden Erfolgs von San Antonio. In den vergangenen 14 Spielzeiten gewannen die Spurs immer mindestens 50 Partien – auch in der durch den Lockout auf 66 Spiele verkürzten Saison 2011/12. Das Rezept für den Erfolg änderte sich jedoch ständig. Aus einem offensiv methodischen Defensivbollwerk um die Twin Towers David Robinson und Tim Duncan wurde über die Jahre eine Offensivmaschinerie, die europäische Prinzipien gewinnbringend in die NBA brachte.

„Der ‚Spurs Way' hat sich immer wieder verändert. Wir sind beide unter Coach Larry Brown basketballerisch groß geworden", erklärt R.C. Buford. „Larry ist jemand, der glaubt, dass es irgendwo an einer Straßenecke einen obdachlosen Alkoholiker gibt, der den perfekten Einwurfspielzug kennt. Er hört jedem zu und will ständig Neues lernen. Das hat auf uns abgefärbt." Die Coaches verbringen in San Francisco Stunde um Stunde damit, die Videos der vergangenen Saison zu sichten. Jeder wirft Ideen ein, die zusammen diskutiert werden. So gut die Spurs mit ihren 58 Siegen im Vorjahr auch waren, alles kann noch besser werden.

In Spiel eins waren die Spurs quicklebendig. Das 110:95 war eine Machtdemonstration – egal was mit LeBron James im vierten Viertel passiert war. Der Superstar war knapp vier Minuten vor Ende ausgewechselt worden – da lagen die Miami Heat mit 92:94 zurück. James hatte schon in der Vergangenheit Probleme mit Krämpfen gehabt. An diesem Abend fällt im AT&T Center die Klimaanlage schon vor Spielbeginn aus.

Bei brütender Hitze in der Arena sorgen starke Krämpfe dafür, dass James vom Betreuerstab vom Feld getragen werden muss. „Es war mein komplettes linkes Bein, fast meine ganze verdammte linke Seite", flucht er später. „Dabei habe ich zur Halbzeit eine Menge getrunken, das Trikot gewechselt. In den Auszeiten hat unser Betreuerstab sein Möglichstes getan, uns gekühlte Handtücher und Eisbeutel aufgelegt."

Als James vom Feld geht, brechen bei den Spurs alle Dämme. Der Ball klebt nicht, er fliegt ... immer vorbei an der Verteidigung zum freien Mann, der hochprozentig abschließt. So muss sein Team spielen, das weiß Gregg Popovich, das wissen die Spurs. Nach Spiel zwei werden sie es nicht mehr vergessen ...

96:98. Die Niederlage ist denkbar knapp, aber sie macht dennoch Sorgen. In den letzten fünf Minuten und 30 Sekunden kommt die Offensive der San Antonio Spurs komplett zum Erliegen – bis auf einen Dreier von Tony Parker sowie einen weiteren mit der Schlusssirene. Dieses Team, das noch in der Auftaktpartie im Schlussviertel grandiose 36 Zähler aufgelegt hatte, das im dritten Durchgang an diesem Tag 35 Punkte erzielt, ist nicht wiederzuerkennen.

„Der Ball klebte an uns. Ich denke, dass wir versucht haben, es nicht als Gruppe zu schaffen. Wir versuchten, es individuell zu lösen, und dafür sind wir nicht gut genug", kommentiert Popovich danach. Der Coach ist enttäuscht. Genau das, was er und sein Stab den Spielern immer wieder eingebläut haben, vergessen diese an jenem Abend. Ausgerechnet in Spiel zwei. „Wir bewegten den Ball nicht genug. So müssen wir aber spielen, um zu punkten", fügt Popovich an. „Wir können den Ball nicht einen von unseren Jungs in die Hände legen und ihn alles für uns kreieren lassen. Es muss eine Gemeinschaftsproduktion sein. Das haben wir nicht getan. Wenn wir nicht so spielen, erhöht das den Druck auf alles andere. Das bedeutet dann, dass wir in der Defensive quasi perfekt spielen müssen, wir können keine vier Freiwürfe in Folge verfehlen, solche Dinge halt. Wir bewegen den Ball oder sterben."

Nach der zweiten Partie in San Antonio sind die Finals eigentlich schon vorbei. Es ist, als hätten die Spurs diesen Weckruf gebraucht, diese letzte Erinnerung daran, was sie nicht tun dürfen, wenn sie dieses Mal gegen dieses Team Meister werden wollen. Denn bei den Miami Heat hat sich wenig verändert seit dem Juni 2013.

Das Team von Erik Spoelstra spielt den gleichen Stil, der in den vorangegangenen beiden Jahren jeweils den Titel gewann. Offensiv attackieren LeBron James und Dwyane Wade mit ihren Drives und dem Aufposten die Defensive. Die Verteidigung muss Hilfe schicken, was anderswo Räume für die Schützen schafft. Für Chris Bosh, Ray Allen, Mario Chalmers, Shane Battier, Rashard Lewis etc. Gleichzeitig ist die defensive Philosophie Miamis die gleiche. Dieses vergleichsweise kleine, aber athletische Team soll enormen Druck entfachen.

Der gegnerische Dribbler soll nie in Ruhe seine Entscheidungen treffen können. Die Verteidigung agiert positionslos, oft und schnell werden die Gegenspieler gewechselt – immer mit dem Ziel, den Druck aufrechtzuerhalten, Ballverluste oder überhastete Abschlüsse zu provozieren.

Die Heat haben allerdings 2013/14 ein Problem: Sie können diese Philosophie nicht konstant mit Leben füllen. Die gesamte Spielzeit über schaltet das Team zu oft in den Leerlauf. Sie gewinnen Partien aufgrund ihres überragenden individuellen Talents, sie schlagen sich so durch – auf hohem Niveau zwar, aber eben auch in der recht talentfreien Eastern Conference.

Popovich und sein Stab wissen vor den Finals, wie die Miami Heat spielen. Spoelstra hat keine taktischen Überraschungen parat. Das wird dem Meister zum Verhängnis. Denn die Spurs haben zu diesem Zeitpunkt schon ein besseres „Heat-Team" geschlagen: die Oklahoma City Thunder.

Russell Westbrook, Kevin Durant und Serge Ibaka ähneln von ihren Anlagen den Big Three in Miami. Wie auch die Heat leben die Thunder in vielen Bereichen von ihrer außergewöhnlichen Athletik.

Wie gegen Spoelstras Defense können die Akteure der Spurs individuell ihren Konkurrenten nicht schlagen. In den sechs Begegnungen gegen die Oklahoma City Thunder punkten sechs Spurs zweistellig.

Tim Duncan führt das Team mit 17,8 Zählern an. Von der Dreierlinie trifft San Antonio 39,6 Prozent. Hauptgrund dafür: Es gelingt den Spurs, den defensiven Druck der Thunder und Heat ins Leere laufen zu lassen.

„Leere deinen Geist. Werde formlos, gestaltlos – wie Wasser. Wenn man Wasser in eine Tasse gießt, wird es die Tasse. Gießt man Wasser in eine Teekanne, wird es die Teekanne. Wasser kann fließen, kriechen, tropfen, stürzen und schmettern. Sei Wasser, mein Freund", diese Worte stammen nicht von Gregg Popovich oder Jacob August Riis. Sie stammen von Bruce Lee. Die San Antonio Spurs sind in den Finalspielen 2014, genau wie in den Conference Finals, im Angriff wie Wasser. Sie fließen vorbei an der Verteidigung. Sie kriechen in jede Lücke der Defense, die die Spurs nie zu fassen bekommt.

San Antonio weiß zu jedem Zeitpunkt, was der Gegner macht. Von wo der Druck kommt, wie dieser umgangen werden kann. Die Spurs bewegen sich als Einheit, und mit ihnen der Ball. Der „Spurs Way" verändert sich selbst in den Playoffs 2014. Tony Parker und Manu Ginobili spielen das Pick-and-Roll nicht mehr, um selbst zu attackieren und zu punkten. Sie nutzen Blöcke, um die Verteidigung auseinanderzuziehen, wissen genau, wohin sie den Spalding passen können, wo ihre Kollegen stehen.

Der Ball klebt nicht, er rast – bis auf das Ende von Spiel zwei und den Beginn der fünften Partie – intelligent über das Halbfeld. „Es gab Momente, da habe ich auf dem Feld bei unserem Ballbesitz gesehen, was passiert, und ich war echt stolz. Manchmal hätte ich gern gesagt: ‚Wow, das ist echt toll!' Es hat wirklich Spaß gemacht, so zu spielen oder von der Bank aus zuzuschauen", freut sich Ginobili.

Gerade der Argentinier musste sein Spiel im Vergleich zum Vorjahr extrem umstellen. 2013 war er immer wieder in die Fallen der Heat-Verteidigung gedribbelt. Seine acht Ballverluste in Spiel sieben des Vorjahres ließen ihn aussehen, als wäre er besser in der Rente aufgehoben als auf dem NBA-Parkett.

Doch auch Ginobili änderte sich und wurde zu einem Titelgaranten. „Wir haben auf einem sehr hohen Level agiert, haben den Ball geteilt wie noch nie", sagt er. „Zu sehen, wie involviert und wie wichtig jeder Einzelne als Teil dieses Teams war, hat das Ganze noch außergewöhnlicher gemacht. Ich bin sehr stolz auf diese Meisterschaft."

Nein, Miami hat keine Chance. Die Heat sind zu alt, um die langen Wege zu gehen, die von ihnen defensiv verlangt werden. Vielleicht sind sie auch nach vier Finalteilnahmen in Folge zu müde, zu satt. Auf jeden

Fall haben sie keinen Plan B. Sie können nur auf diese eine Art und Weise verteidigen. Der „Heat Way", er kann sich nicht ändern.

„Sie spielten schneller, stärker, härter. Sie spielten, als ob sie den Titel mehr wollten als wir", gibt Chris Bosh offen zu. „Sie spielten mit mehr Schmerz. Wir waren auch mal in dieser Situation. Wir verstehen, woher das kam. Man konnte sehen, welches Team vergangenes Jahr gewonnen und welches verloren hatte." Auch LeBron James zeigte sich beeindruckt. „Das, was die Spurs gezeigt haben ... so soll Teambasketball gespielt werden. Das war uneigennützig. Sie haben sich ohne Ball bewegt, sind zum Korb geschnitten, haben gepasst", huldigte er. „Wer einen offenen Wurf hatte, nahm ihn. Trotzdem ging es bei ihnen nie um den Einzelnen, sondern immer um das Team. Diese Art des Basketballs ... so sollte Teambasketball gespielt werden." Bosh fasste schließlich zusammen: „Sie haben uns dominiert. Sie haben zwei Spiele in unserer Halle mit 19 und 21 Punkten Unterschied gewonnen. Es war keine spannende Serie, es war nicht knapp. Sie haben den besten Basketball gespielt, den ich je gesehen habe."

Wo Licht ist, ist auch Schatten. So hell die Offensive der Spurs scheint, so tiefschwarz präsentiert sich die Verteidigung der Heat. Niemand spricht es öffentlich wirklich in aller Härte an. Nicht Coach Spoelstra, nicht die defensivaffinen Ex-Coaches Jeff Van Gundy und Mark Jackson, die für den US-Sender ABC die Finalspiele kommentieren. Vielleicht ist es der Respekt vor dem Back-to-Back-Champion, der Franchise, die erstmals seit den Boston Celtics (1984 bis 1987) vier NBA-Finals in Folge erreichte. Vielleicht verkaufen sich positive Geschichten einfach besser. Trotzdem muss es gesagt werden: Die Verteidigung der Heat ist in dieser Serie ein absoluter Schwachpunkt.

Zu den systematischen Problemen gesellen sich unfassbare Aussetzer der designierten Verteidiger. Dwyane Wade und auch LeBron James sabotieren oft die eigenen Bemühungen gegen San Antonio, indem sie sich hinten Auszeiten gönnen. Mario Chalmers lässt seine offensiven Probleme schamlos auf die eigene Defensivintensität abfärben. Die Big Men Chris Bosh und Chris Andersen stehen auf verlorenem Posten. Ihre Wege werden lang und länger, hinter ihnen fängt kein Teamverbund die Löcher auf, die dort entstehen. Ray Allen (38 Jahre) und Rashard Lewis (34) waren schon in jungen Jahren defensiv unteres Mittelmaß ... „Es kommt immer auf die Defensive zurück. Wir haben in dieser ganzen Serie nie konstant gut verteidigt", ist Bosh der Einzige, der auch hier Klartext spricht.

FAVORITEN

Im Normalfall werden Stars nicht während einer Finalserie geboren. Sicher, überragende Leistungen wirken auf dieser Bühne stärker nach. Sie brennen sich in dem Moment ein, in dem sie passieren. Schneller als in den Finals werden Legenden nicht gebildet. Es sind aber die Superstars, die an dieser Stelle die eigene Biografie erweitern. Rollenspieler wie Robert Horry, Steve Kerr, John Paxson oder Avery Johnson werden mit großen Momenten verbunden, nicht mit Legenden.

Kawhi Leonard ist kein Superstar. Dennoch ist er der Most Valuable Player der NBA-Finals 2014. Der letzte Finals-MVP, der im selben Kalenderjahr nicht zum All Star ernannt wurde, war Chauncey Billups 2004. Davor war dies 1981 Cedric Maxwell gelungen, der sogar in seiner gesamten Karriere nie zum All Star gewählt wurde. Ansonsten finden sich auf der Liste der wertvollsten Spieler der Finals nur Legenden des Basketballsports.

Dass ausgerechnet Kawhi Leonard in der eingangs erwähnten Rede von Gregg Popovich erwähnt wird, hat seinen Grund. Der mittlerweile 23-Jährige ist die Antithese eines Stars. Leonard gibt sich in Interviews noch einsilbiger als sein Trainer bei den Gesprächsrunden während einer laufenden Partie. Aufmerksamkeit? Rummel? Für Leonard eine Höchststrafe. Dabei soll genau dieser Flügelspieler mit den riesigen Händen die Zukunft der Spurs sein. Kein Mitläufer in einem guten Team, sondern der legitime Nachfolger von Tim Duncan. Ein Superstar.

Doch dieser designierte Erbe enttäuschte viele in der Saison 2013/14. Nach sehr guten Finals 2013 verbesserte er sich zwar in allen relevanten Statistikkategorien gegenüber dem Vorjahr, aber der erwartete Sprung auf ein neues Level? Der blieb aus. Sein Coach sagte nie Spielzüge für ihn an … nicht in der regulären Saison, nicht in den Playoffs. Trotzdem machte sich Popovich nie Sorgen. „Wir haben im Laufe des Jahres Gespräche. Allerdings gehen die meist nur in eine Richtung, weil Kawhi ein ruhiger junger Mann ist", erklärt der Coach. „Aber Kawhi hört sehr gut zu, ist ein großartiger Lerner, extrem ehrgeizig. Er hat einen Antrieb, der Beste zu sein, was in unserer Liga wirklich selten ist. Er ist früher beim Training, will immer mehr, bleibt länger, will, dass die Trainer ihn antreiben."

Trotzdem blieb Leonard auch gegen die Heat blass. Jeweils neun Punkte waren ihm in den ersten beiden Partien gelungen. Sicher: Als Hauptverteidiger von LeBron James musste der Youngster defensiv viel investieren, aber seine Zurückhaltung im Angriff tat den Spurs weh. Das erkannte auch Popovich.

„Ich habe mit Kawhi vor Spiel drei darüber gesprochen, dass er aufhören soll, für die anderen zu spielen", verrät der Trainer. „Ich sagte zu ihm: ‚Zur Hölle mit Tony, zur Hölle mit Timmy, zur Hölle mit Manu! Du spielst dein Spiel. Du bist der Mann! Du bist ein Teil des Motors, der uns antreibt.'" Die Standpauke wirkte. In den folgenden Partien kam Leonard auf 29, 20 und 22 Punkte. Er traf 68,5 Prozent aus dem Feld, 53,8 Prozent von der Dreierlinie, griff 9,3 Rebounds und blockte 2,0 Würfe in diesen drei Spielen. Er war der verdiente MVP der Finals und erlaubte der Basketballwelt einen Blick in die Zukunft ...

„Kawhi ist unglaublich ... Er kam während des Lockouts 2011, arbeitete in dem Sommer hart mit uns. Aber ich kann nicht behaupten, dass ich da schon den Spieler sah, der hier heute gespielt hat. R.C. Buford und Pop sahen aber schon damals den Basketballer, der er heute ist. Für mich ist das unfassbar, denn ich fragte mich in jenem Sommer: ‚Hey, warum haben wir mit George Hill jemanden aufgegeben, der sehr solide für uns spielte?' Ich hing an George und war enttäuscht, dass er gehen musste. Kawhi kam hierher, und ich wusste nichts über ihn", erzählte Tim Duncan – ebenfalls niemand, der als Dampfplauderer bekannt ist – nach Leonards Ernennung zum MVP.

„Kawhi trainiert hart und wird jedes Jahr besser. Dann siehst du ihn in den ersten beiden Spielen dieser Finals, und alle sprechen mit ihm: ‚Bleib dran. Gib Vollgas. Mach die kleinen Sachen.' Dann kommen die nächsten drei Partien, und er spielt unfassbar. Er macht jetzt nicht mehr nur die kleinen Dinge. Er will alles machen. Er spielt mit einem Selbstbewusstsein, das einfach unfassbar ist. Ich fühle mich geehrt, in diesem Team zu spielen, weil Kawhi in den kommenden Jahren großartig sein wird. Ich werde versuchen, so lange dabei zu sein, wie ich kann."

Boris Diaw. Patty Mills. Danny Green. Tiago Splitter. Marco Belinelli. Matt Bonner. Gut möglich, dass ihre Namen außerhalb San Antonios in zehn Jahren vergessen sein werden. Denn die Zeit heilt nicht nur alle Wunden, sie sorgt auch dafür, dass Details in Vergessenheit geraten. Tim Duncan. Manu Ginobili. Tony Parker. Wohl auch Kawhi Leonard. Gregg Popovich. Sie werden bleiben. Duncan mit seinen fünf Titeln in drei Jahrzehnten. Ginobilis Dunk. Parkers Spinmoves. Die Sternengeburt Leonards. Coach Pop sowieso.

Ohne Diaw, Mills, Green, Splitter und auch Bonner aber wären diese Spurs nie Meister geworden. Sie sind es, die das System San Antonio so stark machen. „Unsere Jungs haben Charakter", sagt Popovich und meint damit alle seine Spieler. Der Coach hat stets betont, dass es Duncan war, der sich seit seiner Ankunft 1997 formen ließ, der immer als unfassbar einflussreiches Vorbild die anderen beeinflusste.

Popovich weiß aber auch, dass es die Akteure aus der zweiten Reihe sind, die für seine Mannschaft Unschätzbares leisten und Opfer bringen, die im NBA-Geschäft nicht selbstverständlich sind. „Sie spielen das Spiel, so wie wir es von ihnen verlangen. Sie werden nicht übereuphorisch, wenn sie gut spielen, und sie verfallen nicht in Depression, wenn die Dinge nicht so gut laufen. Sie versuchen einfach, ihren Job zu machen", lobt Popovich. „Sich an dieses Team zu erinnern, wird leicht sein. Wir hatten so viele Jungs, die alles und auch einen Teil von sich gegeben haben", erklärt Tim Duncan. „Wir hatten Spieler, die mehr hätten punkten können, aber sie haben das aufgegeben, um ein Teil des besten Teams im Basketball zu sein."

Boris Diaws Vielseitigkeit, seine Spielübersicht, die Basketball-Intelligenz, die er mitbringt, waren mitentscheidend. Genau wie die Dreier von Green, Mills oder Belinelli, die jegliches Aushelfen ihres Gegenspielers per Wurf, Drive oder Pass zu einem besser postierten Spur bestraften. Splitters bereitwilliger Wechsel auf die Ersatzbank, um seinem Coach die Chance zu geben, klein zu spielen. Seine starken Entscheidungen als abrollender Blocksteller im Pick-and-Roll, seine Defense. Darüber wird kaum irgendwo geschrieben werden. Genau wie über Bonners 27 Minuten und diesen einen Drive nebst Floater, der vielleicht das Unwahrscheinlichste war, was in den Finals passierte.

„Viele Dinge machen diesen Titel umso süßer: dass unsere letzte Championship sieben Jahre her ist, das, was 2013 passierte, die Art, wie wir spielten. Für viele war es die erste Meisterschaft, nur Matt, Tim, Tony und ich waren schon 2007 dabei. Es fühlt sich großartig an", jubelte Manu Ginobili. „Kawhi zu sehen, als sein Name als Finals-MVP genannt wurde … viele Dinge machen diesen Titel so besonders."

Jeder im Team der Spurs trug seinen Teil zu diesem Titel bei. Aus großem Schmerz entstand etwas, das der Basketballwelt noch größere Freude bereitete. Etwas Seltenes, etwas Pures.

Darum fällt es schwer, an eine Fortsetzung zu glauben. Gleichzeitig ist die NBA eine Liga, in der kopiert wird, was erfolgreich ist. Fragt sich nur, ob es noch anderswo Mannschaften gibt, die die 100 Schläge vor dem 101. so zu schätzen lernen wie Gregg Popovich und sein Team.

Denn Abkürzungen, das wissen die Spurs, gibt es keine.

JAN HIERONIMI

DIE FAB FIVE

Sie sind immer noch da, mehr als zwanzig Jahre nachdem sie zum ersten Mal auf dem Radar der Basketball-Öffentlichkeit auftauchten: Jalen Rose, heute Moderator und Analyst bei ESPN im Fernsehen und Host eines vielbeachteten Podcasts von Grantland.com. Chris Webber, seit kurzem einer der besten Live-Kommentatoren auf TNT und ABC. Juwan Howard, jetzt offiziell als Assistenztrainer bei den Miami Heat „aktiv", die er als weiser Veteran auf der Bank dabei unterstützte, zweimal die Larry O'Brien Trophy zu erringen.

Ironie des Schicksals, dass alle drei in ihren heutigen Jobs Anzüge tragen: die beiden Jungs im TV ebenso wie der Co-Trainer bei den Heat. In einem anderen Leben, bevor sie mit dem Establishment verwuchsen, waren die drei einmal pure Gegenkultur. Webber, Howard und Rose bildeten den Kern der als „Fab Five" bekannt gewordenen fünf Freshmen, die zwei Jahre lang der schlimmste Albtraum der NCAA und der Traum von HipHop-Amerika waren.

Es begann am 09. Februar 1992, als Michigans Coach Steve Fisher mit Ray Jackson den fünften Frischling in die Erste Fünf beförderte – gemeinsam veränderten sie den Basketball. Nicht nur die Art, wie über die Rolle von Erstsemestern im College-Basketball gedacht wurde, die traditionell nicht aufmucken und den älteren Spielern aus dem Weg gehen sollten. Nein, die Fab Five wurden zum kulturellen Phänomen, das in den zumeist von Afroamerikanern bewohnten „Projects" ebenso gefeiert wurde wie in den Vorstädten der Besserverdienenden. Lange Shorts, schwarze Socken, rasierte Schädel, lauter Trashtalk – ihr Style lebt bis heute fort und ist längst Mainstream geworden ... wie sie selbst.

Ich hätte sie geliebt, diese fünf jungen Wilden, doch leider habe ich sie verpasst. Jahre später habe ich mir Videotapes besorgt und sie bei den NCAA-Turnieren spielen sehen, durch die sie berühmt-berüchtigt wurden. So viel Talent, so viel „Swagger", so viel Hype. Und wie viel Substanz? Dieser Frage durfte ich wenig später für FIVE nachgehen, nachdem die Fab Five in den US-Medien inzwischen wie ein Kriminalfall behandelt wurden ...

FAB FIVE
2007

Die Fab Five hat es nie gegeben. Keine Finalteilnahmen, keine Siege, keine Rekorde. Nichts. Die berühmteste College-Mannschaft aller Zeiten, das wohl größte Team in der Geschichte der University of Michigan, wurde aus den Annalen getilgt – von ebenjener Universität, deren Farben sie einst weltweit berühmt machte. Die Geschichtsfälschung soll nach ernst gemeinter Reue aussehen, die Uni will sich von jenem Skandal distanzieren, der sie 2002 in den Grundfesten erschütterte: Mehrere Spieler sollen jahrelang unerlaubterweise Geldsummen von fragwürdigen Unterweltgestalten erhalten haben – der bekannteste unter ihnen ist Chris Webber, das Aushängeschild der Fab Five in jenen großen Jahren zwischen 1991 und 1993. Bereits damals waren Webber, Juwan Howard, Jalen Rose, Jimmy King und Ray Jackson umstritten, spalteten die Basketballwelt in ergebene Fans und erbitterte Kritiker.

Heute sind sie selbst auf dem eigenen Campus „personae non gratae" – sie sind unerwünscht, Unpersonen. Rekorde, Siege, Finalteilnahmen – alles gestrichen, auch die Banner wurden von der Hallendecke geholt. „Ihre gesamte Ära war eine Schande", urteilte im März 2002 Don Canham, von 1968 bis 1988 Athletic Director der Uni, und nicht nur ihm wäre es wohl lieb gewesen, hätte er jene Ära per Delete-Knopf aus den Köpfen der Menschen löschen können.

Doch da waren sie, im Frühjahr 2002: Webber, Howard und Rose, noch immer mitten im Scheinwerferlicht. Drei Stars, auf der ganzen Welt bekannt, die mit jedem Punkt und Rebound an den Ruhm vor der NBA-Karriere erinnerten und die auch neun Jahre danach noch immer auf die Fab Five angesprochen wurden. „Natürlich kann man versuchen, uns aus den Geschichtsbüchern zu streichen, natürlich können sie unsere Banner einholen. Aber aus der Erinnerung der Menschen kann man das berühmteste College-Team aller Zeiten nicht tilgen", fasste es Rose damals zusammen. Dass es vier Jahre später bei weitem keiner kollektiven Gehirnwäsche bedürfen würde, um die Ex-Fab-Fiver irrelevant werden zu lassen, konnte er nicht ahnen ...

Die Fab Five waren mehr als eine gute Mannschaft gewesen. Sie waren die personifizierte Herausforderung des konservativen, angestaubten College-Sports: fünf Freshmen als Starter, junge Spieler, deren NBA-reifes Game frisch von der Straße und entsprechend „in your face" war. Respektlos und selbstbewusst etablierten sie zu lange Shorts und schwarze Sneakers, teilten Trashtalk aus, feierten sich selbst mit Dunks und Alley-Oops. Althergebrachte Axiome, die das Erlernen des Spiels von Altvorderen verlangten und nach guten Manieren auf dem Feld riefen, oder auch die komplette Verachtung des Straßenballs seitens der NCAA kümmerten sie nicht.

Für die fünf Protagonisten selbst waren diese zwei gemeinsamen Jahre „die besten unseres Lebens", wie Rose im März 2002 sagte. Sie waren jung, sie waren gut. Der Rest der Welt sollte sich ändern, sie änderten sich nicht. Der Basketball hatte auf welche wie sie gewartet, davon war vor allem Rose immer überzeugt. „Egal was wir in der NBA erreichen, wir werden immer als Fab Five in Erinnerung bleiben", sagte er einmal.

Er sollte bis heute recht behalten, was jedoch vor allem daran liegt, dass den Erfolgen an der Uni für die drei Fünftel der Fab Five, die es in die NBA schafften, keine vergleichbaren Glanztaten bei den Profis folgten. Im Gegenteil: Sie hatten Karrieren unterhalb des Erreichbaren und weit entfernt vom maximal Erträumten.

1993 wagten Webber und Howard den Sprung in die Liga, Rose folgte ein Jahr später. Für keinen von ihnen steht ein NBA-Titel im Lebenslauf. Keiner von ihnen gewann einen MVP-Titel, alleine Webber heimste in Form der „Rookie of the Year"-Trophäe und einer Nominierung fürs „NBA First Team" hochkarätige Auszeichnungen ein, nur Rose erreichte ein NBA-Finale als Rotationsspieler.

Doch selbst die scheinbar illustre NBA-Karriere von „C-Webb" hat – 14 Jahre nachdem er an erster Stelle der Draft 1993 gezogen wurde – einen eher tragischen Unterton. Und das, obwohl er ebenso wie Rose mit allem Talent der Welt ausgestattet war, einer seltenen Mischung aus Athletik, Größe, Technik und Spielverständnis. Webber, Howard, Rose – sie alle scheiterten am späteren hohen Niveau. Die Frage nach dem Warum ist nicht leicht zu beantworten. Kam vielleicht der frühe Ruhm während der College-Zeit zu früh? Verdarb dieser Ruhm die Fab Five in jungen Jahren und raubte ihnen den Hunger? Begriffen sie nicht, dass der Schritt auf ein neues Level mit neuen Herausforderungen einherging?

Wo andere Uni-Teams über Jahre hart schuften mussten, um als Team ein Level der Eingespieltheit zu erreichen, das Meisterschaften gewinnt, schenkte den fünf Freshmen ihr riesiges Talent gleich zwei Final-Teilnahmen.

Eine Erfahrung, die Spieler formt, aber auch Erinnerungen verklärt.

So sprach Juwan Howard einst beim All-Star-Game 1996 mit Reportern über seine ruhmreiche College-Mannschaft. Mehrmals bezog er sich auf die zwei Titel, die sie gewonnen hätten – bis ein Journalist mutig erwähnte, dass Michigan lediglich im Endspiel gestanden, aber beide Male verloren hatte.

Eine solche Geisteshaltung reicht in der NBA, wo zumeist Einsatz und Teamspiel über Sieg und Niederlage entscheiden, nicht für die ganz großen Erfolge. Im Gegenteil: Die Art Selbstbewusstsein, die Chris Webber einst in Washington an den Tag legte, peitscht andere auf, anstatt sie einzuschüchtern. „Wenn ihr mich fragt, spielt der Rest der Teams nur um den zweiten Platz", tönte er damals. Ironischerweise war er es, der zeit seiner Karriere nur um den Rang des ersten Verlierers spielte – sei es auf der Jagd nach Meisterschaften oder im Kampf um seinen Platz unter den besten Spielern der Liga.

Webber also, der talentierteste Spieler der Fab Five. Heute ist er ein weiterer Vertreter der Gattung „Goldsucher" – ein alternder Ex-Star, der sich auf der Suche nach dem Ring bei einer bereits titelreifen Mannschaft verdingt. Als er in die Liga kam, galt er hingegen als Hoffnungsträger. Als einer, dessen Bild eines Tages die Wände der Hall of Fame schmücken sollte.

Seine Statistiken alleine zeichnen folglich auch das Bild eines Ausnahmeathleten. Unter den aktiven Spielern haben nur sechs Profis einen höheren Karriereschnitt als er (21,3 Punkte), nur vier andere kommen auf einen Schnitt von 20 Punkten und zehn Rebounds (exakt 10,0) oder besser. Immerhin fünf Jahre lang liebäugelte „C-Webb" mit dem Sprung auf das Superstar-Plateau – nachdem er in Golden State und Washington Kredit verspielt hatte. In „Sacto" wurde er fünf Saisons in Folge in eines der drei NBA-Auswahl-Teams gewählt: 2000 ins NBA Third Team, 1999, 2002 und 2003 ins NBA Second Team sowie 2001 ins NBA First Team. Einschließlich der Saison 2003/04 holt er mit seinen Kings in jenen sechs Jahren 301 Siege bei nur 159 Niederlagen, erreicht mit der vormaligen Lachnummer der Liga jedes Mal die Playoffs.

Und doch finden sich in jenen Jahren der Genugtuung tragische Momente, die das schöne Bild entstellen: Im Conference-Finale 2002 kassiert Webber nicht nur im vierten Durchgang von Spiel sieben ein unnötiges Technisches Foul, er trifft im Schlussviertel und in der Verlängerung nur zwei seiner neun Würfe. Die Kings verlieren, L.A. wird überlegen Meister gegen New Jersey.

2004 unterliegen die Kings im Conference-Halbfinale den Minnesota Timberwolves, ebenfalls in sieben Spielen – Webber nimmt im finalen Spiel mit der Schlusssekunde einen Dreier, der im Ring rotiert und rausfällt.

Im Falle eines Sieges wären die Kings prompt zum Titelfavoriten avanciert: Im Conference-Finale hätten die alternden Lakers gewartet, gegen die Sacramento in der regulären Saison drei von vier Spielen gewann; gegen den späteren Finalisten aus Detroit siegten die Kings in zwei Begegnungen beide Male. Beide Male ist „C-Webb" ganz nah dran, beide Male fehlt ihm dieses klitzekleine Stückchen zum großen Sieg.

Danach versinkt Webber in der Bedeutungslosigkeit der Philadelphia 76ers. Durch eine Knie-OP seiner Explosivität beraubt, hält er in der Stadt der brüderlichen Liebe stur an seinem Star-Status fest, bis Coach Maurice Cheeks ihn zu Beginn der aktuellen Spielzeit zum Rollenspieler zurechtstutzt – Webber handelt in der Folge eine Vertragsauflösung samt Abfindung aus.

Seitdem versucht er in Detroit an der Seite dreier All Stars nicht unangenehm aufzufallen. Wenn es auch dort mit dem Ring nicht klappt? Dann bleibt Webbers Vermächtnis das eines Beinahe-Superstars – eines guten Spielers, der leider kein Großer sein konnte. Den seine Verletzungsanfälligkeit (28,8 verpasste Spiele pro Saison!), sein Hang zum Spiel aus der Distanz anstelle des Infights in der Zone und seine fehlenden Killerqualitäten daran hinderten, das Level eines Kobe Bryant oder Michael Jordan zu erreichen – ja selbst das eines Allen Iverson oder Jason Kidd.

Juwan Howard wurde anders als Webber nie unterstellt, zu ganz großen Dingen berufen zu sein. Schon am College war er der Arbeiter unter Künstlern. Dieser Rolle blieb er bis heute auch bei den Profis treu. Coaches und Mitspieler schätzen seine Professionalität und seine vorbildliche Einstellung. Allein zu Beginn seiner Karriere flirtete er für kurze Zeit mit einer schillernderen Rolle: Einer soliden Rookie-Saison ließ er 1995/96 All-Star-würdige Leistungen folgen. Weil in Washington gleich drei Leistungsträger (Webber, Mark Price und Robert Pack) ausfielen, wurde er zum zwischenzeitlichen Schlüsselspieler der (damals noch) Bullets und überraschte die Liga mit 22,1 Punkten sowie 8,1 Rebounds.

Nach seiner Fabelsaison inklusive All-Star-Nominierung unterschrieb er in Miami einen 101-Millionen-Dollar-Vertrag, der jedoch von der NBA für ungültig erklärt wurde. Howard kehrte für 105 Millionen nach Washington zurück. Viel Geld für einen Rollenspieler. Das fanden auch die Fans in D.C., die ihn gnadenlos ausbuhten, als er bodenständigere Statistiken ablieferte – die Playoffs erreichte er gemeinsam mit College-Buddy Webber nur einmal, 1997 gab es gegen Chicago ein 0-3.

Die Kluft zwischen Gehalt und Leistung war lange Jahre seine Bürde. Dabei war er in der NBA das konstanteste Mitglied der Fab Five: Er erledigte die Drecksarbeit, kam notfalls von der Bank und tat jederzeit, was sein Team von ihm brauchte. 16,3 Punkte, 7,2 Rebounds, eine Feldwurfquote von 46,9 Prozent – diese Karrierezahlen enttäuschen keineswegs. Er ist noch immer Starter und darf sich mit seinen Houston Rockets leise Hoffnungen auf einen späten Titelgewinn machen. Bereits der Einzug in die Postseason sollte ihm willkommen sein, denn zuletzt stand Howard 2001 in den Playoffs.

Eines war Jalen Rose nie: langweilig. Die Aura des durchgeknallten Dickschädels pflegte er auch bei den Profis. Dementsprechend schwer tat er sich jedoch in der strukturierten, businessorientierten Welt der NBA.

Ihm, der die anarchische Attitüde der Fab Five mehr verkörpert hatte als alle anderen und der als Anführer der Truppe galt, wurde genau diese Einstellung zum Verhängnis. Ob er nun in Denver als Jungspund mehr Spielanteile einforderte oder es in Toronto am nötigen Arbeitseifer fehlen ließ, ob er in Chicago harte Defense verweigerte oder in New York aussortiert wurde. Überall hinterließ der Mann mit dem feinjustierten linken Handgelenk entgeisterte Mitspieler und Trainer. Und das, obwohl er zwischen 1999 und 2002 andeutete, was möglich gewesen wäre. Damals gewinnt er als Pacer zunächst 2000 den Titel des „Most Improved Player", um im selben Jahr an der Seite von Reggie Miller und Mark Jackson umgehend die NBA-Finals zu erreichen, wo er mit 23,0 Punkten, 4,5 Rebounds und 3,0 Assists Phil Jacksons größte Sorge ist.

Die Lakers bleiben am Ende mit 4-2 siegreich, Rose konserviert seine Form für eine weitere volle Saison in Indy. 2000/01 liefert er als einer von vier Spielern der Liga über 20 Punkte, fünf Rebounds und fünf Assists. Doch ebenso plötzlich, wie seine Leistungsexplosion gekommen war, verglüht seine Topform mit einem letzten hellen, dreißig Spiele langen 23,8-Punkte-Strahlen nach seinem Trade zu den Bulls im Jahre 2002.

Danach gibt's nur noch lustloses Rumgezocke in Teams, die er nicht besser machen kann – oder nicht besser machen will. Dass er vergangene Saison für die Knicks auflief, war nur passend: große Namen, nichts (mehr) dahinter. Im November vergangenen Jahres schließlich war er der erste hochbezahlte Star der Saison 2006/07, der sich aus seinem Vertrag herauskaufen ließ. New York ließ ihn ziehen.

Wie Webber nach ihm folgte Rose dem Ruf der NBA-Championship zu einem Top-Team, in seinem Fall nach Phoenix. Als Sun erhält der Oldie seitdem maue 9,2 Minuten pro Partie. So traurig ist das Dasein des ehemaligen Top-Spielers, dass Coach Mike D'Antoni ihm bereits mitleidig anbot, eine neue Heimat für ihn zu finden. Rose jedoch beharrte auf seinem Platz im Kader.

„Ich bin hier zufrieden. Mike und meine Teamkollegen sind großartig – und ich bin mir sicher, dass wir hier den Titel holen", sagt er. Und schließt dann mit einem Satz, der das Phänomen Fab Five und den Geist der NBA-Überbleibsel dieser einst so großartigen College-Mannschaft perfekt einzufangen vermag: „Ich werde für die Suns noch ein wichtiger Faktor sein. Vertraut mir." Einmal mehr bietet er nicht viel mehr als die Verheißung späterer Großtaten ...

Und die anderen?
Jimmy King und Ray Jackson sind die anderen „Fab Fiveler", die heute jedoch niemand mehr kennt. King schaffte es immerhin als Shooting Guard in die NBA. Die Raptors hatten ihn 1995 in der zweiten Runde gedraftet, insgesamt lief er 64-mal für Toronto und Denver auf – Partien, in denen er 4,5 Punkte erzielte. Heute arbeitet King als Finanzberater in New York. Jackson schaffte es nie in die NBA, wurde 1995 von den Grand Rapids Hoops der CBA gedraftet, wo er prompt zum Rookie des Jahres gewählt wurde. Später heuerte er bei den Cocodrilos de Caracas in Venezuela an. Heute führt er ein Umzugsunternehmen.

„GUTE SPIELER, NICHT VIEL MEHR"

Alba Berlins Cheftrainer Henrik Rödl war Zeitzeuge des Fab-Five-Hypes – und schraubte Michigan als Mitglied der UNC Tar Heels im NCAA-Finale 1993 auseinander. Wir haben ihn zum Phänomen der Fab Five befragt.

Mit der University of North Carolina hast du 1993 im NCAA-Finale gegen Michigan gespielt. Was wusstet ihr damals von den Fab Five?
Henrik Rödl: Die Mannschaft hatte schon in ihrem ersten gemeinsamen Jahr einen Riesenhype, ist dann im Finale gegen Duke allerdings ziemlich untergegangen. 1992/93 waren sie dann von Anfang an mit anderen Teams und uns auf der Spitzenposition geranked. In Hawaii hatten wir um Weihnachten herum bereits gegen Michigan gespielt, damals verloren

wir mit einem Punkt, weil Jalen Rose in letzter Sekunde einen Wurf traf. Wir kannten die Jungs sehr gut.

Ihr hattet starke Einzelspieler im Kader: George Lynch, Eric Montross, Derrick Phelps und natürlich auch dich. Würdest du trotzdem unterschreiben, dass die Fab Five als Einzelspieler stärker waren?
Nun, wir hatten eine sehr tiefe Bank und waren eine Mannschaft, die einfach sehr gut zusammenspielte. Sie dagegen waren noch nicht so eingespielt, da sie ja erst zwei Jahre zusammen waren. Bei uns hingegen waren einige seit drei, vier Saisons dabei. Wir hatten unsere Vorteile, was das Zusammenspiel anging, unsere Organisation – und nicht zuletzt, wie wir gecoacht wurden.

Bei der Vorstellung der Spieler im Finale kam Rose nicht in den Mittelkreis, um seinem Gegenspieler die Hand zu geben. War das so eine Sache, die die Attitüde der Fab Five einfing?
(überlegt) Ich habe keine Erinnerung daran. Die Jungs waren ja bekannt dafür, dass sie auf dem Feld viel redeten. Wir haben uns von so etwas gar nicht beeinflussen lassen. Wir waren ein Team, das sehr diszipliniert gespielt hat, und vielleicht hat das Michigan etwas aus der Ruhe gebracht.

Die Art, wie sie spielten und sich auf dem Feld gaben – war das für die damalige Zeit wirklich so anders, wie heute immer zu lesen ist?
So selten war es nicht, das gab es bei anderen Mannschaften auch. Im Achtelfinale beispielsweise spielten wir gegen Nick Van Exel, und der versuchte auch, dich mit verbalen oder sonstigen Attacken aus der Ruhe zu bringen. Wir waren recht immun dagegen. Das Ungewöhnliche an den Fab Five war nur, dass da fünf Freshmen reinkamen und direkt auf einem sehr hohen Niveau spielten – direkt bis ins Finale.

Chris Webber nimmt kurz vor Ende diese legendäre Auszeit ...
Die Situation war für uns zu dem Zeitpunkt eh sehr positiv. Wenn ich mich recht erinnere, waren wir drei Punkte in Führung und hatten ihn in der Ecke gedoppelt *(20 Sekunden vor Ende stand es 73:71, um genau zu sein; Anm. d. Red.)*. Sein Timeout hat dann das Spiel auf Eis gelegt.

Gab es nach dem Sieg neben dem Jubel dann auch so etwas wie Schadenfreude über seinen Aussetzer oder gar Mitleid?

Wir hatten vor allem großen Respekt. Es war klar, dass Michigan ohne Chris Webber nie im Finale gewesen wäre. Auch dort hatte er bis dahin ein sehr gutes Spiel gemacht. Am Ende machte er dann einen einzigen Fehler, der jedoch in der Summe der Dinge nicht das Spiel entschieden hat. Wir hätten sehr wahrscheinlich auch gewonnen, wenn er diese Auszeit nicht genommen hätte.

Nach diesem Finale gingen Webber und Howard in die NBA, Rose folgte ein Jahr später. Gemessen an ihren Ansprüchen waren alle drei bei den Profis nicht sehr erfolgreich. Wie siehst du das?
Sie sind gute Spieler geworden, aber auch nicht viel mehr. Howard und Rose haben in der NBA ein, zwei wirklich sehr gute Saisons gespielt, sind aber ansonsten etwas untergegangen. Webber war schon eher einer der Protagonisten in der Liga, aber auch er hatte keine sensationell gute Karriere. Ich weiß gar nicht, ob sie wirklich so viel talentierter waren als andere, die nach ihnen kamen. An meiner Uni gab es beispielsweise im Jahr danach Rasheed Wallace, Jerry Stackhouse und Jeff McInnis, die waren ähnlich talentiert.

ANDRÉ VOIGT

PAT RILEY

Als ich 2006 diese Geschichte über Pat Riley schrieb, überlegte ich lange, wo ich ansetzen würde. Es fällt immer schwer, Features über Legenden oder Coaches zu schreiben, über deren Karrieren bereits ganze Bücher verfasst wurden.

Bei Riley interessierte mich vor allem, wie dieser basketballerisch Minderbemittelte zum Paten der NBA wurde. Kein anderer Trainer konnte seine Stars über die Jahre derart in die Mangel nehmen, keiner pokerte so hoch mit den Millionen der Franchise-Besitzer, kaum einer legte diese schon manische Arbeitseinstellung an den Tag.

Woher kam dieses Feuer? Warum brennt es – wie zuletzt so prominent im Sommer 2010 – noch immer lichterloh? Warum ist er noch immer nicht in See gestochen, „um die sieben schönsten Strände der Welt zu sehen", wie er selbst vor Jahren ankündigte? Immerhin gibt es für Riley nichts mehr zu erreichen.

Ich glaube, ich bin damals dem Antrieb des Pat Riley recht nahe gekommen. Die Ansprache, die er vor seinem Team nach dem „Memorial Day Massacre" in den Finals 1985 hielt, hinterließ sogar beim Schreiben einen Kloß in meinem Hals.

Viele mögen denken, dass der Mann mit dem Gel im Haar nach den Southbeach Superfriends keine Meistermannschaft mehr zusammenstellen wird. Dass er sich schon damals im Sommer 2010 eher bei Dwyane Wade, LeBron James und Chris Bosh bedanken musste, weil die Superstars sich absprachen und Riley nur noch den Platz unter dem Salary Cap freischaufeln musste.

Irgendetwas sagt mir aber, dass Patrick James Riley noch ein Team im Köcher hat, denn da ist halt immer noch …

DER SIEGER IN IHM
2006

Meisterschaft Nummer fünf kam spät, sehr spät. Ganze 18 Jahre musste er warten. Doch jetzt war es so weit. Trotz eines 0-2-Rückstands in den Finals 2006, trotz all der Zweifel an seiner Mannschaft. An dem Team, das er – Patrick James Riley – als Präsident der Miami Heat zusammengestellt und wenig später als Coach übernommen hatte.

Nummer fünf sollte mehr bringen als nur das übliche Gemenge von Schampus und Dosenbier in den Katakomben, mehr als die dicken Siegerzigarren und Schulterklopfer. Seit 1988 mit den Lakers hatte er dieses Gefühl nicht mehr gespürt.

Nummer fünf war gleichzusetzen mit Genugtuung, Rehabilitation, dem Aufstieg zurück auf den Olymp. Sicher, bei den L.A. Lakers in den 80er-Jahren war Pat Riley nicht nur Trainer, sondern Star und Pop-Ikone gewesen. Er war besessen, getrieben, hungrig, gierig. Dann kam der Weggang aus „Lala Land", weil das Team seine Intensität nicht mehr ertragen konnte. Es war ein Abschied von der Franchise, die zu seiner Ersatzfamilie geworden war.

Die Spielzeiten danach? Ein Mischmasch aus Teilerfolgen, Enttäuschungen, Fragen, Machtproben und Kontroversen. Gefeiert in New York, als er das Team in die NBA-Finals 1995 führte. Gehasst, als er ein Jahr später nach dem Zweitrundenaus gegen die Indiana Pacers erst zurücktrat, um dann bei den Miami Heat zu unterschreiben, die in der Folge nie etwas Zählbares erreichten.

Immer jedoch galt Pat Riley als Genie, als einer der ganz wenigen Übungsleiter, die es vermochten, zu jungen afroamerikanischen Multimillionären durchzudringen. Riley war Motivationsguru und Menschenschinder in einem. Legendär seine lungenzerfetzenden Trainingseinheiten, die bis zu fünf Stunden dauern konnten, legendär seine genialen Psychotricks. Er schmiss Profis kurzerhand aus dem Team, wenn sie ihm nicht folgten. Er forderte Einsatz bis zur Selbstaufgabe. Pat Riley spielte schnell, wenn sein Team für den Fastbreak gebaut war, ließ es prügeln, wenn das Talent zum Schönspielen fehlte. Immer aber war er ein „Winner", auch wenn die Legende Riley für den Menschen, der an der Seitenlinie stand, irgendwann zu groß wurde.

Und jetzt Nummer fünf. 18 Jahre nach Titel Nummer vier. Abgeschrieben war Pat Riley – noch immer ein guter Coach, sicherlich, aber keine Legende mehr, bestens aufgehoben im Büro eines Klubpräsidenten. Doch nach seiner Rückkehr brachte er die grandiose Motivationsidee des „Mystery Bowl" und etablierte den Slogan „Fifteen Strong" – Riley war einfach wieder Riley. Doch wie wurde Riley eigentlich zu Riley? Da war dieser Hunger, der nicht mal sein eigener war, der den Sieger in ihm weckte ...

1976 ist alles vorbei. Patrick James Rileys Tage als NBA-Profi enden mit 4,6 Punkten pro Spiel in der sengenden Hitze von Phoenix, Arizona. Der ehemalige Highschool-Star muss erstmals die Weichen seines Daseins stellen, ohne dabei einen Ball in die Hand zu nehmen. Seit er in der Schule zum Star im Basketball und Football heranwuchs, war der Sport die Triebfeder seines Lebens. Jetzt wartet das große, weite Nichts nach der Karriere.

Als Profi taugte Riley nie zum Star. Sicher gab er immer sein Bestes, sicher half er den Lakers um Wilt Chamberlain und Jerry West zur Meisterschaft 1972, lange reichen werden die Ersparnisse trotzdem nicht. Er braucht einen Job, etwas Solides. Und das schnell. Riley heuert bei den Lakers als Fernsehexperte und Assistent von Kommentatorenlegende Chick Hearn an, außerdem gibt er den Sekretär bei Auswärtsfahrten. Der Ex-Profi bucht die Flüge für die aktuelle Mannschaft, teilt die Boardingpässe an die Spieler aus. 1979 wird Riley Assistenztrainer unter Lakers-Headcoach Paul Westhead – aber nicht, um etwa ins Trainergeschäft einzusteigen. Der Einblick soll Riley dabei helfen, bessere Beiträge für die Halbzeitshows des Lakers-Haussenders zu produzieren.

Das Mädchen für alles nimmt seinen Job ernst. Riley kniet sich in die Arbeit, kennt keinen Feierabend. Er will nach oben, lieber heute als morgen. Immerhin arbeitet er in Los Angeles. Dort, wo auf jeden Star Tausende kommen, die ebenfalls im Rampenlicht stehen wollen, dies aber nie schaffen. Riley will keiner sein, der versagt. Deshalb ist er von den Vorkommnissen der Saison 1980/81 schockiert.

Im Jahr zuvor war Magic Johnson als Rookie in die Liga gekommen und hatte L.A. zum Titel geführt. Nur ein Jahr später ist das Team zerfressen von Eifersucht und scheidet in der ersten Playoffrunde gegen die Houston Rockets aus.

Was er da sieht, nennt er später „die Krankheit des Ich" („The disease of me"). Jeder denkt nur an sich. Riley indes lässt nicht nach, er arbeitet weiter wie ein Getriebener. Woher dieser Ehrgeiz allerdings kommt, weiß in Los Angeles niemand so genau.

FAVORITEN

4.511 Kilometer liegen zwischen L.A. und Schenectady, New York. Sportmäßig wird den 90.000 Einwohnern (außer von den lokalen Highschools) nicht viel geboten. Immerhin gibt es ein Profi-Baseballteam, die Blue Jays. Es ist keine Franchise der Major Leagues, aber eins der zahlreichen Farmteams der großen Klubs. Trainiert wird der Verein von Leon Francis Riley, den alle nur „Lee" nennen. 22 Jahre brachte er im System der Baseball-Ausbildungsligen als Spieler zu. Er zog von Stadt zu Stadt, von Liga zu Liga – all das, um gerade vier Spiele bei der großen Show für die Philadelphia Phillies zu bestreiten. Bei den zwölf Gelegenheiten, die Riley am Schlag bekommt, schafft er genau einen Hit, der ihn zur zweiten Base bringt – da ist er bereits 37 Jahre alt, sein Traum ist tot.

Ein Jahr später wird sein jüngster Sohn Pat geboren. Mittlerweile ist Lee Riley ins Trainergeschäft eingestiegen. Noch immer ist er drahtig und durchtrainiert. Seine dicken schwarzen Haare legt er mit Pomade streng nach hinten. Ein Blick auf seine Statur sagt: „Ich bin hier der Boss." Sein Traum soll an der Spielerbank, die im Baseball als „Dugout" bezeichnet wird, wiederauferstehen. Er will ein Team in den Major Leagues coachen, dafür lebt er fortan. Der Nachwuchstrainer ordnet alles diesem Streben unter, auch das Leben seiner Frau und der drei Söhne. Harte Arbeit, Teamwork, immer 110 Prozent für den Betrieb. Riley lebt seine Werte – Werte, die die USA groß gemacht haben. Der American Dream soll seiner werden.

Die Blue Jays werden getrieben, bis auch der letzte Rest Leistung auf das Feld tropft. Riley bereitet sie und sich selbst auf jeden Gegner vor, als ginge es um die World Series. Wenn diese eine Chance kommt, will er sie beim Schopfe packen. Für späte Reue hat Leon Francis Riley nichts übrig. Selbstmitleid ist inakzeptabel. Seine Spieler danken es ihm. „Lee Riley war ein unglaublich guter Manager. Du wolltest für ihn spielen", erinnert sich Tommy Lasorda, damals Spieler in Schenectady und später selbst legendärer Manager der L.A. Dodgers. „Er war ein sehr ernsthafter Typ, ein sehr strenger Coach."

All das Lob bringt am Ende nichts. So gut Lee Riley auch sein mag, die Karriere endet mit der Erkenntnis, dass auch sein zweiter Traum gestorben ist. Es ist die Art Abweisung, die einen Menschen aus der Bahn wirft, ihn verändert. Verbittert säubert er sein Haus von allen Andenken an den Sport, der ihn zweimal so arg enttäuschte – alle Pokale, Uniformen und Fotos werden vernichtet. Pat Riley wird viel später über diese Zeit sagen: „Ich konnte noch jahrelang seine Enttäuschung darüber spüren, dass er seinen Lebenstraum nicht verwirklichen konnte. Ich hatte nie die Chance, mich mit ihm hinzusetzen und darüber zu reden. Noch nicht mal meine Mutter redete darüber. Das Ende seiner Karriere war für ihn sehr bitter, und das trug er lange Zeit mit sich herum."

Lee Riley kommt sich in einer Welt ohne Sport sehr verloren vor. Zwar ergattert er einen Job als Hausmeister an einer Schule, doch der Beruf füllt ihn nicht aus. Die Familie leidet unter dem Schmerz ihres Oberhauptes. „Ich hatte den Eindruck, dass es ein sehr gewalttätiger Haushalt war", sagt Lany Kramer, damals Freundin von Pat Riley, in Mark Heislers Buch „The Lives of Riley". „Ich glaube nicht, dass Pat echte familiäre Stabilität hatte. Ich weiß, dass er eigentlich nie zu Hause sein wollte." Ähnlich geht es auch seinen Brüdern Lee Jr. und Lenny. Die Riley-Kinder sind auf dem Sportplatz, wann immer sie können. Football, Basketball, Baseball – Hauptsache, weg von zu Hause.

„Wie in vielen kaputten Familien gab es auch bei den Rileys viele Geheimnisse. Es ist so, als würde ein Nashorn im Wohnzimmer leben, aber niemand spricht darüber. Man packt sich das eigene Leben mit Aktivitäten voll, damit man nicht die Realität sehen muss", erklärt Kramer rückblickend in „The Lives of Riley". „Der Sport lenkte Pat ab, bewahrte ihn davor, verrückt zu werden."

4.511 Kilometer und einige Jahrzehnte liegen zwischen L.A. und Schenectady, New York. Der Traum ist derselbe.

„Ich sage dir: Wenn ich Pat ansehe, kriege ich Angst", sagt Tommy Lasorda 1987. „Er sieht genauso aus wie sein Vater!" Lasorda ist bereits Manager der L.A. Dodgers, als er das sagt. Seine Franchise teilt sich die Metropole Los Angeles mit den Lakers, die im Great Western Forum von der Oberschicht Hollywoods bejubelt werden.

Die Stars bewundern neben Magic Johnson, Kareem Abdul-Jabbar und Co. aber auch den Coach der Lakers. Sein Name: Pat Riley. Noch im Jahr vor seiner Beförderung zum Cheftrainer sah dieser Kerl mit der Sylvester-Stallone-Fönfrisur und der Kassenbrille wie ein Versicherungsvertreter aus. Zwei Meisterschaften später ist vom biederen Taktikbretthalter nichts mehr zu sehen. Seine schwarze Mähne liegt streng zurückgelegt am Schädel. Die Armani-Anzüge kosten mehr, als manche Spieler im Jahr verdienen, am Arm schlackert die Rolex. Pat Riley ist Style-Ikone, noch bevor Gordon Gekko in „Wall Street" nach Geld und Geltube greift. Rileys ganzes Auftreten vermittelt: Ich habe Macht, ich bin hier der Star, auch wenn ich weder Trikot noch Shorts trage.

Dabei war dieser Assistenztrainer/TV-Kommentator gar nicht dafür vorgesehen, zum Über-Coach zu werden. Der neue Besitzer Jerry Buss – er hatte die Lakers gerade von Jack Kent Cooke gekauft – plante eigentlich, Jerry West nach elf Spielen der Saison 1981/82 erneut zum Headcoach zu machen. Da West aber nur noch als Manager tätig sein wollte, wollte er Riley als gleichberechtigten Partner auf der Bank haben – unter dem Vorwand, dass West so nicht die ganze Arbeit leisten müsse. Buss willigte ein und lud zur Pressekonferenz. Dort stellte der Chef sein neues Trainerduo vor. Auf die Fragen nach der Rückkehr auf die Bank erwiderte West jedoch: „Ach was, Pat Riley ist Cheftrainer." Buss und Riley waren baff. Während der Boss die gute Miene zum bösen Spiel aufsetzte, ergriff der Zwangsbeförderte die Chance. „Also wenn niemand diesen Job will", rief Riley, „bin ich mehr als glücklich, ihn zu übernehmen."

Pat Riley mag aussehen wie sein Vater, dessen Weg geht er jedoch nicht. Im Gegenteil. Er bekommt die Erfüllung seines Traums geschenkt. Jetzt ist es an ihm, ihn zu leben.

Als Pat Riley 1981 den Trainerposten der Lakers annimmt, schwört er, die „Krankheit des Ich" auszurotten. Bei seinem ersten Treffen mit der Mannschaft schreibt er auf die Tafel in der Kabine: „Eine Familie, die zerstritten ist, kann nicht füreinander einstehen. Ihr seid entweder für mich oder gegen mich." Das Team ist verwirrt. Was will dieser Typ, der noch nichts geleistet hat? Jerry West hätte Respekt abverlangt, er ist eine Legende. Aber dieser Riley?

„Ihr seid die Jungs, die diese Situation drehen können. Wenn ihr weiter verliert und auch weiterhin nicht als Team spielt, werden da draußen alle denken, dass die Lakers den Falschen gefeuert haben", tritt Riley selbstbewusst vor seine Millionärstruppe. „Wenn das passiert, werden sie dieses Team auseinanderbrechen, sie werden euch traden und einen Neuaufbau starten. Aber wenn ihr wirklich ein großes Basketballteam seid, werdet ihr auch trotz meiner Anwesenheit gewinnen." Riley stellt in der Folge einfache Regeln auf: Alle ziehen an einem Strang, keine Schlammschlachten in der Presse. Er opfert sich für sein Team, die Spieler sollen gefälligst dasselbe tun. Sie sollen eine Familie sein! Die Folge: L.A. gewinnt zwölf der nächsten vierzehn Spiele. Los Angeles liegt Riley zu Füßen.

Auch Magic Johnson, der nach einer von Verletzungen geprägten und somit verkorksten zweiten Saison und der Posse um Westhead als Coach-Killer gilt, schlägt sich von Beginn an auf die Seite des Neuen. Er will wieder gewinnen, und dieser Riley hat eine besondere Art, er erreicht die Lakers auf eine ganz eigene Weise. Johnson spürt dasselbe Feuer in Riley brennen, das auch ihn antreibt. „Riles verstand die Lakers als Familie und versuchte alles, auch uns dieses Gefühl zu vermitteln. Bevor er kam, waren wir eine Anzahl guter Spieler. Pat Riley machte uns zu einem Team", erinnert sich Magic. „Er war ein strenger Arbeiter, aber er war kein Diktator. Wie die meisten großen Leitfiguren wusste er auch zu folgen. Er hörte seinen Spielern zu und schenkte ihren Ideen Beachtung."

So gelingt es Riley, seinem Team voller Veteranen alles abzuverlangen. Sie schuften im Training wie noch nie zuvor. Riley treibt sie an, benutzt Beleidigungen als Motivation, er belohnt sie aber auch mit kleinen Trainingsspielchen. Trifft ein Laker zu Beginn des Trainings von der Mittellinie, fällt das Training aus. Der Erfolg lässt nicht lange auf sich warten. Noch in Rileys erstem Jahr schlagen die Lakers in den Finals die Philadelphia 76ers um Julius Erving. Riley ist zu dieser Zeit so „in", dass bei Freiwürfen gegnerische Spieler in der Nähe der Lakers-Bank auftauchen und ihm zuflüstern: „Hey Coach, gibt es eine Möglichkeit, dass du mich in dein Team holen kannst? Ich kann helfen. Bitte hol mich zu den Lakers."

Doch Pat Riley hat noch eine große Aufgabe vor sich. Einen Berg, den er besteigen muss. Einen Geist, den er exorzieren muss, wenn er ein ganz Großer sein will: die Boston Celtics. In den beiden Spielzeiten nach Rileys erstem Titel verliert L.A. in den Finals gegen die Sixers und Celtics. Und gerade die Fehde mit den verhassten Grünen aus Boston wiegt schwer.

Siebenmal trafen die Lakers zuvor im Finale auf die Celtics, nie konnten sie die Serie für sich entscheiden. Schlimmer noch: Immer schien das Team in entscheidenden Phasen zu versagen, der Mythos des „Boston Choke" verfolgte die Lakers seither. Die Franchise litt regelrecht unter einem Trauma. Und um dieses zu beseitigen, brauchte Riley seinen Vater.

25. Mai 1985. Spiel eins der Finals im Boston Garden. Die Lakers wollen Wiedergutmachung für die Niederlage in sieben Spielen im Jahr zuvor. Doch es kommt ganz anders.

Die Begegnung geht als „Memorial Day Massacre" in die NBA-Geschichte ein. 114:148 verliert L.A. – bis heute ein Finals-Rekord.

Center Kareem Abdul-Jabbar spielt beim Massaker katastrophal. Am nächsten Morgen sitzt er bei der Videosession in der ersten Reihe (anstatt wie sonst ganz hinten). Riley kritisiert ihn: „Was ist los, Cap? Kannst du nicht mehr spielen? Sieh dir das an. Robert Parish läuft einfach an dir vorbei!"

Als sich das Team einen Tag später zur Abfahrt am Hotel trifft, kommt Abdul-Jabbar mit seinem Vater, den alle nur „Big Al" nennen, zum Bus. Dabei gilt die strenge Regel, dass niemand, der nicht zum Team gehört, mit der Mannschaft in die Halle fahren darf. Riley jedoch begreift die Situation als eine ganz besondere. Er erlaubt Big Al, im Bus mitzufahren. Da trifft es den Coach plötzlich …

Als die Spieler in der Kabine sitzen, erwarten sie eine Blut-und-Tränen-Ansprache. Immerhin haben sie in Spiel eins versagt. Doch es kommt anders …

Der Coach schmeißt seine vorbereitete Rede weg. Riley dreht sich zur Mannschaft und schaut Abdul-Jabbar an. „Ich kenne dich, seit ich damals in der Highschool gegen dich gespielt habe. Als ich dich vorhin mit deinem Vater im Bus sitzen sah, wurde mir klar, worum es heute überhaupt geht", erklärt der Trainer. „Du hast in den letzten Stunden eine Menge Zeit mit Big Al verbracht. Vielleicht brauchtest du diese Stimme. Vielleicht brauchen wir alle hier in diesem Raum jetzt in diesem Moment so eine Stimme, die Stimme unseres Vaters, eines Lehrers, die Stimme von jemandem, der in der Vergangenheit da war, als wir glaubten, dass wir etwas nicht schaffen würden."

In der Kabine ist es grabesstill. Riley macht eine Pause, sieht in die Gesichter seiner Spieler. „Ich weiß, dass viele von euch vielleicht nicht daran glauben, dass wir hier heute gewinnen. Viele von euch denken, dass wir die Celtics nicht schlagen können. Und so war es bisher ja auch, die Zahlen lügen nicht. Ich will, dass ihr alle eure Augen zumacht, euch zurücklehnt und zuhört", fordert Riley, dann nimmt er seine Mannschaft mit ins einige Jahrzehnte entfernte Schenectady, New York.

„Als ich mit dem Basketball anfing, befahl mein Vater meinen Brüdern, mich auf den Freiplätzen in den härtesten Vierteln der Stadt spielen zu lassen. Ich wurde auf dem Feld zusammengeschlagen. Einmal jagte mich sogar einer mit einem Fleischermesser fort. Ich rannte oft weinend nach Hause. Ich versteckte mich in der Garage und kam erst nach Stunden zum Abendessen heraus. Einmal jedoch erschien ich nicht mal zum Essen, sondern blieb einfach sitzen. Mein Vater fragte meine Brüder: ‚Wo ist er?' Beide drucksten herum, bis irgendwann Lee Jr. fragte: ‚Warum müssen wir Pat immer dorthin bringen?' Da rannte mein Vater in die Garage, packte mich am Arm, brachte mich an den Tisch und sagte: ‚Ich will, dass ihr ihm beibringt, dass er keine Angst haben darf!' Ich dachte, ich würde nie darüber hinwegkommen, ängstlich und verletzt zu sein. Aber bald war ich es, der andere Kids mit Wunden nach Hause schickte. Das ist Wettbewerb, darum geht es! Die Celtics geben uns heute die Möglichkeit, genau das zu tun! Das letzte Mal, dass ich meinen Vater sah, war kurz nach meiner Hochzeit. Als er wegfuhr, steckte er den Kopf aus dem Wagen und rief mir zu: ‚Denk immer daran, was ich dir beigebracht habe, als du noch klein warst. Irgendwann wirst du dich niederlassen, deine Füße fest auf den Boden stellen und dann ein paar Leuten gehörig in den Arsch treten. Wenn die Zeit kommt, wirst du genau das tun!' Kurze Zeit später starb er an einem Herzinfarkt. Ich weiß nicht, was es uns heute abverlangen wird, um zu gewinnen. Aber ich glaube daran, dass wir da rausgehen werden wie Krieger und dass unsere Väter stolz auf uns sein werden."

Ein Blick in die Runde reicht, um zu merken, dass Riley die Motivationsrede seines Lebens gehalten hat. Verteidigungsspezialist Michael Cooper weint, viele andere Lakers sind kurz davor. L.A. siegt mit 109:102, Abdul-Jabbar liefert 37 Punkte, 19 Rebounds und sechs Blocks. Die Lakers gewinnen drei der nächsten vier Spiele, die Serie endet 4-2.

Der „Celtic Choke" ist tot – und Pat Riley endgültig am Ziel seiner Träume.

ANDRÉ VOIGT

BOBBY KNIGHT

Einige von euch werden sich jetzt mit Recht fragen: „Bobby Knight? Was macht ein College-Coach in diesem NBA-Buch?" Ich will ehrlich sein: Weil es zu 50 Prozent mein Buch ist!

Ich kam mit Bobby Knight als junger Spieler in Kontakt. Nicht persönlich – ich habe den Mann leider nie getroffen –, aber durch ein Buch, das mir mein erster Herrentrainer und späterer Mitbewohner Conny gab.

Ich verschlang „Playing for Knight: My Six Seasons with Coach Knight", geschrieben von Steve Alford, einem der Helden des Basketballs in Indiana. Irgendwas faszinierte mich an der Art und Weise, wie Alford über Knight berichtete. Dieser Gegensatz zwischen dem Basketballgenie, dem ultrasozialen Trainer und dem herrischen Diktator ließ mich nicht los – bis heute nicht.

In der Folge kaufte ich mir alle Bücher über Knight, beugte mich in der Bücherei der Deutschen Sporthochschule stundenlang über seine beiden Taktikbücher, die er in den 80er-Jahren in extrem kleiner Auflage in Indiana herausbrachte. Ich war sogar so weit, dass ich wirklich auslotete, ob ich nicht in Indiana an der Uni bei ihm hospitieren könnte (ich konnte nicht, es fehlte das Geld …).

Deshalb ist Bobby Knight in diesem Buch. Und ich kann nur jedem Basketballfan empfehlen, „Playing for Knight" oder „A Season on the Brink" zu lesen. Es lohnt sich.

Für Fans, vor allem aber für Trainer und Spieler. Wer Knight versteht, versteht den Basketball. Das mag sich komisch anhören, aber wenn ihr die Bücher lest, werdet ihr verstehen, was ich meine …

BEING BOBBY KNIGHT
2008

Macht euch die Mühe. Werft den Rechner an, startet die Google-Bildersuche mit dem Stichwort „Bobby Knight". Lasst die Augen vor dem Lesen dieser Seiten auf jedem dieser Bilder kurz ruhen. Schaut sie euch an. Jedes einzeln. Konzentriert euch nur auf das Gesicht. Lest in den Augen. Versucht zu erahnen, was in diesem Menschen vorgeht.

Bob Knight ist getrieben. So viel müsste euch schon jetzt klar sein. Wovon? Von Perfektion. Denkt darüber nach. Getrieben von Perfektion, besser: der Jagd nach ihr. Habt ihr seine Kabinenansprache gehört? Lief es euch kalt den Rücken runter? Oder habt ihr gelacht? Wart ihr froh, nicht in diesem Lockerroom gewesen zu sein? Habt ihr euch vielleicht gefragt: „Wer ist so blöde, für diesen Irren zu spielen?" Ihr seid nicht allein.

Kein Trainer hat je die Basketballgemeinschaft so gespalten wie Robert Montgomery Knight. 29 Jahre lang coachte der Mann an der Indiana University. Seine Bilanz dort: drei NCAA-Titel, elf Big-Ten-Meisterschaften, viermal Trainer des Jahres. 16 All-Americans spielten unter ihm, genau wie neun Big-Ten-MVPs. Über 90 Prozent seiner Spieler, die vier Jahre bei ihm spielten, machten ihren Abschluss. Zweimal wurde Knight zum Coach des Team USA berufen: 1979 für die Panamerikanischen Spiele in Puerto Rico und 1984 für die Olympischen Spiele in Los Angeles. Beide Male gewannen seine Teams die Goldmedaille. Seit 1991 ist er Mitglied der Hall of Fame. Er gilt als Genie seiner Profession und gleichzeitig als einer ihrer größten Makel.

Doch Bob Knight wäre nie so bekannt, berüchtigt, erfolgreich geworden, wenn er nicht auf der Jagd gewesen wäre. Perfektion ist sein oberstes Ziel. Er verlangt sie von jedem seiner Spieler. Er verlangt nicht weniger als die Einhaltung seiner Regeln auf und neben dem Parkett, immer und zu jeder Zeit. Keiner konnte diesem Anspruch je vollends gerecht werden. Am wenigsten Bob Knight selbst.

1965. Bob Knight ist 24 Jahre alt, als er das Amt des Cheftrainers der Universität der US Army übernimmt. Es ist eine Hochschule, die kaum talentierte Highschool-Spieler anlockt. Wie auch? Wer hier studieren will, muss in die Armee der Vereinigten Staaten eintreten – und das in einer Zeit, als das Studium in West Point fast automatisch Dienst in Vietnam bedeutet. Knight muss mit Athleten auskommen, die vornehmlich Offiziere werden wollen, anstatt in der NBA zu spielen. Diesen Umstand begreift er als Chance. Sein Team besteht aus Jungs, die es gewohnt sind, Befehle ohne Widerworte entgegenzunehmen. Es sind Kämpfer, die in ihrer Ausbildung durch die Hölle gehen, sei es beim Geländelauf mit vollem Gepäck oder im Training. Sie spielen so, wie ihr Trainer es ihnen aufträgt. Was andere Unis ihnen an Athletik oder Größe voraushaben, gleichen sie durch Intelligenz, Organisiertheit und unbedingten Einsatzwillen aus. Sie sind die Armee des Bobby Knight, darauf gedrillt, auf dem Parkett zu bestehen. Army gewinnt in Knights sechs Jahren als Headcoach 102 von 152 Spielen.

In West Point ist Knights Führungsstil nicht ungewöhnlich. In der Militärwelt der US Military Academy fällt er mit seiner direkten Art, den Schimpfwörtern, der Infragestellung der Männlichkeit einzelner Spieler (oder gleich des ganzen Teams) nicht auf. „Hurensohn" oder „Pussy" sind gängige Umgangsformen. Army mag eine Universität sein, liberal geht es hier nicht zu. Der „Army Way", wie Knight später sagen wird, hat ihn geprägt. Er nimmt ihn auch 1971 mit, als er West Point verlässt und nach Bloomington, Indiana, umzieht.

Die Indiana University ist eine nationale Institution in Sachen Basketball. Kein US-Bundesstaat ist so in das Spiel von James Naismith verliebt wie Indiana. Hier kommen Zehntausende Zuschauer zu Highschool-Spielen. Jeder kann die richtigen Laufwege der Flex-Offense runterbeten oder mit einem perfekten Jumper einen Dreier versenken. „Basketball wurde vielleicht in Massachusetts erfunden", sagte Knight einmal, „aber es wurde für Indiana gemacht." Die Hoosiers schätzen das klare, nüchterne Spiel. Sie lieben den Sprungwurf, den richtig gestellten Block, die ehrliche, tiefe Hocke in der Verteidigung.

Als Knight in Bloomington ankommt, ist er als Coach gewachsen. Schon immer hat er sich von älteren Trainern Taktiken abgeschaut, hat gelernt, sich so seine eigene Philosophie erarbeitet. Und die passt nach Indiana, wichtiger noch: Sie hat Erfolg.

Knights Spieler müssen vor allem intelligent sein. Seine Motion-Offense verlangt von seinem Team, sich auf dem Feld ohne genaue Laufwege koordiniert zu bewegen. Jeder Cut, jedes Um-den-Block-Kommen muss für die anderen vier Spieler vorhersehbar sein. Dafür gibt es Regeln. Eine davon lautet: „Folgt dir dein Verteidiger, wenn du auf einen Block zuläufst, dann laufe direkt um den Block herum zum Korb." Jeder Hoosier muss diese Situation lesen und zum selben Schluss kommen – vor allem natürlich der, der den Block gestellt bekommt, und der Ballführende. So kann der Pass den Bruchteil einer Sekunde früher gespielt werden, der Verteidiger hat keine Chance.

„Die Leute sprachen mich oft darauf an", sagt Steve Alford, der vier Jahre unter Knight spielte und mit ihm 1987 die NCAA-Championship gewann. „Sie konnten nicht verstehen, dass der Pass manchmal schon gespielt wurde, bevor der freie Mann überhaupt um den Block gelaufen war. Dabei war das ganz einfach. Der Mann mit dem Ball konnte ja sehen, was passiert. Er sah den Verteidiger und wusste, dass der Mitspieler, der den Block bekam, dieselbe Entscheidung treffen würde."

„Basketball ist ein Spiel, das von der Mannschaft gewonnen wird, die die wenigsten Fehler macht", lautet eine der grundlegendsten Prinzipien von Knight. Das galt auch für die Defensive. Jahrelang ließ er sich nicht dazu herab, eine Zonenverteidigung spielen zu lassen. Für ihn gab es nur kompromisslose Manndeckung. Sie war ein Spiegelbild seiner Motion-Offense. Auch hier musste seine Mannschaft Gegner und Ball lesen. Eine ungleich schwerere Aufgabe als im Angriff.

Knight ist der perfekte Coach für das perfekte Basketballland. Kurz nach seiner Ankunft beginnen die Hoosiers Anfang der 70er-Jahre, die damals stärkste Conference der NCAA, die Big Ten, zu beherrschen. 1976 gewinnen sie sogar ihre erste NCAA-Championship unter Knight. Die Mannschaft bleibt dabei die gesamte Saison über ungeschlagen, eine bis heute unerreichte Leistung!

Knight wird erstmals zum Trainer des Jahres gewählt. Er ist der König von Indiana, gilt als Genie. Doch das Jahr des ersten Titelgewinns gibt auch den ersten Blick auf die dunkle Seite des Bobby Knight frei. In einem landesweit im Fernsehen übertragenen Spiel zieht er seinen Spieler Jim Wisman nach zwei Turnovern voller Wut am Trikot vom Parkett auf dessen Stuhl. Dieser im Vergleich zu seinen späteren Entgleisungen „milde" Ausbruch schockiert Amerika. Ein leitender Angestellter einer angesehenen Universität darf sich so nicht benehmen, heißt es. Knight entschuldigt sich öffentlich, das Image aber bleibt.

Drei Jahre später hat Knight seinen Status als vermeintlich bester Trainer der USA weiter zementiert. Da tritt USA Basketball an ihn heran. Er soll Team USA bei den „Pan American Games" in Puerto Rico betreuen. Der Verband weiß, was die Mannschaft dort erwarten wird. Die antiamerikanische Stimmung ist in Mittel- und Südamerika auf einem frühen Höhepunkt. Jeder will die Großmacht verlieren sehen. Der glühende Patriot Knight fühlt sich trotzdem geehrt und nimmt die Berufung an. Zu diesem Zeitpunkt ahnt noch niemand, dass ausgerechnet der Coach zum Mittelpunkt eines bis dahin beispiellosen Skandals werden soll.

08. Juli 1979. Die Uhr an der Espiritu Santo Highschool in Puerto Rico zeigt 10:45 Uhr. Knight und sein Team befinden sich in den letzten Zügen einer einstündigen Trainingseinheit, als das brasilianische Frauenteam – 15 Minuten zu früh – die Halle betritt. Gestört durch den relativ lauten Auftritt der Brasilianerinnen schickt Knight seinen damaligen Assistenten Mike Krzyzewski hinüber zu Jose De Silva, seines Zeichens Polizist und für die Sicherheit an der Espiritu High zuständig. „Coach K" fragt ihn, warum das andere Team früher in die Halle gelassen worden ist, worauf der Wachmann antwortet: „Hey Mann, wir sind hier in Puerto Rico, da machst du, was ich dir sage."

Was sich in der Folge abspielt, ist bis heute nicht genau geklärt. Aussage steht gegen Aussage. Laut dem Trainerduo ruft Knight den Brasilianerinnen zu: „Wir haben die Halle hier noch bis elf Uhr. Wenn ihr also nicht leise sein könnt, müsst ihr zur Hölle noch mal nach draußen gehen."

Typisch Knight. Ohne Zweifel im Recht, aber eben auch extrem eigenwillig in der Wortwahl. De Silva erwidert daraufhin: „Ich sage, dass sie bleiben." Später wird der Wachmann unter Eid aussagen, Knight habe die brasilianischen Frauen als „Huren" und De Silva selbst als „Nigger" beschimpft. Beleidigungen, die außer De Silva niemand gehört haben will.

Nach dem Wortgefecht geht der 33-Jährige auf Knight zu und wedelt mit seinem Finger vor dessen Gesicht. Als der Polizist dem Trainer den Finger ins Auge sticht, stößt ihn Knight mit der Handfläche unter das Kinn. Sagt Knight. De Silva wird später aussagen, dass der Coach ihn zuerst attackiert habe.

Was in der Folge passiert, ist durch mehrere Zeugen belegt. „Das hier sind nicht die USA", schreit De Silva. „Das hier ist Puerto Rico. Du hast einen Polizisten geschlagen. Du bist verhaftet." Der Schutzmann zerrt Knight zu seinem Streifenwagen, drückt ihm einen Schlagstock unter die Nase und brüllt: „Verdammt noch mal, Bruder, mit dem hier würde ich dir gern ein paar verpassen. Das willst du doch auch, oder?" Dem Nationaltrainer der USA werden Handschellen angelegt, er wird in den Wagen gestoßen und kommt ins Gefängnis.

Auf der Wache wird den Amerikanern wenige Stunden später versichert, dass De Silva keine Anklage erheben wird. Diese Sachlage ändert sich aber schon am nächsten Tag. Eilig wird ein Verhandlungstermin angesetzt – auf den Tag des Finales. Knights Gegenklagen werden abgeschmettert, dem Antrag auf eine einwöchige Verlegung des Termins wird allerdings stattgegeben. Also coacht Knight sein Team vor einer höchst feindlichen Kulisse zu einem 113:94-Sieg über den Gastgeber. Isiah Thomas – frisch von der Highschool kommend – sichert mit 20 Punkten den Erfolg der USA. Die Menge tobt. Die Leute buhen, schreien antiamerikanische Parolen und hetzen gegen Knight und dessen Team.

Noch während der Siegerehrung stellt sich dieser zu einigen US-Journalisten. „Fick sie. Fick sie alle", ruft Knight den Reportern zu. „Ich sage euch was: Ihr Basketball ist verdammt noch mal einfacher zu schlagen als ihr Gerichtssystem. Das Einzige, was sie verfickt noch mal können, ist Bananen züchten." Knight spricht mit den Reportern so, als würde er mit seinen Army-Rekruten damals in West Point reden. Er ist felsenfest davon überzeugt, dass seine Landsleute genauso fühlen wie er, dass es seine bissigen Kommentare nicht in die heimischen Zeitungen und Magazine schaffen. Er liegt falsch.

Trotz des anberaumten Gerichtstermins verlässt Knight nach dem Finale mit der US-Delegation Puerto Rico. Er hat nicht vor, zur Verhandlung zurückzukehren. In Abwesenheit wird er zu sechs Monaten Gefängnis und einer Geldstrafe von 500 US-Dollar verurteilt. Bis 1987 werden die Behörden in San Juan versuchen, die USA zur Auslieferung Knights zu bewegen. Ohne Erfolg. In der Heimat gerät die öffentliche Reaktion auf den Vorfall an der Espiritu High und auf Knights Kommentare über die Bananenzuchterfolge Puerto Ricos außer Kontrolle. Knight wird zum Sinnbild des hässlichen Amerikaners. Obwohl er sich auch weiterhin im Recht sieht und darauf beharrt, nichts Falsches getan zu haben, weiß Knight, dass er sich selbst einen Weg verbaut hat. Den Weg zu seinem vielleicht größten Traum: der olympischen Goldmedaille. Nach diesem Eklat wird er nie wieder ein Team USA coachen können, vor allem nicht bei den Olympischen Spielen.

In den Jahren nach Puerto Rico wird es in der Öffentlichkeit still um Knight. Es gibt keine öffentlichen Ausfälle, sein Team gewinnt. 1981 wird IU, angeführt von Isiah Thomas, erneut NCAA-Champion. Knight hat es wieder geschafft, die zweite Meisterschaft in fünf Jahren. In der Folgesaison erhält der Coach einen Anruf, der ihn vollkommen aus der Fassung bringen soll. Am anderen Ende der Leitung meldet sich USA Basketball. Gerade er, Robert Montgomery Knight, soll die Vereinigten Staaten bei den Olympischen Spielen in Los Angeles coachen. „Er klang am Telefon wie ein kleines Kind", erinnert sich Bob Hammel, langjähriger Journalist und Freund Knights. „Er hätte nie gedacht, dass er nach Puerto Rico noch einmal diese Chance bekommen würde." Diese Berufung ist der Höhepunkt seiner Karriere.

Olympia im eigenen Land, womöglich im Finale gegen die verhassten Russen – und dies in der Hochzeit des Kalten Krieges, die Chance, die Schmach von 1972 wettzumachen ... In seinen kühnsten Träumen hätte Knight sich nicht mehr wünschen können. Von Beginn an plant er das Unternehmen Goldmedaille minutiös. Sein Team soll nicht nur Olympiasieger werden, es soll dominieren. Diese Mannschaft soll perfekt werden. Endlich hat Knight die Chance, das absolut beste Spielermaterial zu einem harmonischen Ganzen zu verarbeiten.

Beflügelt durch die Berufung sieht sich Knight bestätigt. Endlich wird er öffentlich davon freigesprochen, in Puerto Rico etwas falsch gemacht zu haben. Glaubt er jedenfalls. Und dieser Glaube verführt ihn abermals, in der Öffentlichkeit zu den damaligen Vorfällen Stellung zu nehmen. Zu den Umständen seiner Flucht per Flugzeug aus Puerto Rico befragt, sagt er: „Ich stand auf, zog meine Hose herunter und drückte meinen nackten Arsch gegen das Fenster. Das war das Letzte, was diese Leute von mir sehen sollten." Nicht wenige sind zu diesem Zeitpunkt froh, dass die Olympischen Spiele in den USA und nicht im Ausland ausgetragen werden.

Zu den Tryouts in IUs Heimhalle, der Assembly Hall, lädt Knight die 72 besten Collegespieler des Landes ein. Unter ihnen: Charles Barkley, Karl Malone, John Stockton, Chris Mullin, Patrick Ewing, Sam Perkins, Mark Price, Terry Porter, Chuck Person, Joe Dumars und natürlich Michael Jordan. Dass gerade Barkley den Cuts zum Opfer fällt, erstaunt. „Sir Charles" ist in den Einheiten der klar beste Spieler, noch vor Jordan – und das, obwohl er mit seinen 1,93 Meter krasse 128 Kilo auf die Waage bringt!

Schon damals ist Barkley schnell mit einem Spruch dabei. Knight lässt es sich ebenfalls nicht nehmen, bei jedem Pressegespräch seine Witzchen über Charles' Gewicht zu machen. Frage: „Hatten Sie je einen Spieler, der bei dieser Größe so viel gewogen hat?" Knight: „Nicht lange."

Barkley hört all die Kommentare, sieht sie als Einladung. Gleiches Recht für alle. Als Knight zu einem Teammeeting zu spät kommt, springt Barkley auf und ruft: „Hey, wo zur Hölle warst du?" Knight geht in die Luft. „Lass mich dir etwas sagen, du fetter Hurensohn! In dieser Armee gibt es nur einen Chef, und das bin ich! Dein Arsch wird nicht mehr lange hier sein!" Nun, Barkleys enormes Hinterteil ist noch lange genug in Bloomington, um in einem Huddle nach dem Training Witze über Knights – zugegeben – hässliche Schuhe zu machen. „Hey Coach, wo hast du diese Opa-Schuhe her?", fragt Barkley, die Halle biegt sich vor Lachen. Außer ... „Hör zu, du fettes Schwein, die Gefreiten machen hier keine Witze über die Generäle!"

Als der Coach Barkley wenig später zusammen mit John Stockton und Terry Porter in sein Büro ruft, weiß „The Round Mound of Rebound", was kommt. Ihn lässt die Absage kalt. Knight hingegen ist mitgenommen. „Ich dachte, dass er froh wäre, mich los zu sein", erinnert sich Barkley, „aber es ging ihm nahe. In diesem Moment realisierte ich, dass Knight und ich uns ähnlich sind. Wir sagen öfter dumme Sachen, die wir später bereuen. Aber wir verarschen niemanden. Das ist die einzige Art Mensch, die ich wirklich respektiere."

Als Charles Barkley das Camp des Team USA in Bloomington verlässt, gibt ihm Knight einen Ratschlag mit auf den Weg: „Du musst dein Gewicht bei 113 Kilo halten, sonst wirst du es in der NBA schwer haben", erklärt er „Sir Charles". „Du wirst sonst nicht schnell genug sein." Der Coach soll recht behalten. Barkley wiegt in seinen spektakulären Jahren immer zwischen 111 und 113 Kilo. Ein anderer NBA-Angestellter hingegen befolgt nicht den Rat des Coaches und geht dafür unrühmlich in die Basketballgeschichte ein.

Knight beschreibt in seinem Buch „My Story", wie er an einem der Trainingstage des Team USA auf der Tribüne der Assembly Hall sitzt, während unten sein Team trainiert. Neben ihm sitzt Stu Inman, damals General Manager der Portland Trail Blazers. Die Blazers haben einige Tage nach den Tryouts den zweiten Pick in der 1984er Draft. Houston wird mit dem ersten Pick Akeem Olajuwon nehmen. Portland? „Ich glaube, wir sichern uns Sam Bowie aus Kentucky", sagt Inman. Knight entgegnet: „Stu, ihr müsst Jordan nehmen!" Inman erklärt: „Bob, wir brauchen einen Center." Doch Knight erwidert: „Dann lass Jordan auf Center spielen! Niemand könnte ihn decken. Er ist der beste Spieler, den es momentan gibt. Ihr müsst ihn nehmen!" Der Rest ist Geschichte.

Für sein endgültiges Olympiateam nimmt Knight Jordan, Chris Mullin, Patrick Ewing, Steve Alford, Wayman Tisdale, Sam Perkins, Alvin Robertson, Vern Fleming, Leon Wood, Joe Kleine, Jon Koncak und Jeff Turner mit nach Los Angeles. Neben Barkley schaffen damit auch andere künftige NBA-Stars nicht den Sprung in den Olympia-Kader: John Stockton, Terry Porter, Mark Price, Joe Dumars, Chuck Person, Danny Manning, Michael Cage und Karl Malone.

Von Beginn an quält Knight sein Team durch dieselben Drills wie seine Teams in Indiana. Knight lässt für jeden seiner Spieler ein kleines Foto der Goldmedaille einrahmen, die Don Blubaugh, Trainer der Ringer an der Indiana University, 1960 in Rom gewonnen hatte. „Ich will, dass ihr dieses Bild immer bei euch behaltet, bis ihr eine eigene gewonnen habt", befiehlt er – und seine Spieler gehorchen.

Das sind jetzt seine Jungs, wenn auch nur für ein paar Wochen. Jetzt geht es um Gold, die Ehre der Vereinigten Staaten von Amerika. Und natürlich sind sie auch seinen kleinen Sticheleien ausgesetzt. Als Tisdale im Training ein – für ihn sehr ungewöhnlich – Offensivfoul annimmt, pfeift der Coach, reicht dem verdutzten Forward einen Stift und lässt ihn auf just dieses Stück Parkett seinen Namen kritzeln. „Dieser seltene Moment muss für die Ewigkeit festgehalten werden", grinst Knight, dann geht das Spiel weiter.

Sonst hat Tisdale allerdings wenig zu lachen, da er an einer seltenen Allergie gegen das Ausblocken leidet, die der Trainer mit einer hohen Portion Zorn zu heilen versucht. „Wayman Tisdale ist mir eine spezielle Freude", erklärt Knight seine Hassliebe. „Ich schreie seinen Arsch an, und er reagiert darauf sehr gut." Tisdale nimmt es mit Humor: „Wenn ich aus L.A. zurückkomme, werde ich zu jedem Menschen gehen, von dem ich dachte, dass er gemein ist, und ihn umarmen."

Der Spieler mit der Nummer fünf, Leon Wood, der im Training keinen besonderen Appetit auf herrenlos herumrollende Bälle an den Tag legt, ist ein ähnlicher Fall. Hier hilft jedoch der trockene Humor des Coaches. Knight gibt dem Point Guard am Ende einer Trainingseinheit ein Buch mit den internationalen Regeln der FIBA. „Leon, du musst mir helfen. Zeig mir bitte bei unserem Meeting heute Abend die Regel, die besagt, dass der Spieler mit der Nummer fünf sich nicht nach einem Looseball werfen darf ..."

Das Kronjuwel des Team USA ist jedoch Jordan. Knight beeindruckt nicht nur die Athletik und Spielintelligenz des Shooting Guards, vor allem die Arbeitseinstellung, dieser unbedingte Wille des Youngsters, der Beste zu sein, fasziniert den Coach.

Früh nimmt er MJ zur Seite, um ihm zu erklären, dass er ihn in den kommenden Wochen oft anschreien wird. „Ich will über dich die anderen erreichen", erklärt der Trainer. „Ist dir das recht?" Jordan hat damit keine Probleme und bittet sogar darum, extra kritisch beäugt zu werden.

Fortan schneidet das Team USA wie ein heißes Messer durch die Vorbereitungsbutter. Die Mannschaft ist eingespielt, und zum ersten Mal in seiner Karriere hat Knight überragendes Talent zur Hand. Die Olympischen Spiele werden zu einem einzigen Triumphzug. Mit 32,1 Punkten Unterschied pro Partie fegen die USA die nichtsowjetische Welt (die UdSSR und der gesamte Ostblock hatten die Spiele boykottiert) vom Parkett – auch Deutschland mit Detlef Schrempf und Knights Center in Indiana, Uwe Blab, das mit 67:78 die knappste Niederlage gegen die US-Boys kassiert.

Im Finale wartet Spanien auf die Amerikaner. Als Knight in die Kabine kommt, um kurz vor Beginn noch einmal die wichtigsten Punkte zu besprechen, wartet das Team schon auf ihn. Plötzlich findet er an der Taktiktafel einen gelben Zettel, auf dem steht: „Coach, mach dir keine Sorgen. Wir haben zu viel Scheiße durchgemacht, um jetzt zu verlieren." Knight weiß sofort, wer der Autor der Nachricht ist – Jordan. „Lasst uns rausgehen und spielen", sagt Knight. Als die Mannschaft auf das Feld stürmt, dreht er sich zu seinen Assistenten um und sagt: „Das Ding ist in fünf Minuten gelaufen." Das Endergebnis lautet: USA 96, Spanien 65.

Knight hat es geschafft. Sein größter Traum ist in Erfüllung gegangen. Er ist Olympiasieger, hat Gold bei den Pan American Games geholt und zwei National Championships mit Indiana. Knight ist 43 Jahre alt, und es gibt keinen Berg mehr zu besteigen, auf dem nicht schon seine Flagge am Gipfel weht. Außer dem der NBA. Aber die Profiliga reizt den Coach nicht im Geringsten. „Zur Hölle, ich schau mir die Profis gar nicht mehr an", schließt er einen Wechsel in die NBA kategorisch aus. „Wenn die NBA auf Kanal fünf läuft und eine Menge Frösche beim Geschlechtsverkehr auf Kanal vier ... dann würde ich den Fröschen zuschauen, auch wenn der Empfang schlecht wäre."

Warum sollte er auch jemals diesen Job aufgeben? Die Kids in Indiana träumen davon, für ihn zu spielen, sobald sie laufen lernen. Was kümmert es ihn da, dass die Chris Webbers dieser Welt schon im College dort spielen, wo das meiste Geld lockt? Im Hoosier-State gilt Knight als (Halb-)Gott. Er gewinnt, ohne die Regeln der NCAA zu brechen. Seine Jungs gehen zur Uni, sie machen ihren Abschluss und bekommen unter der Hand kein Geld zugesteckt.

„Wenn es für mich hier nur darum gehen würde, dass wir Spiele gewinnen ... das kann ich wahrscheinlich so gut wie jeder andere", erklärt er seine Grundsätze. „Ich würde einfach betrügen, ein bisschen Geld von ein paar Leuten in Indianapolis bekommen. Dann würde ich die besten Spieler holen, die ich kriegen kann, so schlagen wir dann alle jederzeit." Coach Knight hat das nicht nötig. Er spielt nach den Regeln ... als einer der wenigen. Und doch soll es ausgerechnet Knight sein, der bald in einen fast 20 Jahre dauernden Albtraum hinabgerissen wird ...

Der 23. Februar 1985 markiert den Beginn einer beispiellosen Reihe von Vorfällen, in die Robert Montgomery Knight bis zum September 2000 verwickelt sein wird. An diesem Tag tritt Indiana gegen seinen ärgsten Rivalen Purdue an. Es läuft in dieser Saison noch nicht für IU. Fünf von acht Spielen gingen bereits verloren, Knights bester Rebounder, Mike Giomi, wurde von ihm aus dem Team verbannt, weil dieser mehrfach seine Seminare geschwänzt hatte.

Im Spiel gegen Purdue pfeifen die Schiedsrichter in den ersten Minuten zweimal gegen Indiana. Knight mag beide Entscheidungen nicht und brüllt die Refs an, was ihm ein erstes Technisches Foul einbringt. Als Purdues Steve Reid sich an die Linie stellt, um den Freiwurf für das T zu schießen, passiert es. Knight schnappt sich wutentbrannt einen Plastikstuhl und schmeißt ihn über den Court. Die TV-Kameras halten voll drauf. Knight ist wochenlang in den Schlagzeilen, fortan wird bei jedem Artikel und jedem kleinen Filmchen auf den „Stuhlwurf" verwiesen werden. Es wird für die Öffentlichkeit außerhalb Indianas der definierende Moment in Bobby Knights Karriere. Der weiß selbst, dass er zu weit gegangen ist.

In der Kabine findet der damalige Unipräsident Dr. John Ryan wenige Minuten nach der Amokaktion einen Coach, dem Tränen in den Augen stehen. „Doctor Ryan", sagt Knight. „Es tut mir leid."

Um der Welt zu zeigen, dass er in Wirklichkeit kein Irrer ist, erlaubt Knight in der folgenden Saison dem berühmten amerikanischen Journalisten und Sportbuchautor John Feinstein, die ganze Saison mit den Indiana Hoosiers zu verbringen. Das gleicht einer Sensation, denn Knight verhält sich gegenüber der Presse in der Regel kaum kooperativ – wie Knights Lieblingsspruch zum Thema Medien illustriert: „Jeder von uns lernt bereits im zweiten Schuljahr zu schreiben. Die meisten von uns entwickeln sich in der Folge aber weiter und widmen sich danach größeren Aufgaben."

Trotzdem darf Feinstein jedes Training, jedes Meeting, jedes Spiel besuchen. Kein Trainer hatte so etwas je erlaubt. Knight ist davon überzeugt, dass die Öffentlichkeit ihn so endlich verstehen wird und nachfühlen kann, dass all seine derben Sprüche und Ausbrüche nur das Produkt einer unbändigen Liebe zur Perfektion sind. Dass es einen anderen liebenswerten Knight gibt, der sich um seine Spieler sorgt, sich viel um Bedürftige kümmert und nach hohen moralischen Grundsätzen lebt. Einen Knight, der sich auch ohne „Shit", „Pussy", „Fuck" und „Ass" artikulieren kann.

All das wird auch in Feinsteins Buch „A Season on the Brink" stehen – der Autor schildert aber genauso die Entgleisungen des Trainers. Er zeichnet ein Jekyll-und-Hyde-Bild. Doch nur Hyde schafft es in die Schlagzeilen. Die Verfehlungen des Bobby K. machen „A Season ..." zum bestverkauften Sportbuch aller Zeiten – und Knights gute Seite geht unter.

Trotzdem knüpft Knights Team bereits 1987 wieder an alte Zeiten an. Die Erfolge beruhigen den Coach äußerlich, nach innen wird er jedoch immer rücksichtsloser gegenüber seinen Studenten und Assistenten. Während sein bester Spieler in dieser Saison, Guard Steve Alford, sich in die Herzen aller Hoosier-Fans schießt, hält ihm Knight in seiner unnachahmlichen Art diverse Verteidigungsschwächen vor. „Alford, was ist deine Ausrede? Wie kann jemand vier Jahre in unserem System spielen und nicht eine einzige Sache über Defense lernen?", fährt er ihn während dieses Jahres an. „Ich habe drei Jahre verschwendet, einfach nur mit dir verschwendet ... In dem Augenblick, in dem du in eine Verteidigungshocke gehst, fangen die Leute an zu lachen."

Einen anderen seiner Spieler bringt er im Training zum Weinen, indem er ihn als „eine Pussy vom Scheitel bis zur Sohle" bezeichnet und ihm deshalb einen Tampon in den Spind hängen lässt. Das Vergehen des Spielers? Er hatte nicht nach dem Geschmack des Coaches gereboundet.

Trotzdem gewinnen die Hoosiers durch einen Buzzerbeater des heutigen Trainers der Golden State Warriors, Keith Smart, gegen Derrick Colemans Syracuse Orangemen erneut die NCAA-Championship. Es ist Knights dritte. Und letzte ...

Denn nun beginnt der endgültige Absturz. In der Zeit nach der Meisterschaft gerät Knight in mehrere öffentliche Kontroversen, die endgültig seine Zeit als Trainergenie beenden.

1987: In einem Freundschaftsspiel gegen die russische Nationalmannschaft in Bloomington wird der Coach des Feldes verwiesen und nimmt sein Team 15 Minuten vor Spielende einfach mit, was zu einem Spielabbruch und – in Zeiten des Kalten Krieges – zu einem politischen Skandal führt.

1988: In einem TV-Interview mit dem Sender NBC zum Thema „Stress und schlechte Schiedsrichterentscheidungen" angesprochen, erklärt Knight: „Wenn man vergewaltigt wird und keine Möglichkeit hat, es zu verhindern, sollte man sich zurücklehnen und es genießen." Knight realisiert sofort, dass er Mist gebaut hat, und lässt sich von der TV-Crew versprechen, das Zitat werde herausgeschnitten. NBC verspricht, dass der Teil nicht gezeigt werden wird, und macht dann genau diese Aussage zum Hauptpunkt der Sendung. Ein Sturm bricht los, der Knight dazu bewegt, ein Jobangebot der University of New Mexico in Erwägung zu ziehen. Am Ende bleibt er jedoch im geliebten Indiana, da Tausende in Bloomington genau dafür demonstrieren.

1992: Während des NCAA-Tournaments legt Knight seinen Guard Calbert Cheaney vor laufenden TV-Kameras aus Spaß übers Knie und tut so, als würde er ihm den Arsch versohlen.

1993: Während eines Spiels traut die Menge in der Assembly Hall ihren Augen nicht, als Knight seinem Sohn und Spieler Pat ans Bein tritt.

1994: In einem Timeout scheint der Coach seinem Spieler Sherron Wilkerson einen Kopfstoß zu verpassen.

1995: Gegen die Indiana University wird eine 30.000-Dollar-Strafe verhängt, weil Knight einen ehrenamtlichen NCAA-Helfer während einer Pressekonferenz anschreit und mehrfach beleidigt.

1999: Knight soll einen Mann auf dem Parkplatz eines Restaurants gewürgt haben.

Die Skandale verstärken immer weiter das Bild des hässlichen Bobby. Knight hat es immer schwerer, auch Top-Rekruten nach Indiana zu holen – die neue Generation will nicht für einen Diktator wie ihn spielen. Selbst die Top-Talente aus dem eigenen Staat kehren IU den Rücken zu. Folgerichtig bleibt auch der Erfolg aus. Knight gewinnt 1993 seine letzte Big-Ten-Meisterschaft und die Kritiker immer mehr die Oberhand. Am 14. März 2000 kommt es zum Super-GAU. Auf CNN wird der ehemalige Hoosier Neil Reed interviewt. Der Guard beschuldigt Knight schwer.

Erstens habe der Coach ihn während eines Trainings 1997 mehrere Sekunden lang gewürgt. Zweitens habe Knight Unipräsident Myles

Brand während einer Übungseinheit der Halle verwiesen. Drittens soll der Trainer sich vor der Mannschaft den Hintern mit Toilettenpapier abgewischt haben. Aufgrund der neuerlichen Anschuldigungen beruft IU eine Sonderkommission ein, die die Vorwürfe untersuchen soll.

Die Ermittler fördern selbst für Knight Unglaubliches zutage. Knight habe Vorgesetzte körperlich bedroht, eine Sekretärin mit einem Blumentopf beworfen und sie eine „fucking bitch" genannt. Außerdem habe er seinen Assistenten Ron Felling von einem Stuhl gestoßen, als dieser am Telefon Kritik an Knights Programm geäußert hatte.

Die Uni sieht Handlungsbedarf. Vor allem, da plötzlich ein Video auf CNN läuft, in dem zu sehen ist, wie Knight Neil Reed würgt – es war dem Sender von einem Angestellten Indianas zugespielt worden.

Am 15. Mai 2000 fällt die Entscheidung. Der Coach wird zwar nicht entlassen, muss aber 3.000 Dollar Strafe zahlen. Er wird für drei Spiele der kommenden Saison suspendiert und muss sich einer „Zero Tolerance"-Klausel beugen. Noch eine Verfehlung, und er wird fristlos entlassen. Knight lässt sich zähneknirschend darauf ein. Knapp vier Monate später ist alles vorbei ...

Am 07. September 2000 trifft Knight auf dem Campus IU-Freshman Kent Harvey. Im Vorbeigehen ruft der Student dem Trainer ein respektloses „Hey Knight, what's up?" zu. Knight greift den Teenager am Arm und erteilt ihm eine Lehrstunde in Sachen Benehmen. Ob er Harvey anschreit oder sogar am Arm reißt, wie der Erstsemester behauptet, wird nie wirklich geklärt. Trotzdem nimmt Knight am 10. September von Präsident Myles Brand seine Entlassungspapiere entgegen. Der Bundesstaat Indiana gerät in Aufruhr.

3.000 Demonstranten ziehen vor das Haus von Brand. Sie verbrennen eine Puppe, die den Präsidenten darstellen soll, und fordern die sofortige Wiedereinstellung Knights. Der bekommt am Tag nach der Entlassung einen Anruf. Es ist Karl Malone. „Mit ihm hatte ich nach den Tryouts für das Olympiateam 1984 nicht mehr gesprochen", erklärt Knight. Trotzdem ruft der Power Forward an und spricht dem Coach Mut zu. Doch all das bringt nichts. Knight muss nach 29 Jahren in Indiana gehen. Vor knapp 8.000 Fans hält er seine Abschiedsrede.

Knight sagt, dass er weiter coachen will. Er gibt sogar zu, dass er sein Temperament in den Griff kriegen muss. Eine Chance dazu bekommt er 2001 an der Texas Tech University. Dort zeigt sich Knight von seiner besten Seite.

Gut, er tritt während einer Halbzeit einen Fernseher ein und lässt seinen besten Spieler, Andre Emmett, nachdem der eine Trainingseinheit verpasst hatte, 1.500 Sprints laufen. Aber das stört niemanden wirklich.

Knight gewinnt mit den Red Raiders am 01. Januar 2007 sein 880. Spiel als College-Coach und bricht damit den damaligen Rekord des ehemaligen Trainers der University of North Carolina, Dean Smith. Am 04. Februar 2008 verlässt Knight dann endgültig die Bühne der NCAA, als er mit 902 Siegen in Rente geht.

Ob Knight heute einige seiner Taten bereut? Mit Sicherheit. Aber ebenso sicher würde er noch immer sein Zitat aus dem Jahr 1994 unterschreiben, als er Folgendes vor den Studenten in Indiana sagte: „Wenn meine Zeit auf dieser Erde zu Ende ist, hoffe ich, dass sie mich auf dem Bauch liegend beerdigen, damit meine Kritiker mich leichter am Arsch lecken können!"

NEUE HOFFNUNGEN

JAN HIERONIMI
DWIGHT HOWARD

„Superman" wird Dwight Howard gerne genannt. Ein Spitzname, den er sich vordergründig durch seine Anleihen bei Shaquille O'Neal und durch seine Inszenierung des Dunking Contest 2008 verdiente. Doch der Name passt, denn in seiner nun über zehnjährigen NBA-Karriere hat sich Howard als einer der physisch dominantesten Spieler der Liga-Historie etabliert, dem scheinbar besondere Kräfte zu Eigen sind.

Erster Pick der Draft, achtfacher All Star, achtmal ins All-NBA Team gewählt (davon fünfmal ins First Team), fünfmal in der Defensivauswahl und dreimal Defensivspieler des Jahres, Starter für das Goldmedaillen-Team von Peking, mehrfacher Liga-Führender bei Blocks (zweimal) und Rebounds (fünfmal) sowie Halter des Punkterekords der Orlando Magic.

Die Liste ist lang, und sie ist eindeutig: Dwight Howard ist vielleicht der beste Center des Millenniums. Zudem (zumindest über lange Zeit) unverwüstlich. Selbst die Metapher des „Kryptonits" passt angesichts der Freiwurfschwäche des Stählernen.

„Superman" als Spitzname, das passt jedoch auch aus anderem Grund sehr gut. Er passt, weil sich die Geschichte des Big Man als Geschichte eines Superhelden erzählen lässt. Und zwar in drei Teilen. Das Tolle an Superhelden-Geschichten ist zumeist die Verwandlung. Aus einem normalen Niemand wird ein kleines Wunder, ein Held mit besonderen Fähigkeiten. Stück für Stück entdeckt er, dass er nicht so ist wie alle anderen. Jeder Zuschauer kann hier mitfiebern. Das ist Teil eins der Geschichte.

In aller Regel folgt darauf Teil zwei, in dem der Superheld seine Kräfte besser kennenlernt, Menschen rettet, Hintern versohlt und Bösewichte einsperrt. Spider-Man lernt, Wände emporzuklettern, Batman probiert seine Wunderwaffen am lebenden Objekt. „Coming of Age", nennt der Amerikaner das. Auch hier kann der Protagonist sich des Beifalls aller Umstehenden sicher sein.

Etwas seltener hingegen kommt Teil drei vor: Der Held wird zum Ausgestoßenen. Mal unverschuldet (wie in „The Dark Knight"), mal mit Fug und Recht (siehe Magneto bei den „X-Men") – egal wie und warum, der einstige Liebling mutiert zum Hassobjekt, und es bedarf großer Heldentaten und viel Geduld, um diese Wahrnehmung im späteren Verlauf wieder zu drehen.

Dwight Howard hat alle drei Teile in seiner NBA-Biographie vereint. Vom unbeholfenen Clark Kent über Superman zu Lex Luthor.

Sein Weg als Clark Kent begann, als der damalige Schuljunge sich nach kurzem Flirt mit dem Besuch einer Universität für den Weg ins Profilager entschied und als erster Pick der Draft 2004 in Orlando landete. Er gibt, so viel ist damals klar, eine tolle Geschichte ab – dieser 18-Jährige, der sich vor den Augen der Welt zu einem Basketball-Helden verwandelt ... und zu dieser Zeit noch als Power Forward firmiert.

GLAUBENSKRIEGER
2004

Dwight Howard II hat seine gebrauchte 900-Dollar-Karre gegen einen brandneuen 90.000-Dollar-Beamer eingetauscht. Das kleine Zimmer im Haus seiner Eltern bei Atlanta wich einer großen Wohnung in Orlando. Steckte er gestern noch im Trikot der Southwest Atlanta Christian Academy (SACA), schwitzt er heute im Wendeshirt der Orlando Magic. Mit anderen Worten: Es hat sich viel verändert im Leben des Nummer-eins-Picks des Jahrgangs 2004.

Aus dem Jungen, den seine Kumpels „Choirboy" (Chorknabe) nennen, ist die Zukunft der Magic geworden. Für jeden College- oder Highschool-Basketballer bedeutet die Unterschrift unter den Profivertrag in der NBA irgendwie den Abschied vom Leben davor. Besonders jedoch für diejenigen, denen die Scouts wäschekorbweise Talent attestieren. Für einen wie Dwight Howard.

Er ist ein Youngster, ausgestattet mit der idealen Physis für die Position des Power Forwards, mit Sprungkraft, Speed, einem Wurf, Post-Game und Powermoves. Sein Spiel vergleicht er selbst mit dem von Tim Duncan, Kevin Garnett, Dirk Nowitzki, Shawn Kemp. Eben noch im Matheunterricht, ist er seit der Draft 2004 auf der NBA-Showbühne.

Dort warten sie: die geldgeilen Manager, Groupies ohne Geld, weltweite Aufmerksamkeit und mehr Zaster, als der Durchschnittsmensch ausgeben kann. Kwame Brown war auch so jemand. Ein schüchterner Dominator an der Highschool aus dem Süden der USA. Groß und selbstsicher auf dem Basketballparkett, unbedarft, naiv, ja sogar treudoof in der „echten" Welt. Beide noch Kinder, die zwar die richtigen Dinge sagen, wenn sie jemand nach ihrer NBA-Zukunft fragt, die aber keine Ahnung haben, wovon sie reden. Beide Nummer-eins-Picks, ohne sich je an einer Uni eingeschrieben zu haben. Für Kwame Brown waren der Lifestyle, die Macho-Welt NBA und die enormen Erwartungen an ihn zu viel. Er hofft noch heute – vier Jahre nach seinem Debüt – auf den Durchbruch.

Viele haben versucht, Dwight Howard auf das vorzubereiten, was ihn erwartet. Michael Jordan sagte ihm beim „Capital Classic", einem Highschool-All-Star-Game in Washington, sinngemäß: „Jeder wird es auf dich absehen!" MJs genauen Wortlaut will Howard nicht wiedergeben – einige der Worte des Meisters wären nicht jugendfrei gewesen. Charles Barkley begrüßte den Youngster bei einem Besuch in den Studios des US-Senders TNT, zeigte auf eine gut aussehende junge Frau und warnte: „Genau auf die hier musst du aufpassen. Die werden hinter dir her sein – und zwar nicht, weil du so gut aussiehst, sondern weil du bist, wer du bist. Soll ich dir ein paar Kondome zuschicken?"

Auch Ex-NBA-MVP David Robinson, wie Dwight ein strenggläubiger Christ, rief den Neuen an. „Er erzählte mir vom Leben als NBA-Spieler und den Dingen, die es mit sich bringt", verrät Howard. „Er sagte, dass viele Probleme auf mich zukommen würden, weil ich Christ bin." Gut gemeinte Ratschläge, dringend nötige, die Dwight verinnerlichen will. Dwights neue Welt ist so groß, so glitzernd, so verführerisch. Seine alte Welt war klein, überschaubar, einfach …

Die Fixpunkte seines alten Lebens sind Elternhaus, Schule und das Einkaufszentrum, in dem er abends mit Freunden ins Kino geht. Es ist ein Leben nach strengen Regeln, inklusive Zapfenstreich. Pflichten im Haushalt sind pünktlich zu erledigen. Taschengeld gibt's nicht. Dollars gibt es nur, um die Grundbedürfnisse zu decken: Essen, Kleidung, hier und da eine Kinokarte. Sein Handy erfüllt vor allem den Zweck, dass Dad jederzeit anrufen und checken kann, was der Sohnemann gerade macht.

Zu seinem 18. Geburtstag schenken ihm seine Eltern einen Wecker. Mit dem Geld, das er von einem Verwandten bekommt, holt Dwight sich die DVD seines Lieblingsfilms „Findet Nemo". Rap-Musik ist bei den Howards verboten, zu viele Schimpfwörter. Der Kirchenbesuch mehrmals die Woche ist mehr als eine Pflicht. Auf der Gangsta-Skala rangiert Dwight irgendwo zwischen Ernie und Bert.

Religion ist der Anker, das Fundament der Familie Howard. Dwights Leben ist in den Augen seiner Eltern Dwight Sr. und Sheryl ein Geschenk Gottes. Nach der Geburt seiner älteren Schwester TaShanda erlitt seine Mutter sieben Fehlgeburten. Dwight überlebte.

Ihr Glaube entspricht einer tiefen Religiosität, wie sie vor allem im Süden der USA zu finden ist. Dwight besucht die Southwest Atlanta Christian Academy – eine Schule, auf die nur Afroamerikaner oder Jamaikaner gehen. Auch hier durchdringt die Religion alles: Sein Sportlehrer ist Prediger, der gerne mal die CD-Sammlung seiner Spieler auf gefährliches Gedankengut checkt. Vor und nach jedem Spiel wird gebetet, das Publikum macht mit. Beim Abschlussball läuft nur jugendfreie Musik, die Tanzfläche wird wachsam beobachtet. Kein Wunder, dass Howards Lieblings-Song „Praise Is What I Do" heißt (ein Gospel-Song) und er jedem Autogramm „God bless" hinzufügt.

Den Wunsch, es bis in die NBA zu schaffen, fasste Dwight früh. Angeblich schon, als er zwei Jahre alt war. „Ich wollte immer wie Magic sein", sagt er. Ein großer Aufbauspieler, das Gehirn seiner Mannschaft. Er baut sich Hindernisparcours im Hinterhof auf, dribbelt mit verbundenen Augen gegen imaginäre Gegenspieler. Er ist gut, aber eine NBA-Karriere sieht niemand kommen.

Das ändert sich innerhalb eines Sommers: Dwight wächst. Aus Magic wird Kareem. Eben noch in der achten Klasse und 1,90 Meter groß, misst Howard auf einmal als Highschool-Freshman 2,01 Meter. Ein Jahr später überragt er mit 2,07 Meter alle seine Mitspieler. „Ich wusste, dass ich nie wieder Aufbau spielen würde. Ich war ja jetzt größer als alle anderen", erinnert er sich. Auf einmal sind die Scouts da und sehen einen Power Forward, der am Ball noch immer die Skills des Guards hat, der er vor wenigen Monaten noch war.

Howard merkt, dass seine Ziele erreichbar sind. Also schreibt er sie auf ein Blatt Papier: Highschool-Championships, die NBA, die Spitzenposition der Draft. „And it shall and will come to pass Dwight Howard II will be the number one draft pick in the NBA draft – Und es soll und wird so kommen, dass Dwight Howard II der erste Pick der NBA-Draft sein wird", steht auch auf diesem Blatt, das er über sein Bett hängt. Gleich daneben: ein selbst gemachtes Holzkreuz.

Howard dominiert in seinem Junior-Jahr die Highschool-Spiele, wird zu Camps eingeladen, tourt mit Atlantas AAU-Team, den Celtics, durchs ganze Land. Für SACA erzielt er 19,3 Punkte, 15,5 Rebounds und 4,5 Blocks pro Spiel, trifft 72,0 Prozent aus dem Feld. Im Sommer gewinnen die Atlanta Celtics die „Adidas Big Time Tournament Championship" in Las Vegas, Howard wird Co-MVP des Turniers mit Teamkollege Josh Smith. Der Hype kommt, wie er das seit LeBron immer tut: „Sports

Illustrated" holt Howard auf die Titelseite, ESPN überträgt eines seiner Highschool-Spiele.

Schon im August 2003 hören die Colleges auf, Howard zu rekrutieren. Auch er selbst spricht in Interviews nicht mehr länger davon, an der Uni spielen zu wollen: Sein Weg führt vom Abschlussball in die Liga.

„Die NBA ist der bessere Lifestyle für mich", sagt Dwight dem US-Magazin „Dime". Sein Senior-Jahr bleibt jedoch trotz des Rummels arm an Skandalen. Keine Posse, keine verschenkten 400-Dollar-Throwbacks, kein Hummer-Jeep, kein „King Dwight" – die kleine Welt bleibt intakt. Seine Eltern wachen über ihren Sohn wie immer. „Wir glauben fest an unser Familiensystem", sagt sein Vater. Fremde Frauen rufen an und wollen mit Dwight ausgehen. Seine Eltern legen auf.

Auf dem Court fährt Dwight währenddessen die gesamte Konkurrenz vor die Wand. Pro Spiel reißt er 25,5 Punkte, 18,7 Rebounds und 8,0 Blocks ab. In seinem AAU-Team spielt er im Lowpost, in seiner Schulmannschaft darf er sich Ausflüge an die Dreierlinie erlauben. SACA gewinnt die Staatsmeisterschaft in Georgia. Den Sommer über dominiert Howard alles, was seinen Weg kreuzt. Er wird Co-MVP des „McDonald's All American Game" und alleiniger MVP der „Jordan Capital Classic".

Howard trainiert wie ein Besessener – alleine in der Schulturnhalle und mit Jordan-Trainer Tim Grover. Er steht um fünf Uhr auf, nimmt 1.000 Jumpshots pro Tag, geht früh ins Bett. Immer wieder verpasst er die Schule, weil er Termine mit Agenten, Teams oder Managern hat. Als Geschenk für seinen Schulabschluss hofft er auf eine neue Bibel, nachdem er seine alte verloren hat. Doch von seinem Vater bekommt er einen schwarzen 745er BMW.

Das Leben von Dwight Howard beginnt sich langsam zu verändern. Dwight wird an Nummer eins der Draft gewählt, der Chorknabe hat sich in die Zukunft der Magic verwandelt. Ein Highschooler als Top-Pick statt eines etablierten College-Stars wie UConns Emeka Okafor. „In zehn Jahren werden sie bereuen, nicht Okafor genommen zu haben", sagt TV-Kommentator Dick Vitale.

Michael Tierney, der Dwight als Journalist eine Saison lang begleitete, sagt, dass Dwight als Basketballer im Geiste bereits 25 sei – als Mensch jedoch eher um die 15. Über Howards Bett an der Wand steht am Ende seiner Liste: „It shall and will come to pass that the NBA will be runned by the standards of God – Es soll und wird so kommen, dass die NBA nach den Gesetzen Gottes funktioniert." Die Gesetze Gottes in der NBA? Als ob das Punkten und Rebounden nicht schon schwer genug sein wird, will Dwight Howard gleich noch die ganze Liga bekehren.

In seinem Interview mit „Dime" erklärt er, er wolle „dem NBA-Logo ein Kreuz hinzufügen". Ein hohes Ziel. Und sehr, sehr naiv … Vor allem deshalb, da auf diesen 18-Jährigen all die Verlockungen der Branche warten. Kann er zunächst einmal dem Lifestyle eines NBA-Stars widerstehen und dann vielleicht die Magic retten? „Gott würde mich nicht in eine Position bringen, in der ich versage. Er will, dass ich sein Wort in der NBA verkünde. Die Leute sollen in mir auf dem Feld wie abseits davon denselben Menschen sehen, keine zwei Gesichter. Ich will es tun, wie es David Robinson getan hat", sagt er.

„I'm not a role model", war einst Charles Barkleys Botschaft. Dwight will das Gegenteil. Er will ein Vorbild sein, um die ganze Welt auf den rechten Weg zu bringen. „Ich werde keinen Mist bauen", sagt er. „Ich werde keine zehn Autos kaufen oder Juwelen, keine Ohrringe, keine Tattoos. Den ersten Scheck werde ich sparen."

Um sicherzugehen, dass Dwight sich selbst und seinen Idealen treu bleibt, begleitet ihn sein älterer Cousin Kevin Samples nach Orlando. Kevin kümmert sich schon lange um ihn. Anders als Dwight hat er das wahre Leben bereits gekostet. Samples hat es aus schwierigen Verhältnissen bis zum Medizin-Studium geschafft. Mit zwölf Jahren arbeitete er auf Tabakfeldern, hatte immer mehrere Jobs, um seinen Lebensunterhalt zu bestreiten. „Er kennt sich mit weltlichen Problemen aus", sagt Dwight. Kevin passt auf, dass sein Schützling bei der Stange bleibt, kümmert sich um Interviewanfragen, Sponsoren und Manager, hält Groupies und die neuen Freunde fern. Lässt Dwights Arbeitseifer nach, spielt Kev ihm Mitschnitte seiner Interviews vor, in denen er von seinen großen Plänen für die Zukunft erzählt. Das wirkt.

Orlando erlebt bisher den Dwight Howard, den man sich erhofft hatte. Er trainiert hart, sitzt noch nach den Einheiten stundenlang in der Umkleide und studiert Videos. In der Summer League in Vegas erzielte er starke 17,5 Zähler und 12,2 Abpraller. Hat er einen schlechten Tag, regnet es dafür 24 Stunden später Blocks, Dunks und Jumpshots. „Ich habe die mentale Stärke, die man braucht, um Erfolg zu haben", sagt er.

Obwohl er erst 18 Jahre ist, trauen ihm einige Experten zu, schon im ersten Jahr Spielzeit zu kriegen. Spezialgebiet: Blocks und Rebounds. „Er soll defensiv unser Mittelpunkt sein. Andere Spieler werden zunächst die Offensivlast tragen. Aber Dwight wird eine Option sein, die wir im

Lowpost suchen können", sagt Coach Johnny Davis. Die Magic, nach ihrer 21-61-Bilanz völlig neu formiert, wollen härter verteidigen und schneller spielen. „Das wird unsere Stärke sein. Wir haben Leute, die wirklich laufen können – und einige großartige Finisher", sagt Dwight. Für ihn geht das Abenteuer weiter. Seine Welt verändert sich.

Und auch in Orlando sollen sich die Dinge verändern. So wie damals in San Antonio im Jahr 1989, als ein sehr gläubiger, großer, breitschultriger junger Mann als Rookie zu den Spurs stieß. Mit David Robinson gewannen die Spurs 1989/90 35 Spiele mehr als in der Vorsaison. Die Magic mit Dwight? Das bleibt abzuwarten.

15 Siege mehr sind es schließlich nach dem Rookie-Jahr des Neulings. Und auch sonst beginnt die Karriere des Dwight Howard überraschend positiv. Anders als andere Highschooler vor ihm kann der Überathlet trotz seiner Limitationen gleich Akzente setzen. Der Wechsel ins Profilager scheint seine Einstellung nicht negativ zu beeinflussen, als Clown und Strahlemann fällt der Teenager positiv auf und bringt umgehend Leistung. Ein Double-Double im Schnitt belegt, dass der Youngster im Zoneninneren mit der älteren Konkurrenz mithalten kann, wenngleich sein Arsenal an Moves begrenzt ist.

Was später den feinen Unterschied ausmachen wird zwischen Star und Superstar, zwischen All Star und MVP-Anwärter, zwischen guter zweiter Option und klarem Alphatier – damals treten seine Mängel noch in den Hintergrund gegenüber der schieren körperlichen Dominanz des jungen Mannes. Gegenüber seinen defensiven Instinkten, gegenüber seinem Potenzial auf dieser Position des großen Vierers und bald auch des Fünfers, zwei Positionen, wo es an echten Großkalibern wirklich mangelt.

Nach anderthalb Profijahren muss damals auch FIVE festhalten, dass sich an diesem gerade 20-Jährigen bisher kaum etwas aussetzen lässt. Ihr ahnt es schon: Hier beginnt Teil zwei der eingangs angesprochenen Superhelden-Geschichte. Aus Kent ist Superman geworden, der anfangs zaghaft, dann selbstbewusst mit seinen neuen Kräften herumexperimentiert. Und darum nannten wir ihn ...

DER LICHTBLICK
2005

Dwight Howard ist ein Freak. Mit Stemmschritt kommt er so hoch, dass er fast von oben in den Korb schauen kann. Gleichzeitig bringt er jedoch

Gardemaße mit, die 20-Jährige einfach nicht haben. Im Training stemmt er beim Bankdrücken seit diesem Sommer 136 Kilo, gut dreißig mehr als noch in seiner Rookie-Saison. Er hat zwölf Kilo Muskelmasse draufgepackt und dabei nur ein Prozent Körperfett zugelegt.

Junge Big Men sind normalerweise entweder massig und kraftvoll oder koordiniert und athletisch. Entweder Rafael Aurojo oder Channing Frye. Nie beides. Howard ist die Ausnahme von der Regel. „Manchmal denke ich mir, dass die anderen Jungs neben mir alle aussehen wie Zwerge", lässt er sich nach vielen bescheidenen Worten entlocken.

Und dann dieser Dunk. Die angezogenen Beine. Der Winkel zwischen Oberarm und Unterarm, fast 90 Grad. Wie die Korbanlage in Demut erbebt. Die Kraft, die Explosivität, die Hilflosigkeit seiner Gegenspieler … So wie alles an Kobe Bryants Fadeaway „Michael Jordan" schreit, so brüllt Dwight Howards beidhändiger Jam „Shaquille O'Neal" in die Welt hinaus.

„Jeder in Orlando sagt, dass ich ihn an Shaq erinnere", sagt er und grinst. „Ich höre das ständig. Und wenn man sich ansieht, wie er spielt, dann mache ich tatsächlich oft die gleichen Dinge wie er. Es gibt da viele Ähnlichkeiten."

Es klingt vermessen, einen 20-Jährigen mit einem der dominantesten Spieler aller Zeiten zu vergleichen. Der einzige Youngster, der in Sachen Beweglichkeit und Masse an den „Diesel" heranreichte, war bis dato Eddy Curry – dominant war der Ex-Bull jedoch höchstens am „All you can eat"-Buffet.

Howard jedoch ist näher dran am jungen Shaq als alle Center, die im vergangenen Jahrzehnt vor ihm kamen. Die Stats ihrer Rookie-Saison zu vergleichen, wäre wenig hilfreich, schließlich wechselte „D12" als unausgereifter Highschooler zu den Profis, während O'Neal sein Spiel drei Jahre lang an der University of Louisiana aufpolierte.

Als College-Freshman jedoch legte der „Diesel" damals 13,9 Punkte und 12,0 Rebounds im Schnitt auf, Howard lieferte in seinem ersten NBA-Jahr gegen ältere Gegenspieler vergleichbare 12,0 und 10,0. Und das mit einer ähnlichen Maxime wie der selbst ernannte „Most Dominant Ever". „Vergangene Saison habe ich einfach jedes Mal versucht, den Ball zu dunken", grinst er. „Ich wollte über jeden drüberstopfen."

Bei allen Parallelen liegen Howards Zielkoordinaten jenseits von Shaqapulco. „Shaq hat ein Power-Game. Ich möchte beides haben, sowohl Kraft als auch Finesse", sagt er. Teamkollege Grant Hill nahm den

Youngster bereits beiseite und erklärte ihm, wie viel leichter das Spiel wird, wenn man clever ist und die Feinheiten meistert. „Er sagte, dass er auch über jeden dunken wollte, als er in die Liga kam. Aber dann lernst du, wie man auf andere Arten punktet. Denn du haust einen Haufen Dunks daneben oder wirst geblockt. Wenn man sich Grant heute ansieht, dunkt er vielleicht ein- oder zweimal pro Spiel und kann trotzdem 30 Punkte machen", sagt Howard. Oftmals seien seine Moves noch zu überhastet, sein offensives Spiel zu vorhersehbar, gibt er zu.

Methodisch arbeitet der Big Man darum an seinem Spiel. „Du musst alle Schwächen überwinden und sie in Stärken verwandeln, um in diesem Sport erfolgreich zu sein", sagt er. An der Highschool stand er meist mit dem Gesicht zum Korb, nutzte seine Athletik, um an seinem überforderten Gegenspieler vorbeizuziehen. Nun verfeinert er seine Moves mit dem Rücken zum Brett, arbeitet an seiner linken Hand, versucht das Spiel besser zu lesen. Über den Sommer nahm er sogar regelmäßig Dreipunktewürfe.

„Coach würde mich wahrscheinlich sofort auswechseln, wenn ich im Spiel von außen ballern würde", grinst er. „Ich habe diese Saison erst einen Dreier genommen – und der ging daneben. Aber im Training treffe ich von außen sogar ganz gut." Dabei ist der Dreier nur eine Spielerei für später. Wichtiger ist der Mitteldistanzwurf. „Wenn ich aus bis zu fünf Metern den Jumper treffe, eröffnet das neue Möglichkeiten für mich und meine Mitspieler", sagt er. An manchen Tagen fällt der Jumper von 45 Grad mit Brett bereits. Das Resultat wäre furchteinflößend: Shaq feat. Tim Duncan, The Remix.

Dwight Howard sitzt in dem bequemen schwarzen Ledersessel, er trägt eine blaue Adidas-Jacke über dem weißen Tee und den weißen Shorts, blättert beiläufig in der neuen FIVE-Ausgabe. Er denkt über die Frage nach: Glaubst du, dass du diese Saison ins All-Star-Team hättest gewählt werden sollen? „Ich mache mir da keine Gedanken", sagt er schließlich. „Ich spiele einfach nur Basketball. Natürlich würde ich liebend gerne im All-Star-Game auflaufen, aber dieses Jahr hat es nicht geklappt, also muss ich einfach weiterspielen." Auch wenn es schwerfällt, einen Ost-All-Star zu nennen, der zu Howards Gunsten hätte daheim bleiben sollen: Verdient hätte der Magic-Center eine Nominierung allemal.

In seiner zweiten Saison führt er die NBA bei den Rebounds (12,5 pro Spiel) an, er greift die zweitmeisten Offensiv-Abpraller (3,6), hat die zweitmeisten Double-Doubles der NBA (40) und liefert mit 51,4 Prozent aus dem Feld die dreizehntbeste Feldwurfquote. Er bringt es zudem auf 15,6 Punkte pro Spiel, obwohl er den Großteil der Zeit den einzigen sprechenden Müllschlucker der Welt spielt.

Für Howard ist noch immer der Fehlwurf eines Mitspielers der beste Pass, er lebt von Rebounds und Durchsteckern. In 37,4 Minuten pro Partie erteilt ihm der Trainerstab kaum mehr als zehnmal die Lizenz zum Schießen. Chris Bosh in Toronto darf im Schnitt 15,4-mal abdrücken, Zach Randolph in Portland 16,9-mal. Die erste Option der Offense und in jedem zweiten Halbfeldangriff Mittelpunkt des Spielzugs zu sein, davon kann bei Howard niemand sprechen.

Bereits in seiner Rookie-Saison war Nummer 12 an manchen Abenden sehr frustriert. Doch er verkniff sich öffentliche Kritik und erfüllte seinen Job, so gut er konnte. Er war der erste Highschooler, der jedes Spiel für sein Team startete – zudem lieferte er ein Double-Double im Schnitt –, Kritik wäre mehr als anmaßend gewesen. Nach Saisonende ging es in die Trainingshalle, wo er engagiert an seinem Körper und seinem Spiel arbeitete. „Ich gehe davon aus, dass ich diese Saison den Ball öfter bekomme", verkündete er in der Summer League. Er hoffte, sich das Vertrauen von Aufbau Steve Francis verdient zu haben. „Alles wird cool. Dieses Jahr wird er mir den Ball geben."

Und tatsächlich: Die Saison beginnt – und DH wirft öfter als früher. Er spielt allerdings auch länger. Die meisten Würfe gehen jedoch weiterhin auf das Konto von Steve Francis (12,5) und Small Forward Hedo Türkoglu (11,4), der Big Man ist oft nur Zuschauer der „Stevie Franchise"-Dribbelshow. „Solange er mit Francis spielt, wird er sich nicht verbessern", tönt Shaquille O'Neal darum vor dem All-Star-Break. „Jeder junge, potenziell dominante Big Man sollte den Ball in jedem Angriff bekommen."

Shaqs Worte dürften in der zweiten Saisonhälfte Wahrheit werden. Denn während des All-Star-Wochenendes handelte Orlando mit den New York Knicks einen Trade aus, der Francis im Tausch für Trevor Ariza und Penny Hardaway in den Big Apple schickt. Es war der offizielle Startschuss des Neuaufbaus in Orlando. Ein notwendiger Schritt, nachdem die Magic sich mit zwölf Niederlagen in dreizehn Spielen aus dem Playoffrennen gestümpert hatten.

Die Aussage des Trades ist klar: Dieses Team gehört jetzt Dwight Howard. „Dwights Rolle innerhalb der Mannschaft wird dadurch größer. Er kann jetzt öfter laut werden. Er kann sagen: ‚Jetzt bin ich dran, und ich werde mir das nicht nehmen lassen'", kommentiert Orlandos Assistant Manager Otis Smith den Trade.

19 Würfe, neun Treffer, zehn Freiwürfe, 23 Punkte, 14 Rebounds. Howards Statistiken im ersten Spiel ohne Francis gegen die Cavaliers belegen sowohl das riesige Potenzial als auch den neuen Status des Youngsters. Nun muss der 20-Jährige das in ihn gesetzte Vertrauen rechtfertigen. „Es ist cool. Ich bin froh, dass der Klub mich als Franchise-Player ansieht und dass das Team mir vertraut, obwohl ich so jung bin. Für mich bedeutet es, dass ich weiterhin so hart wie möglich spielen muss. Hoffentlich stehen wir dann eines Tages in den Playoffs", sagt er.

Dwight Howard wirkt in diesem Moment auch abseits des Feldes nicht mehr wie ein großes Kind. Eher wie ein, nein: eher wie DER Mann.

Der Abgang von Francis läutet eine Zeitenwende ein. Howard ist nun nicht nur das größte Talent im Kader, sondern auch der Fixpunkt des Teams. Defensiv, wo er mit seiner Sprungkraft, schnellen Füßen und seinem bulligen Körper Angst und Schrecken verbreitet. Und auch offensiv, wo er mit seiner Sprungkraft, schnellen Füßen und seinem bulligen Körper ... eigentlich besser sein könnte, als er ist.

Howard jedoch mangelt es an der Grundausbildung, die andere Big Men jahrelang am College erfahren. Fußarbeit, Schrittfolgen, Wurffinten, der richtige Touch in der Zone – all diese Dinge muss sich „D12" nun während der Saison und in der Sommerpause aneignen. Center-Legende Patrick Ewing soll ihm bei seiner Entwicklung assistieren.

Im Kader der Magic nimmt Howard selbst nach Francis' Abgang nur die viertmeisten Würfe, soll stetig an die Rolle als Go-to-Guy herangeführt werden. Ewing soll Howard für diesen Posten feinschleifen. Doch auch wenn die Statistiken des Magic-Stars besser und besser werden, so vermissen die Experten vieles an seinem Game.

HOWARD UNIVERSITY
2007

Dwight und der Dunk. Von seinem ersten Tag in der Liga gehörten die beiden zusammen. Denn frisch von der Highschool ins Profilager gedraftet, war der kraftvolle Jam so ziemlich alles, was der damals 18-Jährige im Angriff auf NBA-Niveau hatte. Seine 2,11 Meter konnte er höher in die Lüfte schrauben als alle anderen Big Men der Liga, und das trotz der Muskelpakete, die er schon in jungen Jahren mit sich herumtrug. Das reichte, um drei Dinge zu tun: rebounden, blocken, dunken.

Als Rookie war er bereits Starter bei seinen Orlando Magic, wie es sich gehört für einen Nummer-eins-Pick, doch blieb seine Jobbeschreibung auf jene drei Aufgaben beschränkt. Jahr für Jahr, so sehr er sich auch von Saison zu Saison verbesserte.

Bis zu diesem Sommer 2007 zumindest, denn seit wenigen Monaten ist er hochoffiziell „The Franchise". Zum ersten Mal ist er Kapitän der Magic (vergangene Saison wurde er nicht ernannt und ließ im ersten Training danach Korbanlage und Gegenspieler dafür büßen). Der frisch unterzeichnete 88-Millionen-Dollar-Vertrag belegt zusätzlich das Vertrauen des Klubs in ihn. Seitdem also muss er ... nun ja ... Franchise-Player-Dinge tun. Mehr also als rebounden, blocken und dunken?

23,1 Punkte, 14,9 Rebounds, 2,7 Blocks und eine Trefferquote von 61,7 Prozent aus dem Feld stehen bisher auf Howards Statistik-Konto. Nur zwei Spieler treffen hochprozentiger als er, zudem ist er damit fünftbester Wurfblocker der Liga, bester Scorer unter den Centerspielern, holte die meisten Double-Doubles und ist Top-Rebounder der gesamten NBA. Er ist mit anderen Worten: der beste Fünfer, den die beste Basketballliga der Welt hat.

Mehr noch: Würde die aktuelle Spielzeit heute enden, müsste sein Name in der Diskussion um den Most Valuable Player fallen. „Ich wüsste niemanden, der bisher besser gewesen wäre als Dwight. Bis hierhin war er der beste Spieler der Liga", sagt zumindest sein Trainer Stan Van Gundy.

„In den vergangenen Jahren war das eigentlich Furchterregende an ihm, dass er erst 18 oder 19 Jahre alt war. Inzwischen weiß er, wie das Spiel läuft, und er ist dominant. Der Junge liefert Statistiken wie ein MVP", pflichtet Pacers-Center Jeff Foster bei.

Houstons Shane Battier, der im Sommer neben Howard im Team USA stand, legt nach: „Die Liga hat noch nie jemanden erlebt, der seine Kombination aus Größe, Stärke und Athletik hat. Ihr sagt Wilt Chamberlain? Ich habe Wilt nie spielen sehen. Aber ich weiß, dass Dwight jeden Abend gegen einen Yao Ming oder einen Shaquille O'Neal sein Ding macht."

Es sind nicht nur die nackten Zahlen, die Howard dieser Tage mit den drei magischen Buchstaben in Verbindung bringen, sondern die nackte Überlegenheit, mit der er Abend für Abend die Zone terrorisiert. Nach drei Jahren im Kraftraum könnte sich selbst Andre The Giant unbemerkt hinter seinem Kreuz verstecken.

Howard ist ein wandelnder Superlativ: der schnellste, der athletischste, der stärkste Big Man der NBA. In Sachen körperliche Dominanz ist er das

Alphatier der Liga. Und das nicht erst, seit Shaq an manchen Abenden einen Gehwagen im Lowpost zu benötigen scheint.

Howards Highlights haben etwas von Godzilla-Filmen, so zerstörerisch agiert er unter den Brettern. Er greift Rebounds hoch über den Köpfen seiner Gegenspieler. Er macht unaussprechlich grausame Dinge mit den Korblegerversuchen vorwitziger Guards. Und er dunkt. Oft und hart.

125 Druckkorbleger zählen die Statistiker bis dato in dreißig Begegnungen, das sind 55 mehr als der Zweitplatzierte in dieser Kategorie, Andrew Bynum. Gehen seinen Mitspielern auf dem Weg zum Korb die Ideen aus, so können sie sich jederzeit mit einem Pass Richtung Korbanlage behelfen, Nummer zwölf erledigt den Rest. „Wenn die Vorlage auch nur okay ist, dann macht er etwas total Außerirdisches damit", beschreibt Aufbau Carlos Arroyo die Alley-Oops seines Kollegen.

Doch auch im ehrlichen Eins-gegen-eins oder nach Offensivrebounds lässt es Howard gerne scheppern. „Um als dominant zu gelten, musst du deine Gegner auf dem Feld beherrschen. Der Dunk ist dabei eine meiner Waffen. Er ist ein hochprozentiger Wurf, und er bringt mich in Fahrt", sagt Howard. Doch schaut er nach einem solchen Jam auf dem Weg zurück in die Defense kurz zur Seitenlinie, dann sieht er ab und an Center-Legende und Co-Trainer Patrick Ewing amüsiert den Kopf schütteln.

Dwight soll von Ewing lernen, das Beste aus seinem Potenzial zu machen. Doch auch in Jahr vier scheint es, als mache er das Gleiche wie immer, nur besser und öfter: rebounden, blocken, dunken. „Pat beschwört mich, öfter meinen Haken einzusetzen", bestätigt der Youngster. „Aber wenn ich die Chance habe, über jemanden zu stopfen, dann werde ich das weiterhin jedes Mal annehmen."

Manchmal, ja manchmal, da wirkt „The Beast" gar nicht furchteinflößend. Dann hat sein Spiel wenig von Godzilla und dafür mehr von einem Katastrophenfilm. Im zweiten Spiel Orlandos gegen die Boston Celtics gab es so eine Szene. Mitte des ersten Viertels fand sich Howard wenige Meter vom Korb entfernt, 45-Grad-Winkel zum Brett. Sein Gegenspieler ließ wie üblich Abstand, und Dwight traute sich. Den ganzen Sommer über hatte er seinen Distanzwurf trainiert. Jetzt also war es so weit: Knie beugen, Absprung, Arm durchstrecken, Handgelenk abklappen. Es war die gleiche Bewegung wie immer, und doch … „Das war deutlich außerhalb seiner Reichweite", kommentierte TV-Analyst Tommy Heinsohn trocken, als der Ball hart gegen das Brett scheppperte, von da aus viel zu weit absprang und über die Vorderkante des Rings flog.

Für einen Sekundenbruchteil schaute Howard seinem verunglückten Distanzwurf hinterher. Dann sprintete er zurück in die Verteidigung. Es war der letzte Jumpshot des Tages für ihn. Zusätzlich setzte er in der Folge elf seiner 15 Freiwürfe daneben. „Brick, brick, brick", rief das Bostoner Publikum jedes Mal.

Sein Gegenüber an diesem Tag, Bostons Kevin Garnett, hatte bereits vergangene Saison harte Worte für den Magic-Center gefunden. „Wir werden bald sehen, was für ein Basketballer Dwight sein will und ob er sein Spiel weiterentwickeln kann. Wir werden sehen, ob er die Verteidigung anders anzugreifen lernt. Denn es gibt Mittel und Wege, jeden um dich herum besser zu machen, und dich selbst ebenso. Aber dafür muss er seine Hausaufgaben machen", sagte „KG" damals.

Howard war sichtlich getroffen. Als Highschooler hatte er Garnetts Poster an seiner Zimmerwand gehabt, den vielseitigen Flügel verehrt. „Ich bin 21 Jahre alt, und ich bin mir sicher, dass niemand in meinem Alter je so oft gedoppelt wurde wie ich. Ich muss einfach weiter an mir arbeiten", sagte Howard. Er klang ein wenig beleidigt.

„Er ist vielleicht der großartigste Athlet, der je in einer Sportart aufgelaufen ist. Er ist halt einfach nur kein Basketballspieler." Gesagt hat diese Sätze einst Bill Cartwright über einen jungen Teamkollegen namens Michael Jordan. Doch er könnte ebenso gut Dwight Howard gemeint haben. Noch immer fehlt es dem jungen Center heute an vielem, was eigentlich zum Grundrüstzeug eines NBA-Profis gehören sollte. Diesen Makel will Howard seit dem Tag beseitigen, an dem er in die Liga kam.

Beharrlich feilt er seitdem vor und nach dem Training an seinem Spiel. Ohne die fundamentale Basketballausbildung, die einige Jahre am College bringen können, musste er zu Beginn in Sonderschichten all das nachholen, was andere Rookies bereits gelernt hatten (oder was im Falle von Highschool-Kollege LeBron James einfach in dessen DNA eingeschrieben war). Die Entwicklung des Riesentalents hat seit Jahr und Tag Priorität in Disney-Stadt.

Anfangs kümmerte sich Big-Men-Coach Clifford Ray um den Schuljungen. Der Ex-NBA-Profi gilt als bester Trainer der Liga für Innenspieler, machte einst unter anderem P.J. Brown, Roy Tarpley oder Erick Dampier reif für die Zone. Als „unbeschriebenes Blatt" bezeichnete er seinen neuen Schützling damals. Kaum war Howard gedraftet, begannen auch schon die täglichen Trainingseinheiten mit Ray. „Er wohnte quasi bei Dwight", erinnert sich der damalige Headcoach Johnny Davis. „Dwight ist ein gelehriger

Schüler, Cliff liebt so etwas. Von Beginn an stand wirklich alles auf dem Lehrplan: Bewegungen im Lowpost, Fitness, wie man sich als Profi gibt, Ernährung, die Einstellung den Teamkollegen gegenüber – einfach alles."

Seine schnelle Anpassung an die neue Liga verdankte Howard maßgeblich den Einheiten mit Ray. „Ich habe noch viel zu tun. Ich will der beste Spieler meiner Ära werden und muss noch viel Arbeit investieren", sagte er damals.

Heute ist Patrick Ewing sein Trainer, noch immer liegt viel Arbeit vor Schüler und Lehrer. Seit Howard in den Mittelpunkt der Magic-Offensive rückte, bemühen sich gegnerische Defensiven rund um die Wurfuhr, die Lücken in seinem Spiel zu offenbaren. Und davon gibt es einige. Zwar punktet Howard souverän nach Pässen seiner Teamkollegen oder nach offensiven Rebounds. Im One-on-One kann er sowohl mit dem Rücken zum Korb als auch mit dem Gesicht zum Ring mit einem schnellen Dribbling Land gewinnen und mit beiden Händen einen Hakenwurf anbringen. An guten Tagen sitzt auch der Spinmove. Doch hier endet das offensive Repertoire bereits. Und je erfolgreicher seine Magic werden (von 36 Siegen in Dwights Rookie-Jahr bis zum Einzug in die Playoffs 2007), desto mehr konzentrieren sich gegnerische Teams auf seine Schwächen.

Da ist zunächst der nicht existente Distanzwurf. Obwohl er mit Wurfdoktor Charles Richardson fünf Tage die Woche jeweils zwei Stunden lang an seiner Reichweite arbeitete (Ziel war ein sicherer Wurf von der College-Dreierlinie), können seine Gegenspieler entspannen, sobald er die Zone verlässt.

Laut 82games.com erfolgen derzeit nur 17 Prozent seiner Korbversuche nicht aus unmittelbarer Korbnähe – selbst Shaq wirft öfter aus der „Distanz". Nur 1,1 Punkte fallen auf diese Weise ab – eine miserable Rate, gerade im Vergleich zu seinen hochprozentigen Abschlüssen innen. „Früher oder später wird Dwight auch von außen treffen müssen", sagt Ewing. „Er wird aber nicht so weit raus müssen wie ich früher. Er bekommt viele leichte Körbe, weil er so schnell im Fastbreak und so athletisch ist."

Immerhin: Ab und zu fällt der Wurf mit Brett aus der Halbdistanz – aber eben zu selten. Auch von der Freiwurflinie versagt Howard die Wurfhand. Seine Trefferquote von 59,3 Prozent macht „Hack-A-Dwight" zur praktikabelsten Verteidigungsstrategie, sobald er den Ball im Zoneninneren fängt. Kein Spieler bekommt darum mehr Freiwürfe zugesprochen als er.

Celtics-Coach Doc Rivers beschrieb seine Taktik gegen Howard recht simpel: Keine Dunks! „Er ist wie Shaq in dieser Hinsicht", sagt Bostons hauptsächlich für Fouls zuständiger Backup Scot Pollard. „Gerade in den letzten drei Spielminuten schickt man gerne den schlechtesten Freiwerfer des Gegners an die Linie. Er hat die meisten Dunks der Liga? Mir ist es lieber, er muss sich die Punkte an der Freiwurflinie verdienen."

Neben seinem Wurf bereitet den Magic auch die hohe Turnover-Rate ihres Stars Sorgen. 3,6-mal pro Partie kommt Howard auf dem Weg zum Korb das Spielgerät abhanden (Platz fünf der NBA). Wenig erinnert in solchen Momenten daran, dass er bis zu einem Wachstumsschub in der zehnten Klasse als Point Guard auflief.

Seine Moves sind zu vorhersehbar. Dreht er den Kopf Richtung Brett, stürzen die gegnerischen Guards in die Zone und klauen ihm aus dem toten Winkel den Ball. Die hohe Kunst, solche Mätzchen mit tödlichen Pässen auf die Dreierschützen oder einen zum Korb schneidenden Mitspieler zu bestrafen, beherrscht er noch nicht. Lediglich 1,6 Assists verteilt „The Beast" allabendlich. In 30 Spielen legte er erst 17 erfolgreiche Dreier auf – ein mittelmäßiger Wert angesichts der zahlreichen potenten Distanzwerfer im Team. Zum Vergleich: Shaq verteilte bereits als Frischling 1,9 Vorlagen, in seiner vierten Saison waren es 2,9.

Zahllose Stunden verbringt Howard derzeit mit Ewing vor dem DVD-Player und diskutiert die richtigen Antworten auf die jeweilige Verteidigungsstrategie. Die Lektion lautet, grob zusammengefasst: „Ich muss klüger mit dem Ball umgehen."

Jeder kleine Schritt nach vorne für Howard bedeutet einen großen Schritt nach vorne für seine Mannschaft. Das gesamte Team wurde um ihn herum gebaut: überall Distanzschützen, die gegnerische Verteidigungen auseinanderziehen sollen und somit Raum schaffen für das Eins-gegen-eins des Centers. Ein Konzept, das Orlando einen Traumstart bescherte. 14-3 lautete ihre Siegesbilanz nach einem Erfolg gegen Seattle, bei dem Howard 39 Punkte und 16 Rebounds beisteuerte.

Selbst die Boston Celtics wurden geschlagen. Seitdem indes gingen acht der folgenden dreizehn Begegnungen verloren. Die schwache Leistung von Aufbau Jameer Nelson reicht als alleinige Erklärung nicht aus. „Inzwischen lassen gegnerische Teams es nicht mehr zu, dass Dwight jeden Abend 30 Punkte und 20 Rebounds macht. Und wir müssen uns darauf einstellen", sagt Coach Van Gundy. „Sie versuchen alles, damit er den Ball nicht tief in der Zone bekommt – und wenn doch, foulen sie ihn sofort. Sobald er den Ball im Post bekommt, wird er gedoppelt." Fällt Howard auf diese Weise als Topscorer aus, lebt und stirbt Orlando von der Dreierlinie. Darum muss er hinzulernen, einmal mehr. Und zwar schnell. Denn spätestens seit diesem Sommer ist offiziell, dass Orlando in absehbarer Zeit um die Meisterschaft mitspielen will. Nur darum holte General Manager Otis Smith für über 120 Millionen Dollar Forward Rashard Lewis an Bord. „Coach sagt uns immer wieder: ‚Gebt euch nicht mit Mittelmaß ab. Was wir wollen, ist die Spitze'", sagt Shooting Guard Keith Bogans.

Die Blaupause zum Erfolg ist dabei eine altbekannte in Florida. Bereits Mitte der Neunziger sollte ein dominanter Center die Magic zur Championship führen. „Die Parallelen sind offensichtlich", glaubt Nick Anderson, der damals neben Shaq in der Ersten Fünf auflief. „Dieses Team hat eine Menge Waffen, ebenso wie wir damals", sagt auch der damalige Dreierspezialist Dennis Scott. „Der Vergleich zwischen Shaq und Dwight liegt auf der Hand, und er passt."

Der einzige Unterschied: Als der „Diesel" in die NBA rollte, hatte er bereits drei Jahre am College verbracht. Die Finals erreichte er 1995 erst nach drei Profisaisons – Dwight hat also noch ein wenig Zeit, sofern der prominente Kollege als Messlatte dienen soll. Zeit, um Erfahrung zu sammeln und sein Spiel zu komplettieren.

Dass er sich vollkommen dieser Aufgabe verschrieben hat, bezweifelt in Florida niemand. „Dieser Junge ist einer der härtesten Arbeiter, die ich je gesehen habe. Er versucht Tag für Tag, sich zu verbessern", sagt Teamkollege Bogans. Vielleicht wird es also sehr bald vorbei sein mit der Kritik an Fußarbeit, Passspiel oder Distanzwurf. Und wenn nicht?

„Ist doch egal, ob er einen wirklich verlässlichen Move in der Offense hat", sagte Suns-Trainer Mike D'Antoni bereits im Sommer. „Ich könnte mich über solche Kritiker totlachen. Er bringt an einem Abend locker 24 Punkte und 20 Rebounds. Selbst wenn er nie mehr dazulernt, ist er bereits sehr, sehr gut. Er ist der Beste, den wir derzeit haben." Wie gut wäre er dann erst als kompletter Basketballspieler?

An diesem Punkt scheint das Interesse unserer Redaktion plötzlich erlahmt zu sein. Jahre vergehen ohne einen weiteren Artikel, der Howard gewidmet ist. Das liegt daran, dass das Dwight-Dilemma ungelöst bleibt. Defensiv ein Monster, offensiv Mittelklasse – Howards Game scheint nicht mit den Erwartungen mitwachsen zu können.

Superman ist noch immer Superman, nur zunehmend mit kritischen Schlagzeilen, wenn das Superhelden-Dasein nicht so einfach von der Hand geht.

Paradox, denn der Center-Hüne feiert Erfolge! Neben den tollen Statistiken gewinnt Howard 2009 die Auszeichnung als Defensivspieler des Jahres. Im selben Jahr ringen seine Magic vergleichsweise überraschend Boston 4-3 (nachdem Howard nach Spiel fünf mehr Ballkontakte gefordert hatte) und dann Cleveland 4-2 nieder und erreichen das NBA-Finale, wo die L.A. Lakers um Kobe Bryant und Pau Gasol mit 4-1 siegreich bleiben.

Howard ist der Fixpunkt dieser Mannschaft. Und doch ist er offensiv weiter der Abstauber, der in den Löchern wildert, welche Hedo Türkoglu oder Jameer Nelson durch ihre Drives gerissen haben – entweder mit Durchsteckern aus dem Pick-and-Roll oder indem sie den Ball gegen aushelfende Centerspieler hoch ans Brett werfen, wo „D12" ihn einsammelt.

15,4 Punkte, 15,2 Rebounds und vier geblockte Würfe liefert Howard im Finale, nach dem Aus sitzt er mit Nelson am Spielfeldrand, während die Lakers gekürt werden – als wolle er den Schmerz auskosten.

Es bleibt der vorerst letzte große Playofferfolg des Centers. 2010 verlieren seine Magic nach zwei blitzsauberen Sweeps gegen Charlotte und Atlanta mit 2-4 gegen Boston. Im Sommer formiert sich in Miami die legendäre „Big Three" um LeBron James, Dwyane Wade und Chris Bosh. Die Heat erreichen 2011 bis 2014 die Finals und gewinnen zwei Titel. Orlando dagegen schafft es nicht mehr, die eigene Division zu gewinnen.

Howard holt 2011 zum dritten Mal in Folge den Titel des „Defensive Player of the Year" und liefert altbekannte Zahlen.

Gleichzeitig beginnt er, der so lange als sympathischer Strahlemann der Association galt und dem bestenfalls seine sonnige Natur vorgeworfen werden konnte, eine Reputation als Querulant aufzubauen.

Es ist der Anfang vom dritten Teil seiner Geschichte: Aus Superman wird ganz schleichend und allmählich der (zumindest mediale) Superschurke: Nelson und Türkoglu kehren wieder auf den Boden ihrer spielerischen Möglichkeiten zurück. Howard quittiert das Mittelmaß im Kader um ihn herum mit Kopfschütteln, hängenden Schultern, traurigen Blicken, während er in die Defensive zurücktrabt und im Nachgang mit den Teamkollegen diskutiert.

Er sammelt Technische Fouls (18 sind es 2010/11, Platz eins in der Liga), weil er sich von Schiedsrichtern schlecht behandelt fühlt. Er streitet mit Headcoach Stan Van Gundy, weil er von dessen ewiger Kritik und den hohen Ansprüchen genervt ist. Und immer wieder hört man, dass Howard gerne dem Pfad folgen würde, den Shaquille O'Neal für Spieler wie ihn geebnet hat. Howard will der große, lustige, dominante Center mit dem breiten Grinsen sein, der Musik macht und Filme dreht. Angeblich will „D12" in einen größeren Markt als das

Touristenparadies Orlando, will in ein besseres Team, will mehr Glamour haben. Und das am besten, ohne dass irgendjemand je sauer auf ihn sein könnte, ohne Kollateralschäden an der Image-Front.

Die Free Agency Howards schwebt als Damoklesschwert über der durch den Lockout verkürzten Saison 2011/12. Howard stellt öffentlich in Frage, ob die Magic es schaffen, einen Titelanwärter zu bauen. Es gibt Gerüchte über Trades, die öffentlich dementiert werden, schließlich unterschreibt Howard eine Vertragsverlängerung bis 2013. Die Unruhe scheint beseitigt, das Image ein Stück weit repariert, als etwas passiert, was uns schon damals dazu bringt, den Namen „Lex Luthor" zu verwenden ...

LEX LUTHOR IN NADELSTREIFEN
2012

Dann kam der 05. April 2012. Orlandos Coach Stan Van Gundy sprach beim morgendlichen Shootaround vor dem Heimspiel gegen die New York Knicks mit Reportern. Diese konfrontierten ihn mit dem Bericht, dass Howard beim Magic-Management die Entlassung des Trainers gefordert habe. Van Gundys ehrliche Antwort? „Mir wurde von Mitgliedern unseres Managements gesagt, dass das so ist. Ich habe das von ganz oben", erklärte der Mann, der die Magic 2007 übernommen und seither nie weniger als 52 Spiele pro Saison gewonnen sowie 2009 die NBA-Finals erreicht hatte.

Kaum hatte der Trainer zugegeben, dass er wisse, dass sein bester Spieler ihn aus der Stadt jagen wolle, bahnte sich Howard den Weg durch die Medienmenge. Er nahm seinen Coach – ohne zu wissen, was dieser gerade bestätigt hatte – in den Arm, um ihn dann zu fragen: „Wir machen uns doch keine Sorgen darüber?"

Howard meinte die Gerüchte, die da schon keine mehr waren. Van Gundy erwiderte: „Das habe ich gerade gesagt. Wir müssen uns Sorgen darüber machen, wie wir Spiele gewinnen." Wenig später ließ er seinen Superstar mit den Medien allein. „Mich braucht ihr nicht mehr, oder?", wollte Van Gundy wissen. „Dann redet doch jetzt mit ihm."

Als Howard in den folgenden Minuten erkannte, dass sein Coach die volle Wahrheit kundgetan hatte, flüchtete er sich in halbherzige Dementis. „Ich bin gestern aufgewacht und las plötzlich, dass ich Stan hier weghaben will", so Howard. „Warum sollte ich Stan gefeuert haben wollen, wenn nur noch zwölf Spiele zu absolvieren sind? Wer wäre dann der Trainer?" Die verstörende Szene beim Shootaround war das Sahnehäubchen auf einer Saison, die aus Dwight Howard den neuen führenden Bösewicht der NBA machte. Dabei war dieser einst angetreten, die Fackel des witzigen, charismatischen, muskulösen, dominanten Big Man von Shaquille O'Neal zu übernehmen – eine Rolle, die er bis zu dieser Saison im Nadelstreifentrikot auch ausfüllte.

Dann begann jedoch das Geiseldrama um die Orlando Magic. Die gesamte Franchise wurde von ihrem Star im Würgegriff gehalten. Howard stellte eine Liste mit Teams auf, zu denen er getradet werde wollte. Er traf sich wohl mit Vertretern der New Jersey (bald Brooklyn) Nets – ein absoluter Affront gegen sein Team und in der NBA strikt untersagt. Gleichzeitig kokettierte er immer wieder damit, doch in Orlando bleiben zu wollen – ohne freilich die seit Monaten vorliegende, maximal mögliche Vertragsverlängerung zu unterzeichnen. So wirklich entscheiden wollte sich Howard nicht, die Perspektiven der Magic, die Gefühle seiner Mitspieler und ultimativ auch die berufliche Zukunft seines Coaches waren ihm schlicht egal. Schon kurz vor der Trading-Deadline gab es die ersten Gerüchte, dass Howard von seiner Franchise das Recht eingefordert hatte, über das Schicksal Stan Van Gundys und das von General Manager Otis Smith nach der Saison 2011/12 entscheiden zu können.

Es ging Dwight Howard immer nur um Dwight Howard. Er wollte keine harten Entscheidungen treffen. Also zumindest keine, die ein schlechtes Bild auf ihn selbst werfen. Und das hätten sie ja auch nicht ... wenn Stan Van Gundy den Mund gehalten hätte.

Seit April steht nun fest, dass nicht nur alles und jeder nach Dwight Howards Pfeife tanzen muss, sondern auch, dass er ein Coach-Killer ist, ein Lügner. Er will den Maximalvertrag und nicht etwa auf rund 30 Millionen Dollar verzichten, wenn er als Free Agent wechselt. Er will einen Trainer, der nicht so fordernd ist, der nicht so direkt kritisiert wie Van Gundy. Er will Mitspieler vom Schlage eines Deron Williams und nicht Jameer Nelson oder Hedo Türkoglu.

Da stellt sich die Frage: Wer will eigentlich Dwight Howard? Leider noch immer viel zu viele Franchises. Orlandos Problem – so sehen das viele NBA-Entscheider – ist Orlandos Problem. Sobald sich das Transferfenster wieder öffnet, werden die Interessenten in Zentralflorida Schlange stehen. 20,6 Punkte, 14,5 Rebounds plus 2,1 Blocks fallen halt auf der Center-Position nicht vom Himmel.

NEUE HOFFNUNGEN

Es gibt nur eine Handvoll Superstars, die in der NBA den Unterschied ausmachen. Dwight Howard ist einer von ihnen. Deshalb wird ihm alles verziehen, werden zu viele Teams ihre Bedenken zur Seite wischen.

Orlando kann froh sein, dass die Mobiltelefone der Entscheider zur Draft und spätestens ab dem 01. Juli nicht stillstehen werden. Weg mit Dwight Howard! So schnell es geht. So gut es geht. Wenn die vergangenen 24 Monate eines gezeigt haben, dann dass die Franchises, die gründlich den Markt sondieren und dann den Trade-Abzug ziehen, genau die sind, die am Ende als Sieger aus einem Trade ihres Stars hervorgehen.

Nochmal: Weg mit Howard! Es kann keine Zukunft in Orlando mit ihm geben, wenn sich der Klub nicht komplett lächerlich machen will. Soll Lex Luthor anderswo zum Problem werden, die Franchise-Herrschaft an sich reißen. Soll er dort seine Mitspieler schlechtreden, den Trainer feuern, am Ende von engen Partien auf der Bank sitzen oder eben Freiwürfe gnadenlos am Ring zerschellen lassen.

In Orlando werden sie dann recht schnell auf die neue Heimat Howards blicken, wohl wissend lächeln und sich fragen, warum sie sich das so lange angetan haben.

Nach dem PR-Debakel setzte sich das Dasein als Superschurke fort – und Kritiker würden sagen, dass er die neue Rolle bis heute nicht ablegen konnte.

Aber der Reihe nach: Zunächst war da die Sache mit dem Rücken: Seit langem hatte Howard mit einem Bandscheibenvorfall gespielt, kurz nach Van-Gundy-Gate ließ er sich am Rücken operieren – Saisonende. Im Sommer dann buhlte die halbe Liga um den Center, es waren schließlich die Los Angeles Lakers, die in einem Vier-Team-Trade erneut ein Wunder vollbracht zu haben schienen.

So wie sie einst Shaquille O'Neal und Kobe Bryant und später Pau Gasol aus dem Nichts zauberten, so schien mit Howard sowie Aufbau Steve Nash erneut eine Art Titelgarantie nach Hollywood gekommen zu sein. Lediglich Andrew Bynum sowie einige Bankdrücker hatten L.A. verlassen – das Team schien ein Meisterschaftsfavorit zu sein, Optimisten schwafelten schon von dem Siegesrekord der Chicago Bulls von 72 Siegen.

Stattdessen avancierten die Lakers zu einer der größten Enttäuschungen der Liga-Historie, und Howard war daran nicht unschuldig. Er selbst konnte nach sechsmonatiger Reha am operierten Rücken erst kurz vor Saisonstart sein erstes Spiel machen. Nach einer sieglosen Preseason lagen die Lakers Ende Januar mit einer 17-25-Bilanz fernab der Playoffränge und hatten unterwegs Coach Mike Brown durch Mike D'Antoni ersetzt.

Howard kämpfte mit seiner Rolle im Kader, forderte mehr Würfe und war gleichzeitig nach seiner Rücken-OP nicht der alte Dominator in der Defense. Lange Verletzungspausen von Pau Gasol (Fuß) und Steve Nash (Fraktur im Bein) taten ihr Übriges, sodass die Lakers nie ihre Mitte fanden. „Wir sind wie ein All-Star-Team: Jeder darf mal werfen, alle gehen eins-gegen-eins, und hinten spielt niemand Defense", schimpfte D'Antoni.

Nach einem internen Team-Meeting, in dem sich vor allem Howard und Bryant aussprachen, gewannen die Lakers zwei Drittel ihrer Spiele (über die gesamte Saison hätte das für Platz vier gereicht) und kämpften sich zurück ins Playoffrennen. Offensiv erzielte Los Angeles die sechstmeisten Punkte der Liga – obwohl die Big Men am langen Arm verhungerten. Insbesondere „D12", denn gleich drei Lakers-Akteure nahmen mehr Würfe als er. Dabei half es nicht, dass sich der operierte Center sträubte, im Pick-and-Roll zu agieren – einem Spielzug, bei dem er einst legendär effizient war. Doch nach all den Einheiten mit Hakeem Olajuwon wollte er, so schien es, endlich im Lowpost seine Beinarbeit demonstrieren.

Defensiv war Howard nicht der Staubsauger alter Tage, konnte die durch die gealterten Bryant, Nash und Gasol entstandenen Lücken nicht stopfen. Eine Schulterverletzung setzte ihm zusätzlich zu – und trug ihm Kritik von den Altvorderen ein: Er solle sich „weniger Sorgen machen" und durch den Schmerz hindurchspielen, forderte Bryant über die Medien.

Howard war – mit seiner Wechselhaftigkeit, seinem breiten Lächeln, seinen weiterhin offensichtlichen Lücken im Spiel und dem Anspruchsdenken eines Superstars – ein rotes Tuch für Bryant.

Jede Hoffnung auf Erfolge in der Postseason ging schließlich verloren, als Bryant sich kurz vor Saisonende die Achillessehne riss. Zwar erreichte L.A. die Playoffs, ging dort jedoch sang- und klanglos gegen San Antonio unter. Wie Howard in jenen vier Partien agierte (schlechtester Reboundschnitt seiner Playoffkarriere und die zweitwenigsten Punkte pro Spiel), vor allem wie er sich im letzten Spiel zwei Technische Fouls einhandelte und neun Minuten vor dem Ende vom Feld musste, war bezeichnend für seine Vorstellung im gold-violetten Trikot.

Hier war ein Spieler an der Selbstwahrnehmung als Superstar gescheitert, war von Mitspielern und Trainern für seinen Mangel an Härte und Professionalität belächelt worden, war für die Rolle als Führungsspieler für nicht würdig erachtet worden ... und hatte nie Leistungen gebracht, die das Gegenteil belegten.

Trotz der Folgen seiner OP, trotz all der hohen Erwartungen und eines alternden Kaders – Superman war er nie geworden, und so schien Howards Stern nach einem Jahr in Los Angeles noch weiter gesunken zu sein, ausgerechnet pünktlich zum Vertragsende.

Trotz allem versuchten die Lakers, ihren Center zu halten, vertrauten dabei auf die Wirkung der Metropole Los Angeles und ihrer illustren Franchise-Geschichte.

Doch Howard überraschte: Er unterzeichnete als Free Agent in Houston, verstärkte dort ein junges Team um Shooting Guard James Harden, das dank der klugen Trades des analytischen General Managers Daryl Morey in der Folge den vierten Platz im Westen erspielte. Eine Erfolgsgeschichte, erst mal. Und es ließ sich konstatieren, dass die Welt nun ein bisschen mehr vom „alten" Dwight Howard sah. Von Superman.

In L.A. hatte er die schlechtesten Werte seit seinem zweiten Profijahr geliefert, sein PER war unter 20 gefallen. In seiner ersten Saison in Texas lieferte er wieder annähernd ein 20-10-Paket ab (18,3 Punkte, 12,2 Rebounds im Schnitt), traf 59,1 Prozent seiner Würfe und immerhin 54,7 Prozent seiner Freiwürfe.

Zwar war er einmal mehr nicht die Nummer eins in der Offensive, James Harden und Chandler Parsons nahmen mehr als seine 11,3 Wurfversuche pro Spiel. Doch nach dem Lakers-Fiasko war das zu verkraften.

So würde die Geschichte dieses Superhelden mit einer positiven Note enden, wenn nicht der letzte Eindruck, der noch Eingang in dieses Buch finden konnte, ein solch schwacher und herzloser gewesen wäre.

In der ersten Playoffrunde 2014 verlor Houston mit 2-4 gegen die niedriger platzierten Portland Trail Blazers. Die Raketen ließen dabei jede Form von Härte und „Nastyness" vermissen. Howard hatte am Ende starke 26,0 Zähler, 13,7 Boards und 2,8 Blocks abgeliefert. Ein Resultat mangelnden Respekts, denn die Blazers weigerten sich, gegen den Center zu helfen, spielten eins-gegen-eins, um anderswo keine Lücken in ihre Verteidigung zu reißen.

Trotzdem, viel konnte Howard eigentlich niemand vorwerfen. Andere Spieler würden gefeiert für die Statistiken, die er aufgelegt hatte.

Er hatte wohl alles Menschenmögliche getan. Aber eben nicht das, was wir uns immer von ihm erwartet haben: Heldenhaftes. Und wahrscheinlich wird er dies auch nie wieder tun können.

ANDRÉ VOIGT

KEVIN DURANT

Kevin Durant war in FIVE schon Thema, als er noch gar nicht in der NBA spielte. Natürlich. Überragte der Freshman der Texas Longhorns doch in seiner einzigen NCAA-Saison alles, was sich in der Division I die Basketballschuhe schnürte.

Durant war das erste wirkliche „Opfer" des NBA-Mindestalters, das erst kurz zuvor eingeführt worden war. Schlimm war dies zwar nicht, Durant lernte auch am College einiges, aber im Hinblick auf seine menschliche Reife war das Extrajahr kaum nötig. Denn Kevin Durant war keiner dieser Youngsters, die das plötzlich prall gefüllte Bankkonto dazu verleiten würde, im lokalen Stripclub einen Monsun zu beschwören.

Nein, dieser Kevin Wayne Durant war bereit für die beste Basketballliga der Welt, auch wenn die ihm die Tür vor der Nase zuschlug.

DER GEHÖRNTE
2007

Es gibt Dinge, die sind in jeder Kindheit gleich. Wir alle erinnern uns an unser frühestes Lieblingsspielzeug oder den ersten Traumberuf, den auszuüben wir fest entschlossen waren. Meist stand Astronaut oder Lokführer hoch im Kurs, bei weiblichen Lesern wahlweise Prinzessin oder Tierärztin. Texas-Longhorns-Forward Kevin Durant erinnert sich noch genau an den Tag, an dem er beschloss, Basketballspieler zu werden. Zwar war er zu diesem Zeitpunkt – im Sommer des Jahres 1999 – erst elf Jahre alt, doch hatte er sein Berufsziel bereits fest vor Augen. „Nach einem dieser Turniere für Kinder ging ich zu meiner Mutter ins Wohnzimmer und fragte, ob wir mal ein ernstes Gespräch führen könnten", lacht er heute. Doch anstatt über Blumen und Bienen reden Mutter und Sohn über Bälle und Körbe. „Ich war süchtig nach Basketball. Und da ich schon damals meine Klassenkameraden überragte, wusste ich, dass ich es bis zu den Profis würde schaffen können."

Die NBA – der Traum vieler Kids in Amerika, der nur in den seltensten Fällen wahr wird. Doch dass der heute 18-jährige Freshman, der mit 24,5

Punkten und 11,1 Rebounds die Konkurrenz der NCAA niedertrampelt, kurz vor der Erfüllung seines Traums steht (oder genauer gesagt diesen Wunsch trotz seines Talents noch nicht verwirklichen konnte), liegt nicht an ihm persönlich. Es waren die Entscheidungen anderer, die Kevin Durant dorthin brachten, wo er heute ist: erst mit einem Fuß in der NBA – obwohl er längst in diese Liga gehört.

Wanda Pratt, Kevins Mutter, nimmt ihren 11-jährigen Sohn hinsichtlich seines Traums beim Wort. Gemeinsam mit dem Coach eines örtlichen Jugendzentrums erstellt sie ein Trainingsprogramm, das sich gewaschen hat. In den folgenden sechs Jahren besteht jede freie Minute von Kevins Leben aus Basketballdrills. Sieben Tage die Woche, mehrere Stunden pro Tag. Militärisch. Akkurat. Er teilt das Schicksal vieler Wunderkinder, deren Eltern ihren Sprösslingen ein besseres Leben ermöglichen wollen – Teeniestars wie Jennifer Capriati oder Tiger Woods lassen grüßen. Mit der Hilfe seines Coaches perfektioniert er seinen Sprungwurf von überall auf dem Feld. Wo andere Talente speziell für ihre Position geschult werden, bekommt er das gesamte Spektrum des Basketballs eingetrichtert. Selbst auf Busfahrten zu Turnieren muss er Aufsätze über das korrekte Aushelfen in der Verteidigung lesen und Fragen zu Pick-and-Roll-Spielzügen beantworten.

„Als erste Regel führte ich ein, dass Kevin nicht mehr einfach draußen mit seinen Kumpels spielen durfte, da sie seiner Entwicklung schadeten", rekapituliert Taras Brown, Kevins Privatcoach und Vaterersatz. „Während seine Freunde ein paar Blocks weiter zum Zeitvertreib vor sich hin spielten, ging ich mit Kevin Drills durch, immer und immer wieder. Sobald ich sah, dass er nicht alles aus sich herausholte, scheuchte ich ihn einen fünfzig Meter hohen und verdammt steilen Hügel hinauf."

An Tagen, an denen Kevin aufgeben will, muss er bis zu 75-mal diesen Hügel erklimmen. Alles zu seinem Besten. Alles für den Erfolg. „Ich ließ meinen Sohn immer wissen, wie stolz ich auf ihn war", erinnert sich seine Mutter. „Er wusste, dass ich ihn liebe. Ich ließ ihn jedoch nie den freudigen Moment nach einem guten Spiel auskosten, da er nach Höherem strebte. Selbstzufriedenheit nimmt dem Ehrgeiz jeglichen Antrieb."

Auch Durant selbst zeigt sich trotz des jahrelangen eisernen Trainings verständnisvoll. „Ich kann nicht in Worte fassen, wie wichtig meine Mutter für meine Entwicklung war", sagt er. „Ich liebe Basketball. Und sie stellte sicher, dass ich härter an mir arbeitete als andere. Nur durch sie bin ich heute dort, wo ich bin."

Als Highschooler wechselt er an die berühmte Oak Hill Academy nach Virginia, an der schon NBA-Stars wie Jerry Stackhouse, Josh Smith oder Carmelo Anthony ihren basketballerischen Feinschliff verpasst bekamen. Deren Headcoach Steve Smith ist begeistert von seinem neuen Schüler. „Kevin ist ein klassischer Swingman, er kann sowohl Small Forward als auch Shooting Guard spielen", analysiert er. „Nicht viele Spieler besitzen einen ordentlichen Wurf aus der Mitteldistanz. Er hingegen ist 2,08 Meter groß und hat ihn. Du siehst ihm an, dass er sich trotz seiner Größe auf den Außenpositionen wohl fühlt – im Gegensatz etwa zu anderen langen Spielern, die dort einfach hingestellt wurden." Aufgrund des jahrelangen Feintunings besitzt Durant einen bemerkenswerten Touch von außen, und auch sein Ballgefühl sucht seinesgleichen. Das riesige Arsenal an Offensiv-Moves lässt die spielerische Überlegenheit nur noch eklatanter erscheinen. „Wenn er sich erst mehr Masse aneignet, um auch gegen stärkere Jungs unter dem Korb zu bestehen, ist er nicht mehr zu stoppen", sagt Smith voraus.

Als Junior bringt Durant 20,6 Punkte, 8,8 Rebounds und 3,0 Blocks für die Oak Hill Warriors, bei Trefferquoten von 65 Prozent aus dem Feld und 43 Prozent von der Dreierlinie. Längst haben nicht nur die großen Universitäten ihre Fühler nach ihm ausgestreckt, auch NBA-Scouts übernachten in den einschlägigen Hotels der Umgebung. „Kevin Durant und Greg Oden sind die beiden Juwelen des 1988er-Jahrgangs", erklärt einer der Talentspäher. „Obwohl Oden die meiste Publicity bekommt, wird Durant der produktivere Scorer werden. Er besitzt ein hervorragendes Ballgefühl, und das bei einer Spannweite von 2,25 Meter. Rein vom Talent her gibt es nichts, was er nicht erreichen könnte."

Doch bevor sich Durant ernsthaft mit dem direkten Sprung vom Klassenzimmer ins Profigeschäft auseinandersetzen kann, wird ihm diese wohl schwierigste Entscheidung seines jungen Basketball-Lebens Anfang 2005 in einem NBA-Konferenzraum in San Antonio abgenommen: Mit Einführung der von David Stern vehement geforderten Altersbegrenzung bei der Anmeldung zur Draft – die allen Highschoolern den direkten Weg in die NBA verwehrt – werden sämtliche Überlegungen, es Kevin Garnett, Kobe Bryant oder Tracy McGrady gleichzutun, hinfällig. Keine verfrühten Millionen, kein Kräftemessen mit NBA-Stars, kein Erwachsenwerden im Zeitraffer. Stattdessen Hörsäle, Weckerklingeln um sechs Uhr morgens und keinen müden Dollar als Gegenleistung für die auf dem Parkett erbrachten Leistungen – dem „Boss" sei Dank.

„Ehrlich gesagt war ich froh, keine andere Wahl zu haben, als ans College zu gehen", gesteht Durant überraschend. „Die Entscheidung zwischen NBA oder NCAA wäre mir sehr, sehr schwer gefallen. Ich weiß bis heute nicht, welcher Alternative ich den Vorzug gegeben hätte. Letztendlich wäre es wohl auf einen Wechsel zu den Profis hinausgelaufen, da ich aufgrund meiner Leistungen an der Highschool ein sicherer Lottery-Pick gewesen wäre. Doch es ist müßig, über solche nicht vorhandenen Gelegenheiten nachzudenken."

Trotzdem wechselt das Talent: von Oak Hill an die Montrose Christian Highschool. Durants Karriere ist gerade dabei, so richtig abzuheben, als etwas Tragisches passiert: Charles „Chucky" Craig, sein AAU-Coach, Mentor und Freund, wird von Kleinkriminellen auf offener Straße erschossen.

Für Durant bricht eine Welt zusammen. Er ist verbittert und macht seinem Ärger durch pausenlosen Trashtalk Luft. Er beleidigt wahllos Gegner und bläht sich auf, aber er spielt plötzlich schlecht. Seine Leistungen lassen nach, die Leute beginnen sogar, seinen Ruf als Top-Rekrut in Frage zu stellen. „Und ich fragte mich sofort, woran es lag", erinnert sich Durant. „Es lag an dieser Angeberei und meiner Art. Das gehört sich einfach nicht. Das war eine Lektion, die mich Gott damals gelehrt hat. Und ich bin froh, dass es nichts Schlimmes – eine schwere Verletzung oder Ähnliches – war."

Durant kehrt schnell zu seinen Wurzeln zurück, kritzelt „Keep it positive" auf seine Sneakers. Er trainiert noch besessener als zuvor, führt seine Schule mit 23,6 Punkten, 10,2 Rebounds und 2,6 Blocks quasi im Alleingang zu nationalem Ruhm und wird zum MVP des „McDonald's All American Game" ernannt.

Im Anschluss entscheidet er sich für die University of Texas, deren Basketballprogramm noch nie eine NCAA-Meisterschaft gewinnen konnte. „Zuerst zeigten sich die Menschen in meinem Umfeld geschockt, dass ich mich für die Longhorns entschieden hatte", erinnert sich Durant. „Doch für mich war ausschlaggebend, dass ich in Texas mein ganz persönliches Vermächtnis hinterlassen konnte. Ich wollte der Universität ihre erste Meisterschaft bescheren und damit meine Mannschaft unsterblich machen. An Schulen wie Connecticut oder North Carolina, die in der Vergangenheit bereits große Erfolge eingefahren haben, wäre das nicht möglich gewesen."

Im September 2006 trifft der gerade 18 Jahre alt gewordene Durant in Austin ein. Fortan will er die Trikotnummer 35 tragen – damit möchte er an Charles Craig erinnern, der in diesem Alter ermordet worden war.

An der footballbegeisterten Universität bricht ein Basketballhype los, den die texanische Hauptstadt so noch nicht gesehen hat – obwohl das Programm von Headcoach Rick Barnes den Abgang aller fünf Starter der vorherigen Saison verkraften muss. „Die Erwartungen sind riesig", bestätigt Durants neuer Trainer. „Damit müssen Jungs wie er, die mit dermaßen viel Medienrummel aus der Highschool kommen, einfach fertig werden. Er wird sofort als Anführer des Teams fungieren müssen. Ich bin jedoch davon überzeugt, dass Kevin aufgrund seiner mentalen Entschlossenheit die Erwartungen erfüllen wird."

Bereits in seinem ersten Spiel liefert Durant mit zwanzig Punkten in 22 Minuten einen Vorgeschmack auf das, was er zu leisten imstande ist. Das erste Double-Double seiner Collegekarriere ist im zweiten Spiel fällig: 21 Punkte, 13 Rebounds und fünf Blocks schenkt er den überforderten Spielern der Chicago State University ein. Nach nur zwei Partien ist er auf der großen Bühne der NCAA angekommen. Coach Barnes wächst vor lauter Freude ein drittes Bein. „Er ist der talentierteste Spieler, den ich jemals trainiert habe!", jubelt er. „Und aufgrund seines riesigen Willens wird er ständig besser. Dabei ist er durch seine harte Erziehung auf dem Boden geblieben und zeigt keinerlei Starallüren. Experten reden oft davon, dass herausragende Spieler dieses gewisse Etwas besitzen. Sei es mentale Belastbarkeit, Leidenschaft oder Ehrgeiz – Kevin hat es."

Der Gelobte freut sich über so viel Anerkennung aus dem Mund seines Basketball-Professors. „Inzwischen bin ich froh, dass ich gar keine Chance hatte, den Versuchungen der NBA zu erliegen", sagt er. „Ich genieße die Zeit auf dem Campus. Auch basketballtechnisch bringt sie mich weiter. In der kurzen Zeit unter der Regie von Coach Barnes habe ich eine Menge gelernt. Bei ihm kann ich mich voll und ganz auf meine persönliche Entwicklung als Basketballspieler konzentrieren." Und auf die Entwicklung des eigenen Körpers. „Das Krafttraining an der Universität ist bemerkenswert", erläutert Durant. „Als die Waage nach nur zwei Wochen anstatt 93 Kilo satte 98 Kilo anzeigte, drehte ich mich um. Ich dachte, jemand würde hinter meinem Rücken seinen Fuß auf die Wiegevorrichtung stellen. Im Nachhinein stellt es sich als Segen heraus, keine Wahl gehabt zu haben."

Doch seine Leistungen zu Beginn der Spielzeit sind nur die Vorboten von Größerem. In 14 seiner ersten 16 Partien für die Longhorns erzielt Durant über 20 Punkte und liefert zehn Double-Doubles ab. Im Januar 2007 gelingen ihm als erstem Freshman der Big-12-Conference in zwei aufeinanderfolgenden Spielen jeweils mehr als 30 Punkte. Am 21. Januar

2007, bei der denkwürdigen 103:105-Niederlage nach drei Verlängerungen gegen die Oklahoma State Cowboys, erzielt Durant beeindruckende 37 Punkte, 16 davon in den Extraperioden. Es ist allein Durant, der die Longhorns in der Crunchtime mit Dreiern, Blocks und einem unbändigen Siegeswillen im Spiel hält. „Das war der stärkste Auftritt eines gegnerischen Akteurs, den ich in unserer Halle je gesehen habe", lobt ihn der legendäre Ex-Cowboys-Coach Eddie Sutton. „Er ist ein unglaubliches Talent."

Bereits Mitte Januar, nur knapp zwei Monate nach seinem Debüt in der NCAA, steht fest: Kevin Durant gehört nicht in diese Liga. Mit 24,5 Zählern und 11,1 Rebounds ist er der einzige Spieler, der sowohl bei den Punkten als auch bei den Brettern unter den besten zehn Akteuren der NCAA auftaucht. Dazu übernimmt er Verantwortung in kritischen Situationen, fordert den Ball und trägt das unerfahrene Team auf seinen (noch zu schmächtigen) Schultern. „Kevin ist ein besonderer Spieler", sagt Barnes über seinen Schützling. „Was er vollbringt, ist unfassbar. Die Leute sollten sich von der Vorstellung verabschieden, dass er erst ein Freshman ist. Sie sollten ihn eher als normalen College-Basketballspieler ansehen, denn das ist er bereits. Er ist seiner Zeit voraus."

Nicht nur der Titel des „Freshman des Jahres" scheint fest in seiner Hand zu sein, selbst als „Spieler des Jahres" ist er im Gespräch – wohlgemerkt als einer der jüngsten Akteure der gesamten NCAA. „Es ist nicht abzustreiten, dass Kevin Durant bereits jetzt zu den besten Spielern des Landes zählt", adelt ihn ESPN-Korrespondent Andy Katz. „Er ist ein ernsthafter Anwärter auf den MVP-Award, der schon jetzt mit der ‚Freshman of the Year'-Trophäe verheiratet zu sein scheint."

Was mit den Longhorns passiert, wenn ihr Freshman keinen guten Tag erwischt, zeigt sich exemplarisch Mitte Januar gegen die Villanova Wildcats. Durant fühlt sich unwohl an diesem Nachmittag, trifft nur vier seiner fünfzehn Würfe – Texas geht sang- und klanglos baden. Es sind harte Lektionen, die der NCAA-Spieler des Monats Januar lernen muss. An seinem Ruf als NBA-reifer Zuchtbulle ändern sie jedoch wenig.

„Man benötigt nicht viel Vorstellungskraft, um ihn irgendwann als einen der fünf besten NBA-Spieler zu sehen", erklärt ein Scout. Auch Coach Barnes stößt ins gleiche Horn: „Ich glaube, er hat nicht die geringste Ahnung, wie gut er einmal werden kann. Als hervorragender Offensivspieler vollbringt Kevin Dinge, die ich in meiner Karriere im Basketball nie zuvor gesehen habe. Und er kratzt gerade einmal an der Oberfläche seines Potenzials."

Ob Durant nach dieser oder der nächsten Saison zu den Profis wechselt, spielt keine Rolle: Als einer der jüngsten Akteure der NCAA hat er die Zukunft noch vor sich. Selbst wenn er volle 48 Monate am College bliebe, wäre er gerade mal 22 Jahre alt, wenn er in der Saison 2010/11 als Rookie in seine erste NBA-Spielzeit gehen würde. „Kevin kann alles erreichen, und ich rede nicht allein von College-Basketball", prophezeit Barnes. „Es gibt nichts, was er nicht schaffen könnte." Durant selbst hält sich bedeckt. Was sollte er auch anderes tun? „Alles ist möglich", weicht er aus. „Momentan möchte jeder von mir wissen, ob ich der Universität nach diesem einen Jahr bereits den Rücken kehre. Ich werde so lange in Texas bleiben, bis ich bereit für den nächsten Schritt bin."

Bereit für diesen Schritt ist er schon jetzt. War er schon als Highschooler, ehe ihm David Stern einen Strich durch die Rechnung machte. „Selbst wenn Kevin den Lockrufen der NBA widerstehen kann, irgendwann werden ihm die Schuhfirmen Angebote unterbreiten, die einen Wechsel zu den Profis unumgänglich machen", meint sein ehemaliger Privattrainer Taras Brown. So ist das Geschäft. Und seit seinem elften Geburtstag wünscht sich Kevin Durant nichts sehnlicher, als Teil dieses Geschäfts zu werden.

Vor der Draft 2007 gibt es nur eine Frage: Greg Oden oder Kevin Durant? Der Center der Ohio State University gilt als bewegliches Defensivbollwerk und perfekter Grundstein für ein NBA-Meisterteam. Durant ist der geborene Scorer, ein Basketballbesessener im positiven Sinn, mit einer einzigartigen Mischung aus basketballerischen Fähigkeiten und langen Gliedmaßen. Eigentlich können die Portland Trail Blazers (mit dem ersten Pick), aber auch die Seattle SuperSonics (die direkt danach draften) nichts falsch machen ...

Heute wissen wir, dass die Blazers zwar keinen Fehler, aber eben doch alles falsch machten, als sie Oden wählten.

Dabei wären sie wohl das neue heiße, junge Team der Liga gewesen, wenn Oden eine halbwegs verletzungsfreie Karriere hingelegt hätte. Brandon Roy (gut, auch er hätte ein bisschen haltbarer sein müssen), Nicolas Batum, LaMarcus Aldridge und Oden? Dieser Nukleus hätte auf Anhieb in der NBA für Furore gesorgt. Die Duelle mit den Thunder wären in den kommenden Jahren denkwürdige Duelle um die Ligakrone gewesen.

All dies verdeutlicht, dass die Draft eben immer noch eine nicht zu durchschauende Wissenschaft für sich ist ... genau wie die Tatsache, dass Marc Gasol im selben Jahr erst an 48. Stelle gedraftet wurde.

Und auch Kevin Durant hatte es in der Association als Frischling nicht leicht. Nicht wenige Experten waren früh bereit, ihn in die Schublade „Viel Hype um nichts" einzusortieren ...

DIE LEIDEN DES JUNGEN KEVIN
2008

Noch 56 Sekunden, um ein Held zu sein. 112:108, den Ball in den eigenen Händen. Jetzt ein Korb, das Spiel gegen die Knicks im Madison Square Garden wäre nicht entschieden, ein wichtiger Sargnagel jedoch gesetzt.

Seattles Coach P.J. Carlesimo braucht keine Auszeit. Er zeigt ruhig den Spielzug an, den seine Sonics im kommenden Angriff laufen sollen. Dann sieht er zu, wie sein Top-Rookie Kevin Durant den Ball hoch oben mittig an der Dreierlinie der Knicks bekommt. Kaum berührt der Jungstar das Spielgerät, gesellt sich Veteran Kurt Thomas zu ihm. Es ist, als würde beide ein unsichtbares Gummiband verbinden: Fängt der eine (Durant) den Ball, schnellt der andere (Thomas) zu ihm. Was jetzt kommt, kennt der Rest der Liga mittlerweile zur Genüge: Thomas stellt einen harten Block gegen Durants Verteidiger Fred Jones, der Rookie zieht an seinem Mann vorbei.

Nur wenige Wochen zuvor wäre der Neuling wahrscheinlich beim ersten Anzeichen von Wurfplatz direkt zum Schuss nach oben gestiegen. Jetzt aber nimmt er zwei Dribblings zur Seite, seine Augen sondieren den Raum.

Durant merkt, dass a.) Fred Jones ihm nicht folgen kann, b.) Thomas' Verteidiger David Lee, obwohl abgesunken, keinesfalls den Weg zum Korb zustellt und c.) Thomas an der Dreierlinie verharrt, was dann doch etwas außerhalb dessen Reichweite liegt. Also zieht Durant mit einem einzigen harten Dribbling zum Korb. Er geht mit all der Power, die seine nur knapp 100 Kilo hergeben. Und dunkt! Es ist das perfekte Play zur perfekten Zeit. Durant gibt später in den engen Katakomben des Garden sogar die perfekte Antwort, als er nach dem spektakulärsten wie vermeintlich wichtigsten Play des Abends befragt wird.

„Beim Dunk wollte ich eigentlich nur im Drive gefoult werden. Ich wollte zum Korb und hoffte, dass David meinen Arm treffen würde", erklärt der 19-Jährige höflich und bescheiden. „Aber ich sah, dass ich am Ring war, und stopfte den Ball einfach rein. Ich denke, ich muss das öfter machen, denn einen Pfiff bekommst du in solch einer Situation in der NBA einfach nicht so oft, wenn du nur einen Leger machst."

Zeit für Lobeshymnen. Für alles verklärenden Hype. „Er ist genau, wie ihn alle beschrieben haben. Er war spektakulär", sagt etwa Isiah Thomas, Coach der Knicks. „Durant hat uns einfach gekillt. Wir hatten auf ihn keine Antwort."

So ist er halt, der Kevin Durant! Der perfekte Rookie! Heiland der Sonics! Erst Traum-Collegespieler, jetzt 20,0 NBA-Punkte pro Spiel!

Nur 15 Sekunden später ...

Nach einem verlegten Layup von Nate Robinson sowie einem Foul von Jamal Crawford lässt Carlesimo den Ball nicht zu Aufbau Earl Watson (70,6 Prozent Freiwurfquote), sondern zu Durant (86,0) einwerfen. Der Rookie soll den Aufbau geben, unter Umständen das Spiel durch Freiwürfe nach Hause fahren. Doch anstatt den Ball locker zu bringen, verhaspelt sich Durant, spielt einen Katastrophenpass, den Crawford dankend aufnimmt, bevor er dunkend abschließt. 114:110.

Am Ende gewinnen die Sonics mit 117:110, Durant erzielt 30 Punkte, trifft elf seiner 20 Würfe, greift fünf Rebounds, spielt vier Assists. Und doch: Die 15 Sekunden inklusive Dunk sowie Ballverlust zeigen bildhaft die Rookie-Saison Durants zwischen Wahnsinnsfortschritt und Anfängerfehler. Kevin Durant mag mit vielen Vorschusslorbeeren in die Liga gekommen sein und auf hohem Niveau operieren, die Welt und auch er selbst wissen indes noch gar nicht, wie gut dieser Junge mit den dünnen Schultern überhaupt sein kann.

Das Spiel der Sonics bei den Knicks markierte die 23. NBA-Begegnung von Kevin Durant. Doch auch wenn zu diesem Zeitpunkt erst etwas mehr als ein Viertel der Saison gespielt war – der Kevin Durant, der im MSG auftrumpfte, hatte relativ wenig mit dem verloren wirkenden Rookie der ersten Saisonwochen zu tun.

Von P.J. Carlesimo primär auf der Position des Shooting Guards eingesetzt, war die Umstellung für Durant gleich doppelt schwer. Nicht nur, dass das Spiel in der NBA ein anderes war, nein, defensiv wie offensiv sah sich der Hoffnungsträger plötzlich der wohl am besten besetzten Position im Profi-Basketball überhaupt gegenüber. Allein im November hatte Durant folgende Aufgaben: Detroits Rip Hamilton um endlose Blöcke jagen, Grizzly Mike Miller an der Dreierlinie am Wurf hindern, Atlantas Joe Johnson im Drive stoppen und last but not least gegen einen hochmotivierten Spieler namens Kobe Bryant antreten.

Ganz nebenbei durfte Durant sich zudem als Small Forward gegen L.A. Clipper Corey Maggette im Lowpost behaupten, New Jersey Net

NEUE HOFFNUNGEN

Vince Carter die Einflugschneise gen Korb zustellen und Denver Nugget Carmelo Anthony irgend möglich in Schach halten. Viel Holz für einen gestandenen NBA-Veteranen, für einen Rookie beinahe unmöglich.

Gerade wenn er mit 19 Jahren quasi nebenbei zwei Positionen spielen, ein ganzes Taktikbuch neu lernen und die erste (lies: einzige) Angriffsoption einer Franchise sein muss, die über keinen einzigen Scorer am Brett verfügt.

Durant indes würde es nicht anders wollen. Schon an der Uni in Texas schaute eine ganze Nation auf ihn. In seiner Kindheit aufs Punkten gedrillt, ist das Scoren genau das, was er am besten kann, wofür er lebt. Durant will den Ball, den Wurf, die Verpflichtung, der Go-to-Guy sein. „Ich denke, das bin ich", erklärt Durant mit klarer, samtener Stimme. „Aggressiv im Angriff, so spiele ich. Ich weiche der Verantwortung nicht aus. Ich werde immer aggressiv sein, deshalb denke ich, dass meine Situation hier sehr gut ist. Wir werden von Spiel zu Spiel besser." Durant sagt „wir", richtiger wäre „ich".

In den ersten Saisonwochen fanden sich für jedes Highlight zwei Aktionen, bei denen Seattle-Fans das Popcorn aus dem Mund fiel – nur halt nicht durch Staunen bedingt ... Damals reihten sich an jeden gut getimten Mitteldistanzwurf desaströs gelesene Pick-and-Rolls, ohne Balance abgefeuerte Distanzwürfe oder schrecklich deplatzierte Dreier. Trotz aller Misserfolge warf Durant allerdings weiter, frei nach dem Motto: Der Wurf ist das Ziel.

Durch diese vom Trainerstab ausgestellte Carte blanche entstanden Statistiken, die einem Basketballhorrorroman entsprungen schienen. Drei Treffer bei 17 Versuchen gegen Memphis. Sieben von 21 gegen Utah. Sieben von 20 gegen Detroit. Sechs von 21 gegen Orlando. Vier von 17 gegen Minnesota. Dazu die mittelprächtigen Wurfquoten aus dem Feld (40,9 Prozent) sowie von der Dreierlinie (31,4) und die Werte bei den Rebounds (4,3) sowie Assists (2,1). Niemand konnte den Zuschauern ihre Zweifel an der potenziellen Großartigkeit dieses schmalbrüstigen, über das Parkett staksenden Frischlings verübeln.

„Kevin ist unglaublich lang, echte 2,08 Meter, und er kann über fast jeden Verteidiger locker hinwegwerfen. Er ist einer von den Jungs, gegen die du gut verteidigen kannst, sie gehen aber trotzdem hoch und treffen", sagt Ex-Bulls-Coach Scott Skiles über Durant, bevor er direkt noch eine Erklärung der Leistungsschwankungen nachreicht. „Gleichzeitig ist er aber ein Rookie. Er hatte große Spiele, in denen er viel gepunktet hat, genau wie Partien, in denen er zwar gepunktet, aber schlecht geschossen hat. Genau das ist das Ziel gegen ihn. Du musst ihn zwingen, ein ineffizientes Spiel zu haben."

Trotzdem. Der aufkommende Verdacht, dass da ein überhoch gelobter Rookie wild um sich ballert, ist nur allzu verständlich. Jeder, der nur Kevin Durants Statistiken sieht, den Jungen hinter den Zahlen und seine Entwicklung nicht kennt, muss fast zwangsläufig zu diesem Schluss kommen. So falsch er auch ist.

„Seinen Enthusiasmus für das Spiel zu sehen, macht einfach Spaß", weiß P.J. Carlesimo, der nicht für eine überbordende Freundlichkeit gegenüber seinen Spielern oder gar für seine grenzenlose Geduld bekannt ist. „Bezüglich seiner Freude am Basketball erinnert Kevin mich an Michael Jordan und Earvin Johnson. Die liebten das Spiel genauso."

Der Coach weiß, dass die Zahlen seines Rookies nicht einmal die halbe Wahrheit der Entwicklung des Kevin D. widerspiegeln. „Viele sehr gute Profis in dieser Liga spielen Basketball und mögen es. Aber es ist ein Job für sie, und es kommt eine Zeit, da sie ohne das Spiel leben können", erklärt er. „Magic und Michael ... sie liebten Basketball einfach. Genau wie Kevin."

Trotz seiner Jugend versteht Durant, dass eine Liebesbeziehung – auch die zu einer Sportart – Arbeit ist. Dass sie gehegt und gepflegt werden muss, dass Opfer gebracht werden müssen, damit das Feuer nicht aufhört zu brennen. Egal, wie viel Geld in die Flamme reingesprüht wird.

Folglich ist sich Durant seiner Rolle in Seattle bewusst. Er kennt die Situation der Franchise. Mit Ray Allen und Rashard Lewis verließen die beiden All Stars des Teams die Stadt, die gesamte Franchise würde selbiges lieber heute als morgen tun. Im Kader der Sonics finden sich bis auf Kurt Thomas und Wally Szczerbiak nur Profis unter 28 Jahren.

Die Taktik der Entscheider um Seattles General Manager Sam Presti ist so klar wie einleuchtend. Durant ist das Zentralgestirn der neuen Sonics. In dieser und der kommenden Saison soll abgeklopft werden, wer im aktuellen Team für die künftige Zuarbeit an der Seite des Franchise-Players geeignet ist. 2008 sollte dann ein weiterer hoher Draftpick zum Team stoßen. Spätestens 2009 liegen die Sonics dann so weit unter dem Salary Cap, dass durch vertragslose Veteranen eine Mannschaft mit Meisterschaftsperspektive zusammengesetzt werden kann. Es ist eine ähnliche Blaupause, die die Portland Trail Blazers verfolgen. Bleibt eine Frage zu klären: Ist Durant gut genug?

„Man wünscht sich manchmal, dass man Kevin vorspulen könnte", seufzt Carlesimo und lächelt. Der Coach kann schon jetzt sehen, was Durant sein kann, allein wenn dieser ein paar Kilo Muskeln um die Teenagerschultern verteilt. „Kevin wird bald kräftiger und breiter werden ... dann ist er auf einem ganz anderen Level." Dass sich der Coach so sicher ist, hat viel mit dem Sprung zu tun, den Durant bereits von der Summer League bis zum Jahreswechsel vollführt hat.

„Es ist ein großer Unterschied zwischen damals und heute. Kevin war schon großartig, als er zu uns kam, aber er agiert jetzt mit viel mehr Gelassenheit und Verständnis für das Spiel in der NBA", schwärmt Carlesimo nach der Partie in New York. „Nur als Beispiel: In der ersten Hälfte heute fand er nach dem Drive fünfmal freie Mitspieler. Leider konnten wir diese Pässe nicht verwerten. Kevin scheint sich mehr und mehr auf dem Feld wohl zu fühlen. Er spielt jetzt sehr intelligent, liest das Pick-and-Roll sehr, sehr gut. Vor einem Monat zwang er noch zu viel, heute lässt er das Spiel auf sich zukommen."

Seit Saisonbeginn macht Durant vor allem zwei Fehler: Er ist zu ungeduldig und denkt zu viel nach. Anstatt befreit aufzuspielen, das Spiel, den Ball, den Wurf zu sich kommen zu lassen. „Ich versuche auf dem Feld immer über die taktische Marschroute nachzudenken. Damit muss ich aufhören und einfach spielen", weiß Durant. „Das gelingt mir schon besser, heute denke ich nur noch zu Beginn einer Partie so viel nach, gegen Ende wird es dann besser."

General Manager Sam Presti ist trotz aller Anlaufschwierigkeiten mehr als zufrieden mit der Entwicklung seines Leistungsträgers. „Wir sind am meisten davon beeindruckt, wie Kevin mit seinem Erfolg umgeht und wie er gleichzeitig auf Rückschläge reagiert", sagt Presti, der sein Managerhandwerk beim Architekten der heutigen San Antonio Spurs, R.C. Buford, lernte.

Aus seiner Zeit in Texas weiß Presti, wie wichtig der Charakter eines Superstars ist: Wandelt er auf dem richtigen Weg, folgt das Team in aller Regel, schlägt er über die Stränge, zeigt er seinen Egoismus, zerfällt eine Mannschaft. Vor allem deshalb ist Presti offensichtlich sehr zufrieden mit Durants Herangehensweise an das Spiel und dessen Bereitschaft, weiter dazuzulernen. „Kevins Charakter sowie sein Respekt gegenüber der Chance, in der NBA zu spielen, sind immens wichtige Qualitäten."

Diesen Charakter zeigt Durant auch in den wenigen privaten Stunden, die einem Star-Rookie seines Kalibers bleiben. Wenn er nicht gerade von

Spiel zu Spiel oder von PR-Termin zur nächsten Wohltätigkeitsveranstaltung hetzt, lädt der Teenager wie selbstverständlich die Kids in seiner neuen Nachbarschaft zu Videospielsessions zu sich nach Hause ein.

Dort lebt Durant mit seiner Mutter, die ihn umsorgt. Als ihr Sohn jedoch kürzlich um zwei Uhr nachts von einer Auswärtspartie nach Hause kam und wenig später zwei Nachbarskinder klingelten, um mit Durant die Xbox zu rocken, fiel auch die ansonsten herzensgute Frau fast vom Glauben ab.

Doch was ist von Kevin Durant bis zum Saisonende noch zu erwarten? Die Rookie Wall, jene unsichtbare Mauer, gegen die alle Neulinge nach 40 bis 50 NBA-Begegnungen prallen, weil sie die Belastung einfach nicht gewohnt sind, droht. Aber auch wenn seine Leistungen aufgrund körperlicher Ermüdung absacken sollten: Nach gut zwei Monaten Beobachtung steht fest, dass zwischen Kevin Durant und dem Superstarstatus lediglich der Kraftraum sowie ein besseres Verständnis des NBA-Spiels stehen.

„Im Angriff hat er alles, was man von einem Spieler erwarten kann. Er zieht zum Korb, er wirft", lobt folglich auch TV-Experte Kenny Smith. „Jeder spricht über seine körperlichen Kraftdefizite, aber seine großen Stärken sind seine Vielseitigkeit und sein Talent." Für den Ex-Profi ist auch die Konzentration des Sonics-Angriffs auf den Rookie nichts Schlechtes. Im Gegenteil. „Kevin muss noch lernen, seinen Mitspielern klarzumachen, dass er da ist. Sie müssen den Ball immer über ihn laufen lassen!", fordert Smith.

Damit meint er nicht, dass Durant noch mehr werfen soll, jedenfalls nicht unbedingt. Sobald der Rookie – als gefährlichste Option Seattles – den Ball berührt, ist die Verteidigung in höchster Alarmbereitschaft. Mittlerweile sind alle Teams der Liga durch ihre Scouts auf den Mann mit der 35 vorbereitet. Hat Durant dann trotzdem den Ball in den Fingern, verschiebt sich die Defensive in seine Richtung. So verschafft er seinen Mitspielern Räume.

Diese muss er jetzt finden, seinen unterdurchschnittlichen Assistschnitt anheben, auch den wichtigen Pass vor dem Assist spielen. „Kevin ist einzigartig, weil er so wie Jamal Crawford spielt, aber eben 2,08 Meter groß ist. Dabei ist er auch noch sehr uneigennützig", führt Smith weiter aus. „Ich habe ihn bisher in fünf Spielen gesehen, und in denen schoss er nicht sehr konstant. Aber wenn du gute Würfe nimmst, dann verbessert sich das automatisch. Ich denke, dass er zum All-Star-Weekend seine Feldquote auf 45 Prozent gesteigert haben wird."

Trotzdem ist und bleibt Kevin Durant ein im Bau befindliches Projekt. Er hat trotz aller Fortschritte im Angriff die Tendenz, alles abseits des Punktens ein wenig zu vernachlässigen. Dies ist aufgrund der Überbelastung im Angriff momentan noch zu verschmerzen, das Überlisten von NBA-Verteidigungen – zumal ohne physisch überlegen zu sein – braucht eine Menge Energie und Cleverness. Da fehlt zwangsläufig die Energie zum perfekten Ausboxen, Verteidigen etc. Durant soll und muss ja scoren, sonst haben die Sonics kaum Chancen.

Aber all das ist okay. Die Sonics haben Zeit, Durant hat Zeit. Es bleiben noch unendlich viele Sekunden, um ein Held zu werden.

Die Euphorie um Kevin Durant kühlte nach seinem Rookie-Jahr merklich ab. Der Grund war einfach. Er warf viel, traf selten, defensiv hätte er den Namen „Kevin Urant" verdient gehabt. Keine Frage: Dieser dünne Junge ließ bei vielen Puristen und Basketballhistorikern die Alarmglocken schrillen.

Auf einem unserer FIVE-Trips hatte ich die Gelegenheit, mit Durant zu sprechen – beim zu Anfang des vorherigen Artikels erwähnten Spiel in New York. Damals fielen mir vor allem Durants Augen auf. Sie waren zu groß. Genau wie seine Schultern zu klein waren. Ich weiß noch, wie ich mich fragte, ob ein Spieler mit solchen Schultern wirklich in der NBA Erfolg haben würde. In der Geschichte der Liga gab es ja durchaus Negativbeispiele langer, schlaksiger Talente, die ihre fabelhaften Fertigkeiten gegen physisch stärkere Konkurrenz nicht in dementsprechende Leistungen übersetzen konnten.

Da war aber auch das, was „KD" auf dem Feld brachte. Nur ein paar Kilo mehr Muskeln ... dann wäre er ein absolutes Phänomen. Ein Dirk Nowitzki mit Athletik und Ballhandling. Wer sollte einen Spieler dieser Länge mit einem solch sicheren wie schnellen Wurf stoppen? Nur: Würde er all das je abrufen können? Oder würde ihn die Liga schlicht zermahlen?

Die Bedenken waren unbegründet, wie schon seine zweite Saison in der NBA zeigte ... auch wenn unsere Headline derjenigen aus 2008 sehr ähnelte.

DIE LEIDEN DES JUNGEN KEVIN
2009

Der Spielzug ist einer, wie ihn eigentlich alle NBA-Teams wieder und wieder laufen. Nichts Wildes, kaum kompliziert. Da postet der Small Forward kurz am rechten Zonenrand auf. Der Pass nach innen ist nicht möglich, also wird der Ball zurück in die Mitte des Halbfeldes gespielt, wo der Shooting Guard bereits auf den Spalding wartet. Gleichzeitig schneidet der eben noch im Lowpost wartende Dreier auf die andere Seite des lackierten Parketts. Dort bekommt er zwei Blöcke kurz nacheinander gestellt. Er läuft um sie herum, liest seinen Verteidiger, bekommt den Pass auf Höhe der linken Freiwurfecke. Kein Dribbling, kein Zögern. Zwei Schritte ins punktgenaue Anspiel, direkt in den Wurf, direkt in die nächsten zwei Punkte für sein Team.

Der folgende Angriff des Gegners ist ebenfalls absolut unauffällig im großen NBA-Zusammenhang. Der Kontrahent des eben noch offensiv erfolgreichen Dreiers postiert sich schnellstmöglich am Zonenrand. Er gestikuliert, zeigt auf den Flügel auf seiner Seite. Dort soll der Ball hin – von dort, aus diesem Winkel ist er anspielbar. Er hat ein Mismatch, ist seinem Verteidiger körperlich überlegen. Der Aufbau tut, was von ihm verlangt wird. Frei ist der eben noch selbstbewusste Angreifer dennoch nicht. Sein Gegenspieler nimmt zeitgleich mit dem Pass eine perfekte Position an seiner Seite ein, verhindert das Anspiel. Also flüchtet der Angreifer Richtung Dreierlinie. Dort täuscht er den Wurf an. Sein Gegner indes bleibt tief in der Hocke, einzig der lange, spindeldürre Verteidigerarm ist mahnend in die Höhe gestreckt. Also zieht der Ballführende mit voller Geschwindigkeit Richtung Zonenmitte. Doch einen Gleitschritt später versperrt sein Verteidiger auch diesen Weg. Der Offensivspieler dreht sich zur Grundlinie, findet sich plötzlich mit einem zweiten Kontrahenten konfrontiert. Vier Arme schwirren jetzt um ihn herum. Fehlpass. Ballgewinn Defense. Fastbreak. Korb.

Zwei Sequenzen wie viele in der NBA. Keine, die in einer Highlight-Zusammenfassung tags darauf im World Wide Web zu sehen sein werden. Den Kommentatoren während der Live-Übertragung sind sie nur die üblichen Floskeln wert. Und wirklich: Beide Szenen wären nicht weiter erwähnenswert, wenn sie nicht von Kevin Durant handeln würden.

Nicht vom kopflosen Offensiveiferer oder dem angeblichen Defensivallergiker der Vorsaison – sondern dem jeweiligen genauen Gegenteil. Von dem Kevin Durant, der vor dem Hintergrund seiner 24,2 Punkte, 6,4 Rebounds, 2,5 Assists und 0,8 Blocks im Schnitt noch im Januar Spekulationen um seinen Status als etwaiger All Star eine Absage erteilen musste. „Es klingt merkwürdig, das zu sagen, immerhin ist Kevin erst 20 Jahre alt, aber er ist dieses Jahr viel reifer. Er versteht viel besser, wann und wo er die Verteidigung unter Druck setzen muss. Das war als Rookie überhaupt nicht so, aber das konnte es auch nicht sein", erklärt Thunder-Coach Scott Brooks. „Er hat sich in jedem Aspekt seines Spiels verbessert: Rebounds, Defense, Offense. Über einige Wochen hatte er ein Problem mit Ballverlusten. Also setzten wir uns in den Filmraum, zeigten ihm seine Fehler ... und er begann sofort, daran zu arbeiten."

Die Evolution des Kevin Durant, sie ist eine stille ... so still, wie die Degradierung vom sehnsüchtig erwarteten NCAA-Talent zum gewissenlos ballernden Neumillionär laut und (vor-)schnell war.

„Nein, ich denke nicht, dass ich ein All Star bin. Dafür muss dein Team gewinnen", antwortet Durant, der 2008/09 neben dem sechsten Platz unter den Liga-Topscorern Wurfquoten von 46,9 Prozent aus dem Feld sowie 42,6 Prozent von der Dreierlinie vorweisen kann. „Deine Mannschaft zu Siegen zu führen, das ist ein großer Teil davon, ein All Star zu sein. Hoffentlich kann ich, bevor ich diese Liga verlasse, diesen Status erreichen. Momentan versuche ich mit aller Kraft, dieses Team nach vorne zu bringen und den Trend umzukehren."

Nicht den persönlichen Trend, positiver könnte der nicht sein, sondern den seines frisch von Seattle nach Oklahoma City umgezogenen Teams. Den Thunder gelang in ihrer Premierensaison nicht viel. Nur zehn Siege aus den ersten 45 Spielen sprechen eine eindeutige Sprache.

„Ich würde sofort meinen Top-Ten-Punkteschnitt gegen eine Bilanz von 30-4 eintauschen", wünscht sich Durant, doch wie die Fans in Oklahoma City spürt auch er, dass es bergauf geht. Zum einen für ihn persönlich, aber auch für seine Franchise. „Es fühlt sich gut an, das ganze Jahr zu spüren, wie ich mich verbessere, genau wie ich das im Sommer spürte. Es ist toll, der Liga zeigen zu können, was ich gelernt habe", freut sich der 20-Jährige, dessen Mannschaftskollegen es ganz ähnlich geht. Die Thunder sind eine junge Truppe, die gerade erst um den Kern Kevin Durant/Jeff Green/Russell Westbrook zusammenwächst. Die gerade erst versteht, was sie eigentlich zusammen erreichen kann.

„Wir kämpfen. Wir hätten das Spiel gewinnen können, aber am Ende habe ich wieder einen potenziell entscheidenden Wurf nicht getroffen. Aber wir waren dran", analysiert Durant nach einer Partie bei den New Jersey Nets im Januar, die erst in der Verlängerung mit 99:103 verloren geht. „In der Vergangenheit haben wir am Schluss (die Thunder lagen bereits 0:7 in der Overtime zurück) die Köpfe hängen lassen und mit zwölf oder 14 Punkten verloren. Dieses Mal kamen wir jedoch zurück und kämpften."

Rückblende: Als der zweite Pick der Draft 2007 auf Planet NBA bei den Seattle SuperSonics landet, ist der Ruf schnell ruiniert. Die Gralshüter des Korbsports sprechen in Bezug auf das NCAA-Wunderkind schon nach einigen Profipartien von einem „Chucker". Damit werden mitnichten Parallelen zu Charles Barkley gezogen, der oft einfach nur „Chuck" gerufen wird; „to chuck" bedeutet übersetzt so viel wie „schleudern, schmeißen, pfeffern" ...

Und in der Tat: In Zahlen gegossen wirkt das Profidebüt Kevin Durants wenig schmeichelhaft. Seine 20,3 Punkte pro Partie lesen sich zwar ganz nett, doch die Wurfquoten aus dem Feld (43,0 Prozent) und von jenseits der Dreierlinie (28,8) genügen nicht höheren Ansprüchen. Trotzdem schießt der Rookie 17,1-mal pro Partie, 2,6 dieser Versuche verlassen seine Hand hinter der 7,25-Meter-Linie. Er ist ein viel werfender Scorer in einem schlechten Team. Von denen gibt es viele in der Liga.

Nein, Kevin Durant und die NBA, das ist keine Liebe auf den ersten Blick. Dafür gibt es Gründe. Erklärungen, die von den allermeisten Experten, Fans und Medienvertretern geflissentlich ignoriert werden.

Dabei genügt ein Blick auf Kevin Durant, um das Augenscheinliche zu erkennen: Körperlich ist dieser Spieler – von der Länge abgesehen – niemandem überlegen. Sein Erfolg auf dem Basketballfeld muss sich aus Spielintelligenz, Talent, Fähig- und Fertigkeiten speisen. Andere Uniabgänger können schon zum Auftakt ihrer Vertragsspielerlaufbahn genetisch weniger begünstigte Kontrahenten schlicht in puncto Kraft oder Athletik dominieren. Ihr Spielsystem ist schwer zu erschüttern. Explosivität und Sprungkraft ermöglichen das schnelle „Stehenlassen" des Gegners, schaffen relativ leichte Korbchancen in der Zone oder an der Freiwurflinie. Dito: Kraft plus kurze dynamische Moves am Brett. Eine Störung dieser Bewegungsabläufe muss massiv daherkommen, wenn sie erfolgreich sein will.

Kevin Durant indes ist ein anderer Spielertyp. Sein Basketball lebt vom Wurf. Der wiederum gründet auf Timing, Rhythmus, Selbstbewusstsein. Ein Schütze ist immer dann am besten, wenn sein Spiel fließt. Wenn er versteht, was um ihn herum passiert, wenn er schon weiß, ob er abdrückt, bevor er den Ball überhaupt gefangen hat. Kevin Durant weiß in seinem ersten Jahr als NBA-Profi in dieser Hinsicht recht wenig.

„Ich musste mich erst an die Liga gewöhnen. Jeder junge Spieler, der in die NBA kommt, hat die gleichen Probleme", blickt Durant heute zurück. „Du fragst dich: ‚Wann soll ich werfen? Wo sind meine Chancen in den

Spielzügen, wann kann ich meine Aktionen starten?' Das war als Rookie das Schwierigste für mich."

Die Begegnungen rasen im Zeitraffer am damals 19-Jährigen vorbei. Immer wieder verzweifelt er an der physischen Spielweise bei den Profis, die sein Timing ruiniert, ihn gar nicht erst zu den Stellen auf dem Feld gelangen lässt, wo er den Ball bekommen soll.

Erschwerend kommt hinzu, dass es keinen Mentor für Durant in Seattle gibt. Die All Stars Ray Allen und Rashard Lewis haben die Sonics im Sommer verlassen. Zusammen hatten sie noch 2006/07 grandiose 48,8 Punkte für Seattle erzielt. Diese Lücke soll Durant füllen. Doch korrektes Ziehen und Passen hilft recht wenig, wenn nie der richtige Zeitpunkt gefunden wird ... Trotzdem soll und muss Durant punkten, damit die Sonics überhaupt eine Chance haben, ab und an mal ein Spiel für sich zu entscheiden. Fast schon zwangsläufig nimmt er deshalb in beängstigender Regelmäßigkeit auch unglaublich schlechte Schüsse. Wer soll es in Seattle auch sonst tun?

In seinem einzigen Jahr an der University of Texas, davor in der Highschool, gestaltete sich Durants Basketballleben hingegen recht einfach. Durant war immer größer als seine Gegenspieler, er sah das Feld ohne Probleme, hatte den überragenden Wurf, das Gefühl fürs Spiel. War ihm ein Kontrahent körperlich überlegen, konnte der es aber in puncto Intelligenz, Schnelligkeit oder spielerischer Reife nicht mit Durant aufnehmen. Außerdem: Verteidigen musste der Star in den ersten Stadien seiner Entwicklung selten bis gar nicht. Seine Spannweite und das Spielverständnis allein sorgten für Rebounds und Blocks, die Coaches versteckten ihren Topscorer defensiv an der Seite des offensiv ungefährlichsten gegnerischen Akteurs. Nicht so in der NBA.

Durants erster Profi-Coach, P.J. Carlesimo, lässt seinen Frischling von Small Forward auf Shooting Guard umschulen. Der Trainer möchte seinen körperlich allabendlich unterlegenen Schützling nicht aufpostenden Dreiern zum Fraß vorwerfen. Am Zonenrand wäre Durant (97,5 Kilo) nicht nur LeBron James (113,4), Paul Pierce (106,6) oder Carmelo Anthony (104,3) unterlegen, sondern auch eher leptosomen Vertretern vom Schlage eines Andrei Kirilenko (102,1). Glaubt Carlesimo. Also soll Durant Shooting Guards hinterherjagen, die allesamt einen Kopf kleiner sind als er. Ein hoffnungsloses Unterfangen.

„Vergangene Saison mussten wir 48 Minuten lang auf Kevin einreden, in der Verteidigung eine tiefe Defensivstellung mit gebeugten Knien einzunehmen", verrät Scott Brooks. Der ehemalige NBA-Aufbau übernahm das Traineramt in Oklahoma City nach 13 Spielen der laufenden Saison. „Es war nicht so, dass Kevin als Rookie nicht verteidigen wollte. Die Leute vergessen aber oft, dass er 2,08 Meter groß ist", fährt Brooks fort. „Es ist nicht einfach für ihn, kleinere Gegenspieler zu decken."

Brooks hatte als Assistent von Carlesimo Durants Entwicklung genauestens verfolgt. Er gelangte zu der Überzeugung, dass die vermeintliche Hilfe, den Youngster als Shooting Guard zu bringen, kontraproduktiv war. Konnte Durant dank seiner Spannweite zwar trotz gehörigem Abstand zum Gegner noch immer dessen Wurf stören, so war er hilflos und verloren, wenn er sich durch Blöcke kämpfen und Drives verhindern sollte. Gleichzeitig litten die beiden defensiven Attribute, die ihn noch am College ausgezeichnet hatten. An der Uni mit 8,1 Defensivrebounds und 1,9 Blocks positiv auffällig, fielen diese Werte in der NBA auf 3,5 und 0,9. Das System Kevin Durant war in den ersten NBA-Monaten vollkommen durcheinandergeraten.

Andere Liganeulinge wären in dieser Situation eingeknickt, hätten Ausreden gesucht, auf das kommende Jahr gehofft, vielleicht sogar mit dem Trainerstab gehadert. Nicht so Durant. Wenn es um Basketball ging, gab es in seinem Leben schon immer eine Konstante: harte Arbeit.

„Kevin und Jeff Green wussten, dass sie als Rookies nicht die Antworten auf alle Fragen wissen konnten, die ihnen auf dem Parkett gestellt wurden", erinnert sich Carlesimo an seine beiden Erstrundenpicks. „Sie wussten, dass sie einen langen Weg vor sich hatten, um beständige NBA-Profis zu werden. Sie wussten, wie wichtig es ist, an sich und mit den Trainern zu arbeiten. Sie schauten sehr viele Videos mit den Coaches."

Wenn Carlesimo noch spät in seinem Büro in Seattle saß, hörte er oft auch zu später Stunde Dribblings in der Trainingshalle. „Die Chancen standen gut, dass es Kevin war, der noch ein paar hundert Extrawürfe nehmen wollte", lacht der Ex-Coach.

Doch was die Leidenschaft angeht, hat Durant ein anderes Vorbild, den anderen Kevin. „Kevin Garnett ist großartig für das Spiel. Er zeigt seine Emotionen jeden Abend – und das, obwohl er schon seit Ewigkeiten in der Liga ist. Er ist Meister, MVP, mehrfacher All Star, und trotzdem arbeitet er kontinuierlich. Er bringt ein Feuer, das nur sehr wenige besitzen", schwärmt Durant. „Er liebt das Spiel. Ich habe eine Menge Respekt vor Kevin Garnett, schaue mir viele Videos von ihm an. Ich will meinem Team auch eines Tages zu einer Meisterschaft verhelfen."

Mit der Extraarbeit und der stetig steigenden Erfahrung ging es für Durant schon als Rookie voran. Im letzten Monat der Saison 2007/08 legte der damalige Neuling in acht Partien grandiose 24,3 Punkte und 6,4 Rebounds bei einer Feldquote von 46,1 Prozent auf.

„Es gibt eine Menge Veteranen, von denen ich mir Dinge abschaue", verweist er auf seine Vorbilder in der NBA. „LeBron hat zum Beispiel einen guten Sprungwurf aus dem Dribbling und ein sehr reifes Spiel aus der Mitteldistanz. Ich schaue aber auch auf Michael Redd, Carmelo Anthony oder Paul Pierce. Ich lerne eine Menge, allein schon dadurch, dass ich sehe, wie sie bestimmte Situationen auf dem Feld lösen." Und all diese Stars sind – mit Ausnahme von Michael Redd – Small Forwards ...

„Im Angriff bewerten wir Kevins Leistungen vor allem, indem wir darauf schauen, ob er sich gute Würfe erarbeitet. Ich denke, dass jeder gute Spieler ab und an mal einen schlechten Schuss nimmt, unser Ziel ist es jedoch, diese Versuche so weit zu reduzieren, wie es eben geht", erklärt Coach Brooks. „Kevin nimmt dieses Jahr gute Würfe. Das sagen allein schon seine Quoten aus dem Feld und von der Dreierlinie. Kevin wird von Monat zu Monat besser. Das war schon 2007/08 so, deshalb erwarteten wir auch für den Rest der laufenden Spielzeit ähnliche Fortschritte. Es gibt allerdings keine einfache Gleichung, um besser zu werden. Du musst arbeiten. Kevin arbeitet. Unsere Aufgabe als Trainer ist es, dafür zu sorgen, dass Kevin sein Augenmerk auf die richtigen Dinge legt. Das tut er."

Als Brooks auf dem Cheftrainerstuhl der Thunder Platz nimmt, verordnet er Durant sofort die Rückkehr auf dessen angestammte Position. Die wohl wichtigste Entscheidung in der bisherigen Karriere des Großtalents.

„Ich denke, die Drei ist meine natürliche Position. Ich fühle mich als Small Forward viel sicherer, auch weil ich andere Dreier verteidige", zeigt sich der Schüler erleichtert von der Maßnahme des Lehrers. „Hoffentlich kann ich mehr eine ‚Vier-Drei' als eine ‚Drei-Vier' sein – also mehr der Typ Spieler, der im Post beginnt und erst später nach außen geht. Ich will wie Kevin Garnett spielen, der mit seinen langen Armen beide Enden des Feldes kontrolliert, indem er Würfe blockt und in den Passwegen steht."

Dagegen hätten die Verantwortlichen und Fans in Oklahoma City nichts einzuwenden. Auch der Prognose von Spurs-Coach Gregg Popovich würden sie wohl nicht widersprechen. Der knorrige Meistertrainer ist nicht gerade dafür bekannt, mit Lob um sich zu werfen. Doch selbst der Oldschool-Lehrer sieht in Durant etwas Besonderes.

„Kevin Durant ist ein potenzieller Hall of Famer. Er hat die Leidenschaft. Er arbeitet. Er ist eigentlich nicht aufzuhalten, weil er auf so viele verschiedene Arten punkten kann", erklärt Popovich ohne einen Anflug von Ironie. „Sein Spiel wird sich bald komplettieren. Im Moment kratzt er nur an der Oberfläche." Genau wie es viele Kritiker vor einem Jahr taten.

2010 wird Kevin Durant zum ersten Mal NBA-All-Star. Mit Recht! In der Spielzeit 2009/10 führt er am Ende die Liga mit 30,1 Punkten an. Damit wird er mit 21 Jahren und 197 Tagen der jüngste Profi, dem das je in der Association gelang. Es ist die erste von vier Topscorer-Kronen, die er sich bis 2014 aufsetzen wird. Nur Michael Jordan (zehn) und Wilt Chamberlain (sieben) gelang dies in der Geschichte der NBA öfter.

Der individuelle Erfolg 2009/10 spiegelt sich auch in der Bilanz der Thunder wider, die 50 Spiele gewinnen ... 27 mehr als in der Vorsaison. Erstmals geht es in die Playoffs, wo sie gegen den amtierenden Champion aus Los Angeles mit 2-4 unterliegen. Es ist die Coming-out-Party der Thunder. Kevin Durant, Russell Westbrook, Jeff Green und James Harden wachsen vor den Augen der Basketballwelt zum heißesten jungen Team der NBA zusammen. Beim All-Star-Game in Dallas erzielt Durant vor 108.713 Zuschauern im Cowboys Stadium 15 Punkte. Zwei Tage vorher stellt er sich den Medien bei der traditionellen „Media Availability". Wie alle All Stars sitzt er 45 Minuten auf einem Stuhl in einem Ballsaal eines Hotels und beantwortet die Fragen der Journalisten.

Durant ist extrem gut gelaunt, immerhin ist er zum ersten Mal dabei. Während sich andere NBA-Veteranen durch die Interviews quälen, beantwortet Durant eloquent und nachdenklich die Fragen. Kein Wunder: Denn das All-Star-Weekend ist für die Thunder so ein bisschen wie eine Klassenfahrt. Russell Westbrook ist bei der Skills Challenge dabei und zusammen mit James Harden bei der T-Mobile Rookie Challenge. Die knapp drei Stunden Fahrt hat das Trio zusammen in einem Van zurückgelegt ... und dabei Videospiele gezockt.

„ICH BIN EIN WORKAHOLIC UND STOLZ DARAUF!"
2010

Wie sehr hat dir im Nachhinein betrachtet der Wechsel von Shooting Guard auf Small Forward in der vergangenen Saison geholfen?
Kevin Durant: Oh, das war enorm wichtig und half mir sowie dem Team extrem. Es war hart für mich, auf der Zwei zu spielen, weil ich kleinere,

schnellere Gegenspieler decken und im Angriff gegen diese Jungs agieren musste. Das führte zu vielen Ballverlusten. Die Kleinen gingen immer wieder auf mein Dribbling und klauten so den Ball. Das war eine harte Erfahrung, aber auch eine, aus der ich viel gelernt habe.

Gelernt in dem Sinne, dass du jetzt auf beiden Positionen effektiv spielen kannst?
Ja, ich kann sogar jetzt von Shooting Guard bis Power Forward – wo mich Coach Scott Brooks ja auch spielen lässt – effektiv sein. Von daher war die Tatsache, dass ich auf der Zwei gespielt habe, eine gute Erfahrung. Natürlich braucht es intensives Videostudium und Arbeit mit dem Trainerstab, um so vielseitig zu spielen, aber diese Extraschichten lege ich gerne für das Team ein.

Deine Statur hat sich seit deiner Ankunft in der Liga kaum verändert. Sprich: Du bist noch immer sehr, sehr dünn. Bekommst du deswegen Sprüche in gegnerischen Arenen?
Oh ja, die Fans in den anderen Hallen buhen uns oft aus. Ich höre beim Aufwärmen oder während der Spiele die verrücktesten Sachen. Dinge wie: „Alter, du bist der schlechteste Spieler der Liga. Du bist viel zu dünn … Kauf dir mal ein Sandwich … Heute punktest du auf keinen Fall!" Aber das ist für mich alles Spaß. Vor allem das mit dem Essen bringt mich immer zum Lachen. Die Leute brüllen immer wieder: „Iss mal dies, hau dir mal das rein, du Hungerhaken." Wenn ich so was höre und zufällig gerade in die Richtung des Fans schaue, dann grinse ich ihn an, und meistens bekomme ich ein Lächeln zurück. Ich kann da echt drüber lachen. Außerdem ist das ja ein Zeichen des Respekts, wenn du Trashtalk bekommst. Wir spielen gut und erfolgreich, da hörst du diese Sachen.

Du sprichst es an: Die Thunder spielen eine extrem starke Saison, genau wie die Lakers und Cavs. Wen siehst du als MVP bisher?
Also mich selbst nicht. Ich bin noch nicht auf dem Level von Jungs wie LeBron James, Kobe Bryant oder Dwyane Wade. Das möchte ich zwar in der Zukunft unbedingt erreichen, aber diese Spieler waren schon in den Finals, haben zum Teil Titel gewonnen. Mich mit ihnen zu vergleichen, nein, das wäre unfair ihnen und mir gegenüber. Mein MVP der laufenden Saison ist auf jeden Fall LeBron James. Die Cavs spielen eine irre Saison, haben vor dem All-Star-Weekend diese Serie mit 13 Siegen hingelegt.

Dabei spielten sie lange ohne Mo Williams und Delonte West. LeBron hält dieses Team trotzdem auf Kurs, spielt im Schnitt über acht Assists! Das zeigt, wie enorm wichtig er ist.

Das All-Star-Game in Dallas ist dein erstes. Hast du versucht, speziell mit einigen Spielern zu sprechen? Vielleicht, um Ratschläge von den Älteren einzuholen?
Nein, das nicht. Ich wollte einfach nur dabei sein, die Atmosphäre aufsaugen und sehen, wie sich die etablierten Stars geben. Ich habe auch schon nach ein paar Autogrammen gefragt und genieße die Zeit. Und ich habe meinen Mannschaftskameraden gedankt. Ohne unseren Erfolg wäre ich nicht hier.

Wenn du mit einem Spieler mehr Zeit verbringen und dir ein paar Geheimnisse abschauen könntest, wer wäre das?
Kobe Bryant. Einfach zu sehen, wie er Tag für Tag arbeitet. Welche Energie Kobe verbraucht, um der Beste zu sein, der er sein kann. Das würde ich gern sehen. Ich würde sehr gern mit ihm trainieren.

Hattest du die Gelegenheit nicht schon mal beim Team USA, wo du mit einem Auswahlteam gegen die späteren Olympiasieger von Peking angetreten bist?
Ja, damals habe ich gesehen, wie er nach zwei Stunden Extraschicht, in denen er „nur" geworfen hat, aussah. Jeder konnte direkt sehen, wie viel Energie er da reinsteckte. Kobe war nach seinem Training klitschnass und müde! Das zeigt dir, wie viel einer der besten Basketballer der Welt, vielleicht sogar der beste, an einem eigentlich freien Tag arbeitet, um noch besser zu werden. Für mich und Jeff Green, der damals auch dabei war, war das sehr beeindruckend!

Gibt es trotzdem einen bestimmten Aspekt, den du herausheben würdest, wenn du den erneuten Anstieg deines Punkteschnitts erklären solltest?
Am meisten hilft mir, dass ich auf dem Feld einfach intelligenter spiele als in der Vergangenheit. Ich kenne meine „Spots", also die Stellen auf dem Parkett, von denen ich am besten treffe. Da hat mir das Videostudium sehr geholfen, weil ich heute besser verstehe, wo meine Stärken liegen und wie ich am besten zu diesen Stellen komme. Gleichzeitig habe ich ein

besseres Verständnis für den Fastbreak und dafür, wie ich effizient an die Freiwurflinie komme – oder einfache Korbleger zu Beginn einer Partie, die mich dann ins Laufen bringen.

Du sprichst zum wiederholten Mal das Videostudium an. Schiebst du dir alleine die DVDs in den Laptop, oder analysierst du dein Spiel mit den Trainern?
Schon mit meinen Coaches. Sie zeigen mir Sachen auf dem Feld, die ich anders hätte machen sollen, aber auch die Dinge, die ich gut gemacht habe und öfter so machen soll. Spiele auf DVD zu studieren, ist aber nichts, was nur ich mache. Jeder NBA-Spieler auf hohem Niveau tut das, weil es dir eben sehr dabei hilft, ein besserer Basketballer zu werden.

Hast du als Highschooler und College-Spieler auch das Spiel der NBA-Stars studiert?
Oh ja, ich habe immer versucht, mir kleine Details bei vielen der Stars abzuschauen und sie in mein Spiel zu integrieren: Kevin Garnett, Tim Duncan, LeBron James, Kobe Bryant. Aber Tracy McGrady war der Spieler, den ich mir sehr genau angeschaut habe. Jeden Tag sah ich mir seine Spiele auf Video an. Aber das ist heute eigentlich auch noch zu einem gewissen Grad so, und ich studiere nebenbei auch immer mal die Legenden wie Larry Bird oder George Gervin.

Magic Johnson, eine andere Legende, antwortete auf die Frage, welcher junge Spieler die alten Werte der NBA heutzutage am besten repräsentiert, dass du dieser Spieler bist.
Wow, das ist eine große Ehre. Ich habe Magic ein paar Mal persönlich getroffen. Wenn ich ihn früher spielen sah, war ich immer davon fasziniert, wie sehr er den Basketball liebte. Er war immer am Lachen, jede seiner Bewegungen drückte den Spaß am Spiel aus. Wenn er jetzt so was über mich sagt, dann ehrt mich das ganz besonders. Gleichzeitig ist es noch mehr Verantwortung, weil ich natürlich möchte, dass er recht behält.

Es ist oft zu lesen, dass bei den Thunder mehr die Atmosphäre eines Collegeteams herrscht als die einer Profimannschaft ...
Oh ja, auf jeden Fall! Das ist Ausdruck unserer großartigen Teamchemie. Meisterschaftsteams zeichnen sich durch einen starken Zusammenhalt aus. Bei uns ist natürlich von Vorteil, dass wir fast alle schon vorher mal

an der Uni oder in der Highschool gegeneinander gespielt haben, wir uns also schon von früher ein wenig kennen. Außerdem sind wir ja fast alle noch ziemlich jung, haben die gleichen Interessen und Respekt vor den Fähigkeiten des anderen. Deshalb hat es bei uns recht schnell, schon in der vergangenen Saison, klick gemacht. Das hilft uns auf dem Feld. Die Vertrautheit wird immer größer.

Ihr mögt zwar eine Mannschaft sein, die sich gut versteht und viel Talent in sich vereint, du selbst bist aber der All Star, der Leader. Das ist viel Verantwortung, oder?
Ja! Ich bin der Anführer, das Vorbild. Ich muss mit meiner Arbeit als gutes Beispiel vorangehen, dem die anderen folgen, damit dieses Team erfolgreich ist. Es ist meine allererste Aufgabe, alles zu tun, damit mein Team Basketballspiele gewinnen kann.

Vor diesem Hintergrund: Du spielst jetzt auf dem Level eines All Stars und bist zum ersten Mal einer. Ist das von nun an der Standard, den du von dir erwartest? Ist alles unter diesem Niveau für dich inakzeptabel?
Auf jeden Fall. Das sind natürlich hohe Erwartungen, aber dieses Level will ich halten. Dafür arbeite ich. Ich will auch nicht mit einer Nominierung als All Star zufrieden sein. Ich bin ein Workaholic und stolz darauf!

Warst du das schon immer?
Ja, ich kann nicht beziffern, wie viele Stunden ich als Kind und Teenager auf dem Feld gestanden oder trainiert habe. Ich hatte nie viele Freunde außerhalb meiner Teams. Natürlich gab es während meiner Jugend auch mal schwere Zeiten, aber ich habe immer an mich geglaubt. Und ich bin froh, dass ich meinen Weg gegangen bin. Allein was in diesem Jahr bisher passiert ist … die Nominierung zum All Star, die Berufung in den erweiterten Kader der US-Nationalmannschaft für die Weltmeisterschaft in der Türkei, dann vielleicht noch die Playoffs mit den Thunder – im Moment werden viele Träume wahr.

Träume haben in der Regel nicht die Eigenschaft, dass sie scheibchenweise wahr werden. Bei den Thunder hingegen passiert genau das. An Durants Seite entwickeln sich Westbrook, Harden und auch Serge Ibaka weiter. Sie bilden einen Kader, der fortan als Nonplusultra des Team-Neuaufbaus gilt. Alle kamen sie per Draft nach OKC. Zusammen entwickeln sie sich zu einem Topteam.

Als Durant uns 2011 dieses Interview gibt, weiß er noch nicht, dass die Thunder wenige Monate später in den Western Conference Finals mit 1-4 am späteren Champion aus Dallas scheitern werden. Dass allerdings in den Playoffs der nächste Schritt getan werden muss, ist ihm klar. Die Ansprüche sind gestiegen. Deshalb hatte Manager Sam Presti Jeff Green nach Boston getradet. Diese junge Truppe hatte den Punkt erreicht, an dem sie Veteranen brauchte – vor allem für die Defense –, um die Entwicklung zu beschleunigen.

Die Thunder wirken in der ersten Saison nach „The Decision" fast schon wie ein Anachronismus: dort das per Free Agency zusammengestellte Superteam in der Sonnenmetropole Miami, hier die organisch gewachsene junge Mannschaft aus dem beschaulichen Oklahoma City.

Interessant dürfte im Hinblick auf Durants Free Agency im Sommer 2016 vor allem folgende Aussage von ihm sein: „Ich habe tolle Mitspieler, auch Oklahoma City ist unglaublich und passt sehr gut zu meiner Persönlichkeit. Ich denke, dass OKC eben der einzige Ort für mich ist." Ob sich diese Meinung ändern wird?

„ICH VERLIERE GERNE MAL MEINEN MANN"
2011

Kevin, in dieser Saison ist eine Menge passiert. Unglaublich viele Stars wechselten das Team, sei es per Trade oder per Free Agency. Du hast heimlich, still und leise in Oklahoma City verlängert. Es scheint, als würdest du diesen ganzen Rummel nicht brauchen. Warum?
Kevin Durant: Als ich klein war, sind wir so oft umgezogen. Immer wieder verschiedene Häuser, verschiedene Nachbarschaften, verschiedene Schulen ... Vielleicht will ich deshalb jetzt dort bleiben, wo ich bin. Ich bin ein eher beständiger Typ. Und wir haben ja auch eine großartige Franchise, großartige Fans ... Ich habe tolle Mitspieler, auch Oklahoma City ist unglaublich und passt sehr gut zu meiner Persönlichkeit. Ich denke, dass OKC eben der einzige Ort für mich ist.

Einmal musstest du aber schon umziehen in deiner NBA-Karriere – und zwar nach deinem Rookie-Jahr direkt mit der ganzen Franchise von Seattle nach Oklahoma City ...
Oh Mann, ja ... Ich hoffe so sehr, dass Seattle irgendwann wieder ein Team bekommt. Es war hart für mich, mit Nick Collison und Jeff Green Seattle zu verlassen ... Das war meine erste NBA-Stadt! Ich habe da mein

erstes Haus gekauft, meine Familie ist dorthin gezogen, und dann ging es nach einem Jahr wieder weg. Das war hart. Ich hatte die Stadt ins Herz geschlossen und wollte lange dort bleiben. Aber Basketball ist halt auch ein Geschäft. Als uns gesagt wurde, dass wir nach OKC gehen, da war das halt so. Versteh mich nicht falsch, ich liebe Oklahoma City, aber mein Herz ist immer noch irgendwie in Seattle. Die Fans dort verdienen auf jeden Fall ein Team! Wir waren ja damals nicht gut, und trotzdem war die Halle voll, die Fans feuerten uns an. Ich weiß noch ... bei unserem letzten Heimspiel gegen Dallas ... das war eine Playoffatmosphäre, das kannte ich bis dahin nicht. Die Leute standen, schrien das gesamte Spiel über – und wir schlugen die Mavs. Das war unglaublich.

Du bist ja selbst erst 23 Jahre alt, aber euer Team ist das jüngste der NBA. Fühlst du dich selbst als Veteran?
Das tue ich wirklich! (lacht) Ich bin seit drei Jahren einer der Mannschaftskapitäne und eben wirklich einer der älteren Spieler in unserem Team. Außerdem habe ich in meiner Zeit in der Liga eine Menge erlebt. Allein mein Rookie-Jahr ... es kommt mir heute so vor, als wäre das schon zehn Jahre her. Ich komme mir manchmal echt ein bisschen alt vor, aber ich bin noch recht jung (lacht).

Wie wichtig war in diesem Zusammenhang deine Rolle beim Team USA während der Weltmeisterschaft in der Türkei 2010?
Sehr wichtig! Dort habe ich auch wieder ein Stück weit dazugelernt, was es braucht, um Basketballspiele zu gewinnen. Was du opfern und wie viel Arbeit du investieren musst, wenn du erfolgreich sein willst. Und zwar jeden Tag, nicht nur an dem einen oder anderen Punkt in der Saison. Ich denke, dass ich jetzt weiß, was es braucht. Ich habe jeden Tag von Veteranen wie Chauncey Billups und Lamar Odom gelernt. Und zu sehen, wie die jüngeren Spieler im Training Vollgas gaben, hat mich inspiriert. Wir hatten so viele wirklich talentierte Akteure, und jeder gab die eigene Spielzeit und die eigenen Würfe auf, um Weltmeister zu werden.

Wieso kamst du eigentlich so schnell mit dem FIBA-Basketball zurecht? Andere NBA-Stars wie LeBron James oder Dwyane Wade brauchten einige Zeit, um sich auf internationaler Bühne einzugewöhnen ...
Es ist schon eine andere Art Basketball, aber ich lerne schnell. Wir absolvierten einige Vorbereitungsspiele, und es war schon schwierig, sich an

die körperliche Spielweise zu gewöhnen – ich hatte nicht geahnt, dass so viel laufen gelassen wird. Außerdem waren die Spieler immer sehr weit um die Zone verteilt, sodass die Verteidigung auseinandergezogen wurde. Das kam mir aber auch zugute, weil ich mit meinem Distanzwurf genau das im Angriff leisten kann. Am Ende war ja auch genau das meine Rolle. Coach Mike Krzyzewski setzte mich so ein, dass ich halt die Defense auseinanderziehen sollte. Nach ein paar Spielen und Videostudium hatte ich mich darauf eingestellt. Ich wusste, wo ich meine Würfe bekommen würde, und half dem Team zu gewinnen.

Als Rookie in Seattle gewannen die Sonics 20 Spiele, im Jahr danach in Oklahoma City waren es 23, und ihr habt 12 eurer ersten 13 Partien verloren. Kannst du dich noch erinnern, wie zuversichtlich du damals warst, dass sich diese Mannschaft in absehbarer Zeit zu einem Playoffteam mausern würde?
Ich glaubte damals, dass es eine ganze Weile dauern würde, bis wir diesen Status, den wir jetzt innehaben, erreichen können. Aber in dieser Hinsicht gebührt das Lob unserer Franchise. Das Management hatte eine Vision, wie dieses Team erfolgreich sein würde. Gleichzeitig haben wir allerdings auch als Team jeden Tag unsere Arbeit gemacht. Auch als wir 15 und 17 Spiele in Folge verloren – wir kamen in die Halle und arbeiteten hart, um besser zu werden. Und wir wurden besser! Wir spielten Defense, weil du das als junges Team als Allererstes lernen musst. Wir wuchsen mit den Aufgaben. Egal, ob es die erste oder letzte Partie der Saison war, wir gingen mit demselben Eifer zur Sache, mit derselben Energie.

Trotzdem setzte es – du hast es ja gerade selbst erwähnt – stellenweise krasse Niederlagenserien. Wie bist du damals damit umgegangen?
Du musst positiv denken. Alle anderen sind ja schon dabei, das Team schlechtzureden. Du darfst den Kopf nicht hängen lassen. Und die eine Sache, die mich vor allem durch die schweren Zeiten brachte, war das Training. Ich arbeitete noch härter. Jeden Tag zusätzliches Videostudium, noch mehr Schusstraining. Auch damals war ich ja schon so eine Art Anführer, und als Leader darfst du bei deinem Team nie den Eindruck erwecken, dass du dich mit dem Verlieren abfindest.

Und heute stehen bei euch zwei All Stars im Kader …
Das stimmt … Russell und ich verstehen täglich besser, wie wir am

besten zusammenspielen. Wir passen – was unsere Talente angeht – unheimlich gut zusammen. Er macht mich zu einem besseren Basketballer. Wann immer ich aufs Parkett gehe, macht er mein Leben einfacher. Der ganze Hype, der in dieser Spielzeit um ihn veranstaltet wurde, ist komplett gerechtfertigt.

Gab es zu Beginn der Saison eine Phase, in der ihr beide euch erst wieder aneinander gewöhnen musstet, weil Russell leistungstechnisch so einen Sprung nach vorne gemacht hat und plötzlich selbst 30 Punkte auflegen konnte?
Oh ja! Russell spielte großartig und nahm eine Menge Druck von mir. Er hatte plötzlich dieses Selbstvertrauen und die Gelegenheit, sein Ding zu machen. Wenn du diese beiden Voraussetzungen hast, dann kannst du in dieser Liga weit kommen. „Russ" kann für uns „der Mann" sein, er kann Spiele übernehmen, wenn wir das brauchen. Genau das tat er die ganze Saison über. Genau wie ich selbst auch. Wir passen eben extrem gut zusammen. Es ist eine Freude, mit ihm auf dem Feld zu stehen. Und dann ist da natürlich die Tatsache, dass Russell ein echter Highlight-Film ist, wenn er erst mal vom Boden abhebt! Ich bin wirklich froh, dass er ein All Star ist – er hat es sich redlich verdient!

Ein anderer Akteur, der eine große Rolle spielt, aber kaum Beachtung findet, ist Nick Collison. Wenn sein Name genannt wird, machen sich die Leute meistens über seinen hohen Vertrag lustig. Erklär doch bitte, warum er einer der wichtigsten Profis bei euch ist.
Nick ist ein Spieler, bei dem du nach einer Begegnung auf den Statistikbogen schaust und denkst: „Wow, der hatte kein so gutes Spiel." Er ist aber einer, der die ganzen kleinen, wichtigen Dinge bringt. Er ist ein großartiger „Glue Guy" für unsere Mannschaft. Er nimmt Offensivfouls an, holt Rebounds, spielt großartige Helpdefense ... was vor allem mir zugutekommt, da ich meinen Mann gern mal verliere. (lacht) Oft entwischt mir mein Gegenspieler, wenn er einen Backdoor-Cut läuft, also hinter meinem Rücken zum Korb schneidet. Nick ist dann immer da, um mir zu helfen. Das macht die Verteidigung um einiges einfacher für mich, wenn ich weiß, dass Nick da ist. Ich sehe dann – auch wenn ich mal einen Fehler gemacht habe – ganz gut aus. Dieser Mann opfert seinen Körper für dich und regt sich nie auf. Gleichzeitig ist er ein echter Anführer, der mich noch immer zur Seite nimmt und mir wertvolle Tipps gibt. Ich muss ehrlich

sagen, dass er der beste Mitspieler ist, mit dem ich jemals zusammenspielen durfte. Gut, da wäre die Tatsache, dass er an der University of Kansas gespielt hat, das kann ich als Texas Longhorn nicht gutheißen *(lacht)*.

2009/10 galten die Thunder als das „It-Team", die Mannschaft, die mit ihren jungen Stars die Liga übernehmen würde. Davon war 2010/11 wenig zu hören bzw. zu lesen ...
Viele Leute hatten uns nicht unbedingt abgeschrieben, aber zumindest nicht mehr auf der Rechnung. Wir sind halt nicht mehr dieses neue, frische Team. Das waren wir in der vergangenen Saison. Vielleicht sind wir auch ein wenig langweilig, weil wir eben jeden Tag hingehen und unsere Arbeit machen, ohne Eskapaden, Sprüche oder Skandale. Wir finden es eigentlich ganz schön, unter dem Radar zu fliegen. Unsere Bilanz zeigt ja, dass wir eine Menge Partien gewonnen haben, darum geht es am Ende.

Ihr hattet einige Probleme mit eurer Defense in dieser Saison.
Das ist richtig. Wir haben über einen längeren Zeitraum nicht so gut verteidigt wie in der vergangenen Saison. 2009/10 haben wir allerdings eine enorm gute Defense gespielt, sonst wären wir gar nicht in die Postseason eingezogen ... das zeigt, dass wir es können. Und die Tatsache, dass wir trotzdem viele knappe Spiele am Ende gewonnen haben, zeigt, dass wir als Team gereift sind, dass wir heute besser verstehen, was es braucht, um einen Sieg mitzunehmen. Russell, James Harden, Eric Maynor – alle sind besser geworden. Wir sind ein gutes Team und haben jetzt Kendrick Perkins. „Perk" ist ein Veteran, der weiß, worauf es defensiv ankommt.

2012 ist es endlich so weit. Kevin Durant und die Oklahoma City Thunder spielen in den NBA-Finals gegen die Miami Heat. Auf dem Papier verlieren sie klar. 1-4 heißt es am Ende. Spiel fünf geht deutlich mit 121:106 an LeBron James, Dwyane Wade, Chris Bosh und Co.

So klar, wie die Zahlen es darstellen, sind diese Finals 2012 aber nicht. Oklahoma City versagt in den entscheidenden Momenten. Der Volksmund sagt: „Die waren einfach nicht abgezockt genug."

Durant spielt eine hervorragende Serie: 30,6 Punkte, 6,0 Rebounds, 2,2 Assists, 1,4 Steals, 1,0 Blocks bei Wurfquoten von 54,8 Prozent aus dem Feld und 39,4 von der Dreierlinie. Von Russell Westbrook (27,0 Punkte, aber nur 13,6 Prozent von Downtown) und vor allem James Harden (12,4 Zähler, 37,5 Prozent aus dem Feld) lässt sich das nicht behaupten.

Es sind die letzten Pflichtspiele, die das Trio zusammen für OKC bestreitet. Harden wird im folgenden Sommer getradet. Zusammen mit Cole Aldrich, Daequan Cook und Lazar Hayward geht er zu den Houston Rockets. Die Thunder bekommen im Gegenzug Jeremy Lamb, Kevin Martin sowie einen Draftpick 2013, der Steven Adams wird.

Das Management um Sam Presti setzt erneut darauf, dass sich die jungen Spieler im Kader entwickeln. Durant selbst reagiert so, wie er immer reagiert hat. Er arbeitet an sich, an seinem Spiel ...

ASSASSIN'S CREED
2012

Kevin Durant sitzt alleine am hinteren Ende der Ersatzbank, den Kopf gesenkt, die Augen müde. Eine riesige Welle der Enttäuschung wird gleich über ihn hereinbrechen, nur wenige Minuten vor dem Ende der fünften und letzten Finalpartie 2012. Wenige Minuten, bis der Sieg der Miami Heat offiziell und deren Gewinn der Larry O'Brien Trophy unter Dach und Fach ist. Während in der American Airlines Arena bald eine wilde Championship-Party losbricht, fühlt Durant nur noch Schmerz, Kummer und Trauer.

Als Thunder-Anführer versucht er dennoch, seine Frustration abzuschütteln. Er springt von der Bank auf, sammelt sich, unterstützt im Huddle der finalen Auszeit ein paar Teamkollegen, die ansonsten fast nie zum Einsatz kommen. Er verfolgt die letzten Szenen der entscheidenden 106:121-Niederlage von der Seitenlinie aus. Arm in Arm mit Russell Westbrook und James Harden, seinen engsten Teamkollegen in Oklahoma City, steht er da, den Blick ins Leere gerichtet.

Als der Buzzer erklingt, umarmt Durant Mitspieler, Coaches und seinen größten Kontrahenten LeBron James an der Mittellinie, bevor er das AAA-Parkett verlässt. Er wirkt reif, lebenserfahren und erträgt diesen schweren Moment mit der Demut und Disziplin, wie sie fast schon sinnbildlich für Kevin Durant geworden ist. Er schüttelt auf dem Weg in die Umkleidekabine Manager Sam Presti und Teambesitzer Clay Bennett die Hand. Er drückt seine Mutter Wanda Pratt und seinen Vater Wayne. Und dann bricht es doch aus ihm heraus.

Durant kann die Tränen nicht mehr zurückhalten, er lässt seinen Emotionen freien Lauf. Es stört ihn nicht, dass TV-Kameras diesen Moment

NEUE HOFFNUNGEN

einfangen und in die ganze Welt ausstrahlen. Der Augenblick ist ungeschnitten, echt, bewegend.

Nur wenige Minuten später sitzt ein wieder gefasster Kevin Durant, komplett mit Rucksack und im unscheinbaren schwarzen Shirt, neben Russell Westbrook im Interview-Raum der National Basketball Association. Es gilt, den Journalisten ein letztes Mal in dieser Lockout-Saison Rede und Antwort zu stehen. Der 23-Jährige wirkt wieder so, wie jeder ihn kennt und liebt: kleinlaut, höflich, selbstbewusst, authentisch.

„Es tut weh", diktiert er den Reportern in die Kameras und Mikrofone. „Es tut verdammt weh, Mann. Ja, wir waren in den Finals, und das war cool für uns. Aber wir wollten nicht einfach nur hier sein. Wir haben verloren, und das macht es gerade so hart. Anders kann ich es nicht ausdrücken. Aber ich bin stolz auf unsere Jungs und wie wir die ganze Saison über gekämpft haben. Ich würde nirgendwo anders sein wollen ... Wir haben uns alle gerade noch einmal umarmt, uns gesagt, wie sehr wir uns lieben und schätzen, uns gegenseitig für die harte Arbeit und jeden einzelnen Tag gedankt. Solche Sachen sind selbstverständlich, wenn alles gut läuft, aber es sind die harten Zeiten, in denen man das erst recht tun sollte. Es tut verdammt weh, aber wir müssen einfach weiterarbeiten. Und das werden wir."

Dann steht Durant auf und geht dahin, dieser schlaksige, spinnenartige Basketball-Mutant mit den unendlich langen Gliedmaßen und dem butterweichen Sprungwurf, den Kopf nach oben, den Blick nach vorne gerichtet auf die nächsten Trainingseinheiten, auf Olympia, instinktiv verstehend, dass das nur eine von vielen Saisons war, eine von vielen Chancen – und dass er mit seinen Oklahoma City Thunder schon bald zurück sein wird auf der größten aller Basketball-Bühnen. Mit Sicherheit.

Diese knapp 30 Minuten nach der schmerzhaftesten Niederlage seiner Basketball-Karriere verdeutlichen irgendwie alles, was den Menschen Kevin Durant ausmacht: Familie, Zusammenhalt, Empathie, Respekt, Bescheidenheit, ein unerschütterliches Selbstbewusstsein, das weit entfernt ist von Arroganz oder Anspruchsdenken.

„So ist er eben: sehr, sehr bescheiden", weiß auch Dexter Pittman, sein Ex-Teamkollege aus College-Tagen. „Kevin ist einer der demütigsten Typen, die es gibt. Er protzt nicht. Man merkt nicht einmal, dass er in der NBA spielt. Er trägt Shorts und einen Rucksack. Aber er war schon immer so. Schlicht. Er war schon früher der ruhige Typ, zurückhaltend, und als es dann auf den Court ging, hat er alle dominiert. Er hat diese Einstellung eines Malochers. Er denkt: ‚Wenn ich nur hart genug arbeite, spricht alles andere für sich.'"

Es ist diese Mentalität, die Durant am Boden hält wie die Gravitation Newtons Apfel. „Du wachst nicht plötzlich eines Tages auf und bist so", erzählt D.J. Augustin, ein weiterer Texas Longhorn und einer von Durants besten Freunden in der NBA. „Den Drang zu harter Arbeit, den muss man in sich tragen. Er ist so, weil ihn seine Eltern gut erzogen haben."

Durant ist immer auf der Jagd, er sucht Vergeltung. Für ihn ist diese Mentalität zur Triebfeder geworden, sie bestimmt sein ganzes Handeln. Es vergleicht sich nicht gerne mit den anderen Superstars dieser Liga wie Kobe Bryant und LeBron James. Er findet, dass er im Vergleich zu ihnen noch nichts erreicht hat. Dieser kleine, persönliche „Ich bin noch nicht so weit"-Psychotrick pusht ihn pausenlos. Er lässt ihn unermüdlich an seinem Spiel feilen, stundenlange Filmsessions abhalten oder nonstop mit seinen Coaches und Teamkollegen zusammen werkeln, um das nächsthöhere Level zu erreichen.

Als die Sonics im Sommer 2008 nach Oklahoma City umziehen, ist Durant sofort wieder in der Trainingshalle, um sich auf die neue Saison vorzubereiten. „Das Training beginnt um 10:00 Uhr. Er ist jeden Morgen schon vor 8:00 Uhr hier", bemerkt Kendrick Perkins. „Und ich schaue ihn nur an und denke mir: ‚Was macht der für Sachen?' Ich nehme nach jedem Training ein paar Extrawürfe. Er wirft vor und nach jedem Training ein paar hundert. Er ist der Typ, der mit perfektem Beispiel vorangeht. Ich habe noch nie einen Superstar gesehen, der so hart arbeitet, im Ernst. Bei jedem Shootaround, in jedem Training, nach jedem Training, er gibt immer alles. Er geht mit gutem Beispiel voran, ohne große Reden zu schwingen. Da muss der Rest einfach mitziehen."

Durant gibt den Ton an und beginnt, mit seinen ebenso jungen Teamkollegen und den loyalen Fans in Oklahoma City zu einer Einheit zusammenzuwachsen. Die Thunder überstehen 2008/09 einen entsetzlichen 3-29 Start und gewinnen 20 ihrer letzten 30 Partien. Das Wachstum hält an. Aufregende, junge Spieler stoßen später hinzu: Westbrook, Harden und Serge Ibaka. Durants Verbesserung von Jahr zu Jahr wird symptomatisch für den steigenden Stellenwert der Thunder im NBA-Westen. 2010 gewinnt OKC zum ersten Mal mehr als die Hälfte seiner Partien und qualifiziert sich für die Playoffs. Durant (30,1 Punkte pro Partie) wird jüngster NBA-Scoring-Champion aller Zeiten – mit gerade einmal 21 Jahren. Die Liga horcht auf. Der Topscorer trainiert weiter.

Er will weniger werfen, hochprozentiger treffen, seine Rebounds und seine Assists erhöhen und das Spiel auf sich zukommen lassen. Er wird kräftiger, eignet sich neue Moves im Lowpost an. Jeden Sommer, so sein Ziel, will er seinem Spiel neue Elemente hinzufügen. Er spielt plötzlich Pässe, die er vorher nicht an den Mann bringen konnte. Er treibt den Ball von einer Grundlinie zur anderen und schließt am Ring mit Autorität ab. Er kreiert im Dribbling für sich selbst, aber auch immer öfter für andere.

Seine Effizienz auf dem Court explodiert schließlich 2011/12, seine fünfte und bisher beste Saison in der Association. Er gewinnt seinen dritten Scoring-Titel in Folge mit 28,0 Punkten und stellt mit 8,0 Rebounds, 3,5 Assists, 1,2 Blocks sowie 49,6 Prozent Trefferquote neue persönliche Bestmarken auf. Sein PER-Wert schießt hoch auf phänomenale 26,4. Er wird MVP des All-Star-Games in Orlando und etabliert sich direkt hinter LeBron James als zweitwichtigster Spieler der Liga. Noch viel wichtiger: Oklahoma City macht dank seiner Führung einen weiteren Schritt nach vorne. Das Team gewinnt 71,2 Prozent seiner Partien und braust mit einer Bilanz von 12-3 durch die West-Playoffs, wo es mit den Mavs, Lakers und Spurs die einzigen Conference-Champions seit 1999 auseinandernimmt.

Kein Team im Westen hat in den letzten zwei Jahren, in der regulären Saison plus Playoffs, mehr Spiele gewonnen als OKC (124). Alles scheint perfekt. Bis die Miami Heat den Titelhoffnungen der Thunder schließlich den Garaus machen.

Für Durant und Oklahoma City waren die Finalspiele eine bittere Lektion. Allerdings eine, die sie so in dieser Form wohl unbedingt lernen mussten. Obwohl Durant in den Finals 30,6 Punkte erzielte und 54,8 Prozent aus dem Feld traf, plagten ihn Foulprobleme, Ballverluste und das ohnmächtige Gefühl, seine überforderten Teamkollegen nicht auf das nächste Level hieven zu können. Ebenfalls schwer zu verkraften waren die verpassten Gelegenheiten in den Partien zwei und drei, als die Thunder Chancen auf den Sieg leichtfertig vergaben.

So bleibt nach der Niederlage im Juni wohl nur noch Schmerz übrig, nachdem das Ziel so nah war ... nah und doch so fern. Schmerz, den Durant mit Sicherheit in Motivation umwandeln wird, der ihn noch mehr antreiben wird, wenn er an bedeutungslosen März-Abenden gegen die schwächeren Teams der Liga ran muss. Der ihn pausenlos daran erinnern wird, was für ihn wirklich wichtig ist.

Sicher: Bei bisher schon 9.978 erzielten Karriere-Punkten in 380 Partien, seinem dokumentierten Faible für das Erzielen von Punkten (Durant ist kein Punktesammler, er ist eine fein geölte Scoring-Maschine) und seinem Alter (23) könnte „KD" bereits mit 37 Jahren die eigentlich als unknackbar geltende Bestmarke von Kareem Abdul-Jabbar (38.387 Punkte) pulverisieren. Er könnte Michael Jordans Rekord von zehn Scoring-Titeln in Folge überbieten. Oder mehrere MVP-Trophäen abräumen, wenn James in knapp fünf Jahren seinen Zenit überschritten hat.

Durant wird dann erst seinen spielerischen Höhepunkt erreichen. Aber all diese individuellen Awards, die Trophäen und die Ritterschläge sind für den Youngster absolut nicht signifikant. Nach seinen Zielvorstellungen befragt, antwortet er stets: Langlebigkeit, Siege und Championships. „Ich wollte schon vor meinem ersten Spiel in der NBA derjenige sein, an den sich die Leute nach der Karriere erinnern werden. Ich habe in jedem Jahr dazugelernt, und das bleibt hoffentlich weiterhin so. Ich hoffe, dass ich eines Tages ein Hall of Famer sein kann", sagt er. „Aber ich muss geduldig bleiben. Man erreicht nichts über Nacht. Einfach hart weiterarbeiten, professionell bleiben und versuchen, der beste Spieler zu werden, der ich sein kann."

Da ist sie also wieder, die Plackerei, tief in Durants Gehirn verankert, seitdem ihn seine Mutter deren Bedeutung lehrte. Diese Einstellung gewährleistet, dass einer der talentiertesten Scorer aller Zeiten weiterhin unermüdlich an seinen Fähigkeiten als Allrounder arbeiten, seine Defensive verbessern (James kam auch nicht als Verteidigungsspezialist in die Liga) und sein Team auf eine höhere Leistungsstufe wuchten wird. Er wird körperlich zulegen, seine Ballverluste reduzieren, zu einer unaufhaltsamen Allzweckwaffe mutieren. Und dabei derselbe bescheidene, stille Basketball-Meuchler bleiben, als der er sich einen Namen gemacht hat.

Noch haben wir keine Ahnung, wo bei Kevin Durant nach oben hin die Grenzen liegen. Wie auch? Er weiß es selbst noch nicht. Kein Spieler in der NBA-Historie ist mit ihm vergleichbar. Und das macht seinen Weg so außergewöhnlich. Denn obwohl es wirkt, als ob er mit Lichtgeschwindigkeit auf der Überholspur zum Erfolg gerast wäre, folgt bei ihm alles dem immer gleichen Prinzip: Immer mit der Ruhe, immer nach vorne, immer nur einen Schritt nach dem anderen ...

Wo wird die Reise des Kevin Durant ultimativ hinführen? Wird er einer der größten NBA-Basketballer aller Zeiten werden? Dafür braucht er mindestens eine Meisterschaft, nicht als alternder Trittbrettfahrer, sondern als Alphatier seiner Franchise. Diese Regel steht zwar nirgendwo niedergeschrieben, das bedeutet aber nicht, dass sie nicht gilt.

2012/13 und 2013/14 verloren die Thunder in den Playoffs, nachdem erst Westbrook und dann Ibaka verletzt ausgefallen waren. In der Spielzeit 2014/15 traf es Kevin Durant selbst und auch Westbrook. Ein Ermüdungsbruch im Mittelfuß setzte „KD" zu Saisonbeginn über Wochen außer Gefecht.

Sport ist eben auch heute mit all den neuen Statistiken und fortgeschrittenen medizinischen Methoden nicht planbar. Trotzdem wird jede weitere Saison ohne Titel mehr und mehr Zweifler auf den Plan rufen. Sie werden an Durants Team, dem Management der Thunder, aber auch an ihm selbst herummäkeln. So sind die Regeln ...

Kevin Durant wird am 29. September 2016 28 Jahre alt. Im selben Sommer wird er Free Agent. Dann wird ein ganz neues Kapitel in seiner Geschichte aufgeschlagen. Vielleicht in seiner Heimat Washington, D.C., vielleicht aber auch in Oklahoma City. Hoffentlich wird dieses Kapitel von einem NBA-Champion handeln. Verdient hat er es schon jetzt.

JAN HIERONIMI
RUSSELL WESTBROOK

Das Schöne, aber auch Gefährliche daran, dass wir noch aktive Spieler auf diesen Seiten besprechen, ist die Tatsache, dass die Geschichte ihrer NBA-Karriere noch nicht zu Ende erzählt ist.

Wie anders hätten wir über Ron Artest gesprochen, hätte es seine Lakers-Jahre inklusive der Meisterschaft 2010 nicht gegeben? Wie hätten wir LeBron James – heute Mehrfach-MVP und zweifacher NBA-Champion – in Erinnerung, hätten wir nur die ersten acht Jahre seiner Karriere als Basis, mit der Final-Schlappe gegen Dallas als negativem Höhepunkt? Wie hätten wir über ihn geschrieben?

Entsprechend schwierig ist es, den Versuch zu unternehmen, Worte für Russell Westbrook zu finden, die dem explosiven Guard der Oklahoma City Thunder gerecht werden. Und das nach erst sechs Profijahren zum Zeitpunkt des Schreibens dieser Einleitung. Die Zeit ist nicht auf unserer Seite.

Denn der Wirbelwind ist heute in seiner ganz eigenen NBA-Geschichte an einem Punkt angekommen, an dem der Ton der nächsten Kapitel nicht mehr nur alleine von ihm abhängt. Statistiken, Rekorde, Highlights – Westbrook hat die Phase seines Basketballer-Lebens verlassen, in der diese Dinge ausschlaggebend waren, um ihn zu definieren. Entscheidend dafür, ob wir künftig wohlmeinend oder kritisch über ihn schreiben werden, sind jetzt viel mehr jene Faktoren, die er nicht im Alleingang beeinflussen kann: Teamerfolg. Meisterschaften.

Der Grund dafür ist sein Spiel, im Guten wie im Schlechten. Einerseits ist Westbrook so gut – so abartig, einzigartig gut –, dass er eine Menge Fragen längst beantwortet hat.

Ja, er ist einer der besten Einzelspieler der Liga. Ja, er ist ein All Star. Ja, er ist einer der Top-Verteidiger auf seiner Position. Doch gleichzeitig ist die Art, wie er spielt, so unkonventionell, so sturköpfig, dass einige Fragen offen geblieben sind. Ob eine Mannschaft mit einem wie ihm als Aufbauspieler Meister werden kann, beispielsweise. Ob einer wie er an der Seite von Kevin Durant nicht grob fahrlässig ist, indem er einen der größten Basketballer der Gegenwart behindert wie ein platter Vorderreifen.

Valide Fragen, denen wir uns später widmen werden. Doch zunächst gilt es, für eine Weile zu feiern, wie weit dieser Russell Westbrook gekommen ist. Denn dass es so kommen würde, dass dieser junge Guard zu einem der

Allerbesten werden würde, das war – wie unser FIVE-Kollege Jens Möller damals herausarbeitete – alles andere als ein Selbstläufer ...

LASS DEIN SPIEL SPRECHEN!
2009

Kurz vor einer Trainingseinheit der Oklahoma City Thunder, Mitte Februar: Kevin Durant, Jeff Green und Russell Westbrook blödeln unter dem Korb herum. Die Stimmung ist gelöst, es ist kurz vor dem All-Star-Break, der lang ersehnten Halbzeitpause im harten NBA-Kalender.

Die drei Youngsters ziehen sich gegenseitig auf. Beim Spaß-Wochenende in Phoenix werden die Teamkameraden zur Abwechslung mal gegeneinander spielen, am Freitag beim Duell der Sophomores gegen die Rookies. Durant (20 Jahre) und Green (22) laufen für die Zweitklässler auf, Westbrook (20) für die NBA-Neulinge. Green ruft laut: „Russell, ich werde dir ins Gesicht stopfen!" An der Seitenlinie steht Headcoach Scott Brooks: „Ich denke, der Einzige, der hier irgendjemandem ins Gesicht dunken wird, ist Russell", sagt der Trainer lächelnd zu einem Reporter.

Unzählige Male in dieser Saison flogen Westbrooks 1,91 Meter durch die gegnerische Zone, und in 3,05 Meter Höhe schlug es wenig später folgerichtig wie verheerend ein. Seine Coaches haben Westbrook gelehrt: Geh hart zum Brett. Er übersetzt das mit: Reiß den Ring ab, egal ob jemand im Weg steht.

Rookie-Kollege Mario Chalmers von den Miami Heat hat wohl heute noch Albträume, in denen ihn irgendetwas über den Haufen springt und es oben scheppert. Gegen die Golden State Warriors klettert Westbrook dem überrumpelten Marco Belinelli sogar fast auf die Schultern, bevor er den Ball einhändig durch den Ring hämmert. Die Vorlage von Earl Watson bei diesem Dunk kam übrigens mit Bande ... nach einem Pass übers Brett. Kein Wunder, dass Westbrook nach solchen Einlagen schnell ein Kandidat für den Slam-Dunk-Contest wird. „Das Erste, was Russell macht, wenn er aus dem Bett kommt, sind Windmill-Dunks", witzelt sein ehemaliger Teamkollege an der University of California, Los Angeles (UCLA), Darren Collison.

Dabei konnte Westbrook laut einem Artikel in der „Sports Illustrated" bis zu seinem letzten Jahr an der Highschool gar nicht stopfen. Erst ein Wachstumsschub binnen eines Jahres und 13 zusätzliche Zentimeter

Körperlänge holten ihn aus Damon-Stoudamire-Sphären. Heute ist der kraftvolle Druckkorbleger eine seiner Lieblingswaffen. Sieben Prozent von Westbrooks Würfen sind Dunkings, das ist eine enorme Zahl für einen Guard, zumal für jemanden, der die 1,90 Meter so gerade übertrifft. Zum Vergleich: Westbrook hat bisher in dieser Saison öfter per Dunk abgeschlossen (45-mal, Stand: Anfang März) als Teamkollege Chris Wilcox (44) – dabei hat der Power Forward außer dem Stopfer kaum etwas in petto.

Sind es anfangs noch die spektakulären Flugeinlagen, die den Rookie aus Oklahoma City in die täglichen NBA-Highlight-Shows bringen, so kommt bald auch das – die gestiegene Aufmerksamkeit rechtfertigende – Rundumprogramm dazu. Im Februar legt der Guard 20,6 Punkte, 6,1 Rebounds und 5,9 Assists pro Spiel auf und wird in der Western Conference zum Rookie des Monats ernannt. Sechsmal knackte er bis Redaktionsschluss die 30-Punkte-Marke. Gegen die Dallas Mavericks sammelt der Athlet am 02. März gar das erste Triple-Double seiner Karriere (17 Punkte, je zehn Bretter und Vorlagen). Er ist bislang der einzige Rookie, dem dies in dieser Saison gelang.

Der Sportsender ESPN hebt Westbrook sogar auf Platz eins seines Rookie-Rankings. Nicht wenige Youngsters würden da vor Stolz mit einem dickeren Brustkorb als Papa Teutul von OC Choppers herumlaufen. Aber in OKC bleibt Westbrook bescheiden, reserviert, fast schüchtern. Interviewfragen führen bei dem 20-Jährigen schnell zu brav auswendig gelernten Phrasen. Ist er selbst überrascht von seinen starken Leistungen? „Es ist eine lange Saison, ich muss noch viel lernen." Freut er sich über die unerwartete Aufmerksamkeit? „Darauf achte ich nicht, ich muss weiter hart an mir arbeiten." Gähn. Wenn Westbrook dann einmal ein bisschen aus seinem neuen Leben in der NBA-Welt berichten soll, veröden seine Sätze bald in einem hingenuschelten „You know, stuff like that".

Okay, wenn Russell selbst nichts erzählen will, dann lassen wir doch andere über ihn reden. „Jeder ist überrascht, wie gut Russell ist. Mich überrascht das überhaupt nicht", sagt der Nummer-eins-Pick Derrick Rose. Der Bulls-Rookie spielte gegen Westbrook im Final Four 2008, danach trafen sie einige Male beim Vorspielen für NBA-Klubs aufeinander: Rose, der brillante Offensivspieler, im Eins-gegen-eins mit Westbrook, der sich am College einen Namen als Verteidigungsspezialist gemacht hat.

Während einer solchen Probeeinheit sieht auch Sam Presti, General Manager der scheidenden Seattle SuperSonics, den Combo-Guard aus

Kalifornien. Presti managt eine Mannschaft im Umbau. In Seattle werden gerade die Umzugskisten gepackt. Für den Wechsel nach Oklahoma City fehlt dem Team zu diesem Zeitpunkt nicht nur ein neuer Name, Presti sucht auch nach einem neuen Charakter der Truppe. Mehr als 106 Punkte pro Spiel hat sich seine Mannschaft in der Vorsaison eingefangen, da braucht es keinen Taschenrechner, um die Auswirkung auf die Siegesbilanz abzusehen. Es schien so, als wolle das Team den Fans in Seattle den Abschied nicht so schwer machen. Presti ist klar: Seine Truppe, die um den schmalschultrigen Durant aufgebaut werden soll, braucht mehr Power in der Verteidigung.

Vor der Draft urteilen viele Experten, dass die Ex-Sonics ein paar Muskelpakete vor allem am Brett gebrauchen könnten, dass Sam Presti mit dem vierten Pick also nach einem Center oder Power Forward Ausschau halten werde. Als am Draft-Abend NBA-Boss David Stern dann an vierter Stelle den Namen „Russell Westbrook" vorliest, schauen sich die Journalisten im Theater des Madison Square Garden an. Westbrook an Nummer vier?

Der frischgebackene NBA-Profi bekommt auf dem Weg zum Podium schnell eine Kappe seiner neuen Mannschaft in die Hand gedrückt, darauf noch das gelb-grüne Sonics-Logo, das bald in der NBA-Historie verschwinden wird. „Das ergibt keinen Sinn", kritisiert Reporterlegende Dick Vitale. „Kevin Love wäre für Seattle die perfekte Wahl gewesen." Doch Love, Westbrooks hochgelobter Teamkollege an der UCLA, steht neben seinem Tisch im Green Room und applaudiert seinem Kumpel.

Dabei war Love der dominante Spieler bei den Bruins, und noch bevor der Name Westbrook fiel, diskutierten die Experten eher über das NBA-Potenzial des UCLA-Spielmachers Darren Collison. Aber Collison hat sich für ein weiteres Jahr am College entschieden, und Love muss sich noch fünf Minuten gedulden, bevor die Memphis Grizzlies auch sein Warten beenden.

Westbrook gehört jetzt zur Elite des Jahrgangs nach den Top-Drei-Picks Rose, Marcus Beasley und O.J. Mayo. „Das soll mir mal einer erklären", rätselt Ex-Edel-Aufbau und TV-Experte Mark Jackson. Sam Presti versucht es: „Russell Westbrook ist unserer Meinung nach der beste Verteidiger auf den kleinen Positionen in der gesamten Draft. Er ist ein Kämpfer und der ultimative Teamspieler." Die Skepsis der Experten ist indes nicht wirklich unberechtigt. Der Draft-Abend in New York ist der nächste Höhepunkt eines unglaublichen Jahres für den Jungen aus Kalifornien, der zehn

Monate vorher noch ein Bankdrücker am College war. An der Uni fällt Westbrook eigentlich erst auf, als er beim ersten Training vor seiner zweiten Saison für die UCLA Bruins mit einem einrasierten Flammenmuster auf dem Kopf auftaucht. Ein etwas extravaganter Auftritt für jemanden, der in seinem Freshman-Jahr gerade mal neun Minuten pro Spiel aufs Feld durfte. Doch dann verletzt sich Bruins-Spielmacher Darren Collison am linken Knie, Headcoach Ben Howland braucht einen neuen Point Guard. Er nimmt den Jungen vom hinteren Ende der Ersatzbank, der sich bei den ersten Trainingseinheiten reinhängt, als würde er um sein Leben spielen.

Außerdem trägt er diese merkwürdige Frisur. „Die Flammen waren wie ein Symbol", sagt Teamkollege Collison. „Russell brannte förmlich." Als Point-Guard-Novize schlägt sich Westbrook überraschend gut. Er macht im Spielaufbau wenig Fehler und zeigt in der Defensive sein großes Talent als Eins-gegen-eins-Verteidiger. Er ist flink auf den Beinen, besitzt dazu einen muskulösen Oberkörper sowie für seine Größe sehr lange Arme. Ideale Voraussetzungen, um Scorern auf den Außenpositionen das Leben schwer zu machen.

Der UCLA-Guard beschert selbst O.J. Mayo eines seiner schlechtesten Spiele im Trikot der University of South Carolina (vier Punkte, zehn Ballverluste). UCLA-Coach Howland nimmt Westbrook zur Seite: „Lass dir die Haare wieder wachsen. Du fällst auch durch dein Spiel auf." Es zählen Taten, nicht Modegags oder starke Worte – diese Lektion hat der wortkarge Westbrook vom College in die NBA mitgenommen. Am Ende der NCAA-Saison 2007/08 steht er 1.318 Minuten auf dem Parkett. Es ist der höchste Wert, seitdem die Bruins 1979 damit begannen, diese Statistik zu führen. Aber den Großteil dieser Zeit verbringt Westbrook doch wieder als Shooting Guard, nachdem Collison ins Team zurückkehrt.

NBA-Scouts fragen sich bei Westbrook zwei Dinge. Erstens: Ist er mehr als ein eindimensionaler Verteidigungsspezialist? Seine College-Statistiken sind zwar gut (12,4 Punkte, 4,3 Assists, 3,9 Rebounds), aber dass Westbrook viel auf dem Parkett stand, relativiert die Werte. „Ich bin mir nicht sicher, ob er jemals offensiv so gut wird, dass dieser hohe Pick gerechtfertigt ist", schreibt ESPN-Statistiker John Hollinger nach der Draft. Und dann taucht da noch dieses fiese Wort mit „T" auf. Ist Westbrook ein „Tweener", weder Fisch noch Fleisch?

Entweder ein mit 1,91 Meter für die NBA zu kurz geratener Shooting Guard oder ein Aufbau ohne große Spielmacher-Erfahrung? Diese Frage beantwortet sich eigentlich erst zu Beginn der Saison. Der routinierte Thunder-Playmaker Earl Watson wird Westbrooks Mentor. Watson war ebenfalls an der UCLA, beide kennen sich von Pickup-Spielen im Sommer in Los Angeles. Der Schüler übernimmt endgültig den Startplatz vom Lehrer, als Headcoach P.J. Carlesimo nach einem Katastrophensaisonstart mit nur einem Sieg in dreizehn Spielen gefeuert wird und Assistenztrainer Scott Brooks den Chefposten übernimmt.

Der neue Übungsleiter und ehemalige NBA-Aufbau setzt sich mit Westbrook zusammen, zeigt ihm Videos und erklärt ihm, worauf er achten soll. „Russell muss noch lernen, wie man die Position spielt. Er wird besser, aber er ist noch nicht so konstant, wie er sein könnte", erklärt Brooks. Ablesen lässt sich das am besten an der Turnover-Spalte in den Boxscores, die Westbrook noch beständig füllt. 3,3 Ballverluste pro Spiel gegenüber 5,1 Assists im Schnitt sind miese Werte. Auf 1,6 Vorlagen kommt ein Turnover, in dieser Kategorie liegt Westbrook unter allen Guards ligaweit auf dem sechstletzten Rang. Erst in einem einzigen Spiel unterlief ihm mal kein Ballverlust.

Eine zweite Schwachstelle im Spiel des Rookies sind seine Entscheidungen. Er weiß noch nicht, wann er am besten passen und wann er den eigenen Wurf suchen soll. Manchmal hängt Westbrook im Spiel gedanklich zwischen den beiden Guard-Positionen fest. Dann katapultiert ihn sein schneller erster Schritt zwar am Gegenspieler vorbei, aber anstatt dann den offenen Kollegen zu bedienen, rasselt Westbrook mit gesenktem Kopf in die Help-Defense des Gegners. Es ist eine Folge seiner Unerfahrenheit, er hat es eben nicht von Grund auf gelernt, stets das ganze Feld nach Anspielstationen zu scannen. „Russell hat die Fähigkeit zu punkten. Die darf man ihm nicht nehmen", sagt Brooks. „Er muss aber auch die Bälle verteilen. Er kontrolliert jetzt besser das Spieltempo. Aber er will halt auch den Korb attackieren."

Immerhin sorgt Westbrook mit seiner unbändigen Energie dafür, dass bei den Thunder die Funken sprühen. Seit Jahresbeginn hat die Mannschaft eine Bilanz von zwölf Siegen und 16 Niederlagen, was angesichts der Tatsache, dass die Truppe zum Anfang der Saison recht chancenlos war, bemerkenswert ist. Rein statistisch betrachtet ist Westbrook sogar der wichtigste Spieler bei den Thunder.

Wenn der Guard auf dem Feld steht, macht seine Mannschaft auf 100 Ballbesitze hochgerechnet 9,2 Punkte mehr (107,4) und kassiert hinten 1,6 Zähler weniger (110,7). Mit ihm auf dem Parkett verbessern sich die

Thunder also um 10,8 Punkte, ein Spitzenwert für einen Rookie und der beste Wert in Oklahoma City.

Bei aller Euphorie gehören die Thunder aber auf absehbare Zeit noch immer zu den schwächsten Teams in der Western Conference. Brooks' junge Mannschaft zeigt oft noch immer in den unpassendsten Momenten ihre Unreife, so wie zuletzt im Spiel gegen Golden State, in dem Westbrook und Durant 1:13 Minuten vor dem Ende einen Fastbreak laufen, der ihr Team auf sechs Zähler an die Warriors herangebracht hätte. Aber die beiden 20-Jährigen wollen es zu schön machen. Durants Alley-Oop-Pass kommt ein wenig zu hoch, Westbrooks Dunking-Versuch ist ein wenig zu hart, und der Ball fliegt vom Ring wieder in die Hände der Konkurrenz. Im Gegenzug versenkt Golden State einen Dreipunkteversuch, das Spiel ist verloren.

Scott Brooks versucht es gelassen zu sehen: „Ein Teil unserer Entwicklung ist es, einfach schlauer zu agieren, an unserer vorher festgelegten Strategie festzuhalten und den Gegnern unser Spiel aufzuzwingen." An diesem Abend wollen seine Jungs so schnell und spektakulär wie die in der Offensive gewissenlosen Warriors rennen. Sie spielen den Stärken ihres Kontrahenten in die Hände, anstatt die Schwächen des Gegners zu attackieren.

Trotzdem setzt Brooks weiter auf die Jugend und auf Westbrook im Spielaufbau. Es ist der einzig richtige Weg, learning by doing. Und: In der Halle in OKC wird zwar vor jedem Spiel ein Gebet von einem Priester gesprochen, die Fans glauben aber auch so an ihr Team. Mehr als 18.000 Zuschauer kommen zu den Heimspielen, OKC hat nach den Jazz und den Lakers vor der Saison die drittmeisten Dauerkarten in der Liga verkauft (mehr als 13.000). Und Brooks gibt den Fans, was sie sehen wollen: junge hungrige Spieler wie Russell Westbrook anstelle gelangweilter Veteranen.

Eine junge Mannschaft in einer neuen Stadt – so ergibt sich für beide Seiten das Gefühl, dass hier etwas zusammenwächst. Dass das Zusehen dabei auch noch Spaß macht, dafür sorgen auch Westbrooks halsbrecherische Aktionen zum Brett. Der Rookie beherzigt dabei die Lektion seines College-Trainers Ben Howland: Extravagante Frisuren oder starke Worte zählen nicht – lass dein Spiel sprechen.

Das Fazit nach Westbrooks Rookie-Saison ist durchwachsen. Hui: 15,3 Punkte, 5,3 Assists und 4,9 Rebounds deuten das Potenzial des Guards an.

NEUE HOFFNUNGEN

Pfui dagegen sind die Quoten von 39,8 Prozent aus dem Feld und 27,1 Prozent von der Dreierlinie. Im Jahr darauf bleibt der Wurferfolg ebenfalls unterdurchschnittlich, zumindest in der Spielgestaltung zeigt sich aber ein Aufwärtstrend: Auf 36 Minuten gerechnet werden aus 5,9 Vorlagen im Schnitt nun 8,3.

Diese beiden Spielzeiten sind jedoch nur das Fundament, von dem aus „Russ" in der Folge zum Star emporschießt. Die Saison 2010/11 wird sein Durchbruch – und zeigt trotzdem, wie viel Luft nach oben noch immer ist …

CATCH ME IF YOU CAN
2012

Eigentlich muss ein Artikel über Russell Westbrook in einem einzigen Anlauf geschrieben werden, ohne Korrekturschleife, ohne Redigieren, einfach runter in einem Guss, Anfang bis Ende, am besten auf Kaffee und Red Bull, am besten in Rekordzeit, am besten ohne Punkt und Komma, weil zu viele Dinge gleichzeitig passieren, um Pausen zu machen, ein Artikel eben wie der Spieler, von dem er handelt, schnell, explosiv, rauschartig, und wenn zwischendrin mal ein Tippfehler oder ein Wortdreher passiert, egal, das wäre nur folgerichtig, wenn auch ziemlich durcheinander und auch nicht gut zu lesen, denn es gibt ja gute Gründe, hier und da innezuhalten, es gibt gute Gründe für Punkte und für kurze Hauptsätze, aber wer hat Zeit für Regeln, und überhaupt, so ist er einfach, dieser …

… Russell Westbrook.

Die Bilanz der Oklahoma City Thunder ist bei Redaktionsschluss die beste des NBA-Westens, eine Siegquote von 80 Prozent zeugt von der Klasse des Teams. Die immer noch ziemlich junge Mannschaft pflügt seit Saisonbeginn durch die Liga wie ein Titelfavorit, kaum anderthalb Jahre nachdem 2010 der erste Playoffauftritt gefeiert wurde und nur wenige Monate nach dem Debüt im Conference-Finale 2011. Abseits der Miami Heat gibt es wohl bis dato keine dominantere Truppe in der so chaotisch gestarteten Spielzeit. Ihr Aufstieg ist sicherlich aufs Engste verbunden mit Kevin Durant, dem Superstar im Kader, aber eben auch mit „Russ" Westbrook.

Als Rookie wurde er Starter nach nur 17 Spielen als Backup, steigerte seine Produktion beharrlich, war vergangenes Jahr dann All Star und Mitglied des „NBA All-Second Team" nach 21,9 Punkten, 8,2 Assists und 4,6 Rebounds pro Partie. 2010/11 war sein Durchbruch.

Auch 2011/12 gehört Westbrook zu den Stars der Liga, liefert einen beachtlichen PER-Wert von 22,8 ab (am Ende wird es sogar 23,6 sein), und das als einer der meistbeschäftigten Spieler der Liga. Alleine Kobe Bryant, LeBron James und Carmelo Anthony haben eine höhere „Usage Rate" als seine 30,8, kaum ein Angriff läuft ohne ihn. „Er gehört inzwischen zur obersten Kategorie von Spielern – keine Frage", sagt Thunder-Manager Sam Presti. „In unserem Team ist er einer der wenigen Spieler, die sich selbst einen Wurf kreieren können, aber gleichzeitig kann er seinen Teamkollegen Würfe verschaffen", sagt Coach Scott Brooks.

Westbrooks Dasein müsste also rosarot sein im Donnerland, wo diese äußerst spektakuläre und sympathische Truppe aus Eigengewächsen unaufhörlich zu einem echten Meisterschaftsanwärter heranwächst, angeführt von einem Aufbau, dem kaum jemand eine solche Blitzkarriere zugetraut hätte. Sein Stern müsste hell am Firmament leuchten. Und doch blicken Medien und Fans argwöhnisch auf ihn. Denn ihn haben sie als Sollbruchstelle der Thunder ausgemacht.

Es wird seine Schuld sein, wenn dieses Team hinter den Erwartungen zurückbleibt, das ist die Geschichte, die bereits wie fertig geschrieben in den Köpfen der Journalisten herumgeistert. Sie warten nur noch auf die dazu passenden Tatsachen. Und als es dann so weit zu sein schien – so wie im Dezember, als der emotionale Point Guard im Spiel gegen Memphis zunächst Teamkollege Thabo Sefolosha anraunzte, er solle den verf*ckten Ball werfen, und in der folgenden Auszeit dann auch den als Schlichter eingreifenden Durant böse anfuhr –, wurden reihenweise Artikel über den Machtkampf in Oklahoma veröffentlicht ... „Russ" gegen Kevin.

„Wenn das Spiel intensiv ist, dann gibt es natürlich auch mal Auseinandersetzungen. Ich habe kein Problem damit. Es ist gesund", wiegelte Scott Brooks die vermeintliche Fehde ab. „Wir sind nicht immer einer Meinung. Aber ich stehe zu 110 Prozent hinter ihm, genau wie er hinter mir steht", bestätigte Durant. Die Krise war für den Moment bewältigt. Aber eben nicht auf Dauer.

Diese besondere Aufmerksamkeit der Medien verdankt Westbrook ausgerechnet dem bisher größten Erfolg der Thunder, den Playoffs 2011. Der Durchmarsch bis ins Conference-Finale war der erste Beleg, dass Oklahoma nicht nur in der regulären Saison Siege sammeln konnte. Doch während sein Team an Profil gewann, erspielte sich der hitzköpfige Einser seinen Ruf als Problemkind im Kader. In den Playoffs mutete er der Korbanlage 39,4 Prozent Trefferquote zu, trotzdem erzwang er über

20 Wurfversuche pro Partie und verlor zudem 4,6-mal den Spalding. In Spiel zwei der Serie gegen die Dallas Mavericks setzte ihn Coach Brooks für das komplette Schlussviertel auf die Bank, weil Backup Eric Maynor besonnener und erfolgreicher das Team führte. Westbrook hatte zuvor im letzten Angriff des dritten Viertels einen wilden Drive Richtung Korb unternommen und den Ball verloren. „Ich versuche nur, den verf*ckten Spielzug zu laufen", beschwerte er sich. Minutenlang moserte er auf der Bank vor sich hin. Nach Spielende (und dem Sieg Oklahomas) war der Ärger wieder verflogen. „Alles gut. Ich warte einfach ab, bis ich wieder aufs Feld komme. Alles ist gut, weil wir gewonnen haben."

Und dann war da Spiel drei der Serie gegen Memphis. Für Westbrook-Kritiker war es Beweisstück A für die mangelnde Titeltauglichkeit des Youngsters. Ein enges Spiel, Westbrook will gewinnen, um jeden Preis, und er sucht aus dem Dribbling den Abschluss, daneben, aber der nächste Wurf könnte doch ... daneben, und natürlich sieht er Kevin Durant aus dem Augenwinkel, der sich freiläuft und sehnsüchtig den Arm ausstreckt und nach dem Ball ruft, aber der Weg zum Korb scheint wiederum so frei zu sein, und er wirft und rennt, manchmal spielt er dann doch einen Pass, Durant hat den Ball dann neun Meter vom Korb entfernt, nächstes Mal wirft „Russ" wieder selbst, und es scheint, als würde diese so wichtige Schlussphase wie im Zeitraffer an ihm vorbeifliegen, sieben Minuten lang kriegen die Thunder nur einen Korb zustande, bis die Sirene ertönt, Overtime, und wieder geht alles schnell, nur dreimal kann Durant einen Wurf anbringen, am Ende hat das Team verloren, Westbrook hat siebenmal den Ball verloren, und dabei wollte er nur ...

... gewinnen.

„Ich möchte meinem Team zum Sieg verhelfen. Jeden Abend ist es mein einziges persönliches Ziel, dass die Thunder beim Buzzer siegreich bleiben", sagt er. Und sein Wille zum Erfolg ist völlig unstrittig. Wie sein Team zum Sieg kommt, das steht jedoch manchmal zur Debatte. Westbrook ist der Dirigent der Offensive, er entscheidet über die Wurfverteilung. Und an manchem Abend ruft der Spielgestalter reihenweise seine eigene Nummer auf.

So wie in jenem Spiel gegen Memphis, von dem der Anblick des ohne Ball vereinsamenden Kevin Durant geblieben ist. Dabei ist es nicht so sehr die Anzahl der eigenen Wurfversuche, die für Kritik sorgt, sondern die Art der Abschlüsse. Der Ausnahmeathlet ist tödlich im Fastbreak, immer noch lebensgefährlich in Transition, nur noch bedrohlich im Halbfeld

– und kuschelsüß bei den erdribbelten Halbdistanzwürfen spät in der Uhr. 40,1 Prozent beträgt seine effektive Trefferquote bei Sprungwürfen – paradoxerweise sind das die meisten seiner Versuche, zwei von drei Würfen sind Jumper. Nur 37,0 Prozent lautet die Quote mit acht verbleibenden Sekunden oder weniger auf der Uhr – und doch kommt jeder dritte Versuch so spät im Angriff.

Teamkollege Durant dagegen netzt 52,0 Prozent seiner Sprungwürfe und 43,0 Prozent der „späten" Versuche ein. Kein Wunder also, dass selbst die Fans sich auf den Sitzen winden, wenn Westbrook sich in Probleme dribbelt und lange Zweier schießt. Wenn er penetriert, obwohl nirgendwo eine Lücke ist. Wenn er Durant schlicht übersieht. Es sind nicht immer gute Entscheidungen, die er trifft. Und so sind seine Stats abseits des starken Schnitts von 21,6 Zählern (Platz sechs) gegenüber der fantastischen Vorsaison etwas gesunken. Ja, er hat noch immer die drittmeisten Steals der Liga, trifft insgesamt solide aus dem Feld. Aber er feuert auch die sechstmeisten Würfe der Liga ab, trifft nur 27,0 Prozent von Downtown, verliert 3,4-mal pro Spiel den Ball, verschuldet insgesamt die fünftmeisten Turnovers der NBA, verschlechterte seine Assistwerte auf nur noch 5,8 „Dimes" – ganze 2,4 weniger als vergangene Saison. Ein Rückschritt, der nicht nur mit dem steten Aufstieg von Off-Guard James Harden erklärt werden kann, der nun oftmals den Ball in Händen hat …

In dem San-Antonio-Spurs-Blog „48 Minutes of Hell" wurde daher vor kurzem eine Karikatur gepostet, in der John Stockton und Stephon Marbury wie Engel und Teufel um Westbrook kreisen. „Team. Passen. Teilen", beschwört Stockton. „Zwei Worte: Face Tattoo!", flüstert der durchgedrehte „Starbury". So sieht ihn die Basketballwelt: als Jungtalent, das sich noch nicht entschieden hat zwischen mannschaftsdienlicher Aufbau-Kunst und egomanem Dauerfeuer. Kevin Durant versucht, dieser Einschätzung zu widersprechen. „Ich will keinen anderen Point Guard haben als ihn", sagt er. „Er passt perfekt zu uns, und zwar als der Typ, der er ist, der Spieler und Teamkollege, der er ist. Wir sind alle ehrgeizig, besonders er und ich. Wir machen einander im Training das Leben schwer, wir haben manchmal Auseinandersetzungen. Alle guten Spieler haben das."

Und doch: Aus dem Umfeld der Thunder tauchen inzwischen hin und wieder anonyme Zitate in den Artikeln auf. „Russell glaubt, er wäre besser als Kevin", heißt es dort, so als bahne sich eine Neuauflage der Seifenoper an, die in den Neunzigern in Minnesota das vermeintliche Traumduo

Kevin Garnett und Marbury zerstörte. Angeblich fühle Westbrook sich bei Niederlagen vom Coaching Staff als Sündenbock hingestellt, während Siege eher dem Kollegen Durant zugeschrieben würden. Zur Geschichte vom neidischen Co-Star passt jedoch nicht, dass „Russ" Vorbereiter der meisten Abschlüsse Durants ist.

In den Playoffs 2011 legte er über 60 Treffer von „KD" auf – es waren doppelt so viele wie bei anderen Guard-Flügel-Duos (z.B. Rajon Rondo und Paul Pierce oder Jason Kidd und Dirk Nowitzki). Schwerer als diese Zahl wiegt wohl noch das Urteil des „Leidtragenden" selbst. „Ich hasse es, dass die Leute damals solches Zeug über Russ sagten, und er hasste es auch. Ich wollte vermeiden, dass er es sich zu Herzen nahm. Ich hasse es, wenn die Leute versuchen, ein Team derart auseinanderzubrechen", sagt Durant.

Die Alternative zur Theorie vom neidischen Egozocker hat viel mit der Art zu tun, wie Russell Westbrook Basketball lernte. Und wie er sich durchsetzte am College, in den Tryouts, in der NBA. Wer „Russ" heute über den Court fliegen sieht, der hätte ihn als Teenager wohl höchstens anhand der hohen Stirn erkannt.

„Bevor er in seinen Körper hineinwuchs, spielte er wie Sam Cassell, das Spiel eines alten Mannes", sagt sein Highschool-Trainer Reggie Morris über Westbrook. Keine Spur von der heutigen Highlight-Show, er konnte nicht mal dunken. Noch als Junior an der Highschool startete er nicht, die großen Colleges meldeten sich erst in seinem Senior-Jahr.

Da hatten ein plötzlicher Wachstumsschub und eine ebenso abrupt explodierende Athletik den Mittelbegabten zum Talent gemacht. Doch an der renommierten Universität von Kalifornien, Los Angeles – kurz UCLA – reichte es auf dem nächsten Level erneut zwei Jahre lang nur für eine Spezialistenrolle als Verteidiger und Fastbreak-Vollender. Als er das College verließ, war er daher alles andere als „fertig".

Nur seinem rohen Talent, der vorbildlichen Einstellung und der außerirdischen Länge und Athletik hatte er die Position als vierter Pick der Draft 2008 zu verdanken, und dieser Mix war es auch, der ihn direkt im ersten Spiel unter Coach Brooks in die Starting Five beförderte.

„Ich wusste, dass er unser Point Guard werden würde", sagt der Trainer heute. „Er ist ein dynamischer Spieler, bei dem man dank seiner Toughness und seiner Fähigkeiten sicher sein konnte, dass er einmal ein wirklich guter Spieler werden würde."

Es ist ein wahres Gütesiegel für den Arbeitseifer Westbrooks, dass er in nur dreieinhalb Jahren aus so viel Baustelle so viel Bauwerk machte. Und sein Erfolg bis hierhin – zwei Auftritte im Final Four mit den UCLA Bruins, Gold bei der WM 2010 in der Türkei sowie der rasante Wandel vom Lottery-Team zum Titelkandidaten in OKC – verleiht ihm das Selbstbewusstsein, dass die Spielweise des Aufbaus so blind und egomanisch gar nicht sein kann. Westbrooks Game ist Power, Speed und Feuer. Er ist vielleicht der beste Verteidiger auf der Aufbauposition, kann jedoch auch Flügelspieler dichtmachen, gibt keinen Ball verloren, reboundet wie ein Innenspieler, dunkt im dichten Zonenverkehr.

In vielerlei Hinsicht jedoch wächst er trotzdem erst in seine Talente hinein. „Manchmal bin ich zu schnell für mich selbst", gibt er zu. Er ist immer noch roh, alles andere als ein geborener Point Guard. Assists spielt er, weil er Korbgefahr ausstrahlt und dann den Ball simpel zum offenen Mann weiterpasst – nicht als Strippenzieher komplexer Basketballsysteme. Seine Schwächen sind Ausdruck eines späten Lernprozesses. Die erzwungenen Würfe? Aus Übereifer. Die Wutanfälle? Dem Siegeshunger geschuldet. Die Fehler im Spielaufbau? Pure Ungeduld. „Er ist eine Mischung aus vielen Dingen, die gar nicht zusammenpassen", sagt Reggie Morris. „Er ist ein totaler Dickschädel, aber gut zu coachen. Er will so sehr gewinnen, dass er richtig gemein rüberkommt, und doch ist er ein herzensguter Typ."

Westbrooks Geheimnis: Auf dem Court wird er getrieben von einem über Jahre aufgebauten Minderwertigkeitskomplex. An der Highschool war er jahrelang nur ein kleines Licht, am College nur der Nebenmann des damals legendären Darren Collison, in der NBA nur Co-Star des großen Kevin Durant. Dieser Drive macht ihn verdammt gut – und verkehrt sich manchmal ins Gegenteil. Wenn das Spiel eng wird und er zu schnell für die eigenen Gedanken zu sein scheint, und zu stur, um einfach nur den Ball zu passen, schließlich kann doch kein Verteidiger vor ihm bleiben, auch wenn drei Würfe zuvor nicht drin waren, dieser hier trifft bestimmt, und die Thunder wünschen sich einfach nur, er wird es früher oder später …

… lernen.

In Oklahoma gilt Westbrook als so eine Art verrückter kleiner Bruder. Mit kurzer Zündschnur, bekannt für heftige Explosionen, und nach Minuten ist alles vergessen. Die Kollegen schütteln den Kopf über seine wilden Drives, aber bewundern seinen Biss. Nicht nur darin erinnert er ein wenig an den jungen Kobe Bryant: stur, immer ein bisschen wütend, mit einem Fuß über dem Abgrund. Mit dem einen Unterschied, dass es keinen Shaq-gegen-Kobe-Krieg in Oklahoma gibt, nur die Wachstumsschmerzen eines jungen Teams. Westbrook steht im Mittelpunkt dieses Prozesses. Dass er sich weiterentwickeln muss, ist völlig unstrittig. Und doch gaben die Thunder ihrem jungen Aufbau einen Fünfjahresvertrag über 80 Millionen Dollar. Es ist Ausdruck ihres Vertrauens in den Lernwillen ihres Stars.

„Er muss sich bei uns verantworten", sagt Coach Brooks. „Wenn er einen dummen Ballverlust hat, muss er das spüren. Wir dürfen nicht darüber hinwegsehen. Das macht es schwierig für ihn. Vier andere Jungs an seiner Seite wollen den Ball und denken immer, dass sie offen sind. Dazu gibt es den Coach, der will, dass er den Ball an eine bestimmte Stelle bewegt. All das muss er handhaben können. Ich coache ihn hart, aber er weiß das, er will das, er erwartet das von mir." Klingt das nach einem Spieler, der nach dreieinhalb Jahren rasanten Wachstums plötzlich stagnieren wird? Der getradet gehört?

„Er ist jedes Jahr besser geworden, daran wird sich jetzt nichts ändern. Er ist erst 23 Jahre alt, er arbeitet hart, und er hat eine gute Einstellung", sagt Brooks. „Russ" wird – so planen die Thunder – auch dieses Mal die richtige Antwort finden, so wie in den Playoffs 2011: Die miese Serie gegen Memphis entschied Westbrook im siebten Spiel mit einem Triple-Double inklusive 14 Assists (der Großteil davon auf Durant) maßgeblich mit. Seiner Verbannung auf die Bank gegen Dallas ließ er im nächsten Spiel 31 Punkte folgen. Eines Tages, darauf bauen die Thunder ...

... wird er verstehen. Und alles. Wird. Ganz. Einfach.

Dieser Artikel ist einige Jahre alt – und doch ist das Spannungsfeld, das dort beschrieben wird, noch intakt.

Auch Jahre später ist die Basketballwelt nicht sicher, ob Russell Westbrook eines Tages Einlass in den Basketball-Olymp finden wird. Zwar erreichten seine Thunder 2012 – kurz nach dem Erscheinen des Artikels – erneut sicher die Playoffs und schlugen dort sensationell nach 0-2-Rückstand mit 4-2 die San Antonio Spurs.

Instrumental waren dabei jedoch offensiv eher Durant (29,5 Punkte, 7,5 Rebounds und 5,3 Assists bei 53,2 Prozent aus dem Feld) und James Harden (18,5 Punkte, 3,7 Assists bei 49,3 Prozent aus dem Feld und unglaublichen 60,9 Prozent von der Dreierlinie!), während Westbrook mit 18,2 Punkten und 7,3 Assists zwar gute Zahlen lieferte, jedoch mit 37,8 Prozent Trefferquote unter seinen Möglichkeiten blieb. Und ja, die Thunder erreichten im selben Jahr das

NBA-Finale – doch verloren sie dort sang- und klanglos mit 1-4 gegen Miami. Westbrooks starke Zahlen von 27,0 Punkten, 6,6 Vorlagen und 6,4 Abprallern wurden getrübt durch die Tatsache, dass er sich selbst in der Serie 120 Würfe zuteilte, während „KD" nur 104 erhielt und Harden himmelschreiende 48. War „Russ" nur der einzige Donnerspieler, der konstant seinen Wurf loswerden konnte? Oder war er immer noch zu oft im Scheuklappen-Modus? Die kommenden Jahre hätten die Antwort geben sollen, doch stets durchkreuzten äußere Umstände die Suche nach der Wahrheit über den Thunder-Star.

Es wäre spannend gewesen, die Entwicklung der Thunder mit Westbrook, Durant und Serge Ibaka plus Sixth Man James Harden zu erleben. Der wurde jedoch vom Thunder-Management im Sommer 2012 Richtung Houston getradet, wo er fortan zu einem der besten Scorer der Liga wurde.

2012/13 hielten die Thunder mit 60 Siegen – den meisten im Westen – trotzdem Kurs, erneut auch dank ihres dominanten Aufbauspielers. Ob die Thunder auch ohne Harden finaltauglich sein würden? Wir sollten es nicht erfahren, denn Westbrook kollidierte in Spiel zwei der ersten Runde mit dem Knie von Patrick Beverley (bei einem ziemlich sinnlosen Steal-Versuch des Rockets-Guards) und fiel für die gesamten Playoffs mit einem Meniskusriss aus.

Durant spielte bravourös, aber auf verlorenem Posten: Aus in Runde zwei gegen Memphis. Im Folgejahr schließlich stürmte OKC – mit einem durch seine Solo-Auftritte entfesselten Durant und einem genesenen Westbrook – mit einer Bilanz von 25-5 durch die ersten Saisonmonate. Beim großen Weihnachts-Spiel gegen die New York Knicks lieferte er mit 14 Punkten, 13 Rebounds und zehn Assists ein Triple-Double. Meisterliche Auftritte – doch Westbrook fiel direkt in der Folge ein zweites Mal aus und musste am rechten Knie operiert werden.

Ohne „Russ" blieben die Thunder souverän (21-7), nach seiner Rückkehr jedoch stotterte der Motor (11-11) – nicht zuletzt, weil der Dauerbrenner nur limitierte Minuten spielen durfte und bei aufeinanderfolgenden Partien aussetzte. Erst in den Playoffs durfte er von der Leine. Gegen San Antonio lieferte er mit 40 Zählern, fünf Rebounds und zehn Korbvorlagen absolute Wunderzahlen, die außer ihm bisher nur Michael Jordan geleistet hatte. In sechs Spielen gegen den späteren Champ war er mit 26,7 Punkten, 8,1 Assists und 7,3 Rebounds der erste Spieler seit Oscar Robertson 1964, der in den Playoffs ein solches Paket schnürte. Legendär! Indes: Die Spurs gewannen die Serie. Ein Auf und Ab, so wie immer.

Was bleibt aus all den Geschichten? Es bleibt ein junger Off-Guard, der in vollem Sprint versucht, die Aufbauposition zu erlernen. Der Schach spielen soll, wo er doch alle Figuren vom Platz fegen könnte, wo doch der direkte Weg zum Korb – gegen oder über die Gegenspieler oder an ihnen vorbei – einfacher *erscheinen muss als der komplizierte, zerebrale Weg, der ihm eingeflüstert wird. Und dem sein Erfolg bisher immer recht gegeben hat, durch all die Team-Erfolge und einen steten Aufwärtstrend für sich und seine Thunder.*

2011/12 war der von Westbrook geprägte Angriff laut Offensiveffizienz der zweitbeste der Liga, 2012/13 – nun ohne James Harden – der beste. Westbrook spielt indes längst nur noch für Playofferfolge – und deren gab es wenige, nachdem Harden ging und er selbst 2013 verletzt ausfiel.

Ist Russell Westbrook besser geworden? Anders? Vergleicht man die Zahlen 2013/14 mit denen zwei Jahre zuvor, so sind kleine Veränderungen zu erkennen: Westbrook wirft nun öfter in den ersten zehn Sekunden eines Angriffs, gerne im Fastbreak oder gegen eine ungeordnete Defense, weniger oft in den letzten vier Sekunden (33 Prozent der Würfe statt 38 Prozent). Er trifft seinen Sprungwurf aus der Mitteldistanz besser. Er wirft weniger oft nach eigenem Dribbling, dafür mehr nach Pässen der Kollegen. Und er bringt den Ball noch mehr nach innen: Jeder dritte Wurf erfolgt in Korbnähe, ein hoher Wert für einen Einser.

Wichtiger noch sind vielleicht die Dinge, die sich in Statistiken nicht abbilden lassen. Wie viel Aufmerksamkeit er durch seine Athletik und seine Drives bindet, wie er Freiräume schafft, wie er Gegenspieler einschüchtert durch seine aggressive Attitüde. Nicht zuletzt auch, wie er verteidigt, ackert, reboundet.

All das erkauft Russell Westbrook noch ein wenig Zeit. Im November 2015 wird er 27 Jahre alt. Sein Basketballer-Leben liegt vor ihm. Es ist nicht zu spät, um zu zeigen, dass Oklahoma City mit ihm Meister werden kann. Und irgendwann werden wir dieses Kapitel umschreiben müssen ... auf die eine oder andere Weise.

PLANET BASKETBALL

ANDRÉ VOIGT
STREETBALL IN DEUTSCHLAND

Der folgende Artikel ist der vielleicht persönlichste, den ich je für die FIVE geschrieben habe. Bevor ich im Verein spielte, spielte ich draußen Basketball. Ich war der einsame Typ, den ich in den ersten zwei Absätzen beschrieb. Damals wollte ich mich vor meinem offiziellen Vereinseintritt nach den Sommerferien für das Spiel im Klub rüsten – vorher hatte ich Basketball nur in der Schul-AG probiert.

Es war eine gute Zeit, um draußen zu spielen. Innerhalb weniger Monate fanden sich einige Vereinskumpels und ich täglich für Stunden auf dem Platz ein. Vielleicht die coolste Zeit meines Basketballerlebens: Sonne, Basketball, Ghettoblaster, Wassereis, Körbe auf 2,90 Meter und nach Schulschluss keine Verpflichtungen. Jede freie Minute wurde in den Sport investiert.

Dann wurde Streetball geboren. Plötzlich galt „Kein Blut, kein Foul". Die guten Zeiten waren vorbei.

Erst als ich an der Sporthochschule studierte, ging es zurück auf den Court. Auf den drei Plätzen im Carl-Diem-Weg fanden sich im Sommer immer Games mit Regional- bis Bundesligaspielern sowie lokalen US-Legenden. Aber auch da sprach eigentlich niemand von Streetball. Komisch eigentlich ...

WO DIE SEELE WOHNT
2005

1988, irgendwo in der BRD. Während die brennende Sonne dem roten Tartanbelag einen halb verbrannten Geruch entlockt, dribbelt an einem der zwei Körbe einsam jemand vor sich hin. Er wirft, holt den eigenen Rebound, probiert noch mal. Wieder und immer wieder. Mal mit Dribbling, mal ohne.

Er weiß, dass er ein Exot ist. Einer, der nicht darauf hoffen kann, hier einen oder gleich mehrere Gleichgesinnte zu treffen, um ein bisschen Eins-gegen-eins oder gar Zwei-gegen-zwei zu spielen. Dabei gibt es keinen anderen Platz dieser Art in der Stadt. Ohne Verabredung mit den Vereinskameraden geht gar nichts. Trotzdem ist er hier, allein. Er wird auch morgen wieder herkommen. Er wird sich vorstellen, dass er es ist, der nächste Saison den entscheidenden Wurf nehmen wird. Genau wie jetzt. Ein Dribbling, Schrittstopp, hoch, swish!

Auf dem Bolzplatz nebenan wird munter gekickt, während an der Seite ein drittes Team johlend anfeuert. Im Fernsehen ist von Straßenfußballern die Rede – ein Begriff, der während der Nachkriegszeit entstand, als es keine Asche- oder Rasenplätze in den zerbombten Städten gab und die Kinder halt auf den Straßen spielten.

Einige Meter weiter werkeln Dutzende Kids auf einem Bauspielplatz. Sie kloppen Nägel in splitterverseuchte Holzbretter, schwingen kleine Äxte und rennen alle naselang zum Erste-Hilfe-Schrank im Kabuff der Spielplatzaufsicht. Was der einsame Typ da hinten auf dem roten Platz macht? „Keine Ahnung, Korbball oder so ..."

Es sollen noch drei Jahre vergehen, bis Michael Jordan zum ersten Mal NBA-Champion wird. Vier Jahre, bis das Dream Team in Barcelona aufschlägt. Fünf Jahre, bis Christian Welp nach einem Pass von Kai Nürnberger Basketballdeutschland in München zum Europameister macht. Basketball ist – mit Ausnahme weniger Oasen in Städten mit Bundesligavereinen, basketballaffinen Unis oder US-Army-Bases – noch nicht zwischen Flensburg und Garmisch-Partenkirchen angekommen. Den Begriff Streetball gibt es nicht. Es wird Basketball gespielt. Basketball im Freien.

2005, irgendwo in Deutschland am frühen Abend. Unter dem langen Schatten des Fernsehturms ist es voll geworden. Es ist ein ganz normaler Wochentag. Unter den vier vorhandenen Körben gehen den Spielern die Quadratmeter aus. Jeder trägt zumindest ein Trikot, eine Short – und ein Paar Schuhe, welches einen riesigen Krater ins Taschengeld-Budget gerissen haben muss. Irgendwo wummert ein HipHop-Beat.

Es werden Tricks und unmöglich scheinende Dribbeleinlagen versucht, an denen die allermeisten jedoch kläglich scheitern. Worte schallen über den Platz, denen vorbeispazierende Mittdreißiger keinen rechten Sinn entlocken können.

Vor sechs Jahren kam das „AND1 Mixtape Volume One" nach Deutschland. Vor drei Jahren wurde Dirk Nowitzki zum ersten Mal NBA-All-Star. Basketball ist hierzulande nicht nur angekommen, es ist im Herzen aller Jugendlichen – und der Big Bang hallt bis heute nach. Jeder Teen, jedes Kind hat schon einmal auf einen Korb geworfen, weiß, was ein Dunk ist, hat sich irgendwann durch die Beine gedribbelt. Kennt Iverson, Kobe oder Dirk. Die allermeisten jedoch waren noch nie Mitglied in einem Verein. Gefragt nach dem, was sie denn da spielen, haben sie zwei Antworten parat: Basket- oder (meistens) Streetball.

Keine Frage, es hat sich viel getan in den vergangenen 17 Jahren. Früher suchten Vereinsspieler in den Sommermonaten draußen einen Ersatz für verschlossene Hallen. In der Vergangenheit huldigten die Ehrgeizigen mit Extraeinheiten auf dem Freiplatz dem alten Motto „Basketball teams are made in the Fall and Winter. Players are made in the Spring and Summer". Heute hat sich das Spiel im Freien vom Hauptsport abgespalten. Basketball, das war einmal. Heute ist Streetball. Das ist Freiheit, Kreativität, Highlights, Lebensgefühl, HipHop und Ghetto. Basketball? Zwang, Leistungsdruck, Langeweile, Arbeit, Turnhallenmief ...

Es ist eine Spaltung, wie sie unnatürlicher und falscher nicht sein könnte. Das Bild des coolen Bruders der alten Sportart, es wurde künstlich aufgebaut. Als Adidas 1992 den Begriff Streetball nach Deutschland brachte, brach eine Welle über Deutschland herein, die ein vollkommen verzerrtes Bild der Wirklichkeit in die Köpfe der Jugendlichen meißelte. Adidas, Reebok und Converse setzten auf das Ghetto-Flair der US-Großstädte, wo eine harte, rauere Art des Basketballs gespielt wurde. Doch die Vorbilder in den Staaten bezeichneten sich nie so, wie es die Marketingstrategen den Leuten hier glaubhaft machen wollten.

„Streetballer, das Wort kannten wir gar nicht", sagt Playground-Koryphäe Bobbito Garcia. Er muss es wissen, denn Garcia wuchs auf den Freiplätzen Harlems auf. Auch die angeblichen Regeln des Streetball waren vollkommen überzeichnet. Ausschließlich Drei-gegen-drei? Nur auf einen Korb? Trashtalk ein Muss? Kein Blut, kein Foul? In all diesen Stereotypen steckt ein Funken Wahrheit, dem großen Vorbild wurden sie nur teilweise gerecht.

Wer in den USA an einem beliebigen Ort in den 50 Bundesstaaten einen Freiplatz betritt, muss sich über zwei Dinge im Klaren sein: 1. Es geht ums Gewinnen! 2. Es gibt Regeln! Das Spiel wird in diesem Land ohne Vereinssystem ernst genommen. Baller, die kein College mehr besuchen oder gar in einer Profiliga spielen, haben nicht viele Möglichkeiten, organisiert Basketball zu spielen.

Deshalb finden sich auf den Plätzen Spieler aus allen sozialen Schichten ein. Die Playgrounds der USA sind ein willkommenes Auffangbecken für alle Hoopaholics in den 50 Bundesstaaten. Egal, welches Level die Spieler haben, niemand betritt den Court, um „nur ein bisschen Spaß zu haben". Und so soll es auch sein.

Deshalb die alte Regel „Winner stays!" – das Siegerteam bleibt auf dem Feld, die Verlierer können Pause machen und sehen, wann sie wieder rankommen. Jeder kann „I got next" für sich reklamieren und damit anzeigen, dass sein Team als nächstes auf den Asphalt darf. Die Mitspieler werden dabei selbst ausgesucht. Da fällt die Wahl in aller Regel nicht auf die Pfeife, die eben nur halb verteidigte, keinen Block stellte, nicht reboundete, den Dreier aus dem Dribbling nahm oder per Killer-Crossover der Star in der eigenen Turnover-Show war.

Freiheit, Kreativität, Highlights? Gern, solange du ausblockst und keine Scheiße baust! Ach ja, und wenn du denkst, dass die allgemein gültigen Schrittfehler- oder Dribbelregeln für dich nicht gelten, weil du ja Streetballer bist … Nun ja, dann such dir lieber ein anderes Hobby oder kauf dir ein Regelbuch. Natürlich gibt es keinen Schiedsrichter auf dem Freiplatz, aber Dribbel-Anarchie herrscht deswegen noch lange nicht.

Stichwort Trashtalk. Es gibt ihn … sogar oft. „He don't want that!", „He ain't got nothin'!" oder „You can't stop this!" schallt über jeden Freiplatz. Sprüche über den Beruf der Mutter eines Gegners oder deren Freizeitgestaltung sollten indes gut überlegt sein. Talk ist nur dann erlaubt, wenn es nicht beleidigend wird. Wird die unsichtbare Grenze überschritten, wird es schnell hässlich.

Noch kritischer wird es, wenn es um Fouls geht. In den USA gilt zuallererst die Regel „Offense calls". Heißt: Der Angreifer sagt das Foul an. Zu schnell sollte aber nicht zur „Pfeife" gegriffen werden. Wer andauernd „Pussy fouls" ansagt, kriegt Ärger. Andersherum gibt es Zoff, wenn ohne Unterlass vom Verteidiger gehackt wird. Besondere Regel auf den Plätzen der USA: Wer in einer Aktion zum Korb oder beim Wurf ein Foul ansagt, bekommt zwar den Ball, aber nicht den Punkt, wenn die Pille reingeht. „And one" wird nur gerufen, um zu zeigen: „Siehst du, ich mach das Teil, auch wenn du mir am Arm hängst!" Richtiges Raufdreschen ist selten, auch wenn es um den Sieg geht. Klar muss man sich den Korb verdienen, aber allzu heftige Fouls ziehen handfeste Konsequenzen nach sich …

Einen besonderen Stellenwert hat der Basketball in Gegenden wie Harlem. Basketball ist oft die einzige Form der Selbstdarstellung, die unterprivilegierte Kids in den Großstädten haben. „Was sollen wir sonst machen?", fragt Bobbito Garcia rhetorisch. „Andere Sportarten gibt es im Ghetto kaum. Deshalb hat jeder mal Basketball gespielt, versteht das Spiel und gibt es irgendwann weiter." Das Weitergeben des Spiels, es steht im Herzen des Playground-Basketballs. Youngsters spielen auf den Courts, während die älteren Semester ihnen Ratschläge geben – nicht unbedingt die Zauberformel für den nächsten Bumerang-Pass, sondern Tipps zum Sprungwurf, zum Passen, zu den Fundamentals. Ohne die Grundlagen geht es nicht, auch nicht am Rucker oder sonst wo. Die Gemeinschaft gibt den Jüngeren das Rüstzeug, mit dem die das Spiel neu erfinden können. Auf dieser Basis baut alles andere auf.

Das war schon immer so. Die Entwicklungen, die Neuerfindungen des Spiels, die dann stattfinden, werden aus der Not geboren. Aus der Not, einer von vielen ohne Perspektive zu sein. Wer jemand sein will, jemand Besonderes, der findet im Basketball eine Chance und Vorbilder. Wenn du in den vielen Sommerturnieren mit deinem Team gewinnst oder Sachen draufhast, die noch niemand zuvor gesehen hat, spricht ein ganzes Viertel über dich. Vielleicht sogar eine ganze Stadt. Was wir also auf den vielen Mixtapes sehen, ist das Ergebnis harter Arbeit – von unzähligen Dribbel-Stunden vor dem Spiegel.

Natürlich ist das Spiel auf den Playgrounds freier als an der Highschool, am College oder in der NBA. Spielsysteme gibt es nicht. Das One-on-One regiert. Die Freiheit geht aber nur bis zu einem gewissen Punkt, bis dahin, wo sie dem Spiel, dem Ziel des Gewinnens schadet. Dies ist das Ergebnis des Verlangens nach Anerkennung und der damit verbundenen tiefen Liebe zum Basketball.

Zurück nach Deutschland. Wie viele Freiplätze bei uns sind unbespielbar, weil sich Typen, die auf keine Bildzeitung springen könnten, per Mülltonne am Dunk versucht und so die Körbe abgerissen haben? Auf wie vielen Plätzen herrscht reines Chaos, weil viele „Streetballer" glauben, ein gut getimter Brustpass würde sofortigen Pilzbewuchs der Fingerkuppen nach sich ziehen? Ist das Streetball?

Nein. Es ist der Versuch, eine wunderbare Variante des Basketballs ohne die nötigen Voraussetzungen zu kopieren. Das Ergebnis schreckt ab, macht keinen Spaß. Basketballer trennen sich von Streetballern. Wir müssen verstehen, dass es ohne Basket- keinen Streetball geben kann. Wir müssen vom falsch verstandenen großen US-Vorbild lernen. Ohne Training keine Skills, keine Highlights. Ohne Regeln kein Spaß. Es spielen mehr Menschen (Street-)Basketball in Deutschland als je zuvor. Sie genießen die perfekte Mischung aus dem Spiel, das wir alle lieben. Das Gefühl, unter freiem Himmel ein wenig kreativer sein zu können als in der Halle. Sie entdecken den Basketball jedes Mal ein wenig mehr. In allen lebt dieselbe Liebe zum Spiel – und doch finden sie nicht zueinander. Viele Talente gehen so verloren. Genau das muss sich ändern. Hoffentlich dauert es nicht wieder 17 Jahre.

2005 flog ich nach New York, um dort für unser Streetball-Special zu recherchieren. Damals traf ich mich in einem ziemlich abgeranzten Chinarestaurant mit Bobbito Garcia, dem Streetball-Papst überhaupt.

Am Ende des Gesprächs war ich enorm geflasht. Hier die Street-Koryphäe mit puerto-ricanischen Wurzeln, aufgewachsen im Big Apple, dort der Deutsche vom „Roten Platz" in Westhagen. Und doch hatten wir eine ganz ähnliche Auffassung von dem, was Basketball unter freiem Himmel ist und was nicht …

„STREETBALL … DIESEN SHIT HAST DU IN NEW YORK NIE GEHÖRT!"
2005

Bobbito, du giltst als Pate der Streetballszene in New York. Kannst du mir bitte den Unterschied zwischen Street- und Basketball erklären?
Bobbito Garcia: Nun, das kommt immer darauf an, wen du fragst. Ich mit meinen 38 Jahren unterteile es folgendermaßen: Es gibt organisierten Basketball, Freizeit-Basketball, Profi-Basketball und Amateur-Basketball. Die NBA oder die Klubs in Europa, das ist Profi-Basketball. Highschool oder College ist Amateur-Basketball. Die Freizeitligen, in denen du hier nach der Uni spielen kannst, das ist Playground-Basketball. Was die Leute heute Streetball nennen, ist ein Marketing-Begriff von AND1, der mal kreiert wurde, um eine ganz bestimmte Art des Basketballs zu promoten. Versteh mich nicht falsch, das ist eine schöne und gute Sache. Aber da geht es um ein Spiel ohne Regeln, mit sehr viel Kreativität und Freiheit. Wenn Leute nach New York kommen, sagen sie mir immer, dass sie Streetball sehen wollen. Also nehme ich sie zum Beispiel mit zum Dyckman-Turnier, und die Jungs erwarten, dass sie dort eine Menge Dribbeltricks sehen. Sie sind dann immer ganz verwundert, dass es ganz selten mal einen Trick zu sehen gibt. Da siehst du Jungs, die alles geben, einfach Basketball spielen – das ist Playground-Basketball.

Also gab es den Begriff Streetball in New York City gar nicht, bevor ihn die Sportartikel-Firmen kreierten?
Wir haben uns nie Streetballer genannt. Diesen Begriff hat Adidas vor mehr

als zehn Jahren erschaffen, als sie diesen Streetball-Schuh auf den Markt brachten. Reebok produzierte gleichzeitig den Blacktop-Schuh, Nike entwickelte den Outdoor-Schuh. Alles für sogenannte Streetballer. Streetball ... diesen Shit hast du in New York nie gehört, und wir waren schon immer das Mekka des Playground-Basketballs. Das änderte sich erst, als AND1 anfing, diesen Begriff richtig zu pushen. Plötzlich war der Begriff überall, weil es die Tour und die Show gab.

Denkst du, dass dieser ganze Hype, den AND1 verursacht ...
(unterbricht) Ich denke, dass er großartig ist! Egal, mit welchen Mitteln – wenn Basketball, vor allem die Kreativität im Basketball, gefördert werden kann, dann ist das gut. Und das hat AND1 getan. Aber niemand sollte denken, dass sie mit dieser Art Basketball angefangen haben. Wir haben in New York schon vor Jahrzehnten so gespielt! New York hat den Basketball neu erfunden. Hier entstand das Dribbling hinterm Rücken, die Harlem Rens erfanden die Motion Offense. Die Harlem Globetrotters, die zwar in Chicago gegründet wurden, gaben dem Basketball Showelemente und viele neue Tricks. Egal, worum es geht, Stutter-Steps, Skip-Hesitations, Freak-Pässe, der ganze Scheiß kommt aus New York. Wir sind nicht die einzigen Leute, die das je gebracht haben, aber AND1 nahm halt die Art zu spielen, die wir schon seit Jahrzehnten praktizieren, und machte sie auf der ganzen Welt bekannt.

Als das erste Mixtape in Deutschland auf den Markt kam, war das ein Schock, so etwas hatten wir noch nie gesehen. Ähnlich ging es uns mit Jason Williams in seiner NBA-Rookie-Saison. Nach dem zu urteilen, was du gerade gesagt hast, war das für dich keine Revolution, sondern schon lange bekannt.
Ich rede hier von 30 Jahren. Erinnerst du dich noch an den Pass, den Williams im Rookie Game 1999 mit seinem Ellbogen gab? Den habe ich schon 1974 gesehen. All die geilen Videos von Skip to My Lou sind von 1994 und 1995. Wenn du ihn fragst, wird er dir sagen, dass er sich all das von ein paar Jungs aus Queens, die vor ihm kamen, abgeschaut hat. Ich spiele in einer 38-und-älter-Liga mit zwei Jungs, Gerald „Dancing Doogie" Thomas und Robert „Master Rob" Hockett ... Wenn es 1988 schon so viele Camcorder gegeben hätte, dann wären die jetzt weltberühmt. Damals gab es so viele „Freak-Baller".

Ist das Spiel am Ende seiner Entwicklung angekommen?
Nein! Ich lerne immer noch dazu. Wir haben unsere eigene Playground-Show, mit der wir auf Tour gehen. Wenn wir dafür trainieren, sagt zum Beispiel einer: „Hey, stop! Probier mal diesen Crossover gefolgt von diesem Move." Und plötzlich haben wir etwas ganz Neues kreiert. Das Spiel ist eine Entdeckungsreise. Wenn du einen Basketball in der Hand hast, sind die Möglichkeiten unendlich.

Was gibt dir also der Basketball, dass du immer weiterspielen musst?
Basketball ist mein Paradies. Gestern zum Beispiel hatte ich Liebeskummer. Aber diese zwei Stunden, die ich auf dem Platz stand und nur Basketball in meinem Kopf hatte ... Da habe ich überhaupt nicht an sie gedacht. Ich war glücklich. Danach fühlte ich mich besser. Als ich jung war, gab mir der Basketball eine Fluchtmöglichkeit. Mein Vater war Alkoholiker – und für diese fünf Stunden, die ich auf dem Platz war, musste ich nicht sehen, wie er trank. Ich genieße Basketball einfach. Ich liebe diese Momente, in denen ich kreativ bin. Ich bin nicht der beste Spieler der Welt, athletisch nicht super begabt. Wenn ich punkte, ist es das Ergebnis von harter Arbeit. Viele Stunden wurden in diesen Dreipunktewurf investiert, damit er reinfällt. Ich habe keine langen Arme, deshalb fasziniert mich jeder meiner Dribble Moves aufs Neue. Ich liebe die kontinuierliche Herausforderung. Basketball ist einfach eine große Freude für mich.

JAN HIERONIMI

EARL „THE GOAT" MANIGAULT

Mal ehrlich: Das typische Streetball-Spiel in Deutschland ist in aller Regel eine traurige Nummer. Auf Beton oder abgewetztem Tartan (oder wenn jemand ganz clever war: auf Gras oder Sand) treffen sich ein paar Vereinsspieler auf der Suche nach verbrannten Kalorien, ein paar Hobbyzocker, die noch mit beiden Händen auf den Korb werfen, und die unvermeidlichen Mixtape-Kids, die am Ende des Tages eigentlich nur einem Gegenspieler durch die Beine gedribbelt haben wollen.

Entsprechend niedrig ist das Niveau. Sicher: Es gibt Ausnahmen von dieser Regel. Meistens gibt es diesen einen, überall bekannten Court, wo auf hohem Niveau gezockt wird und wo dann wirklich so etwas wie Freiplatzkultur an den Start gehen kann. Doch in der Breite ist Straßenbasketball in DE leider ziemlich mies.

In den USA ist das anders. Das merkte nicht nur Dré bei seinem Trip nach Los Angeles, als er am Venice Beach zockte (und dabei einen brandneuen Basketball abgezogen bekam). Auch für mich stand der legendäre „Cage" an der 4th Street fest auf dem Programm, als ich erstmals in Manhattan war. Als ich den Rezeptionisten unserer Jugendherberge (einen groß gewachsenen Afroamerikaner) nach dem Weg fragte, machte er große Augen. „You sure you wanna go? They be roughin' down there", warnte er den offensichtlich lebensmüden weißen Touri vor: Bist du sicher? Es geht ziemlich hart zur Sache da drüben. Erst als ich versicherte, dass ich ausreichend „Game" hätte, um zu überleben, wurde mir der Weg verraten.

Und tatsächlich habe ich den riesigen Unterschied zu Deutschland gesehen: Dort liefen nach Feierabend Müllmänner, Postboten und Burgerwender auf, die in Deutschland umgehend Oberligen dominiert hätten. Aufgrund eines fehlenden Vereinswesens bleibt neben den „Recreational Leagues" eben nur der Freiplatz, um nach der Highschool- und College-Zeit weiter Basketball zu spielen.

Darum gibt es eben auch Jungs wie Earl Manigault in jeder US-Großstadt: Helden der Straße. Spieler, von denen jeder Insider schwört, dass sie reihenweise Profispieler verfrühstückt haben und manchem NBA-Zocker das Wasser reichen können. Wir wollten diese Legenden in FIVE ebenfalls würdigen, das war recht früh klar. Doch dabei standen wir immer wieder vor denselben Problemen – ohne Stats, ohne Videos, ohne Rekordbücher blieb uns nur eines als Grundlage für die Artikel: Worte. „The Goat" war der erste US-Streetballer, über den ich schrieb.

Er war vielleicht der beste unter ihnen. In jedem Fall war er eine der ganz großen Legenden und findet nun seinen Weg in unser Buch, zusammen mit Hook Mitchell – beide stellvertretend für all die anderen, für die hier kein Platz ist.

G.O.A.T. – GREATEST OF ALL TIME
2004

Flimmernder Asphalt. Verbogene Körbe. Maschendrahtzäune oder hohe, massive Stahlgitter. Willkommen in der Welt des Streetball. Der Welt der Joe „The Destroyer" Hammonds, Richard „Pee Wee" Kirklands und Earl „Goat" Manigaults. Einer Welt, die abseits des Profibasketballs existiert, obwohl die Grenze immer wieder verschwimmt, wenn die Profis auf der Straße oder Streetballer in der Liga zocken.

In dieser Welt verbindet der Sport alles mit allem: Kids und Erwachsene, Freizeitzocker und Legenden, Europäer und Amis, die Spieler von gestern mit denen von heute. Eine Welt, die sich von Stadt zu Stadt erstreckt. New York City, Chicago, Atlanta, L.A., Oakland, Philly, D.C. … Jede Stadt hat einen eigenen Flavour, doch die Basis ist dieselbe. Streetball ist in den US-amerikanischen Metropolen mehr als Zeitvertreib, Entertainment und Körperertüchtigung, für manche nicht weniger als Religion. Für viele ist es ihr Leben.

Es ist eine Welt ohne Anschreibetische und Scouting. Hier ist es nicht das fette Statistikkonto, das unbekannte Baller zu Legenden macht: Es sind die Erinnerungen an große Spiele gegen große Gegner, an gemeisterte Herausforderungen. Mythen, die den Weg durch die Hood machen und zu neuen Herausforderungen führen. Es ist eine Welt, die bis vor wenigen Jahren ohne Kamera-Crews und Medienrummel existierte, in der die Legenden vergangener Tage nicht durch die Videoclips und Fotos ihrer Highlights weiterleben, sondern nur in den Geschichten, die auf den Straßen, in den Parks, in den Friseurläden erzählt werden.

Geschichten über diesen einen Spieler, dem niemand ans Bein pissen konnte. Diesen einen Mann, dem der Court gehörte. Über diesen Player, der Dinge machen konnte, die andere nicht konnten.

Spieler wie „The Goat". Streetball-Legenden eben, deren Namen auch nach Jahrzehnten noch so lebendig sind wie die aktueller NBA-Stars.

Es gibt sie in jeder Stadt, jedem Viertel, jedem Block. „Sad Eye" in Philly. „Hook" Mitchell in Oakland, Raymond Lewis in L.A. Doch nirgendwo erstrahlen die Namen der Gründerväter des Streetball heller als im Basketball-Mekka und Medienparadies New York City.

Connie Hawkins. Julius Erving. Wilt Chamberlain. Tiny Archibald. Namen, die die Zaungäste im Rucker Park oder auf einem der anderen Freiplätze des Big Apple lange vor der – meist verdammt erfolgreichen – NBA-Karriere dieser Jungs kannten. Ihre Geschichten handeln von Erfolg und Aufstieg. American Dream und so. Sie sind jedoch die Ausnahme.

Die meisten Streetball-Geschichten drehen sich um den Misserfolg. Es sind Geschichten wie die von Joe Hammond oder „Pee Wee" Kirkland, von vielen als beste Spieler in der Geschichte von NYC gehandelt, bis Drogen und die Versuchungen der Straße sie im Griff hatten. Sie stehen stellvertretend für so viele andere Streetballer mit profitauglichem Talent, die auf dem Weg aus der Hood abstürzten. Auch die Story von dem Mann, den sie „The Goat" nannten, geht so …

Als Earl Manigault im Alter von 53 Jahren stirbt, ist es das Happy End seiner Lebensgeschichte. So komisch das auch klingen mag. Und so mischt sich damals, am 15. Mai 1998, unter die Trauer der Basketballgemeinde New Yorks auch ein wenig Freude darüber, dass „The Goat" bis zum Ende im Kampf mit seinen Dämonen siegreich geblieben ist. Manigault ist – auf seine Art – als Gewinner abgetreten. Die Droge hatte verloren. Earl war clean.

Sein Leben war ein einziges jahrzehntelanges Auf und Ab im legendären, wilden Harlem der 60er- und 70er-Jahre. Zunächst hoch auf den Basketball-Olymp, bejubelt als einer der besten Spieler der Stadt mit allem Talent, als Profi gutes Geld zu machen. Dann runter in die schmutzigen, nach Urin riechenden Seitenstraßen Harlems, wo er an der Seite der anderen Junkies dem nächsten High hinterherjagte.

Noch weiter runter in den Knast. Raus aus dem Gefängnis und aus der Sucht, dann wieder der Rückfall, dann wieder der Knast. Schließlich der geglückte Entzug, mit dem ein wenig Stabilität in sein Leben kommt. Es beginnt einer der schöneren Abschnitte im Leben des Earl Manigault, auch wenn sein Körper ausgezehrt ist von den Jahren mit der Nadel im Arm.

Goat wird nicht mehr rückfällig. Er organisiert sein eigenes Basketballturnier, kümmert sich um die Kids, hält den nach ihm benannten Goat-Park (99th und Amsterdam, Upper West Side) in Schuss. Und erinnert sich an die großen Zeiten in den Sechzigern und Siebzigern, als jeder „The Goat" kannte.

Seinen Spitznamen verdankte er nicht etwa einer äußerlichen Ähnlichkeit mit einer Ziege, sondern der Unfähigkeit seiner Lehrer und Mitschüler, seinen Nachnamen richtig auszusprechen. Aus Manigault wurde „Mani-Goat". Ein Name, der seit nunmehr vier Jahrzehnten in einem Atemzug mit den ganz Großen in der Geschichte des New Yorker Streetball genannt wird. Die Mythen und Legenden, die sich um ihn ranken, werden noch heute erzählt. In dieser Welt – ihr erinnert euch, verbogene Körbe und flimmernder Asphalt – der ultimative Ritterschlag.

Goat maß – wohlwollend gemessen – lediglich 1,88 Meter. Trotzdem war er, so will es die Legende, in der Lage, eine Münze von der Oberkante des Backboards zu fischen, und verdiente sich mit diesem Stunt eine goldene Nase, wenn jemand Geld gegen ihn setzte. 60 Dollar machte er, indem er den Ball 36-mal in Folge per Reverse Dunk versenkte.

Sein „Vertical" soll über 50 Inches (ca. 130 cm) betragen haben. Manigault gilt als Erfinder des „Tomahawk Dunk", der auf vielen New Yorker Freiplätzen noch heute als „Goat-Dunk" bezeichnet wird, und des sogenannten „Double Dunk", bei dem er den Ball zunächst mit der einen Hand durch den Ring stopfte, ihn mit der anderen Hand fing und erneut dunkte, bevor er wieder auf dem Erdboden landete. Geschichten, Legenden, Mythen.

„Wenn eine Geschichte das dritte Mal erzählt wird, ist der eigentliche Move bereits um drei weitere ergänzt worden, beim achten Mal könnte man einen ganzen Film über diesen Move drehen", sagt Streetball-Legende Rafer Alston aka Skip To My Lou, der das Phänomen aus eigener Erfahrung kennt. „Ich habe bestimmt ein paar unglaubliche Sachen im Rucker Park abgezogen, aber manchmal muss ich einfach nur lachen, wenn ich die Legenden darüber höre, was ich angeblich gemacht habe."

Tatsache ist, dass Goats Spiel seiner Zeit weit voraus war. „Ich war wahrscheinlich der Erste, der die Guards vom Boden in die Luft geführt hat", sagte er. „Ich habe sie von den schwachen Layups zu den harten Dunks geführt. Damals gab es nicht viele kleine Spieler, die zum Korb gingen und über 2,08-Meter-Jungs slamten." Und das lange bevor aus einem gewissen Julius Erving der „Doctor" wurde und dieser das Spiel revolutionierte. Manigault war innovativ auf dem Weg zum Korb und explosiv auf dem Weg in die Luft. Defensiv presste er die Hooks und Layups wesentlich größerer Centerspieler gegen das Brett und posterisierte sie mit derselben Sprungkraft in der Offense. Manigault war der prototypische Streetballer: schnell, athletisch, spektakulär, innovativ und hart – gleichzeitig aber auch eher undiszipliniert und wild. An der Benjamin Franklin Highschool erzielte er trotz seiner Playground-Mentalität 24 Punkte und elf Boards pro Spiel. Seine 52 Punkte in einem HS-Spiel waren damals Schulrekord. Auf den Freiplätzen seiner Heimat war er bereits im Alter von 17 Jahren eine Legende. Hier lernte er auch einen vielversprechenden Center Namens Lew Alcindor kennen, der später unter dem Namen Kareem Abdul-Jabbar zum besten Scorer der NBA-Geschichte aufsteigen sollte.

Derselbe Kareem, der, als er seine NBA-Karriere beendete, auf die Frage nach dem besten Spieler, gegen den er je angetreten sei, antwortete: „Da müsste ich wohl Earl Manigault nennen." An anderer Stelle nannte er ihn – objektiv wahrscheinlich näher an der Wahrheit – den „besten Spieler seiner Größe in der Geschichte New York Citys".

Als Kareem noch Lew heißt, spielen er und Goat auf den Courts Harlems regelmäßig zusammen. Sie trainieren gemeinsam, machen den anderen besser. „Ich erinnere mich noch, dass ich Kareem sagte, dass er niemals Respekt kriegen würde, wenn er nicht hart spielt. Ich glaube, ich habe ihm geholfen und er mir", sagte Manigault in einem Interview mit „SLAM". Doch nach der Schule trennen sich ihre Wege. Lew ist, auch wegen seiner Größe, ein Ausnahmespieler. Er ist disziplinierter, weniger Playground als Earl. Alcindor geht folgerichtig nach UCLA. Er wird basketballerisch stubenrein. Goats Karriere dagegen hat bereits den ersten Knick kassiert: In seinem Senior-Jahr wird er aus dem Team geschmissen, weil er angeblich Marihuana geraucht hat (was er bis zum Ende bestritt). Holcombe Rucker (der Gründer des Rucker Tournament) vermittelt den talentierten Guard an das Laurinburg Institute, eine Prep School in North Carolina, wo dieser sein Highschool-Diplom nachholt und 31 Punkte sowie 13 Rebounds erzielt. So ziemlich jede Uni des Landes will den explosiven Zwerg.

Als es an die Wahl seines Colleges geht, erteilt Manigault den etablierten Schulen (er erhält 75 Stipendienangebote) eine Abfuhr und entscheidet sich für die Johnson C. Smith University in North Carolina – eine überwiegend afroamerikanische, kleinere Uni, wo er hofft, den akademischen Anforderungen eher genügen zu können. Ein Fehler. Der Coach hat ein Problem mit Earls Playground-Stil und bevorzugt seine Seniors – Goat schmeißt die Brocken hin und geht zurück nach Harlem.

Und spätestens hier beginnt der freie Fall der Legende. Sicher, die Schulterklopfer sind immer noch da, die Courts reihenweise von

Zuschauern umsäumt. Doch sein Traum von der NBA und der Profikarriere scheint dahin. Und außer Basketball hat er nicht viel, was ihm im Leben etwas wert ist – und ihn wertvoll macht. „Damals begann ich, mich mit der White Lady einzulassen", sagte er rückblickend. Die weiße Lady – Heroin.

Zu Beginn seiner Abhängigkeit ist Goat zumindest auf dem Feld weiterhin der Alte. Doch schnell fordert die Sucht ihren Tribut, und Manigault stürzt ab. Er hat die falschen Freunde, kämpft mit den Widrigkeiten eines Lebens im Ghetto – der ungewollten Schwangerschaft seiner Freundin, dem Tod seines Förderers Holcombe Rucker. Seine Freunde, seine Fans, seine Bewunderer sehen ihr Idol nun teilnahmslos im Dreck auf dem Bürgersteig liegen, schlafend.

Manchmal trottet Earl zugedröhnt zum nächsten Freiplatz und beschwört Joe Hammond, im Leben nicht dieselben Fehler zu machen wie er. „The Goat" weiß, dass er am Boden liegt. Er arbeitet im Suchtberatungszentrum und gibt den Sozialarbeitern wertvolle Tipps, wie das Hirn eines Junkies tickt, wie man erkennt, wer wirklich clean ist und wer lügt. „Earl hatte alle Tricks selbst mal benutzt, und ich glaube, dass wir ein paar junge Kids davor bewahrt haben, noch tiefer abzurutschen", erinnert sich Bob Hunter, der damals die Drogenberatung leitete. Doch Earl ist und bleibt süchtig und braucht Geld, um das nächste High zu finanzieren. Als er versucht, ein paar Pelzmäntel zu stehlen, wird er erwischt. Gefängnis. Sein Tiefpunkt bis dahin.

Nach 16 Monaten Knast erhält er eine zweite Chance. Die Utah Stars (ABA) laden ihn 1970 – er ist 25 Jahre alt – zum Tryout ein, doch da, wo früher mehrstufige Triebwerke zündeten und „The Goat" in luftige Höhen katapultierten, ächzt jetzt nur noch ein klappriger Propeller. Manigault hat seine Athletik der Lady in Weiß geopfert. Die Stars schicken Manigault vor Saisonbeginn zurück nach Harlem. Daheim in NYC beginnt er, ein Turnier auf die Beine zu stellen, um seiner Nachbarschaft etwas zurückzugeben. Doch die Drogen haben ihn noch immer im Griff. 1977 landet er erneut hinter Gittern, nachdem sein Plan, sechs Millionen Dollar zu stehlen, auffliegt. Goat ist alt, ein Knacki, ein Junkie.

Die Tage seiner Dominanz sind vorbei. Ganz unten angelangt, nimmt er einmal mehr den Kampf gegen die Drogen auf. Und diesmal gewinnt er. „Es brachte meinen Körper um", erinnerte er sich. „Es erforderte viel Mut und viel Schmerz, aber ich schaffte es." Kein Methadon. Kalter Entzug. „Ich schlug die Drogen, wie ich früher meine Gegenspieler schlug.

Ich täuschte links, ich täuschte rechts, doch der Verteidiger – meine Sucht – stand noch da. Der einzige Weg an ihm vorbei war, direkt über ihn zu springen. Und das tat ich. Ich flog zum Korb und punktete."

Als er nach zwei Jahren aus dem Gefängnis kommt, ist er clean und beginnt nach ein paar Jahren Exil in Charleston wieder damit, sein Turnier zu organisieren. „Als Kind habe ich zu Leuten wie Holcombe Rucker aufgeschaut. Die Kids, die ich hier zurückgelassen habe, schauen nun zu mir auf. Für sie musste ich wiederkommen", sagte er. Im selben Park, in dem die Legende von Earl Manigault einst begann, ist er nun Tag für Tag in seinem „Walk away from drugs"-Shirt zu sehen. Ein Schatten früherer Tage. Zweimal wird er am Herzen operiert. Seine Stimme ist brüchig. Er wirkt nicht nur alt, er stirbt vor den Augen seiner Hood jeden Tag ein bisschen mehr.

Harlem liebt seinen berühmten Sohn jedoch weiterhin. Und trauert erleichtert, wenn das überhaupt geht, als es 1998 vorbei ist. Goats Sieg über seine Sucht dient vielen als Beispiel, als Vorbild. Die Geschichte seines Niedergangs dient bis heute als Mahnung. Mach das Beste aus deinem Leben. Ende nicht so wie Goat. Sein Turnier wird auch heute noch von seiner Familie fortgeführt.

Über die Jahre spielten dort spätere NBA-Pros wie Bernard und Albert King oder Mario Elie. Jungs, die den richtigen Weg fanden. Die Geschichte des Earl Manigault mag nicht, wie zu Beginn erhofft, von einer erfolgreichen Karriere als Profi handeln. Und doch hat sie ein Happy End.

Es ist eine Geschichte mitten aus dem Leben, über einen Ausnahmeathleten, über einzigartige Leistungen und über die Probleme, mit denen die Minderheiten in den USA seit Jahrzehnten zu kämpfen haben. Dem Leben in der Hood, den Verlockungen der Straße, der Ausweglosigkeit aus der Armut. Die Geschichte des Mannes, den sie Goat nannten, ist wie die vieler anderer begnadeter Streetballer.

Leider.

ANDRÉ VOIGT

DEMETRIUS „HOOK" MITCHELL

Während der Finals 2004 lud die NBA zu einem speziellen Kinobesuch. „Hooked – The Legend of Demetrius ‚Hook' Mitchell" werde gezeigt, erklärte mir Tom Marchesi, Kontaktmann der Euromedien bei der NBA. Ich muss zugeben, dass ich zuvor nie von Mitchell gehört hatte. Manigault, Kirkland, Hot Sauce, sicher ... Hook Mitchell? Keine Ahnung.

Also bestieg ich mit den Kollegen Chiara Zanini (Italienerin, cool) und Tom Vandyck (Belgier, cool) den Bus in Richtung des Kinos, welches in einem edlen Vorort Detroits (damals lebten da noch die General-Motors-Manager ...) beheimatet war.

Jeder, der „Hooked" schon einmal gesehen hat, wird es mir nachfühlen: Ich war beeindruckt. Die Szenen aus der „California Men's Colony", die Kommentare und Geschichten von Gary Payton, Brian Shaw oder Hook selbst im Gefängnis zeichneten ein so atmosphärisch dichtes Porträt. „Hooked" packte mich und ließ mich den gesamten Film über nicht los.

Nach der Vorführung kamen Baron Davis, Regisseur Michael Skolnik und Demetrius Mitchell, der mittlerweile Waliy Abdur-Rahim hieß, nach vorn. Hook erzählte, dass er erst einige Wochen vorher aus dem Gefängnis gekommen sei und dass er einen Wiedereinstieg in das normale Leben finden wolle.

Während der Rest der Medienkollegen das Kino verließ, gingen Chiara, Tom und ich noch einmal zu Hook. Wir sagten ihm, wie sehr uns seine Geschichte berührt habe und dass wir sie auf jeden Fall auch in unseren Ländern erzählen würden. Abdur-Rahim war extrem schüchtern, sprach uns mit „Ma'am" und „Sir" an.

Michael Skolnik und ich tauschten E-Mail-Adressen aus, und die Story über Hook Mitchell erschien kurze Zeit später auch in Deutschland.

HOOK
2004

Vor knapp anderthalb Stunden war Gary Payton auf der Leinwand des Kinos der noblen Kleinstadt Birmingham vor den Toren Detroits zu sehen gewesen. „Er war besser als ich, er war besser als Jason, er war besser als Antonio ... Er war besser als jeder von uns!", sagte der Point Guard, kaum in der Lage, sein voranpreschendes Mundwerk zu zügeln. Paytons Kopf wackelte, er blinzelte unkontrolliert, gestikulierte. „Hook ist eine Streetball-Legende. Er war 1,75 Meter groß, hatte unglaubliche Sprungkraft. Er konnte machen, was er wollte!"

Demetrius Mitchell, genannt „Hook". Von ihm ist die Rede. Den Spitznamen hat er von seiner Großmutter – sie fand, seine Kopfform habe etwas von einem Haken. Er steht jetzt kurz nach Ende der Vorpremiere von „Hooked – The Legend of Demetrius ‚Hook' Mitchell" auf der Bühne. Wären die Taten dieses Menschen nicht eben noch über die Leinwand geflackert, niemand würde glauben, dass dieser Demetrius Mitchell etwas Besonderes ist – auch wenn Gary Paytons Kopf noch so doll wackelt.

Die Teenager, die sein Autogramm erbitten, nennen ihn Hook. Dabei ist das schon lange nicht mehr sein Name. Er spricht leise. Jedes Wort klingt nach Bass. Jeden, der ihm älter als 18 Jahre erscheint, spricht er mit „Ma'am" oder „Sir" an.

Hook bedankt sich oft. Es ist noch nicht allzu viel Zeit vergangen, seit der 35-Jährige aus dem Gefängnis entlassen wurde. Einige Wochen erst. Unsicherheit spiegelt sich in jeder seiner Bewegungen. Er lässt sich Visitenkarten von den Lehrern und Journalisten geben, mit denen er spricht. Das hätten ihm seine Freunde geraten.

Demetrius Mitchell wächst in Oakland auf, der hässlichen Schwester von San Francisco. Es sind nur knapp zehn Autominuten über die Bay Bridge, die Oakland mit – kein Witz – Treasure Island und schließlich San Francisco verbindet. In der Bay Area wird Hooks Sprungkraft zur Quelle der Legende. Kein Dunk-Contest in Nordkalifornien kommt während der späten 70er- und frühen 80er-Jahre ohne ihn aus. Dabei ist er kein eleganter Springer à la Jordan. Er hebt meist mit beiden Beinen ab. Erst setzt er den linken Fuß, geht dann tief in die Hocke, nur um – sobald auch das rechte Bein den Boden berührt – kraftvoll zum Korb zu explodieren.

So springt er über die Motorhauben von Autos, über Motorräder. Kinder stellen sich in Gruppen vor dem Korb auf, Männer machen es sich mit Stühlen an einem Tisch in der Zone bequem, nur um von Mitchell übersprungen zu werden. Selbst ein küssendes Paar findet Platz zwischen seinem Körper und dem Asphalt. „Er war unwirklich. Er zog 360°-Dunks und sprang dabei über Autos", erzählt Drew Gooden, heute Power Forward bei den Cleveland Cavs, damals ein fasziniertes Kind am Spielfeldrand. „Die Leute glauben mir diese Geschichte nicht, aber sie stimmt – und ich erzähle sie bis heute."

Doch Hook ist nicht nur ein Wettbewerbsdunker. Gary Payton, Jason Kidd, Brian Shaw und Isaiah Rider – alle lernen sie von ihm. Er vereint ihre Skills am Ball mit dieser unbändigen Sprungkraft. Als Zehntklässler bringt er den „Ball-gegen-das-Brett-T-Mac"-Dunk. Sein Team am Contra Costa College wird „Air Patrol" genannt. In Las Vegas reißt er während eines Spiels den auf 3,60 Meter hängenden Korb eines Freiplatzes ab. Mehrere Zeugen schwören, er habe während eines Trainingsspiels an der Uni nach einem 1-0-Fastbreak einen 360°-Dunk von der Freiwurflinie versucht, nur um ihn knapp zu verpassen. In einer Partie gegen eine Auswahl der US Navy soll er einen Schritt hinter der Dreierlinie abgesprungen sein und David Robinson ins Gesicht gestopft haben. Wieder andere behaupten, Hooks Schneidezähne seien in seiner Jugend bei einer Kollision mit dem Ring auf der Strecke geblieben ... „Während eines Spiels haben die Leute Hooks Schuhe kontrolliert, weil sie dachten, da wären Sprungfedern eingebaut", erinnert sich Al Payton, Garys Vater.

Mitchells „Gabe", wie er seine Sprungkraft heute nennt, macht ihn berühmt. Nicht nur Fans und Freunde aus der Bay Area kommen, um ihn zu sehen, auch NBA-Scouts und Agenten wollen sehen, was an dieser Legende dran ist. „Hook war das beste Power-Point-Guard-Talent, das ich je gesehen habe", erinnert sich Spieleragent Bill Duffy. Er ist nicht der Einzige, der damals glaubt, dass Mitchell nicht nur das Zeug für die NBA hat, sondern diese dominieren könnte. „Er konnte dribbeln wie Marbury und Iverson", sagt Ex-Laker Brian Shaw, einer der besten Jugendfreunde Mitchells. „Außerdem hatte Hook den Erfolgshunger eines Gary Payton oder Michael Jordan."

Erfolg ist indes nicht das Einzige, worauf Demetrius Mitchell Hunger hat. „Auf der einen Seite sind die guten Geschichten über die, die es geschafft haben, wie Gary und Jason", fährt Shaw fort. „Auf der anderen Seite aber ist die von Hook Mitchell. Jeder von uns hätte an seiner Stelle sein können, genau wie er an unserer Stelle hätte sein können." Seit Hook zehn Jahre alt ist, sind Drogen ein großer Teil seines Lebens. „Als ich das erste Mal bei ihm war, begann er sich einen Joint zu drehen und fragte mich: ‚Bist du dabei?'", erzählt David Barksdale, ein Jugendfreund. „Ich sagte: ‚Nein, Mann. Was machst du da? Deine Oma ist doch unten.' Dann holte er auch noch Koks raus ..."

Das Kokain verdient sich Hook mit Dunks. Die lokalen Dealer sind seine Freunde. Pro Dunk bekommt er ein Gramm Kokain – es ist 1987, Hook geht in die zwölfte Klasse –, und er dunkt in diesem Jahr so um die 50-mal. „Wenn er sauber geblieben wäre, würde er jetzt die Liga dominieren", sagt Jason Kidd heute mit leerem Blick. „Du kannst Talent ohne Ende haben und mit einem Mal alles im Klo runterspülen." Hook spült nicht nur einmal ... Seinen Highschool-Abschluss macht er nie. „Wenn ich zur Schule ging, hatte ich sechs Stunden Sportunterricht", sagt er. Niemand will ihn damals wirklich ändern. Seine Eltern lassen ihn früh im Stich. Sie spritzen Heroin, kümmern sich nicht um den kleinen Demetrius. Seine Großmutter nimmt ihn schließlich zu sich.

„Grandma" arbeitet von jeher in zwei Jobs, um sich und Hook durchzubringen. Sie sieht ihren Enkel kaum. Ohne echte Erziehungsperson wird Demetrius vom ganzen Viertel aufgezogen – einer Gemeinschaft, in der er nicht leben will, weil er Angst vor ihr hat. Wenn er damals bei den Paytons oder Shaws zu Gast ist, die in einer etwas besseren Gegend Oaklands wohnen, würde er am liebsten dort bleiben. Während seine Freunde Gary und Brian ein richtiges Zuhause haben, warten auf Hook nur Drogen, Gewalt und Angst. Manchmal schläft er unter Paytons Bett, nur um nicht den Weg in die eigene Nachbarschaft antreten zu müssen. „Demetrius hatte nie irgendeine Art Erziehung genossen", sagt Al Payton. „Mich nannten damals nur alle Mr. Mean (Herr Fies), weil ich in meinem Haus Regeln hatte. Demetrius hatte nie irgendwelche Regeln, denen er folgen musste." Halt findet Mitchell bei den Drogendealern des Viertels. Sein engster Freund ist Larry Parker, Demetrius nennt ihn „meinen Bruder". Auch er dealt, Mitchell aber sagt, dass Parker einer der wenigen gewesen sei, die versucht hätten, ihn von den Drogen fernzuhalten. Die Freundschaft findet ein jähes Ende, als Parker von 20 Schüssen durchsiebt auf einem Parkplatz gefunden wird.

Darüber, was er in diesen Jahren treibt, will Hook heute nicht sprechen. Er ist in dieser Zeit nicht nur hochgradig asozial, er ist gefährlich. Basketball spielt er nach der Highschool an drei verschiedenen kleinen Colleges rund um Oakland. Hooks Dunks füllen die Hallen, sie bringen Geld in die Uni-Kassen. Niemand fragt danach, wie ein Junge aus der übelsten

Gegend Oaklands, der nie sein Highschool-Diplom in den Händen hielt und eigentlich immer „drauf" ist, an einer Universität – so klein sie auch sein mag – spielen, geschweige denn studieren kann.

Mitten in all dem Trubel – den Dunk-Contests, den Partys – verliert sich Hook Mitchell endgültig. Er hat nur noch Basketball und die Straße. Seine Freunde ziehen an Universitäten, die weit von Oakland entfernt sind. Die Freunde haben Erfolg, sind im Fernsehen, bald in der NBA, Millionäre. Gary, Brian, Jason, Antonio, Isaiah, selbst Greg Foster ... Sie gehören zur Elite, während Mitchell sich von einem trostlosen, sinnentleerten Tag in den nächsten schleppt.

Die anderen hören die Geschichten vom Niedergang des Freundes. Sie wollen helfen. Hook? Er enttäuscht die Letzten, die zu ihm stehen. Die, die nicht den Demetrius Mitchell sehen, der er ist, sondern der er noch immer sein kann. So wie Brian Shaw.

„Wir waren bei einem Benefizspiel in Sacramento, das Kenny Smith, Spud Webb, Manute Bol und Wayman Tisdale organisierten", erzählt Shaw. „Zur Halbzeit hatten sie ein paar Highschool-Kids zu einem Dunk-Contest eingeladen. Gary und ich sagten, dass sie unseren Mann auf jeden Fall mitmachen lassen sollten. Wir sagten: ‚Er geht zwar nirgendwo ans College, aber er bringt ein paar krasse Sachen.' Schließlich willigten sie ein und sagten uns, wann Hook da sein und wie das Ganze ablaufen sollte. Das Spiel läuft also, und es geht langsam auf die Halbzeit zu. Die Arco Arena ist voll mit NBA-Stars und 10.000 Fans ... Der Ansager liest die Namen der ganzen Dunk-Contests vor, die Hook schon gewonnen hat, und dann sagt er: ‚Jetzt kommt auf das Feld ... aus Oakland ... 1,75 Meter groß ... Demetrius ‚Hook' Mitchell.' Plötzlich wird die Halle still. Hook geht langsam auf das Parkett, und ich denke nur: ‚Oh Scheiße!' Ich konnte es in seinen Augen sehen. Sie waren blutunterlaufen. Er war fertig – fucked up. Seine Shorts waren zerlumpt, genau wie sein T-Shirt. Jeder schaut ihn an, er schaut uns an – und Kenny Smith fragt nur: ‚Das ist der Typ, den ihr meint?' Ich meine: ‚Warte ab und guck hin.' Hook versuchte an diesem Tag um die 14 Dunks. Er traf nur einen einzigen. Schließlich wurde es so schlimm, dass der Ansager meinte: ‚Nun, das ist wohl ein schlechter Tag für den Hookster ...' Als Hook das hörte, nahm er seinen Ball, zog seine Cap tief ins Gesicht und verschwand."

1994. Die Zeugen, die vor den Geschworenen auftreten, sind sehr glaubhaft. Demetrius Mitchells Anblick ist einfach nur erbärmlich. Die Aussagen belasten ihn schwer. 65 Jahre alt war die Frau, als sie der Baseballschläger mehrfach traf und schließlich tötete. Hook beteuert seine Unschuld, dabei kann er selbst nicht wirklich sicher sein, ob er diese Tat begangen hat oder nicht. Nicht bei dem Drogenkonsum, den er an den Tag legt. Drei Jahre sitzt Mitchell ein, als sich herausstellt, dass die Zeugen wohl doch nicht so verlässlich waren. Er ist frei, Gott sei Dank, doch wohin soll er gehen? Zurück nach Hause in den unendlichen Kreis voller Basketball, Drogen und Hoffnungslosigkeit.

Der 27. Dezember 1999, es ist noch früh am Morgen, Demetrius Mitchell steht in einer Filiale der amerikanischen Videothekenkette Blockbuster. Er nennt die dort arbeitende Dame „Ma'am", fordert sie und die anderen Angestellten auf, sich bitte auf den Boden zu legen. Eine vorgehaltene, täuschend echte Wasserpistole verleiht ihm die nötige Autorität. Hook greift sich 4.500 Dollar. Gefasst wird er wenige Stunden später in der unmittelbaren Umgebung. Vor Gericht macht er einen Deal mit der Staatsanwaltschaft: fünf statt zehn Jahre Gefängnis. Zu diesem Zeitpunkt ahnt es niemand: Es ist der Beginn der „Korrektur" von Demetrius Mitchell.

Dieses merkwürdig anmutende Wort benutzt Mitchell selbst, wenn er über seine Zeit im Knast spricht. Basketball begleitet ihn hinter die Gitter seiner neuen Heimat. Es gibt eine Liga. Sein Spiel verschafft ihm von Beginn an eine Sonderstellung unter den Mithäftlingen. Er ist nicht nur Nummer 95095, sie nennen ihn „Legend" – einige der jüngeren Häftlinge nehmen ihn sich sogar als Vorbild. Mitchell selbst findet einen Mentor in Ralph Moore – der war früher Sozialarbeiter und kennt Biografien wie die von Hook zur Genüge. Moore bringt ihn dazu, zum ersten Mal in seinem Leben über sich selbst nachzudenken. Und das ist auch bitter nötig. Außerhalb der Linien des Basketballfeldes ist „Legend" nur bedingt lebensfähig: Mit sechs Jahren nuckelte er noch an der Flasche – und als Student aß er selbst in einem Restaurant mit den Fingern.

Außerdem findet Hook Halt im Islam. Bald konvertiert „Legend", er wird zu Waliy Abdur-Rahim. Das Gefängnis bringt ihm mehr darüber bei, was es heißt, ein selbstverantwortlicher Mensch zu sein, als es die Straßen von Oakland je konnten. Zum ersten Mal erreicht ihn eine andere Stimme als die des Kokains, vielleicht ist er aber auch nur zum ersten Mal bereit, wirklich eine andere Stimme zu hören. Waliy Abdur-Rahim präsentiert sich vorbildlich. Seine Strafe wird um neun Monate verkürzt, er darf zurück in die Freiheit, zurück nach Oakland. „Ich bin jetzt so lange schon fort aus der Gesellschaft ... Das ist die längste Strafe, die ich je abgesessen habe ...", sagt er in „Hooked" kurz vor seiner Entlassung. „Ich kann mir nicht mehr vorstellen ... Im Moment weiß ich nicht mehr, wie das ist, frei zu sein."

Doch dann ist es so weit. Hook Mitchell ist frei – und er hat einen Plan. Er gründet „Project Straight Path", ein Programm, das durch Basketball andere Kids davor bewahren soll, seine Fehler zu machen. Auch Hook selbst spielt noch, wann immer er soll und kann. Auch wenn er seine geschwollenen Knie zweimal täglich in Eis baden muss. An seinem zweiten Tag zurück in der Freiheit tipdunkt er über einen Gegenspieler in einem Pickup-Game, was die anwesenden Zuschauer auf die Füße bringt. „He is back", rufen sie. Es sind jedoch nicht seine Dunks, die ihn jetzt wieder bekannt machen – es ist „Hooked".

Ein Zahnarzt in Oakland sieht den Film auf einem Festival und richtet Abdur-Rahim kostenlos das Gebiss. David Stern sagt Hook unter vier Augen während der NBA-Finals, dass es nie zu spät sei für die NBA. Jay-Z lässt Hook wissen, dass er ihn gern in seinem Rucker-Team sehen würde. AND1 lädt ihn sogar als Gastspieler zur Mixtape-Tour ein. Doch Waliy lehnt ab (wohl auch, weil er jetzt bei Reebok unter Vertrag steht). „Ein Comeback als Spieler ist nicht wirklich eine Priorität. ‚Project Straight Path' ist sein Ding", erklärt Milan Drake, ein alter Freund, der Hook unterstützt. „Wenn Warriors-Coach Mike Montgomery ihn morgen zu einem Probetraining einladen würde, wäre er dabei. Würde er aber vor Montgomerys Haus zelten, ihm ein Video geben und bitten: ‚Schauen Sie sich das bitte an?' Nein, so wichtig ist es ihm nicht."

Das Tryout kommt trotzdem. Hook trifft vor Coach Montgomery zehn von zwölf NBA-Dreiern. Schlussendlich sind die Warriors aber trotzdem nicht interessiert. Sei's drum. Es ist das „Highlight meiner Basketballkarriere", wie Abdur-Rahim in seinem Tagebuch auf www.hookmitchell.com schreibt.

Basketball ist immer noch die Nummer eins in Waliy Abdur-Rahims Leben. Doch es geht nicht mehr nur um ihn. Es geht nicht um Dunks für Koks – er dunkt für seine „Korrektur", für Project Straight Path.

Durch den Sport will er Kids erreichen, die vor ähnlichen Problemen und Entscheidungen stehen wie er damals. Demetrius „Hook" Mitchell hat sich selbst gefunden. Jetzt will er anderen helfen.

„Ich bete, dass meine Lehre nicht nur die Kinder, sondern auch die Eltern erreicht", erklärt Waliy, „weil wir alle zusammenarbeiten müssen, um die Probleme zu lösen, die in unserer Gesellschaft existieren."

Viel Glück, Hook.

JAN HIERONIMI
AND1 MIXTAPE TOUR

An einem regnerischen Herbstmorgen raste ich mit 140 km/h über die A3 Richtung Frankfurt. Es war Oktober 2003, und ich war nach einer langen Reise viel zu spät aus dem Bett gekommen: In der Nacht zuvor waren Dré und ich aus Paris zurückgekehrt, wo wir das Spiel der Memphis Grizzlies gegen die San Antonio Spurs gesehen hatten.

Nach meinem Zwischenstopp im heimatlichen Bonn stand nun das nächste Interview für die nächste FIVE – erst unsere dritte Ausgabe – auf dem Plan. Die AND1 Mixtape Crew besuchte Frankfurt, und für 11:00 Uhr war ein längeres Interview geplant. Um 11:00 Uhr oder auch: in fünf Minuten. Ich jedoch war noch 40 Minuten Fahrtzeit entfernt. Ich trat das Gaspedal durch, als hinge mein Leben davon ab. Denn diese doch eigentlich so völlig unwichtige Truppe aus Streetballern war für mich – wie für viele Basketball-Fans auf der ganzen Welt – ein ganz besonderes Phänomen. Sozusagen eine Herzenssache.

Einige Jahre zuvor hatte ein Arbeitskollege eines Tages ein Basketball-Video mitgebracht, das uns von der Basketball-Firma AND1 zugeschickt worden war. Mixtape 2, ein kurzes Video-Tape, unterlegt mit HipHop-Beats, ging an diesem Abend in meinem Zimmer für Monate auf Endlosschleife, immer eingelegt, abgespielt und zurückgespult, wenn Freunde in der Wohnung waren, zwischendurch von mir auswendig gelernt, bis ich jede Bewegung vorhersagen konnte.

Der Stil dieser Straßen-Basketballer, die einander durch die Beine dribbelten, zwischen zwei Moves Backpfeifen verteilten und nebenbei brachial dunkten oder Würfe blockten, war für meine an NBA und BBL gewöhnten Augen völlig neu. Wir sezierten die Szenen wie den Zapruder-Film des Kennedy-Attentats, wir probierten die Moves in Zeitlupe vor jedem Training, und am Ende wurden auch unsere Spiele in Kreis-, Landes- und Oberligen ein ganz klein bisschen Mixtape. Ihre Videos begleiteten uns jahrelang durch die Spielzeiten. Ja, man könnte sagen, dass das Spiel hierzulande danach für lange Zeit ein anderes war. Vor allem auf dem Freiplatz, wo fortan der Korberfolg nur ein langweiliger Nebeneffekt eines aufwendigen Dribblings zu sein schien.

Eine kleine Basketball-Revolution, die in den USA nochmal deutlich mehr Welle machte als bei uns, wo die Tapes zu Beginn nur Experten etwas sagten. In den USA, wo Basketball noch mehr im Mittelpunkt des öffentlichen Interesses steht und gerade das Spielen „im Park" mehr Gewicht hat, war die noch junge Firma und ihr Mixtape-Team zu einem medialen Schwergewicht geworden.

Mixtape 1 war noch ein Zufallsprodukt gewesen, Mitschnitte eines jungen Rafer Alston (dazu später mehr). Mixtape 2 war das Ergebnis eines Spiels in New Jersey, das Wally „Main Event" Dixon auf seinem Homecourt in Linden organisierte. 2000 dann tourten die Spieler bereits nach L.A., Atlanta und Chicago. Es herrschte Klassenfahrt-Feeling: DJ Set Free fuhr den schwarzen Ford Explorer, AO, Half Man, Main Event, Headache und Co. – die Stars der Veranstaltung – machten höchstpersönlich Werbung für die Spiele.

2001 besuchte die Tour bereits 16 Städte. Zu einem Spiel in Philadelphia strömten 5.000 Menschen. Zuschauer standen auf dem Dach der Grundschule nebenan, drängten sich auf den rostigen Feuerleitern der umstehenden Gebäude. Ein Fan erklomm einen fünf Meter hohen Baum und musste später von der Feuerwehr gerettet werden.

Es war ein wenig wie zu den legendären Rucker-Zeiten. Die Folge: AND1 verlegte die Spiele ab 2002 von den Straßen in die Hallen, um dem Zuschauerinteresse gerecht zu werden. Danach war die Kommerzialisierung komplett: Mixtape 5 kostete im Juni 2002 erstmals Geld. ESPN drehte die Reality-Serie „Street Ball" und ging 2003 in die zweite Staffel, in der in 33 Städten lokale Spieler um die Chance kämpften, für das Folgejahr einen festen Vertrag als Tour-Mitglied zu erhalten.

Und damit sind wir in jener Zeit angekommen, als ich mit 140 km/h über die Autobahn flog. Einem Interview entgegen, das wir einen Monat zuvor in dem jetzt folgenden Text angekündigt hatten, in dem wir die Bedeutung dieser Showtruppe einzuordnen versuchten.

CROSSOVER
2003

Rafer Alston ist mit seinen 27 Jahren schon einer dieser „Früher war alles besser"-Typen geworden. „Ich weiß noch, wie hier früher jeder seine eigenen Shorts mitbringen musste. Wenn du kein cooles Shirt dabeihattest, musstest du eben in irgendeinem alten Lappen spielen", erinnert er sich und lässt den Blick über den Rucker Park schweifen. „Heute ist alles so kommerziell. Heute kriegst du Jerseys und Sneakers hinterhergeschmissen. Bill Clinton war neulich hier, David Stern auch. Früher saß auf seinem Platz immer ein betrunkener Typ. Das ist Wahnsinn." Ja, wir wissen Bescheid: Die Kids von heute mit ihrer lauten Musik, früher habt ihr noch barfuß auf Glasscherben gespielt ...

Doch wenn irgendwer reden darf, dann Alston. Denn all das ist sein Werk. Die Revolution, die „Skip to My Lou" 1992 als Zwölfjähriger losgetreten hat, hat inzwischen Baller auf der ganzen Welt erreicht und mal eben das Spiel verändert. Seit AND1 1998 das erste Mixtape veröffentlichte, auf dem ein dünner Point Guard mit dem Basketball Poesie in den Asphalt schrieb, ist das Game ein anderes. Heute lernen Kids den Boomerang vor dem einfachen Bodenpass. Skips innovatives Spiel hat eine Multimillionen-Dollar-Industrie geboren, die aus Nobodys, die zuvor Einkaufstüten einpackten oder Fitness-Center putzten, internationale Stars gemacht hat. Streetball ist nicht mehr länger die Geschichte von denen, die es nicht in die Liga geschafft haben. Es ist eine eigene Kunstform, die weltweit Kids in ihren Bann schlägt.

Aus NBA-Wannabes wurden Kultfiguren, die inzwischen ordentlich verdienen. Sie bekommen Fame und Respekt, touren – begleitet vom Fernsehen – wie die Rolling Stones: Cali to New York bis ins alte Europa. „Die NBA ist eben nicht für jeden das Richtige", meint „Syk Wit It" aka Robin Kennedy. „Aber hier hab ich alles, was ich will. Ich kann mich betrinken, ich werde high, und ich kriege alle Frauen, die ich will. Was will ich mit irgendeiner anderen Liga?" Und all das wegen Skip to My Lou.

„Ich fand einfach, dass die Parks ein bisschen Excitement vertragen könnten", erinnert er sich. „Nichts war geplant oder abgesprochen. Es war alles eine Reaktion auf die Defense. Und ich dachte immer: ‚Wie kann ich die Zuschauer noch mehr anstacheln und dazu bringen, morgen wiederzukommen?'" Skip ist noch nicht einmal in seinen Teens, da vernascht er schon auf NYCs berühmtesten Streetcourts gestandene College-Spieler wie Chips vor der Glotze. Und an der Seitenlinie steht Ron Naclerio, Skips Highschool-Coach. Er filmt seinen Schützling und drückt das fertige Tape schließlich einem AND1-Mitarbeiter in die Hand. Die Revolution beginnt.

„Wir haben uns das Tape beim Mittagessen immer wieder angesehen", erzählt Errin Cecil-Smith, AND1s Marketing Director. „Und irgendwann hieß es: ‚So, ich muss wieder arbeiten.' Nie haben wir überlegt: ‚Wie benutzen wir Playground-Legenden für unsere Marke?'" Erst als selbst NBA-Stars wie Larry Hughes bei einem Besuch in Philly nicht genug von Skip bekommen, erkennt AND1 das Potenzial des Tapes. „Rückblickend war das, als hätten wir ein Goldnugget gefunden und es jahrelang als

Türstopper benutzt", lacht Cecil-Smith. AND1 unterlegt Skips „Poetry in Motion" mit HipHop und verteilt 50.000 Tapes über Footlocker in den ganzen USA. Mixtape One ist geboren.

Fünf Jahre später (Skip ist da schon längst im regulären NBA-Geschäft etabliert) sind Skips Erben „Half Man, Half Amazing", „Main Event", „Hot Sauce", „Escalade" und „AO" feste Größen im Streetball-Biz. Den ganzen Sommer über touren sie durch die Staaten, schon zum dritten Mal veranstaltet AND1 die „Mixtape-Tour". Was 2000 als Low-Budget-Event begann, bei dem die Spieler selbst Flugblätter verteilten und Plakate klebten, ist heute eine Tour mit 33 Stopps in den USA, Stationen in Paris, Barcelona, London, Mailand und Frankfurt, begleitet von ESPN, die eine eigene Streetball-Doku produzieren. Seit dem Erscheinen von Mixtape One hat sich der Jahresumsatz von AND1 von 50 auf 200 Millionen Dollar vervierfacht. Vier weitere Tapes und eine DVD sind in diesem Zeitraum erschienen, Mixtape 6 liegt im Laden, ebenso wie der Point-Guard-Battle „Skip vs. Alimoe". Streetball ist Business. Nike hat mit eigenen Werbespots nachgezogen, Freestyle statt „Ball-in-Korb", Kunst statt Effizienz.

Doch im Laufe der Jahre, angetrieben vom wachsenden Hype um die Tapes, um Handle und Dunks, hat die Revolution langsam begonnen, ihre Kinder zu fressen. Mal gibt es Beef zwischen den Spielern, Tim „Headache" Gittens (kleine Anmerkung: Das ist der, der in Mixtape 2 die Backpfeifen verteilt) musste das Team verlassen. Einzelne Spieler haben eigene Agenten, eigene Werbedeals, eigene Agenden. Und über allem schwebt die Frage: Wie groß darf ein Streetball-Team werden, das sich über Authentizität verkauft? Darf die Mixtape-Tour im Madison Square Garden gastieren? Wird sich die Mixtape-Bewegung irgendwann totlaufen? „Diese Frage wird ständig diskutiert", erklärt Cecil-Smith. „Wie weit kann das führen? Wird es eine zweite Spielergeneration geben? Sollten wir die ganze Sache auf dem Höhepunkt der Popularität killen?"

Bis dahin bleibt die Tour Streetball-Entertainment pur. Die Revolution kommt auch nach Europa. Die Bewegung, die Skip damals in NYC losgetreten hat, ist noch immer in voller Fahrt. Wenn auch vielleicht anders, als er sie gerne hätte.

Nicht ganz mit quietschenden Reifen, aber jedenfalls in höchster Eile kam ich an diesem Tag im Lindner Kongresshotel in Frankfurt an, riss die Tasche mit Notizblock und Aufnahmegerät aus dem Auto, lief gemäßigten, aber schnellen Schrittes in das angrenzende Restaurant, wo meine Interview-Partner (hoffentlich) noch warteten. Professionelle Freundlichkeit bei den Mitarbeitern aus dem PR-Team, die mich lächelnd hinüberführten zu einer Auswahl der AND1-Baller: Escalade, Alimoe, AO, Hot Sauce und *(wie ich allerdings aufgrund seiner überschaubaren Statur erst später bemerkte)* Professor. Er war der erste AND1-Spieler, der nicht als langjährige Freiplatz-Legende, sondern im Rahmen der Reality-Show auf ESPN zur Tour gestoßen war. Gestählt durch immer neue Test-Spiele, bei denen er überzeugte, hatte er es auf der Tour geschafft.

„Wie kann man zu spät kommen in einem Land, in dem man so schnell fahren kann, wie man möchte?", röhrte der geschätzt 150 Kilogramm schwere Escalade zur Begrüßung in meine Richtung. Eine gute Frage, aus amerikanischer Perspektive. Die gute Nachricht: Trotz meines späten Erscheinens folgte das wohl beste und unterhaltsamste Interview, das ich im Laufe meiner Journalistenkarriere führen würde. Ehrliche Antworten und witzige Typen.

MO MONEY, MO GAME
2003

Was hat sich für euch persönlich verändert, seit ihr mit AND1 durch die Welt tourt?
AO: Eigentlich nur, dass wir jeden Tag im Fernsehen sind. Die Leute erkennen dich öfter. Sonst eigentlich nichts. Ich hänge immer noch mit den Leuten rum, mit denen ich schon immer unterwegs war. Oh, und diese Jungs hier *(zeigt in die Runde)* kennenzulernen, das war's dann.
Hot Sauce: Jeder erkennt dich! Du hast die Leute, die dich schon immer kannten, mit denen du dich schon immer abgegeben hast. Aber auf einmal kennen dich auch die Leute da draußen, denen du vorher egal warst. Es ist fast so, als würde mich jeder kennen. In den letzten beiden Jahren habe ich realisiert, dass es eine Menge Leute gibt, die mit einem befreundet sein wollen, die versuchen, irgendwie dazuzugehören, aber wer deine echten Freunde sind, das siehst du nicht.

Wollen sich Leute an euch dranhängen, weil ihr auf der Tour seid?
Alimoe: Die hatte ich schon vorher, aber inzwischen ist es noch schlimmer als früher. Escalade zum Beispiel nervt mich jetzt jeden Tag. Dann will er mal mit mir rumhängen, oder ich soll auf seinen Shirts unterschreiben, und dabei sind wir im selben Team! *(grinst)* Es hat sich eine Menge verändert – sogar meine Adresse! *(grinst)*

Escalade: Das Verrückte ist, dass die Leute jetzt glauben, dass sie dich kennen. Die haben AOs Biographie auf irgend so einer Seite im Internet gelesen oder ihn im Fernsehen gesehen und glauben jetzt, dass sie ihn kennen. Das ist schon eine echte Umstellung. Du wirst jederzeit und überall erkannt. Wir waren beim NBA-All-Star-Wochenende in Atlanta und hingen irgendwo ab, wo auch Shaq rumlief. Aber trotzdem haben viele Leute versucht, erst mal an uns ranzukommen.

Habt ihr alle solche Geschichten mit NBA-Spielern zu erzählen?
AO: Sauce und ich waren zum Beispiel einmal auf Coney Island. Wir waren gerade erst in den Park gekommen, und ein kleiner Junge sagt zu seinem Freund: „Da drüben ist Steph!" – Stephon Marbury spielte auch da. Und sein Freund meinte nur: „Fhhh *(ablehnende Handbewegung)*, mir egal, da drüben sind AO und Hot Sauce!"
Escalade: Ich war vergangene Saison mal in Utah und hing nach dem Spiel im VIP-Raum ab. Karl Malone kam rein, ich kannte ihn bis dahin nicht persönlich. Er kommt rein, wir haben Blickkontakt, er geht raus. Zwei Minuten später kommt er wieder rein, lässt sich von einem Freund vorstellen und sagt zu mir: „Wow, ich hatte ja keine Ahnung, dass Escalade hier ist." Das ist ja wohl ein Witz! Das ist der beste Power Forward in der Geschichte der NBA, und er verhält sich wie ein Schulmädchen, um mir Hallo zu sagen! Solche Sachen hauen dich einfach um. Uns wurde mal gesagt, wir wären populärer als 60 Prozent der NBA-Spieler. Ich meine, bevor du weißt, wer Brian Scalabrine ist, erkennst du eher AO wieder ...

Auch wenn ihr nicht alle aus New York City kommt: Ist der Big Apple auch für euch das Basketball-Mekka? Und wie wichtig ist NYC für euren Erfolg geworden?
Escalade: Ich kann mich noch erinnern, als ich ein Kind war, vielleicht sechs Jahre alt, und am Rucker rumhing. Damals sah ich Joe Hammond (New Yorker Streetball-Legende). Er stieg aus einem Cadillac El Dorado aus, mit einem Nerzmantel an! Ich weiß ja nicht, ob ihr eine Ahnung habt, wie heiß es im Sommer in New York wird ... jedenfalls hielt eins seiner Mädchen den Mantel vor ihm auf, während er sich dahinter umzog. Damals wollte ich nicht so werden wie Kareem oder Magic: Ich wollte Joe Hammond sein! Ohne zu verstehen, dass er eigentlich ein Niemand war. So groß war New York. Wenn Al und ich heute nach Hause kommen und Joe uns sieht und erkennt, das ist Wahnsinn. Denn das sind die

Architekten unserer Geschichte. Wenn „Pee Wee" Kirkland (ebenfalls New Yorker Streetball-Legende) uns zur Seite nimmt und sagt: „Ich liebe, was ihr tut", dann ist uns das unglaublich wichtig. Es gibt überall gute Ligen – Philly, L.A., in jeder Stadt. Aber New York ist in Sachen Streetball wegen der Medien, der Rapper, wegen des Fernsehens, und weil es eben New York ist, riesig geworden. Wenn man darüber nachdenkt: Da kommt vor kurzem der US-Präsident (es war Ex-Präsident Bill Clinton, aber wir sind da nicht so) in die Projects und sieht sich ein Streetball-Spiel an … das ist für mich unglaublich. Und das zeigt, wie groß diese Sache geworden ist. AND1 muss man zugutehalten: Sie waren die Ersten, die TV-Shows und Mixtapes produziert haben. Sie haben es so groß gemacht, sie haben das Format erfunden.

So bekannt ihr zu Hause seid – habt ihr dafür als AND1-Spieler nicht einen schlechten Ruf weg bei den NBA-Bossen?
Escalade: Es ist so: Wenn du ein klassisch ausgebildeter Schauspieler bist, dann respektierst du eben niemanden, der Kaugummi-Werbung macht. Nichts gegen das, was wir machen, aber es wird eben nicht so hoch gehalten. Ich weiß nicht, inwieweit die Leute es respektieren. Aber wenn man einen Schritt zurück tritt und genau hinsieht: AO und Lonnie (aka Prime Objective, auch AND1-Spieler) spielen in der NBDL und sind da solide Spieler, wir haben Jungs dabei, die im Trainingscamp waren, die in Europa gespielt haben – also kann wirklich jeder, der dabei ist, spielen.
Alimoe: Das hier ist ein toller Job! Du arbeitest drei Monate lang, spielst Basketball, hast Pre- und Afterpartys, du kriegst jeden Ersten deinen Scheck. Du zahlst hier für nix, du bist eine Berühmtheit. Und nach den drei Monaten hast du neun Monate frei, in denen du machen kannst, was du willst.

Ist das für euch die zweitbeste Alternative zur NBA-Karriere?
Alimoe: Du lebst dein ganzes Leben lang mit dem Gedanken: Ich muss es in die NBA schaffen. Warum? Weil du Autogramme schreiben willst, weil dich die Leute auf der Straße erkennen sollen, weil du gegen die besten Spieler der Welt antreten willst. Hier bei AND1 kommst du genauso ins Fernsehen, es ist alles so ähnlich wie in der NBA. Die fahren in Tour-Bussen herum, wir auch. Die werden mit Limousinen abgeholt, wir auch. Die haben einen Fahrer, wir auch. Die haben einen Bodyguard, wir auch – sogar Escalade.

Escalade: Wobei ich wohl der Erste bin, der größer ist als sein eigener Bodyguard. Aber auf welchem Level sich diese Tour gerade bewegt ... Mann! Al und ich, als New Yorker, wir lieben Jay-Z und Puff Daddy. Wenn wir heute auf eine Party gehen, kommen die beiden an und fragen dich: „Hey, willst du nicht für mich spielen, bitte komm zu meinem Turnier" Oder als ich mit Skip bei Jay-Zs Afterparty bei den MTV-Awards war – da liefen Janet Jackson und Beyoncé rum! Skip und ich kamen aus dem Auto, und so, wie die uns behandelt haben, hättest du gedacht, dass Shaq und Kobe angekommen sind. Vorbei an der Schlange, eigener Tisch ... und alles wegen AND1! You can't beat it, man!
AO: Hab ich euch erzählt, wie ich Puff mal getroffen habe?
Alimoe: You look like Puff, man! *(alle lachen)*
AO: Ich bin in diesem Club und laufe ihm zufällig an der Bar über den Weg, und er sieht mich und sagt: „What up, dawg?" Und ich – ihr wisst, wie ich bin, wenn ich was getrunken hab *(wir übrigens inzwischen auch)* – sag nur „What up?" und gehe an ihm vorbei. *(alle lachen)* Ich meine, was soll ich sagen? „Ich bin betrunken, hallo, ich muss zurück zu meinem Drink." *(alle bepissen sich)*
Alimoe: Guck dir den Professor an. Der Kleine hinter dir, der aussieht wie der Sohn des Trainers. Wenn er nach Hause kommt, dann mit Prada-Schuhen an den Füßen, neuem Shit in der Tasche ...
Escalade: Einen Monat nachdem er mit uns auf Tour gegangen ist, schreibt der Junge schon Autogramme, hat einen Two-Way-Pager. „Yo Escalade, ich two-way dich später mal, vielleicht machen wir irgendwas ..." Wenn du ihn heute nach einem Autogramm fragst, heißt es nur: „Professor don't sign no autographs!" Der Professor ist jetzt big time!

(Professor wechselt den Platz und tritt Escalade auf den Fuß)

Escalade: Hey, tritt mich ruhig weiter, that's cool. Achtmal schon, und ich hab dir immer noch keine gehauen ... und er hat sich immer noch nicht entschuldigt ... Siehst du das? Das Ego? Früher hätte er gesagt: „Sorry Escalade, alles okay, tut mir leid." Heute nur: „Move your foot!"

Eben noch mit der DVD vor dem Fernseher am Dribbeln, jetzt selbst im Tourteam ...
Professor: Das war das Verrückteste an der ganzen Sache. Eben hab ich mir noch ihre Videos von der EBC oder die Mixtapes angeguckt, und jetzt

stehe ich mit ihnen auf dem Feld. Zu Beginn war es einfach nur toll, dass ich es in das Open-Run-Game geschafft hatte. Und dann haben sie mich gefragt, ob ich mit ihnen auf Tour gehen will. Ich dachte nur: „Passiert das gerade wirklich?"

Was glaubst du, warum sie dich geholt haben?
Professor: Es war jetzt nicht nur ein spezieller Move, ich hab einfach solide gespielt. Und ab und zu hab ich jemand den Ball durch die Beine gespielt und hinter dem Rücken her.
Escalade: Wenn wir uns den Open Run angucken, dann achten wir nicht auf den verrücktesten Scheiß, dann suchen wir nach dem besten Spieler! Wenn wir dabei den besten Spieler MIT dem verrücktesten Scheiß erwischen, ist das super. Professor war einfach solide, hat nebenbei ein, zwei Tricks abgezogen. Und was uns sofort aufgefallen ist: Er sieht eben aus, als wäre er zwölf. Von wegen: Wow, der Kleine da hat's echt drauf.

Und dein Spitzname kommt woher?
Professor: Cause I school people. Darum Professor. Duke Tango, unser Ansager auf der Tour, hat mir den Namen gegeben. Am Anfang dachte ich mir so: „Na ja, Professor, ich weiß nicht." Aber inzwischen …
Escalade: Als Professor ankam, war klar: Wie auch immer Duke ihn nennt, das ist sein Name! Solange du deinen Namen nicht von Duke hast, nenn ich dich auch nicht so. Wenn du morgen ankommst und sagt, du wärst „The Great One" – du heißt so, wie deine Momma dich genannt hat.
Alimoe: Alle Jungs aus New York haben ihre Namen vom Rucker Park. Alimoe kam damals von Krispy Alimoe, da war ich noch jünger. Black Widow kam vom Rucker, von Duke Tango.
Escalade: Wenn du aus New York bist und deinen Namen nicht von Duke Tango hast, dann ist das noch nicht offiziell! Du kannst dir deinen Namen nicht einfach aussuchen. Ich hab meinen Spitznamen so um 1997 herum bekommen, da war der Escalade gerade erst rausgekommen. Bis dahin hieß ich Big Daddy Boogy Junior – nach einem älteren Typen, der Big Daddy Boogy hieß. Ein fetter Typ. Ich hab diesen Namen gehasst, weil es eben nicht mein eigener war. Das ist so, als ob in Philly jemand AO Junior genannt wird. Das ist einfach kein Name! Aber dann bin ich 1997 in einem Spiel durch die Mitte gezogen, hab einen Typen umgehauen und gedunkt, und Duke meinte, ich hätte ihn überfahren wie ein brandneuer Escalade. Seitdem heiße ich so.

Alimoe: Duke hat immer gesagt: „Wenn die Lichter ausgehen, macht Al seine Punkte." Darum Black Widow. Der Name gefällt mir auf jeden Fall.
AO: Duke hat mir diesen Sommer auch einen Namen gegeben: AO aka President! Der Präsident besitzt alles. Er hat seine Hand überall drin. *(lacht)* Tango bringt seinen eigenen Namen allerdings auch ständig durcheinander. *(alle grinsen)*

Es gibt ja auch Leute, die sich darüber aufregen, dass ihr tourt, dass es beim Streetball nun auch um Kohle geht ...
Escalade: Ich für meinen Teil kann nichts Schlechtes über das Geld sagen. Wir essen! Also kann ich nicht so tun, als wäre das Geld schlecht: Die Kohle ist gut! Mehr Kohle wäre noch besser! Es ist eben so, dass Leute reich werden von dem, was wir tun – also sollten wir auch reich werden. Wenn du zur EBC gehst, da macht NBA-TV jede Woche eine Sendung mit dem Mercedes-Benz-Logo auf dem Boden. Irgendjemand steckt dafür einen Scheck ein, oder nicht? Auf unseren Jerseys steht Mountain Dew Code Red, Western Union, Foot Locker – das ist einfach ein Geschäft. Angebot und Nachfrage. Wenn wir nach Europa kommen, sind überall die Hallen voll. Also warum sollten wir dafür keine Gegenleistung erhalten?

Viele finden es trotzdem komisch, wenn im Madison Square Garden Streetball gespielt wird.
Escalade: Es gibt da eine Textzeile von Nelly, die gut dazu passt: „I'm sick of people tellin' me what's real hiphop, nine times outta ten it be them dudes whose album flopped." Die Leute, die darüber quatschen, dass Streetball pur und rein bleiben soll, sind die Leute, die pleite sind. Ich will so bekannt wie möglich sein, und wenn ich Hallen mit 30.000 Plätzen damit voll kriegen kann, dass ich jemandem den Ball an den Kopf werfe – super, mir egal, ob ich jemals wieder ein normales Spiel bestreite. Das Essen muss auf den Tisch, und wie du siehst, esse ich sehr gerne.
Alimoe: Es gibt eben so viele andere Spieler, Streetballer auf der ganzen Welt, die daheim sitzen und denken: „Das könnte ich auch." Erzähl mir nicht, dass es die nicht gibt. Bei der NBA sagen viele: „Das würde ich nie schaffen, ich könnte nicht für drei Stunden trainieren oder jeden Tag laufen." Aber wir, wir gehen nur raus und spielen. Logisch, dass jeder denkt, er könnte das auch. Logisch, dass jeder seinen Scheiß zu dem Thema loswird. „Das ist kein echter Streetball. So wird kein Basketball gespielt. Das ist Schrittfehler. Du kannst den Ball nicht einfach unters Shirt stecken."

Aber hey, das ist eben Entertainment. Ich weiß ja noch, wie ich früher daheim gesessen und die AND1-Leute gesehen habe. Damals dachte ich mir auch: „Die sind Streetballer, ich bin Streetballer, was soll das?" Aber wir haben eben auch Jungs im Team, die auch anders spielen können.

AO: Die Leute sagen ja auch: Mase ist kein echter Rapper, der ist viel zu soft. Aber er macht Kohle damit, also was willst du sagen? Jeder redet davon, dass AND1 die Kids verrückt macht mit den Dribblings und so. Okay. Aber dass du als Rapper angeschossen werden musst, nur um als real zu gelten, das macht die Kids nicht verrückt?

Escalade: Schick deinen Sohn in ein Basketball-Camp! Es ist nicht mein Job, deinem Sohn beizubringen, wie er das Spiel zu spielen hat, ich muss deinen Sohn nicht großziehen. Wenn dein Sohn Rap hört und rausgeht und jemanden erschießt, dann ist das DEIN Fehler. Nicht der von irgendwelchen Rappern. Genauso wenn dein Sohn versucht, jemanden zu Y2Ken (Streetball-Move), bevor er weiß, was ein Pick-and-Roll ist. Das ist DEIN Fehler, nicht unserer.

Alimoe: Ich hasse es, wenn mir jemand damit kommt. Hey, so kommt mein Essen auf den Tisch! Als ich das Spiel ernst gespielt habe, einfach nur als Alimoe, war ich arbeitslos! Wohnte bei meiner Mutter! Heute werfe ich jemandem den Ball durch die Beine oder hinterm Rücken her – und alles ist anders. Also, was glaubst du, was ich tun sollte? Keep it real?

Escalade: Es gibt Playground-Legenden, die jeden Tag 60 Punkte machen – aber 60 ist alles, was sie haben, und sie sind immer noch in den Projects. The Goat died broke (gemeint ist Earl Manigault, ebenfalls New Yorker Streetball-Legende)! Guck dir Joe Hammond an. Unser Coach Big Mike und ich waren neulich in Harlem an der 145. Straße oder so, und Joe Hammond kam an: „Escalade, ich hab hier diese Sean-John-Jeans, Größe 36, aber die fallen groß aus!" Der beste Spieler aller Zeiten versucht mir Jeans anzudrehen, die 20 Nummern zu klein sind!

Alimoe: Ich raffe einfach nicht, wie man sich darüber beschweren kann. Okay, wenn wir Drogen dealen würden, dann könnte ich es verstehen. Selbst wenn wir den Kids einreden würden, sie sollen genauso spielen wie wir und nicht mehr zur Schule gehen. Aber das machen wir ja nicht. Für die EBC-Rucker-Park-DVD hab ich extra ein Camp gemacht, wo ich den Kids zeige, wie man richtig dribbelt. Und? Erinnert sich irgendwer daran? Nein, alle erinnern sich nur, dass ich irgendwem den Ball durch die Beine gedribbelt habe. Den Teil, wo ich die Fundamentals zeige, den hat keiner gesehen. Aber die Kids sehen das schon genug in der NBA, die wollen bei uns einfach Spaß haben. Die wollen dir den Ball durch die Beine ziehen und sich totlachen, wenn du dich umdrehst.

Escalade: Als ich klein war, hab ich mir auch die Globetrotters angesehen. Deswegen hab ich trotzdem nicht angefangen, meinem Coach einen Eimer Konfetti ins Gesicht zu werfen. Du musst einfach wissen, was du dir wann und wo erlauben kannst und was nicht. We destroy like Jay-Z, man. Alle sagen, wir würden das Spiel ruinieren, aber hey: Wir verkaufen Einheiten, und zwar schnell!

Ende des Interviews, aber der Tag ging weiter: Ein Trip durch die Innenstadt von Frankfurt folgte, gemeinsame Fahrten mit der Straßenbahn, Mittagessen, Gespräche über deutschen HipHop, eine Vorführung des kommenden Mixtapes, Drinks und eine Afterparty. Danach trennten sich die Wege. Escalade, Half Man Half Amazing (den ich später kennenlernte und von dem ich ein Jahr danach die spießigste aller denkbaren Weihnachtskarten in der Post hatte!) und ihre Kollegen tourten weiter, ihrem stetig wachsenden Ruhm entgegen.

Einige von ihnen mögen Illusionen darüber gehabt haben, welche Halbwertszeit der plötzliche Ruhm rund um die Welt haben würde, wie gut ihr Game tatsächlich im Vergleich zu NBA-Spielern oder europäischen Profis abschneiden würde – der Großteil von ihnen jedoch wusste, was und wer sie waren.

Logisch, dass ich den Weg ihrer Tour weiterverfolgte. Zwei Jahre lang, bis sie die nun noch größer gewordene Tour erneut nach Deutschland führte. Und mir die Gelegenheit eröffnete, eine Woche im Stile des Films „Almost Famous" durch Süddeutschland zu touren, Bus und Hotels mit den AND1-Spielern zu teilen und still zu beobachten, was der Hype aus diesem Haufen einst unbeachteter Straßen-Basketballer gemacht hatte. Auch das: eine Woche, die ich ewig in Erinnerung behalten werde.

ROAD TRIP
2005

Das satte Grün der bewaldeten Hügel ringsum, die Weinberge auf der rechten Seite, die historische Altstadt am Ostufer des Mains. Vor allem aber die Marienfestung, die sich in der Mitte Würzburgs erhebt – die Szenerie muss für Augen, vor denen seit Monaten amerikanische Großstädte mit ihren Zweckbauten, Malls und Wolkenkratzern vorbeifliegen, seltsam unwirklich wirken. Dementsprechend oft klicken die Kameras.

Professor und Pharmacist posen, Verkehrsschild im Arm, für die Homies daheim. Duke schmeißt seinen Camcorder an, kommentiert: „This is Wörtsbörg, Germany." Half Man lässt mit breitem Grinsen den Blick über die Stadt schweifen: „Es sieht aus, als würde Godzilla jede Sekunde um die Ecke kommen und die Häuser plattmachen."

Vierzehn Mann stark ist AND1 in Deutschland aufgeschlagen. Zehn Spieler, MC Duke Tango, Coach Steve Burtt, dazu zwei Mitarbeiterinnen von AND1 USA. Es ist Dienstag, es ist der Auftakt zur zweiten Mixtape-Tour durch Europa. Nach dem Stopp in Germany wird AND1 Spanien beehren, dann Italien, am Ende Serbien. Mit Ausnahme von Pharmacist sind die Spieler allesamt zum zweiten Mal hier. 50 hat vom letzten Besuch immerhin das Wort „Arschloch" ins Heute hinübergerettet, Half auch in New York oft genug seine deutschen HipHop-CDs gehört, um den Hook von Curse' „Und was ist jetzt" mitrappen zu können.

Trotzdem bedeutet Deutschland zunächst mal einen kompletten Kulturschock. Das beginnt mit dem Burghotel irgendwo im Nirgendwo außerhalb Würzburgs mit den Ritterrüstungen in der Lobby und geht weiter mit Bauarbeitern, die auf dem abgesperrten Fahrstreifen der Autobahn ihr Pils köpfen. „They work drunk? On the highway?", fragt Professor mit großen Augen.

Sechs Tage lang müssen die Jungs in diesem komischen Land klarkommen, mit Sprudelwasser und ohne Free Refill. Die Reise geht von Würzburg nach Erlangen, nach Bamberg zum ersten Spiel (jeweils inklusive Konzert der Massiven Töne), nach Stuttgart und schließlich nach Mannheim zum zweiten Game in der brandneuen SAP Arena – ein Leben zwischen Tourbus, Hotelzimmer, Disco und Basketballcourt.

Der Bus rollt monoton vor sich hin. Seit Stunden schon, das Ziel der Fahrt ist noch lange nicht erreicht. Jedes Jahr verbringt die Crew monatelang den Großteil der Zeit auf der Straße, der Bus als Zuhause auf vier Rädern. Die Jungs haben technologisch aufgerüstet, um die langen Fahrten zu überstehen: Blackberry, Sidekick, Laptop, DVD-Player, iPod, PSP, das Who's who der technischen Spielereien ist am Start. Kampf der Langeweile.

Dukes Platz ist ganz vorne links. Hier hat er freies Schussfeld für den Camcorder. Vor ihm auf dem Tisch liegen ein Rätselheft und die Überreste einer Orange. Hinter ihm, den Blick Richtung Spieler gerichtet, sitzt Coach Burtt, Buch in der Hand und die Beine weit genug ausgestreckt, um den kompletten Vierer für sich zu reklamieren.

Links von ihm Spyda, den dicken Kopfhörer auf den Ohren, halblaut jede Zeile mitrappend. „Es-ca-laaade ... ridin' on blaaades ..." Fess dahinter, der auf sein Blackberry eintippt. Neben ihm die kleine Küche. Vier Schlafkojen hält der Bus bereit, sie trennen den Bus in zwei Hälften.

Vorne die Young'ns, hinten die Veteranen. Dort hat Prime die Kontrolle über Playstation und DVD-Player. Darum laufen immer mal wieder Skate-Tapes auf dem Flatscreen, der „L-Train" fährt seit neuestem Skateboard, wenn auch noch nicht besonders gut. Nebenan Go Get It, Main Event und Half Man. Ihnen gegenüber AO mit seiner P.Diddy-Gedächtnisfrisur, über die seine Mutter friseurhandwerklich unkorrekt schimpfte: „Warum hast du dir einen Tomahawk machen lassen?" Links daneben Pharmacist und Syk Wit It. 50 schläft in einer der Kojen den Schlaf des Gerechten. Auf dem Bildschirm läuft eine Vorab-Version des Asien-Tour-Tapes. Es gibt Gelächter, Frotzeleien unter Homies, die ihren Höhepunkt bei der Szene erreichen, als 50 wettet, dass er einen Salto rückwärts schafft und minutenlang auf der Stelle steht, ohne sich zu bewegen. Damals rief er anschließend seine Mutter an, die bestätigen sollte, dass er den Stunt schafft. „Robert, du hast seit zwölf Jahren keinen Salto mehr gemacht", sagte seine Mom.

Seit Jahren spielen diese Jungs Woche für Woche, Tag für Tag gegen adrenalinstrotzende Baller, die auf ihre Kosten vom Niemand zum Jemand werden wollen. Seit Jahren sind sie gemeinsam on the road. All das hat die Truppe zusammengeschweißt. Trotzdem gibt es eine klare Hierarchie, gibt es Probleme: Die Youngsters grummeln über mangelnden Respekt der Älteren für ihr Game, die Vets schütteln den Kopf über den jugendlichen Leichtsinn der Jüngeren.

Als in der Streetball-Ausgabe der „SLAM" ein Interview mit Main, Half, 50 und AO erschien, in dem sie zu Protokoll gaben, dass sie für ein Spiel in der Hood keinen der Youngsters gebrauchen könnten, schlug das Trash-O-Meter tagelang im roten Bereich aus. Der Umgangston ist rau und lautstark. Aber am Ende des Tages ist unter Kumpels alles erlaubt und nichts off limit.

Immenreuth ist ein kleines Städtchen in Nordbayern. Es gibt ein Sommerferienzentrum, einen Campingplatz, ein SOS-Kinderdorf und eine Multifunktionssporthalle. Drum herum: ländliche Idylle.

„Es gibt hier stundenlang nur nichts", sagt Duke und lässt seine Kamera über die Wälder und Felder schwenken, die am Bus vorbeiziehen. Ein Wohltätigkeitsbesuch im Kinderdorf steht an, der Bürgermeister ist da, ins goldene Buch der Stadt tragen sich Main und Co. gleich nach einem Bischof ein.

Danach soll in einer Halle in der Nähe das erste richtige Training auf deutschem Boden stattfinden. Die Tribüne ist bereits prall gefüllt, als der Bus an der Sporthalle vorfährt. Zu Beginn applaudieren die Zuschauer bei jedem getroffenen Mitteldistanzwurf. Main wirft sich einige Minuten auf einen der Körbe warm und geht irgendwann zum Reverse Dunk hoch. Ein lautes Krachen lässt Zuschauer und Teamkollegen herumfahren – der Korb pendelt samt einigen abgerissenen Teilen des Holzbackboards träge vor und zurück. Der Hausmeister guckt böse, während Main High Fives gibt und das Publikum applaudiert – nun wird nur noch im vorderen Hallendrittel gezockt, wo die Körbe Glasbackboards haben.

Trainiert wird an jedem spielfreien Tag: Achterlauf, ein paar Jumper, einige Trainingsspiele. Obwohl vom Drill eines Profiteams nichts zu sehen ist, setzt es für zu laxe Einstellung Linienpendel. Egal ob gegen die eigenen Teamkollegen oder, wie später auf der Mannheimer Army Base, gegen eine Five aus Militärangehörigen, niemand schenkt dem anderen was. Es wird gehackt und gehalten. „Ihr foult eure eigenen Mitspieler härter als irgendeinen Fremden in den Spielen", beschwert sich Spyda irgendwann.

Stell dir vor, eine Firma schickt dich und neun deiner Freunde auf eine Reise. Die besten Hotels, ein fetter Bus, alles ist gebucht, ein wenig wie die Gourmet-Variante einer Klassenfahrt. Stell dir vor, du spielst in den größten Arenen vor vollem Haus. Stell dir vor, du wirst behandelt wie ein Profisportler, ohne zur Urinprobe zu müssen oder von Coaches im Training Camp geschliffen zu werden. Stell dir vor, besagte Firma bläst dir einen dicken Scheck in den Hintern, schenkt dir kofferweise Klamotten, zu jedem Training neue Schuhe. Alles, was du dafür tun musst, ist trainieren, Interviews geben und alle paar Tage den Court rocken. Mit einem Satz: Stell dir vor, du bist Spieler auf der Mixtape-Tour. Der Trip durch Deutschland ist Rock'n'Roll pur. Dicke Rauchschwaden hängen im Hotelflur. Jack und Coke an der Bar. Fuffies im Club. Trotz Jetlag – und obwohl Prime und AO in der Sportsbar während des Spiels Deutschland vs. Türkei einschlafen – geht es schon am ersten Abend per Taxi ins „Studio" in Würzburg.

Da fließt alles, was flüssig ist. Nicht für alle führt der Weg zurück ins Hotel. Um vier hält das Taxi an der Tanke zwecks Notversorgung (Sixpacks für die ganze Bande, danke). Main will auf dem

Hotelbalkon grillen und schleppt Holzkohle und Brennspiritus an die Kasse, überlegt es sich am Ende aber doch anders. (Unter sanftem Druck des Autors, übrigens.)

Der nächste Tag: Fahrt nach Bamberg. AO klaut beim Burger King an der Autobahn einen Elton-Werbeaufsteller. Eine der Verkäuferinnen hat jedoch aufgepasst, posiert noch nett fürs Foto und zieht samt Elton wieder ab. Am Donnerstag wird in Bamberg gespielt. Nach Spielende entdecken die US-Boys im VIP-Raum ihr Faible für Weizenbier und Krombacher. Da das Hotel in Erlangen ist, findet die inoffizielle Afterparty in einer billigen Studentendisse um die Ecke statt. Ein vorwitziger Studi rempelt Half an, dessen Hand um die Kehle nüchtert ihn schnell aus. Gemeinsam mit dem deutschen Team, dem Gegner sowohl in Bamberg als auch in Mannheim, wird gefeiert. Als AND1 geht, geht die Hälfte der Frauen mit.

Auf dem Weg nach Mannheim hält der Bus in Stuttgart. Hardcore Shopping steht auf dem Programm. Die Kohle sitzt locker. „Willkommen zu Primes Einkaufswahnsinn", grinst Spyda – Prime ist bekannt dafür, in jeder Stadt große Scheine in technische Spielereien zu investieren. In Erlangen war es ein 700-Euro-MDA. Spyda trägt seine neuen Diamant-Ohrringe durch die Stadt, die jedes Mal, wenn ihn jemand nach dem Preis fragt, teurer werden. Aktuell kosten die Dinger 100.000 Euro. „I'm filthy rich", tönt er.

Samstags steigt die offizielle Pre-Game-Party im „Queens"-Club, etwas außerhalb von Mannheim. In der VIP-Area sind alle Getränke umsonst, doch nach dem Vorglühen zieht es die Mannschaft runter auf die Tanzfläche. Stundenlang wird getanzt, gecheckt, getrunken. Gegen zwei macht jemand die falsche Frau an, ihr Freund schüttet AO seinen Drink ins Gesicht, dessen Schwinger geht ins Leere. Massenauflauf am Eingang, der Barkeeper hat einen Hocker schlagbereit, es wird geschubst und auf dick gemacht. Die Türsteher wollen die Spieler nicht rauslassen, ohne dass diese ihre Getränkekarten bezahlen. Bei Main brennt irgendwo im Tumult eine Sicherung durch. Er legt, ganz Profi, erst mal Diamantuhr, Kette und Ringe ab, will dann dem Türsteher an die Wäsche. Zehn Mann können gerade so verhindern, dass der Main Event des Abends ein Kickbox-Abend wird – Main hat den schwarzen Gürtel in Martial Arts und wiegt geschätzte 110 Kilo. Kein Wunder, dass der Türsteher ganz schnell seine Arbeitskluft auszieht, nachdem die Jungs aus der Disco geflogen sind. „Schreib ruhig von der Schlägerei", sagt AO. „Aber schreib dazu: Wenn die Lichter angehen, spielen wir! Egal, was passiert ist."

Die Verwandlung geschieht plötzlich und unverhofft. Sie können noch so angenervt vom Tour-Stress, noch so müde vom Vorabend gewesen sein – sobald Publikum da ist, mutieren die Jungs zu Entertainern. Zuschauer zu unterhalten hat oberste Priorität. Darum rollt Half mit Krankenbahre und Erste-Hilfe-Koffer an, als Fabian Geiser sich beim Dunking Contest in Mannheim beim 360er über das Ball Rack beinahe die Haxen bricht. Darum gibt die Truppe nach Spielende so lange Autogramme, bis jeder in der Schlange bedient wurde. Darum wird überall für Fotos posiert. Bei aller Star-Attitüde wissen sie halt, dass die Fans ihre Schecks ausstellen. Und so spielen sie auch.

Die erste Partie der Europa-Tour, das Bamberger Forum ist nur halb gefüllt. Ein gutes Spiel. Das deutsche Team hält dagegen, lässt die Star-Truppe nicht davonziehen. Der Stil dagegen könnte kaum unterschiedlicher sein. Mit wenigen Ausnahmen punktet der Mix aus deutschen Zweit- und Regionalligaspielern per Jumpshot, während die Mixtape-Crew den spektakulären Weg zum Korb sucht. Pharmacist zieht seinem Gegenspieler während des Dribblings das Shirt über den Kopf und den Ball durch die Beine, Main Event läuft im Schlussviertel mit zahlreichen Alley-Oops am Mann Amok.

Auch AO ist in Spiellaune, zieht seinem Gegenspieler das Stirnband über die Augen, wirft den Ball an die Seite des Backboards und dem Gegner anschließend an den Kopf. Dass AND1 USA am Ende gewinnt, ist eher nebensächlich. Hauptsache, die Show hat gestimmt.

Mannheim, die brandneue SAP Arena, Sonntag. Es sind deutlich mehr Zuschauer da als in Bamberg. AND1 Germany schlägt mit eigener Springer-Fraktion zurück. Es hagelt immer wieder Alley-Oops auf den US-Korb. Paul Gudde sorgt gerade in der zweiten Hälfte für tüchtig deutsche Handle-Highlights. Der Style-Score ist ausgeglichener, das Ergebnis dafür deutlicher als in Bamberg. Das mag auch an der sehr rustikalen Defense liegen, die die US-Boys spielen. Es geht auf und ab. Spyda hat sein im letzten Spiel lädiertes Knie mit Meersalz („The shit turned my bathtub red") und Hitzecreme („Burned my skin off") gepflegt und netzt einen Dunk nach dem anderen ein. Pharm und Fess zeigen ihr Handle.

Als die Schlusssirene ertönt, hat AND1 USA deutlich gewonnen. Es geht heim ins Hotel zu Pizza, Wein und einem verhältnismäßig ruhigen Abend im Hotelzimmer. Es ist der erste Tag, an dem niemand steil geht, niemand Strip- oder Sauna-Club sucht. Morgen fährt der Bus um zehn, der Flieger nach Spanien geht um zwei. Next stop: Madrid. Die Tour rollt weiter, erst durch Europa, dann durch Asien, im nächsten Jahr wieder quer durch die USA. Und dann vielleicht, in einem anderen Sommer, wieder in dieses komische Land mit dem Sprudelwasser ...

Ein Wahnsinns-Trip, von dem vieles geblieben ist. Das Eins-gegen-eins gegen AND1s Spyda, die Gespräche im Bus, der Versuch dieser groß gewachsenen US-Boys, in Nürnberg am Bahnhof etwas „zu rauchen" zu kaufen ... Neben all den lustigen Anekdoten und interessanten Beobachtungen ist mir von dieser Reise jedoch bereits ein schaler Eindruck geblieben. Es knirschte im Getriebe. War da noch die Authentizität, die einst den Erfolg ausgemacht hatte? Waren das wirklich die besten Streetballer der Welt?

Ich kann nicht sagen, wie schleichend oder plötzlich in der Folge der Abstieg von AND1 wirklich war. Ich weiß heute nur, dass all das, was damals für volle Hallen sorgte, plötzlich weggewischt und irrelevant wirkte. Medialer Overkill? Zu viel Hype um immer mehr Spieler mit immer weniger Substanz? Woran es auch lag, ihre Mixtapes wurden durch noch wildere YouTube-Clips anderer, frischer Baller ersetzt, die TV-Sendung verschwand plötzlich (mehr dazu gleich), und auf den Freiplätzen schienen Basketballer nun wieder ohne ins Gesicht des Gegners geworfene Bälle glücklich zu werden.

Erst 2013 – zehn Jahre nach der Gründung unseres Magazins, zehn Jahre nach dem ersten Interview mit Escalade und Co. – ergab sich die Gelegenheit, zurückzublicken. Nachzuforschen. Denn AND1 – die Marke, die einst als Projekt von Basketballern für Basketballer im Untergrund angefangen hatte – wagte in den USA einen Neustart, eine Rückkehr zu den Wurzeln.

Und wir ergriffen die Chance, auf die letzten Jahre zurückzuschauen. Wo war all der Hype auf einmal hin? Und was machten die Helden von damals heute? Um diese Fragen zu klären, verabredete ich mich zum Skype-Telefonat mit Professor, tauschte Mails aus mit Prime Objective (der inzwischen eine Kreativagentur leitet und herzlich wenig Zeit hatte), interviewte das Management von AND1 sowie neue und alte Hoffnungsträger der wiederbelebten Mixtape-Tour. Es war wie ein Besuch in einer Heimatstadt, in der man lange nicht gewesen ist ...

DER REMIX
2013

Auf der Suche nach ein paar liebgewonnenen Bekannten führt Google mich nach Vero Beach in die Oslo Middle School. Dann nach Beckley zur

Woodrow Wilson Highschool, nach Staten Island in die St. John Villa. Hier ist sie zu finden, eine Crew, die für mehr als ein Jahrzehnt den Basketball weltweit ganz entscheidend geprägt hat – irgendwo im amerikanischen Nirgendwo. Es sind Orte fernab des Hypes. Das ist also die Gegenwart.

Die Vergangenheit war Glitz und Glamour. Atlanta, Los Angeles, Chicago, New York. Heute der Madison Square Garden, morgen das United Center. Diese Woche quer durch die USA, nächste Woche auf nach Europa. Die Vergangenheit, das war ein kulturelles Phänomen namens AND1 Mixtape Tour, das den Basketball veränderte und die Marke hinter der Tour in kürzester Zeit in den Mainstream schoss. Wegen ihr wurde Streetball noch cooler als zuvor, wegen ihr regierte jahrelang auf Freiplätzen Stil über Substanz. AO, Half Man Half Amazing, Main Event oder Syk Wit It waren bald internationale Berühmtheiten. Es waren Zeiten der Superlative. Immer größere Hallen, größere Busse, schönere Hotels, krassere Moves, bessere Videos. ESPN produzierte eine TV-Show mit Wahnsinns-Quoten, es gab ein eigenes Konsolen-Spiel, aus einem Basketball-Niemand namens Grayson Boucher machte die Tour einen Star namens „Professor". Was mit ein paar VHS-Tapes und den Moves eines Rafer Alston angefangen hatte, war eine Franchise geworden. Auf dem Höhepunkt des Hypes stand AND1 als Synonym für Streetball wie Pampers für Windeln.

Kaum ein Jahrzehnt ist es her, dass die Tour derart zum Medien-Phänomen aufstieg. Doch die Bilder von damals wirken heute wie aus einer anderen Welt. Der Glamour ist vergangen, der Hype verraucht. Zunächst mag das eine normale Entwicklung sein für ein Produkt, das so überpräsent, so laut, so kulturell aufgeladen war. Da sanken nach einigen Staffeln die Einschaltquoten der TV-Show, da wurden einige Hallen nur halbvoll, da taten die Spieler sich schwer damit, die Kreationen der ersten und zweiten Generation noch zu toppen. „Wir haben die Messlatte so hoch gelegt, dass ich nicht weiß, wie die neuen Jungs sich neue Sachen ausdenken sollen", sagt Hot Sauce heute.

Heraus kamen Moves, die das Mantra des „Real Streetball" zu karikieren schienen: Von den Spielregeln entkoppelt, Schrittfehler folgte auf Schrittfehler, um den Gegenspieler auszutanzen. Es war die normale Entzauberung eines Trends. Und wohl auch das war normal: Vielen Spielern schien das mediale Dauerfeuer und der andauernde VIP-Status zu Kopf zu steigen.

„Wenn du Ruhm, Geld und Einfluss hast, will jeder plötzlich sein eigenes Ding durchziehen. Doch jeder muss verstehen, dass der einzige Weg, um an der Spitze zu bleiben, darin besteht, nicht zufrieden zu sein, sondern so zu arbeiten, als wolltest du erst an die Spitze kommen", sagt heute AND1s Helicopter.

All das erklärt jedoch nicht, wie die so allgegenwärtige Tour plötzlich 2008 für zwei Jahre vollständig vom Erdboden verschwinden konnte. Wieso sie erst 2010 wieder auftauchte, noch dazu an obskuren Orten in Afrika oder Asien, warum sie erst 2012 auf heimischen Boden zurückkehrte. Und dann ohne einen Großteil der alten Stars, ohne TV-Crews, in kleinen und bescheidenen Hallen wie in Vero Beach, 16.000 Einwohner klein, 220 Kilometer entfernt von Tampa. Also ... was ist passiert?

Wer Maurice Levy diese Frage stellt, bekommt eine lange Antwort darauf. Levy ist als Marketing-Leiter von AND1 dafür zuständig, dass die vergessene Brand wieder entstaubt und aufgebaut wird. „Wir wollen dahin zurück, wo wir waren", sagt er. Seit 2011 ist er dabei, damals kaufte eine Investoren-Gruppe die Marke auf, um sie wieder zu ihren Wurzeln zurückzuführen: Streetball, HipHop, Musik. Swagger, Attitüde, Straße. Es ist das dritte Mal seit 2005, dass AND1 verkauft wurde, und viele Probleme haben darin ihre Ursache. „Bei jedem Verkauf einer Firma dauert es zwölf bis fünfzehn Monate, bis die Dinge in Bewegung kommen. Wir wurden dreimal verkauft, dadurch fehlte es uns an Momentum", sagt Levy.

Der erste Verkauf erfolgt 2005, als die Tour noch immer die Ansage auf den Freiplätzen der Welt ist. (Kurz bevor AND1 durch Deutschland tourt.) Damals verkaufen die Gründer das Unternehmen an American Sporting Goods, eine Sportfirma in den USA, die sich von der Marke Zugang zu jüngeren Zielgruppen verspricht. Die neuen Besitzer erfüllen den bestehenden Vertrag mit ESPN über zwei weitere Staffeln der TV-Serie, doch in ihre Pläne passt die ebenso unkonventionelle wie erfolgreiche Tour nicht.

Der neue Marketingplan sieht vor, ganz klassisch NBA-Spieler als Werbeträger zu verpflichten, ohne Tour. „Der neue Besitzer war 70 oder 80 Jahre alt, er wusste nichts über Streetball, HipHop, urbane Kultur, ich weiß nicht mal, ob er etwas über Basketball wusste", so erinnert sich Professor an die Jahre 2007 und 2008. „Auf einmal gab es keine Tour mehr. Niemand wusste, was passiert war, die Fans waren immer noch da, doch sie nahmen die Tour einfach vom Markt. Wir Spieler waren fassungslos."

Ihre Reaktion: Gleich zwölf Akteure wechseln nach und nach während der letzten Tour zu einer Konkurrenz-Organisation. Danach wird es still. Erst 2010 taucht die Tour wieder auf, diesmal als „AND1 Live Tour", die in den folgenden zwei Jahren über 40 Länder besuchen wird. Es ist mehr ein Befreiungsschlag als ein durchdachtes Comeback.

„Die Firma bereitete sich erneut auf einen Verkauf vor, und die Besitzer wollten kein Geld in Marketing investieren. Also brachten wir die Tour ins Ausland, wo es viel Interesse an uns gab, wir finanzierten die Tour durch Sponsoren und Partnerschaften und konnten auf diese Weise neuen Content produzieren", sagt Linda Hill, die für die Live Tour verantwortlich ist. Anfang 2011 dann wird American Sporting Goods verkauft – und damit auch AND1. Im Sommer desselben Jahres schließlich kauft die dafür eigens zusammengestellte Investoren-Gruppe namens Galaxy International AND1 für 55 Millionen Dollar frei. Dort soll die Marke endlich wieder eine Heimat finden.

Seit 2011 planen sie dort ihre Wiedergeburt. Eine Wiedergeburt, die für 2013 ansteht, 20 Jahre nach der Gründung von AND1 – und sie beginnt in den winzigen Orten abseits der Metropolen, in den kleinen Schulhallen, in den Communities, auf den Freiplätzen, in den Barber Shops. Die kleinen Anfänge gehören zum Programm. „Wir nehmen den langsamen Weg, zeigen den Leuten, dass wir zurück sind, zurück an der Basis", sagt Linda Hill. Es ist, in der Sprache der Straße, wieder ein Hustle geworden. Und damit eine Rückbesinnung auf alte Zeiten.

Denn an der Basis hatte 1993 alles begonnen. Dort wurde AND1 gegründet, als Marke für Straßenbasketballer. Dafür stand der gesichtslose „Player" im Logo, dafür standen die lauten Trashtalk-Tees, die zum ersten Topseller wurden. Zu Beginn verkauften die Gründer – selbst ganz die Hustler – die Shirts aus ihrem Auto heraus, fuhren die Freiplätze von Philadelphia ab, um Werbung zu machen. Als die eigenen Sneakers folgten, behielt AND1 weiter den Finger am Puls der Straße, verpflichtete als Werbeträger vornehmlich Spieler mit massig Street Cred: So wie Stephon Marbury in seinem Rookie-Jahr, wie der hochgradig undisziplinierte Ricky Davis oder wie Latrell Sprewell, der nach seiner langen Sperre wegen des Würgens seines Trainers P.J. Carlesimo 1998/99 in TV-Spots kontrovers als „American Dream" beworben wurde.

AND1 war nun mit den großen Jungs unterwegs: 2001 gewann Vince Carter den Dunking Contest in Tai Chis, im selben Jahr präsentierte Kevin Garnett seinen Signature-Sneaker. Und doch dachte die Marke weiterhin wie der Underdog von der Straßenecke, der kreativer und cleverer sein muss als der Rest.

„Witzigerweise hatte die Brand lange Zeit das Ziel, nicht die Superstars, sondern viele fünfte, sechste, siebte und achte Spieler der Rotation mit ihren Schuhen auszustatten. Auf diese Weise gab es fast kein NBA-Spiel, wo kein AND1-Schuh auf dem Parkett stand", hört man Maurice Levy durch das Telefon grinsen.

Auch die große Erfolgsgeschichte schließlich, die Mixtape-Tour, begann als Untergrund-Projekt. Inspiriert sowohl vom HipHop – wo Mixtapes Bestandteil des Marketings sind – als auch von der Skate-Kultur, in der Videos mit cooler Musik und wilden Moves seit Jahren angesagt waren, schnitt AND1 damals die Highlights zusammen und verschenkte Mixtape One auf Freiplätzen, bei Turnieren und Camps, später gab es für jeden Einkauf beim US-Shop FootAction ein Tape dazu. Kostenloses Anfixen, ganz wie der Ticker an der Ecke – später wurden die Macher mit einem Preis für das beste Guerilla-Marketing des Jahres ausgezeichnet.

Als aus dem einen Tape einige Spiele wurden, die frischen Content für das nächste Tape liefern sollten (Mixtape 2 und 3), und aus den paar Spielen eine Tour (Mixtape 4 und danach), waren die Anfänge erneut ehrlich und bescheiden. AND1 hatte inzwischen seine erste Generation von Streetball-Legenden rekrutiert: Jungs, die seit Jahren ihren Träumen von der NBA hinterherhingen, in halbprofessionellen Ligen zockten und auf heimischen Courts ihren Ruf verteidigten. Lokale Helden. Sie wurden nach Chicago, Los Angeles und Atlanta geflogen, fuhren dort in Mietwagen herum, tackerten und klebten bis in die Nacht Plakate, gaben Interviews.

„Wir waren unsere eigene Werbeabteilung", sagt AO. „Wir fuhren in die Community Center, zu den Radiostationen, ‚Black Colleges', alles, was Mundpropaganda brachte. Mehr Straße geht nicht." Nicht zuletzt besuchten sie Freiplätze, um dort Stimmung zu machen. „Wir kreuzten auf und sagten: ‚Wir werden euch fertigmachen.' Und sie sagten: ‚Ach ja?' Auf diese Weise machten wir ein paar Jungs richtig wütend. Und wenn sie wütend waren, dann kamen sie auch zu unserem Spiel", erinnert sich Half Man Half Amazing. Ihre Revolution wuchs direkt an der Basis, an den Wurzeln. Es ist diese Authentizität, mit der sich AND1 den Platz im kollektiven Herzen der Basketballwelt einst verdiente.

Mehr als ein Jahrzehnt später will sich AND1 diesen Platz nach all den Querelen wieder verdienen. Erwachsener als früher, aber immer noch mit Selbstvertrauen und Swagger. Nie aufgeben, weiterarbeiten, sich treu bleiben – dieses Mantra betonen alle Angestellten im Interview. Wohl auch, weil es die Geschichte der vergangenen Jahre erzählt.

„Alles kommt zurück. Wir sehen gerade einen Retro-Neunziger-Trend. Die Leute, die damals Teenager waren, sind heute in den Zwanzigern, sind Meinungsführer. Auch die jüngere Generation kennt uns noch. Wir sehen viel Interesse an der Brand", sagt Linda Hill. Um dieses Interesse zu bedienen, soll die Tour anders als zuletzt wieder ein zentrales Marketing-Element werden. „Sie soll dahin zurückkommen, wo sie hingehört: zurück ins Fernsehen. Selbst NBA-Spieler haben alle unsere DVDs zu Hause im Schrank. Diese Begeisterung müssen wir zurückholen", sagt Hill. Es geht auch hier zurück zu den Wurzeln: einfach nur Streetball. „Zu Beginn entstanden die Highlights inmitten eines echten Spiels, weil einige Leute einfach deutlich besser waren als der Rest. Streetball ist danach ein Stück weit zu einer Show geworden, die weniger mit Basketball zu tun hatte", sagt Levy. „Wir wollen diese extrem talentierten Jungs zeigen, inmitten eines echten Spiels, die krassen Alley-Oops, die Dribblings, alles echt und ohne Absprachen."

Ob AND1 die Spieler hat, um beim eigenen Turnier zu gewinnen, muss sich zeigen. Neben den etablierten Ballern wie Pharmacist, Hot Sauce oder Helicopter stehen unbekanntere Akteure im Kader, sie heißen „Verm", „Silk" oder „Polo". Hill rekrutiert auf ihren Reisen durch die USA fleißig neues Talent, wie den 18-jährigen Highschool-Absolventen mit dem 50-Inch-Vertical namens „I Am Legend", der derzeit mitreist. Auch die Rückkehr einzelner alter Veteranen ist nicht ausgeschlossen. „Wir wollen es dahin zurückbringen, wo wir mal waren", sagt Helicopter. „Wir wollen Leute inspirieren."

Es ist eine zweite Chance für AND1. Heute vielleicht noch in Vero Beach – aber morgen?

WHERE ARE THEY NOW?
2013

Zehn Jahre nach dem ersten FIVE-Interview mit den Mixtape-Spielern und acht Jahre nach dem Roadtrip durch Deutschland beschäftigte uns die Frage, wo die Stars von damals heute sind. Antworten gab es nicht nur im Gespräch mit den Jungs von AND1, sondern auch von Professor, der aktuell bei der Konkurrenz von „Ball Up" zockt. Also – where are they now?

„The Professor" wohnt in L.A., wo er zunächst hoffte, als Schauspieler Fuß zu fassen. Bisher ohne große Erfolge. Neben der Mixtape-Tour lief er zwei Jahre lang für Salem in der IBL auf und später für die Atlanta

Krunk in der CBA, wo er jeweils vom Marketing-Gag zum Starter wurde. Aktuell spielt er für die Ball-Up-Tour und kümmert sich um seine Fans unter www.theprofessorlive.com.

Hot Sauce spielte 2006 in dem Film „Crossover" mit und drehte Werbespots für Mountain Dew. Er ist Vater von zwei Kindern, „ganz der Familienmensch" und feiert den Crossover seines Sohnes. Sizzle spielt derzeit für AND1 und kümmert sich aktiv um seine Fangemeinde (www.sauce2klive.com oder www.instagram.com/SIZZMAN3).

Pharmacist (derzeit AND1) spielte 2006 kurz für Chicago in der ABA. Neben der Tour arbeitet er als Trainer für College-Spieler und Profis – darunter Rodney Stuckey von den Detroit Pistons – und versucht, sein Platten-Label am Laufen zu halten.

Helicopter spielt seit 2005 jedes Jahr in der japanischen Liga. „Dort kriege ich pünktlich mein Geld", sagt er. Die AND1-Tour im Sommer ist für den ehemaligen D1-Spieler (Middle Tennessee State) der Ausgleich zum strukturierten Basketball. „Ich habe das Beste aus beiden Welten."

Und der Rest? Wir lassen Professor erzählen: „High Octane ist in Philly und arbeitet, glaube ich, für UPS. Headache arbeitet als Trainer in New York. Spyda ist auf unserer Tour, zudem gehört ihm eine Bar in Atlanta. AO ist auch mein Teamkollege, er ist mit 38 noch in wahnsinniger Form. Genau wie Syk Wit It. Go Get It arbeitet in Chicago mit Jugendlichen, Main Event macht wahrscheinlich das Gleiche in New York. Half Man war ja schon immer Lehrer, und er unterrichtet auch heute noch in New York. Und Prime Objective spielt immer noch in den Pro-Am-Ligen, vor allem ist er aber Unternehmer, der seine Hand in lauter Firmen drin hat."

Last but not least die traurigen Nachrichten: Gleich drei ehemalige Mixtape-Spieler sind inzwischen verstorben. Antoine „Flash" Howard starb bereits 2004 im Alter von 29 Jahren an Krebs. Troy „Escalade" Jackson – der Bruder von Mark Jackson – starb 2011 im Alter von 35 Jahren an den Folgen einer Herzerkrankung.

2013 verstarb auch Tyrone „Alimoe" Evans nach Komplikationen in Folge von Diabetes.

ANDRÉ VOIGT

DEFENSE, DEFENSE, DEFENSE!

„Defense. Verteidigung. Jeder weiß, dass es ohne sie keine Meisterschaft gibt, egal ob in der Kreisliga oder in der NBA. Trotzdem will niemand wirklich hinten Basketball arbeiten, und die Medien berichten nicht gern darüber. Auch wir bei der FIVE brauchten 43 Ausgaben, um endlich den wichtigsten Teil des Basketballs gebührend zu feiern. Lieber spät als nie ..." So begann damals das Defense-Special in FIVE. Ein Special über das Stiefkind jeder Mannschaftssportart – das hatte es noch nicht gegeben in einem deutschen Basketballmagazin. Und wir brauchten noch mal 61 Ausgaben, um ein weiteres Mal in großem Umfang über die Defense zu berichten.

Warum es so lange dauerte? Erfolg im Angriff ist leicht messbar, verständlich, oft spektakulär. In der Verteidigung? Natürlich gibt es Blocks, Rebounds, Steals – alle mehr oder minder spektakulär. Aber kein Fan, der etwas auf sich hält, würde allein an diesen Statistiken festmachen, ob ein Spieler ein guter oder schlechter Verteidiger ist. Nein, genau wie die Defense selbst ist auch die Analyse der Korbverhinderung harte Arbeit. Auf diese Maloche steht nicht jeder.

Das gilt auch für Journalisten. Es braucht schon einen gewissen Einblick in die Materie, um Verteidigung erklären zu wollen. Ob ein Team eine gute oder schlechte Defense spielt, ist oft nicht ultimativ am Endergebnis abzulesen. „Wenn der Gegner nicht trifft, hat die Verteidigung recht", ist eine Aussage, die hier nicht zählt. Kein Wunder also, dass lieber über die Offensivkünstler berichtet wird. Wahrscheinlich braucht es auch die eigene Erfahrung. Seinen Gegenspieler stoppen zu wollen, den Kollegen zu helfen, sich durch Blöcke zu kämpfen, seinen Körper vor dem Rebound in den Gegenspieler zu rammen, ein Offensivfoul aufzunehmen – all das tut weh, kostet Überwindung. Und oft merkt es niemand bzw. gibt es kaum mal Anerkennung bis auf den Klaps oder die hohe Fünf der Mitspieler.

Trotzdem gilt: „Defense wins championships." Denn selbst wenn der Wurf mal nicht fällt, verteidigen kann ein Basketballer immer. Deshalb gibt es an dieser Stelle eine Ode an die Verteidigungsarbeit.

DEFFENSE-SPECIAL 1.0
2006

Defense. Verteidigung. Jeder behauptet von sich, dass er sie spielen kann. Vielleicht nicht berühmt, aber doch gut genug. Jeder will gewinnen, aber nur die allerwenigsten wollen wirklich verteidigen. Warum? Sicher, der alte Merksatz „Es gibt keinen Ruhm in der Defense" stimmt im Kern, immerhin laufen bis auf Blocks keine Defensiv-Highlights in den Medien. Schlimmer noch: Für alle Einschaltquotenjunkies und die NBA-Manager in der Ligazentrale sind überragende Defensivreihen ein Gräuel.

Wenn Regeländerungen vorgenommen werden, dann nur, um noch mehr Punkte zu erzielen, nicht aber, um sie zu verhindern. Selbst als die Zonenverteidigung 2001 teilweise legalisiert wurde, ging es um die Offensive. Mit der Einführung der Raumdeckung sollte der Angriff gezwungen werden, schneller zu spielen, den Ball zu bewegen und sich nicht allein aufs Eins-gegen-eins zu verlassen. So sollte der Raum für mehr Spielkultur, mehr Highlights geschaffen werden. Offensive Spielkultur, offensive Highlights.

Die Verteidigung ist halt die hässliche Schwester der Offensive, ihre innere Schönheit können nur die Streber im Anzug auf der Bank sehen.

Ein perfekt verhinderter Pass wird nirgends erfasst, von niemandem im Fernsehen gefeiert, genau wie sauberes Ausblocken oder die gut gegebene Hilfe für den, der eben noch für einen geschlagenen Mitspieler einsprang. Der Defensivleistung eines Spielers bildhaft oder statistisch habhaft zu werden, ist schwer bis unmöglich – auch wenn sich hier schon eine Menge getan hat. Es braucht ein geschultes Auge, welches die Zusammenhänge zwischen den fünf Verteidigern versteht, der Blick des Beobachters muss sich auf das Geschehen abseits des Balles richten. Kein Wunder, dass es der Öffentlichkeit schwerfällt zu beurteilen, welcher Spieler eine herausragende Verteidigungsleistung erbringt.

Im Zweifel führen die gängigen Statistiken (Blocks und Steals) eher dazu, dass das Gesamtwerk eines Spielers überbewertet wird. Shane Battier, Thabo Sefolosha, Bruce Bowen oder Raja Bell etwa waren bzw. sind einige der besten Flügelverteidiger der NBA. Über Steals oder Blocks definieren sie sich nicht …

Wahrscheinlich fällt es deshalb auch vielen Akteuren selbst so schwer, nicht nur den Wert guter Defense, sondern auch den Weg dorthin zu verstehen. Dabei sind die Schritte recht einfach nachzuvollziehen. „Es geht zuallererst um Herz und um Entschlossenheit", erklärt Ben Wallace, vierfacher „Verteidiger des Jahres". Klingt einfach, aber für viele liegt hier das Problem. Sie haben nicht den „Motor", wie der Amerikaner sagt. Keinen Hunger. Rein technisch ist Defensiv-Basketball wenig kompliziert. Die defensiven Rotationen zu verstehen, ist nicht allzu schwer, jedenfalls nicht schwerer als das Einprägen der Spielzüge und Optionen im Angriff.

Auch die Fußarbeit haben die allermeisten Profis gemeistert. Schnelligkeits- und Kraftdefizite lassen sich ausgleichen oder in einem Mannschaftskonzept verstecken. Selbst John Wooden, legendärer Coach der UCLA Bruins, gab zu: „Wer lange im Trainergeschäft ist, der weiß, dass man viel mehr den Angriff trainieren muss als die Verteidigung." Warum? „Weil die offensiven Fertigkeiten viel schwerer zu erlernen sind als die defensiven", antwortet der Mann, der zehn NCAA-Meisterteams coachte.

Es fehlt also an etwas anderem. Viele haben schlichtweg nicht den Antrieb, den es braucht, um defensiv zu dominieren. Nicht umsonst sind etwa Bell, Bowen oder auch Wallace ungedraftet in die Liga gekommen, mussten sich ihren Platz erarbeiten. Wer einmal Hunger hatte, vergisst das nicht. Viele Stars – und NBA-Spieler sind das zeitlebens – haben so etwas nie erfahren.

Lakers-Coach Phil Jackson kennt dieses Problem zur Genüge. „Um engagierte Verteidigung zu spielen, braucht es vor allen Dingen den Willen dazu", philosophiert der Zen-Meister. Einer, der Jackson während seiner ersten Tour als Lakers-Coach in dieser Hinsicht einige Spiele kostete, war Shaquille O'Neal. Der ansonsten so bewegliche Center weigerte sich schlicht, bei Pick-and-Rolls dem Dribbler den Weg zu versperren. Die dabei zurückzulegenden Wege waren dem Koloss zu lang. Im Endeffekt machte die Verweigerungshaltung des Diesels Troy Hudson von den Timberwolves und Mike Bibby von den Kings zu reichen Männern. Beide konnten in den Playoffs gegen L.A. schalten und walten – und zogen hohe Verträge an Land ...

Ben Wallace, dieser 2,06 Meter große Center (ohne Afro eher 1,98 Meter), nennt im Gegensatz zu Shaq den unbedingten Willen zur Drecksarbeit sein Eigen. „In der Defense werden keine Spielzüge für dich gelaufen. Du musst es wollen. Darum geht's. Ich gehe raus und spiele mit aller Kraft, die ich habe", sagt er. Seine nimmermüde Art, seine Athletik und die vorbildliche Arbeitseinstellung erlaubten es ihm, trotz seiner geringen Körpergröße jahrelang die Zone zu beherrschen, wie es sonst nur Sevenfooter vom Schlage eines Tim Duncan können. Auf ähnliche Art und Weise schaffte es Dennis Rodman, zum dominanten Verteidiger der 90er-Jahre zu werden. Mehr noch als „Big Ben" opferte er sein offensives Dasein, ja sogar die Gesundheit des eigenen Körpers, um den Korberfolg des Gegners zu verhindern.

„Auf dem Feld denke ich immer, dass ich jeden Rebound hole, jeden Schuss blocke und jeden Drive stoppe", gewährt Wallace Einblick in seine Gedankenwelt. „Ich weiß immer, wen meine Mitspieler gerade decken, so ahne ich, wo ich wie helfen muss." Basketballer wie Wallace sind der beste Freund eines Trainers. Sie müssen nicht extra motiviert werden, um in der Verteidigung mit Feuer ihren Job zu verrichten. Sie wissen, dass es vor allem ihre Defense ist, die ihnen Abend für Abend den Sieg bringen kann. „Es wird Tage geben, an denen dein Wurf nicht fällt, das Team nicht trifft", weiß Wallace. „Aber solange du hinten die Ärmel hochkrempelst und deine Leute deckst, hast du eine Chance zu gewinnen."

Es ist diese Denkweise, die Coaches ihren Schützlingen einbläuen wollen. Und Beispiele wie der offensiv vollkommen talentfreie Wallace zeigen, dass sich eigentlich jeder, der über halbwegs geeignete körperliche Attribute verfügt, über die Defense einen Job schaffen kann. „Rebounder und Verteidiger werden immer gesucht", sagt Wallace. „Deshalb wusste ich, dass ich einen Platz in einem Team finden würde."

Es sind aber nicht nur die offensiv Eingeschränkten oder die von der Größe her zum Shotblocker prädestinierten Center, die zu Premiumverteidigern werden. Michael Jordan, Kobe Bryant, Scottie Pippen, Gary Payton oder Joe Dumars betrachteten trotz ihres übernatürlichen Offensivtalents Basketball als Kampf Mann gegen Mann – genau wie LeBron James aktuell. Sie wollten bzw. wollen auch hinten der Beste sein. Wer diesen Anspruch an sich selbst hat, dessen inneres Feuer lodert umso mehr.

Alles beginnt mit dem Unterarm. Den gilt es quer auf der Brust des Gegenspielers zu platzieren. Das stoppt dessen Vorwärtsbewegung. Jetzt dreht sich der Verteidiger mit dem Rücken zu seinem Gegner. Die Arme werden nach oben gezogen, bis die Winkel in der Schulter und in den Ellbogen 90 Grad betragen. Der eigene Hintern bohrt sich in die Körpermitte des anderen.

Der Angreifer versucht seinerseits auszuweichen, nicht „auf den Rücken genommen" zu werden. Er kann vielleicht mit einer Armbewegung wie beim Freistil an seinem Verteidiger vorbeischwimmen. Eventuell kann er sich um den Unterarm herumrollen. Vielleicht gelingt es, den Verteidiger ein bisschen weiter in Richtung Korb zu schieben, sodass er einen längeren Rebound nicht packen kann.

Der Rebound ist ein eigener Kampfsport. Es gibt Bewegungen und Konter. Auch ein kleinerer, schmächtigerer Spieler kann mit der richtigen Technik gewinnen.

HOL DIR DEN VERDAMMTEN BALL!
2006

Rebounds sind eine merkwürdige Sache. Ihnen geht immer ein Misserfolg voraus. Dieser kann zum einen durch das offensive Abgreifen des verfehlten Balles ausgeglichen werden. Zum anderen wird die negative Auswirkung durch einen Defensivrebound noch verstärkt, wenn dieser neben dem Verhindern einer zweiten Wurfchance einen Fastbreak einleitet, der zu leichten Punkten führt. Die Verteidigung ist dann also Erfüllungsgehilfe des Angriffs.

Und eigentlich sollte es ja auch ganz einfach sein, einen Rebound abzugreifen. Jemand wirft, trifft nicht, fünf Mann blocken ihre Gegner aus, der Ball prallt vom Ring ab. Locker hochsteigen, Arme ausfahren, das Leder greifen, Outlet-Pass in den Schnellangriff.

Nichts einfacher als das – besonders wenn ein Spieler groß und kräftig ist sowie über ein gewisses Maß an Sprungkraft verfügt. Sollte man meinen, dem ist aber nicht so ...

„Ich denke, dass das Rebounden am schwersten zu lehren ist", meint George Karl, Coach der Denver Nuggets. „Du kannst über Boxouts, Sternschritte und die richtige Position reden, so viel du willst. Am Ende des Tages ist Rebounden aber ein Instinkttalent. Entweder du hast es, oder du hast es nicht." Karl steht mit dieser Meinung nicht alleine da. Nicht umsonst lautet ein gern zitiertes US-Basketballmantra: „Rebounders are born, not made."

Einer, der mit diesem Lehrsatz aufwuchs, ist Elgin Baylor (Karriere: 13,5 Rebounds pro Spiel), seines Zeichens Lakers-Legende und heute Manager der L.A. Clippers. „Rebounder wissen einfach, wo der Ball runterfällt. Es ist angeboren", erklärt er. „Nimm ein paar Kinder, die Basketball nicht kennen, und lass sie spielen. Einer wird sofort rebounden können." Es braucht also eine Art sechsten Sinn, um vorauszuahnen, wohin das Leder abprallt. Ein sicher nützliches Attribut, das aber wenig hilft, wenn der bullige oder vertikal potentere Gegenspieler nicht an die Kandare genommen werden kann.

Neben der Eingebung ist Technik beim Ausblocken, ein gewisser masochistischer Hang zum blauen Fleck, vor allem aber unbedingter Wille erforderlich, wobei letzterer einiges an körperlichen Defiziten auszugleichen vermag. Charles Barkley mit seinen (räusper) 1,98 Meter führte die NBA 1986/87 bei den Rebounds an. In seinem Buch „Outrageous" verriet er, wie ihm dies gelang: „Rebounding ist wie ein Grabenkrieg, du kämpfst um jeden Meter. Ich habe dafür eine Technik. Sie heißt: ‚Hol dir den verdammten Ball!'" Witzig, aber eben verdammt wahr. Wer den Rebound am meisten will, bekommt ihn in der Regel auch.

Rebounder wollen den Ball, offensiv wie defensiv. Es ist fast eine Erlösung für sie, wenn geworfen wird. Endlich können sie ans Werk gehen. Sie erwarten, dass jeder Wurf das Ziel verfehlt. Egal, wie gut sie all die anderen Facetten des Spiels beherrschen, in den Sekunden vom Abwurf bis zu dem Zeitpunkt, in dem der Spalding in ihre Hände klatscht, gibt es nur einen Auftrag. Rebounder fokussieren in diesem Moment. Sie wissen, dass es gleich ein bisschen wehtut, aber das ist egal. Erst geht es auf den Gegner zu. „Ganz gleich, wo er steht, du nimmst Kontakt auf. Das ist die Grundlage, das musst du immer machen", weiß Willis Reed, legendärer Center der New York Knicks. Der Vorwärtsdrang des Offensivspielers muss gestoppt werden.

Am besten mit einem Ellbogen/Unterarm an die Brust. Dann folgt der tiefe Sternschritt in den Körper des Gegners, der Pivot drückt den Gegenspieler nach hinten. Gleichzeitig gehen die Ellbogen hoch, sodass der andere nicht einfach an der Seite vorbeischlüpfen kann. Schließlich der Absprung zum Ball. Rebounder fangen das Leder am höchsten Punkt, während der Gegner auf dem eigenen Rücken verhungert oder (was öfter der Fall ist) versucht, im Freistil trotzdem an den Ball zu kommen. Viele Schritte in dieser Sequenz lesen sich einfach, tun aber weh. Sowohl dem Angreifer als auch dem Verteidiger.

„Du musst akzeptieren, dass dein Körper verprügelt wird", erklärt Charles Oakley, in seiner aktiven Zeit einer der bösesten Männer der NBA. „Du kannst aber nach einem intensiven Spiel nicht am nächsten Tag sagen: ‚Gestern war so hart, heute mache ich mal locker.' Es geht um Entschlossenheit und harte Arbeit!"

Und genau deshalb führten Dennis Rodman (2,01 Meter und ohne irgendwelche nennenswerten athletischen Fähigkeiten) oder Bill Laimbeer (2,11 Meter, konnte nicht mal auf eine „Bild am Sonntag" springen) die NBA einst bei den Rebounds an. Deshalb greift sich ein kniekranker

Aufbau namens Jason Kidd (1,93 Meter), der seit 2002 nicht mehr gedunkt hat, auf seine Karriere gerechnet 6,7 Rebounds.

„Es geht nicht um Körpergröße. Die Leute verstehen nicht, dass der Großteil der Rebounds unterhalb des Ringes abgegriffen wird. Deshalb hat jeder, der wirklich den Ball haben will, eine echte Chance, ihn zu holen", philosophierte einst Edelcenter Wilt Chamberlain, der statistisch gesehen beste Rebounder aller Zeiten. „Rebounding ist eine Kopfsache und hat nichts mit Körpergröße zu tun. Es geht auch nicht um die Sprungkraft. Es geht darum, vorbereitet zu sein, hochzugehen und den Ball zu packen. Du musst schlau sein und austeilen können."

Auch Bill Russell dürfte diese Ausführungen unterschreiben. Der ewige Celtic hielt einst gegenüber dem US-Magazin „Sporting News" seine ganz eigene Rebound-Vorlesung: „Das Wichtigste ist das richtige Positionieren. Ich habe damals eine Menge Rebounds geholt, bevor der Ball überhaupt geschossen wurde. Michael Jordan zum Beispiel war ein großartiger Scorer, verwarf aber trotzdem die Hälfte seiner Würfe. Was einen großen Scorer ausmacht, ist seine Beständigkeit. Wenn er danebenwirft, dann meist auf die gleiche Weise. Das heißt: Schießt er mehrmals von derselben Stelle, wird der Rebound auch am gleichen Ort herunterfallen. Ich schaute mir immer die Rotation des Balles an. Wenn er sich schön drehte, so wie es sein soll, dann gab es einen weichen, kurzen Rebound. Schoss der Werfer allerdings richtige Backsteine ohne Rotation, sprang der Ball weiter ab. Ein guter Verteidiger sollte also, anstatt den Gegner mühsam aus dem Weg zu rempeln und vielleicht sogar ein Foul angehängt zu bekommen, schon vor dem Wurf an der richtigen Reboundposition arbeiten. Man weiß ja, wann der andere werfen wird. Wenn er zu dribbeln beginnt, bewegst du dich schon zum richtigen Fleck."

DER BÖSE BRUDER DES DUNKS
2006

Der Dunk ist das Spektakulärste, was ein Basketballer auf dem Feld vollbringen kann. Nichts ist schöner, als das Leder über einen Gegner durch den Ring zu zimmern. Der Dunk ist macho, er ist Spielzug gewordene Überlegenheit, schreit: „Du stoppst mich nicht!" Vince Carter über Frederic Weis war in dieser Hinsicht der Tyrannosaurus Rex unter den Offensivaktionen. Doch so ultimativ der Slam daherkommt, so sehr er seinen Status als eindrucksvollste Sportspielaktion der Welt zementiert hat, er hat einen natürlichen, ebenbürtigen Feind: den Block.

Der Blocked Shot ist für die Verteidigung, was der Dunk für den Angriff ist: das Spektakulärste, was ein Basketballer auf dem Parkett arbeiten kann. Der Block ist alles in einem: überragende Athletik, Timing, Spielverständnis, Beinarbeit, Kraft und vor allem Ausdruck individueller Überlegenheit. Der Angreifer will den Ball im Korb unterbringen. Er wirft, weil er denkt, dass er frei ist. Er fühlt sich sicher. Genau dann schlägt der Verteidiger zu. Er springt, so hoch er eben kann, muss den Ball im aufstrebenden Teil seiner Flugparabel erwischen. Er ist die letzte Chance der Verteidigung, bevor sie sich der Genauigkeit im Abschluss des Angreifers ausliefert. Der Block ist „the last line of defense".

Schon eine kleine Berührung reicht, und die Flugbahn ist ruiniert, der Korb verhindert. Wenn alles optimal läuft, der Angreifer allzu sorglos wirft oder den Shotblocker nicht kommen sieht, dann schmettert der Verteidiger den Ball. So hart es eben geht! Soll er in der sechsten Reihe landen, vom Boden zurück an die Decke katapultiert werden, egal! Es geht um Einschüchterung, um „Don't bring that weak shit in here!", um „Komm ruhig wieder, ich warte hier den ganzen Tag auf dich!". Gelingt ein solcher Block sogar mehrmals, reicht in der Folge schon die bloße Präsenz des Shotblockers auf dem Parkett, um eine ganze Mannschaft einzuschüchtern.

Avery Johnson, einst Point Guard der San Antonio Spurs, forderte seinen Gegenüber während vieler Spiele auf, zum Korb zu ziehen. „Avery hörte damals nicht auf, mit seinem Mann zu reden, wenn der dribbelte. Er sagte Sachen wie: ‚Los, schlag mich! Geh an mir vorbei'", erzählt Spurs-Coach Gregg Popovich. „Und dann fügte er an: ‚Vielleicht lässt du mich stehen, aber hinter mir wartet 5-0, mit dem wirst du nicht fertig!' Mit „5-0" meinte Johnson niemand anderen als den Mann mit der Nummer 50 in Diensten der Spurs: David Robinson, der in seiner Karriere 3,0 Würfe pro Spiel blockte.

Als einzige Defensivaktion hat der Block Highlight-Potenzial. Er hat ... geben wir es zu ... ab und an sogar mehr Strahlkraft als ein Dunk. Beispiele? Ben Wallace, der Shaquille O'Neal in den Playoffs 2007 am Ring brutal abbaute. Tayshaun Prince, der Reggie Miller einst in den Conference Finals 2004 im Fastbreak abbaute und selbst in der vierten Zuschauerreihe landete. Alonzo Mourning, der über Ringniveau einen Dunk brutal stoppt. Hakeem Olajuwon, der Rod Strickland über das halbe Feld jagt, um dessen Korbleger in die Fans zu katapultieren. Wilt Chamberlain, der einst in einem Angriff gleich zweimal Kareem Abdul-Jabbars Skyhook den Korberfolg verweigerte.

Wichtiger aber für den Ausgang eines Spiels und für die Einordnung des Blocks in den Basketballkanon ist seine Bedeutung für die Defensive insgesamt. Ein exzellenter Verteidiger auf dem Flügel vom Schlage eines Bruce Bowen oder Raja Bell kann einen Spieler ausschalten. Ein überragender Shotblocker indes kann den gesamten Halbfeldangriff des Gegners verändern. Er kann ganze Offensivkonzepte dazu zwingen, die Zone als Aktionsraum auszusparen. Nichts wirkt so demoralisierend wie ein dominanter Shotblocker.

Es ist kein Zufall, dass es seit 1990 nur den Chicago Bulls sowie den Miami Heat gelang, NBA-Champion zu werden, ohne dabei einen erstklassigen Shotblocker aufs Parkett zu senden. Was den Bulls allerdings nur gelang, weil sie mit Scottie Pippen und Michael Jordan zwei exzellente Flügelverteidiger hatten, die in ihrer Karriere jeweils im Schnitt 0,8 Würfe pro Spiel blockten.

Ergo gilt: Fehlt die gehörige Portion Zonenpräsenz, geht in puncto Meisterschaft nichts. Die Champs der vergangenen Jahrzehnte zeigen das eindrucksvoll. Sie konnten sich als letzte Defensivlinie auf Pau Gasol, Andrew Bynum, Kevin Garnett, Tyson Chandler, Ben Wallace, Shaquille O'Neal, Alonzo Mourning, Hakeem Olajuwon, John Salley, Tim Duncan und/oder David Robinson verlassen.

Vor diesem Hintergrund ist es eine Ironie des Schicksals, dass sich ausgerechnet in den Karrierestatistiken des Mannes, der das Shotblocking und damit die Verteidigung revolutionierte, dass sich in der Vita des erfolgreichsten Basketballers überhaupt exakt NULL Blocks finden. Sein Name: Bill Russell.

Bevor der Center der Boston Celtics in die NBA kam, gab es zwar immer mal wieder lange Center, die aufgrund ihrer Größe vorne wie hinten für Aufsehen sorgten. Agile Big Men, wie sie heute die Zonen bevölkern, gab es seinerzeit indes nicht. Russell jedoch war ein Athlet, getrieben von extremer Schläue. Er erkannte früh seine Fähigkeiten und forcierte mit seiner Spielart eine neue Art der Verteidigung. „Bill veränderte den Basketball mit seiner Defense. Er veränderte die Art und Weise, wie das Spiel gespielt wird", erklärt Legende Jerry West, damals bei den Lakers unter Vertrag und jahrelang Rivale von Russells Celtics. „Russ jagte jeden, der penetrierte. Und das war, bevor es so etwas wie geplante Defensivrotationen gab", wird Bob Cousy, Aufbau an Russells Seite, präziser. „Ihm war es egal, ob sein Mann punktete. Russ wusste, dass niemand dafür eingeteilt war, ihm zu helfen. Er folgte seinem Instinkt."

Red Auerbach, Russells Coach in Boston, begriff, was für eine Waffe sein Center war – vor allem, wenn das Team seine Ausflüge gen Ball absichern würde. So gelang es den anderen Celtics, hastig um Russell herumgesteckte Pässe abzufangen. „Bill erhob das Shotblocking zur Kunstform. Wenn er einen Wurf blockte, dann waren wir danach schätzungsweise in 70 bis 80 Prozent der Fälle in Ballbesitz", beschrieb Auerbach die Auswirkungen von Russells Blockkünsten. „Bill war so eine Kraft am Brett, dass er den zum Korb ziehenden Gegner nur anschauen und die Arme heben musste, um ihn vollkommen aus dem Konzept zu bringen. Er allein revolutionierte das Basketballspiel, weil durch ihn die Defensive auf einmal so ausschlaggebend wurde."

Das sieht auch Dolph Schayes so. „Ich hatte immer gute Spiele gegen die Celtics", denkt die NBA-Legende an seine Zeit als Gegner Bostons zurück. „Eigentlich war es für mich nie ein Problem, an meinen Gegenspielern wie Tom Heinsohn oder Jim Loscutoff vorbeizukommen und dann zu punkten." Dann kam Russell ... „Er änderte mein Spiel gegen Boston. Er blockte meinen Wurf, schüchterte mich ein. Ich ging noch immer an jedem vorbei, der mich verteidigte, aber dann war da halt immer Russell", berichtet der Hall of Famer. „Er war so ein Faktor ... Du gingst zum Korb und hieltest nach ihm Ausschau. Er kam aus dem Nichts und blockte deinen Wurf."

Und Russell war sich dieser Wirkung seines Handelns durchaus bewusst: „Es geht nicht darum, jeden Wurf zu blocken. Es geht darum, dass die anderen denken, dass du jeden Schuss blockst!"

Auch wenn Russell in den Folgejahrzehnten viele Nachahmer fand: Der Block ist bis heute die eine Basketballfertigkeit, die am wenigsten trainiert werden kann. Sicher ist die eigene Körpergröße eine wichtige Voraussetzung – und die Fähigkeit, nicht nur sehr hoch zu springen, sondern vor allem aus dem Stand und auch ein zweites oder drittes Mal schnell nach oben zu kommen. Auch das Aushelfen eines geschlagenen Mitspielers lässt sich trainieren.

Doch das Timing, das Antizipieren der Bewegungen des Angreifers, die Körperbeherrschung, die nötig ist, um nicht in den Kontrahenten zu rauschen, wenn dieser zum Korb zieht, all das muss selbst erarbeitet werden.

Drills gibt es hierfür nur wenige, die allerdings auch nicht wirklich effektiv sind. „Learning by doing" heißt das Motto. Denn der Dunk will auch weiterhin in Schach gehalten werden.

DEFENSE-SPECIAL 2.0
2013

„Defense wins championships", so lautet eine der ältesten Regeln im Basketball. Die Offensive mag in der Lage sein, ein Spiel zu gewinnen. Aber eine Playoffserie auf höchstem Niveau? Nein, ohne eine gute Verteidigung auf höchstem Niveau bleibt der ultimative Erfolg aus.

Ist ja auch nachvollziehbar. In der heutigen Basketballzeit gibt es in den Serien der Meisterrunde keine Geheimnisse. Endlose Arbeitsstunden der Scouts fördern die offensiven Taktiken des Gegners zu Tage. Ein, zwei Klicks im Internet und selbst Fans wissen, von welchen Flecken im Halbfeld ein NBA-Profi gut trifft und von wo eben nicht. Wer aus all diesen Informationen die richtigen Schlüsse zieht, dem Gegner die bevorzugten Wurfoptionen nimmt, der gewinnt. Da gibt es keine zwei Meinungen.

Trotzdem ist die Verteidigung das ungeliebte Stiefkind des Basketballs. Medien und Fans ignorieren die Arbeit am eigenen Korb weitgehend. Kaum jemand berichtet darüber oder erklärt, was eine gute Korbabwehr ausmacht.

Dabei verbringt ein Basketballer ziemlich genau 50 Prozent seiner Spielzeit in der Defensive. Blocks schaffen es noch in die spieltägliche Top Ten der NBA, ansonsten ist Verteidigung nicht spektakulär, nicht sexy. Viele Basketballer sehen das selbst kaum anders.

„Wer trifft, hat recht!", heißt es. „Nur wer selber schießt, wird berühmt." Oder: „Solange ich mehr Punkte mache als mein Gegner, ist alles okay." Offensiv lässt sich selbst ohne die neuen Statistiken so ziemlich alles erfassen. Punkte, Assists, Ballverluste, Feld-, Freiwurf- oder Dreierquote – die Leistung eines Basketballers ist im Angriff schnell abzulesen. In der Verteidigung? Steals, Blocks und Defensivrebounds erzählen nicht mal einen Bruchteil der Geschichte.

Genau wie im Angriff gibt es eigene Fachbegriffe, eigene Taktiken. Wer Defense verstehen will, der muss eine Menge über Basketball an sich lernen. Vielleicht schrecken deshalb so viele davor zurück? Was ein Pick-and-Roll ist, weiß jeder Fan, der sich nicht erst seit gestern mit Basketball beschäftigt. Das Vokabular der Offensive ist jedem bekannt: „Korbleger", „Hakenwurf", „Dreier", „Screen", „Backdoor" etc. Doch wie steht es mit „Deny", „Closeout", „Switch", „Helpside", „No Middle", „Trap" oder „Handchecking", um nur einige zu nennen? Wie auch im Angriff braucht es die „Fundamentals", um Defense zu verstehen. Die hier folgenden Begriffe sind das Grundrüstzeug, das jeder Fan kennen sollte:

Switch – Manchmal ist es notwendig, dass – zum Beispiel nach einem Block am Dribbler – die Verteidiger des Ballführenden und des Blockstellers ihre Gegenspieler wechseln.

Deny – Wer den Ball nicht hat, kann auch nicht punkten. Außerdem beginnen Spielzüge oft mit einem Pass auf den Flügel. Um das Anspiel zu verhindern, stellt sich der Verteidiger so auf, dass er einen Arm im Passweg positioniert. Gleichzeitig stellt er sicher, dass sein Gegenspieler ihm nicht in Richtung Grundlinie entwischt. Der Angreifer muss entweder bis weit hinter die Dreierlinie ausweichen, um angespielt zu werden, oder die Offensive muss das angefangene System anders weiterspielen.

Helpside – Befindet sich der Ball auf einer Seite im Halbfeld, sinken die Verteidiger der Spieler, die sich dort aufhalten, in die Mitte. Sie bilden die sogenannte „Helpside". Sollte der Gegner per Dribbling in die Zone eindringen, sind sie zum Beispiel nah genug dran, um auszuhelfen. Gleichzeitig verhindern sie durch ihre Präsenz in der Zone unter Umständen den Drive, weil der Angreifer sieht, dass er dort kaum Platz für seinen Abschluss hat. Allerdings darf sich ein Verteidiger nur 2,9 Sekunden in der eigenen Zone aufhalten, wenn sein Gegner dort nicht präsent ist. Genau wie im Angriff muss er spätestens dann das eigene lackierte Parkett verlassen, sonst ahndet dies der Schiedsrichter.

Closeout – Ist ein Verteidiger abgesunken, um in der Helpside zu stehen, hat er sich natürlich von seinem direkten Gegenspieler entfernt – vor allem wenn dieser an der Dreierlinie steht. Passt der Angriff jetzt den Ball auf die andere Seite, muss der Verteidiger schnellstmöglich wieder zu seinem Kontrahenten laufen. Dieses Verringern des Abstands nennt sich „Closeout". Dabei gibt es allerdings einiges zu beachten. Der Verteidiger will in der Regel nicht zu schnell nach außen stürmen. Dann hat es der Angreifer nämlich ziemlich leicht, nach einer Wurftäuschung an ihm vorbei zum Korb zu ziehen. Hierbei gilt es zudem zu beachten, dass ein Winkel für das Herauslaufen gewählt wird, der verhindert, dass der Angreifer in die Mitte dribbeln kann (siehe „No Middle"). Ist der Mann mit Spalding allerdings ein herausragender Dreierschütze und kein ausgewiesen athletischer Scorer per Drive, kann jegliche Vorsicht über Bord geworfen werden. Hauptsache, der Wurf wird gestört.

No Middle – Es ist in der heutigen NBA Standard, dass die Verteidigung um jeden Preis verhindern will, dass der Mann mit Ball in die Mitte des Feldes dribbelt. Der Ball soll zur Seitenlinie bzw. zur Grundlinie gezwungen werden. Warum? Ist der Dribbler auf einer Seite, können die Verteidiger auf der Helpside absinken. Die Verteidigung kann vor dem Dribbler eine Wand aus mehreren Spielern aufbauen. Ein erfolgreicher Drive ist dann fast ausgeschlossen. Gleichzeitig sind die Optionen des Angriffs beschränkt. Zieht ein Offensivakteur zum Lowpost, hilft dort sofort ein weiterer Verteidiger aus, in der Zone lauert die Rest-Defense auf die kurzen Pässe zu den Big Men. Eigentlich bleibt dem Angriff nur der Pass nach außen.

Trap – Der ballbesitzende Spieler wird von zwei oder mehr Verteidigern so bedrängt, dass er wie in einer Falle sitzt und nur noch schlecht oder gar nicht mehr abspielen kann. Die Miami Heat praktizieren diese Variante zum Beispiel, wenn der Gegner ein Pick-and-Roll läuft. Der Dribbler wird immer dazu gezwungen, den Ball loszuwerden oder den Ball aufzunehmen.

Handchecking – Früher war es in der Association noch erlaubt, den Dribbler bei dessen Drive mit der Hand oder dem Unterarm leicht wegzudrücken – ein ziemlicher Nachteil für den Angreifer. Vor der Saison 2004/05 stellte die NBA diese Taktik unter Strafe. Wird der Dribbler berührt, ist das ein Foul.

Help-and-Recover – Ein Verteidiger lässt kurzzeitig seinen Gegenspieler ungedeckt – zum Beispiel der Verteidiger des Blockstellers beim Pick-and-Roll –, um einem Mitspieler zu helfen, kehrt aber sobald wie möglich zu seinem Kontrahenten zurück. Gerade für Big Men ist es wichtig, schnell auf den Beinen zu sein, um diese Taktik spielen zu können. Viele Teams greifen das Blocken-und-Abrollen so an, dass der Mann des Dribblers diesem folgt, der Verteidiger des Blockstellers dem Ballführenden in den Weg springt und ihn aufhält. So soll dem Mann des Dribblers genügend Zeit verschafft werden, um diesen wieder zu übernehmen. Es wird nicht geswitcht.

Eine halbwegs gut geführte Verteidigung in der NBA folgt Grundprinzipien, die eine Philosophie bilden. Das sind einfache Regeln, die den Spielern klarmachen, was die eigene Mannschaft erreichen will. Sie sind einleuchtend, simpel, jeder im Kader muss sie herunterbeten können.

Natürlich gibt es Unterschiede in den Philosophien der 30 aktiven NBA-Coaches, aber die folgenden Grundregeln bilden das Fundament fast jedes Defensivkonzepts:

Keine Penetration – Wann immer ein Dribbler in die Zone des Gegners eindringt, herrscht dort Ausnahmezustand. Der Ballverteidiger wurde geschlagen, ein anderer oder gleich mehrere Kollegen helfen nun am Ball aus. Der defensive GAU. Jetzt werden die Rotationen unter Umständen hektisch, dem Angriff öffnen sich allerhand Möglichkeiten. Deshalb soll die Penetration unter allen Umständen verhindert werden. Bleibt der Ball auf dem Flügel, sind die Wege der Verteidigung simpel. Niemand muss den Gegenspieler wechseln. Alles verläuft nach Plan. Allerdings können schnelle Angreifer in einer Welt ohne Handchecking relativ leicht penetrieren. Deshalb verlangen viele Trainer von ihren Verteidigern abseits des Spielgeräts, dass sie die Räume vor dem Ball zustellen, damit der Angreifer gar nicht auf die Idee kommt, zum Ring zu ziehen.

Passwege zustellen – Die einfachen Pässe müssen schwer oder unmöglich zu spielen sein. Wann immer ein Angreifer sich in der Nähe des Balls aufhält, muss der Passweg zu ihm versperrt werden. Einzig die Anspiele auf die andere Seite des Halbfelds sind möglich. Diese Pässe sind lange genug in der Luft, dass sich alle fünf Verteidiger – während der Ball noch unterwegs ist – schon als Einheit verschieben können, um erneut den Drive sowie die leichten Pässe zu verhindern oder den Dreier effektiv zu stören.

Kommunikation – Eine gute Verteidigung redet konstant miteinander. Es wird angesagt, von wo Blöcke gestellt werden, wo die Hilfe steht, ob der Gegenspieler getauscht wird ... Bei jedem Ballbesitz des Gegners soll früh, laut und kontinuierlich geredet werden. Der Sinn dahinter: So weiß die Defense immer, was gerade passiert. Zum Beispiel kann am Ballführenden viel mehr Druck gemacht werden, wenn der Verteidiger dort weiß, dass hinter ihm die Hilfe bereitsteht.

Keine Dreier, keine Korbleger – Der lange Zweipunktewurf ist der am wenigsten effiziente Wurf im Basketball. Ligaweit wird er nur wenige Prozentpunkte besser getroffen als der Dreier, und der bringt eben einen Punkt mehr. Auch der Drive plus Abschluss in der Zone ist effektiver: Man kann dort Freiwürfe ziehen oder – wenn die Defense Hilfe schickt – auf einen freien Mitspieler ablegen, der seinerseits einen hochprozentigen Abschluss nehmen kann. Natürlich gibt es NBA-Profis, die aus dieser Distanz hochprozentig Nylon finden, zum Beispiel Dirk Nowitzki. Darauf muss sich eine Defense gegebenenfalls einstellen. In der Regel gilt indes: keine Dreier, keine Korbleger.

Nicht foulen – Auf dem Freiplatz mag das anders sein, genau wie in speziellen Situationen, in denen ein Foul einen taktischen Vorteil bringt – etwa beim Hack-a-Howard, am Ende einer engen Partie oder um einen Korbleger zu verhindern. In den allermeisten Fällen ist das Foulen jedoch verpönt. Logisch: Die meisten NBA-Profis treffen ihre Freiwürfe hochprozentig. Außerdem ist ein Regelverstoß oft das letzte Mittel, um einen Korb zu verhindern. Sprich: Die Defense hat zuvor einen Fehler gemacht, der durch das Foul ausgebügelt wird. Was natürlich von vornherein nicht passieren soll.

Kein Wurf ohne Hand im Gesicht – Natürlich wird der Gegner Sprungwürfe nehmen, das will die Verteidigung ja auch. Aber: Es muss immer ein Verteidiger nah genug am Werfer sein, um ihn effektiv zu stören. Dafür braucht es schnelle, aber kontrollierte Closeouts und eine Hand im Gesicht des Angreifers. Frei nach dem alten Motto von Mark Jackson: „Hand down, man down". Ach ja: Jemanden beim Sprungwurf zu foulen, ist natürlich eine absolut unentschuldbare defensive Todsünde.

Defense endet mit dem Rebound – Es mag sich eigentlich wie eine Selbstverständlichkeit lesen, dennoch wird diese Weisheit in der NBA den Spielern immer wieder eingebläut. Niemand darf sich locker machen, wenn der Gegner geworfen hat. Die fünf Verteidiger müssen nämlich dann sicherstellen, dass (in der Regel) ihr direkter Gegenspieler nicht den Rebound bekommt. Deshalb blocken sie ihren Mann aus. Beim sogenannten „Boxout" wird der eigene Körper vor den des Angreifers gestellt, der Kontrahent – wenn möglich – vom Korb weggeschoben. Erst wenn der Ball gesichert ist, geht es in den Angriff.

Während die Grundlagen der Defensive im Großen und Ganzen bei allen 30 NBA-Franchises die gleichen sind, gibt es auf dem Parkett zum Teil erhebliche Unterschiede. Die Vorlieben der Trainer sowie die Fähigkeiten der einzelnen Spieler diktieren, wie eine Mannschaft in der Verteidigung taktisch agiert. Wie wird das Pick-and-Roll verteidigt? Wie ein starker Scorer am Zonenrand gedoppelt? Wird eine Zone einstudiert?

In den Training Camps im Herbst legen die Coaches die taktische Marschroute für die Saison so gut es geht fest. Zwar kann in ein paar Wochen nicht jede Situation in der Defensive simuliert werden, aber die defensiven Regeln, die auf dem Parkett gelten, werden einstudiert.

Wie sich ein Team mit dem Ball verschiebt, wird über die komplette Saison lang unendlich oft geübt. Defense ist immer auch Vertrauen. Steht auch nur ein Spieler an der falschen Stelle, bricht das System schnell zusammen. Defense ist fast immer Reaktion. Der Angriff agiert, die Verteidigung reagiert. Diese Reaktion muss schnell erfolgen, wenn sie keine Angriffsfläche bieten will. Dafür braucht es Training. Viel Training.

Aktuell gibt es in der NBA zwei Defensivtaktiken, die von den besten Verteidigungsreihen durch die Bank weg praktiziert werden und momentan den Goldstandard bilden – keine akzeptable NBA-Verteidigung kommt ohne sie aus:

ICE – Tom Thibodeau machte diese Variante der Verteidigung des Pick-and-Rolls in den letzten Jahren „berühmt", obwohl sie eigentlich so neu nicht ist. „ICE" hieß früher „BLUE" und soll vor allem verhindern, dass der Dribbler über die Mitte in die Zone penetriert. Wir erinnern uns: No Middle!

Folgendes Szenario: Auf dem rechten Flügel wird vom Center ein Block für den Point Guard Richtung Mitte gestellt. Der Verteidiger am Spalding stellt sich fast neben seinen Gegner und über den Block. Der Ballführende kann den Screen seines Kollegen nun quasi nicht nutzen. Der einzige Weg bleibt der Richtung Baseline. Dort steht aber einige Meter entfernt der Kontrahent des Blockstellers und erwartet genau den Drive in diese Richtung. Dribbelt der Angreifer auf den Big Man zu, muss er ihn schon überlaufen, ansonsten folgt ihm sein eigentlicher Verteidiger, und er wird gedoppelt.

Natürlich hat ICE eine Schwäche: Bewegt sich der Blocksteller raus zur Dreierlinie, steht er dort eine gewisse Zeit lang frei, bis ihn sein eigentlicher Verteidiger wieder übernimmt. Dies nimmt Thibodeau allerdings in Kauf. Grund: Viele Big Men können dort mit dem Leder wenig bis gar nichts anfangen. Sollte es sich bei dem herauspoppenden Spieler indes um zum Beispiel Dirk Nowitzki oder Ryan Anderson handeln, wird die Taktik entsprechend angepasst.

2,9 – Bei den Finals 2011 stand es dick und breit auf dem Whiteboard in der Kabine der Dallas Mavericks: Build a wall! Damit war kein Ausflug ins Maurerhandwerk gemeint, sondern dass die Mavs die Penetration der Heat verhindern wollten. Dwane Casey war damals Assistenztrainer von Rick Carlisle in Dallas und dafür bekannt, dass er dem Team eine Zonenverteidigung beibrachte, die mit einem Wort „formidabel" war. Dallas nahm damit in den Finals 2011 LeBron James und Dwyane Wade weitgehend ihre Drives in die Zone.

Die Stars der Heat waren gezwungen, Sprungwürfe zu versuchen – oft lange Zweier. Ähnlich las sich die Taktik der San Antonio Spurs im Juni 2013. Auch Cheftrainer Gregg Popovich pochte darauf, dass es keine Drives der Heat geben dürfte. Und auch wenn „Pop" keine Zone aufstellte, so waren die Prinzipien doch ähnlich.

Auch außerhalb von Texas ist es momentan extrem in Mode, die erlaubten 2,9 Sekunden, die ein Verteidiger auch ohne Gegenspieler in der eigenen Zone stehen darf, aufs Vollste auszunutzen. Der Dribbler soll vor einer Wand aus Verteidigern stehen und gar nicht erst auf die Idee kommen, zum Ring zu ziehen. So ist der Angriff gezwungen, den Ball auf die andere Seite zu bewegen. Liest sich europäisch? Sieht auch auf dem Feld so aus.

Den Spalding zu passen, ist natürlich keine schlechte Idee im Basketball. Immerhin muss sich die Defensive bewegen. Wenn sie die Position ändern muss, passieren unter Umständen Fehler, reißen Lücken auf, die genutzt werden können. Der Angriff hat allerdings das Problem, dass so eventuell der eigene beste Spieler den Ball nicht mehr in den Händen hält und abschließen kann. Außerdem läuft natürlich die

Wurfuhr herunter. Gerade eher simpel gehaltene NBA-Offensiven, die in ihren Plays nicht zwei oder drei Aktionen abseits des Balles einbauen, bekommen gegen Verteidigungsreihen, die sich ständig vor dem Dribbler massieren, Probleme. Siehe: die L.A. Clippers 2012/13 oder die New York Knicks 2013/14.

„ICE" und „2,9" sind allerdings bei aller Effektivität keine Wundertaktiken, die nicht gekontert werden können. Auch werden sie selbstredend von den verschiedenen NBA-Trainern angepasst. Erik Spoelstra etwa kann dank seines Personals anders verteidigen. Momentan stellen sie aber den aktuellsten Stand der defensiven Taktik in der Association dar. „Defense wins championships". Wie sie das tut, dürfte jetzt etwas klarer sein.

Coach Nick Hauselman ist eine YouTube-Sensation, dort aber nur als „Coach Nick" bekannt. Über 170.000 Abonnenten folgen dem YouTube-Kanal des ehemaligen Highschool-Coaches, in dem er die Geschehnisse in der NBA aus Trainersicht seziert.

In seinen Videos erklärt er Offensiv- genau wie Defensivtaktiken, interviewt Spieler und Trainer. Wir wollten Coach Nick damals als Teil des Defensivspecials 2.0 haben, weil er unter anderem bei Stan Van Gundy lernte – einem der NBA-Coaches, die Verteidigung regelrecht zelebrieren. Also wurde ein Skype-Telefonat vereinbart und eine Dreiviertelstunde gesprochen, später noch ausgiebig gemailt.

„ICH WÜRDE IMMER AUF DIE DEFENSE SETZEN"
2013

Coach Nick, was macht Ihrer Meinung nach einen großartigen Verteidiger im Basketball aus?
Coach Nick: Um ein großartiger Verteidiger zu sein, braucht ein Basketballer die gleiche Disziplin und Energie, die die meisten Spieler im Angriff bringen. Diese Attribute auf der anderen Seite des Balles zu zeigen, das schaffen nicht viele. Außerdem braucht ein wirklich hervorragender Verteidiger ein zusätzliches Level an Intelligenz. Dafür braucht es Videostudium, das ist heute extrem wichtig. Natürlich gab es auch schon in den 70er- oder 80er-Jahren Videos, einige Spieler schauten sich diese auch an, aber heute ist es um ein Vielfaches wichtiger, mit all den Informationen,

die es gibt. Es geht nicht nur darum, Energie zu bringen und aggressiv zu verteidigen. Dieser Einsatz muss intelligent kontrolliert werden, damit der maximale Effekt erzielt wird.

Weil ansonsten die Teamdefense durcheinandergerät, wenn ein Akteur zu aggressiv verteidigt?
Genau. Nehmen wir zum Beispiel Corey Brewer von den Timberwolves. Er hat den Ruf, ein aggressiver und guter Verteidiger zu sein. Wenn ich ihn spielen sehe, sehe ich eine Menge Energie, die einfach verpufft oder negative Effekte hat. Dann begeht er aufgrund seiner Aggressivität unnötige Fouls zu den ungünstigsten Zeiten, oder er verlässt seine Position, die er im Teamverbund innehaben müsste. So entstehen Lücken, die die anderen unter Umständen füllen müssen, obwohl das eigentlich gar nicht notwendig wäre. Es braucht eine gute Balance. Eine intelligente Aggressivität.

Was fällt den Spielern leichter: intelligente Defense zu spielen oder intelligente Offense?
Ich denke, es ist einfacher, clever zu verteidigen, weil der Spieler den Ball nicht in der Hand hat oder einem Spielzug folgen muss. So wie Defensivkonzepte heute gelehrt werden – etwa von Coach Tom Thibodeau in Chicago –, geht es oft um sehr spezielle Philosophien. Es gibt Regeln für alle Positionen im Halbfeld – je nachdem, ob dort der Ball oder ein Gegner ist oder nicht. Im Angriff muss ein Basketballer viel mehr lesen, wie die Defensive steht, er muss lesen und reagieren. In der Verteidigung versuchen die Coaches, Instinkte zu lehren. Es läuft immer nach dem Motto: „Der Ball ist hier, dein Mann ist dort, du machst jetzt das." Ein Coach muss die verschiedenen Situationen immer wieder spielen lassen, dann erinnern sich die Spieler daran, dann wird die Defense instinktiv. Dann ist es für meine Begriffe leichter, intelligent zu verteidigen.

Coach, Sie haben eingangs gesagt, dass es Energie braucht in der Verteidigung. Gerade in der NBA mit ihren 82 Spielen in der regulären Saison muss es für einen Trainer unglaublich schwer sein, ein Team konstant zur Defensivarbeit zu motivieren ...
Stimmt. Die NBA ist im Vergleich zu allen anderen Basketballligen ein ganz eigenes Universum. Es gibt da eine witzige Geschichte über Phil Jackson. Trotz seiner NBA-Titel hat er nicht wirklich den Ruf, ein guter

Defensivcoach zu sein. Dabei waren seine Mannschaften unfassbar gute Verteidigungsteams. Sicher werden jetzt einige sagen, dass diese Qualität schon aufgrund der Spieler, die er zur Verfügung hatte, quasi eingebaut war. Aber das stimmt nicht.

Was machte die Lakers von damals also so gut?
Jacksons Trainerstab kannte natürlich vor jedem Spiel einige der am meisten gelaufenen Plays der Konkurrenz – dafür hat jede Franchise die sogenannten „Advance Scouts", die sich im Vorfeld die kommenden Konkurrenten genau anschauen. Wenn der gegnerische Point Guard also nach vorne dribbelte und den nächsten Spielzug ansagte, dann wussten die Lakers ziemlich oft Bescheid, was jetzt kommen würde. Dann signalisierte zum Beispiel Derek Fisher seinen Mitspielern, welches Play nun gelaufen werden würde, damit sich alle darauf einstellen konnten. Die Folge? Die Lakers verhinderten direkt den ersten Pass, der den Spielzug des Gegners startete. Dieser Einstieg ist in der NBA aber sehr, sehr wichtig. Wenn du ihn als Angreifer nicht spielen kannst, zerfällt der Ballbesitz sehr oft in eine Einzelaktion. Also sagte Jackson seinem Team: „Jungs, gebt mir zehn, zwölf knallhart verteidigte Ballbesitze, und zwar genau dann, wenn die anderen diese Plays hier laufen. Dann nehmen wir dem Gegner den Einstieg weg." Jacksons Kalkül war: Wenn der Gegner von diesen zehn, zwölf Ballbesitzen vielleicht vier erfolgreich abschließt, gewinnen wir recht klar. Die Defense der Lakers war ja an sich schon eine der besseren in der NBA.

Jackson wusste wahrscheinlich, dass er von seinem Team nicht allabendlich über 48 Minuten 100-prozentigen Einsatz in 82 Spielen erwarten konnte ...
Genau. Ich denke, dass Phil Jackson die richtige Idee hatte. Er verlangte nicht, dass sie jeden Ballbesitz verteidigten, als würde schlussendlich ihr Leben davon abhängen.

Sind für eine solche Herangehensweise nicht erfahrene, respektierte Führungsspieler notwendig, damit das Ganze funktioniert?
Eigentlich schon. Es gibt natürlich auch noch den Coaching-Stil eines Bobby Knight, also die Spieler pausenlos anzuschreien und anzutreiben. Aber ich denke, dass diese Art überholt ist. Heute musst du herausfinden, wie du es schaffst, dass deine Spieler verteidigen. Es geht um eine lang-

fristige, nachhaltige Motivation. Klar, du kannst hingehen und sie wie ein Drill Sergeant anbrüllen, sie bestrafen, wenn sie Fehler machen ... vielleicht verteidigen sie dann sogar mittelfristig. Aber irgendwann hören dir die Spieler entweder nicht mehr zu, oder sie meutern – in beiden Fällen wird dann der Trainer gefeuert. Es geht darum, sie bei der Ehre zu packen, auf ihre Professionalität zu setzen. Die meisten NBA-Spieler besitzen beides. Ein Coach muss sich fragen: Was kann ich tun, damit sie clever und mit Einsatz verteidigen wollen? Vielleicht braucht es ein Einzelgespräch, bei dem sich der Trainer mit dem Spieler hinsetzt und ihn direkt fragt: „Was kann ich tun, damit du für mich verteidigst?" Wenn er es dann selbst will, dann hast du ihn als Coach für einen langen Zeitraum. Das gilt meiner Meinung nach für alle Ligen auf jedem Level.

Wir haben darüber gesprochen, was einen guten Verteidiger ausmacht. Was braucht eine Mannschaftsverteidigung in der NBA, um eine sehr gute zu sein?
Da braucht es zuallererst einen Coach, der darauf Wert legt. In jeder Einheit muss er daran arbeiten lassen. Es gibt schlicht nicht genug Zeit, um in einem Trainingslager alle Situationen einzustudieren und die Instinkte zu schärfen, von denen ich eben sprach. Selbst wenn die gesamte Vorbereitung nur für die Verteidigungsarbeit genutzt werden würde. Die fünf Spieler müssen sich zu jeder Zeit als Einheit bewegen. Dafür braucht eine Mannschaft klare Ansagen, eine Vision ihres Coaches und eben Wiederholungen. Die Anweisungen müssen extrem klar, extrem simpel erklärt werden. Ein Trainer wie Tom Thibodeau lehrt ein System, in dem seine Spieler nie verloren sind.

Was meinen Sie damit?
Es kommt immer wieder zu Situationen, wo in der Verteidigung geholfen werden muss. Wo ein Spieler vielleicht nicht weiß, wo er jetzt genau hinlaufen muss. Thibodeau gibt seinen Akteuren Regeln mit, an denen sie sich immer orientieren können. Das ist so, als würde ein Taucher unter Wasser die Orientierung verlieren. Er kann dann den Luftblasen folgen, um an die Oberfläche zu kommen. Oder anders: Hänsel und Gretel, das ist doch ein deutsches Märchen, oder?

Ja, klar ...
Thibodeau legt, wie Hänsel, Brotkrumen aus, an denen sich seine Spieler orientieren können, um in die richtige Position zurückkehren zu können.

Diese Regeln vermittelt Thibodeau seiner Mannschaft bei jeder Gelegenheit, in jeder freien Minute arbeiten die Bulls daran. Irgendwann reagieren die Spieler nur noch, weil sie das alles verinnerlicht haben.

Jetzt ist es aber in der NBA so, dass es nicht so viele Trainingseinheiten gibt. Wie bekommt Thibodeau es hin, dass sein Team trotzdem so exzellent verteidigt?
Wer ihn bei den Spielen beobachtet, der bemerkt sofort, dass er sehr viel redet. Das machen viele Coaches, bei ihm ist es dennoch sehr interessant, denn er ruft nicht Dinge wie „Mann, was machst du da?", das macht zum Beispiel Mike D'Antoni andauernd. Thibodeau ruft die gleichen Dinge, die er auch im Training an seine Spieler weitergibt. „Ice!", „Rotieren!", „Keine Mitte!" etc. Diese Anweisungen sollen in den Köpfen der Spieler die richtigen Reaktionen hervorrufen. Denn wenn eine Partie beginnt, 20.000 Fans zuschauen, die Menge laut ist, kann diese eine Stimme eine Menge ausmachen. Dann „Keine Mitte!" zu hören, bringt die Spieler zurück zu ihrem Training und dem, was sie machen sollen. Das erinnert sie, dass es nicht kompliziert ist, dass sie es können, dass sie als Einheit einen Plan haben. Das ist ein bisschen wie bei den Pawlowschen Hunden. Thibodeau brüllt nicht, um seine Mannschaft runterzumachen, sondern um ihnen zu helfen, diese instinktive Reaktion zu bekommen.

Kommunikation ist ein gutes Stichwort. Eine Verteidigung muss fortwährend auf dem Feld miteinander reden. Doch was muss dort gesagt werden?
Eine ganz, ganz schwere Frage! Einige Spieler reden halt nicht sehr viel. Andere verarbeiten so viel im Kopf, dass sie schlicht vergessen zu reden. Aber natürlich MUSS geredet werden in der Verteidigung, es ist unabdingbar! Viele Coaches reden darüber, dass die Kommunikation da sein muss, keiner erklärt jedoch, was gesagt werden soll. Für mich ist das Wichtigste, dass Blöcke angesagt werden. Egal ob am Ball oder auf der ballfernen Seite: Der Verteidiger, der den Block gestellt bekommt, muss wissen, was passiert. Er muss gewarnt werden. Und zwar laut! Im Zweifel von den Ersatzspielern auf der Bank. Das Zweitwichtigste ist die Hilfe. Wenn ein Spieler aushilft, muss das jedem klar sein. Zum Beispiel beim Pick-and-Roll. Hier muss der Verteidiger am Ball klar ansagen, ob er bei seinem Gegner bleibt oder mit dem Mann des Blockstellers den Gegenspieler wechseln – also switchen – will. Hier kommt es öfter zu Missverständ-

nissen, wenn der Verteidiger vom Blocksteller den Dribbler übernimmt, es aber nicht ansagt. Dann doppeln plötzlich zwei Spieler den Ball, und der Blocksteller rollt für einen leichten Korbleger zum Ring ab.

Im Angriff gibt es eine Menge klar definierte Rollen für Spieler: Playmaker, Scorer, Dreierschütze, Slasher etc. In der Verteidigung geht es immer nur um den Flügelverteidiger oder den Ringbeschützer. Gibt es noch andere Rollen?
Oh, auf jeden Fall ... Zum Beispiel den Ringbeschützer, der eigentlich kein Shotblocker ist. Marc Gasol ist da das perfekte Beispiel. Er nimmt dem Angriff am Ring so viel Platz weg, er stellt sich Leuten in den Weg, wenn sie durch die Zone ziehen. Gasol ist immer in der richtigen Position und verhindert so eine Menge Pässe, die sonst einen Abnehmer in der Zone finden würden. Das sind alles sehr, sehr wichtige Dinge. Es braucht also keinen spektakulären Shotblocker wie Serge Ibaka, um den eigenen Ring zu beschützen. Eine der wichtigsten Rollen ist aber vielleicht gar keine ...

Wie meinen Sie das?
Thibodeau hat in Chicago natürlich einige Spieler, die sehr gute Flügelverteidiger sind. Gleichzeitig finden sich im Kader der Bulls aber auch Profis, denen kein hervorragender Ruf als Defensivkraft vorauseilt. Diese Jungs bekommt er trotzdem dazu, ihre Position adäquat zu verteidigen. Sie greifen nicht nach dem Ball, gehen kein Risiko ein, nur um den Ball zu klauen. Sie geben ihrem Gegenspieler den langen Zweier, aber nicht den Zug zum Korb. Die allermeisten NBA-Profis können so verteidigen, viele tun es aber nicht, weil sie nicht die passenden Anweisungen kriegen.

Das ist eine Sache, die ich nicht verstehe. Wie kommt es in der NBA zu einem solchen Gefälle? Wie kann es auf der einen Seite Tom Thibodeau oder Gregg Popovich geben und auf der anderen eine Menge Trainer, denen Defense ein Stück weit egal zu sein scheint? Diese Prinzipien sind doch nicht so schwer zu lehren?
Ich weiß es nicht. Es macht mich verrückt. Ich habe Geschichten über NBA-Trainer gehört, die in der Defense gar nichts machen. Die einzige Anweisung, die sie ihren Spielern geben, ist: „Stopp deinen Mann!" Natürlich ist es ein bisschen besser geworden, seit in der NBA die defensive Dreisekundenregel eingeführt wurde. So sind auch Zonenverteidigungen erlaubt, die Defense kann leichter vor dem Ball die Räume eng machen.

Das hat dazu geführt, dass viele Trainer sich gesagt haben: „Das sollte ich mir mal anschauen." Warum viele Trainer defensiv nicht mehr verlangen? Ich kann es mir nur so erklären: Sie denken, dass ihre Spieler nicht verteidigen können oder wollen. Vielleicht fürchten sie auch um ihren Job, wenn sie es sich mit dem Team verscherzen, wenn sie sich zu sehr auf die Defense konzentrieren.

Wie sieht denn ein normales Training in der NBA aus? Welche Drills werden gelaufen?
Eigentlich sehen die Einheiten überall gleich aus. Es gibt da eine Menge interessante Drills. Vor allem, wenn es darum geht, dass die Spieler den „Closeout" üben. Das heißt, dass sie auf den Mann mit Ball zulaufen, ohne von ihm per Drive geschlagen zu werden. In den Spielen ist genau davon kaum etwas zu sehen. Wie kann das sein? Wenn sie doch so viel Zeit im Training darauf verwenden?

Ist es vielleicht auch schwerer, ein herausragendes Verteidigungskonzept zu vermitteln?
Es ist natürlich schwerer, wenn es darum geht, ein Team dazu zu bekommen, dass alle den notwendigen Einsatz bringen. Aber ich denke, dass ein Trainer den etwaig fehlenden Einsatz ausgleichen kann, wenn die Regeln klar sind. Wenn eine Mannschaft sich als Einheit bewegt, dann braucht es sogar weniger Einsatz, weil die Laufwege effizient und klar sind.

Sind es denn immer die gleichen Laufwege, die gleichen Prinzipien, denen Teams folgen? Oder gibt es auch in der Defense verschiedene Taktiken, die ein Trainer laufen lässt?
Die Chicago Bulls oder Miami Heat zum Beispiel haben nur eine Taktik. Wann immer der Gegner ein Pick-and-Roll laufen lässt, doppeln die Heat den Dribbler. Jedes Mal. Egal was passiert. Es ist das alte K.I.S.S.-Prinzip: Keep it simple and stupid! Erik Spoelstra will es halt simpel und einfach verständlich halten. Was mich daran stört: In einer Playoffserie wirst du ausrechenbar. Der Gegner hat dann viel mehr Zeit, sich darauf einzustellen und zu kontern. So wie es die Pacers und Spurs in der vergangenen Postseason getan haben. Die Bulls auf der anderen Seite folgen ebenfalls immer ihren Prinzipien, doch die repräsentieren das genaue Gegenteil von dem, was die Heat erreichen wollen. Chicago versucht den Gegner dazu zu zwingen, lange Zweipunktewürfe zu nehmen. Die Bulls tun dies

aber, ohne dass sie doppeln oder viel rotieren müssen. Sie wollen auf ihren Positionen bleiben. Beide sind effektiv, aber ich denke, dass Chicago den besseren Weg geht. Miami könnte eine Menge Energie sparen, wenn sie ein wenig mehr so verteidigen würden, wie es Thibodeau lehrt. Gleichzeitig ist es wirklich unfassbar, wie Spoelstra es schafft, dass NBA-Profis sich derart defensiv einbringen. Das ist erstaunlich. Sie richten enormes Chaos in der Offensive ihrer Gegner an.

Vorhin fiel schon einmal der Begriff „Ice". Ist dieses Konzept neu?
Ich habe vor kurzem gelesen, dass die Bulls über Ice stolperten, als Scottie Pippen noch dort spielte. Die Defense zwang Pippen weg von der Mitte, weg vom Block, und der Verteidiger des Blockstellers wartete einfach auf ihn, anstatt ihn zu attackieren. Die Bulls fanden das damals interessant und entwickelten das Konzept weiter. Das könnte also in den frühen 90ern die Geburt von Ice gewesen sein. Jetzt ist es dank Thibodeau zur Mode geworden. Eigentlich ist es auch der einzige Weg, wie das Pick-and-Roll verteidigt werden sollte, mit den neuen Regeln, die es halt erlauben, für 2,9 Sekunden ohne Gegenspieler in der eigenen Zone zu stehen. Im Angriff sind die Mannschaften mittlerweile auch zu gut, um es anders zu spielen. Du kannst den Gegner einfach nicht in die Mitte dribbeln lassen. Wenn ich einen Trainer höre, der darüber spricht, dass er den Dribbler ins Herz seiner Verteidigung zwingen möchte ... da weiß ich direkt: Der versteht es nicht. Das gilt für alle Level, nicht nur die NBA.

Wenn ich heute NBA-Spiele sehe, erinnert mich die Defense immer mehr an den FIBA-Basketball. Viele Verteidiger stehen halb in der Hilfe, stellen Räume zu. Ist das die Zukunft?
Ich schwöre: Der einzige Grund, warum die Verteidigungen so aussehen, ist der Angriff. Warum? Weil sie sich kaum bewegen. Wenn sich die Offensive nicht bewegt, dann erlaubt dies der Verteidigung, Zone zu spielen. Wenn die Spurs spielen, sieht die Defense nicht aus wie eine Zone. San Antonio bewegt sich im Angriff, und die Verteidigung bewegt sich mit. Das frustriert mich so, wenn es um NBA-Offensiven geht ... aber das ist ein Thema für sich. Ich glaube, dass dieses Zustellen auf der Seite des Balles eine Reaktion auf Angriffsphilosophien ist, die mich an die Houston Rockets der 90er erinnern. Damals wurde der Ball in den Lowpost zu Hakeem Olajuwon gepasst, während der Rest des Teams rumstand. Das war schrecklich.

Wird also Ice oder das Zustellen vor dem Ball die Offensiven in der NBA künftig verändern?
Ganz schwer zu sagen. Für mich reicht ein Blick auf die Triangle-Offense. Warum ist die ausgestorben? Die meisten Teams laufen ja nur noch die Standardspielzüge, die jeder kennt. Und jeder lässt Horns spielen – ein Set, den ich eigentlich liebe. Aber was verloren gegangen ist, ist die Cleverness im Angriff. Es gibt kaum noch Teams, die sich auf dem Feld in der Offensive vertrauen. Das ist für mich der Grund, warum die Verteidigungen so effektiv sind. Ich muss immer lachen, wenn Leute sagen, dass in den 70er- oder 80er-Jahren nicht verteidigt wurde. Damals waren die Offensiven so unfassbar gut! Da konntest du froh sein, wenn du am Ende einen Arm in das Gesicht des Werfers halten konntest. Da lief der Ball. Da hatten alle Offensiven Struktur, und die Spieler waren gut ausgebildet.

Muss sich die NBA also zurückentwickeln?
Ich würde mir wünschen, wenn es mehr Variationen im Angriff gäbe. Ein Grund, warum ich die Triangle-Offense so liebe, ist, dass sich der Gegner sehr schlecht darauf vorbereiten kann. Wenn ich heute die NBA sehe, dann sehe ich bei 20 Teams die gleichen Plays. Natürlich werden die Defensiven besser, wenn sie jeden Abend die gleichen Spielzüge sehen.

In den letzten Jahrzehnten gab es also eher eine Rückentwicklung bei der Offense. Was waren denn die Innovationen in der Defensive in dieser Zeit?
Nun, es gab nicht wirklich viele Innovationen. Und auch in der Defense gab es Rückschritte. Niemand presst, obwohl es die Bulls einst taten. Niemand doppelt den Dribbler im Halbfeld, außer den Heat beim Pick-and-Roll. Wahrscheinlich ist die größte Innovation, dass der Ball schlicht nicht mehr in die Mitte gedribbelt werden soll. Früher stand der Verteidiger frontal vor dem Ballführenden. Der Angreifer konnte sich also aussuchen, zu welcher Seite er dribbeln wollte. Heute wird dem Dribbler und damit dem Angriff eine Hälfte des Halbfelds weggenommen.

Vorletzte Frage: Welche aktuelle NBA-Verteidigung ist die beste?
Die Bulls haben natürlich den Architekten Thibodeau. Ich würde aber trotzdem die Indiana Pacers favorisieren. Sie verteidigen schon sehr ähnlich wie die Bulls. Aber was ich bei den Pacers mag, ist, dass sie physischer verteidigen. Ich denke, dass sie die gleichen Regeln haben wie Chicago. Wenn der

Gegner aber gegen Frank Vogels Team durch die Zone zieht, muss er sich jedes Mal durch einen Pacers-Körper kämpfen. Das ist sehr kraftraubend. Deshalb willst du am allerwenigsten gegen die Pacers spielen. Gegen Indiana tut es weh, du kommst nicht zu den Stellen auf dem Feld, an denen du sein musst. Und wenn du doch in die Zone ziehst, steht da Roy Hibbert.

Abschließend: Eigentlich besagt die alte Regel ja „Offense wins games, defense wins championships". Jetzt haben Sie aber eben gesagt, dass die Offensiven der 80er-Jahre so gut waren, dass die Verteidigung froh war, wenn sie den Schützen irgendwie stören konnte. Was ist also wichtiger: gute Offense oder gute Defense?
Ich sehe das so: Es gewinnt bei einem Matchup zwischen einem großartigen Angriff und einer großartigen Verteidigung die Seite, die konstanter ist. Wenn du den Ball hast, nimmst du vielleicht ein paar schlechte Würfe oder triffst unpassende Entscheidungen. Defensiv kannst du Fehler machen: den Ball nicht stoppen, den eigenen Mann beim Fastbreak nicht finden. Ich denke, dass die Defensive gewinnt, weil es einfacher ist, sich an die Prinzipien in der Defensive zu halten. Im Angriff kannst du den gleichen Dreier zehnmal in Folge treffen und dann zehnmal in Folge nicht – ohne dass du einen Fehler gemacht hast. In der Verteidigung kannst du kontrollieren, dass du in der richtigen Position bist. Du kannst zu 95 Prozent das Richtige tun. Deshalb würde ich immer auf die Defense setzen.

Neben Coach Nick wollten wir für das zweite Defense-Special auch einen ehemaligen NBA-Profi befragen. Die Wahl fiel auf Bruce Bowen. Gut, es gibt wahrscheinlich niemanden – Spurs-Fans ausgenommen –, der Bruce Bowen nicht hasst. Ja. Präsens. Hasst. Nicht hasste. Sein Tun auf dem Feld war so asozial, dass es seinen Rücktritt bis heute überstrahlt ... egal, wann ihr diese Zeilen lest!

Bowen war einer der ersten „Three-and-D"-Spieler. Er verteidigte den besten Flügel des Gegners, und vorne schoss er aus der Distanz. Vor allem aus den Ecken an der Grundlinie. Das allein wäre auch kein Grund gewesen, ihm alles Schlechte der Basketballwelt an den Hals zu wünschen. Aber Bowen machte halt oft diese Dinge, die einfach nicht schönzureden sind. Bowen stellte seinen Fuß unter landende Sprungwerfer. Er trat Leute. Abseits des Balles kniff er überall dorthin, wo es wehtut.

Wie sangen Bon Jovi einst (ja, ich bin alt): „You give love a bad name!"

Bruce Bowen gab der Defense einen schlechten Namen. Selbst die Detroiter Bad Boys hätten ihn verabscheut ... okay, das wahrscheinlich nicht. Zumindest nicht Bill Laimbeer.

Trotzdem war Bowen der perfekte Interviewpartner. Spielte er doch vor der Regeländerung, die vor der Saison 2004/05 das Handchecking eliminierte, und danach. Auch mit ihm wurde geskyped ... obwohl es da zu Beginn etwas Verwirrung gab. „Hey Mr. Bowen, this is André Voigt calling from Germany for FIVE Magazine", begrüßte ich ihn und fuhr fort. „Did the NBA tell you why I am calling you today?" Bowen antwortete: „Yes, of course! About Dirk Nowitzki ..." Äh ... nein. Wir Deutschen kennen auch noch andere Basketballthemen ... gut, das sagte ich dann nicht. Wir Deutschen sind ja auch höflich.

„ES IST HEUTE NICHT EINFACHER ZU PUNKTEN ALS FRÜHER"
2013

Defense wird von jeher wenig beachtet. Warum ist das eigentlich so? Warum wird viel mehr über die Offensive berichtet als über die Verteidigung?
Bruce Bowen: Das liegt daran, dass die Offense halt sexy ist und die Defense harte, schwere Arbeit. Wenn es um die Spieler selbst geht, kommt noch etwas anderes hinzu: Einige wollen nicht für ihren Gegenspieler verantwortlich sein. Wenn du in der Defense deinen Job nicht machst, dann fällt das sofort auf. Sie wollen nicht die Extraarbeit, die es braucht, leisten. Also: Videos des Gegners studieren etc. Sie denken sich, dass es einfacher ist, in die NBA zu kommen oder überhaupt im Basketball Aufsehen zu erregen, wenn sie mehr Punkte auflegen als ihr Gegner. Außerdem gibt es in der Verteidigung nicht so viel zu gewinnen. Öffentlich gibt es da kaum Anerkennung. Da kommt halt das eine zum anderen.

Zu Beginn deiner Karriere bist du nach Frankreich gegangen, um dort bei Le Havre zu spielen. Damals hattest du noch den Ruf eines Scorers und hast in der dortigen Liga knapp 30 Punkte pro Partie aufgelegt. Einige Jahre später warst du plötzlich einer der besten Verteidiger der NBA. Wie kam es dazu?
Nun, ich konnte schon immer verteidigen. In Europa war es damals noch so, dass die Amerikaner im Team nicht nur im Angriff die Go-to-Guys waren, sondern auch in der Defensive den besten Spieler des Gegners

stoppen mussten. Also musste ich an beiden Enden des Feldes meine Leistung bringen. Sonst hätte ich in Europa nicht als guter Spieler gegolten und hätte keinen Vertrag bekommen.

Wie schwer war es in der Folge, vom Dreh- und Angelpunkt einer europäischen Mannschaft zu einem Defensivspezialisten in der NBA zu werden?
Sehr schwer. Im Jahr 2000 kam ich zu den Miami Heat. Damals absolvierte ich zum ersten Mal ein Trainingslager mit einem NBA-Team. Ich kam ins Camp und überlegte, was ich tun konnte, um es in diesen Kader zu schaffen. In den Jahren zuvor durfte ich nie eine ganze Saison bei einem Team bleiben. Ich fühlte mich wie ein „Walk-On" im College, also die Jungs, die kein Stipendium haben und versuchen, es trotzdem in die Mannschaft ihrer Universität zu schaffen. Walk-Ons sind immer im Training, machen all die kleinen Dinge, ohne jemals im Rampenlicht zu stehen. Ich weiß noch, wie ich an der Cal State dachte: „Diese Jungs sollten mehr respektiert werden, auch wenn sie so gut wie nie spielen." Als ich also bei den Heat im Camp war, kam mir all das in den Sinn. Ich wollte alles tun, was von mir verlangt wurde, nur um diese eine Chance zu bekommen zu spielen.

Was hast du damals für dieses Ziel getan?
Coach Pat Riley hatte einen großen Einfluss auf mich. Er sprach immer von „Prozenten". Riley verlangte, dass wir wussten, was der Gegner machen wollte. Ein Beispiel: Ein Spieler trifft 45 Prozent seiner Sprungwürfe nach einem Dribbling nach rechts. Geht er über links, sind es aber nur 35 Prozent. Also zwangen wir ihn immer zu seiner „schlechteren" Seite. Bei Riley habe ich verstanden, dass Basketball viel mehr ist als „Lass uns rausgehen und spielen". Es geht immer um Strategie. Deshalb begann ich mir vor allem anzuschauen, wie die Gegner am Ende von Partien punkten wollten. Denn da kannst du sehen, wo sich ein Spieler wirklich zu Hause fühlt. Wir alle verlassen uns in der Crunchtime auf die Dinge, die wir am besten können, nehmen die Abschlüsse, bei denen wir uns gut fühlen. Genau die wollte ich meinem Mann immer wegnehmen. Du musst das Spiel studieren, wenn du in der Lage sein willst, bestimmte Dinge auf dem Feld vorauszuahnen.

Coach Riley ist ebenfalls berühmt dafür, dass er seinen Teams in den Trainingseinheiten alles abverlangte. Seine Mannschaften sollten topfit

sein, wenn nötig von der ersten bis zur 48. Minute mit 100 Prozent verteidigen. In der NBA gibt es aber 82 Spiele, einige an aufeinanderfolgenden Tagen. Wie hast du es geschafft, Vollgas zu geben, selbst wenn die Beine schwer waren?

Als ich in der NBA angekommen war, wurde mir klar, dass die Leader vorangehen mussten. Selbst wenn wir bei den Spurs im Vorjahr Meister geworden waren, wenn wir am Tag nach einer harten Partie wieder ran mussten. Wir mussten 100 Prozent geben. Wenn du zum Beispiel in Milwaukee antrittst, dann ist das für die Bucks eines der Saisonhighlights. Sie haben den amtierenden Meister zu Gast. Die sind hoch motiviert. Wir kommen da aber vielleicht nach einem Spiel am Vorabend an, draußen ist es klirrend kalt. Keiner von uns denkt: „Hey, das wird heute ein fantastisches Basketballevent!" Da treibt dich einzig deine Liebe zum Spiel an. Deshalb habe ich es mir früh zur Aufgabe gemacht, als Leader mit dem bestmöglichen Beispiel voranzugehen. Ich habe keine großen Reden geschwungen, sondern mich zum Beispiel schon im ersten Viertel nach Loose Balls geschmissen. Das ist ansteckend. Wenn du einen Spieler hast, der nach einem freien Ball hechtet und so einen erfolgreichen Fastbreak einleitet, dann springen die Jungs auf der Bank auf, dann ist Energie da. Jeder will nun seinen Beitrag leisten, so ein Play machen. Ich weiß noch, wie Tony Parker mal genau nach so einem Loose Ball in Charlotte zu mir kam und meinte: „Hey Bruce, warum schmeißt du dich für diesen Ball auf den Boden?" Ich erwiderte nur: „TP, die Leute schauen uns zu. Die Charlotte Bobcats spielen nicht gerade einen tollen Basketball. Trotzdem zeigen wir Intensität, als ob es um die Meisterschaft geht. So gehen wir das Spiel an."

Die San Antonio Spurs sind ein gutes Stichwort. Deren Trainer Gregg Popovich installierte dort während deiner Zeit Defensiven, die zu den besten aller Zeiten in der NBA gehören. Kannst du auf die Prinzipien eingehen, die ihr als Team hattet? Viele denken ja immer, dass du zum Beispiel gegen Kobe Bryant eins-gegen-eins verteidigt hast, und vergessen, dass dahinter vier andere Spurs standen, die klare Aufgaben hatten ...

Bei uns ging es vor allem um Verantwortung. Coach stellte immer sicher, dass sich die Spieler auf dem Feld für ihre Aufgaben verantwortlich fühlten. Wenn ich an meine Zeit damals zurückdenke, dann war unsere wichtigste Regel, dass wir keinen Dribbler in der Mitte des Feldes haben wollten. Denn wenn der Ballführende in die Mitte kommt, dann bricht eine Defensive zusammen, weil der Angriff dann zu viele Optionen hat. Die Gegner können dann von dort punkten, den Spalding nach außen an die Dreierlinie passen. Wir sollten den Ball immer zur Seitenlinie zwingen. Denn die Seiten- und Grundlinie sind zwei sehr gute Freunde der Verteidigung. Wir arbeiteten jeden Tag hart an unserem „Shell Drill". Das ist ja eigentlich eine ganz simple Übung, mit der du als Team an deinen Defensivrotationen und -prinzipien arbeitest. Bei den Spurs haben wir das in den fünf Jahren, die ich dort war, jeden Tag im Training gemacht. Egal wie viele Meisterschaften wir gewonnen hatten. Pop wusste, dass es unglaublich wichtig war, dass sich diese Prinzipien in unsere Hirne einbrannten. So konnten wir, selbst wenn wir neue Spieler bekamen, diese immer im Teamkonzept „verstecken". Wir konnten den Neuen helfen, wenn sie unsere Art zu verteidigen noch nicht komplett verinnerlicht hatten.

Viele Fans denken, dass es nur eine Art gibt, das Pick-and-Roll zu verteidigen. Erkläre doch bitte, was in dieser Hinsicht möglich ist ...
Es gibt eine Menge Varianten. Es kommt immer darauf an, wer das Blocken-und-Abrollen spielt. Viele Spieler in der NBA lieben ihre Freiheit. Scorer wollen Platz haben, sie mögen es überhaupt nicht, wenn es um sie herum eng wird. Deshalb ist es eine gute Taktik, den Ballführenden nach dem Block zu doppeln. Dann gibt es die Möglichkeit, dass der Verteidiger des Blockstellers in den Weg des Ballführenden springt, während dessen Mann unter dem Block hindurchläuft und seinen Gegner wieder übernimmt. Verteidigst du aber gegen einen sehr guten Dreierschützen wie etwa Steve Nash, willst du genau das nicht machen, dann geht er sofort zum Wurf hoch. An Steve musst du immer ganz nah dran sein. Aber was auch immer die Taktik im Pick-and-Roll ist, das Wichtigste ist die Kommunikation. Du musst mit deinem Kollegen sprechen. Erstens muss natürlich angesagt werden, dass der Block kommt und auf welcher Seite. Aber damit darf die Kommunikation nicht aufhören. Ein Beispiel: Wenn ich als Verteidiger am Ball meinen Gegner in Richtung Seiten- und Grundlinie zwingen will, muss ich wissen, dass dort der Big Man, der den Blocksteller deckt, zur Hilfe bereitsteht. Ansonsten hat der Spieler am Ballführenden keine Chance, dann dribbelt der Angreifer durch bis zum Korb. Überhaupt ist es für die Big Men nicht einfach, das Pick-and-Roll zu verteidigen. Wenn sie in den Weg des Dribblers springen müssen ... das kann nicht jeder Center

oder Power Forward in der NBA, weil viele schlichtweg zu langsam sind. Das mag sich alles recht einleuchtend und leicht umsetzbar lesen, das ist es aber nicht. Es ist harte Arbeit und braucht viele, viele Wiederholungen, um zu funktionieren.

Seit den 90er-Jahren gab es einige Regeländerungen, die den Angriff bevorteilen. Das Handchecking wurde unter Strafe gestellt, es wurde die defensive Drei-Sekunden-Regel eingeführt. Welchen Effekt hatten diese Schritte auf die Verteidigung? Ist es heute einfacher zu punkten als früher?
Natürlich wurden diese neuen Regeln eingeführt, um es dem Angriff etwas leichter zu machen. Deshalb geht es heutzutage mehr um defensive Konzepte für die gesamte Mannschaft und nicht mehr unbedingt um überragende Verteidiger im Eins-gegen-eins. Die Bulls sind da das perfekte Beispiel. Gegen Chicago ist es unglaublich schwer zu punkten, obwohl es dort im Kader einige Jungs gibt, die nicht als Stopper bezeichnet werden. Der Grund ist das System Thibodeaus. Jeder weiß, wann er wo zu stehen hat. Außerdem bekommt er seine Spieler dazu, dass sie defensiv arbeiten. Die richtige Einstellung zur Verteidigung zu haben, ist sehr, sehr wichtig. Dafür brauchst du aber Profis, die diese mitbringen. Ich denke nicht, dass es aufgrund der Regeländerungen heute einfacher ist zu punkten. Jede Mannschaft in der NBA kann effektiv verteidigen, wenn sie den nötigen Einsatz zeigt. Viele Teams tun das aber nicht, was sich in mittelmäßigen Leistungen in der Defensive widerspiegelt.

Oft reicht ja auch schon ein Spieler, der nicht verteidigt, um eine komplette Defense schlecht aussehen zu lassen ...
Richtig. Es ist heute vielleicht auch schwerer, Spieler dazu zu motivieren, in der Defense zu arbeiten. James Harden zum Beispiel ist einer der besten Scorer der NBA, aber er versucht ja noch nicht mal zu verteidigen! Das ist eine Schande! Viele sagen: „Das ist einer der besten Basketballer der Liga." Für mich musst du für diesen Status in der Verteidigung mehr tun. So wie Paul George, LeBron James oder sogar Kevin Durant, der sich hinten wirklich Mühe gibt! Um zu den Besten zu gehören, musst du ein kompletter Spieler sein. Es reicht ja schon, wenn du in der Defense das Optimum aus dir herausholst, da sind ja auch noch vier andere. Aber was einige Jungs momentan am eigenen Korb zeigen. Meine Großmutter könnte in dieser Hinsicht einen besseren Job machen.

Du hast mit und ohne Handchecking verteidigt. Wie haben die neuen Regeln damals deine Spielweise verändert?
Für mich war klar, dass ich ohne Handchecking mehr mit den Füßen verteidigen und meine Hände zeigen musste. Ich musste mich schneller mit dem Dribbler bewegen, durfte ihn halt nicht mit den Händen behindern. Wenn ich damals ein Foul bekam, weil ich doch mal die Hand am Ballführenden hatte, sagte ich mir: „Verdammt, Bruce, du kannst ihn nicht berühren. Beweg deine Beine!" Ich musste mich den neuen Gegebenheiten anpassen. Und das ist es, was die wirklich guten Basketballer tun: Sie sind in der Lage, ihr Spiel zu verändern. Genau wie die guten Trainer ihre Teams anleiten, wie sie mit neuen Regeln umzugehen haben. Ich weiß noch, dass wir unter Coach Riley vor einer Saison Defensivdrills gelaufen sind und vieles neu lernen mussten. Wann immer jemand gegen die neuen Regeln verstieß, pfiff er ab und erklärte uns genau, was die neuen Richtlinien waren und wie wir als Team unsere Rotationen verändern mussten, um trotzdem effektiv zu sein. Das war wichtig, denn in unseren Köpfen war es ja anders gespeichert.

Der Verteidigung wird gemeinhin schon kaum Aufmerksamkeit geschenkt. Noch viel weniger wird aber darauf geschaut, was defensiv abseits des Balles passiert. Wie wichtig ist dieser Aspekt?
Enorm wichtig! Wann immer du abseits des Balles spielst, musst du den defensiven Prinzipien deines Teams folgen. Bei den Spurs hatten wir zum Beispiel eine klare Regel, wer aushelfen musste, wenn ein Angreifer Richtung Grundlinie zum Korb zog. Da musste rotiert werden, zwei, drei Spieler wechselten die Position und unter Umständen sogar den Mann. Da musst du auch auf der Seite des Halbfelds, auf der sich der Ball gerade nicht befindet, extrem wachsam sein. Sonst funktioniert die gesamte Verteidigung nicht. Du bist immer Teil der Defense, weil es eben klare Ansagen gibt, wo du in welcher Situation zu sein hast, um optimal helfen zu können. Klar gibt es Situationen, wo du nicht komplett in das Teamkonzept involviert bist. Wenn ich zum Beispiel Ray Allen verteidigen musste, habe ich an einigen Rotationen nicht teilgenommen, weil er so ein unfassbar sicherer Dreierschütze ist. Auch da kommt es dann auf die Kommunikation auf dem Feld an. Dass ich in diesem Fall ansage, dass ich mich um Ray Allen kümmern muss und die Rotationen anders gespielt werden. Oder dass jemand für mich einspringen muss, sollte ich ihn alleine lassen müssen, um woanders zu helfen.

UND NOCHMALS DANKE ...

Dré dunkt allen Interviewpartnern: Dimi van der Wal, Ademola Okulaja, Philipp Schwethelm, Per Günther, Tim Ohlbrecht, Dirk Nowitzki und Stefan Kießling ... sorry, dass deine Worte leider auf dem Boden des Schnittraums gelandet sind.

Außerdem auf der To-Dunk-Liste: Sarah Melton, Martin Fünkele, Frank Linde, die Teamsportreisen-Crew ... ohne euch wäre es nicht gegangen.

Güven Tas, Tim Eisenberger, Christopher Meltzer – good job, guys!

Und natürlich eine tiefe Verneigung vor allen Vorbestellern, Zuhörern, Lesern, Followern und Fans!

Jan hofft zunächst, dass es euch gefallen hat, tief in die Nerd-Welt abzutauchen! Hier nochmal ausdrücklich ein großer Dank an meine Interviewpartner Henrik Dettmann (so far your finnish cursewords have not gotten me fired), Marvin Willoughby (alles Gute für Großfamilie, Towers und Supercup!), Henrik Rödl plus Hund sowie Marko Pesic (danke für die offenen Worte und die großzügige Zeit).

Danke an Thomas und Marc, Schluss und Grafik, die in letzter Minute nochmal mehrere Extra-Meilen gegangen sind, und an Dré für den InDesign-Marathon in New York.

Danke auch an meinen Arbeitgeber, das große G, der es mir erlaubt, nebenher und zwischendrin Bücher zu schreiben und Shirts einzutüten.

Und schließlich: Auch von mir die tiefste Verneigung vor unseren Vorbestellern, Followern, Podcast-Hörern, Shirt-Trägern, Lesern und Fans. Nerd sein macht zusammen mit euch viel mehr Spaß.

André Voigt
GOT NEXXT!
DER BASKETBALL PODCAST

SCANNT DEN QR-CODE EIN
UND HÖRT BEIM PODCAST VOM DRÉ REIN!

IHR WOLLT AUF PLANET BASKETBALL MIT T-SHIRTS DER NERDS WANDELN?

NICHTS EINFACHER ALS DAS! CHECKT DIE NEUESTE KOLLEKTION AUF WWW.BASKETBALLNERDS.DE

SEID DOCH MAL SOZIAL!
FOLGT DEN BASKETBALLNERDS AUF
FACEBOOK, TWITTER UND YOUTUBE!

FACEBOOK.COM/DREVOIGT

TWITTER.COM/DREVOIGT

YOUTUBE.COM/DREVOIGT